الحصانة الدبلوماسية

رقم الإيداع لدى دائرة المكتبة الوطنية : (٢٠١٠/١/١٩٦)
الفتلاوي، سهيل حسين
الحصانة الدبلوماسية / سهيل حسين الفتلاوي
- عمان: دار وائل للنشر والتوزيع (٢٠٠٩)
(٤٦١) ص
ر.إ. : (٢٠١٠/١/١٩٦)
الواصفات: /الحصانة الدبلوماسية // الدبلوماسية /
* تم إعداد بيانات الفهرسة والتصنيف الأولية من قبل دائرة المكتبة الوطنية

****

رقم التصنيف العشري / ديوي : ٣٤١.٣٣
ISBN ٩٧٨-٩٩٥٧-١١-٨٧٥-٤ (ردمك)

* الحصانة الدبلوماسية
* الأستاذ الدكتور سهيل حسين الفتلاوي
* الطبعــة الأولى ٢٠١٠

* جميع الحقوق محفوظة للناشر

دار وائــل للنشر والتوزيع

* الأردن - عمان - شارع الجمعية العلمية الملكية - مبنى الجامعة الاردنية الاستثماري رقم (٢) الطابق الثاني
هـاتف : ٠٠٩٦٢-٦-٥٣٣٨٤١٠ - فاكس : ٠٠٩٦٢-٦-٥٣٣١٦٦١ - ص. ب (١٦١٥ - الجبيهة)
* الأردن - عمـان - وسـط البـلد - مجمـع الفحيص التجـاري- هــاتف: ٠٠٩٦٢-٦-٤٦٢٧٦٢٧
www.darwael.com
E-Mail: Wael@Darwael.Com

الحصانة الدبلوماسية

الأستاذ الدكتور سهيل حسين الفتلاوي

أستاذ القانون الدولي العام- كلية الحقوق- جامعة جرش

رئيس الجمعية العلمية للبحوث والدراسات الإستراتيجية

دار وائل للنشر

الطبعة الأولى

٢٠١٠

بِسْمِ اللّٰهِ الرَّحْمَنِ الرَّحِيمِ

{رُّسُلاً مُّبَشِّرِينَ وَمُنذِرِينَ لِئَلاَّ يَكُونَ لِلنَّاسِ عَلَى اللّٰهِ حُجَّةٌ بَعْدَ الرُّسُلِ وَكَانَ اللّٰهُ عَزِيزًا حَكِيمًا }

سورة النساء ألآية (١٦٥)

المقدمة

للرسل دور كبير في توطيد العلاقات الدولية، وتسوية المنازعات وإجراء الصلح بين الدول في وقتي السلم والحرب؛ لهذا فقد تمتع الرسل بالحماية الدولية منذ نشوء الدول، وترسخت قواعد حماية الرسل عبر التاريخ، فقد اهتم العرب بالرسل ومنحوهم الأمان والحماية، وشرّع الإسلام القواعد القانونية لحماية الرسل، وجاءت التطبيقات العملية مؤكدة لهذه الحماية.

وقد ازدادت أهمية حماية الرسل في العصر الحديث، عندما ازداد عدد الدول، وازدادت البعثات الدبلوماسية. فنظّم العرف الدولي حصانة المبعوث الدبلوماسي من القضاء المحلي، وحصانته من القبض والتفتيش، وامتدت هذه الحصانة لتشمل أفراد عائلته وخدمه وأمواله ومراسلاته، وفرض على الدول أن تعامله معاملة حسنة تليق بدولته لكونه يمثل رئيس الدولة في الدولة المعتمد لديها.

وبالنظر إلى تعارض مصالح الدول، وتأثيرها على العلاقات الدولية، فقد تأثرت الحصانة التي يتمتع بها المبعوث الدبلوماسي وفق طبيعة العلاقات بين الدول. ومن أجل تنظيم ذلك عُقدت العديد من المعاهدات الثنائية بين الدول تضمن فيها حصانة المبعوث الدبلوماسي. وقد اختلفت هذه الحصانات من معاهدة لأخرى بسبب اختلاف طبيعة العلاقات الدولية.

ومن أجل توحيد الحصانة الدبلوماسية بين الدول، لجأ المجتمع الدولي إلى وضع معاهدة دولية تضمن استقرار الحصانة التي يتمتع بها المبعوث الدبلوماسي وتوحيدها بين الدول دون أن تتأثر بالعلاقات الدولية القائمة بينها. حيث تمكنت اللجنة السادسة في الأمم المتحدة من تدوين العرف الدولي في مشروع اتفاقية دولية نظمت فيها القواعد الدبلوماسية، أطلق عليها اتفاقية فيينا للعلاقات الدبلوماسية عرضت على الدول وصادقت عليها عام ١٩٦١. وبعد ذلك تم عقد العديد من الاتفاقيات الدولية التي ضمنت الحصانة الدبلوماسية لأصناف المبعوثين الدبلوماسيين؛ منها اتفاقية فيينا للعلاقات القنصلية لعام ١٩٦٣، واتفاقية البعثات الخاصة لعام ١٩٦٩، وغيرها من المعاهدات الدولية التي نظمت العلاقات الدبلوماسية بين الدول.

ومن جراء الحصانة المطلقة التي يتمتع بها المبعوث الدبلوماسي، لجأت الدول إلى استخدام الصفة الدبلوماسية لحماية المجرمين الذين يرتكبون الجرائم الخطرة؛ منها جرائم الحرب و الجرائم ضد الإنسانية وجرائم العدوان وجرائم الإبادة الجماعية، فمنحتهم الصفة الدبلوماسية لكي يكونوا في منأى عن المحاسبة القانونية. من هنا فقد تنبه المجتمع الدولي لهذه الحالة، فجرد المبعوث الدبلوماسي من حصانته عند ارتكابه جريمة تدخل ضمن هذه الجرائم. لقد نصّ نظام روما الأساسي للمحكمة الجنائية الدولية المعقود عام ١٩٩٨ على حرمان المبعوث الدبلوماسي من الحصانة التي يتمتع بها عند ارتكابه إحدى الجرائم التي تدخل اختصاص المحكمة.

وقد أثرنا أن نطلق عليها بالحصانة الدبلوماسية بدلا من الحصانة القضائية، ذلك أن الحصانة التي يتمتع بها المبعوث الدبلوماسي لا تقتصر على الحصانة القضائية، بل إنها تشمل الحصانة من القبض عليه وتفتيش داره وأمواله ومراسلاته والسماح له بالمرور والتنقل والإعفاءات المالية، والتزام الدول بتوفير الحماية له ولعائلته، ومنع الاعتداء عليه.

وبناء على ذلك سنتناول الحصانة الدبلوماسية عبر التاريخ ابتداء من ظهور الإسلام إلى الوقت الحاضر، ثم نتناول أنواع الحصانات الدبلوماسية التي يتمتع بها ونطاقها والاستثناءات التي ترد عليها. وهو ما ستتضمنه الأبواب التالية.

الباب الأول

جذور الحصانة الدبلوماسية

ومفهومها

History and concept of Diplomatic Immunity

الحصانة الدبلوماسية المطبقة في الوقت الحاضر، لم تكن وليدة العصر الراهن، بل إنها تمتد إلى أغوار تاريخية قديمة، فقد منح العرب قبل الإسلام الرسل الحماية والرعاية ومنع الاعتداء، ووفّر الحماية لهم عند المرور على أراضيهم.

وظهر من العرب العديد ممن يجيدون صفة الرسول، ويقومون بتسوية المنازعات بين القبائل العربية، بينها وبين الدول المجاورة، ومن هؤلاء أكثم بن صيفي الذي اشتهر كسفير لدى العديد من القبائل العربية.

وبالنظر إلى أن الإسلام تضمن أحكاما تفصيلية في العبادات والمعاملات، فإن عملية نشره تتعارض واستخدام القوة، بل لابد من إيصال القواعد الإسلامية عن طريق الفهم والإدراك، وهذا لا يتحقق إلا بإتباع الوسائل السلمية التي نطلق عليها في الوقت الحاضر بالدبلوماسية.

وبناء على أهمية الدبلوماسية في نشر الإسلام، فقد أطلق على النبي الذي يحمل أوامر الله ونواهيه بالرسول، لما يتمتع به من مكانة عند العرب، وأطلق على القرآن الكريم بالرسالة؛ لهذا اتصف الإسلام بالمرسل و الرسالة والرسول.

وعلى الرغم من النهضة الصناعية في أوربا، فإن دول أوربا لم تدرك أهمية الدبلوماسية في علاقاتها الدبلوماسية إلا في وقت متأخر.

وبناء على ذلك سنتناول في هذا الباب الفصول الآتية:

الفصل الأول – الحصانة الدبلوماسية في الإسلام.

الفصل الثاني – تطور الحصانة الدبلوماسية في أوروبا.

الفصل الثالث – مفهوم الحصانة الدبلوماسية.

الفصل الرابع – مصادر الحصانة الدبلوماسية.

الفصل الأول

الحصانة الدبلوماسية في الإسلام

Diplomatic Immunity in Islam

تمتد الدبلوماسية إلى جذور سحيقة في التاريخ، فقد ظهرت العلاقات الدبلوماسية بظهور أكثر من دولة ونشأت بينها علاقات تجارية أو سياسية أو حربية أو أحلاف أو صلح، أو أي عمل يتطلب التفاوض وإرسال الرسل لحل المشاكل بين الدول.

وحفل الوطن العربي بصورة عامة بأقدم الحضارات الإنسانية، ومن ذلك حضارة وادي الرافدين التي ضمت العديد من الدول منها الدولة السومرية والدولة البابلية القديمة والدولة الآشورية والبابلية الحديثة التي امتد نفوذها في أفريقيا وآسيا. كما عرف وادي النيل نظاما متطورا لمفهوم الدولة وامتد نفوذ الدولة الفرعونية فشمل العديد من المناطق.

ومن الواضح أن الدبلوماسية لا يمكن أن تنشأ إلا بتعدد الدول وقيام علاقات معينة بينها، والى جانب ذلك ظهرت العديد من الأنظمة السياسية الأخرى كالقبائل والإمارات السياسية المستقلة. وان اغلب هذه الدول كانت معاصرة لبعضها. وتوجد حدود ومصالح بينها، وتواجه أخطارا مشتركة تتطلب إقامة أحلاف وعلاقات تجارية وسياسية بينها.

وأوجب تعدد الدول في منطقة واحدة أو مناطق متقاربة أن تنشأ علاقات بينها سواء أكانت تلك العلاقات سلمية أم علاقات حرب. وكان لابد من استخدام الدبلوماسية في كلا الحالتين، فالعلاقات السلمية تتطلب التباحث وتبادل الرأي وحل المنازعات بالوسائل السلمية. كما أن حالة الحرب تتطلب إجراء المفاوضات للهدنة أو الصلح أو تبادل الأسرى.

وبالنظر لتعدد الدول في الوطن العربي، فقد تطورت العلاقات الدبلوماسية تطورا كبيرا فيما بينها، وهذا الوضع لم يحدث في عهد الدولة اليونانية أو الرومانية. حيث تبرز دولة واحدة تسيطر على الدول الأخرى. وتفرض تلك الدولة سيادتها على جميع أوربا بحيث لم يعد هناك كيان مستقل يستطيع إقامة علاقات دولية معها، وان وجد كيان فهو تابع لدولة ولا يتمتع باستقلال.

وأقامت الدولة الإسلامية على امتداد تاريخها، منذ القرن السابع الميلادي حتى الوقت الحاضر نظاما دوليا متطورا، وشهدت علاقات دولية متقدمة مع الدول المجاورة، إذ أقام النبي صلى الله علية وسلم أول دولة إسلامية في المدينة قامت على تعهد دولي بين المسلمين وغير المسلمين من سكان المدينة.

وسنتناول فيما سيأتي المصادر التي تقوم عليها الدبلوماسية الإسلامية، ومفهومها والحصانات والامتيازات التي يتمتع بها الرسل الأجانب في الدولة الإسلامية في المباحث الآتية:

المبحث الأول – مصادر الدبلوماسية الإسلامية.

المبحث الثاني – مفهوم الدبلوماسية الإسلامية.

المبحث الثالث – مفهوم الدبلوماسي في الإسلام.

المبحث الرابع – حصانات الدبلوماسي وامتيازاته في الإسلام.

المبحث الأول

مصادر الدبلوماسية الإسلامية

Sources Diplomatic Immunity

يقصد بمصطلح "مصادر" في فقه القانون الدولي ، الوسائل والعوامل التي أنشأت القاعدة القانونية الدولية[1].

ويقابل مصطلح المصادر في القانون الدولي مصطلح " أدلة الأحكام " في الشريعة الإسلامية. وهي بصورة عامة ، نصوص القران والسنة النبوية والإجماع والقياس والاستحسان والاستصحاب والعرف وما شرع من قبلنا ومذهب الصحابي[1] .

---

(1) وفي مجال القانون الداخلي يحدد دستور كل دولة وسائل إنشاء القواعد القانونية داخل الدولة . أما في مجال القانون الدولي فالمنظمات الدولية والمعاهدات الدولية تحدد وتضع القواعد المنظمة للعلاقات الدولية . ولما كان الأساس الذي يقوم عليه القانون الدولي العام هو الرضاء العام بقبول القواعد القانونية . وهذا الرضاء يعبر عنه صراحة أو ضمنا فإنه من الطبيعي أن تتعدد مصادر القانون الدولي العام بتعدد وسائل التعبير عن الرضاء.

Hans Kelsen , Principles of International Law. Second ed. New York,١٩٦٦,p.٤٣٧ .

والدكتور عبد الواحد محمد الفار ، القانون الدولي العام ، جامعة أسيوط ١٩٨٩،ص٥٠.

ولما كان القانون الدبلوماسي أحد فروع القانون الدولي العام ، فإن المصادر التي يستمد منها أحكامه هي المصادر ذاتها التي يستمد القانون الدولي العام أحكامه منها .وهي مصادر أصليه ، العرف والمعاهدات ومصادر مشتقة وهي أحكام المحاكم والفقه ومبادئ القانون العامة ومبادئ العدل والإنصاف.

الدكتور محمد سعيد الدقاق ، القانون الدولي ، المصادر والأشخاص ،ط٢ بيروت ١٩٨٣ ص٤١.والدكتور عبد الحسين القطيفي ، القانون الدولي العام ، بغداد ١٩٧٢ص،٣٩٧.

وفي عهد النبي محمد صلى الله عليه وسلم فإن المصادر الرئيسة للشريعة هي القرآن والسنة النبوية . وفي عهد ما بعد النبوة تنوعت المصادر وأضيف إليها الإجماع والقياس والاستحسان والمصالح المرسلة وسنتناول ذلك بشيء من الإيجاز:

أولا - القرآن الكريم

كل كلمة وردت في القران الكريم Holy Koran إنما هي تعبر عن حالة دبلوماسية . بما في ذلك القواعد المتعلقة بتنظيم القتال والحرب ، فقد وردت جميع الآيات في القرآن الكريم محاطة بالعفو والرحمة والشفقة وإحقاق الحق وتطبيق العدل . ومن الصعوبة تفسير جميع النصوص الواردة في القرآن الكريم في هذا المجال. ذلك أن الهدف الذي جاء به القران الكريم لا يمكن تطبيقه إلا باتباع السبل الدبلوماسية . فالقران الكريم كله رسالة يخاطب بها الله الناس كافة وهم المرسل إليهم. وحامل الرسالة هو رسول من الله وهو محمد صلى الله عليه وسلم إلى البشر ليبلغهم بهذه الرسالة . وهذا هو جوهر القانون الدبلوماسي في الوقت الحاضر . فهو ينظم العلاقة بين المرسل والرسول والمرسل إليه وحقوق وامتيازات الرسول الذي يحمل هذه الرسالة.

فقد أضفى القرآن الكريم مصطلح "الرسول" على مهمة النبي محمد صلى الله عليه وسلم. وورد هذا المصطلح في العديد من الآيات . وهو ينطبق على الشخص الذي يقوم بمهمة حمل رسالة إلى شخص آخر . ويتولى الرسول التعبير عن مرسله . وأن ما يقوله أو يعبر عنه ، لا ينسب إليه وإنما لمرسله .

وكان اختيار الله تعالى لهذا المصطلح تقديرا لما ينظره العرب للرسول على أنه مكلف بحمل رسالة ، وإن احترامه وتقديره بالنظر للمهمة التي يقوم بها، فلا يجوز الاعتداء عليه، بل لابد من احترامه وتقديره .

والأنبياء إما أن يكونوا غير مرسلين ، أي انهم يحملون رسائل غير مصرح بها، أو أن يكونوا مرسلين ، كموسى وعيسى عليهما السلام ومحمد صلى الهه عليه و سلم يحملون رسائل للناس مصرح بها . وقد وردت العديد من الآيات تؤكد ذلك، منها قوله تعالى :

{ كَتَبَ اللهُ لأغلبنَّ أَنَا وَرُسُلي إن اللهَ قَويٌّ عَزِيزٌ }[٢]. وقوله تعالى : **{ وَمَا مُحَّمدٌ إلا رَسولٌ قَد خَلتَ من قبله الرسلُ}**[٣]

ولما كان الإسلام لا يتحدد بالإيمان بالله وحده ، وإنما هو أيضا عقيدة متكاملة تنظم سلوك الحياة ، فإن إيصال هذه القواعد للناس لا يتحقق إلا باتباع أسلوب التفهيم والإقناع لإزالة ما تعلق من أدران ومعتقدات ، وغرس قواعد جديدة في التوحيد

---

[١] شرح البدخشي ، مناهج العقول ، للأمام محمد بن الحسن البدخشي ، مطبعة محمد علي صبيح ، مصر ، ج١ ١٩٤ وج٢ ص٣. كذلك يراجع الدكتور عبد الواحد عبد الرحمن ، الأنموذج في أصول الفقه ، جامعة بغداد ١٩٨٧ص ٦٩.

(٢) سورة المجادلة الآية ٢١.

(٣) سورة آل عمران الآية ١٤٤.

والسلوك الإنساني المتضمنة العبادات والمعاملات. وإذا كانت جميع الآيات التي جاءت في القرآن الكريم تعد نصوصا دبلوماسية تحدد الإيمان بالله وقواعد السلوك الإنساني للناس كافة ، فإن إيصال هذه القواعد لا يمكن أن يتحقق إلا باتباع الأسلوب الدبلوماسي أيضا. ومن ذلك قوله تعالى : [**وَجادِلهم بِالتي هِيَ أحَسنُ** } [١].

وقد جاءت القواعد الدبلوماسية في القرآن بحق النبي محمد **صلى الله عليه وسلم** على ثلاثة أنوع :

١– قواعد دبلوماسية جاءت بحق النبي محمد **صلى الله عليه وسلم** ، ولكنها تعد تشريعا لجميع المسلمين منها قوله تعالى: [**عبس وتولى أن جاءه الأعمى** } [٢]. فهـذه الآية جاءت بحق النبي محمد صلى الله عليه وسلم إلا أنها تعد تشريعا لجميع المسلمين.

٢– الأحكام التي جاءت للمسلمين بصورة عامة ، وذلك يشمل الرسل . ومن ذلك قوله تعالى :[**يأيها الذينَ آمنوُا اتقوا اللهَ وقُولوا قَولا سَديدا}** [٣]. فهذه الآية موجهة للمسلمين عموما .

ثانيا-السنة النبوية

وهو كل ما صدر عن النبي محمد **صلى الله عليه وسلم** من قول وفعل وتقرير . وتعد جميع أقواله وأفعاله قواعد دبلوماسية . ذلك أن الأحكام التي جاءت بحق النبي محمد **صلى الله عليه وسلم** كانت موزعة على الأنواع الآتية:

١- الأحاديث والأعمال التي وردت بحق النبي محمد **صلى الله عليه وسلم** والتي تعد تشريعا للمسلمين أيضا لكونه أنموذجا للبشر لقوله تعالى : [**لَقَد كانَ لَكم في رَسُولِ اللهِ أُسوَةٌ حَسنةٌ}** [٤]. ومن هذه الأحاديث والأعمال المتعلقة بالدبلوماسية كاختياره للرسل الذين أرسلهم للملوك والأمراء . واستقباله الرسل الأجانب وطريقة معاملته لهم . فهذه الأحاديث والأعمال التي قام بها النبي محمد **صلى الله عليه وسلم** وردت بحقه ولكنها تعد تشريعا للمسلمين جميعا.

٢- الأحاديث التي وردت عن النبي محمد **صلى الله عليه وسلم** والموجهة للمسلمين جميعا ، فإنه ملزم بتطبيقها هو قبل غيره . ومن ذلك قوله: " إذا تثاءب أحدكم فليضع يده على فيه"[٥]. فهذا الحديث عام يحدد سلوك المسلم في موضوع معين . كما أنه في

(١) سورة النحل الآية ١٢٥.
(٢) سورة عبس الآية ١و٢.
(٣) سورة الأحزاب الآية ٧٠.
(٤) سورة الأحزاب الآية ٢١.
(٥) فيض القدير شرح الجامع الصغير للمناوي ، جـ١ ص٣١٤.

الوقت نفسه يشمل النبي محمد **صلى الله عليه وسلم** بوصفه الأسوة الحسنة. وقد يطبقه بصورة أكثر مما يطبقه المسلم المخاطب. فقد رُوي عنه **صلى الله عليه وسلم** انه لم يتثاءب قط، ولم يطلب من المسلمين إلا ما ورد لهم من تشريع لدفع الحرج عنهم.

٣ - الأمور الخاصة به **صلى الله عليه وسلم** بصفته كإنسان. مثل أكله ولبسه وخصوصياته، فهذه لا تعد تشريعا للمسلمين وإنما هي من الأمور الخاصة به

ثالثا - الإجماع والقياس والاستحسان والمصالح المرسلة

إذا لم يرد في القرآن والسنة النبوية من أحكام تتعلق بتنظيم قواعد الدبلوماسية فيلجأ إلى الإجماع والقياس والاستحسان والمصالح المرسلة التي حددتها قواعد الفقه الإسلامي. وقد أصبحت الحاجة إلى هذه الأدلة ضرورية خاصة بعد اتساع الدولة الإسلامية ومجاورتها للعديد من الدول الأخرى وظهور حاجات جديدة تتطلب الحل.

رابعا - الأعراف والتقاليد والدولية

تعد الأعراف والتقاليد الدولية جزءا من العرف الدبلوماسي. ومنها الرسائل التي أرسلها النبي محمد **صلى الله عليه وسلم** إلى الملوك والأمراء لما فيها من قواعد دبلوماسية كأسلوب التخاطب وطريقة كتابة الرسائل وختم الرسائل وأصول المجاملات الدولية التي كانت سائدة بين العرب والدول المجاورة[1].

خامسا - التقاليد والأعراف العربية

وهي التقاليد والأعراف التي اقتبسها من البيئة العربية التي عاش بها. كالأمان بالنسبة للرسل ومعاملتهم معاملة حسنة، فقد جاء بكتاب السير: " فإن الرسل آمن من الجانبين، هكذا جرى الرسل في الجاهلية "[2]. وهذا يعني أن الرسل كانوا يتمتعون بالحماية قبل الإسلام.

وإذا ما أجرينا مقارنة بين مصادر الدبلوماسية الواردة في القانون الدولي المعاصر ومصادر الدبلوماسية في عهد النبي محمد **صلى الله عليه وسلم** نجد ما يأتي:

١ - إن مصادر الدبلوماسية الثابتة في الشريعة الإسلامية هي القرآن والسنة النبوية والعرف الدولي السائد في عهد النبي محمد **صلى الله عليه وسلم**. أما مصادر الدبلوماسية الثابتة في القانون الدولي المعاصر فهي الاتفاقيات الدولية والعرف الدولي.

٢ - تتصف مصادر الدبلوماسية في الشريعة الإسلامية بكونها نافذة وملزمة للجميع. لكونها تعد تشريعا سماويا حتى ما ورد منها من العرف السائد ما دام النبي محمد **صلى الله عليه وسلم**

---

[1] كانت اتصالات سائدة بين ملوك وأمراء الجزيرة العربية والدول المجاورة. يراجع: الدكتور جواد علي، تاريخ العرب قبل الإسلام، ج ٤، بغداد، ص ١٧١.

[2] السير الكبير لمحمد بن الحسن الشيباني، إملاء احمد السرخسي- ج١ تحقيق الدكتور صلاح الدين المنجد، مطبعة مصر القاهرة ١٩٥٨، ص ٢٩٦.

قد أقرها وعمل بها. ويترتب على مخالفتها عقاب من الله تعالى. أما مصادر الدبلوماسية في القانون الدولي المعاصر فإنها قائمة على إرادة الدولة ، وإنها تتصف بكونها ملزمة غير نافذة بسبب فقدانها لعنصر الجزاء. ولهذا نجد أن الدول غالبا ما تنتهك قواعد الدبلوماسية .

المبحث الثاني

مفهوم الدبلوماسية الإسلامية

عندما عقدت معاهدة فيينا للعلاقات الدبلوماسية لعام ١٩٦١، أخذت بمصطلح Diplomacy اليوناني الأصل. وعندما عربت الاتفاقية إلى اللغة العربية ، لم يعرب هذا المصطلح إلى العربية، وإنما استخدم مصطلح "الدبلوماسية"، وأصبح هو المتداول بين الدول العربية والإسلامية .

لقد اختلف الفقه الغربي حول مفهوم الدبلوماسية[1]. غير أن المفهوم الأكثر تداولا، هو ذلك الذي يحددها بأنها فن توجيه العلاقات الدولية والسياسة الخارجية للدول ، والمفاوضات بين الأشخاص القانونية الدولية ، وفن تمثيل الدول ورعاية مصالحها الوطنية في وقت السلم. كما تعني أيضا المهمة التي يضطلع بها المبعوث الدبلوماسي كحلقة وصل بين دولته والدولة المعتمد لديها. وإذا كانت الدبلوماسية في مفهوم القانون الدبلوماسي تعني إدارة العلاقات الدولية في وقت السلم وفن تمثيل الدول وإجراء المفاوضات ، فما موقف فقهاء الشريعة الإسلامية من هذا المفهوم؟

لم يستخدم فقهاء الشريعة الإسلامية مصطلح الدبلوماسية، ويطلقون على القواعد التي تنظم العلاقات الدولية في وقت السلم وإرسال الرسل واستقبالهم بقواعد السير. فيقولون السيرة أو السيرة النبوية ، أو كتاب السير ، وهي تعني سياسة الرسول صلى الله علية وسلم الراشدة أو قيادة حكيمة أو تصرفا كريما في السلم والحرب، مع الأصدقاء والأعداء ، وأخلاقه ومعاملته لأصحابه وكياسته للرسل ، واختياره للرسل

---

(١) مصطلح الدبلوماسية Diplomacy يوناني الأصل ، وهو مشتق من كلمة Diplum ومعناها يطوي . ثم أطلق الرومان كلمة Diplom على وثيقة السفر المعدنية المختومة والمطوية الصادرة عن الرؤساء السياسيين للمدن التي يتكون منها المجتمع الإغريقي القديم . يراجع:

ser Ernest ,Satow .A Guide Diplomatic Practice, London ١٩٥٧,p.٢ وقد اختلف فقهاء القانون الدبلوماسي في تحديد معني الدبلوماسية ، فمنهم من عرفها بأنها فن توجيه العلاقات الدولية . وعرفها آخرون بانها السياسة الخارجية للدول وقت السلم . ومنهم من وجد بأنها فن المفاوضات . ومنهم من حددها بانها علم وفن تمثيل الدول.يراجع:

Wesley L. Gould. An Introduction to International Law. New York ١٩٥٧,p١٠

وعلمه وعدله ورحمته[١]. والذكاء والخبرة التي يتمتع بها النبي محمد **صلى الله عليه وسلم** في أسلوب نشر الإسلام ومدى تأثير شخصيته في إدارة الإسلام الدولية ، في زمن السلم والحرب، واختياره الرسل لحمل رسائله للملوك والأمراء وشيوخ القبائل . وكيفية استقباله الرسل وطريقة التفاوض معهم ومنحهم الامتيازات والحصانات الدبلوماسية ، وعقد الصلح والهدنة والتحالف مع الآخرين وتسوية المنازعات بالوسائل السلمية ، وتبادل التهاني والتعازي وقبول الهدايا وإرسالها لمن يراه أهلا لها، واختياره الولاة والقضاة في المدن الإسلامية . ودور النبي محمد **صلى الله عليه وسلم** في إدارة العلاقات الدولية في وقتي السلم والحرب والعلاقة مع الأعداء "دار الحرب" والعهد من المستأمنين وأهل الذمة[٢].

ونلاحظ أن مصطلح **السير** في الفقه الإسلامي أوسع بكثير من مصطلح الدبلوماسية اليوناني المستخدم حاليا . فالسير تعني إدارة سياسة الدولة الداخلية والخارجية، بينما تعني الدبلوماسية إدارة سياسة الدولة الخارجية .

وإذا كان القانون الدولي العام مجموعة القواعد التي تنظم العلاقات بين الأشخاص القانونية الدولية في وقتي السلم والحرب ، فإن فقهاء الشريعة الإسلامية يطلقون على هذه القواعد " بالسير والمغازي " . فالسير تلك القواعد التي تنظم العلاقات في وقت السلم ، أما المغازي فهي القواعد التي تنظم العلاقات في وقت الحرب، وهي القواعد التي يجب تطبيقها في وقت الحرب[٣].

والسير والمغازي يقصد بها تلك الصفحة الأولى من تاريخ الأمة العربية الإسلامية الجهادية ، المتمثلة في إقامة صرح الإسلام وجمع العرب تحت لواء النبي محمد **صلى الله عليه وسلم** ، وما يضاف إلى ذلك فيما يتعلق بنشأته وذكر آبائه وما سبق من أحداث لها صلة بشأنه وحياة أصحابه الذين حملوا لواء الإسلام[٤].

وبناء على تحديد الفقه الإسلامي لهذه العلاقة فإنها تنطبق بصورة أساسية مع المفهوم الدبلوماسي الحديث ، من حيث الشكل . ذلك أن العلاقة الدبلوماسية في القانون الدبلوماسي المعاصر تقوم على العلاقة بين المرسل والرسول والمرسل إليه والرسالة ، ولكنها تختلف من حيث الجوهر . فالمرسل في القانون السماوي هو الله تعالى بينما المرسل في القانون الدبلوماسي هو الملك أو الأمير أو الأشخاص ، أي الإنسان ، وأن

---

(١) يراجع المبسوط لشمس الدين للسرخسي ج١٠ مطبعة السعادة مصر ١٣٢٤ .وهو الجزء الخاص بكتاب السير. ويراجع أيضا : الدكتور محمد بن محمد أبو شهبة ، السيرة النبوية في ضوء القران والسنة ، القاهرة ١٩٧٠ص ١٢.

(٢) المبسوط لشمس الدين السرخسي ، مصدر سابق ، ص ٢.

(٣) وينظم قانون الحرب القواعد المتعلقة بالمنازعات المسلحة كإعلان الحرب والأشخاص الذين يحق لهم الاشتراك في العمليات العسكرية والأسلحة التي يجوز استخدامها والأسلحة المحرمة دوليا والأهداف والأشخاص التي يجوز الهجوم عليها والتي تتمتع بحماية دولية وحالات وقف القتال والهدنة والصلح . يراجع: كتابنا ، قانون الحرب ، دار القادسية ، بغداد ١٩٨٤ ص١٥.

(٤) تراجع مقدمة كتاب السير النبوية لابن هشام ، تحقيق مصطفى السقا وآخرون ، القسم الأول الجزأين الأول والثاني ، ط ٢ مطبعة مصطفى البابي الحلبي ، مصر ١٩٥٥ص٣.

الرسول في القانون السماوي هو النبي المرسل بينما الرسول في القانون الدبلوماسي هو إنسان عادي وإن اتصف بميزات معينة ، والمرسل إليهم في القانون السماوي هم الناس كافة ، بينما المرسل إليه في القانون الدبلوماسي هو شخص معين أو مجموعة من الأشخاص . والرسالة في القانون السماوي مصلحة عامة ، هي هداية الناس إلى طريق الحق ، بينما الرسالة في القانون الدبلوماسي مصلحة خاصة .

المبحث الثالث

مفهوم الدبلوماسي في الإسلام

يطلق على مهمة الشخص الذي يتولى مهمة نقل الرسائل بين الناس بالدبلوماسي Diplomatic . وعند تعريب اتفاقية فيينا للعلاقات الدبلوماسية لعام ١٩٦١ لم يكن التعريب موفقا. حيث لم يعرب هذا المصطلح ، وإنما أضيف إليه المبعوث ليصبح " المبعوث الدبلوماسي ". ومصطلح المبعوث هو مقارب لمصطلح الدبلوماسي ، وكان من الممكن أن تستخدم كلمة المبعوث بدلا من الدبلوماسي .

والمبعوث الدبلوماسي الذي يمثل دولته هو رئيس الدولة ووزير خارجيتها وغيرهم من المراتب العليا في الدولة ، عندما يكونون في بعثة خاصة مؤقتة لتمثيل دولهم[١]. ويقصد بالمبعوث الدبلوماسي في البعثات الدائمة ، كل من رئيس البعثة أو أحد موظفيها الدبلوماسيين . أما الموظفون الدبلوماسيون فيقصد بهم موظفو البعثة ذوو الصفة الدبلوماسية[٢].

وإذا كان مصطلح الدبلوماسي الوارد في اتفاقية فيينا للعلاقات الدبلوماسية لعام ١٩٦١ قد عُرّب إلى المبعوث الدبلوماسي ، فإن مبعوث البابا لم يُعرّب بمثل هذا المصطلح ، وإنما عُرّب بالقاصد الرسولي . وكان من الأجدر أن تعرب المصطلحات بصورة متساوية. ويقابل مصطلح الدبلوماسي الوارد في اللغة اليونانية

---

(١) نصت المادة (٢١) من اتفاقية فيينا البعثات الخاصة لعام ١٩٦١على ما يأتي: " أن رئيس الحكومة ووزير خارجيتها والأشخاص الآخرين من المرتبة العليا عندما يكونون في بعثة خاصة لتمثيل دولتهم فإنهم يتمتعون في الدولة المستقبلة أو الدولة الثالثة بالإضافة إلى ما تضمنه هذه الاتفاقية بالتسهيلات والامتيازات والحصانات التي اقرها القانون الدولي ". يراجع للتفاصيل:
Holder W. E. The International Legal System .Butterwrths ١٩٧٢ ,p.٥٧٥.

(٢) نصت المادة الأولى من اتفاقية فيينا للعلاقات الدبلوماسية لعام ١٩٦٣ على ما يأتي : " يقصد في هذه الاتفاقية بالتعابير التالية المدلولات المحددة أدناه : أ- يقصد بتعبير رئيس البعثة الشخص الذي تكلفه الدولة المعتمدة بالتصرف بهذه الصفة . ب- يقصد بتعبير أفراد البعثة رئيس البعثة وموظفو البعثة . ج - يقصد بتعبير موظفي البعثة الموظفون الدبلوماسيون والإداريون والمستخدمون . د- ويقصد بتعبير الموظفين الدبلوماسيين موظفي البعثة ذوي الصفة الدبلوماسية هـ - يقصد بتعبير المبعوث الدبلوماسي رئيس البعثة أو أحد موظفيها الدبلوماسيين. و- يقصد بتعبير الموظفين الإداريين والفنيين موظفو البعثة العاملون في خدمتها الإدارية والفنية "

مصطلح " الرسول " في اللغة العربية. وهو أكثر انسجاما ودقة من مصطلح الدبلوماسي الذي لا يزال غير واضح عند الغربيين أنفسهم . وقد ارتأينا أن نستخدم المصطلح الغربي لأنه المتداول، وحتى نكون أكثر قربا من مفهوم القانون الدبلوماسي.

والعلاقة الدبلوماسية تقوم على أربعة عناصر : هي المرسل والرسول والمرسل إلية والرسالة . ويقول فقهاء الشريعة الإسلامية في العلاقة بين الله والنبي والناس كافة، بأن :" الرسول سفارة بين الله وبين ذوي العقول من عباده لإزاحة عللهم في معاشهم ومعادهم . والرسول في الشرح النبوي ولسان الشرع عبارة عن إنسان أنزل عليه شريعة من عند الله بطريق الوحي ، فإذا أمر بتبليغها سُمّي رسولا " . ويحددون معني الرسول بأنه: "الرسول من بعثه الله بشريعة مجددة يدعو الناس إليها ، والإضافة إلى ضميره تعالى في رسوله وما قبله عهديه وهو محمد صلى الله عليه وسلم " [(١)].

وحدد الإسلام ثلاثة أنواع للدبلوماسي وهي :

أولا – الرسول

أطلق فقهاء الشريعة الإسلامية على الشخص الذي يقوم بمهمة إبلاغ الرسالة بالرسول messenger. والرسول مصدر من الفعل أرسل ، والجمع إرسال . والرَّسل: الإبل وتعني الرفق والتودد. والترسل في الكلام : التوقر والتفهم . والرسول بمعنى الرسالة . ويقال تراسل القوم : أرسل بعضهم إلى بعض . وقال أبو بكر بن الانباري في قول المؤذن : اشهد أن محمدا رسول الله : اعلم وأبين أن محمدا متابع للأخبار من الله عز وجل .

والرسول في اللغة : معناه متابع أخبار الذي بعثه . وقال أبو اسحق النحوي في قوله عز وجل حكاية موسى وأخيه : " فقولا إنا رسول رب العالمين " معناه أنا رسول رب العالمين ، أي ذو رسالة رب العالمين . وقال الأزهري : وسمي الرسول رسولا، لأنه ذو رسول أي ذو رسالة . والرسول اسم من أرسلت وكذلك الرسالة. ويقال أرسلت فلانا في رسالة ، فهو مُرسَل ورَسول[(٢)] .

وأضفى الله تعالى مصطلح الرسول على النبي محمد **صلى الله عليه وسلم**. واستخدم مصطلح الرسول في القران الكريم مرات عديدة ، جاءت بصيغة المفرد والجمع.

وقد اتصف محمد **صلى الله عليه وسلم** بصفتي النبوة والرسول، فهو نبي وصاحب رسالة . ذلك أن بعض الأنبياء لم يصرح لهم التصريح بالرسالة المنزلة من الله . وان البعض الآخر اتصف بالنبوة والرسالة . وهم موسى وعيسى وداود عليهم السلام ومحمد **صلى الله عليه وسلم** ولذا قيل إن النبي إنسان أوحي إليه بشرع سواء أمر بتبليغه والدعوة إلية أم لا. فإن أمر بذلك

(١) الإمام محمد بن إسماعيل الصنعاني الأمير ، سبل السلام ج١، مصدر سابق ، ص٩.

(٢) يراجع لسان العرب ، المحيط للعلامة ابن منظور ، طبعة بيروت ، ص ١١٦٥,

فهو نبي رسول . فالفرق بينهما بالأمر بالتبليغ وعدمه . فالنبي اعم من الرسول . أي ملزم في كونه رسولا أن يكون نبيا ولا عكس[1]..

ويشترط في الرسول أن يكون نبيا، إذا كان مرسلاً من الله تعالى . وينطبق مصطلح الرسول على أي شخص مرسل من شخص إلى آخر. كذلك ينطبق مصطلح الرسول على الأشخاص الذين أرسلهم النبي محمد **صلى الله عليه وسلم** للملوك والأمراء وشيوخ القبائل. وبناء على ذلك فإن مصطلح الرسول عاما ينطبق على المهمة المكلف بها الشخص. أما مصطلح النبي فإنه لا ينطبق إلا على الأشخاص الذين وصفهم الله بهذه الصفة.

ثانيا - السفير

السفير ambassador في القانون الدبلوماسي هو الشخص الذي يتولى رئاسة البعثة الدبلوماسية ، وهو ممثل لدولته في الدول الأجنبية .

والسفير مصدر من الفعل سفر . وسفر بمعنى تفرق . ويقال انسفرت الإبل إذا ذهبت في الأرض . والسفر خلاف الحضر . وهو مشتق من ذلك لما فيه من الذهاب والمجيء .والجمع إسفار . رجل مسافر : ذو سفرة . والسفرة قطع المسافة. السُّفر طعام يتخذ للمسافر . وفي حديث عائشة : صنعنا لرسول الله **صلى الله عليه وسلم** ولأبي بكر سفرة في جراب أي طعاما لما هاجرا.

والسفير : الرسول والمصلح بين القوم . والجمع **سفراء** . وفي حديث علي كرم الله وجهه انه قال لعثمان رضي الله عنه : أن الناس قد أستسفروني بينك وبينهم . أي جعلوني سفيرا . وهو الرسول المصلح بين القوم . ويقال سـفرت بين القوم إذا سعيت بينهم في الإصلاح . والسِفر : **الكتاب** . وقيل هو الكتاب الكبير . وقيل هو جزء من التوراة . والسفرة الكتبة . واحدهم سافر . قال تعالى: [**بأيدي سفرة**]. وقيل: سميت الملائكة سَفرة لأنهم يسفرون بين الله وبين أنبيائه. وقيل سموا سفرة لأنهم ينزلون بوحي الله وبإذنه وما يقع به الصلح بين الناس فشبهوا بالسفراء الذين يصلحون بين الرجلين . وفي الحديث : مثل الماهر بالقرآن مثل السفرة . وهم الملائكة جمع سافر . والسافر في الأصل الكاتب سمي به لأنه يبين الشيء ويوضحه[2].

وعلى الرغم من التقارب بين مصطلحي الرسول والسفير في اللغة العربية ، إلا أن هناك فروقا بينهما ، منها : أن مهمة الرسول هي إبلاغ الرسالة المكلف بها من قبل مرسله كما هي دون زيادة أو نقصان . لقوله تعالى: [ۚ **مَا عَلَى الرُسولِ إلا البلاغُ المبين**][3].

بينما تتضمن مهمة السفير الصلح بين المرسل والمرسل إليه . وكما هو معروف فإن **الصلح** قد يتطلب أن يتنازل كل من الطرفين المتنازعين عن جزء من حقه للطرف

(١) يراجع الدكتور رشدي عليان والدكتور عبد الرحمن الدوري ، أصول الدين الإسلامي ، مطبعة الإرشاد ، بغداد، ١٩٨٦ص٢٣٠.

(٢) يراجع لسان العرب . المحيط للعلامة ابن منظور . طبعة دار لسان العرب، بيروت، ص ١٥٤.

(٣) سورة العنكبوت الآية ١٨.

الآخر؛ أي أن الصلح يتضمن المساومة . كذلك فإن الرسول لا يشترط في مهمته السفر بينما يشترط في السفير أن تتضمن مهمته السفر .

وتستخدم الدول العربية مصطلح السفير ، بالنسبة لرئيس البعثة الدبلوماسية. وتستخدم مصطلح السفارة لمجموع البعثة الدبلوماسية بما في ذلك البناية التي يعمل بها السـفير وبقية المبعوثين . والسـفير يمثل درجة وظيفية في السـلك الدبلوماسي.

وقد أطلق على الأشخاص الذين أرسلهم النبي محمد **صلى الله عليه وسلم** للملوك والأمراء وشيوخ القبائل مصطلح السفراء. وإذا كان الوفد يتكون أكثر من شخص يطلق علية بالسفارة[1].

ولم يطلق على النبي محمد **صلى الله عليه وسلم** بالسفير ، لأن مهمته محدده بإيصال الرسالة كما هي , كما أن مهمته لا تتطلب السفر . فإن الرسالة تنزل عليه وهو مع أصحابه، وان مهمته ليست الصلح بين الناس وإنما هي إيصال رسالة إليهم .

ثالثا- المبعـوث

يطلق مصطلح المبعوث agent في الوقت الحاضر على الأشخاص الذين ترسلهم دولهم لمهمة خاصة كحمل رسالة من رئيس دولة إلى رئيس دولة أخرى . كذلك ترسل الأمم المتحدة والمنظمات الدولية مبعوثا في مهمة خاصة .

وعندما عربت اتفاقية فيينا للعلاقات الدبلوماسية لعام ١٩٦١ الخاصة بالبعثات الدائمة عرب الدبلوماسي، إلى المبعوث الدبلوماسية. كما أن اتفاقية البعثات الخاصة لعام ١٩٦٩ نظمت البعثات المؤقتة ، التي ترسلها الدول لأغراض مؤقتة ، كالاشتراك بالمؤتمرات الدولية أو إرسال مبعوث خاص .

وعرف العرب **المبعوث**. والمبعوث : مصدر من الفعل بعث . وبعثه بعثا بمعنى أرسله وحده . وبعث به بمعنى أرسله مع غيره . وفي حديث عليّ عليه السلام ، يصف النبي محمد **صلى الله عليه وسلم:** " شـهيدك يوم الدين وبعيث نعمة " . أي مبعوثك الذي بعثته إلى الخلق. أي أرسلته .

والبعث في كلام العرب على وجهين : احدهما الإرسال ، كقوله تعالى : **[ثُمَّ بَعَثْنَا مِن بَعْدِهِم مُّوسَى]** [2]. أي أرسلنا . والبعث أيضا : الأحياء من الله للموتى. ومن أسمائه عزل وجل : **الباعث** ، وهو الذي يبعث الخلق ، أي يحييهم بعد الموت[3].

---

(١) يراجع : محمود شيت خطاب . السفارات النبوية ، مطبعة المجمع العلمي العراق ، بغداد ١٩٨٩ ، ص ١وما بعدها .

(٢) سورة الأعراف الآية ١٠٣.

(٣) لسان العرب ، المحيط للعلامة ابن منظور ، مصدر سابق ، ص ٢٣٠.

وقد وردت كلمة **المبعوث** في آيات عديدة في القرآن . منها قوله تعالى:[**قَد منَّ اللهُ عَلى المؤمنينَ إذ بَعثَ فيهم رسولا مِن أَنفسهم**][1] . وقوله تعالى :[**أَبَعثَ اللهُ بَشرا رَسولاً**][2]. وقوله تعالى :[**أهذا الذِي بَعَثَ الله رسُولاً**] [3].

وقد جمعت هذه الآيات بين كلمتي المبعوث والرسول في آن واحد . وقال النبي محمد **صلى الله عليه وسلم**: " بعثت لأتمم حسن الاختلاق "[4] . وعندما خرج النبي محمد **صلى الله عليه وسلم** ذات يوم بعد عمرته قال : " أيها الناس أن الله قد بعثني رحمة" [5].

يتضح من ذلك أن المبعوث قد يكون رسولا ، أو لمهمة اخرى غير حمل الرسالة . فيقال بعثت لك فلانا لغرض المساعدة ، أو تقديم العون .

رابعا - المرسل إليهم

غالبا ما يكون المرسل إليهم في القانون الدولي العام هم الدول . ومفهوم الدولة في هذا المعنى يشمل مؤسسات الدولة ومواطنيها , غير أن التعامل مع هؤلاء يكون عن طريق وزارة الخارجية . فالسفارات الأجنبية في الدول تمثل دولها في العلاقات القائمة بينها . وليس لها الاتصال مع مؤسسات الدولة أو مواطنيها إلا عن طريق وزارة الخارجية، إلا إذا وجد اتفاق يقضي بالسماح للمبعوثين الدبلوماسيين الاتصال بالمؤسسات الرسمية للدولة التي يعملون بها أو مع مواطنيها .

وإذا كانت مهمة الرسل الأنبياء إلى المرسل إليهم واحدة وهي دعوتم إلى الله تعالى ، فإن هذه المهمة محكومة بالقواعد الآتية :

١- **لغة الرسول** : إن كل رسول يتكلم بلغة القوم المرسل إليهم . لقوله تعالى : [**وما أرسلنا من رسول إلا بلسان قومه ليبين لهم**][6] .

٢- **الرسول من قوم المرسل إليهم** : إن كل رسول يرسل إلى قوم يكون من هؤلاء القوم لقوله تعالى: [**كما أرسلنا فيكم رسولا منكم يتلوا عليكم آياتنا**] [7] .

(١) سورة آل عمران الآية ١٦٤.
(٢) سورة الإسراء الآية ٩٤.
(٣) سورة الفرقان الآية ٤١.
(٤) صحيح مسلم ج٣ ص٣,
(٥) عبد السلام هارون ، مصدر سابق ، ص ٥١٤.
(٦) سورة إبراهيم الآية ٤.
(٧) سورة البقرة الآية ١٥١.

وبناء على ذلك، فإن الرسل من قوم المرسل إليهم . لكي يعرف طبائعهم وحاجاتهم وطرق إقناعهم، فلو كان من غير قومه لشعروا بالغربة منه . ومن ذلك أرسل الله نوحا إلى قومه. لقوله تعالى : **[وَلَقَدْ أَرْسَلْنَا نُوحًا إِلَى قَوْمِهِ إِنِّي لَكُمْ نَذِيرٌ مُّبِينٌ]** [1] . كذلك أرسل الله عيس عليه السلام إلى بني إسرائيل لقوله تعالى: **[وَإِذْ قَالَ عِيسَى ابْنُ مَرْيَمَ يَا بَنِي إِسْرَائِيلَ إِنِّي رَسُولُ اللَّهِ إِلَيْكُم مُّصَدِّقًا لِّمَا بَيْنَ يَدَيَّ مِنَ التَّوْرَاةِ وَمُبَشِّرًا بِرَسُولٍ يَأْتِي مِن بَعْدِي اسْمُهُ أَحْمَدُ فَلَمَّا جَاءَهُم بِالْبَيِّنَاتِ قَالُوا هَذَا سِحْرٌ مُّبِينٌ]** [2].

٣- المرسل إليه **شخصا** : قد يكون المرسل إلية شخصا واحدا إذا كانت له أهمية كأن يكون ملكا . لقوله تعالى: **[كَما أَرسَلنا إلى فِرعَونَ رَسُولا]** [3] .

٤- المرسل إليهم **أعدادا** محددة : فقد يرسل الرسل إلى مجموعة من الأعداد المحددة . لقوله تعالى: **[وأرسلناك إلى مائة ألف أو يزيد]** [4] . أما بالنسبة للنبي محمد **صلى الله عليه وسلم** فإن المرسل إليهم هم :

١- المرسل إليهم كافة الناس : لم يرسل النبي محمد **صلى الله عليه وسلم** لفئة معينة وإنما أرسل للناس كافة لقوله تعالى: **[وَما أرسَلناكَ إلا كَّافَّة للناسِ بَشيراً وَنذيراً]** [5] . أما قوله تعالى: **[و الذي بعث في الأميين رسولا منهم]** [6] فقد فسرت هذه الآية الآية بأن المقصود بالأميين هم العرب لان أكثرهم لا يكتبون ولا يقرأون [7]. والواقع أن بني إسرائيل يعدّون أنفسهم أهل الكتاب المقدس وان كل شخص من غيرهم يعد أميا وان كان يقرأ ويكتب . ولهذا فإن تفسير

---

(١) سورة هود الآية ٢٥.
(٢) سورة الصف الآية ٦.
(٣) سورة المزمل الآية ١٥.
(٤) سورة الصافات الآية ١٤٧.
(٥) سورة سبأ الآية ٣٥.
(٦) سورة الجمعة الآية ٢.
(٧) صفوة البيان لمعاني القران ، تفسير الشيخ حسنين محمد مخلوف ، الكويت ١٩٨٧ص٧٢٢.

هذه الآية لا يعني أن النبي محمد**صلى الله عليه وسلم**أرسل للأميين فقط ، بل أرسل للناس كافة بمن فيهم بني إسرائيل . كما أكدت ذلك العديد من الآيات .

٢- لغة المرسل إليهم : لما كان المرسل إليهم الناس كافة فإن ذلك يعني أن النبي محمد **صلى الله عليه وسلم** أرسل لجميع الناس على اختلاف لغاتهم، وهذا يتطلب أن نعرف هل أن النبي محمد **صلى الله عليه وسلم** يعرف لغات الناس كافة ام انه يعرف اللغة العربية فقط ؟.

روي أن النبي محمد **صلى الله عليه وسلم** كان يعرف جميع الألسنة ، لأنه، أرسل إلى الأمم كلها . وانه كان يعرف كل اللغات وان كان عربيا والقران نزل بالعربية[١] .

خامسا - الرسالة

حدد القانون الدبلوماسي بأن لكل مبعوث دبلوماسي رسالة message يحملها للطرف الآخر، وهذه الرسالة هي وظيفة البعثة الدبلوماسية ، وتكاد تكون موحدة بالنسبة للبعثات الدبلوماسية الدائمة[٢]. وعلى الرغم من اختلاف كل نبي باسم الكتاب الذي يحمله إلا أن الله تعالى قد أطلق على كل ما يحمله الأنبياء بـ " **الرسالة** " . لقوله تعالى : [**الذِّينَ يُبلغونَ رِسالات الله ويَخشونهُ ولا يَخشونَ أحدا إلا اللهَ**][٣] . والرسائل المكتوبة هي التوراة والإنجيل والزبور . أما القران فإنه مكتوب ومحفوظ .

ورسالة النبي محمد **صلى الله عليه وسلم** هي تبليغ الإسلام للناس كافة . وأن يتولى قراءة الرسالة بنفسه دون زيادة أو نقصان . لقوله تعالى : [**وَاتل مَا أُوحيَ إليك مِن كتابِ رَبك لا مُبدلَ لكلماته ولن تَجدَ من دونه مُلتَحدا**][٤]. إذا وجد الرسول جحودا من المرسل إليه، فإن مهمته تتحدد بتبليغ الرسالة . وإن المرسل يتابع رسوله في إيصال الرسالة، لقوله تعالى : [**مَّا عَلى الرسُولِ إلا البلاغُ واللهُ يَعلمُ مَا تبدونَ وما تكتمونَ**][٥].

(١) على بن حسين علي الأحمدي ، مصدر سابق ، ص ١٥.
وسنتطرق لهذا الموضوع بالتفصيل عند الكلام عن لغة النبي محمد صلى الله عليه وسلم الدبلوماسية.

(٢) نصت المادة الثالثة من اتفاقية فيينا للعلاقات الدبلوماسية لعام ١٩٦١ على ما يأتي :
أ-تمثيل الدولة المعتمدة في الدولة المعتمد لديها .
ب-حماية مصالح الدولة المعتمدة ومصالح رعاياها في الدولة المعتمد لديها ضمن الحدود التي يقرها القانون الدولي.
ج-التفاوض مع حكومة الدولة المعتمد لديها .
د-استطلاع الأحوال والتطورات في الدولة المعتمد لديها ...
هـ -تعزيز العلاقات الودية..."

(٣) سورة الأحزاب الآية ٣٩.

(٤) سورة الكهف الآية ٢٧.

(٥) سورة المائدة الآية ٩٩.

وإذا كانت الرسالة قد أنزلت للناس كافة إلا إنها نزلت **باللغة العربية** ، لأنها أرسلت إلى العرب أولا، ولكي يفهموها، ومن ثم ينقلوها للعالم . وقد أكدت ذلك العديد من الآيات منها قوله تعالى : [**إِنَّا أَنزَلْنَاهُ قُرْآنًا عَرَبِيًّا لَّعَلَّكُمْ تَعْقِلُونَ**][١]. وقوله تعالى [**وَكَذَٰلِكَ أَوْحَيْنَا إِلَيْكَ قُرْآنًا عَرَبِيًّا لِّتُنذِرَ أُمَّ الْقُرَىٰ وَمَنْ حَوْلَهَا وَتُنذِرَ يَوْمَ الْجَمْعِ لَا رَيْبَ فِيهِ فَرِيقٌ فِي الْجَنَّةِ وَفَرِيقٌ فِي السَّعِيرِ**][٢] . وتقع ضمن الرسالة أيضا أحاديث النبي محمد **صلى الله عليه وسلم**. .إذا كان القران قد نزل لفظا ومعنى فإن الأحاديث نزلت بالمعنى .

سادسا - المرسل

المرسل هو صاحب الرسالة، وأن الرسول يعبر عنه . وقد يكون المرسل في القانون الدبلوماسي رئيس دولة أو رئيس وزراء أو وزيرا أو أي شخص آخر. ومن المتفق عليه أن الرسول يعبر عن مرسله ، ولا يعبر عن نفسه . وقد يكون الرسول من مواطني الدولة أو شخصا أجنبيا . أما بالنسبة للشرائع السماوية فإن المرسل فيها هو الله تعالى، والأنبياء ليسوا سوى رسل يحملون رسائل الله إلى المرسل إليهم . وقد وردت العديد من الآيات تؤكد ذلك منها قوله تعالى: [**أمرا مِن عندِنا إنَّا كُنَّا مُرسلين**][٣]. وقوله تعالى : [**يا أيُّها الرسُول بَلغ مَا أُنزلَ إليكَ من ربكَ**][٤].

سابعا- العلاقة بين الرسول والمرسل

تختلف العلاقة بين المرسل والرسول بحسب طبيعة التبعية بينهما . فإذا كان الرسول موظفا لدى المرسل فإن هذه العلاقة تحددها القوانين الداخلية . فإذا تجاوز الرسول حدود رسالته ، فإنه يكون مسؤولا أمام مرسله . وغالبا ما يزود المرسل رسوله بخطاب يحدد فيه صلاحية رسوله يطلق عليه بخطاب الضمان . فإذا تجاوز الرسول حدود صلاحيته فإن المرسل لا يكون مسؤولا عن ما يصدر من الرسول خارج حدود خطاب الضمان . أما إذا كان الرسول أجنبيا كأن يكون رئيس دولة أو وزير خارجية دولة أخرى ، فإن القانون الدولي هو الذي يحدد هذه العلاقة . وبالنظر للمحاذير الناتجة من ذلك فإن الدول لا تعتمد على الرسل الأجانب . وسواء أكان الرسول وطنيا أم أجنبيا فإن العلاقة بينه وبين المرسل تكون علاقة مباشرة .

(١) سورة يوسف الآية ٢.
(٢) سورة الشورى الآية ٧,
(٣) سورة الدخان الآية ٥.
(٤) سورة المائدة الآية ٦٧.

اما بالنسبة للعلاقة بين الله تعالى وبين رسله فتختلف باختلاف الأديان لاختلاف التقاليد والعادات الاجتماعية . فالعلاقة بين الله تعالى وبين موسى عليه السلام علاقة مباشرة . فقد جاء بالتوراة أن الله تعالى يكلم موسى مباشرة[١]. وقد جاء في القران الكريم ما يؤكد ذلك ، لقوله تعالى: " **[وَرُسُلاً قَدْ قَصَصْنَاهُمْ عَلَيْكَ مِن قَبْلُ وَرُسُلاً لَّمْ نَقْصُصْهُمْ عَلَيْكَ وَكَلَّمَ اللهُ مُوسَى تَكْلِيمًا]**[٢] .

أما بالنسبة للنبي محمد **صلى الله عليه وسلم** فإنه لم يكلم الله مباشرة . وإنما كانت العلاقة بينه وبين الله تعالى عن طريق جبريل عليه السلام . لقوله تعالى: [**قُل من كانَ عدوًّا لِجبريلَ فإنه نَزلهُ على قلبكَ بإذن الله مُصدقا لِما بينَ يديهِ وهُدى وَبُشرى للمُؤمنينَ**][٣]. وقال المفسرون في عبارة " فإنه نزله على قلبك " ، إن جبريل نزل القران على قلب محمد[٤]. والسبب في أن موسى عليه السلام كلم الله ولم يكلمه النبي محمد صلى الله عليه وسلم ، كما نرى هو اختلاف بيئة كل منهما . فقد جاء موسى عليه السلام وسط الفراعنة الذين يعبدون الأصنام ، ويعتقدون بأن الكهنة يكلمون الله مباشرة . بينما جاء النبي محمد صلى الله عليه وسلم وسط العرب الذين لم يعبدوا الأصنام بل جعلوها واسطة بينهم وبين الله لاعتقادهم بأن البشر لا قدرة لهم على الكلام مع الله مباشرة ،ولذا قيل عنهم بالمشركين لأنهم أشركوا الأصنام في عبادتهم لله .

المبحث الرابع

حصانات الدبلوماسي وامتيازاته في الإسلام

يتمتع المبعوث الدبلوماسي طبقا لاتفاقية فيينا للعلاقات الدبلوماسية بالعديد من الامتيازات والحصانات الدبلوماسية في الدولة المعتمد لديها ، من اجل أن يمارس مهمته بصورة صحيحة . والحصانات التي يتمتع بها هي عدم خضوعه لمحاكم الدولة المعتمد لديها في الدعاوى المدنية والجزائية والحرمة الشخصية من الاعتقال والتفتيش .

---

(١) يراجع سفر الخروج وسفر العدد وسفر الاشتراع وسفر الأحبار .
(٢) سورة النساء الآية ١٦٤.
(٣) سورة البقرة الآية ٩٧.
(٤) يراجع زبدة التفسير من فتح القدير ، مصدر سابق ، ص ١٩.

أما الامتيازات التي يتمتع بها فهي الحماية الشخصية والإعفاءات المالية . وقد سبق القول إن الرسول يتمتع بالحصانة والحماية عند العرب قبل الإسلام . فلا يجوز الاعتداء عليه ، أو أهانته ، لأنه لا يمثل نفسه وإنما يمثل مرسله .

ويتمتع الرسل عند العرب بالحصانات والامتيازات لا لكونهم يمثلون المرسل فحسب ، بل لأنهم يقومون بمهمة حمل الرسالة والصلح بين الناس . ولهذه المهمة قدسية معينة عندهم، ولهذا فإن الرسول يتمتع بهذه الحصانات والامتيازات في مواجهة المرسل والناس أجمعين . فإذا ، مر الرسول بأرض قوم في طريقه إلى المرسل إليهم فإن هؤلاء القوم يمنحونه الحصانات والامتيازات وإن لم تتعلق الرسالة بهم . وطبقا لذلك فقد كان الرسول يحمل إشارات وعلامات معينة تدل على انه رسول ، لكي يلقى الاحترام والتقدير اللازم من قبل الجميع . وقد كان شأن العرب هذا حتى بالنسبة للرسل الذين يقوم بمهمة بين أعداء العرب، فقد كانت الرسل بين الروم والفرس تتمتع بالحماية عند مرورهم بالقبائل العربية .

ولما كان النبي محمد **صلى الله عليه وسلم** رسول الله إلى الناس كافة فقد منحه الله الحصانات والامتيازات الخاصة به من أجل أن يمارس مهمته على الوجه المطلوب .

وبناء على ذلك ، فإن للنبي محمد**صلى الله عليه وسلم** حماية وامتيازات وحصانات خاصة به بوصفه رسول الله للناس كافة . كما أن رسله الذين بعثهم للملوك والأمراء وشيوخ القبائل والرسل الذين يوفدون إليه يتمتعون بالامتيازات والحصانات الدبلوماسية التي تقتضيها طبيعة مهمتهم .وعليه فإن هذا المبحث يتضمن المطالب الآتية :

المطلب الأول - الرعاية والإحسان

من المبادئ الثابتة في العرف الدبلوماسي أن إطاعة ما جاء به الرسول إنما هو إطاعة للمرسل وتنفيذا لأمره . وان رفض ما جاء به الرسول هو رفض ما أمر به المرسل . خاصة إذا أمر المرسل أن يطاع رسوله .

وقد اقترنت طاعة الله بإطاعة النبي محمد **صلى الله عليه وسلم**. والعكس صحيح أيضا . فقد وردت العديد من الآيات تؤكد ذلك وان اختلفت في التعبير . فمرة تأتي الآيات بإطاعة الله ورسوله بعبارة واحدة ((أطيعوا)) منها قوله تعالى: **[قُلْ أَطِيعُواْ اللّهَ وَالرَّسُولَ فإِن تَوَلَّوْاْ فَإِنَّ اللّهَ لاَ يُحِبُّ الْكَافِرِينَ]**[١] . أي لتكونوا بطاعتكم لله ورسوله متعرضين لرحمة الله[٢]. ومرة تأتي الطاعة لله والطاعة للرسول بعبارتين منفصلتين ، منها قوله تعالى : **[يَا أَيُّهَا الَّذِينَ آمَنُواْ أَطِيعُواْ اللّهَ**

(١) سورة آل عمران الآية ٣٢.
(٢) زبدة التفسير من فتح القدير ، مرجع سابق ، ص ٨٤.

وَأَطِيعُواْ الرَّسُولَ وَأُوْلِي الأَمْرِ مِنكُمْ فَإِن تَنَازَعْتُمْ فِي شَيْءٍ فَرُدُّوهُ إِلَى اللهِ وَالرَّسُولِ إِن كُنتُمْ تُؤْمِنُونَ بِاللهِ وَالْيَوْمِ الآخِرِ ذَلِكَ خَيْرٌ وَأَحْسَنُ تَأْوِيلاً] [1] . أي فيما أمرتم به من الشرائع المذكورة في كتاب الله وسنة رسوله[2]. أن تكرار عبارة أطيعوا إنما هي من باب التأكيد كما نرى ذلك . وقد وردت عبارة أطيعوا الرسول ولم يرد فيها اسم الله عز وجل . منها قوله تعالى : **[وَأَقِيمُوا الصَّلَاةَ وَآتُوا الزَّكَاةَ وَأَطِيعُوا الرَّسُولَ لَعَلَّكُمْ تُرْحَمُونَ]**[3]. ومعنى ذلك بأن طاعة الرسول هي طاعة لله ، وأن طاعة الرسول وطاعة الله شيء واحد فكان رجوع الضمير على احدهما كرجوعه إليهما[4]. وقد ورد تأكيد ذلك في قوله تعالى : **[مَّنْ يُطِعِ الرَّسُولَ فَقَدْ أَطَاعَ اللهَ وَمَن تَوَلَّى فَمَا أَرْسَلْنَاكَ عَلَيْهِمْ حَفِيظًا]** [5]. وهذا يعني أن إطاعة الرسول إطاعة لله عز وجل ،وان هذا يدل بوضوح على تطبيق القاعدة الدبلوماسية القاضية بأن الرسول معبر عن مرسله .

ويجب على الدولة المرسل إليها أن تقدم الرعاية والاهتمام للمبعوثين الدبلوماسيين وتقدم المساعدة لهم من أجل أن يؤدوا مهمتهم على أحسن وجه .

ومن الرعاية والمساعدة التي تقدم للرسول حسن استقباله وتقديره ومنع جميع ما يعكر صفو مزاجه ،وتسهيل أعماله .

ومن الالتزامات التي أوجبها الله تعالى على الناس أن يرعوا رسوله النبي محمد **صلى الله عليه وسلم**. وقد وردت العديد من الآيات بهذا الشأن منها قوله تعالى **[لَئِنْ أَقَمْتُمُ الصَّلاَةَ وَآتَيْتُمُ الزَّكَاةَ وَآمَنتُم بِرُسُلِي وَعَزَّرْتُمُوهُمْ وَأَقْرَضْتُمُ اللهَ قَرْضًا حَسَنًا لَأُكَفِّرَنَّ عَنكُمْ سَيِّئَاتِكُمْ وَلَأُدْخِلَنَّكُمْ جَنَّاتٍ تَجْرِي مِن تَحْتِهَا الأَنْهَارُ فَمَن كَفَرَ بَعْدَ ذَلِكَ مِنكُمْ فَقَدْ ضَلَّ سَوَاء السَّبِيلِ]** [6] .

وتعمل الدولة على إكرام الأشخاص الذين يقومون بزيارتها من اجل خلق روح المودة . وتمنح الزائر هدية معينة أو مبالغ أو هدايا رمزيه كالأوسمة وغيرها.

(١) سورة النساء الآية ٥٩. وقوله تعالى : " وأطيعوا الله وأطيعوا الرسول واحذروا" سورة المائدة الآية ٩٢.
(٢) زبدة التفسير من فتح القدير ، مرجع سابق ، ص ٦٧٧.
(٣) سورة النور الآية ٥٦.
(٤) الكشاف ج٣ ، مرجع سابق ، ص ١٥٠.
(٥) سورة النساء الآية ٨٠.
(٦) سورة المائدة الايه ١٢.

وقد قال النبي محمد**صلى الله عليه وسلم**: ((إذا أتاكم الزائر فأكرموه)) .ويكون الإكرام بالتوقير والتوفير والضيافة وحسن المعاشرة . وقد قال النبي محمد صلى الله عليه وسلم ذلك حين أتاه جرير وأكرمه وبسط رداءه له[١]. وكان ينزل الوفود التي تأتي إليه عند بعض الصحابة . فأنزل وفد ثقيف عند المغيرة ووفد نجران في دار أبي أيوب الأنصاري وانزل عبد الرحمن بن مالك الهمداني في دار يزيد بن أبي سفيان [٢].

وقد وفد للنبي **صلى الله عليه وسلم** وفد من بني القشير من هوزان فأكرمهم بهدايا[٣]. وقبل هدية عامل قيصر على عمان المرسلة مع رسوله فروة بن عمرو ألجذامي ، فأكرم الرسول خمسمائة درهم[٤].

وإذا كانت الدول في الوقت الحاضر تقدم الهدايا للوفود التي تأتي إليها ، إلا أنها غير مسؤولة عن إطعامهم . غير أن النبي محمد صلى الله عليه وسلم كان يطعم الوفود التي ترد إليه ، ويأمر بلالاً بتقديم الطعام إليهم[٥].

وإكرام الوفد الذي يأتي للنبي محمد **صلى الله عليه وسلم** لا يتوقف على نجاح مهمة الوفد أو الاتفاق معه على القضايا التي تم بحثها ، وإنما إكرام الوفود حالة منفصلة عن ذلك ، فهو يستحق الإكرام والتقدير بمجرد كونه وفدا . ويتم إكرامه وان كان الوفد يحمل تهديدا للنبي **صلى الله عليه وسلم**. فعلى الرغم من سوء أدب وفد مسيلمة الكذاب ، إلا أن النبي محمد **صلى الله عليه وسلم** أكرم الوفد . وتكرم الوفود بحسب ما لدى المسلمين من أموال ، وهي تتفاوت قلة أو كثرة بحسب الإمكانية[٦]. إن المهمة التي يقوم بها الرسول تتطلب من الغير الاحترام والتقدير الذي يليق به، ولهذا فإن العرف الدبلوماسي اوجب على الدولة المعتمد لديها أن تحترم المبعوث الدبلوماسي احتراما يليق به ، وعدّ احترام الرسول احتراما لمرسله.

واحترام المبعوث الدبلوماسي لا يقتصر على مؤسسات الدولة السياسية ، بل أن ذلك واجب على جميع مرافق الدولة الخدمية ومن الموظفين الذين يتعاملون معه أثناء عمله أو راحته . وعلى الجميع تسهيل مهمته وتوفير حاجاته ومتطلبات عمله وراحته ، ولا تجوز مضايقته ومعاملته كأجنبي، ذلك أن الصفة التي يحملها توجب أن يلقى الاحترام اللائق به.

وقد جاء الإسلام بالقواعد الحكيمة التي تضع المجتمع في مرتبة عليا في القيم الأخلاقية ، فألزم المسلمين كيف يتعاملون مع رسول الله **صلى الله عليه وسلم**، وكيف يحترمونه الاحترام اللائق به . لسببين : الأول : لأن الله اختاره ، فاحترامه احترام لله وطاعة له . وثانيا

---

(١) فيض القدير . شرح الجامع الصغير للعلامة المناوي ج١، مرجع سابق ، ص ٢٤٣.
(٢) الشيخ عبد الحي الكتاني ، مصدر سابق ، ص ٤٦٨
(٣) الدكتور محمد حميد الله ، مرجع سابق ، ص ٢٧٠
(٤) الشيخ عبد الحي الكتاني ، مصدر سابق ، ص ٢٠١.
(٥) المصدر نفسه ، ص ٤٥٠.
(٦) الشيخ المصدر السابق ، ص ٤٥٢.

لأنه رسول ، وان هذه الصفة تحمل معها صفة صاحبها التي توجب الاحترام والتقدير للمهمة التي يقوم بها,

ومن القواعد التي فرضها الله تعالى على المسلمين في التعامل مع رسوله قوله تعالى : [**يَا أَيُّهَا الَّذِينَ آمَنُوا لَا تُقَدِّمُوا بَيْنَ يَدَيِ اللَّهِ وَرَسُولِهِ وَاتَّقُوا اللَّهَ إِنَّ اللَّهَ سَمِيعٌ عَلِيمٌ**] [١] . ومعنى ذلك أن لا تقطعوا أمراً إلا بعد ما يحكمان به ويأذنان فيه . فتكونوا إما عاملين بالوحي المنزل وأما مقتدين برسوله **صلى الله عليه وسلم**. وقيل إن معنى ذلك لا تفتروا على الله شيئا حتى يقصه على لسان رسوله . وفائدة هذا الأسلوب هي الدلالة على قوة الاختصاص . ولما كان رسول الله **صلى الله عليه وسلم** من الله بالمكان الذي لا يخفي سلك به ذلك المسلك، وفي هذا تمهيد وتوطئة لما نقم منهم فيما يتلوه من رفع أصواتهم فوق صوته . لأنه من احظاه الله بهذه الأثرة واختصه بهذا الاختصاص القوي كان اردني ما يجب له من التهيب والإجلال أن يخفض بين يديه الصوت ويتخافت لديه الكلام[٢]. ومن الأمور التي يتطلبها العرف الدبلوماسي هو الهدوء بالكلام وغض الصوت من قبله ومن قبل الآخرين الذين يتحدثون معه . وغض الصوت دليل على وعي الدبلوماسي وتفهمه لمهمته التي تتطلب في الغالب الكتمان في أقواله وأعماله .

وقد أمر الله تعالى المسلمين عدم رفع أصواتهم أمام النبي محمد صلى الله عليه وسلم . لقوله تعالى : [**يَا أَيُّهَا الَّذِينَ آمَنُوا لا تَرْفَعُوا أَصْوَاتَكُمْ فَوْقَ صَوْتِ النَّبِيِّ وَلا تَجْهَرُوا لَهُ بِالْقَوْلِ كَجَهْرِ بَعْضِكُمْ لِبَعْضٍ أَن تَحْبَطَ أَعْمَالُكُمْ وَأَنتُمْ لا تَشْعُرُونَ**] [٣] .

ولما كان النبي محمد **صلى الله عليه وسلم** معروفاً بين المسلمين ، فإنه من الواجب التهيب والإجلال أن يخفض بين يديه الصوت، أي إذا نطق ونطقتم فعليكم أن تبلغوا بأصواتكم وراء الحد الذي يبلغه بصوته وان تفضوا منها بحيث يكون كلامه عاليا لكلامكم وجهره باهرا لجهركم حتى تكون مزيته عليكم لائحة وسابقته لديكم واضحة . وإذا كلمتموه وهو صامت فإياكم والعدول عما نهيتم عنه من رفع الصوت، بل عليكم أن لا تبلغوا به الجهر الدائر بينكم وان تتعمدوا في مخاطبته القول اللين المقرب من الهمس الذي يضاد الجهر أو لا تقولوا له يا محمد يا احمد , وخاطبوه بالنبوة والسكينة والتعظيم[٤].

---

(١) سورة الحجرات الآية ١.

(٢) الكشاف ج١ ، مرجع سابق ، ص ٥٥٣.

(٣) سورة الحجرات الآية ٢.

(٤) وعن ابن عباس رضي الله عنه أن هذه الآية نزلت في ثابت بن قيس بن شماس وكان في اذنه وقر وكان جهوري الصوت . وكان إذا كلم رفع بصوته . وقيل بأنه لم ينهوا عن الجهر مطلقا حتى لا يسوغ لهم أن يكلموه بالمخافتة ، وإنما نهوا عن جهر مخصوص أي الجهر المنعوت بمماثلة ما قد اعتادوه منه فيما بينهم وهو الخلق من مراعاة ابهة النبوة وجلالة مقدارها .يراجع :
تفسير النسفي . لأبي بركات عبد الله ابن احمد بن محمود النسفي ج٣ مصر ص١٦٠.

ويقوم غض الصوت على أساسين : الأول أن غض الصوت واجب على المبعوث الدبلوماسي بعدم رفع صوته أمام من هو على منه مقاما . والثاني هو من يتولى مقاما كالنبي محمد صلى الله عليه وسلم يتمتع بحق امتياز وتقدير بالنظر للمهمة التي يتولاها . فهيبة القيادة والمسؤولية تتطلب الاحترام والتقدير من قبل الجميع، فعلى من يتكلم ألا يرفع صوته فوق من يعلو مقامه .

المطلب الثاني - الحرمة الشخصية

أولا – احترام شخص الدبلوماسي وحمايته

يمنع القانون الدولي العام المعاصر الاعتداء على المبعوث الدبلوماسي من قبل سلطات الدولة المعتمد لديها ، فلا يجوز القبض عليه أو اعتقاله ، وأن يعامل بالاحترام اللائق وشخصه وضمان حريته وعدم التعرض لكرامته[١]، وأن تتخذ الوسائل اللازمة لحماية أمواله وأمتعته الشخصية. فلا يجوز ضربه أو قتله مهما كانت أسباب ذلك . وتقوم الدول بوضع حماية خاصة لممثلي الدول الأجنبية المعتمدين لديها[٢].

ولما كان الله تعالى قد أرسل رسوله النبي محمد **صلى الله عليه وسلم** للناس كافة فقد اوجب تعالى على الناس كافة احترامه وعدم الاعتداء على شخصه. وان احترام الرسول ياتي من احترام مرسله ، لقوله تعالى : **[إِنَّ الَّذِينَ يُؤْذُونَ اللَّهَ وَرَسُولَهُ لَعَنَهُمُ اللَّهُ فِي الدُّنْيَا وَالْآخِرَةِ وَأَعَدَّ لَهُمْ عَذَابًا مُّهِينًا]**[٣] . وقيل إن جماعة ذموا النبي محمد **صلى الله عليه وسلم**، وبلغه ذلك فاشتغلت قلوبهم . فقال بعضهم لا عليكم فإنما هو أذن سامعه قد سمع كلام المبلغ فآذى ونحن نأتيه ونعتذر إليه ليسمع عذرنا أيضا فيرضى . فقيل لأنه هو أذن خير لكم ، ويعني أن كان كما تقولون فهو خير لكم لأنه يقبل معاذيركم ولا يكافئكم على سوء دخلتكم . فقيل لهم إن كنتم مؤمنين كما تزعمون فأحق من أرضيتم الله ورسوله بالطاعة والوفاق[٤].

ويلاحظ أن هذه الآية في اتجاهين ، الأول : تحريم إيذاء الرسول **صلى الله عليه وسلم** بأي نوع من أنواع الأذى . والآخر : هو الجزاء على من يؤذيه حيث يلحقه العذاب الأليم.

---

(١) تصت المادة (٢٩) من اتفاقية فيينا للعلاقات الدبلوماسية لعام ١٩٦١على ما يأتي : " تكون حرمة المبعوث الدبلوماسي مصونة ولا يجوز إخضاعه لأية صورة من صور القبض أو الاعتقال . ويجب على الدولة المعتمد لديها معاملته بالاحترام اللائق واتخاذ جميع التدابير المناسبة لمنع أي اعتداء على شخصه أو حريته أو كرامته

(٢) يراجع :

Ian Brownlie. Principles of Public International Law.Oxford ١٩٦٢.p.٢٧٦.

Louis Cavare', Le Droit Inernatioal Publie Positif . Tome ٢ .Pedon ,Paris,١٩٦٢.p.١٦

(٣) سورة الأعراف الآية ٥٧.

(٤) الكشاف ج٢ ، مرجع سابق ، ص ١٩٩.

أما نوع الجزاء الذي يستحقه من يؤذي رسول الله صلى الله عليه وسلم فهو الجزاء في الدنيا والجزاء في الآخرة . لقوله تعالى : [**إِنَّ الَّذِينَ يُؤْذُونَ اللَّهَ وَرَسُولَهُ لَعَنَهُمُ اللَّهُ فِي الدُّنْيَا وَالْآخِرَةِ وَأَعَدَّ لَهُمْ عَذَابًا مُّهِينًا**] [١] . أي الذين يؤذون رسول الله . وذكر اسم الله للتشريف أو بإيذاء الله ورسوله عن فعل ما لا يرضى به الله ورسوله بالكفر وإنكار النبوة . وجزاء هذا الاعتداء طردهم الله من رحمته في الدارين واعد لهم عذابا مهينا[٢] .

أما بالنسبة للرسل غير الأنبياء فقد ألزم فقهاء الشريعة الإسلامية أمام المسلمين بتوفير الحماية لشخص الرسول وضمان تمتعه بحرية العقيدة وأداء أعماله بحرية تامة[٣]. ويترتب على ضمان حماية شخص الرسول عدم جواز القبض عليه كأسير ، وإن وافقت دولته على ذلك ، كما لا يجوز تسليمه لدولته إذا طلبته ورفض هو ذلك ، وان هددت دار الإسلام بالحرب لأن تسليمه يعد غدرا به وانه يتمتع بالحماية في دار الإسلام[٤]. ولمهمة الرسول دور كبير في عقد الصلح أو التحالف أو منع حدوث حرب، ولهذا فإنه ينبغي أن تتوافر له السبل والمستلزمات كافة لا لشخصه ، وإنما من أجل أداء مهمته المكلف بها ، فهو يعبر عن مرسله وإن كان له رأي آخر ما دام قد قبل أداء هذه المهمة، وعلى المرسل إليه مراعاة هذه الحالة .

فقد روي عن أبي رافع انه قال : بعثتني قريش إلى النبي محمد **صلى الله عليه وسلم** فلما رأيته وقع في قلبي الإسلام . فقلت يا رسول الله لا ارجع إليهم قال : ((إني لا اخيس بالعهد ولا احبس الرسل ارجع إليهم فإن كان في قلبك الذي فيه الآن فارجع)) [٥]

ثانيا- عدم جواز قتل الدبلوماسي

لما كان البعوث الدبلوماسي لا يمثل نفسه وإنما يمثل دولة أو مرسله ، فإن قتله يعني توجيه القتل لمرسله ، ولهذا فإن على كل دولة عدم الإقدام على قتل المبعوث الدبلوماسي مهما كانت خطورة الأفعال التي قام بها ، بل إن على الدولة واجب المحافظة على حياة المبعوثين الدبلوماسيين الأجانب وتوفير الحماية لهم في مقار أعمالهم وفي بيوتهم وأثناء تنقلهم ، وان عدم اتخاذ إجراءات الحماية أو الإهمال فيها يحمل الدولة مسؤولية قانونية، ولهذا فإن الدولة توفر الحراسة اللازمة لحماية المبعوثين الدبلوماسيين .

---

(١) سورة الأحزاب الآية ٥٧.
(٢) تفسير النسفي ، مرجع سابق ، ص ٣١٥.
(٣) المحلى للإمام أبي محمد بن حزم ، المجلد الرابع ، بيروت ١٣٥٤هـ ص٣٠٧.
(٤) الدكتور عبد الكريم زيدان ، الشريعة الإسلامية والقانون الدولي العام ، مجلة العلوم السياسية والقانونية الحلقة الدراسية الثالثة ١٩٧٣ القاهرة ص١٩٦.
(٥) الدكتور محمد على الحسن ، العلاقات الدولية في القران الكريم والسنة النبوية ، مكتبة النهضة الإسلامية ١٩٨٠ ص٢٩٢.

وقد حرم الإسلام قتل المبعوث الدبلوماسي، فلا يجوز قتل الوفود التي ترد إلى النبي محمد **صلى الله عليه وسلم**. وقد عدّ الله تعالى قتل الوفد بمثابة محاربة الله ورسوله ، لقوله تعالى : **[إِنَّمَا جَزَاء الَّذِينَ يُحَارِبُونَ اللهَ وَرَسُولَهُ وَيَسْعَوْنَ فِي الأَرْضِ فَسَادًا أَن يُقَتَّلُواْ أَوْ يُصَلَّبُواْ أَوْ تُقَطَّعَ أَيْدِيهِمْ وَأَرْجُلُهُم مِّنْ خِلافٍ أَوْ يُنفَوْاْ مِنَ الأَرْضِ ذَلِكَ لَهُمْ خِزْيٌ فِي الدُّنْيَا وَلَهُمْ فِي الآخِرَةِ عَذَابٌ عَظِيمٌ]**[١] . وقد نزلت هذه الآية في قوم هلال بن عومير ، وكان بينهم وبين النبي محمد صلى الله عليه وسلم عهد . وقد مر بهم قوم يريدون النبي محمد صلى الله عليه وسلم فقطعوا عليهم الطريق[٢].

ومن تطبيقات النبي محمد **صلى الله عليه وسلم** بعدم قتل الرسل ، عندما جاءه رسولان من مسيلمة الكذاب يحملان رسالة ، فقال لهما النبي **صلى الله عليه وسلم**حين قرأ الرسالة : ((ما تقولان أنتما)) قالا نقول كما قال . قال النبي محمد **صلى الله عليه وسلم:** ((اما والله لولا أن الرسل لا تقتل لضربت أعناقكما)) . وهذا الحديث فيه دليل على تحريم قتل الرسل وان كانوا من الكفار .

وكان احد الرسولين هو ابن النواحة . عندما مر عبد الله " ابن مسعود" بمسجد لبني حنيفة . فإذا هم يؤمنون بمسيلمة ، فأرسل فارس إليهم نجئ بهم فاستتابهم غير أن ابن النواحة قال له سمعت رسول الله **صلى الله عليه وسلم** يقول لولا انك رسول لضربت عنقك ، فرد عليه فأنت اليوم لست برسول . فأمر قرظة بن كعب فضرب عنقه في السوق .

وقد روي أن مذهب ابن مسعود في قتل ابن النواحة من غير استتابة : " انه راي لقول النبي محمد **صلى الله عليه وسلم** لولا انك رسول لضربت عنقك " حكما من النبي **صلى الله عليه وسلم**بقتله لولا علة الرسالة ، فلما ظفر به ورفعت العلة نفذ القتل فيه ولم يستأنف له حكم سائر المرتدين. وقد مضت السنة في الإسلام : ((أن الرسل لا تقتل))[٣]. إن المجتمعات الغربية لم تعترف بهذه القاعدة حتى وقت قريب ، وبذلك فقد سبق الإسلام هذه المجتمعات بأكثر من ١٤٠٠سنة في وضع القواعد الإنسانية للرسل .

ثالثا – حرمة المسكن

اوجب القانون الدولي العام المعاصر احترام حرمة مسكن الدبلوماسي ، فلا يجوز الدخول لمسكنه لأي سبب كان وبأي حجة ، إلا بإذنه الصريح . وعلى الدولة المعتمد لديها أن توفر الحراسة اللازمة حول سكن الدبلوماسي ومنع انتهاك حرمة داره . وان تضع عددا من أفراد قوى الأمن الداخلي لحماية دار الدبلوماسي ومنع الدخول إليه . وان التقصير في ذلك يحملها المسؤولية الدولية[٤].

---

(١) سورة المائدة الآية ٣٣.
(٢) الكشاف ج١ ، مرجع سابق ، ص ٦٠٩.
(٣) سنن ابي داود ج٣ ، مرجع سابق ، ص ٣٩. وعبد السلام بن هارون ، مرجع سابق ، ص ٥٠٩.
(٤) يراجع:

ولبيوت النبي محمد **صلى الله عليه وسلم**حماية خاصة عند المسلمين ، فهي تتمتع بالحرمة فلا يجوز دخولها الا بإذن منه . لقوله تعالى [**يَا أَيُّهَا الَّذِينَ آمَنُوا لَا تَدْخُلُوا بُيُوتَ النَّبِيِّ إِلَّا أَن يُؤْذَنَ لَكُمْ إِلَى طَعَامٍ غَيْرَ نَاظِرِينَ إِنَاهُ وَلَكِنْ إِذَا دُعِيتُمْ فَادْخُلُوا فَإِذَا طَعِمْتُمْ فَانتَشِرُوا وَلَا مُسْتَأْنِسِينَ لِحَدِيثٍ إِنَّ ذَلِكُمْ كَانَ يُؤْذِي النَّبِيَّ فَيَسْتَحْيِي مِنكُمْ وَاللَّهُ لَا يَسْتَحْيِي مِنَ الْحَقِّ وَإِذَا سَأَلْتُمُوهُنَّ مَتَاعًا فَاسْأَلُوهُنَّ مِن وَرَاءِ حِجَابٍ ذَلِكُمْ أَطْهَرُ لِقُلُوبِكُمْ وَقُلُوبِهِنَّ وَمَا كَانَ لَكُمْ أَن تُؤْذُوا رَسُولَ اللَّهِ وَلَا أَن تَنكِحُوا أَزْوَاجَهُ مِن بَعْدِهِ أَبَدًا إِنَّ ذَلِكُمْ كَانَ عِندَ اللَّهِ عَظِيمًا**][1]. وقيل أن عيينة بن حصن دخل على النبي محمد **صلى الله عليه وسلم**وعنده عائشة رضي الله عنها من غير استئذان ، فقال النبي محمد **صلى الله عليه وسلم** يا عيينة أين الاستئذان؟ قال : يا رسول الله ما استأذنت على رجل قط من مضي منذ أدركت . ولذا قيل لا تدخلوا بيوت النبي محمد **صلى الله عليه وسلم** إلا وقت الإذن ولا تدخلوا إلا غير ناظرين[2] .

وهذه القاعدة التي وردت بحق النبي محمد **صلى الله عليه وسلم** تشمل بيوت جميع المسلمين أيضا. فقد حرم الإسلام دخول بيوت الغير بدون إذنهم . لقوله تعالى: [**يَا أَيُّهَا الَّذِينَ آمَنُوا لَا تَدْخُلُوا بُيُوتًا غَيْرَ بُيُوتِكُمْ حَتَّى تَسْتَأْنِسُوا وَتُسَلِّمُوا عَلَى أَهْلِهَا ذَلِكُمْ خَيْرٌ لَّكُمْ لَعَلَّكُمْ تَذَكَّرُونَ**][3]. فقد نهى الله تعالى أن يدخلوا الناس بيوتا ليست بيوتهم . ولو كانت هذه البيوت لمحارمهم ، دون أن يؤذن لهم بالدخول . فإذا لم يؤذن لهم فلا يجوز الدخول .

وذا كانت هذه القاعدة واجبة لعموم المسلمين فإنه من باب أولى واجبة لبيوت الرسل . فلا يجوز الدخول لبيت الرسول ، بدون أذن مسبق منه .

المطلب الثالث - الحصانة القضائية

يتمتع المبعوث الدبلوماسي طبقا لاتفاقية فيينا للعلاقات الدبلوماسية لعام ١٩٦١ بالحصانة القضائية . فلا يخضع لمحاكم الدولة المعتمد لديها . وهذه الحصانة مطلقة في القضايا الجزائية ومقيدة في القضايا المدنية ، حيث يخضع المبعوث الدبلوماسي لمحاكم الدولة المعتمد لديها فيما يتعلق بالقضايا الخاصة بالأموال العقارية ودعاوى الإرث والتركات والدعاوى المتعلقة بأي نشاط مهني يمارسه في الدولة المعتمد لديها. وإذا ارتكب المبعوث الدبلوماسي ما يخالف قوانين الدولة المعتمد لديها فإن دولته هي التي

.G.E. Nascimento E Silva, Diplomacy In International Law, A.w,Sijtoff Leiden . ١٩٧٢.p.٩٩

M. Whiteman. Digest of International Law. Vol. V Department ,١٩٧٠.p.١٣٤

(١) سورة الأحزاب الآية ٥٣.

(٢) الكشاف ج٣ ، مرجع سابق ، ص ٢٧٠.

(٣) سورة النور الآية ٢٧.

تتولى محاكمته أو تتنازل عن حصانة ، ففي هذه الحالة تتولى محاكم الدولة المعتمد لديها محاكمته عن المخالفات التي ارتكبها على إقليمها طبقا لقوانينها ^(١).

وتمتع المبعوث الدبلوماسي بالحصانة القضائية لا يعني انه يتمتع بالحصانة من الخضوع لقوانين الدولة المعتمد لديها ، وإنما عليه الالتزام بهذه القوانين وليس له حق مخالفتها ، وإنما لا يخضع لمحاكم هذه الدولة وإنما يخضع لمحاكم دولته . حيث توجد المخالفة ولكنها بدون عقاب .

ويعبر عن الحصانة القضائية في الشريعة الإسلامية بالعفو عن العقاب ، ذلك أن النبي محمد صلى الله عليه وسلم أولى من غيرة بتطبيق أحكام الشرع الإسلامي والالتزام بها . ولذلك جعله الله تعالى معصوما من الخطأ ، ومن ثم فإنه لا يخالف الأحكام المنزلة إليه . وإذا ما أتي بتطبيق لم يسبق أن نزل حكم به وكان هذا التطبيق على خلاف ما هو الحكم عند الله ، فإن الله تعالى يشرع حكما ينظم هذه الحالة ويطلب من نبيه تصحيح سلوكه ليكون مسايرا لحكمه ، مع إعفاء النبي محمد صلى الله عليه وسلم من الجزاء المترتب على المخالفة . ذلك أن القاعدة العامة في الشرع الإسلامي تقضي أن التوبة وطلب المغفرة من الأمور التي توقف الجزاء في الآخرة .

وقد وهب الله النبي محمد **صلى الله عليه وسلم** الكفاءة العالية لقيادة الناس وهدايتهم ، وقد اتصف بصفات عديدة عن النقائص ، ومن أولى هذه الصفات العصمة .

والعصمة : هو أن لا يخلق الله تعالى في النبي ذنبا سواء أكان الذنب من الكبائر أم من الصغائر^(٢)، ويتمتع النبي محمد **صلى الله عليه وسلم** بالحصانة القضائية في المفهوم الدبلوماسي المعاصر ، فلا تجوز محاسبته عن مخالفة ارتكبها أثناء تأدية واجبه سواء أكان ذلك قبل نزول الرسالة ام بعدها . لقوله تعالى : [لِيَغْفِرَ لَكَ اللَّهُ مَا تَقَدَّمَ مِن ذَنبِكَ وَمَا تَأَخَّرَ وَيُتِمَّ نِعْمَتَهُ عَلَيْكَ وَيَهْدِيَكَ

---

(١) تراجع المادة (٣١) من اتفاقية فيينا للعلاقات الدبلوماسية لعام ١٩٦١.
وللتفاصيل يراجع كتابنا: الحصانة القضائية للمبعوث الدبلوماسي ، بغداد مطبعة اسعد ١٩٨٠ ص ١٨١ وما بعدها . كذلك يراجع :

Wesley L. Gould, An International Law, H. Brothers, NeYork,١٩٥٧,p.٢٦١.
Hans Kelsen, Principles of International Law.٢ed.New Yourk,١٩٦٦. P٣٤٦

(٢) والعصمة من الكبائر تعني العصمة من الكفر أو الكذب ، فالأنبياء معصومون من الكفر قبل الوحي وبعده ويستحيل صدور الكذب من الأنبياء على سبيل العمد أو السهو أو النسيان . والعصمة من الصغائر تعني العصمة من الأعمال التي تلحق فاعلها بالأراذل كسرقة حبة لقمة والتطفيف بتمرة . والأنبياء معصومون فيها قبل البعثة وبعدها ، ولا تصدر منهم أصلا لا عمدا ولا سهوا .
يراجع في ذلك الدكتور رشدي محمد عليان والدكتور قحطان عبد الرحمن الدوري أصول الدين الإسلامي ، مطبعة الإرشاد ، بغداد ١٩٨٦ ص ٢٤٣.

صِرَاطًا مُّسْتَقِيمًا] [١]، أي جميع ما فرط من النبي محمد صلى الله عليه وسلم وما صدر في الجاهلية وما بعدها ، وقيل ما تقدم من حديث مارية وما تأخر من امرأة زيد .

كما وردت حصانة النبي محمد **صلى الله عليه وسلم** في قول الله تعالى : **[عَفَا اللّهُ عَنكَ لِمَ أَذِنتَ لَهُمْ حَتَّى يَتَبَيَّنَ لَكَ الَّذِينَ صَدَقُواْ وَتَعْلَمَ الْكَاذِبِينَ]** [٢]. وقيل هذه كناية عن الجناية لأن العفو رادف، وقد أجل الله نبيه الكريم عن مخاطبته بصريح العتب . وقد أحسن من قال في هذه الآية : أن لطف الله تعالى بنبيه أن بدأه بالعفو قبل العتب[٣] .

ومن ذلك أيضا قوله تعالى : **[يَا أَيُّهَا النَّبِيُّ لِمَ تُحَرِّمُ مَا أَحَلَّ اللَّهُ لَكَ تَبْتَغِي مَرْضَاتَ أَزْوَاجِكَ وَاللَّهُ غَفُورٌ رَّحِيمٌ]**[٤] . وكان النبي محمد **صلى الله عليه وسلم** قد شرب عسلا في بيت زينب بنت جحش ، فتواطأت عائشة وحفصة . فقالتا له : انا نشم منك ريح المغافير ، وكان النبي محمد صلى الله عليه وسلم يكره التفل فحرم العسل . فنزلت الآية لم تحرم ما احل الله لك من ملك اليمن أو العسل . وهذا زلة منه لأنه ليس لأحد أن يحرم ما احل الله ، لأن الله عز وجل انما احل ما احل لحكمة أو مصلحة عرفها في إحلاله . فإذا حرّم كان ذلك قلب المصلحة مفسدة ولكن الله قد خاطبه انه تعالى : قد غفر له ورحمه فلم يؤاخذه على ذلك[٥]. ومن هذا يتضح أن الله قد عصم النبي محمد **صلى الله عليه وسلم** من الخطأ ، وان الخطأ له مغفرة ورحمة . وهذا ما يطلق عليه في القانون الدبلوماسي المعاصر بالحصانة القضائية.

أما بالنسبة للحصانة التي يتمتع بها الرسل الأجانب في دولة المسلمين فإن الشريعة الإسلامية كانت في ذلك أكثر تطورا وانسجاما مع الحق . فالرسل الأجانب يتمتعون بالحصانة القضائية منذ دخولهم ارض المسلمين إلى حين خروجهم منها .

فقد روي عن أبي يوسف قوله : إن هذا الداخل إلينا بأمان رسول زنى أو سرق فإن بعض فقهائنا قال : ((لا أقيم عليه الحد . فإن كان استهلك المتاع في السرقة ضمنته لأنه لم يدخل ليكون ذميا تجري عليه أحكامنا)) [٦] .

---

(١) سورة الفتح الآية ٢.
(٢) سورة التوبة الآية ٤٣، ويراجع: الكشاف ج٤ ، مرجع سابق ، ص ٥٤١.
(٣) المصدر نفسه ، ج٢ ص ١٩٢.
(٤) سورة التحريم الآية ١, ويرجع : المصدر السابق ج٤ ، ص ١٢٥.
(٥) المصدر نفسه ج٤، ص١٢٥,
(٦) يراجع كتابنا: الحصانة القضائية للمبعوث الدبلوماسي ، مصدر سابق ، ص ٦٥.

وذهب الإمام أبو حنيفة إلى أن جرائم الحدود والقصاص لا تخضع لها الرسل . اما الشافعي فقد ذهب إلى التفرقة في شأن جرائم الحدود بين ما كان الحق خالصا لله وبين ما كان خالصا للآدميين فقال بخضوعهم في الأخيرة دون الأولى التي لا يخضع في شأنها إلا إذا اشترط عند دخولهم دار الإسلام(١) .

المطلب الرابع - الامتيازات المالية

يتمتع المبعوث الدبلوماسي طبقا لاتفاقية فيينا للعلاقات الدبلوماسية بالعديد من الامتيازات المالية . ومن هذه الامتيازات الإعفاءات الضريبية المفروضة على مواطني الدولة المعتمد لديها(٢) .

ويتمتع النبي محمد **صلى الله عليه وسلم** بالعديد من الامتيازات المالية . ومن هذه الامتيازات الإعفاء من الزكاة التي تفرض على جميع المسلمين(٣). ذلك أن الأنبياء لا تجب عليهم الزكاة ، لأنهم لا يملكون مع الله إنما كانوا يشهدون ما في أيديهم من ودائع لله تعالى يبذلون في أوان بذله ويمنعونه في غير محله . ولأن الزكاة إنما هي طُهرة من المعاصي مما وجبت عليه ، والأنبياء مبرأون من الدنس لعصمتهم(٤) .

أما بالنسبة للمبعوثين الدبلوماسيين الذين يوفدون لدار الإسلام ، فقد اقر فقهاء الشريعة الإسلامية إعفاءهم من التكاليف التي تفرض على المسلمين . ويقوم هذا الإعفاء على أساس أن الرسول غير مكلف شرعا بهذه التكاليف، فلا يجوز تكليفه ما هو مفروض على المسلمين كالخُمس والزكاة وغيرها . كما لا يجوز تكليفه بدفع الجزية التي تفرض على الذميين، لأنه لا يتمتع بحماية المسلمين بصورة دائمة ولأن وجوده في دار الإسلام بصفة عارضة(٥) .

وتمنح الدول مبعوثيها الدبلوماسيين امتيازات مالية، خاصة تختلف عن بقية موظفيها. من اجل ضمان أداء مهمته بصورة صحيحة ، وان يظهر بمظاهر الأبهة والاحترام .

وقد فضل الله على النبي محمد **صلى الله عليه وسلم** أن منحه العديد من الامتيازات المالية التي لا تمنح لغيره . ومن ذلك الزيادة في الغنائم لقوله تعالى : [

(١) إلام ، لمحمد بن أدريس الشافعي ، ج٤ ، شركة الطباعة الفنية المتحدة ١٩٦١، ص ٣٥٨. والمبسوط لشمس الدين السرخسي ، ج١٠ مطبعة السعادة مصر ١٣٢٤هـ ص٩١.

(٢) المادة (٣٤) من اتفاقية فيينا للعلاقات الدبلوماسية لعام ١٩٦١.
وللتفاصيل يراجع :
M.Whiteman, Digest of International Law, Vol. ٦. Department of State Publication, Washintgon ,١٩٧٠, p. ٢٤٧

(٣) لقوله تعالى : {وَأَقِيمُوا الصَّلَاةَ وَآتُوا الزَّكَاةَ وَأَطِيعُوا الرَّسُولَ لَعَلَّكُمْ تُرْحَمُونَ}. سورة النور الآية ٥٦.

(٤) الخصائص النبوية ، مرجع سابق ، ص ١٨٢.

(٥) مطالب أولي النهي في شرح المنتهي للعلامة مصطفى السيوطي الرحيباني ج٢ ، المكتبة المركزية، دمشق ١٩٦١ص٥٨٠.

يَسْأَلُونَكَ عَنِ الأَنفَالِ قُلِ الأَنفَالُ لِلّهِ وَالرَّسُولِ فَاتَّقُواْ اللّهَ وَأَصْلِحُواْ ذَاتَ بِيْنِكُمْ وَأَطِيعُواْ اللّهَ وَرَسُولَهُ إِن كُنتُم مُّؤْمِنِينَ][1] . والنفل : الغنيمة، أي ما ينفله الغازي أي يعطاه زائدا على سهمه من المغنم . وهو أن يقول الإمام تحريضا على البلاء في القتال : من قتل قتيلا فله سلبه أو قال لسرية : ما أصبتم فهو لكم أو فلكم نصفه أو ربعه . ولا يخمس النفل ويلزم الإمام الوفاء بما وعد منه . وقد وقع الخلاف بين المسلمين في غنائم بدر وفي قسمتها ، فسألوا النبي محمد **صلى الله عليه وسلم**كيف ولمن الحكم في قسمتها ؟ للمهاجرين أم الأنصار ؟ أم لهم جميعا ؟ . فقيل له : قل لهم هي لرسول الله صلى الله عليه وسلم ، وهو الحاكم فيها خاصة يحكم فيها ما يشاء ، ليس لأحد غيره فيها حكم . وقيل شرط لمن كان له بلاء في ذلك اليوم أن ينفله ، فتسارع شبانهم حتى قتلوا سبعين واسروا سبعين . فلما يسر الله الفتح اختلفوا فيما بينهم وتنازعوا ، فقال الشبان نحن المقاتلون ، وقال الشيوخ والوجوه الذين كانوا عند الرايات : كنا رداء لكم وفئة تنحازون إليها أن انهزمتم ، وقالوا لرسول الله صلى الله عليه وسلم : المغنم قليل والناس كثير ، وان تعط ما شرطت لهم حرمت أصحابك فنزلت الآية. وعن سعد بن أبي وقاص انه قال : قتل أخي عمير يوم بدر فقتلت به سعيد بن العاص ، وأخذت سيفه فأعجبني ، فجئت به إلى رسول الله صلى الله عليه وسلم فقلت : أن الله قد شفي صدري من المشركين فهب لي هذا السيف ، فقال : ((ليس هذا لي ولا لك اطرحه في القبض)) ، فطرحته وبي مالا يعلمه الا الله تعالى ، من قتل أخي واخذ سلبي ، فما جاوزت إلا قليلا حتى جاءني رسول الله صلى الله عليه وسلم، وقد أنزلت سورة الأنفال فقال : ((يا سعد انك سألتني السيف وليس لي وانه قد صار لي فاذهب فخذه))[2].

ومن الامتيازات التي أمر بها الله تعالى للنبي محمد **صلى الله عليه وسلم**، هي الخمس من الغنائم التي يحصل عليها المسلمون في الحروب ، لقوله تعالى : **[واعلموا أنما غنمتم مِّن شيءفإِنَّ لله خُمسهُ وللرسولِ]**[3].

---

[1] سورة الأنفال الآية ١ .
(٢) الكشاف ج٢ ، مرجع سابق ، ص ١٤١.
(٣) سورة الأنفال الآية ٤١.

وعن أبي حنيفة أنها كانت في عهد النبي محمد **صلى الله عليه وسلم** على خمسة أسهم : سهم لرسول للنبي محمد **صلى الله عليه وسلم**. وسهم لذوي قرباه من بني هاشم وبني عبد المطلب ، دون عبد شمس ، وبني نوفل استحقوه حينئذ بالنصرة والمظاهرة . وقد روي عن عثمان وجبير بن مطعم رضي الله عنهما : إنهما قالا لرسول الله **صلى الله عليه وسلم:** هؤلاء إخوتك بنو هاشم لا تنكر فضلهم لمكانك الذي جعلك الله منهم ، أرأيت إخواننا بني المطلب أعطيتهم وحرمتنا وإنما نحن وهم بمنزلة واحدة ؟ فقال **صلى الله عليه وسلم:** ((إنهم لم يفارقونا في جاهلية ولا إسلام إنما هاشم وبنو المطلب شيء واحد وشبك أصابعه))[١] .

ويتمتع المبعوث الدبلوماسي بحماية خاصة لأمواله ، فلا يجوز انتهاك حرمة أمواله أو التعرض لها أو الاعتداء عليها .

وقد أوجبت الشريعة الإسلامية حماية أموال الرسل الذين يأتون إلى دار الإسلام ، فلا يجوز التعرض لها سواء ما حازوه بجهدهم أو ما أوصي له أو ما ورثه من أقربائه لأن حقه في الملكية مصون أثناء حياته وردها لورثته بعد مماته إن كانوا معه وإرسالها لهم أن كانوا خارج بلاد الإسلام[٢] .

وتتمتع أموال الرسل بالحماية حتى إذا كانت هذه الأموال غنيمة غنمها الرسول الحربي أو أسرى غنمهم في حرب مع المسلمين سابقة على دخوله لدار الإسلام . فلا تنتزع منه ، وله أن يرجع بها إلى دار الحرب[٣]. وقد ذهب فقهاء الشريعة الإسلامية إلى أكثر من ذلك وأجازوا إعانة الرسل من دار الحرب ومساعدتهم والأنفال عليهم من بيت المال[٤].

وللنبي محمد **صلى الله عليه وسلم** امتيازات خاصة به بصفة رسول الله منها :

١ــ زواجه أكثر من أربع نساء . والغرض من ذلك إنشاء علاقات رحم مع الأقوام .

٢ــ عدم جواز نكاح زوجاته من بعده . لقوله تعالى : **[وَلاَ أَن تَنكِحُوا أَزْوَاجَهُ مِن بَعْدِهِ أَبَدًا]**[٥]

(١) الكشاف ج٣ ، مرجع سابق ، ص ١٥٨.
(٢) مواهب الجليل لشرح مختصر خليل ، للأمام أبي عبد الله الحطاب ، ج٣ مكتبة النجاح ، ليبيا١٣٢٩هـ ص ٣٦٠. والشيخ أبو زهرة محمد احمد ، الشريعة الإسلامية والقانون الدولي ، مجلة القانون والعلوم السياسية ، مصدر سابق ص ١٩٨.
(٣) مواهب الجليل لشرح مختصر خليل ، ، مصدر سابق ، ص ٣٦٣.
(٤) الدكتور عبد الكريم زيدان ، مصدر سابق ، ص ١٩٥.
(٥) سورة الأحزاب الآية ٥٣.

٣- مضاعفة العقاب بضعفين لأي من زوجاته لمن ترتكب فاحشة . لقوله تعالى: **[يَا نِسَاء النَّبِيِّ مَن يَأْتِ مِنكُنَّ بِفَاحِشَةٍ مُّبَيِّنَةٍ يُضَاعَفْ لَهَا الْعَذَابُ ضِعْفَيْنِ وَكَانَ ذَلِكَ عَلَى اللَّهِ يَسِيراً]** [(١)].

٤- الميزة الخاصة والتقدير لزوجاته . لقوله تعالى : **[يَا نِسَاء النَّبِيِّ لَسْتُنَّ كَأَحَدٍ مِّنَ النِّسَاء إِنِ اتَّقَيْتُنَّ فَلَا تَخْضَعْنَ بِالْقَوْلِ فَيَطْمَعَ الَّذِي فِي قَلْبِهِ مَرَضٌ وَقُلْنَ قَوْلًا مَّعْرُوفًا]** [(٢)].

(١) سورة الأحزاب الآية ٣٠.
(٢) سورة الأحزاب الآية ٣٢.

الفصل الثاني

الحصانة الدبلوماسية في أوروبا

Diplomatic Immunity in Europe

ارتبط تطور الحصانة القضائية في مجتمعات أوربا ارتباطاً وثيقاً بتطورها السياسي والقانوني، ومن الواضح أن الحصانة القضائية الحديثة التي ضمنتها الاتفاقيات الدولية في الوقت الحاضر نشأت وتطورت في مجتمعات أوربا القديمة، على ما ذهب إليه البعض، وعلى ذلك فإن الضرورة تقتضي معرفة الجذور التاريخية للحصانة القضائية في مجتمعات أوربا الغربية، ومن ثم بيان مراحل تطور الحصانة القضائية الحديثة، وعليه فإن هذا المبحث سيشمل المبحثين التاليين:

المبحث الأول: الجذور التاريخية للحصانة القضائية في مجتمعات أوربا القديمة.

المبحث الثاني: مراحل تطور الحصانة القضائية الحديثة في أوروبا.

المبحث الأول

الجذور التاريخية للحصانة الدبلوماسية في مجتمعات أوروبا القديمة

تتكون المجتمعات الأوربية القديمة من حضارتين كبيرتين، هما الحضارة الإغريقية والحضارة الرومانية[1].

ولم تعرف الحضارة الإغريقية الطرق الدبلوماسية في حل مشاكلها الدولية إلا في القرن السادس قبل الميلاد حيث ظهرت فيه ملامح جديدة للدبلوماسية عندما بدأ الإغريق

---

(١) إن السبب الذي دفعنا إلى اختيار هاتين الحضارتين دون الحضارات الأخرى، يعود إلى قدمهما كما أن بعض الباحثين يعزون ظهور القواعد الدبلوماسية الحديثة إلى ممارسات هاتين الحضارتين. أنظر:
Charles Roetter. The Diplomatic Art. M. Smith Co. Philadephia ١٩٦٣, p. ٢٤.

اختيار سفراء لهم من أبرع المحامين للدفاع عن مصالحهم في الخارج، وفي القرن الخامس قبل الميلاد ظهر نظام البعثات الدبلوماسية، وإن كان في صورته البدائية[١].

ونتيجة زيادة البعثات الدبلوماسية، اعترفت الحضارة الإغريقية ببعض الامتيازات الدبلوماسية للمبعوثين الدبلوماسيين، واعتبرت أن العلاقات الدولية لا يمكن أن توجه عن طريق الخداع، بالنظر لوجود قانون ضمني معين فوق المصالح الوطنية المباشرة[٢]، غير أن الإغريق لم يعترفوا خلال هذه الفترة بالحصانة القضائية للمبعوث الدبلوماسي، حيث كانت الحروب بين مدن الإغريق شبه دائمة[٣]، في حين أن قواعد الدبلوماسية الأخرى كانت في وضع أفضل من قواعد الحصانة القضائية بصورة عامة وعلى الأخص تطور فكرة المفاوضات، وزيادة عقد المؤتمرات[٤].

أما روما فعلى الرغم من تقدمها الحضاري بصورة عامة وفي علوم القانون بصورة خاصة، فإنها لم تعترف خلال الفترة المذكورة بالامتيازات الدبلوماسية والحصانات القضائية للمبعوث الدبلوماسي، فإذا ما تطلب الأمر دخول مبعوث دبلوماسي أجنبي إلى روما، وجب عليه أن ينتظر خارج المدينة فترة معينة ريثما يقرر مجلس الشيوخ في روما السماح له بالدخول، بعد أن يطلب المجلس من قاضي التحقيق التماساً بذلك[٥]، وقد يرفض المجلس أحياناً دخول المبعوث الدبلوماسي إلى روما كما حدث ذلك في عام ٢٠٥م بالنسبة إلى مبعوث قرطاجنة بعد وصوله إلى روما للتفاوض معهم، وفي حالة الرفض يحرم المبعوث الدبلوماسي من أي امتياز قد يتمتع به، وقد يتهم بالتجسس وينقل إلى منطقة الحدود أو يتعرض للتعذيب حيث إن الإغريق كانوا قساة في معاملتهم[٦] للمبعوثين الدبلوماسيين، ومن المبادئ المعروفة لديهم في ذلك الوقت هو "القضاء على الخصم نهائياً"، وكانوا يعتبرون الأجانب ومنهم الرسل أعداء لهم، ولم يعرفوا الطرق

(١) K.M. Panikkar. The Principles and Practice of Diplomacy, Asia Publishing Heuse, Bombay ١٩٥٧, P.٥

(٢) V. Serguiev. Diplomatie de L'Aniqute Histpirie de Diplomatie. Publiee Sous la direction de M. Potiemkine, Paris, ١٩٤٠, p.٣٤.

والأستاذ محمد مختار الزقزوقي، دراسات دبلوماسية، مكتبة الأنجلو مصرية ١٩٧٣، صفحة ٥٥.

(٣) لويس دوللو، التاريخ الدبلوماسي، ترجمة الدكتور سموحي فوق العادة، منشورات عويدات، بيروت ١٩٧٠، صفحة ١١.

(٤) الدكتور فاضل زكي محمد، الدبلوماسية في النظرية والتطبيق، مطبعة شفيق، بغداد، ١٩٦٩، صفحة ٢٠.

(٥) الأستاذ هشام الشاوي، الوجيز في فن المفاوضة، مطبعة شفيق، بغداد ١٩٦٩ صفحة ٣٧٤.

(٦)Harold Nicolson, The Evolution of Diplomatic, op. cit, p.١٩. Harold Nicolson, op. cit. p.٢٠.

الدبلوماسية في حل نزاعاتهم مع الدول الأجنبية إلا بعد أن تأثروا بالإغريق[١]، واتصالهم بدول أخرى منذ القرن الثالث قبل الميلاد[٢].

وقد بدأت نظرة الرومان إلى المبعوثين الدبلوماسيين الأجانب تتغير تدريجياً وعرفوا مبدأ الحصانة القضائية والامتيازات الدبلوماسية الأخرى، وأصبحت للمبعوثين الدبلوماسيين قواعد خاصة عرفت just Fit ail حددت الامتيازات والحصانات التي يتمتعون بها[٣]. واعتبروا أن مصدر هذه القواعد هو قانون الشعوب just Gentium والعرف القديم[٤]، في الوقت الذي كان الأجنبي يخضع لمحاكم روما المحلية الخاصة[٥]، ولا يتمتع بالحقوق القانونية المقررة للمواطنين الرومان[٦].

واهتم الرومان في آخر عهدهم بالبعثات الدبلوماسية، ووضعوا القواعد المتعلقة باستقبال وطرد المبعوثين الدبلوماسيين[٧]، ولم يعد الاعتراف بالحصانة القضائية في ظل العلاقات السلمية فحسب، إنما كانت كذلك حتى في حالة نشوب الحرب[٨].

---

(١) وقد اهتم الرومان بتقوية الجيش، وظلت الروح الحربية تلازم الجند طيلة عصر التوسع الحربي، لاعتقادهم أن ذلك يكسب امبراطوريتهم الهيبة والاحترام، حتى اقترن مجد الرومان الحربي بمجد المدن التي مثلت عصب الحياة للمجتمع الروماني في عصره الزاهر، أنظر:

الدكتور ابراهيم أحمد العدوى، المجتمع الأوربي في العصور الوسطى، دار المعرفة، القاهرة ١٩٦١ صفحة ٢٨.

(٢)V. Serguiev, op. cit, p.٥٢٥.

وكانت أولى الامتيازات التي يتمتع بها المبعوث الشخصي في مدينة روما

(٣) الدكتور علي صادق أبو هيف، القانون الدبلوماسي، الطبعة الثانية، منشأة المعارف الاسكندرية ١٩٦٧، صفحة ٨٢.

والمجتمع الفيتالي يعني إدارة خاصة للشؤون الخارجية، وكان من واجبه تنظيم العمل مع الدول الأجنبية وله صلاحية تقرير الحرب، وهو يتألف من الكهنة الذين مارسوا المهنة الدبلوماسية ومثلوا روما في الخارج، أما القانون الفيتالي فهو قانون الحرب وعقد المعاهدات والصلح، أنظر: الأستاذ محمد مختار الزقزوقي، المصدر السابق، صفحة ٦٣.

(٤) الأستاذ محمد مختار الزقزوقي، المصدر السابق، صفحة ٤٤، ويذكر Ulpien في تعريفه لقانون الشعوب بأنه القانون المختص بالحروب ومركز الأسرى والمعاهدات واتفاقيات الصلح والهدنة وحصانة السفراء، أنظر:

Robert Redslob, Traite de Droit des Gens, L. du Recueil Sirey, Paris ١٩٥٠, p.٥٩.

Charles G. Fenwick. Internatioal Law, ٣ ed. A.C.C. Ine. New York, ١٩٤٨ p.٤٦٤.

وكان الرومان يطبقون قانون الشعوب على العلاقة بين الأجانب والرومان.

أنظر: الدكتور صوفي حسين أبو طالب، مبادىء تاريخ القانون، دار النهضة العربية، القاهرة ١٩٦٤ صفحة ٣٣٥ والدكتور فاضل زكي محمد، المصدر السابق، صفحة ٢٢.

(٥) الأستاذ زهدي يكن، تاريخ القانون، دار النهضة العربية- بيروت ١٩٦٦ صفحة ٢٨٠.

(٦) ميشيل فيلييه، القانون الروماني، ترجمة وتعليق الدكتور هاشم الحافظ، مطبعة الإرشاد، بغداد ١٩٦٤، صفحة٦٣.

(٧) شارل تاير، المصدر السابق، صفحة ٢١.

(٨)Harold Nicolson, op. cit, p.٤.

والدكتور عز الدين فودة، النظم الدبلوماسية، دار الفكر، القاهرة ١٩٦١ صفحة ١٠٧، الأستاذ هشام الشاوي، المصدر السابق صفحة ٤٤.

وقد امتد نطاق هذه الحصانة فشمل مرافقي رؤساء وأعضاء البعثات الدبلوماسية، فإذا ما ارتكب أحد من هؤلاء جريمة معاقب عليها، فإنه لا يحاكم في محاكم روما، إنما يبعد إلى خارجها ويطلب من حكومته أن تتخذ الإجراءات اللازمة بحقه، غير أن هذه الحصانة لا تشمل محلات إقامتهم، كما أن الخدم لا يتمتعون بها[١]، وهي متباينة من بعثة دولة إلى بعثة دولة أخرى تبعاً لطبيعة العلاقات السياسية القائمة في ذلك[٢].

المبحث الثاني

مراحل تطور الحصانة الدبلوماسية في أوروبا

إذا كان للحصانة القضائية التي يتمتع بها المبعوث الدبلوماسي جذور تاريخية ترجع إلى الحضارتين الإغريقية والرومانية، تبعاً لتطور المفاهيم الدبلوماسية، فإن هذه الجذور لم تمتد بصورة كاملة إلى يومنا هذا، ولم يلحقها التطور المستمر على مر العصور، فكثيراً ما ينتابها التصدع والانقطاع بسبب طبيعة الأنظمة السياسية والعلاقات الدولية القائمة آنذاك والتي كانت تتسم بعدم الاستقرار بالنظر لكثرة الحروب التي كانت شبه دائمة والتي أثرت بطبيعة الحال على ما يتمتع به المبعوث الدبلوماسي من امتيازات وحصانات[٣].

ويقسم الأستاذ Mowate مراحل تطور الدبلوماسية إلى أربع فترات تبعاً لتطور العلاقات الدولية[٤].

ومن الواضح، أن تطور قواعد الحصانة القضائية مرهون بتطور العلاقات الدولية بصورة عامة وتطور القواعد الدبلوماسية الأخرى بصورة خاصة، وأن الكلام عن تطور هذه القواعد جميعاً يعسر الإحاطة بها في هذا المطلب؛ لأنها هدف المجلدات الطوال والمجاميع العلمية، غير أننا سنتناول بالعرض الموجز جانباً من هذه القواعد بالقدر المتعلق بتطور قواعد الحصانة القضائية خلال المراحل التي حددها الأستاذ Mowate.

---

(١) يعود السبب في عدم شمول محلات إقامة المبعوثين الدبلوماسيين بالحصانة القضائية إلى أن البعثات الدبلوماسية ليست لها مقرات خاصة بها، ولا منازل يأوي إليها موظفو البعثة، إنما تتولى الدولة ضيافتهم في قصر الضيافة منذ وصولهم حتى خروجها من البلاد.
الأستاذ هشام الشاوي، المصدر السابق صفحة ٤٤.

(٢) الأستاذ محمد الزقزوقي، المصدر السابق، صفحة ٤٥.

(٣) وأن انتهاك حرمة المبعوثين الدبلوماسيين لا تشمل المبعوثين الأجانب فحسب، إنما كانت تشمل مبعوثي الدول التي ترسلهم إلى الخارج، فإذا لم يتمكن السفير من القيام بمهمته على الوجه المرسوم له لجأت السلطات إلى مصادرة ممتلكاته، وسجنه أو الحكم عليه بالموت في بعض الأحيان.
أنظر: شارل ثاير، المصدر السابق، صفحة ١٩ وما بعدها.

(٤)R.B. Mewate, Diplomacy and Peace, Wilam Norgate, London ١٩٣٥, p.١٣٥.

وعلى ذلك فإن هذا المطلب يتضمن الفروع التالية:

الفرع الأول: مرحلة البعثات الدبلوماسية المؤقتة.

الفرع الثاني: مرحلة البعثات الدبلوماسية الدائمة.

الفرع الثالث: مرحلة استقرار التمثيل الدبلوماسي.

الفرع الرابع: مرحلة تطور القواعد الدبلوماسية.

الفرع الأول: مرحلة البعثات الدبلوماسية المؤقتة

تبدأ هذه المرحلة من سنة ٤٧٦م وتنتهي بسنة ١٤٧٥م، وقد ظهر في بداية هذه المرحلة أسلوب إرسال السفراء المؤقتين إلى الدول الأجنبية لتمثيل دولهم وإجراء المفاوضات لحل الخلافات القائمة بينها.

ومن العوامل التي ساعدت على قبول مبدأ إرسال البعثات الدبلوماسية، هو ضعف الإمبراطورية الرومانية وأفول نجمها العسكري وعدم إمكانها حل مشاكلها الدولية وفرض سيطرتها عن طريق الحرب كما كانت تفعل ذلك سابقاً.

وقد تميزت القواعد الدبلوماسية في هذه المرحلة بعدم الانتظام بالنظر لسيطرة النظام الإقطاعي الذي أخذ ينظر إلى المبعوث الدبلوماسي نظرة شك وريبة، لأن مهمته كانت تقتصر على التجسس وحده[1]، أو أن وجوده كان بهدف تحقيق غايات ذات مصالح أمنية معينة أو التفاوض من أجل إنهاء حالة حرب قائمة[2]، ولهذا فكثيراً ما كانت تنتهك

---

(١) G.E. do Nascimento e Silva, Diplomacy in International Law. A.W. Sijthoff-Leiden, p.١٩.
Harold Nicolson, op. cit. p. ٢٢.

والأستاذ محمد التابعي، التطوير المعاصر للدبلوماسية، المجلة المصرية للقانون الدولي، المجلد الخامس والعشرون ١٩٦٩ صفحة ١٢٢.

والاستاذ عبد الجبار الهداوي، الدبلوماسية، محاضرات مطبوعة على الآلة الكاتبة ألقيت على طلبة المعهد الدبلوماسي عام ١٩٧٧ صفحة ٦، وكان من بين العوائق في عدم تطور المفاهيم الدبلوماسية على مستوى دولي معترف به، هو عدم ثقة الأمراء والملوك بالمبعوثين الدبلوماسيين، فقد كان ينظر إلى المبعوث الدبلوماسي على أنه جاسوس لدولته مهمته جمع المعلومات عن الدولة الموفد إليها، وكانت روسيا القيصرية من بين الدول التي ترفض التمثيل الدبلوماسي ولا تسمح للمبعوث الدبلوماسي بدخول موسكو حتى زمن حكم بطرس الكبير.

Gerhard Von Glahn, Law Among Nations An Introduction to Public International Law, ٢ ed. Macmillan, London ١٩٧٠, p.٣٧٦.

(٢) الدكتور فاضل زكي محمد، المصدر السابق، صفحة ٢١.

حرمته من قبل الحكام والإقطاعيين في أوربا[١]، وغالباً ما تعلن دولة الحرب على دولة أخرى بسبب انتهاك حرمة سفيرها أو الاعتداء عليه وعدم رعايته[٢].

وقد شهدت هذه الفترة بعض التطور بالنسبة لقواعد الدبلوماسية الأخرى[٣]، وشرعت بعض القوانين لتحديد تصرفات وأعمال المبعوثين الدبلوماسيين في الدولة التي يعملون بها[٤].

هذه المرحلة بالنظر لطبيعة البعثات الدبلوماسية المؤقتة والتي كانت تقتصر على معالجة قضايا آنية تنتهي بانتهاء مهمتها.

الفرع الثاني: مرحلة البعثات الدبلوماسية الدائمة

بدأت هذه بين ١٤٧٥ و ١٨١٥م وفيها ظهرت بوادر تطور المفاهيم الدبلوماسية واتجهت نحو التنظيم والاستقرار بسبب تطور العلاقات الدولية الجديدة التي حصلت في خلال الفترة هذه، وبسبب ظهور النزعة التي كانت تطالب بانفصال الكنيسة عن الدولة والتي أدت إلى انحسار مجال النفوذ الديني، واكتشاف القارة الأمريكية واحتدام المنافسات الاستعمارية للسيطرة على الدول الأخرى لاستلاب مواردها الأساسية[٥]، وخاصة التنافس الفرنسي البريطاني للسيطرة على الوطن العربي منذ معاهدة فرنسا مع الدولة العثمانية عام ١٥٣٥م والتي حصلت بموجبها فرنسا على بعض الامتيازات في الأقلية الخاضعة للدولة العثمانية[٦].

---

(١) الأستاذ هشام الشاوي، المصدر السابق، صفحة ٦١.

(٢) من ذلك أن (تيبا) أعلنت الحرب على (تساليا) لأن سفراءها من (تساليا) اعتقلوا وسجنوا من قبل السلطات المختصة، أنظر الدكتور عز الدين فودة، المصدر السابق، صفحة ٩٩.

(٣)K.M. Pankkar, op. cit. p.٦.

والدكتور حسن فتح الباب، المنازعات الدولية ودور الأمم المتحدة في المشكلات المعاصرة، عالم الكتب، القاهرة ١٩٧٦، صفحة ٣٢.

(٤) لقد وضع حكام البندقية بعض القوانين ما بين سنة ١٢٦٨م وسنة ١٢٨٨م، تهدف إلى تنسيق عملية تعيين السفراء وضبط تصرفاتهم.

ولم يسمح بموجبها للسفير أن يمتلك عقاراً أو بيتاً في البلدة التي يعمل فيها، وإذا ما تسلم بعض الهدايا فعليه أن يسلمها إلى دولته، كما وضع حكام فلورنسا عام ١٤٢١ قوانين خاصة بالسفراء أخذت ببعض المبادىء المذكورة.

Harold Nicolson, The Evolution of Diplomatic op. cit. p. ٢٨.

(٥) لويس دوللو، المصدر السابق، صفحة ١٢.

(٦) الدكتور عبد العزيز سليمان نوار، تاريخ العراق الحديث، دار الكتاب العربي، القاهرة ١٩٦٨، صفحة ٢٨٣.

وقد أدت هذه العوامل مجتمعة إلى رغبة الدول للحد من خطر الحرب بينها وتنسيق وحماية مصالحها وتوجيه إمكاناتها نحو السيطرة على الدول الأخرى، الأمر الذي تطلب عقد معاهدات متعددة بينها عن طريق مبعوثين دبلوماسيين يوفدون لهذا العرض[١] وكان لمعاهدة "وستفاليا" Westphalie الموقعة عام ١٦٤٨م دور ايجابي في استقرار التوازن الأوروبي والحد من خطر الحرب[٢].

وكان من نتيجة عقد المعاهدات الدولية وتنسيق المصالح الحيوية بين هذه الدول إن ازداد عدد المبعوثين الدبلوماسيين إلى الدول الأخرى، وظهرت البعثات الدبلوماسية الدائمة[٣]، الأمر الذي أدى إلى ظهور منازعات بين المبعوثين الدبلوماسيين وسلطات الدولة التي يعملون بها أو مع مواطني تلك الدولة، وبتأثير الظروف السياسية الجديدة، بدأت الدول تعترف ببعض الامتيازات والحصانات القضائية على سبيل مبدأ المقابلة بالمثل، وأصبح المبعوث الدبلوماسي يتمتع بالامتيازات والحصانات في الدولة المستقبلية بالقدر الذي يتمتع به ممثلو تلك الدولة في دولته، كما أصبح نطاق الامتيازات والحصانات يشمل مبعوثي الدول بعد أن كان مقتصراً على ممثلي الكنيسة فقط[٤].

وبدأ التعامل الدولي يمنح المبعوثين الدبلوماسيين بعض الحصانات القضائية، وخاصة الحصانة القضائية في الأمور الجزائية[٥]، فإذا ما اتهم مبعوث دبلوماسي أجنبي بارتكاب جريمة معينة، فلا يقبض عليه ولا يحاكم أمام المحاكم الوطنية، ولا يجبر على

---

(١) ومن بين تلك المعاهدات: معاهدة "كامبريزي" عام ١٥٥٩م ومعاهدة " اكس لاشابل" ومعاهدتي "موستر واسنابروت" عام ١٥٥٩م.

Gernara von Glam, op. cn, p.٣٧٠.

V. Serguiev, op. cit, p. ١٩٤.

ولويس ديلو، المصدر السابق، صفحة ١١ وما بعدها.

(٢) Jacques Droz, msioire Dipiomaeique de ١٠٤٠-١٩١٩, ٢ ed.

Dalloz, ١٩٥٩, p.٨.

Rene Pillorger, La Crise Europeenne du ١٨ siecie, revue d, fistoire Diplomatique, A. Peaone, Paris ١٩١٨, p. ٥. John R. Wood and Jean Serres, op. cit, p.٥.

(٣) عرف نظام البعثات الدائمة في بداية القرن الرابع عشر، ونشأ أولاً بين المدن الإيطالية كالبندقية وفلورنسا وجنوا ثم امتد إلى دول أخرى تدريجياً حتى سادها جميعاً في أواسط القرن السابع عشر بعد معاهدة وستفاليا، غير أن انتشار البعثات الدائمة لم يقض على البعثات الخاصة تماماً، بل ظلت الدولة تلجأ إلى نظام البعثات الخاصة عندما تتطلب الحاجة ذلك.
أنظر:

Charles G. Fenwick, op. cit, p. ٤٥٩.

والدكتور جمال مرسي بدر، البعثات الخاصة في القانون الدولي المجلة المصرية للقانون الدولي، المجلد الثاني والعشرون، ١٩٦٦، الجمعية المصرية للقانون الدولي الإسكندرية، صفحة ١٧٩، والدكتور حامد سلطان، القانون الدولي العام وقت السلم، الطبعة السادسة، دار النهضة العربية، القاهرة ١٩٧٦، صفحة ١٢٢.

(٤)Philippe Cahier, Le Droit Diplomatique Contemporin, Droz Geneva ١٩٦٤, p.٩.

Harold Nicolson, op. cit. p. ٢٣.

(٥) ابن الفرا علي بن محمد، المصدر السابق، صفحة ٨٤.

الإدلاء بشهادته أمام السلطات التحقيقيه أو القضائية، وحصل تطور ملحوظ في ضمان احترام شخص المبعوث الدبلوماسي وعدم الاعتداء عليه[١]. [٢]

وقد شهدت هذه الفترة مرحلة انتعاش نسبي لقواعد الحصانة القضائية، وتبلورت بعض مفاهيمها، غير أنها لم تصل مراحل تطورها بصورة واضحة.

الفرع الثالث: مرحلة استقرار التمثيل الدبلوماسي

تبدأ هذه المرحلة من مؤتمر فينا عام ١٨١٥م إلى الحرب العالمية الأولى عام ١٩١٤م، وقد تطورت خلال هذه الفترة المفاهيم الدبلوماسية تطوراً سريعاً بعد مرور ثلاثة قرون على معاهدة وستفاليا، حيث اتجه التمثيل الدبلوماسي نحو الاستقرار، وتحول حل المشاكل الدولية، وبدأ المبعوثون الدبلوماسيون يبتعدون عن أعمال التجسس، واستخدموا المفاهيم السياسية من أجل توطيد العلاقات الدولية[٣].

وقد بلور مؤتمر فينا عام ١٨١٥م وبروتوكول "اكس لاشابل" عام ١٨١٨م تنظيم المبادئ الدبلوماسية دولياً[٤]، غير أن هذا التطور لم يكن شاملاً بالنسبة للحضانة القضائية، حيث إن قواعدها لا تزال خلال هذه الفترة غامضة، ويختلف مفهومها من دولة إلى دولة أخرى، ويساء فهمها في الكثير من الأحيان، وغالباً ما كانت مجالاً للتعسف من قبل المبعوثين الدبلوماسيين، كما تنتهك قواعدها من قبل السلطات المحلية[٥].

---

(١) الدكتور سموحي فوق العادة، الدبلوماسية الحديثة، دار اليقظة العربية- بيروت، ١٩٧٣ صفحة ٣٣٤.

(٢) الدكتور جمال مرسي بدر، المصدر اسلابق، صفحة ١٧٩.

كان التمثيل الدبلوماسي مقتصراً على بعض الدول الكبرى أو الملكية، فلم تتبادل انكلترا التمثيل الدبلوماسي مع فرنسا والدولة العثمانية إلا في عصر الملكة فكتوريا، ومع سويسرا في عام ١٨١٠ ومع ألمانيا في عام ١٨٦٢ ومع إيطاليا في عام ١٨٧١ ومع اسبانيا في عام ١٨٨٧، ومع الولايات المتحدة في عام ١٨٩٧، ومع اليابان في عام ١٩٠٥ أنظر:

أحمد نوري النعيمي، الممارسة الدبلوماسية، محاضرات ألقيت على طلبة كلية القانون والسياسة مطبوعة على الآلة الكاتبة بدون سنة طبع، صفحة ١٨ كذلك أنظر:

Louis Dollot, Histoire Diplomatique, Presses Universitaires de France, Paris, ١٩٦١, p.١٤.

(٣)Philippe Cahier, op. cit, p. ١٢ K.M. Panikar, op. cit. p.٨.

(٤) Wesley L. Gould, An Introduction to International Law, Haper, New York ١٩٥٧, p.٢٦٥.
Gerhard Von Glahnm op. cit. p. ٣٧٦. Jacques Droz, op. cit.p.٢٨٤.

وقد اشتركت في هذا المؤتمر ثماني دول أوربية فقط. انظر: الدكتور عبد العزيز محمد سرحان، المصدر السابق، صفحة ١٢٣.

(٥) الدكتور سموحي فوق العادة، المصدر السابق، صفحة ١٤.

ويعود سبب ذلك إلى تنافس الدول الكبرى على اقتسام العالم[(١)]، الأمر الذي أدى إلى زيادة الاتصالات بين الدول هذه لتحديد مناطق النفوذ، وكان من الضروري أن يتمتع مبعوثو الدول هذه بالامتيازات والحصانات الدبلوماسية ليتمكنوا من إنجاز المهام الموكلة إليهم.

أما بالنسبة للدول النامية، فهي إما أن ظروفها الاقتصادية والاجتماعية ضعيفة فلا تستطيع تحمل الأعباء الدبلوماسية وإرسال مبعوثيها إلى الخارج، وإما أن تكون تحت سيطرة الاستعمار الذي كان يرعى شؤونها الخارجية عن طريق ممثليه.

إضافة لذلك فإن اتفاقية فينا عام ١٨١٥م على الرغم من أنها نظمت جوانب عديدة من القواعد الدبلوماسية، إلا أنها لم تتناول تنظيم القواعد المتعلقة بالحصانة القضائية، وتركت ذلك لممارسات الدول التي اختلفت من دولة إلى أخرى.

وقد ساهمت المؤسسات الدولية والجمعيات العلمية في تطور قواعد الحصانة القضائية لما قدمته من مقترحات ومشاريع اتفاقيات وبحوث وما أثارته من نظريات قانونية[(٢)].

الفرع الرابع: مرحلة تطور القواعد الدبلوماسية

تبدأ هذه المرحلة منذ الحرب العالمية الأولى وتنتهي عند إنشاء الأمم المتحدة.

أدى قيام الحرب العالمية الأولى إلى تدهور المفاهيم الدبلوماسية بصورة عامة بالنظر لتدهور العلاقات الدولية بسبب قيام الحرب بين أغلب الدول في ذلك الوقت[(٣)]،

---

(١) مثال ذلك تنافس الدول الغربية، بريطانيا وفرنسا وألمانيا لاحتلال الشرق العربي عندما وضح ضعف الدولة العثمانية.

أنظر الدكتور عبد العزيز سليمان نوار، المصدر السابق، صفحة ٢٨٣.

(٢) ومن هذه المؤسسات:

معهد القانون الدولي الذي أسس في مدينة بروكسل عام ١٨٩٥.

L'Institut de Droit International

ومعهد القانون الدولي الأمريكي

L'Institute de Droit International American

انظر:

Sir Cecil Hurst, Immunities Diplomatiques. R.C.A.D.I. Vol. ٢. Tome ١٢, ١٩٢٦ p.١٨٣.

ومعهد الدولة والقانون لأكاديمية العلوم في الإتحاد السوفيتي

L'Institut de L' Etat, et du Droit d'Academie des Science d'I'Union Sovietiqut.

والمعهد الوطني للعلاقات الدبلوماسية في موسكو

L'Institut National des Relation International de Moscou.

انظر:

Francisz Przetacznik, Principes du Droit Diplomatique et Consulaire Sovitique Contemporain, R.P.D.I. ١٩٦٨- p. ٣٩٩.

(٣) Louis Dollot, op. cit. p. ٤٨

Jacques Droz. Op. cit, p. ٥٢٩.

غير أن تلك المفاهيم ما لبثت أن استعادت تطورها بصورة سريعة، بالنظر لعزوف الدول الاستعمارية عن استخدام الحرب كوسيلة للسيطرة على الدول الأخرى، ولجوئها إلى المفاوضات كبديل لحل المنازعات الدولية.

وظهر خلال هذه الفترة الاتحاد السوفيتي، كقوة عسكرية جديدة يعتبر نداً للدول الرأسمالية الغربية، كما ظهرت الدول النامية على مسرح الأحداث الدولية بالنظر لتحرر أغلبها من السيطرة الاستعمارية الغربية، وبالنظر لما تتمتع به هذه الدول من إمكانات اقتصادية وبشرية وجغرافية استطاعت بواسطتها التأثير على الحياة السياسية الدولية.

كما أن حاجة الدول الصناعية المتقدمة إلى تصريف إنتاجها الواسع وحاجة الدول النامية إلى تصريف المواد الأولية والحصول على البضائع والتكنولوجيا يتطلب إقامة علاقات جديدة بين هذه الدول على أساس المصالح المشتركة.

وقد أدت هذه العوامل مجتمعة إلى خروج العلاقات الدبلوماسية من عزلتها السابقة من محيط الأسرة الأوربية لتشمل أغلب دول العالم، وقد وافق ذلك تطور سريع في تغيير نظامها وطبيعتها المغلقة.

ساهم هذا التطور بزيادة عدد المبعوثين الدبلوماسيين للدول وظهور ممثلي المنظمات الدولية المختلفة، الأمر الذي أدى إلى ظهور مشاكل متعددة بين المبعوثين الدبلوماسيين وسلطات الدولة المستقبلية أو مواطنيها، انعكست هذه المشاكل في أغلب الأحيان على طبيعة العلاقات الدولية بين الدول بصفة عامة.

ونتيجة تباين تطبيقات الدول للقواعد المنظمة للامتيازات والحصانات القضائية من حيث طبيعتها وأساسها ونطاقها بحسب الزمان والمكان والأشخاص الذين يحق لهم التمتع بها، فقد اتجهت الدول إلى محاولة تدوين هذه القواعد في وثائق دولية تكون مرجعاً في تثبيت هذه القواعد، من ذلك مشروع اتفاقية المعهد الأمريكي للقانون الدولي لسنة ١٩٢٥م ومشروع فيلمور ١٩٢٦م ومشروع لجنة التصنيف التقدمي للقانون الدولي التابعة لعصبة الأمم المتحدة في عام ١٩٢٧م[1]، واتفاقية هافانا للمبعوثين الدبلوماسيين التي أقرها المؤتمر الدولي الأمريكي السادس في عام ١٩٢٨[2] وقرار معهد القانون الدولي

---

(١) انظر:

Gerhard Von Glahn, op. cit, p. ٣٧٦.

(٢) Havana Convention on Diplomatic officers ١٩٢٨.

تراجع نصوص الاتفاقية في مؤلف الاستاذ

C.E. do Nascinento e Silva, op. cit. p. ٢٠٣ United Nations Laws, p. ٤١٩.

والدكتور فاضل زكي محمد، المصدر السابق، صفحة ٢٧١.

للحصانات الدبلوماسية لعام ١٩٢٩م ومشروع اتفاقية جامعة هارفارد للامتيازات والحصانات الدبلوماسية لسنة ١٩٣٢[1].

ورغم التطور الذي رافق قواعد الدبلوماسية في هذه المرحلة، إلا أن عدم استقرار العلاقات بين الدول انعكس على تباين تطبيقات الحصانة القضائية من دولة إلى أخرى، ولم تستطع عصبة الأمم المتحدة من توطيد هذه القواعد في اتفاقية تضم الدول جميعاً في تلك الظروف.

وقد شهدت قواعد الحصانة القضائية في عهد الأمم المتحدة تطوراً كبيراً واتسمت بالعموم والثبات لما قدمته من محاولات ناجحة في تقنين قواعد الحصانة القضائية في اتفاقيات عامة.

---

(١) Resolution de ١٩٢٩ de l'Institute de Droit International Sur Diplomatiques. Les Immunites. Draft Convention of the Harvard Law School of ١٩٣٢ on Diplomatic Privileqes and Immunities.

ترجع نصوص القرار والمشروع في مؤلف

Philippe Cahier, Cahies, op. cit. p. ٤٥٨ S.

الفصل الثالث

مفهوم الحصانة الدبلوماسية

Concept of Diplomatic Immunity

يتمتع المبعوث الدبلوماسي بامتيازات دبلوماسية عديدة داخل اقليم الدولة المستقبلة، تضمن لـه أداء أعماله بصورة صحيحة، ومن هذه الامتيازات ما يتعلق بضمان حرمته الشخصية وحمايته من أي اعتداء قد يتعرض له، ومنها ما يتعلق بالحقوق الشخصية والمالية التي تمنح له احتراماً له ولدولته، ومنها ما يتعلق بالحصانة القضائية بالنسبة للمنازعات التي تثور بينه والغير، ولهذا فمـن الضـرورة تحديـد مفهـوم الحصانة القضائية وتمييزهـا عـن الامتيازات الأخرى.

وتقضي الحصانة القضائية بعدم خضوع المبعوث الدبلوماسي لاختصاص المحاكم الوطنية، اسـتثناء مـن قواعد اختصاص الدولة القضائية، ولغرض إضفاء الصفة الشرعية على هذا الاستثناء فمـن الواجب معرفة أساسها القانوني.

وعلى ذلك فإن مواضيع الفصل هذا ستشمل ثلاثة مباحث:

المبحث الأول: تحديد مفهوم الحصانة الدبلوماسية.

المبحث الثاني: تمييز الحصانة الدبلوماسية عن الامتيازات الأخرى.

المبحث الثالث: أساس الحصانة الدبلوماسية.

المبحث الأول

تحديد مفهوم الحصانة الدبلوماسية

يعود مصطلح "الدبلوماسية" Diplomatique من أصل كلمة Diplum اليونانية ومعناها يطوى، ثم أطلـق الرومان كلمة Diploma على وثيقة السفر المدنية المختومة

والمطوية، وفي القرن الخامس عشر أطلق هذا المصطلح على الأعمال الخاصة بتوجيه العلاقات الدولية[1].

ومنذ ذلك التاريخ حتى الوقت الحاضر، تطور مفهوم الدبلوماسية تطوراً كبيراً، واستخدم في مقاصد مختلفة تبعاً لتباين الاتجاهات الفكرية[2].

ولهذا فقد ظهرت مفاهيم وأنواع مختلفة للدبلوماسية[3]، إلا أننا نتهم في البحث هذا بالرأي الذي يحدد مفهوم الدبلوماسية بأنها "علم وفن تمثيل الدول وإجراء المفاوضات[4] عبر أجهزة متخصصة أطلق عليها البعثات الدبلوماسية Les Missons diplomatiqe التي تتألف من عدد من المبعوثين الدبلوماسيين less agents diplomatiques يمارسون مهمة تمثيل دولتهم وإجراء المفاوضات نيابة عنها بهدف تطوير العلاقات الودية بين الدول[5].

---

(١) Douglas Busk, The Craft of Diplomacy, P. Mal Press, London ١٩٦٧, p.١
Sir Ernest Satow, op. cit. p.٢.
H. Nicolson, op. cit. p.٢٣.

(٢) ترى الدول الاستعمارية: أن الدبلوماسية إحدى الوسائل الفعالة للضغط على الدول الأخرى أنظر في ذلك:
Henry A. Kissinger, Reflection Power and Diplomacy.
The Dimensions of Diplomacy, U.S.A. ١٩٦٧, p.١٨.
وترى الدول الاشتراكية: أن الدبلوماسية وسيلة من وسائل التعايش السلمي بين الشعوب ذات البناء الاجتماعي المتباين أنظر:
A. H. KoBaaB, K٣' K٣٦ KA ANMVMATNN. N٣ MaTezbctBo, MockBa, ١٩٦٨, p.٥.
(ترجمة خاصة عن الروسية من قبل الدكتور ثروت الأسيوطي) ويرى العراق أن الدبلوماسية تعتبر ميداناً لمعاداة الاستعمار والتبعية وميداناً للتعاون الوثيق فيما بين الدول مما يعزز ويزيد من فرص السلام، أنظر: الأستاذ صدام حسين، معركة الاستقلالية والسياسة الدولية، دار الحرية للطباعة، بغداد ١٩٧٨ صفحة ٦٤.

(٣) ومن أنواع الدبلوماسية: الدبلوماسية الشعبية la diplomatie Publique والدبلوماسية السرية la diplomatie Secrete والدبلوماسية المفتوحة la diplomatie Ouverte والدبلوماسية البرلمانية la displomatie parlementaire أنظر:
Antoine fattal. Les Procedures Diplomatiques des Regiment des differends Internaux. L. Libnon Beyroth, ١٩٦٦, p.٣٦.
Sisley Addleston, Popuiar Diplomacy and War, R.R. Smith Rindge, New Hampshire, ١٩٥٤, p.٩٦.
والدكتور حسن فتح الباب، المنازعات الدولية، عالم الكتب، القاهرة ١٩٧٦ صفحة ٤٩، والدكتور عبد العزيز محمد سرحان المصدر السابق، صفحة ٣٣٠.

(٤) Alexander Ostrower, language Law and Diplomacy University of Pennsylvania Press Philadelphia ١٩٦٥, p.١٠٢.
Q. Wright, The Study of International Relations, Appleton, Bombay, ١٩٧٠, p.١٥٨.
J. Serres, Manuel Partique de Protocol. Vitry, Morne ١٩٦٠, p.١.
J.E. Harr. The Professional; Diplomatic, Princeton, New Jersey, ١٠٦٧, p.١٣.

(٥) إن مهمات البعثات الدبلوماسية لا تنحصر في الوقت الحاضر بالوظائف التقليدية التي تتضمنها الكلمات الثلاث التالية "فاوض، راقب، احم" وإنما بالإضافة لذلك تمثيل الدولة المرسلة في الدولة المستقبلة وتنمية العلاقات الودية، وتطوير العلاقات الاقتصادية والثقافية والعلمية، انظر:
Franciszek Przetacknik, op. cit. p.٣٩٩.
وقد أكدت اتفاقية فينا للعلاقات الدبلوماسية لعام ١٩٦١ على هذه الناحية ونصت المادة الثالثة منها على: "١- تتألف أهم وظائف البعثة الدبلوماسية مما يلي:
أ- تمثيل الدولة المعتمدة في الدولة المعتمد لديها.
ب- حماية مصالح الدولة المعتمدة ومصالح رعاياها في الدولة المعتمد لديها، ضمن الحدود التي يقرها القانون الدولي.
جـ- التفاوض مع حكومة الدولة المعتمد لديها.
د- استطلاع الأحوال والتطورات في الدولة المعتمد لديها بجميع الوسائل المشروعة وتقديم التقارير اللازمة عنها إلى حكومة الدولة المعتمدة.
هـ- تعزيز العلاقات الودية بين الدولة المعتمدة والدولة المعتمد لديها وإنماء علاقاتهما الاقتصادية والثقافية والعلمية..

ومن أجل أن يمارس المبعوث الدبلوماسي مهمته هذه، يتعين على الدولة المستقبلية أن توفر له مستلزمات ذلك، بأن تمنحه بعض الامتيازات Privileges تمكنه من مزاولة أعماله بحرية تامة.

وقد أطلق على مجموعة الامتيازات هذه "الامتيازات الدبلوماسية" les privileges diplomatiques والتي تشمل الامتيازات التالية:

أولاً- الحرمة الشخصية.

ثانياً- الامتيازات الشخصية.

ثالثاً- الامتيازات المالية.

رابعاً- الحصانات القضائية.

وتشمل الحصانات القضائية الحصانات التالية[1]:

أولاً- الحصانة القضائية المدنية

ثانياً- الحصانة القضائية الجزائية.

ثالثاً- الحصانة من أداء الشهادة.

رابعاً- الحصانة من التنفيذ.

---

(١) يطلق بعض الكتاب مصطلح الحصانة الدبلوماسية immunite diplomatique ويقصد به الحصانة القضائية: انظر في ذلك.

Henri Batiffol, Droit International Prive. ٤ ed.

R. Pichon, Pasris, ١٩٦٧, p.٧٧٩.

J. G. Stark. Introduction to International, ٧ ed. Butterworths.

London ١٩٧٢, p.٢٥٩.

ويعتبر مصطلح الحصانة مصطلحاً واسعاً يشمل جميع الامتيازات والحصانات التي يتمتع بها المبعوث الدبلوماسي، ولهذا فقد فضلت الحصانة القضائية بدلاً عنه.

إن مصطلح "الحصانة القضائية" أفضل المصطلحات الأخرى، وأكثرها استعمالاً في الوقت الحاضر ويمكن الاعتماد عليه[1]، وهو ما أخذت به اتفاقية فينا للعلاقات الدبلوماسية لعام ١٩٦١[2] واتفاقية فينا للعلاقات القنصلية لعام ١٩٦٣[3].

والحصانة لغة مصدر من الفعل "حصن" ويقال حصن المكان فهو حصين: منع وأحصنة صاحبه، والحصن كل موضع لا يوصل إلى ما في جوفه[4].

أما القضائية فهي القضاء، مصدر من الفعل "قضى" بمعنى الحكم، والقضاء: القطع والفصل، ويقال قضى إي حكم وفصل وقضاء الشيء أحكامه وإمضاؤه والفراغ منه فيكون بمعنى الخلق[5].

أما اصطلاحنا فلم يرد في اتفاقية فينا للعلاقات الدبلوماسية لعام ١٩٦١ تعريف محدد للحصانة القضائية، ولهذا فقد ذهب الفقه إلى أن المقصود بالحصانة القضائية هو إعفاء أو استثناء أو عدم خضوع المبعوث الدبلوماسي للاختصاص القضائي المحلي[6].

ويستنتج من التعريف المذكور أن سلطة الدولة القضائية غير كاملة تجاه المبعوث الدبلوماسي، فلا تملك حق مقاضاته عن القضايا التي ارتكبها داخل إقليمها.

---

(١) عربت الحكومة المصرية مصطلح immunity في الكثير من المعاهدات الدولية بـ"الإعفاء"، وعربته الحكومة اليمنية بـ"الاستثناء" في المعاهدة الأمريكية اليمنية عام ١٩٤٦ وعربه الاستاذ علي ماهر بـ "الحرمه"، والتعبير الفني لمصطلح immunity هو الحصانة، إذ أن للإعفاء مصطلح exemption وللصيانة Maintenance وللإستثناء excmption وللحرمة inviolabllity والامتياز privilege ويعتبر مصطلح "الحصانة القضائية" من التعابير الشائع استعمالها في الوطن العربي مثل الحصانة النيابية وحصانة رئيس الدولة. انظر:

الأستاذ مأمون الحموي، مصطلحات العلاقات الدولية والسياسية دار المشرق، بيروت ١٩٦٨ صفحة ٨٨.

وعرب المشرع العراقي مصطلح immunity إلى مصطلح "الصيانة" في الاتفاق المؤقت المعقود في بغداد في ١١ آب ١٩٢٩ مع إيران لوضع قاعدة العلاقات بين العراق وإيران والممثلين السياسيين والقنصليين للبلدين، وفي الاتفاق المعقود بين العراق وبريطانيا عام ١٩٣١ وفي قانون امتيازات الممثلين السياسيين رقم (٤) لسنة ١٩٣٥، وفي "اتفاقية الامتيازات والصيانات للأمم المتحدة لعام ١٩٤٦" المصادق عليها بالقانون رقم (١٤) لسنة ١٩٤٩، وهو معرب غير دقيق، إذ أن مصطلح immunity تعني "الحصانة" وليس "الصيانة" ولهذا فقد تخلى المشرع العراقي عن المصطلح الأخير.

(٢) عربت الأمم الأمم المتحدة مصطلح "immunity" إلى "الحصانة" في اتفاقية فيينا للعلاقات الدبلوماسية لعام ١٩٦١ وأقر العراقي هذا التعريب عندما صادق على الاتفاقية بموجب قانون رقم ٢٠ لسنة ١٩٦٢.

(٣) عربت الأمم المتحدة المصطلح المذكور إلى "الحصانة" في اتفاقية فيينا للعلاقات القنصلية لعام ١٩٦٣ وأقر المشرع العراقي المصطلح المذكور عندما صادق على الاتفاقية بقانون رقم (٢٠٣) لسنة ١٩٦٨.

(٤) الإمام ابن منظور، لسان العرب، المجلد الثالث عشر، دار بيروت- ١٩٥٦ صفحة ١١٩.

(٥) الشيخ أحمد رضا، معجم متن اللغة، المجلد الرابع، دار الحياة، بيروت- ١٩٦٠ صفحة ٥٩٠.

(٦)Louis Cavare, Le Droit International Public Positif. Tome٢, Pedon, Paris ١٩٦٢, p.٢٦.

Michael Hardy, Modern Diplomatic Law, Manchester University Press, U.S.A ١٩٦٨, p.٥٣.

R. Savatier, Cours Droit International Prive, R, Pichon Paris, ١٩٥٣, p.١٤٢.

Jean Serres, op.cit, p.٧٣.

كذلك انظر: الدكتور عبد الحسين القطيفي، محاضرات في القانون الدولي العام، محاضرات مطبوعة على الآلة الكاتبة ألقيت على طلبة كلية القانون والسياسة بجامعة بغداد، للعام الدراسي ١٩٧٨/٩٧٧ صفحة ٧٣.

الدكتورة عائشة راتب، التنظيم الدبلوماسي والقنصلي، دار النهضة العربية- القاهرة ١٩٦٣، صفحة ١٥٣.

إن الأخذ بالتعريف المذكور في صورته هذه قد يدفع الدول إلى الامتناع عن منح المبعوث الدبلوماسي الحصانة القضائية لما ينطوي عليه من نقص في سيادتها القضائية، ولهذا فقد ذهب رأي آخر[1]، إلى أن المقصود بالحصانة القضائية هو الحصانة من ممارسة الاختصاص وليس من الاختصاص نفسه.

إن عدم خضوع المبعوث الدبلوماسي لاختصاص محاكم الدولة المستقبلة، لا تجعله فوق قوانين تلك الدولة. فالحصانة من الاختصاص القضائي، لا تعني الحصانة من المسؤولية[2]، إذ تبقى مسؤوليته قائمة، وإن ما يترتب على الدفع بالحصانة هو اختلاف المحاكم التي تتولى الفصل في الدعوى، إذ يقل هذا الاختصاص من محاكم الدولة المستقبلة إلى محاكم الدولة المرسلة.

وعلى ذلك يمكن القول أن المقصود بالحصانة القضائية "نقل الاختصاص القضائي من محاكم الدولة المستقبلة إلى محاكم الدولة المرسلة في الدعوى التي يكون أحد أطرافها مبعوثاً دبلوماسياً".

ويتحدد نقل الاختصاص في الدعاوى المدنية المقامة على المبعوث الدبلوماسي وفقاً لأحكام القانون الدولي الخاص، باعتبار أن المبعوث الدبلوماسي شخص أجنبي يخضع لأحكام تحديد الاختصاص الواردة فيه.

ويتحدد نقل الاختصاص في الدعاوى الجزائية وفقاً لقاعدة شخصية القانون الجزائي، التي تقضي بخضوع أفراد الدولة لأحكام قوانينها بغض النظر عن مكان وقوع الجريمة.

المبحث الثاني

تمييز الحصانة القضائية عن الامتيازات الدبلوماسية الأخرى

يتمتع المبعوث الدبلوماسي بامتيازات دبلوماسية عديدة داخل إقليم الدولة المستقبلة، منها ما يتعلق بحرمته من أي اعتداء يتعرض له، ومنها ما يتعلق بتمتعه بالامتيازات الشخصية والمالية، ومنها ما يتعلق بحصانته القضائية.

---

(١) Immunity from jurisdiction, immunity from the exercise of jurisdiction, not immunity from jurisdiction itself.
Max Soensen, Manual of Public International Law, Macmillan London, ١٩٦٨, p.٣٩٧.

(٢) Martin Wolf. Private International Law, Oxford London ١٩٥٠, p, ٥٩.
J.G. Stark, An Introduction to International Law, ٧ ED. Butterworths, London, ١٩٧٢, p. ٢٦٢.

وتعتبر الحصانة القضائية من أهم الامتيازات الدبلوماسية التي يتمتع بها المبعوث الدبلوماسي، لأنها قيد على سيادة الدولة في اختصاصها القضائي، ورغم أنها تشبه الامتيازات الدبلوماسية الأخرى في وجوه عديدة، إلا أن للحصانة القضائية صفاتها الخاصة، التي تميزها عن الامتيازات الأخرى.

وعلى هذا فإن هذا المبحث سيوزع على المطالب التالية:

المطلب الأول: تمييز الحصانة القضائية عن الحرمة الشخصية.

المطلب الثاني: تمييز الحصانة القضائية عن الامتيازات الشخصية.

المطلب الثالث: تمييز الحصانة القضائية عن الامتيازات المالية.

المطلب الأول: تمييز الحصانة القضائية عن الحرمة الشخصية

تعتبر الحرمة الشخصية Invioiabmne de la personne من أقدم الامتيازات التي تمتع بها المبعوث الدبلوماسي، وهي الأساس الذي تتفرع منه الامتيازات الأخرى[1]. وتعني الحرمة الشخصية في القانون الدولي وما جرى عليه التطبيق العملي في العراق: إن شخص المبعوث الدبلوماسي مصونة لا يجوز انتهاكها، ويجب معاملته بصورة لائقة، تتسم باللطف والحسنى دون استعمال وسائل العنف ضده[2]، فلا يجوز القبض عليه[3] أو تقييد حريته مهما كانت أسباب ذلك، وأن تتخذ الوسائل اللازمة لحماية

(١) Gerhard Von Glahan, op. cit, p.٣٨٦.

الدكتور محمد حافظ غانم، مبادىء القانون الدولي العام، مطبعة نهضة مصر، القاهرة، ١٩٦٣ صفحة ١٧٧.

الدكتورة عائشة راتب، المصدر السابق، صفحة ١٤٨.

الدكتور عبد الحسين القطيفي، المصدر السابق، صفحة ١٤٨.

(٢) J. Spiropoulous, Traite Theorique Partique de Droit International Public, L.D.J. Paris ١٩٣٣, p. ٢١١.

وقد جاء بكتاب وزارة الداخلية المرقم ٧٤٠٩ في ٩٧٦/٦/٢٠ الموجه إلى مديرية الأمن العام ما يلي: "نظراً لما للدبلوماسيين والممثلين للبعثات الدبلوماسية المعتمدة في القطر من حصانة وفقاً للاتفاقيات الدولية ولما يتمتع به العراق من سمعة ومكانة دولية فإن هذه الوزارة تؤكد أن يتم معاملة هؤلاء باللطف والحسنى بعيداً عن مظاهر الانفعال والانزعاج وحل مشاكلهم الآنية التي تقع وفق إطار المصلحة العامة ومراعاة إعطاء صورة صادقة عن كرم "الضيافة".

(٣)Ian Brownelie, Principles of Public International Law. C. Press, Oxford, ١٩٦٦, p. ٢٧٦.

Ch. Rousseau, Droit International Public, Sirey Paris ١٩٥٣, p.٤٢٤.

Wm. W. Bishop. General Course of Pubie.

Academie de droit International C.R ١٩٦٥ p. ٢٢٩.

لم تتخذ السلطات العراقية الإجراءات القانونية ضد أحد موظفي السفارة المصرية في بغداد لقيامه بأعمال غير قانونية خارج أعمال وظيفته إنما اكتفى بإشعار سفارته عن أعمال هذه.

أنظر مذكرة وزارة الخارجية المرقمة ٨٦٥ في ٩٤٧/٤/٢٦.

شخصه، وأمواله الخاصة[1] ومسكنه الخاص[2]، أو المؤقت[3] ومقر عمله الرسمي[4]، وعدم جواز الدخول إليها دون موافقته صراحة، مهما كان السبب في ذلك[5]، وإن صدر

---

(١) Dr. Friedrich Berber, Lehrbuch des Volkerrerts Erster Band Allgemeines Frieden Srecht. Munchen and Berlin ١٩٦٠ S. ٤١ J.R. Wood and J. Serves, op. ci. P. ٤٨. Dalloz, Paris, ١٩٤٧. Franciszek Przetacznik, op. cit. p. ٥٠٤.
P.de Fouqueres, Manuel de Partique de Proeocol Marne ١٩٦٥, p. ٧١.

(٢) G.E. do Nascimento e Silva, op. cit, p. ٩٩

وانظر قرار: The Court of Appeal of London ١٩٦٩.

B.Y.B.I.L. ١٩٧٠, p.٢١٥

وقد نصت الفقرة الأولى من المادة (٣٠) من اتفاقية فينا للعلاقات الدبلوماسية لعام ١٩٦١ على مايأتي: "يتمتع المنزل الخاص الذي يقطنه المبعوث الدبلوماسي بذات الحصانة والحماية اللتين تتمتع بهما دار البعثة".

وقد أخذت اتفاقية البعثات الخاصة لعام ١٩٦٩ بالنص المذكور، فنصت الفقرة الأولى من المادة (٣٠) منها على ما يلي:

The private accommodation of the representatives of the sending state in the special mission and of the members of its diplomatic staff shall enjoy the same inviolability and protection as the promises of the special mission.
United Nations of Public Information OPI /٣٨٤.
١٩٧٠, p. ١٢.

(٣) انظر تفسير لجنة القانون الدولي لنص الفقرة الأولى من المادة (٣٠) من اتفاقية فينا للعلاقات الدبلوماسية من أنه يشمل المسكن المؤقت الذي يشغله المبعوث الدبلوماسي.

Y.B.I.L.C ١٩٥٨, Vol, ٢, p. ٩٨
M. Whiteman, Digest of International Law Vol.V. Department of State Publication, Washington ١٩٧٠, p.١٣٤.
Ian Brownlie, op. cit. p. ٣٤١.

(٤) Michael Hardy, op. cit. p. ٤٣.
B.A. ٢٠ P H, op. cit. p.٢٠٣.

والدكتور علي غالب الداودي، المصدر السابق، صفحة ٥٤.

(٥) Franciszek Przotacznik, op.ci. ٥٠٤.

وازاء تمتع مسكن المبعوث الدبلوماسي ومقر عمله الرسمي بالحصانة القضائية، ظهرت مشكلة صيرورتها ملجأ إليه المجرمون، على أساس أن الشرطة المحلية لا تستطيع دخوله، وقد استقر العمل على إلزام المبعوث الدبلوماسي تسليم المجرم العادي أو السماح للشرطة المحلية بالدخول للقبض عليه، أما بصدد المجرم السياسي، فقد اختلفت الآراء: فمن الدول ما تسمح بتسليمه ومنها ما لا تسمح بذلك انطلاقاً من الاعتبارات السياسية أنظر:

Franciszek Przotacznik, op.ci. ٥٠٤
Wesley L. Gould, An Introduction International Law H.Brothers, New York ١٩٥٧, p.٢٦٩.
J.G. Starke, op. cit. p. ٣٥٧
G.E, do Nascimento e Silva, op. cit, p.١٠٠

والدكتور الشافعي محمد بشير، الموجز في القانون الدولي، الطبعة الثانية، مكتبة الإنكلو المصرية ١٩٦٧ صفحة ٥٨.

حكم قضائي يقضي بقيام الجهات المختصة أو المحكمة ذاتها بالكشف على الدار التي يسكنها المبعوث الدبلوماسي أو مقر عمله الرسمي(١).

وتضمن الدولة المستقبلة سلامة مراسلات المبعوث الدبلوماسي وأوراقه الخاصة وعدم الإطلاع عليها أو خضوعها للرقابة المحلية(٢)، ولا يجوز أن تكون أمتعته الشخصية موضعاً للتفتيش من قبل السلطات الأمنية أو الجمركية أثناء دخوله أو خروجه من الدولة المستقبلة(٣) وعدم التعرض لأمتعته المعدة لاستعماله الشخصي ولأمواله الأخرى(٤).

---

(١) في حالة صدور حكم قضائي يقضي بالكشف على العقار الذي يسكنه المبعوث الدبلوماسي أو مقر بعثته الدبلوماسية، فإنه لا يجوز للجنة الكشف دخول البناية إلا بعد إشعار وزارة الخارجية بذلك والتي تقوم بدورها بالطلب من البعثه السماح للجنة الكشف.

انظر قرار محكمة بداءة الكرخ في الدعوى المرقمة ٧٦/٣١٠٩٨، وطلبها من وزارة الخارجية المؤرخ في ١٩٧٦/٨/٥ حول السماح للجنة الكشف بدخول السفارة البلجيكية وموافقة السفارة المذكورة بمذكرتها المرقمة ٦٢٧ في ١٩٧٧/٢/٢٣.

(٢) Michael Akehurst, A. Modern Introduction to International Law. Atherton, New York ١٩٧٠ p.١٤٤.

Pierre de Fouduieres, op. cit. p.٧٢.

Charles Rousseu, op. cit. p. ٤٢٤.

والدكتورة عائشة راتب، المصدر السابق، صفحة ١٤٧.

وفي عام ١٩٤٣ قامت السلطات العراقية باحتجاز الأوراق الخاصة لمبعوثين دبلوماسيين ايرانيين في طريقها إلى بيروت عبر الأراضي العراقية، وقد طلبت وزارة الخارجية بمذكرتها المرقمة ٢٠٠/٦٧٥ والمؤرخة في ١٩٤٣/٥/١٤ من وزارة الداخلية إعادة الأوراق الخاصة لهما، وقد أعيدت تلك الأوراق حسب ما جاء بكتاب وزارة الداخلية المرقم ١٤٨٨ والمؤرخ في ١٩٤٣/٧/٢٧، وقد نصت الفقرة الثانية من المادة (٣٠) من اتفاقية فينا للعلاقات الدبلوماسية لعام ١٩٦١ على مايلي "تتمتع كذلك بالحصانة أوراقه ومراسلاته كما تتمتع بها أمواله مع عدم الإخلال بأحكام الفقرة ٣ من المادة ٣١".

وتلتزم الحكومة العراقية بتطبيق نص المادة المذكورة من الاتفاقية فقد جاء في مذكرة وزارة الخارجية المرقمة ٢٠٠/١٠٤٣ في ١٩٦٥/٨/١٧ الموجهة إلى وزارة المواصلات ما يلي " تود هذه الوزارة أن توضح بأن الرسائل والصحف الواردة إلى الهيئة الدبلوماسية العاملة في العراق والمبعوثين الدبلوماسيين تتمتع بالحصانة، غير خاضعة لفحص الرقابة.. وأن اتباع غير ذلك لمن شأنه أن يسيء إلى سمعة الجمهورية العراقية في المجال الدولي كما أنه خرق للإتفاقية المذكورة ولقواعد المجاملة الدولية من جهة أخرى".

(٣) لا تخضع أمتعة المبعوث الدبلوماسي الأجنبي في العراق للتفتيش من قبل السلطات الأمنية أو الكمركية أثناء دخولهم أو خروجهم من العراق، غير أن بعض الدول لا تعترف بهذا الامتياز وأن كان على سبيل المقابلة بالمثل، أنظر مذكرة السفارة العراقية في كراجي المرقمة ١٣٥ والمؤرخة في ١٩٤٣/١٢/١٥ الموجهة إلى وزارة الخارجية.

وقد نصت الفقرة الثانية من المادة (٣٦) من اتفاقية فينا للعلاقات الدبلوماسية على ما يلي: "تعفى الأمتعة الشخصية للمبعوث الدبلوماسي من التفتيش.....".

وأخذت اتفاقية البعثات الخاصة لعام ١٩٦٩ بالنص المذكور فقد جاء في الفقرة الثانية من المادة (٣٥) ما يلي:

"The Personal baggage of the representatives of sending state in the special mission and of the members of its diplomatic staff shall be exempt from inspection,...".

(٤) Clifton E. Wilson Diplomatic Privileges and Immunities.

The University of Arizona Press' Arizon, U.S.A. ١٩٦٧, P.١٠٧.

Mechael Hardy, op. cit. P.٥٠.

Friedrich Berber, op. cit, ٤١.

Charles C. Fewick, op.cit, P. ٤٧٠.

وتمتد حرمة المبعوث الدبلوماسي الشخصية إلى جميع ممتلكاته الخاصة كالسيارات وحسابات البنوك والبضائع المخصصة لاستعماله الشخصي.

أنظر:

الدكتورة عائشة راتب، المصدر السابق، صفحة ١٥٣.

وفي حالة الاعتداء عليه، ينبغي على الدولة المستقلة أن تتخذ الإجراءات اللازمة لرفعه عنه ومحاسبة الأشخاص الذين تجاوزوا عليه[1]، بإجراءات خاصة تتناسب ومكانة المبعوث الدبلوماسي[2]، وتعويضه عن الأضرار المادية والمعنوية التي أصابته من جراء الاعتداء[3]، وهي مسؤولية مشددة على الدولة في توفير الحماية اللازمة للمبعوثين الدبلوماسيين عن طريق تشديد العقوبات على الأفراد الذين يتسببون حدوثها[4]، واتخاذ الإجراءات الوقائية لمنع أي اعتداء قد يتعرض له[5].

ويحق للدولة المطالبة بالتعويض عن الأضرار التي لحقت بمبعوثها[6] وإلا جاز للدولة التي أهين ممثلها أن تتخذ الإجراءات المناسبة ضد الدولة المستقبلة[7][*].

ولذا فقد اتجهت الدول على اختلاف أنظمتها السياسية إلى احترام قاعدة حرمة المبعوث الدبلوماسي[8]، وانعقد الإجماع على مراعاتها فقهاً وقضاء وعملاً[9] والنص عليها في التشريعات الداخلية[10] والوثائق والمعاهدات الدولية[1]، ومنها اتفاقية منع ومعاقبة الجرائم المرتكبة ضد الأشخاص المشمولين بالحماية الدولية لعام ١٩٧٤[2].

---

(١) في سنة ١٩١٥ تعرض مبعوث دبلوماسي يوناني في تركيا لحادث اعتداء من قبل الشرطة التركية، وقد اعتذرت الحكومة التركية عن هذا الحادث وقامت بمعاقبة المسؤول عنه. انظر:

A.B. Lyons, Personal Immunities of diplomatic Agents, B.Y.B.I.L. Vol. ٣١, ١٩٥٤, p.٢٩٩.

(٢) Friedrich Berber, op. cit. S ٤١ Wesley L. Gould, op. cit. p.٢٦٨.

اتخذت السلطات العراقية الإجراءات المشددة ضد (ق.م) الموظف في بلدية المنصورية وأمرت بتوقيفه لتجاوزه على بعض موظفي السفارة التركية في بغداد. انظر: كتاب محافظة بغداد المرقم ١٤١٢ في ٩٧٧/٣/٢٢ الموجه إلى وزارة الخارجية.

(٣) وقد يكون تعويض الضرر المعنوي الذي يصيب المبعوث الدبلوماسي عن طريق الاعتذار الرسمي من قبل الدولة المستقبلة.

(٤) D.P. O'Connell, International Law, ٢ ed Vol.٢. Steven, London, ١٩٧٠, p.٨٨٩.

(٥) Friedrich Berber, op. cit, S ٤١.

(٦) J.R. Wood and J. Serres, op. cit. p.٤٩.

(٧) وقد تذرعت فرنسا عند احتلالها القطر الجزائري عام ١٨٣٠، بالإهانة التي أصابتها في شخص ممثلها على أثر لطمة أصابته من قبل سلطات الجزائر "الداي حسين" وعدم تقديمه الترضية التي طلبتها فرنسا منه. انظر:

Sir Cecil Hurst. Immuites Diplomatique.
R.C.A.D.A Vol.١٢, ١٩٢٦, p.١٢٦.

(*) Michael Hardy, op. cit. p.٥١ Charles G. Fenwick, op. cit, p.٤٦٩ Wesley L. Could, op. cit, p.٢٦٨.

(٨) الدكتور عبد الحسين القطيفي، المصدر السابق، صفحة ٦١.

(٩) ومن التشريعات التي وضعت نصوصاً مشددة ضد الأشخاص الذين يتعرضون لحرمة "الدبلوماسي: القانون الألماني الصادر عام ١٨٧١ (المادة ١٠٤) ١٠٤) وقانون العقوبات البلجيكي الصادر عام ١٨٥٨، وقانون العقوبات الهولندي (المادتان ١١٨ و ١١٩) وقانون العقوبات البرتغالي (المادة ٢٦١) وقانون العقوبات السويدي الصادرة عام ١٨٦٤ وقانون العقوبات المصري الصادر عام ١٩٣٧ (المادة ١٨٢) أنظر:

الدكتور علي صادق أبو هيف، المصدر السابق، صفحة ١٧٣ كذلك أنظر:

GRAHAM Stuart, Le Droit et la Portique Diplomatique et Consulaires, R.C.A.D.I. Pol. ٢. Tome ٤٨ ١٩٣٥, p.٥٠٢.

(١٠) جاء في المادة السابعة من قرارات معهد القانون الدولي في اجتماعه المنعقد في نيويورك عام١٩٢٩: بأن الحرمة تتضمن منع أي اكراه أو توقيف أو تسليم أو طرد... وجاء في المادة (١٧) من مشروع اتفاقية جامعة هارفرد لعام ١٩٣٢ على إلزام الدول بحماية أفراد البعثات الدبلوماسية وعوائلهم

أما في العراق، فبالإضافة إلى التصديق على اتفاقية منع ومعاقبة الجرائم المرتكبة ضد الأشخاص المشمولين بالحماية الدولية لعام ١٩٧٤[٣] والتي أوجبت على الدول الأطراف في الاتفاقية، أن تشرع قوانين داخلية تضمن حماية المبعوث الدبلوماسي، فإنه ضمن حماية خاصة للمبعوث الدبلوماسي، حيث اعتبرت المادة (٢٢٧) من قانون العقوبات، إهانة المبعوث الدبلوماسي من الجرائم الواقعة على السلطة العامة[٤]، وهو اتجاه يعبر عن سياسة العراق العربية الأصيلة تجاه الرسل الأجانب.

من أي تدخل يعكر أمنهم أو طمأنينتهم أو يمس كرامتهم، وجاء في المادة (١٤) من اتفاقية هافانا لعام ١٩٢٨: على أن تكون حرمة المبعوث الدبلوماسي مصونة في شخصه ومنزله ومقر عمله الرسمي وأمواله.
انظر:

Philippe Cahier, op. cit, p.٢٢٢ No. ٨٢.

(١) نصت المادة الأولى من اتفاقية منع ومعاقبة الجرائم المرتكبة ضد الأشخاص المشمولين بالحماية الدولية لعام ١٩٧٤ على ما يلي "تعني عبارة" الأشخاص المشمولين بالحماية الدولية لعام ١٩٧٤ على ما يلي "تعني عبارة" الأشخاص المشمولين بالحماية الدولية:

١- رئيس الدولة.
٢- أي ممثل أو موظف رسمي لدولة أو أي موظف رسمي أو ممثل آخر لمنظمة دولية ذات صفة حكومية إذا وجبت له بموجب القانون الدولي، في وقت ومكان ارتكاب الجريمة ضد شخصه أو مقاره الرسمية أو مسكنه الخاص أو وسائل تنقله حماية خاصة ضد أي اعتداء على شخصه، أو حريته أو كرامته وكذلك أفراد أسرته الذين يعيشون في كنفه.

(٢) صادق العراق على اتفاقية منع ومعاقبة الجرائم ضد الأشخاص المشمولين بالحماية الدولية التي أقرتها الجمعية العامة للأمم المتحدة في جلستها (٢٢٠٢) المنعقدة بتاريخ ١٩٧٤/١٢/١٤ بموجب القانون رقم (٣) لسنة ١٩٧٨.
انظر الوقائع العراقية العدد ٢٦٣٣ في ١٩٧٨/١/١٦.

(٣) نصت المادة الثانية من الاتفاقية المذكورة على ما يلي: "على كل دولة طرف أن تعتبر الاقتراف العمدي لأي من الأفعال الآتية جريمة بموجب قانونها الداخلي:

١- القتل، أو الاختطاف أو أي اعتداء آخر على شخص وحرية الشخص المشمول بالحماية الدولية.
٢- الهجوم العنيف على المقار الرسمية أو محال السكن أو رسائل النقل.
٣- التهديد بارتكاب أي من هذه الاعتداءات...

(٤) نصت المادة (٢٢٧) من قانون العقوبات العراقي رقم ١١١ لسنة ١٩٦٩ على ما يلي: "يعاقب بالحبس مدة لا تزيد على السنتين أو بغرامة لا تزيد على مائتي دينار كل من أهان بإحدى طرق العلانية دولة أجنبية أو منظمة دولية لها مقر في العراق أو أهان علمها أو شعارها الوطني متى كان مستعملين على وجه لا يخالف قوانين العراق.
وقد وردت هذه المادة في باب الجرائم الواقعة على السلطة العامة.

وعلى هذا تختلف الحرمة الشخصية عن الحصانة القضائية في الأوجه التالية:

١- إن الحرمة الشخصية تعتبر من الامتيازات الدائمة المستمرة التي يتمتع بها المبعوث الدبلوماسي، ولا يتوقف منحها على عمل يقوم به أو يصدر منه، أما الحصانة القضائية فإنها لا تنشأ إلا في الوقت الذي يرتكب فيه المبعوث الدبلوماسي مخالفة قانونية تستوجب إجراء محاكمته أمام محاكم الدولة المستقبلة.

٢- أن التمتع بالحرمة الشخصية يكون في مواجهة السلطات المحلية والأفراد، أما الحصانة القضائية فإن التمتع بها يكون في مواجهة السلطة القضائية فقط.

٣- أن حرمة شخص المبعوث الدبلوماسي امتياز ثابت، لا يجوز التنازل عنه من قبله أو من قبل الدولة المرسلة[1]، لأنه حق لصيق بشخصه بصفته إنساناً وممثلاً لدولة أجنبية، أما الحصانة القضائية، فيجوز التنازل عنها من قبل الدولة المرسلة، لأنها مقررة لمصلحتها.

٤- يتمتع المبعوث الدبلوماسي بالحرمة الشخصية بالنسبة له ولأمواله بصوره مطلقه، ولم يرد في اتفاقية فينا أي استثناء يقيد من هذا الإطلاق، إلا في الحالات الخاصة بالتنفيذ على أمواله وفي الإطار الذي يخضع بموجبه المبعوث الدبلوماسي للاختصاص القضائي المحلي، أما بالنسبة للحصانة القضائية فقد أوردت اتفاقية فينا عليها استثناءات متعددة أجازت فيها خضوع المبعوث الدبلوماسي للاختصاص القضائي المحلي للدولة المستقبلة.

المطلب الثاني: تمييز الحصانة القضائية عن الامتيازات الشخصية

يتمتع المبعوث الدبلوماسي بعدة امتيازات شخصية لا يتمتع بها مواطنو الدولة المستقبلة أو الأجانب المقيمون فيها، ومن هذه الامتيازات:

أولاً- حق الدخول للدولة المستقبلة والتنقل فيها والخروج منها.

للدولة حق في تنظيم أمر الأجانب الذين يدخلون أراضيها للمحافظة على كيانها وأمنها، ويحق لها أن تمنع دخول بعض الأجانب إذا كان دخولهم يشكل خطراً عليها[2].

---

(١)Pierre de Fouquieres, op. cit. p.٧٣.

(٢) يجب على الأجنبي غير العربي الحصول على سمة دخول اعتيادية أو سمة مرور بدون توقف أو سمة سياسية من أجل السماح له بالدخول للأراضي العراقية، أنظر:

الدكتور ممدوح عبد الكريم حافظ، القانون الدولي الخاص، الطبعة الأولى، دار الحرية، بغداد ١٩٧٣ صفحة ٢١٠.

ومن الواضح، أن المبعوث الدبلوماسي لا يستطيع مزاولة أعماله الرسمية في الدولة المستقبلة إلا إذا سمحت له بالدخول إلى أراضيها ومنحته سمة دخول غير أن بعض الدول، على سبيل المجاملة، تعفي المبعوث الدبلوماسي من سمة الدخول(١) كالنمسا ويوغسلافيا.

ويعفى المبعوث الدبلوماسي أيضاً من شرط الحصول على الإقامة خلال أقامته في الدولة المستقبلة(٢).

ويحق للمبعوث الدبلوماسي التجوال أو التنقل داخل أراضي الدولة المستقبلة(٣) عدا المناطق التي يمنع التجوال فيها والتي يجري تحديدها بموجب بيانات رسمية بالنظر لأهميتها العسكرية أو الأمنية(٤) ما لم يحصل على تصريح خاص من الجهات المختصة يسمح له المرور بتلك المناطق وفي وقت محدد سلفاً(٥).

ويقوم امتياز حرية تنقل المبعوث على أساس تمكينه من القيام بواجباته المكلف بها، إذ أن مهمته لا تنحصر في جمع التقارير إنما تتطلب الإطلاع الواسع على النهضة الصناعية والعمرانية للدولة التي يعمل فيها(٦).

---

(١) تستطيع الدولة أن تعفي المبعوث الدبلوماسي من شرط الحصول على سمة دخول على سبيل المقابلة بالمثل.
الدكتور جابر إبراهيم الراوي، المصدر السابق صفحة ٩١.

(٢) الدكتور سموحي فوق العادة، المصدر السابق، صفحة ٢٦٢ ونصت المادة (٢٦) من قانون إقامة الأجانب رقم ١١٨ لسنة ١٩٧٨ على ما يلي:
لا تسري أحكام هذا القانون:
١- رؤساء الدول الأجنبية وأعضاء أسرهم وحاشيتهم.
٢- رؤساء البعثات الدبلوماسية والقنصلية وموظفيها الرسميين المعتمدين وغير المعتمدين ومن هو بمسؤوليتهم فعلاً من أفراد عائلاتهم مع مراعاة مبدأ المقابلة بالمثل على أن يزود هؤلاء بهويات خاصة من وزارة الخارجية....
الوقائع العراقية العدد ٢٦٦٥ في ١٩٧٨/٧/٢٤.

(٣) Philippe Camer, op. cit. p.١٤٩.

(٤) Graham Stuart, op. cit. p.٥٠٨.

والدكتور جابر ابراهيم الراوي، المصدر السابق، صفحة ١١٥ كذلك راجع بيان وزارة الداخلية رقم ق س/٧٨٣٤ في ١٩٦٧/١٠/٤.
أنظر: الدكتور ممدوح عبد الكريم، المصدر السابق، الطبعة الثانية، صفحة ٢١٣.

(٥) الدكتور علي صادق أبو هيف، المصدر السابق، صفحة ١٦٧.

(٦) B. Sea, A Diplomat's Handbook of Internationl Law and Practice, M. Nijhoff, Netherland ١٩٦٥ p.١٠٠.
وذهب الفقه الالماني إلى أن الدولة المستقبلة لا تلتزم بضمان حرية تنقل المبعوث الدبلوماسي على أراضيها فحسب، إنما تلتزم بحمايته أثناء تنقله وخاصة في المناطق التي لا يستتب الأمن فيها، انظر:

Friedrich Berber, op. cit, S. ٤١.

وقد ألزمت اتفاقية فينا للعلاقات الدبلوماسية لعام ١٩٦١[1] واتفاقية البعثات الخاصة لعام ١٩٦٩[2]، الدولة المستقبلة بضمان حرية التنقل والسفر في أراضيها، مع مراعاة المناطق المحذورة.

وتقوم الدولة المستقبلة بتوفير دار سكن للمبعوث الدبلوماسي في حالة عدم تمكنهم من الحصول على دار سكن[3]، في المناطق التي تحددها الدولة المستقبلة[4].

ويستطيع المبعوث الدبلوماسي الخروج من أراضي الدولة المستقبلة دون الخضوع للقيود الواردة على خروج الأجانب[5].

ثانياً- لا يخضع شخص المبعوث الدبلوماسي، وأمواله للتفتيش الذي يفرض على مواطني الدولة المستقبلة، والأجانب الموجودين فيها، أثناء دخوله وخروجه منها وإقامته فيها

---

(١) نصت المادة (٢٦) من اتفاقية فينا للعلاقات الدبلوماسية لعام ١٩٦١ على ما يلي: " تكفل الدولة المعتمد لديها حرية الانتقال والسفر في اقليمها لجميع أفراد البعثة الدبلوماسية مع عدم الإخلال بقوانينها وأنظمتها المتعلقة بالمناطق المحذورة أو المنظم دخولها لأسباب تتعلق بالأمن القومي".
ومضمون هذا النص حديث في العلاقات الدولية، وكان سبب اقراره في الاتفاقية هو لجوء الإتحاد السوفيتي عقب الحرب العالمية الثانية إلى تحديد تجوال الممثلين الدبلوماسيين ضمن مسافة لا تتجاوز (٥٠) كيلو متراً خارج حدود العاصمة موسكو، ثم خففت هذه المسافة إلى ٤٠ كيلو متراً بين عام ١٩٥٢ و١٩٥٣ وتبعته في هذا الإجراء دول أوربا الشرقية، كما لجأت انكلترا والولايات المتحدة وكندا إلى تدابير متماثلة عملا بمبدأ المقابلة بالمثل.
أنظر الدكتور سموحي فوق العادة، المصدر السابق، صفحة ٢٦٤.

(٢) نصت المادة (٢٧) من اتفاقية البعثات الخاصة على ما يلي:
" Subject to itslaws and reguiations concerning zones entry into wmen is prohibited or regulaiea or reasons or national security, the receiving state shall ensure to all members of the special miss on such freedom of movementand travel in its territory as ia necessary from the performance of the functions of the special mission".

(٣) نصت الفقرة (٣) من المادة (٢١) من اتفاقية فينا للعلاقات الدبلوماسية على ما يلي: "... ويجب كذلك أن تساعد البعثات عند الاقتناء على الحصول على المساكن اللائقة لأفرادها".

(٤) تقوم الجهات المختصة في العراق بمساعدة المبعوثين الدبلوماسيين بالحصول على دور سكن لهم في المناطق التي تحدد لهم.
أنظر مذكرات وزارة الخارجية المرقمة ١٠٥٦ في ١٩٧٨/١١/٢٣ و ٩٧٢٤٨ في ١٩٧٨/٣/٩.

(٥) توجب المادة (٨) من قانون إقامة الأجانب في العراق حصول الأجنبي على سمة المغادرة من السلطة المختصة التي عليها أن تتحقق من براءة ذمته استناداً إلى وثيقة صادرة من الجهة التي يعمل لديها من دفع الرسم الذي يستوف عنه، مع مراعاة مبدأ المقابلة بالمثل، ولوزير الداخلية أو من يحويه عند وجود أسباب خاصة أن يؤجل الأجنبي من السفر للمدة التي تقتضيها تلك الأسباب.
أنظر كذلك الدكتور حسن الهنداوي، الجنسية ومركز الأجانب وأحكامها في القانون العراقي، مطبعة الارشاد، بغداد صفحة ٢٨٩.
ويجوز للدولة إبعاد الأجنبي بناء على رغبتها وإن لم يصدر حكم قضائي بهذا الشأن، انظر قضية:
Martineau V. Immigration and Naturalization Service ٥٥٦ F.٢ ed. ٣٠٦ U.S. Court of Appeals ١٩٧٧ AM.J. INT.L.L. Vol. ٧٢ . ١٩٧٨, p. ١٥٨.

إلا في حالة الشك، بأنه يحمل مواداً يحظر القانون حملها، وفي هذه الحالة، يجري التفتيش بحضور المبعوث الدبلوماسي أو ممثله القانوني[(١)].

ثالثاً- عدم خضوع المبعوث الدبلوماسي للتكاليف الشخصية:

يعفى المبعوث الدبلوماسي من التكاليف والأعباء الشخصية exemption des prestation personnelles المفروضة على مواطني الدولة المستقبلة والأجانب الموجودين فيها[(٢)]، فلا يكلف بأداء الخدمة العسكرية بصفة دائمة أو مؤقتة وإن كانت الدولة المستقبلة في حالة حرب مع دولة أخرى، أو في حرب أهلية، كما لا يخضع لتدابير الإستيلاء على سيارته أو داره لاستخدامها في العمليات الحربية، ولا يجوز تكليفه بالتطوع في الجيش الشعبي[(٣)]، أو القيام بعمليات الإنقاذ عند تعرض البلاد لكوارث حربية طبيعية[(٤)]، أو تكليفه بواجبات العمل الشعبي إلا إذا رغب في ذلك علة سبيل المجاملة[(٥)].

رابعاً- توفير راحة المبعوث الدبلوماسي وضمان ممارسة حقوقه الشخصية بالإضافة إلى أن المبعوث الدبلوماسي يتمتع بالحقوق كافة التي يتمتع بها الأجنبي، فإن له وضعاً قانونياً متميزاً عن الأجنبي، حيث تتولى الدولة المستقبلة توفير المستلزمات الضرورية له، وتجعل إقامته مريحة وخالية من التعقيدات[(٦)] وتقوم بتذليل الصعوبات التي يتعرض لها وتسهل إقامته Facilite de Sejour Droit au culte prive وتسمح له حق استعمال

(١) نصت الفقرة (٢) من المادة ٣٦ من اتفاقية فينا للعلاقات الدبلوماسية على ما يلي "تعفى الأمتعة الشخصية للمبعوث الدبلوماسي من التفتيش ما لم توجد أسباب تدعو إلى الافتراض بأنها تحتوي مواد لا تشملها الاعفاءات المنصوص عليها في الفقرة (١) من هذه المادة أو مواد يحظر القانون استيرادها أو تصديرها أو مواد تخضع لأنظمة الحجر الصحي في الدولة المعتمد لديها، ولا يجوز إجراء التفتيش إلا بحضور المبعوث الدبلوماسي أو ممثله المفوض.

(٢)Sir Ernest Satow, op. cit, p. ١٧٩ Jean Serres, op. cit, p.٦٨ Philipippe Cahier, op. cit. p. ٣٠٣.

(٣)B. Sen, op. cit. p. ١٤٩.

(٤) نصت المادة (٣٥) من اتفاقية فينا للعلاقات الدبلوماسية على ما يلي: "تقوم الدولة المعتمد لديها باعفاء المبعوث الدبلوماسي من جميع أنواع الخدمات الشخصية والعامة ومن الالتزامات والأعباء العسكرية كالخضوع لتدابير الاستيلاء وتقديم التبرعات وتوفير السكن، ويلاحظ أن تعريب النص المذكور غير موفق، حيث يظهر في التفسير الحرفي له أن المبعوث الدبلوماسي معفى من توفير السكن، في حين أن النص الفرنسي- يشير إلى أن المبعوث الدبلوماسي معفى من تقديم مسكنه ليكون مأوى للجنود، حيث جاء النص بالفرنسية:

" L" Etet accreditataire doit exempt les agents diplomatiques de toute prestation perstation personnelle, de tout service public de quelque nature qu' il soit et des charges militaires telles que les requistions, contributions et logements militatires".

وقد أخذت اتفاقية البعثات الخاصة لعام ١٩٦٩ بالنص المذكور حيث جاء في المادة (٣٤) منها ما يلي:

The receiving state shall exempt the representatives of the sending state in special mission and the members of its diplomatic staff from all personal services, from all Public services of any kind whatsoever, and from military obligtions.

Such as those connected with requisitioning military contributions and billeting",

(٥) طلبت سفارة جمهورية كوريا الديمقراطية الشعبية في بغداد بموجب مذكرتها المرقمة ١٤٣ في ١٩٧٤/٨/٩ من وزارة الخارجية موافقتها على اشتراك اشتراك السفير وعشرة من موظفي السفارة في العمل الشعبي في الخالصة ليوم واحد.

(٦)Friedrich Berber, op. cit. S ٤١.

شعائره الدينية الخاصة ورفع علم دولته[1] Droit d' arborer le drapeau de I' Etat accreditant وقبول أولاده في مدارسها[2]، وتوفير المواد الضرورية التي يحتاج إليها أثناء إقامته[3].

وتقوم الدولة المستقبلة بمنحهم إجازات استيراد خاصة لاستيراد السيارات والمواد التي يحتاجونها في شؤونهم الرسمية والخاصة[4] على الرغم من أن استيراد مثل هذه المواد يخضع للقطاع الاشتراكي، ولا يجوز للقطاع الخاص ممارسته في العراق والدول الاشتراكية الأخرى.

كما تقوم الدول بتوفير السلع والخدمات الضرورية للمبعوثين الدبلوماسيين أثناء فترة الحرب، وكانت وزارة التموين العراقية تقوم بتجهيز أعضاء السلك الدبلوماسي الأجنبي في بغداد بتلك المواد أثناء الحرب العالمية الثانية بناء على طلبهم عن طريق وزارة الخارجية[5].

وتختلف الامتيازات الشخصية عن الحصانة القضائية في النقاط التالية:

١- إن الامتيازات الشخصية تقوم على أساس ما تقدمه الدولة المستقبلة من تسهيلات معينة للمبعوث الدبلوماسي تساعد على تنفيذ مهمته بصورة أفضل، وأن عدم منحها قد لا يعيقه عن ممارسة أعماله كلياً، أما الحصانة القضائية فإنها تتوقف على صدور سلوك معين من المبعوث الدبلوماسي، يتجاوز فيه أحكام القوانين المحلية، وأن عدم منحها له يمنعه نهائياً من القيام بواجباته.

---

(١) Grham Stuart, op. cit, p. ٥٠٨ Philippe Cahier, op. cit. p. ٢٩٧

والدكتور عائشة راتب، المصدر السابق، صفحة ١٤٧.

(٢) أنظر مذكرة وزارة الخارجية العراقية المرقمة ٢٦/٨١/٩ في ٩٧٤/٩/١٦ حول قبول أولاد سفير "سري لانكا" في المدارس العراقية ومذكرتها المرقمة ١٤٢٦ في ١٩٧٢/٣/١٦ حول قبول أولاد السفير الباكستاني في المدارس العراقية.

(٣) قامت الحكومة العراقية بفتح أسواق حرة لموظفي البعثات الدبلوماسية وأخرى للمواد الغذائية لضمان حصولهم على المواد التي يحتاجون إليها.

(٤) أنظر مذكرات وزارة الخارجية بخصوص السماح لأعضاء السلك الدبلوماسي باستيراد السيارات والمواد التي يحتاجونها المرقمة ٣١٣٠٩ في ١٩٧٥/٨/٢٨ و ٩٥٤٠٥/٤٣/٨٢/١١ في ١٩٧٩/١/١٤ و٩٦٢٠١/٨٢/١١ في ١٩٧٩/١/٣١ و ٩٦٣٠٧/٣٦/٨٢/١١ في ١٩٧٩/٢/٤ و ٩٦٣١٢/٦/٨٢/١١ في ١٩٧٩/٢/٥ و ٩٦٣٦٦/٨٢/١١ في ١٩٧٩/٢/٦.

(٥) أنظر مذكرات وزارة الخارجية المرقمة ٧٨٥٠ في ٩٤٤/٩/٥ و ٧٨١٤ في ٩/١١/ ٩٤٤ و ٨٨٠٠ في ٩٤٤/١٠/٣ الموجهة إلة وزارة التموين حول طلب تجهيز موظفي السلك الدبلوماسي الأجنبي بمادة السكر والقماش وغيرها من المواد الضرورية.

٢- إن الامتيازات الشخصية غير محددة على وجه الدقة، حيث تستطيع الدولة منح المبعوث الدبلوماسي ما تشاء من الامتيازات الأخرى على سبيل المجاملة، كما تستطيع حرمانه من بعضها والاكتفاء بالضروري منها، دون أن تنشئ مسؤوليتها الدولية من جراء ذلك، ويتوقف مدى منح الامتيازات الشخصية على الاعتبارات السياسية التي تسود الأنظمة القانونية وعلى طبيعة العلاقات الدولية، أما الحصانة القضائية فإن الدولة لا تستطيع زيادة حالات الحصانة القضائية أكثر مما يرد في الاتفاقيات الدولية والقوانين الداخلية، كما أنها لا تستطيع حرمانه منها، وفي حالة قيامها بذلك تقوم مسؤوليتها الدولية تجاه الدولة الأخرى، كما أن منح الحصانة القضائية لا يخضع للاعتبارات الشخصية، وطبيعة العلاقات الدولية، بل بحكم وجود اتفاقيات صريحة ومحدودة، أي بحكم القانون الدولي.

٣- ويستطيع المبعوث الدبلوماسي عدم استعمال الامتيازات الشخصية والاستغناء عنها بنفسه دون حاجة لأخذ موافقة حكومته، أما الحصانة القضائية فإن المبعوث الدبلوماسي لا يملك حق التنازل عنها، إنما يعود ذلك لدولته كما سنرى في الفصول اللاحقة.

المطلب الثالث: تمييز الحصانة القضائية عن الامتيازات المالية

تمنح الدول امتيازات مالية عديدة للمبعوث الدبلوماسي بصورة متميزة عن مواطنيها والأجانب، حيث يعفى المبعوث الدبلوماسي من الرسوم والضرائب المباشرة كافة[١]، كرسوم الإقامة التي تفرض على الأجانب ورسوم الكمارك[٢] وضريبة التنظيف التي تفرض في بعض الدول[٣]، وضريبة الدخل[٤] المفروضة على

(١) D.J. Lathan Brown, Public International Law, Sweet, London, ١٩٧٠, p.٢٤٧.

G. Tunkin, Theory of International Law, G. Alfen U.S.A. ١٩٧٤, p.١٢٣.

Van Leeuwen V. City of Rotterom The Court of Justice of European Communities B.Y.B.I.L. ١٩٦٠-١٩٦٩ No. xXLIII p.٢٥٣.

(٢) Louis Cavare, op. cit. p. ٣٠ Franciszek Przetacznik, op. cit. p.٤٠٩.

وقاعدة إعفاء المبعوث الدبلوماسي من الرسوم الكمركية تكاد تكون مستقرة، غير أن بعض الدول قبل اتفاقية فينا لعام ١٩٦١ كالسعودية كانت لا تعترف بهذا الامتياز، أنظر مذكرة السفارة العراقية في السعودية المرقمة ٨/٦/٥ في ١٩٦٠/١/١٠.

(٣) Jean Serres, op. cit. p. ٧٨ Philippe Cahier, op. cit. ٢٨٥.

(٤) لا يخضع المبعوث الدبلوماسي الأجنبي في العراق بالوقت الحاضر لضريبة الدخل المفروضة على العراقيين والأجانب أنظر مذكرة وزارة المالية المرقمة ٣٠٧٢٤/١٥٤ في ١٩٧٦/١٢/٨، وكان العمل قبل اتفاقية فينا لعام ١٩٦١ يجري وفق كتاب مديرية الدخل ومراقبة المصارف المرقم ٧٣ والمؤرخ في ١٩٤٤/١/٢ والذي جاء فيه ما يلي: "لما كانت الفقرة (هـ) من المادة السادسة من قانون ضريبة الدخل رقم ٣٦ لسنة ١٩٣٩ تجوز

الوطنيين[(١)]، والأجانب الذين يعملون في البعثات الدبلوماسية الأجنبية[(٢)]، حتى في حال قيام البعثات بفرض هذه الضريبة عليهم[(٣)].

كما يعفى المبعوث الدبلوماسي من ضريبة المذياع التي كانت تفرض على كل من حاز جهاز المذياع[(٤)].

ويعفى المبعوث الدبلوماسي أيضاً من ضريبة رسم المطار[(٥)]، ورسوم الملاهي[(٦)]، وضريبة العقار[(٧)]، ولا يخضع للرسوم الجمركية بالنسبة لأثاثه المنزلي[(٨)]،

بقرار من مجلس الوزراء شمول الإعفاء المختص برواتب والمخصصات الرسمية للممثلين الأجانب شرط ألا يكون هؤلاء من رعايا الحكومة العراقية".

(١) يخضع العراقيون العاملون في البعثات الأجنبية في العراق للضريبة عن الرواتب التي يتقاضونها من هذه البعثات، أنظر مذكرة وزارة الخارجية المرقمة ٢٩١١/٢٠٠ والمؤرخة في ١٩٦٠/٣/٧.

(٢) يخضع موظفو البعثة الأجانب من غير مواطنيها إلى ضريبة الدخل أنظر: كتاب مديرية الدخل العامة المرقم ٣٨٣٣ في ١٩٧٧/١/٢٥ بخصوص خضوع موظفي السفارة الليبية من غير الليبيين لضريبة الدخل.

(٣) طلبت السفارة التركية في بغداد بمذكرتها المرقمة ٦٣٩ في ٩٧٦/١١/١٧ من وزارة الخارجية عدم فرض ضريبة الدخل على موظفيها من العراقيين لقيام السفارة بفرض هذه الضريبة على رواتبهم، وقد أجابت وزارة الخارجية بمذكرتها المرقمة ١٠١٣١٤ في ١٩٧٧/١/١١ "أن العاملين في السفارة المحترمة من الرعايا العراقيين يخضعون لقانون ضريبة الدخل لأنهم من رعايا الدولة وأن مدخولاتهم نجمت في العراق".

(٤) أنظر: M. Whiteman, op. cit. p. ٣٣٨.

لا يخضع المبعوث الدبلوماسي الأجنبي في مصر لضريبة المذياع على سبيل المقابلة بالمثل، أنظر مذكرة المفوضية الملكية المصرية في بغداد المرقمة ٢٠٩٦٦ في ١٩٣٨/١٢/١٩ والموجهة إلى وزارة الخارجية العراقية.

يخضع المبعوث الدبلوماسي الأجنبي في بريطانيا لضريبة المذياع أنظر مذكرة وزارة الخارجية المرقمة ٢٠٠/١٠٥٩٢ في آب ١٩٣٨ كذلك في الهند، أنظر مذكرة القنصلية العراقية في الهند المرقمة في ١٩٣٨/٩/٧، وفي ألمانيا، أنظر مذكرة المفوضة العراقية في برلين المرقمة ١١٠ في ١٩٣٨/٩/١٤ وكانت الحكومة العراقية تفرض هذه الضريبة على المبعوثين الدبلوماسيين وقد جاء في كتاب مديرية الواردات العامة المرقم ٢٩٣٧٣ في ١٩٣٨/٨/٢٥ "أن قانون ضريبة المذياع رقم ٥٩ لسنة ١٩٣٨ لا ينص على اعفاء الأجانب من دفع الضريبة".

(٥) أنظر مذكرة سفارة ألمانيا الديمقراطية في بغداد المرقمة أ.بي ص ٧٢ في ١٩٧٣/٣/٣ حول عدم استيفاء رسم الطابع من الدبلوماسيين العراقيين في مطار "شونيفيلد" وكذلك مذكرة سفارة ألمانيا الإتحادية المرقمة ١.٥٧ في ٧٢/٤/١٠ ومذكرة السفارة البلجيكية في بغداد المرقمة ٢٠٢ في ١٩٧٢/٢/١٠.

(٦) جاء في مذكرة وزارة الداخلية المرقمة ٧٤٤ في ٩٥٥/١/١٣:

" إن الأمانة لا تستوفي رسوم الملاهي عن البطاقات التي تمنحها شركات السباق لأعضاء السلك الدبلوماسي".

(٧) جاء في مذكرة وزارة الخارجية المرقمة ١٢٧٦١/٢٠٠/٧٦١ في ٩٥٥/٨/٣٠ "إن الدور المملوكة من قبل الحكومات الأجنبية والمشغولة بالممثليات الدبلوماسية والقنصلية كدوائر وبيوت سكن معفاة من ضريبة الأملاك على أساس المقابلة بالمثل.

(٨) يتمتع المبعوث الدبلوماسي في غالبية الدول بالإعفاء الجمركي بالنسبة لأثاثه البيتي، ومن هذه الدول اسبانيا، أنظر (مذكرة السفارة العراقية في اسبانيا المرقمة ١٤٨/٣/٣ في ١٩٥٥/١٢/١٩)، وايطاليا، (مذكرة السفارة الإيطالية في بغداد المرقمة ٤٦ في ١٩٥٦/١٠/٦)، والعراق (مذكرة وزارة الخارجية المرقمة ٣٣٥٢٧ في ١٩٧٢/٩/١٥ و ٣٥٩٩ في ١٩٧٥/٩/٢٥).

وأمتعته الشخصية[١]، وسيارته[٢].

غير أن هناك بعض الرسوم المباشرة التي يلزم المبعوث الدبلوماسي بدفعها ومنها، الرسوم التي تكون لقاء عوض أو خدمات يحصل عليها المبعوث الدبلوماسي، ورسوم التسجيل العقاري[٣] وأجور الماء والكهرباء وغيرها من الخدمات التي تتولى السلطة العامة تقديمها والتي تتضمن فوائد يحصل عليها المبعوث الدبلوماسي[٤].

كما يلتزم المبعوث الدبلوماسي بدفع الضرائب غير المباشرة les impots in directs[٥]، وهي الضرائب التي تفرض سلفاً على السلع والخدمات، والتي تقدم بسعر موحد للمستهلك دون أن يشعر بها، كالضرائب التي تفرض على السكر والشاي والسجائر والوقود على أنواعها.

وقد أوجبت المادة (٣٦) من اتفاقية فينا للعلاقات الدبلوماسية إعفاء المبعوث الدبلوماسي من جميع الرسوم والضرائب الشخصية والعينية والقومية أو البلدية[٦]، إلا أنها استثنت حالات معينة يلتزم بها المبعوث الدبلوماسي بدفع الضرائب، ومنها الضرائب غير

---

(١) يتمتع المبعوث الدبلوماسي بالإعفاء الجمركي بالنسبة لأمتعته الشخصية، ومن هذه الدول الولايات المتحدة، (انظر مذكرة البعثة العراقية في نيويورك المرقمة ٤٠٠ في ١٩٥٤/٢/١٥) وفي أفغانستان (مذكرة المفوضية في كابل المرقمة ٩٩ في ١٩٥٤/٧/٢١) وفي إيطاليا، (مذكرة المفوضية العراقية في روما المرقمة ٥٠ في ١٩٥٤/٢/١٧) وفي سوريا (مذكرة القنصلية العراقية في دمشق المرقمة ١٥٦ في ١٩٥٤/٧/٢٨)، وفي العراق (مذكرة وزارة الخارجية العراقية المرقمة ٣٨٧ في ١٩٥٩/١/٢٥ و ٣٥٩٩ في ١٩٧٥/٩/٢٥).

(٢) أنظر مذكرة وزارة الخارجية المرقمة ٢٦٩٣١ في ١٩٧٥/٩/١٤، جاء بمذكرة السفارة البلجيكية في بغداد المرقمة أ ٨ - ٩٢- ٦٨ والمؤرخة في ٧٨/١/٣ ما يلي "تمنح الحكومة البلجيكية لجميع البعثات الأجنبية المعتمدة لدى بلجيكا الإعفاء من رسم التسجيل ومن الضرائب على الأموال غير المنقولة ومن ضريبة الدخل عند شراء أو بيع الأملاك في بلجيكا"، وقد طلبت وزارة الخارجية العراقية بمذكرتها المرقمة ٩٥٤٢٩ في ١٩٧٨/١/١٢ من وزارة المالية إعفاء أعضاء السفارة البلجيكية في بغداد على أساس المقابلة بالمثل.

(٣)Charles Rousseau, op. cit. p.٣٧٤.

(٤) B. Sen, op. cit, p. ١٤٠.

(٥) Louis Cavare., op.cit. p.٨٠.

(٦) نصت المادة ٣٤ من اتفاقية فينا للعلاقات الدبلوماسية على ما يلي "يعفى المبعوث الدبلوماسي من جميع الرسوم والضرائب الشخصية أو العينية العينية أو القومية أو الإقليمية أو البلدية باستثناء مايلي:

أ- الضرائب غير المباشرة التي تخول أمثاله إعادة في ثمن الأموال أو الخدمات.

ب- الرسوم والضرائب المفروضة على الأموال العقارية الخاصة الكائنة في إقليم الدولة المعتمد لها، ما لم تكن في حيازته بالنيابة عن الدولة المعتمد لديها لإستخدامها في أغراض البعثة.

ج- الضرائب التي تفرضها الدولة المعتمد لديها على التركات مع عدم الإخلال بأحكام الفقرة (٤) من المادة ٢٩.

د- الرسوم والضرائب المفروضة على الدخل الخاص الناشىء في الدولة المعتمد لديها والضرائب المفروضة على الدخل الخاص الناشىء في الدولة المعتمد لديها والضرائب المفروضة على رؤوس الأموال المستثمرة في المشروعات التجارية القائمة في تلك الدولة.

هـ- المصاريف المفروضة مقابل خدمات معينة.

المباشرة، والضرائب المتعلقة بالرسوم والتركات والدخل الخاص الناشئ في الدولة المستقبلة والمصاريف المفروضة مقابل خدمات معينة أو رسوم التسجيل العقاري.

كما أعفت اتفاقية فينا للعلاقات الدبلوماسية، المبعوث الدبلوماسي من دفع الرسوم الجمركية بالنسبة لأثاث بيته وأمتعته الشخصية[1].

وقد اختلفت التطبيقات العملية بالنسبة إلى منح الامتيازات المالية، حيث ترى بعض الدول أنها لا تعتبر قاعدة ملزمة تفرض على الدولة المستقبلة، لأنها قائمة على أساس مبدأ المجاملة[2]، أو المقابلة بالمثل[3]، في حين أن دولاً أخرى ترى خلاف ذلك، واعتبرت الامتيازات المالية من العرف الدولي الملزم[4].

وقد أخذت اتفاقية فينا للعلاقات الدبلوماسية لعام ١٩٦١، بالاتجاه الأخير، وأوردت نصوصاً صريحة نظمت فيها الامتيازات المالية التي يتمتع بها المبعوث الدبلوماسي[5].

وتختلف الامتيازات المالية عن الحصانة القضائية في الأمور الآتية:

١- إن الدول لا تتضرر من منح الامتيازات المالية لموظفي البعثات الأجنبية في إقليمها، لأن صفة المقابلة بالمثل تقضي أن يتمتع موظفوها في الخارج بالامتيازات نفسها، وهي أشبه ما تكون مقاصة بين دينين[6]، أما الحصانة القضائية فإنها تتطلب أن يرتكب المبعوث الدبلوماسي مخالفة قانونية على إقليم الدولة

و- رسوم التسجيل والتوثيق والرهن العقاري والدمغة والرسوم القضائية بالنسبة للأموال العقارية وذلك مع عدم الإخلال بأحكام المادة (الخاصة لعام ١٩٦٩ بالنص المذكور في المادة (٣٣) منها.

(١) نصت المادة (٣٦) من اتفاقية فينا للعلاقات الدبلوماسية على مايلي:
"١- تقوم الدولة المعتمد لديها وفقاً لما تسنه من قوانين وأنظمة بالسماح بدخول المواد الآتية وإعفائها من جميع الرسوم الجمركية والضرائب والتكاليف الأخرى غير تكاليف التخزين والنقل والخدمات المماثلة أ- المواد المعدة لاستعمال البعثة الرسمية. ب- المواد المعدة للاستعمال الخاص للمبعوث الدبلوماسي أو لأفراد أسرته من أهل بيته، بما في ذلك المواد المعدة لاستقراره، وقد أخذت بالاتجاه المذكور المادة ٣٥ من اتفاقية البعثات الخاصة لعام ١٩٦٩.

(٢) Charles Rousseau, op. cit, p. ٣٤٢.
(٣) Jean Serres, op. cit, p. ٧٩.
(٤) Louis Delbez. Les Principes Generaux du Droit International Public ٣ed. R. Pichon Paris, ١٩٦٤, p. ٣٠٤.
(٥) لقد أوجبت المادة ٣٣ من اتفاقية فينا إعفاء المبعوث الدبلوماسي من أحكام الضمان الاجتماعي، وقد جاء في كتاب وزارة العمل والشؤون الاجتماعية المرقم ٧٤٧٠ في ١٩٧٤/٦/١١ أن العراقيين المستخدمين لدى السفارة الكويتية في العراق يعتبرون مشمولين بأحكام التقاعد والضمان الاجتماعي للعمال وفق الفقرة (٢/ج) من المادة الثالثة من نظام الخدمة المضمونة رقم ٥ لسنة ١٩٦٦ ومبدأ المقابلة بالمثل، وكان الواجب ألا يتطرق الكتاب إلى مبدأ المقابلة بالمثل، لأن هذه الضريبة مفروضة على العراقيين الذين يعملون داخل السفارة الكويتية وليس على الدبلوماسيين، حتى يمكن الأخذ بمبدأ المقابلة بالمثل.
(٦) الدكتور علي صادق أبو هيف، المصدر السابق، صفحة ٢٠٧.

المستقبلة، وقد لا يستفيد مبعوثوها في الخارج من هذه الحصانة بالنظر لعدم ارتكابهم مخالفة قانونية.

٢- إن مصدر الامتيازات المالية، قبل أن تصدر اتفاقية فينا لعام ١٩٦١، كانت قواعد المجاملة الدولية ومبدأ المقابلة بالمثل[1] في حين أن العرف الدولي هو مصدر الحصانة القضائية.

٣- إعفاء المبعوث الدبلوماسي من دفع الضرائب والرسوم في الدول الأجنبية، لا يستتبع قيام دولته بفرضها عليه واستحصالها منه، أما التمتع بالحصانة القضائية في الدول الأجنبية فإنه لا يعفي المبعوث الدبلوماسي من الخضوع لاختصاص دولته القضائي عن القضية ذاتها.

٤- إن إعفاء المبعوث الدبلوماسي من دفع الضرائب والرسوم، يبريء ذمته منها، ولا يجوز لأية جهة حق المطالبة بها ما دام أنه استعمل ذلك لمنفعته الخاصة، أما الإعفاء القضائي فإنه لا يعفي المبعوث الدبلوماسي من المسؤولية، وتبقى ذمته مشغولة ويجوز له تعويض المتضرر اختيارياً، كما يجوز للمتضرر اللجوء إلى الطرق الدبلوماسية، أو إقامة الدعوى في محاكم الدولة المرسلة من أجل الحصول على تعويض عن الضرر الذي أصابه نتيجة خطأ المبعوث الدبلوماسي.

المبحث الثالث

أساس الحصانة القضائية

لقد قيلت عدة نظريات في تحديد الأساس القانوني للحصانة القضائية التي يتمتع بها المبعوث الدبلوماسي، وأولى هذه النظريات نظرية عدم الوجود الإقليمي، ثم نظرية الصفة التمثيلية ونظرية الاتفاق الضمني ونظرية المجاملة الدولية ونظرية الضرورة الوظيفية.

وعلى هذا فإن هذا المبحث يتضمن المطالب التالية:

المطلب الأول : نظرية عدم الوجود الإقليمي

المطلب الثاني : نظرية الصفة التمثيلية

---

(١) ومن الدول التي كانت تمنح الامتيازات المالية على أساس مبدأ المقابلة بالمثل كل من المجر "مذكرة المفوضية المجرية في بغداد المرقمة ١٩٣٩/ ٢١٣٥ في ١٩٣٩/١٠/٢١ "وايطاليا" مذكرة المفوضية الإيطالية في بغداد المرقمة ١٢٠٥ في ١٩٣٩/١٠/١٢ "والسويد" مذكرة المفوضية السويدية في بغداد المرقمة ٦٥/٥ في ١٩٣٩/٨/٢٦.

المطلب الثالث	:	نظرية الاتفاق الضمني
المطلب الرابع	:	نظرية المجاملة الدولية
المطلب الخامس	:	نظرية الفكرة النفعية
المطلب السادس	:	نظرية الضرورة الوظيفية
المطلب السابع	:	موقف اتفاقية فينا للعلاقات الدبلوماسية

المطلب الأول: نظرية عدم الوجود الإقليمي

تقوم نظرية عدم الوجود الإقليمي أو الامتداد الإقليمي la theorie de Pexterritorialite على أساس الاختصاص القضائي للدولة، يسري على جميع مواطنيها سواء المقيمين على إقليمها أو المقيمين في الخارج[1]، وإن دار البعثة الدبلوماسية وموظفوها لا يخضعون لهذا الاختصاص، وإنما يخضعون لاختصاص الدولة المرسلة، باعتبار أن دار البعثة جزء لا يتجزأ من أملاك تلك الدولة وتخضع لسيادتها، وأن المبعوث الدبلوماسي يمارس أعماله وكأنه مقيم في دولته يخضع لقوانينها ولاختصاصها القضائي[2]، وكأن الدار التي اتخذها مسكناً له قائمة في وطنه، وهي بمثابة الامتداد القانوني لأرض الوطن، لا يؤثر فيه الانتقال الفعلي[3]، وإن الاعتداء على ذلك يعتبر اعتداء على سيادة

---

(١) JL. Oppenheim, International Law, Vol ١, L'auterpach London, ١٩٥٨, p.٧٩٣.

ويؤيد هذه النظرية عدد من الفقهاء، مثل:

Vattel, De Marten.

أنظر في ذلك:

Marcel Sibert. Droit International, Dalloz, Paris ١٩٥١, p.٢٠ P.L. Pigonniere. Droit International Prive. Dalloz paris ١٩٦٢, p.٤٠٥.

Poullet, Manuel de Droit International Prive Belge Bruxelles ١٩٤٧, p.٤٥.

J. C. Vincent, the Extraterritorial System in China.

Harvard University, Cambridge ١٩٧٠, p.١.

Hans Kelson, Principles of International Law, ٢ ed. Holt.

Rinehort and Winston, Inc. New York ١٩٦٦, p. ٣٤٤.

John Aderson Foote, Privat International Law, Sweet, London ١٩٢٥, p.٢٠٥.

(٢) الأستاذ محمد حسن عمر بك، القانون الدبلوماسي، القاهرة، ١٩٤٦ صفحة ٢٤٧.

(٣) الدكتور حسن صعب، الدبلوماسي العربي، دار العلم للملايين، بيروت ١٩٧٢ صفحة ١٥٦.

الدولة وخرقاً للقانون الدولي[1]، فالدولة المستقبلة تتنازل عن جزء من سيادتها غير أن هذا التنازل طوعي وقطعي، فلا يمكن أن تسحب باليد اليسرى ما تعطيه باليمنى[2].

وأصول هذه النظرية قائمة على الفكرة الدستورية القديمة القائلة "سيادة الدولة المطلقة" التي تقضي-بعدم خضوعها لأي رقابة أجنبية، فالاختصاص أساسه الترابط بين سلطة الدولة وإقليمها، إذ يخضع لاختصاصها القضائي كل ما يقع في ذلك الإقليم من أحداث، وتختص بالفصل فيها، ولا يخضع لها كل ما يقع خارجه، أما الأشخاص المقيمون على أراضيها والذين لا يخضعون لولايتها فيفترض إقامتهم في الخارج، وطالما أن المبعوث الدبلوماسي يقيم في إقليم معين، لذا افترض بأنه لم يترك دولته[3].

وقد انتقد عدد من الكتاب هذه النظرية، من جهة أنها تقوم على افتراض وهمي[4]، كما أنها غير ممكنة التطبيق من الناحية العملية، وقاصرة عن تفسير الحالات التي يخضع فيها المبعوث الدبلوماسي لاختصاص محاكم الدولة المستقبلة كالدعاوى العينية المتعلقة بالعقارات[5]، والدعاوى المتعلقة بالميراث، والأعمال التجارية التي يزاولها لمصلحته الشخصية.

والأخذ بها يؤدي إلى امتداد اختصاص محاكم الدولة المرسلة لتشمل الجرائم التي ترتكب داخل البعثة الدبلوماسية من قبل أشخاص لا يتمتعون بالحصانة القضائية في حين أن الفقه والتعامل الدولي يقران بأن الاختصاص في مثل هذه الأمور يكون للدولة المستقبلة[6]، باعتبار أن البعثات الدبلوماسية وملحقاتها جزء لا يتجزأ من إقليم الدولة المستقبلة[7]، مما يترتب عليه اختصاص محاكمها الجزائية في الجرائم التي تقع داخل هذه

---

(١) JB. A. ٣٠ PANH,op. cit,p.٢٠٢.

(٢) الدكتور فؤاد شباط، الدبلوماسية، مطابع الحلوني، دمشق ١٩٦٤ صفحة ٢٢٤.

واستخدمت هذه النظرية أيضاً في تفسير حصانات رؤساء الدول والبابا والقوات الأجنبية المرابطة في الإقليم الوطني وتفسير الوضع القانوني للسفن البحرية. انظر:

Jean J.A. Salmon, Le Procede de la Fiction en Droit International R.B.D.I. Pol ١٠, ١٩٧٠ p.١٧.

(٣) JPaul Guggenheim, Traite de Droit International. Tome ١ Gorge, Geneve ١٩٥٣, p.٤٩٦.

Leo Strisower, L, Exterritorialte et Ses Principles Applications R.C.A.I. ١٩٢٣ Tome ١, p. ٢٣٥ S.

والدكتورة عائشة راتب، المصدر السابق، صفحة ١٣.

(٤) Louis Cavare, op. cit, p.٢٢.

والدكتور محمد عبد المنعم رياض، مبادىء القانون الخاص، الطبعة الثالثة مكتبة النهضة المصرية ١٩٤٣ هامش الصفحة ١٩٢.

(٥) JJean J.A. Salmon, op.cit, p.١٧.

B. Sen, op. cit, p.٨١.

(٦) Louis Delbez, op. cit, p.٣٠٣

Jean, J.A. Salmon, op. cit, p.١٧.

وقد ذهبت إلى هذا الاتجاه غالبية الدول، مثل فرنسا وإيطاليا وألمانيا.

أنظر:

الدكتور فؤاد شباط، الحقوق الدولية، الطبعة الخامسة دمشق ١٩٦٥ ، صفحة ٥١٧ وأخذت به محكمة باريس في قرارها الصادر عام ١٩٢٢.

أنظر: الدكتور عبد المحسن القطيفي، المصدر السابق، صفحة ٤٨.

(٧) Michael Akehurst, op. cit, p.١٤٤.

البعثات والتي ترتكب من قبل أشخاص لا يتمتعون بالحصانة القضائية[1] حيث يجوز لرئيس البعثة الطلب من السلطات المحلية إجراء التعقيبات القانونية في الحوادث الناشئة داخل البعثة[2].

ولا تقتصر عيوب هذه النظرية على حالة الافتراض المخالف للواقع، إنما لا تصلح لتفسير كثير من الحالات، فتنازل دولة المبعوث الدبلوماسي عن الحصانة القضائية التي يتمتع بها، يعني وفق منظور هذه النظرية تنازل الدول عن سيادتها، أو تدخل الدولة المستقبلة في الشؤون الداخلية للدولة المرسلة، عن طريق محاكمة مبعوثها الدبلوماسي.

كما أن تباين الأنظمة القانونية، تجعل المبعوث الدبلوماسي يتصرف وفق قوانين دولته وليس وفق الدولة المستقبلة، فحين تكون تصرفات كهذه صحيحة بموجب قوانين دولته قد تكون مخالفة لقوانين الدولة المستقبلة بصورة لا تستطيع هذه الدولة منعه من التصرفات هذه لأنها تجيء موافقة لقوانين دولته.

وصفوة القول، إن هذه النظرية تعبر عن النزعة الاستعمارية حيث كانت الدول الاستعمارية، تبغي من وراء ذلك ضمان تحرك ممثليها بحرية تامة، وعدم إمكان مراقبتهم من قبل سلطات الدولة المستقبلة أو خضوعهم لاختصاص الدولة المستقبلة القضائي.

وعلى الرغم من أن غالبية الدول قد تخلت عن هذا الاتجاه[3] كما رفضت محاكم

---

(1)Charles Rousseau, op. cit, p. ٣٤٨.

وقد ذهبت محكمة السين الفرنسية في قرارها الصادر عام ١٩١٠ إلى أن الجريمة التي تقع داخل المفوضية البلغارية في باريس تعتبر واقعة على الأراضي الفرنسية. أنظر.

Cecil Hurst, op. cit, p.١٤٦

كذلك ذهبت إلى هذا الاتجاه محكمة النقض الإيطالية الدائرة الجنائية عام ١٩٢١ ومحكمة لايبيتزيغ العليا في قضية قتل وزير أفغانستان المفوض في برلين عام ١٩٣٤، وحكم محكمة استئناف أنقرة عام ١٩٤٣ في قضية الاعتداء على السفير الألماني، أنظر الدكتور عبد الحسين القطيفي، المصدر السابق، صفحة ٤٥، وقد أقر القضاء الوطني في الدول بأن التصرفات التي يقوم بها المبعوث الدبلوماسي داخل بناية البعثة الدبلوماسية أو في بيته إنما هي أعمال وتصرفات تتم فوق اقليم الدولة المستقبلة وعلى ذلك تطبق القوانين المتعلقة بشأن الإجراءات المتعلقة بشأن الإجراءات المتعلقة بالعمران أو إجازات البناء أو جنسية الطفل المولود داخل البعثة والقضايا المتعلقة بالزواج. أنظر.

Jean J.A. Salmon, op. cit, p. ١٧.

(2) في عام ١٩٦٠ طلب وزير بلغاريا المفوض من السلطات الفرنسية اعتقال مواطن بلغاري لقيامه بالإعتداء داخل المفوضية البلغارية، فلبت السلطات الفرنسية ذلك. أنظر:

الدكتور فاضل زكي محمد، المصدر السابق، صفحة ١٤٣.

(3) وقد ذهب بعض فقهاء الإتحاد السوفيتي إلى أن الإتحاد السوفيتي كان يأخذ بمبدأ عدم الوجود الإقليمي في الاتفاقيات التي يعقدها مع الدول الأخرى، غير أنه تخلى عن هذا المبدأ بموجب التشريع السوفيتي الصادر عام ١٩٦٦ واتجه إلى القواعد القانونية الدولية الأكثر تناسباً وأوجب في المادة الثانية من التشريع المذكور على جميع الأشخاص المتمتعين بالحصانة القضائية مراعاة وملاحظة القانون والنظام المعمول بها في الإتحاد السوفيتي.

أنظر:

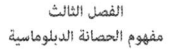

الدول المختلفة الأخذ به، واعتبرت أن البعثات الأجنبية ومقراتها جزء لا يتجزأ من إقليم الدولة المستقبلة، وإن ما يحدث داخل هذه البعثات يخضع لقوانين الدولة المستقبلة ولاختصاصها القضائي[1]، إلا أن سيادة ألمانيا الاتحادية في بغداد ما زالت تؤمن به إلى الوقت الحاضر، وتعتبر الأرض المشيدة عليها بناية البعثة الدبلوماسية جزء من إقليم دولتها لا يجوز للسلطات الوطنية أن تخضعه لأنظمتها المحلية[2].

المطلب الثاني: نظرية الصفة التمثيلية

إزاء العيوب التي تكتنف نظرية "عدم الوجود الإقليمي" ذهب بعض الكتاب إلى نظرية أخرى أطلقوا عليها "نظرية الصفة التمثيلية" La theoorie du caractere representatif

والتي ترى أن الدولة ورئيسها يتمتعان بالحصانة القضائية تجاه المحاكم الأجنبية وطالما أن المبعوث الدبلوماسي يعتبر ممثلاً لدولته ولرئيسها، فإنه يستمد الحصانة القضائية منهما، وإن الإعفاء من الاختصاص القضائي للدولة المستقبلة، هو في الواقع إعفاء لدولته ولرئيسها طبقاً لقواعد القانون الدولي[3]، وأن ما يصدر من أفعال وتصرفات تصدر منه لا

Kazimierz Grzybowski, Soviet Public International Law, Doctorin and Diplomatic Practice, A.W. Netherland ١٩٧٦, p.٣٠٢.
Franciszek Przetacznik, op. cit. p. ٣٩٩.

(١) في عام ١٩٥٢ حكمت إحدى المحاكم الإيطالية: بأن توقيع العقد في السفارة اليونانية لا يغير الحقيقة بأن العقد وقع في ايطاليا، وذهبت محكمة ايطالية أخرى إلى أن مقر البعثات الدبلوماسية الأجنبية يخضع للسيادة الوطنية، وذهبت محكمة بلغارية في عام ١٩٥٤ إلى أن سفارتها في ألمانيا لا تعتبر جزءاً من إقليم بلغاريا، وذهبت محكمة استئناف استراليا إلى أن عقد الزواج الذي يعقد في مقر السفارة البلغارية لا يعتبر انعقاده في أرض بلغارية وأنه عقد في الحقيقة في استراليا وفي عام ١٩٧١ ذهبت محكمة النقض الأسترالية إلى هذا الاتجاه أنظر في ذلك:
Clifton Wilson, op. cit, p. ١٠
J.G. Starke, op. cit, p. ٣٨٨.

(٢) قامت وزارة الصحة العراقية بوضع لافتات على جدران الأبنية في مناطق متعددة من بغداد رفعت فيها شعار "من أجل بغداد أنظف" ووضعت إحدى هذه اللافتات على الجدار الخارجي لسفارة جمهورية ألمانيا الاتحادية غير أن السفارة المذكورة احتجت على وضع اللافتة على جدار السفارة بموجب مذكرتها المرقمة ٧٨/٢٦٦ في ١٩٧٨/٦/١٣ لدى وزارة الخارجية وقد جاء المذكرة "أن السفارة لم يطلب منها الموافقة على لصق هذه اللافتة على جدار السفارة كما أنها ليست على استعداد لئن تتحمل لصق الإعلانات والنداءات على أرضها دون أخذ موافقتها علماً بأن السفارة تتفق وروح الحملة التي تشنها وزارة الصحة....".

(٣) Montesquieu, The Spirit of Lew, New York Book XXI. W.Briggs. The Law of Nations, Appleton-Century, New York, ١٩٥٢, p. ٧٥٠.
George Grafton, Classics of International Law, edition by James Brown Scott, Oxford University Press ١٩٣٦, p.٢٤٦. P. Fauchille, Traite de Droit International Public, Vol. I. Paris p.١٩.
Charles Rousseua, op. cit, p. ٣٤٨. L. Cavare, op. cit, p.٢٢
Frank M. Russell. Theories of International Relations Appleton-Century-Crofts, New York, ١٩٣٦, p.٤٢.
Henry, "Grotius".

بصفته الشخصية، بل بصفته نائباً عن الدولة ورئيسها، ومن ثم تنتقل الحصانة التي يتمتع بها رئيس الدولة إليه[١]، وأن يحاط بهالة من الاحترام التي يحاط بها الشخص الذي أوفده[٢].

وقد نشأت هذه النظرية في العصر الملكي في أوربا في القرن الثامن عشر عندما كان الملوك يسافرون من دولة لأخرى، بصفة رسمية أو غير رسمية، ولغرض تشجيع مثل هذه الزيارات وزيادة الروابط الدولية بين الدول، فقد جرى التعامل الدولي على منح الملوك الحصانة القضائية، تكريماً لهم[٣].

ويؤخذ على هذه النظرية أن المبعوث الدبلوماسي لا يتمتع بالمركز القانوني الذي يتمتع به رئيس الدولة، حيث تقضي بعض الدساتير بأن رئيس الدولة معصوم من أي خطأ، وبالتالي فلا تجوز محاسبته عن الأعمال التي ارتكبها، إضافة إلى أن هذا الاتجاه يؤدي إلى التضييق من نطاق الحصانة القضائية التي يتمتع بها المبعوث الدبلوماسي[٤]، لأن رئيس الدولة لا يتمتع بحدود الحصانة القضائية التي يتمتع بها المبعوث الدبلوماسي[٥].

---

(١) وجدت هذه النظرية في كتابات كرويشوس كما أخذت بها بعض المحاكم اليونانية، حيث اعتبرت الحصانة التي يتمتع بها المبعوث الدبلوماسي لا بصفته الشخصية إنما بصفته ممثلاًلرئيس دولته. أنظر: Clifton, E. Wilson, op. cit, p.٢

كما وجدت إشارة لهذه النظرية في كتابات:

أنظر: Philippe Cahier, op. cit, p. ١٨٥.

(٢) الدكتور فؤاد شباط، المصدر السابق، صفحة ٥١٧.

وللمؤلف نفسه، الدبلوماسية، مطابع حلوان دمشق ١٩٦٤، صفحة ٢١١ وقد جاء بقرار المحكمة التجارية في بروكسل عام ١٩٧١ بخصوص تمسك أحد موظفي سفارة مدغشقر بالحصانة القضائية ما يلي "نظراً لأن الحصانة الدبلوماسية التي يجب أن تعتبر نتيجة لمبدأ سيادة الدولة ولرؤسائها مرتبطة بالشخص الذي يمثل الرئيس الأجنبي لدى الرئيس الوطني"، أنظر:

قضية: Bergman V. de Sieyes ١٩٤٦.

Clifton E. Wilson, op. cit, p.٣, No. ١٤.

(٣) الدكتور محمد عبد العزيز سرحان، قانون العلاقات الدبلوماسية والقنصلية، مطبعة عين شمس ١٩٧٤ صفحة ١٧٠.

(٤) الدكتور عباس الحسني، شرح قانون العقوبات العراقي الجديد، المجلدان الأول والثاني- ط٢- مطبعة الإرشاد بغداد ١٩٧٢ صفحة ٣٦.

(٥) ويعلل الأستاذ Niboyet أسباب تمتع المبعوث الدبلوماسي بالحصانة القضائية بصور تزيد عما يتمتع به الأصيل "رئيس الدولة" إلا أن خطر الحصانة التي يتمتع بها المبعوث الدبلوماسي أقل خطراً من حصانة رئيس دولته، لأن الحصانة التي يتمتع بها المبعوث الدبلوماسي تتحدد بمدة اعتماده في الدولة المستقبلة، وتكون هذه المدة بالنسبة إلى رئيس الدولة الأجنبية إلى مدى حياته عن أعماله الوظيفية.

J.P. Niboyet, Traite de Droit International Prive Francais, L.S. Sirey, Paris, ١٩٤٩, p.٣٨٨.

ومن الانتقادات التي وجهت إلى هذه النظرية أيضاً: أن الأخذ بها يضفي الحصانة القضائية على الأعمال الرسمية التي يقوم بها المبعوث الدبلوماسي، إلا أنها لا تفسر أساس الحصانة القضائية التي يتمتع بها بالنسبة لأعماله الخاصة.

ومن الواضح، أن المركز القانوني الذي يتمتع به رئيس الدولة يقتضي منحه الحصانة القضائية في الدول الأجنبية كافة باعتباره رئيس دولة ومنحه الحصانة القضائية في دولته باعتباره رئيسها، وهو يختلف بذلك عن المركز القانوني للمبعوث الدبلوماسي، إذ إنه يتمتع بالحصانة القضائية بالنسبة إلى الدولة المستقبلة فقط ولا يتمتع بالحصانة ذاتها في دولته، بل إنه يحاكم عن الأعمال التي ارتكبها في الدولة المستقبلة وهو بذلك يختلف عن مركز رئيس الدولة.

إن هذه النظرية لا يمكن الأخذ بها لأنها تبني أحكامها على طريقة القياس في الوقت الذي توجد فيه فوارق أساسية بين رئيس الدولة والمبعوث الدبلوماسي من حيث الوظيفة والصفة والامتيازات سواء على صعيد العلاقات الدولية أم على الصعيد الداخلي، وعلى ذلك فإنها عاجزة عن تفسير الحصانات والامتيازات التي يتمتع بها المبعوث الدبلوماسي.

المطلب الثالث: نظرية الاتفاق الضمني

ترى هذه النظرية أن الحصانة القضائية التي يتمتع بها المبعوث الدبلوماسي تقوم على أساس الاتفاق الضمني I,accord tacite بين الدولة المرسلة والدولة المستقبلة، وينشأ هذا الاتفاق عندما يقرر وزير خارجية الدولة المرسلة تعيين مبعوث دبلوماسي في دولة معينة، وقبول وزير خارجية هذه الدولة اعتماد المبعوث الدبلوماسي المذكور، وتعني هذه الموافقة، موافقة الدولة المستقبلة على منح المبعوث الدبلوماسي الحصانة القضائية المقبولة في التعامل الدولي، وكل دولة تستطيع مقدماً أن تفرض الشروط المناسبة عند استقبالها للمبعوث الدبلوماسي ويحق لها أن ترفض قبول اعتماده ما لم يخضع لاختصاصها القضائي عن المخالفات التي يحتمل أن يرتكبها في الدولة المستقبلة[1].

---

(١) تعود جذور هذه النظرية إلى due d,Aiguillon وزير خارجية لويس الخامس عشر في عام ١٧٧٢، الذي بين أن الحصانة القضائية تقوم على مبدأين: الأول احترام صفتهم التمثيلية، والثاني على الاتفاق الضمني.
أنظر:
Philippe Cahier, op. cit, p. ١٩٠

وقد انتقدت هذه النظرية، لما لها من مساوئ في التطبيق، فالحصانة القضائية كانت تقوم منذ عهد طويل على عرف دولي ثابت قبل أن يدون في اتفاقية فينا للعلاقات الدبلوماسية لسنة ١٩٦١، وعلى ذلك فإن هذه الحصانة لا تجد أساسها في افتراض القبول الضمني، بل في قاعدة عرفية دولية، أما من الناحية العملية فإن نظرية الاتفاق الضمني تجعل المبعوث الدبلوماسي في مركز متغير يختلف باختلاف الدول التي يعمل لديها، ويخضع لتحكم الدولة المستقبلة التي يعمل لديها، ويخضع لتحكم الدولة المستقبلة التي تستطيع أن تتعلل بأي عذر كان لتحللها من الاتفاق الضمني التي ارتبطت به مع المبعوث الدبلوماسي(١).

إضافة لذلك فإن هذه النظرية لا تفسر إلا حصانة رئيس البعثة الدبلوماسية الذي يتطلب عمله في الدولة المستقبلة موافقة وزير خارجيتها على اعتماده، أما بالنسبة لبقية أعضاء البعثة من الدبلوماسيين فإنه لا يتطلب موافقة وزير الخارجية على قبول اعتمادهم، إنما إعلانه بتعيينهم فقط، وهذا يعني أنه لم يحصل اتفاق ضمني على منح هؤلاء الحصانة القضائية في حين أن العرف الدولي قد أقر هذه الحصانة لهم.

إضافة لذلك، فإن هذه النظرية لا تفسر إلا حصانة رئيس البعثة الدبلوماسية الذي يتطلب عمله في الدولة المستقبلة موافقة وزير خارجيتها على اعتماده، أما بالنسبة لبقية أعضاء البعثة من الدبلوماسيين، فإنه لا يتطلب موافقة وزير الخارجية على قبول اعتمادهم، إنما إعلانه بتعيينهم فقط، وهذا يعني أنه لم يحصل اتفاق ضمني على منح هؤلاء الحصانة القضائية، في حين أن العرف الدولي قد أقر هذه الحصانة لهم.

المطلب الرابع: نظرية المجاملة الدولية

يذهب بعض الكتاب إلى أن أساس الحصانة القضائية التي يتمتع بها المبعوث الدبلوماسي ينطلق من فكرة المجاملة الدولية Theory of International Comity التي توجب على الدولة المستقبلة تبادل الاحترام بينها على أساس المساواة في السيادة(٢)، وأنه

I,Annuaire de la commison du Droit International ١٩٥٦, Vol ٢, p.١٦١.

وكذلك أنظر:

P. Armingon, Precis de Droit International Prive. Tome ٣ Dalloz, Paris, ١٩٥٢, p.٢١٨

V. Poullet, op. cit. p. ١٩٤.

Cecil Hurst op. cit. p. ١٥٠.

(١) الدكتور عبد الحسين القطيفي، المصدر السابق، ص٤٩.

(٢) Henri Batiffol, op. cit, No ٦٩١

والدكتور هشام علي صادق، تنازع الاختصاص القضائي الدولي منشأة المعارف -الإسكندرية، صفحة ٣١.

والدكتور فؤاد شباط، المصدر السابق، صفحة ٥١٧.

وتعبر قواعد المجاملة الدولية من قواعد الآداب الدولية وتستطيع الدولة بمحض إرادتها الخروج على هذه القواعد دون أن تقوم مسؤوليتها الدولية، ويرى بعض الكتاب "قد تتحول بعض قواعد المجاملات الدولية إلى قواعد للقانون الدولي كما حصل بالنسبة للحصانة الدبلوماسية والقنصلية"، أنظر: الدكتور حكمت شبر، القانون الدولي العام دراسة مقارنة، الجزء الأول، مطبعة دار السلام- بغداد ١٩٧٥ صفحة ٤١.

ليس من منطق الأمور أن تقوم السلطات المختصة في الدولة المستقبلة بمحاكمة المبعوث الدبلوماسي عن الأفعال والتصرفات التي ارتكبها فوق إقليمها[١].

ويميز البعض من الفقهاء بين أساس الحصانة القضائية التي يتمتع بها رئيس الدولة الأجنبية وبين الحصانة القضائية وبين الحصانة القضائية التي يتمتع بها المبعوث الدبلوماسي فأساس الأولى فكرة المجاملة الدولية التي تمنحها الدول لرئيس الدولة، أما الثانية فأساسها قاعدة عرفية تستند إلى ضرورة ضمان حسن العلاقات الدولية باعتبارها مظهراً من مظاهر استقلال الدول وسيادتها[٢].

ويميل غالبية الكتاب إلى توحيد أساس الحصانة، وهدم التمييز بينها، واعتبر أن الأساس الذي تقوم عليه الحصانة القضائية سواء بالنسبة لرئيس الدولة أو للمبعوث الدبلوماسي هو أساس واحد، فكلاهما ممثل لدولته[٣].

ويبدو أن هذه النظرية لم تضف شيئاً جديداً، حيث أن المجاملة الدولية تعتبر من الأسس المقبولة في العلاقات الدولية، وأن الأخذ بها لا يفيد سوى الإلزام المعنوي.

المطلب الخامس: نظرية المنفعة

يقيّم بعض الكتاب الحصانة القضائية التي يتمتع بها المبعوث الدبلوماسي على أساس فكرة نفعية محضة، باعتبار أن الحصانة القضائية من الوسائل التي تساعد على تطوير وإنماء العلاقات الدولية بما يحقق مصالحها جميعاً[٤].

ودور المبعوث الدبلوماسي في هذا المجال هو العمل من أجل الخير العام والمصلحة العامة، ومن هذا المنظور فإن شخصيته تكون ذات اعتبار ومصونة وأنه مصون من أي انتهاك، وأن الاعتداء عليه أو مضايقته يعتبر اعتداء على البشرية، وأن

---

(١) الدكتور محمد عبد الخالق عمر، القانون الدولي الليبي الخاص، دار النهضة العربية، القاهرة ١٩٧١ صفحة ١٦٤.

(٢) أنظر: Niboyet, op.cit. No ١٧٨٥

والدكتور عبد الوهاب العشماوي والمحامي محمد العشماوي، قواعد المرافعات في التشريع المصري والمقارن، مكتبة الآداب، القاهرة ١٩٥٧، ص٣٧٥.

(٣) وقد ذهبت محكمة استئناف القاهرة إلى أبعد من ذلك واعتبرت أن أساس الحصانة واحد رغم اختلاف المدعى عليه فقد جاء في القرار "... كأن تتوافر في المدعي عليه الأجنبي صفة عدم خضوعه لولاية قضاء الدولة، كأن يكون المدعى عليه شركة أجنبية أو رئيساً لدولة أجنبية أو ممثلاً سياسياً لها أو هيئة دولية وهو ما يطلق عليه فقهاء الحصانة القضائية والحصانة الدبلوماسية، ومرد هذه الحصانة هو العرف الدولي والمعاهدات الدولية وقد قامت هذه الحصانة على مبدأ استقلال الدول وتساويها في العائلة الدولية وعدم خضوع الدول الأجنبية لولاية القضاء في الدول الأخرى...". الدكتور هشام علي صادق، المصدر السابق، ص٦٦.

(٤) الدكتور محمد عبد الخالق عمر، المصدر السابق، صفحة ٦١٥.

على البشرية أن تضمن حرمة المبعوث الدبلوماسي، وعدم خضوعه للاختصاص القضائي في الدولة التي يعمل فيها[(١)]، ومنحه الاحترام اللازم لتحقيق هذا الغرض[(٢)].

وتتجه هذه النظرية إلى الطلب من الأفراد ضرورة احترام شخص المبعوث الدبلوماسي، باعتبار أن مهمته تتضمن فكرة نفعية تؤدي إلى رفاه وتقدم الأفراد في دول العالم كافة عن طريق إنماء وتطور العلاقات الدولية.

وقد انتقدت هذه النظرية، من جهة أنها مثالية ومتطرفة[(٣)]، وأن الاعتماد عليها يفقد عنصر الإلزام في منح الحصانة القضائية، كما أنها تؤدي إلى تباين تطبيق قواعد الحصانة القضائية تبعاً لتباين المصالح النفعية من دولة إلى أخرى.

وتتجاهل هذه النظرية حقيقة ثابتة، لأنها تتوجه إلى الأفراد والسلطات لضمان شخص المبعوث الدبلوماسي وعدم انتهاك حرمته أو إحالته إلى المحاكم، وهي تعطي بذلك تصوراً خاطئاً بأن الحصانة القضائية تنشأ عندما يتجاهل الأفراد أو السلطة احترام شخص المبعوث الدبلوماسي وينتهكون حرمته، في حين أن العكس هو الصحيح، إذ إن الحصانة القضائية لا تنشأ إلا إذا خالف أو انتهك المبعوث الدبلوماسي القوانين المحلية، ولم تفسر هذه النظرية حالة ما إذا تجاوز المبعوث الدبلوماسي الفكرة النفعية وقام بأعمال تخالفها تماماً، فهل سيخضع للاختصاص المحلي أم لا؟

المطلب السادس: نظرية الضرورة الوظيفية

ترى نظرية الضرورة الوظيفية أو المصلحة الوظيفية Theorie I'interete fonctionnelle أن ضمان أداء المبعوث الدبلوماسي المهمة المكلف بها هي الأساس الذي تنطلق منه فكرة الحصانة القضائية، ومن أجل ممارسة شؤون الوظيفة الدبلوماسية بصورة صحيحة بهدف توطيد العلاقات الدولية يقتضي أن يتمتع المبعوث الدبلوماسي بالاستقلال التام وعدم خضوعه للاختصاص القضائي الوطني للدولة المستقبلة[(٤)].

---

(١) أنظر الأستاذ محمد مختار الزقزوقي، المصدر السابق، ص٢٢٩.

(٢) La Cour d'Appel de Rouen Le ١٢ Juillet ١٩٣٣.
Louis Cavare, op. cit. p.٢٥.

(٣) الأستاذ محمد مختار الزقزوقي، المصدر السابق، ص٢٢٨.

(٤) D.J. Harris, Cases and Material on International Law London, ١٩٧٣ p.٢٩٥
Karl Strupp, Les Regles General du Droit de la Paix
R.C.A.D.I. Tome ١ ١٩٣٤, p.٥٢٧.
وتعود هذه النظرية للاستاذ (فيتال) في عام ١٨٤٠، وأخذ بها معهد القانون الدولي المنعقد في فينا عام ١٩٢٤، حيث جاء في قراراته:
"...le foudement des immunites diplomatiques etant un interet de fonction..."
وأخذ بها في قراراته المتخذة في عام ١٩٢٩ في نيويورك، ومشروع جامعة هارفرد لعام ١٩٣٢. أنظر:
Philippe Cahier. Op.cit, p. ١٩١.

ويؤيد هذه النظرية عدد كبير مـن الكتـاب، وهي التـي تسـود اليـوم فقهـاً وقضاءً [١] كـما أنهـا أيسـر ـ النظريات تطبيقاً وأسلمها قبولاً، وتنسجم مع الواقع ومنطق الأمـور وتتسـع لتبريـر كافـة الأوضـاع التي ضاقت النظريات السابقة عن تفسيرها [٢]، وإنها أكثر تمشياً مع الاتجاهات الحديثة، ومن مزاياها أنها تتجه نحو الحد مـن الحصانة القضائية بالقدر الذي لا يتعارض مع مباشرة الوظيفة الدبلوماسية [٣]، إذ أن المبعوث الدبلوماسي لا يعفى من أحكام القوانين المحلية كلياً، بل إنه يخضع لها بوجه عام وإنما تتوقف فقط ضـده اتخـاذ الإجـراءات الإداريـة والقضائية بحقه في مواجهة السلطات الإقليمية، وتتخذ حلولاً أخرى بحقه [٤].

ويبقى الباب مفتوحاً للدول لمنح ما تراه زيادة من الحصانات وفق تشريعاتها الداخلية، إلا أن القواعـد والاتفاقيات الدولية تضع حداً أدنى، وهو القدر اللازم مـن الحصانات التي تسـمح للمبعـوث الـدبلوماسي القيـام بواجبات وظيفية بحرية تامة، وليس من منحه من الحصانات ما يزيد عن هذا الحد، وإن فعلت ذلك، فإنما يكون عن طريق المجاملة الدولية أو الضيافة [٥].

ويرى أصحاب هذه النظرية، أنها كافية لضمان الحصانة القضائية للمبعوثين الدبلوماسيين ولموظفي المنظمات الدولية [٦]، إذ لا يمكن منح الحصانة القضائية لموظفي المنظمات الدولية علـى أسـاس الامتـداد الإقليمـي، حيث أنه ليس هناك ثمة إقليم تختص به المنظمات أصلاً، كما لا يمكن منحها الحصانة على أساس الصفة التمثيلية لأنهم لا يؤدون عملهم نيابة عن دولة ما ولا يكون هناك مـبرراً لتمتعهم بالحصانات المقررة إلا وفقاً لمقتضيات الوظيفة [٧].

Clofton E. Wilson, op. cit, p. ١٧.

(١) الدكتور ممدوح عبد الكريم، المصدر السابق صفحة ٣٦٣.
أنظر الدكتور عبد الحسين القطيفي، المصدر السابق صفحة ٥٠.
(٢) الدكتور علي صادق أبو هيف، المصدر السابق، صفحة ١٣٥.
(٣) الدكتور عبد العزيز محمد سرحان، المصدر السابق ١٧١ و

G.E. do Nascimento, op. cit. p. ١١٣.

(٤) الدكتور محمد حافظ غانم، المصدر السابق، صفحة ٥٨٢.
(٥) الدكتورة عائشة راتب، المصدر السابق، صفحة ١٣١.
(٦) هشام الشاوي، المصدر السابق، ص١٩٠.
(٧) ويرى بعض الفقهاء أن نظرية مقتضيات الوظيفة لا تكفي لمنح الحصانة القضائية لموظفي المنظمات الدولية، لأن تمييز المبعوث الـدبلوماسي عـن الموظف الدولي مرجعه صفته التمثيلية، فيجب في رأي هذا الفقه الأخذ بنظرية الصفة التمثيلية إلى جانب مقتضيات الوظيفة لتبرير هـذا التمييز، ويرد بعض الفقهاء على هذا الرأي بعدم الحاجة إلى الجمع بين النظريتين، وأن نظرية مقتضيات الوظيفة تتسع بذاتها لمنح أي من الفريقين الحصانة القضائية.
أنظر هذه الآراء والرد عليها في مؤلف الدكتور علي صادق أبو هيف، المصدر السابق، صفحة ١٣٥.

ومن عيوب هذه النظرية، أن المبعوث الدبلوماسي لا يتمتع بالحصانة القضائية، إلا في الدولة المستقبلة، وعلى ذلك فإنه لا يتمتع بها في إقليم دولة أخرى لو كان ماراً به في طريقه إلى مقر عمله[1].

إن هذه النظرية تفسر الحصانة التي يتمتع بها المبعوث الدبلوماسي، أثناء قيامه بواجبات وظيفية، ألا إنها لا تفسر أساس الحصانة التي يتمتع بها تجاه القضايا التي لا علاقة لها بواجباته الوظيفة.

كما أن الأساس الذي استندت إليه هذه النظرية، يتناقض ومفهوم الحصانة القضائية، لأن قيام المبعوث الدبلوماسي بممارسة أعمال وظيفته، يجب أن يكون وفق الاتجاه الذي يعمل على توطيد العلاقات بين دولته والدولة المستقبلة، وهذا يتطلب أن تكون جميع أعماله موافقة لأحكام قوانين الدولة المستقبلة ولا غبار عليها، وإذا ما انتهك هذه القوانين، فإنه يكون بعمله هذا قد تجاوز حدود وظيفته، ومن ثم فقد خرج عن نطاق الحصانة القضائية، خلافاً للواقع الذي بموجبه تم منح الحصانة القضائية للمبعوث الدبلوماسي في غالبية هذه الحالات.

وأرى أن الأساس الذي تتبناه هذه النظرية، قد لا يتفق وسمعة المبعوث الدبلوماسي لأنها لا تدينه ولا تؤاخذه عن الانتهاكات التي يقوم بها والتي لا تعتبر جزءاً من وظيفته في حين أنها تضفي صفة الضرورة عليها، وبالتالي يتمتع بموجبها بالحصانة القضائية عند قيامه بهذه الانتهاكات، الأمر الذي يدفع المبعوث الدبلوماسي إلى القيام بأعمال خطرة ضد سلامة الدولة المستقبلة كالتجسس والتآمر وغير ذلك.

ولو كانت مهمة المبعوث الدبلوماسي بهذه الصورة، لاحجمت الدول عن استقبالهم، غير أن الواقع الدولي، يذهب في اتجاه معاكس ويعتبر المبعوث الدبلوماسي رسول سلام، يعمل على توطيد الروابط الدولية وكلما ازدادت العلاقات الودية بين دولتين، ازداد عدد مبعوثيهما وكلما ساءت هذه العلاقات قل عدد مبعوثيهما.

كما أن ضرورة الوظيفة تقتضي أن تكون أعمال المبعوث الدبلوماسي في الدولة المستقبلة، وفق الأسلوب والاتجاه الذي ترسمه له دولته، وإذا ما تضمنت هذه الأعمال خرقاً لقوانين الدولة المستقبلة، فإنه يتمتع بالحصانة القضائية تجاهها، وهذا يعني أن دولته لا تحاكمه عن أعماله هذه، لأن ما قام به كان في الغالب بموافقتها، في حين أن الفقه والاتفاقيات الدولية والممارسات العملية، تخضع المبعوث الدبلوماسي لاختصاص دولته عن الانتهاكات التي ارتكبها في الدولة المستقبلة وهو ما أكدته الفقرة الرابعة من المادة (٣١) من اتفاقية فينا للعلاقات الدبلوماسية.

---

(١) الدكتور فؤاد عبد المنعم رياض، مبادىء القانون الدولي الخاص في القانونين اللبناني والمصري، الجزء الأول- دار النهضة العربية، بيروت ١٩٦٩ صفحة ٤٤٠.

ومهما وجهت من انتقادات لهذه النظرية، فإنها تعد أسلم النظريات التي قيلت في تبرير أساس الحصانة القضائية التي يتمتع بها المبعوث الدبلوماسي لأنها تقدم له ضماناً في مباشرة أعماله الرسمية، ويكون على علم مسبق بأنه لن يخضع لاختصاص محاكم الدولة المستقبلة مما يترتب عليه عدم إفشاء أسرار دولته.

المطلب السابع: موقف اتفاقية فينا من أساس الحصانة الدبلوماسية

جاء في ديباجة اتفاقية فينا للعلاقات الدبلوماسية لعام ١٩٦١ ما يلي:

"وإذ تدرك أن مقاصد هذه الامتيازات والحصانات ليس إفادة الأفراد بل ضمان الأداء الفعال لوظائف البعثات الدبلوماسية بوصفها ممثلة للدولة"(١).

وقد اختلفت الآراء بصدد تفسير النص المذكور، فذهب الرأي الأول إلى أن الحصانة القضائية تستمد أساسها من القانون الدولي ذاته حيث صيغت أحكام الاتفاقية في عبارات آمرة وسلبت الدول حرية التقدير(٢).

إن هذا الرأي حدد المصادر التي تستمد منها قواعد الحصانة القضائية وهي القانون الدولي ولم يحدد بصورة واضحة أساس الحصانة القضائية، والهدف الذي منحت من أجله، إضافة إلى أن الاتفاقية لم تسلب الدول حرية التقدير، حيث يجوز لها أن تطبق الحصانة القضائية تطبيقاً ضيقاً على سبيل المقابلة بالمثل، ولها أن تمنح الحصانات بصورة أفضل مما حددته الاتفاقية(٣).

إن هذا الرأي يفسر الحصانة القضائية التي يتمتع بها المبعوث الدبلوماسي بالنسبة للأعمال والتصرفات المتعلقة بوظيفته الرسمية، ولكنه لا يفسر الحصانة القضائية التي يتمتع بها المبعوث الدبلوماسي، والتي ضمنتها الاتفاقية أيضاً، بالنسبة للأعمال والتصرفات التي تخرج عن نطاق أعماله الرسمية.

---

(١) وجاء في ديباجة اتفاقية البعثات الخاصة ما يلي:

"Realizing that the purpose of privileges and immunities relating to special mission is not to benefit individuals but to ensure the officient performance of functions of special missions representing the state".

(٢) الدكتور عبد العزيز سرحان، المصدر السابق، صفحة ٤٧٠ و ٤٧٢.

(٣) نصت المادة (٤٧) من اتفاقية فينا لعام ١٩٦١ على ما يلي:

١- لا يجوز للدولة المعتمد لديها التمييز بين الدول في تطبيق أحكام هذه الاتفاقية.

٢- ولا يعتبر، مع ذلك أن هناك أي تمييز:

أ- إذا طبقت الدولة المعتمد لديها أحد أحكام هذه الاتفاقية تطبيقاً ضيقاً بسبب تطبيقه الضيق على بعثتها في الدولة المعتمدة.

ب- إذا تبادلت الدول بمقتضى العرف والاتفاق معاملة أفضل مما تتطلبه أحكام هذه الاتفاقية.

وذهب الرأي الثاني: إلى أن الاتفاقية أخذت بنظرية المصلحة الوظيفية[(١)].

وبالنظر لعدم تمكن الرأيين المذكورين من تحديد أساس الحصانة القضائية الذي أخذت به اتفاقية فينا، فقد ذهب رأي آخر إلى أن الاتفاقية أخذت بنظريتي المصلحة الوظيفية والصفة التمثيلية[(٢)].

أما الرأي الرابع فإنه مقارب للرأي الثاني ومفاده، أن الاتفاقية أخذت بنظرية الوظيفة، إلا أنها اعترفت ببعض نتائج الصفة التمثيلية[(٣)].

والغرض الذي حدا بواضعي اتفاقية فينا إلى النص صراحة على نظريتي الصفة التمثيلية والمصلحة الوظيفية، هو التوسع في نطاق الحصانة القضائية للمبعوث الدبلوماسي، فقد اقترحت بعض الدول مثل بريطانيا والولايات المتحدة ودول الكومنولث ضرورة منح المبعوث الدبلوماسي الحصانة القضائية الكاملة في جميع أعماله الرسمية والخاصة، في حين اقترحت دول أخرى مثل ايطاليا والإتحاد السوفيتي وجيكوسلوفاكيا التمييز بين الأعمال الرسمية والأعمال الخاصة، ومنح الحصانة بالنسبة للأعمال الأولى دون الأعمال الثانية[(٤)].

وإذا كانت اتفاقية فينا للعلاقات الدبلوماسية قد أخذت بنظريتي الضرورة الوظيفية والصفة التمثيلية، إلا أنها لم تعتبر المبعوث الدبلوماسي ممثلاً لرئيس دولته كما ذهب إلى ذلك غالبية الفقهاء، كما لم تعتبره ممثلاً بمفرده لدولته، إنما اعتبرته كذلك ضمن البعثة الدبلوماسية بوصفها ممثلة للدولة.

---

(١) أنظر: Franciszek Przetacznik.op.cit. p.٤٠٤
والدكتور عز الدين عبد الله، المصدر السابق، صفحة ٧٧٥.
والدكتور حسن صعب، المصدر السابق، صفحة ١٥٧.
والدكتور سموحي فوق العادة، المصدر السابق، صفحة ٢٧٦.

(٢) M. Sorensen, op. cit, p. ٣٩٦.
Jan Brownlie, op. cit, p.٣٣٥.
M. Akehurst, op. cit, p. ١٤٢
G.E. do Nascimento e Silva. Op. cit, p. ١١٢
Jean Pierre Queneudec. La Responsabilite International de l'Etat pour les Fautes Personnelle des Ses Agents. L.G.D.L. Paris ١٩٦٦. p.٢١٣.
والدكتور محمد عزيز شكري، المدخل إلى القانون الدولي العام وقت السلم، الطبعة الثانية- دار الفكر، بيروت ١٩٧٣.
والدكتور فؤاد شباط، المصدر السابق، صفحة ٢١٣.
والدكتور محمد حافظ غانم، المصدر السابق، صفحة ٥٨٢.

(٣) الدكتور كمال أنور محمد، تطبيق قانون العقوبات من حيث المكان- دار النهضة العربية، مصر ١٩٦٥ ص٦٦.

(٤) B. Sen, op. cit, p. ٨٨.

واعتبار المبعوث الدبلوماسي ممثلاً لدولته على رأي بعض الكتاب لم ينه الخلاف القائم، إذ إن الفقه لم يستقر على أساس واحد للحصانة القضائية التي تتمتع بها الدولة[1]، أو رئيسها[2].

وإذا كان من الضروري النص صراحة على الأخذ بنظريتي الصفة التمثيلية والوظيفية، فإنه ينبغي أن تجيء أحكام الاتفاقية مطابقة لمضمون هاتين النظريتين، غير أن بعض الأحكام تجاوزت هذا المضمون وأخذت بالنظرية القديمة "نظرية عدم الوجود الإقليمي" عندما نصت الفقرة (٤) من المادة (٣١) من الاتفاقية صراحة على أن تقوم الدولة المرسلة بمحاكمة المبعوث الدبلوماسي عن المخالفات التي ارتكبها في الدولة المستقبلة، والتي بموجبها لم يخضع لاختصاصها القضائي بالنظر لتمتعه بالحصانة القضائية، وهذا يعني أن ما يرتكبه المبعوث الدبلوماسي من أفعال موجبه للمسؤولية في الدولة المستقبلة، والتي بموجبها لم يخضع لاختصاصها القضائي بالنظر لتمتعه بالحصانة القضائية، وهذا يعني أن ما يرتكبه المبعوث الدبلوماسي من أفعال موجبه للمسؤولية في الدولة المستقبلة تخضع لاختصاص محاكم دولته واعتباره كأنه ارتكبها على إقليمها، وهو ما تقضي به نظرية عديم الوجود الإقليمي، أو الامتداد الإقليمي.

وكان المفروض على واضعي اتفاقية فينا للعلاقات الدبلوماسية، أن يعزفوا عن النص صراحة على أساس الحصانة القضائية، وأن يتركوا ذلك لاجتهاد الفقه على ضوء تحليل الأحكام التفصيلية التي جاءت في الاتفاقية.

---

(١) لقد اختلفت الآراء بصدد تحديد الحصانة القضائية التي تتمتع بها الدول الأجنبية، وظهرت عدة نظريات منها: نظرية استقلال الدولة The theory of independence ونظرية الكرامة The Theory of dignity ونظرية عدم الوجود الإقليمي The theory extraterritoriality ونظرية المجاملة الدولية The theory of comity ونظرية الصفة الوظيفية الدبلوماسية The theory of diplomatic function.

أنظر: D.P.O'connell,op.cit,p.٨٤٢.

J.G. Stark, op. cit, p. ٢٥٣.

والدكتور عز الدين عبد الله، القانون الدولي الخاص، الجزء الثاني ط٧، دار النهضة العربية، القاهرة ١٩٧٢ صفحة ٧٥٩.

والدكتور محمد طلعتى الغنيمي، الأحكام العامة في قانون الأمم، منشأة المعارف- الإسكندرية- ١٩٧٠ صفحة ٧٣٦.

(٢) واختلف الفقه أيضاً في تكييف أساس الحصانة القضائية التي يتمتع بها رئيس الدولة، حيث ذهب بعض الفقهاء إلى نظرية عدم الوجود الإقليمي وذهب غيرهم إلى نظرية الاحترام الواجب نحو مركزهم، أنظر:

الدكتورة عائشة راتب، المصدر السابق صفحة ٤٦ وما بعدها.

الفصل الرابع

مصادر الحصانة الدبلوماسية

Sources of Diplomatic Immunity

إن قواعد الحصانة الدبلوماسية نشأت وتطورت نتيجة ممارسات الدول حتى أصبحت من القواعد العرفية الملزمة للدول كافة، غير أن اختلاف المجتمعات السياسية والظروف الدولية وتضارب المصالح وعدم استقرار العلاقات الدولية أدى إلى تباين تطبيق قواعد الحصانة القضائية بحسب الظروف والأحوال.

ولغرض توحيد قواعد الحصانة القضائية وثباتها في التعامل الدولي، اتجهت الدول إلى تفنين غالبية القواعد هذه في اتفاقيات دولية ثنائية أو جماعية، آخذة بنظر الاعتبار التطورات التي يشهدها المجتمع الدولي المعاصر، فأضافت إلى الاتفاقيات هذه ما ينبغي إضافته لتكون منسجمة مع الوضع الجديد.

كما أن المحاكم الوطنية في الدول كافة ملزمة بتطبيق العرف[1] أو الاتفاقيات[2] الدولية، طبقاً لما يتطلبه دستور دولتها من إجراءات، إضافة إلى ما تصدره الدولة من قوانين داخلية تضمن الحصانة القضائية للمبعوث الدبلوماسي.

---

(١) اختلفت الأنظمة المتبعة في إلزام المحاكم الوطنية بتطبيق العرف الدولي، فذهب الإتجاه الأول إلى نظام الإندماج الإلزامي غير التلقائي الذي يدمج العرف الدولي في القانون الداخلي، غير أن إلزام المحاكم بتطبيقه رهن بإرادة الدولة وقد أخذت بهذا النظام المادة السابعة من دستور إسبانيا الصادر عام ١٩٣١، وذهب الإتجاه الثاني إلى نظام الإندماج الذاتي الملزم الذي يعتبر العرف الدولي جزءاً من القانون الداخلي، وأخذت بهذا النظام كل من انكلترا وإيطاليا في دستورها الصادر عام ١٩٤٨ وألمانيا في دستورها الصادر عام ١٩٤٩، أما الاتجاه الثالث وهو نظام اصدار قوانين داخلية تتضمن قواعد العرف الدولي.

أنظر الدكتور عبد العزيز محمد سرحان، المصدر السابق، ص١٢

Ian Brownll, op.cit. p.٤٥.

(٢) لقد اختلفت التطبيقات العملية للدول في إلزام محاكمها في تطبيق الإتفاقيات الدولية فبعض الدول لا تطبق محاكمها الاتفاقيات الدولية ما لم تقم الدولة بعمل خاص يضفي على الإتفاقية صفة التنفيذ في الداخل، وتشترط بعض الدول من أجل ذلك نشر الإتفاقيات الدولية، وتتشدد دول أخرى التصديق والنشر.

وقد يجد القاضي الدولي أو الوطني أن الحالة المعروضة أمامه تحكمها مصادر متعددة تشترك في إعطاء حل موحد، فيطبق القاضي المصادر هذه ويسند حكمه عليها، غير أن المشكلة تثور عندما تختلف الحلول التي تقدمها هذه المصادر، وتنشأ هنا مشكلة التنازع بين هذه المصادر وأي مصدر يسمو على الآخر، ويكون واجب التطبيق.

وعلى ذلك فإن هذا الفصل خصص لبحث المصادر الرئيسة الدبلوماسية وهي العرف والاتفاقيات الدولية والقوانين الداخلية[(١)] والتنازع بين هذه المصادر، وهو ما ستتضمنه المباحث التالية:

المبحث الأول: العرف الدولي

المبحث الثاني: الاتفاقيات الدولية

المبحث الثالث: القوانين الداخلية

المبحث الرابع: التنازع بين مصادر الحصانة القضائية.

المبحث الأول

العرف الدولي

يعتبر العرف الدولي من أهم المصادر في القانون الدولي منذ أقدم العصور[(٢)] وبتطور التمثيل الدبلوماسي بين الدول ظهرت الحاجة إلى نظام جديد يحكم تبادل البعثات الدبلوماسية المؤقتة، يقضي برغبة الدول بالتمسك بمبدأ حرية المبعوث الدبلوماسي[(٣)]، وضمان حرمة دائمة تمتد وجودها من اعتبارات مختلفة[(٤)].

أنظر: الدكتور محمد حافظ غانم، المصدر السابق، صفحة ١٠٤ أما في العراق فإن الاتفاقيات الدولية نافذة التطبيق فور التوقيع عليها، حيث جاء بقرار مجلس قيادة الثورة المؤرخ في ١٩٧٢/١٢/٢١ ما يلي: "... لذا فلا يوجد مانع من تنفيذها فور التوقيع عليها أو من التاريخ المعين إذا نص عليه...".

(١) لقد فضلنا دراسة المصادر الرئيسية للحصانة القضائية لأهميتها ولعدم إعطاء المجال في البحث هذا لمناقشات فقهية قد تخرجها عن موضوعه، لاسيما وأن هناك مصادر ثانوية اشتركت في تكوين قواعد الحصانة القضائية، وهي مصادر القانون الدولي بصورة عامة، كمبادىء القانون العامة التي أقرتها الأمم وأحكام المحاكم ومذاهب كبار المؤلفين ومبادىء العدل والانصاف. انظر

Pierre Pellas, Droit International Public ٢ ed. R. Pichon, Paris ١٩٧٠, p.١٨٥.

(٢) F. Schnyder, the Status of Regugees in International law. Vol.١, Leyden, ١٩٦٦, p.٤١.

Ch. Rousseau. Droit International Public, Dolloz Paris ١٩٦١, p.٧٧. Pierre Vellas, op. cit, p.٩١.

(٣) كمال أنور محمد، تطبيق قانون العقوبات من حيث المكان، دار النهضة العربية، القاهرة ١٩٦٥ صفحة ٦٣ هامش رقم (٢).

(٤) الدكتور علي صادق أبو هيف، المصدر السابق، صفحة ١٣٠.

وباتساع الجماعة الدولية نتيجة لتعدد الدول ذات السيادة[1] والمتساوية بالحقوق والواجبات، وتطور المعاملات الدولية، وزيادة الاتصالات بين الشعوب نتيجة تطور طرق المواصلات، ونشوء المنازعات بين الدول، أدت إلى ضرورة وجود بعض الأشخاص يمثلون دولتهم لحماية مصالحها في الخارج، وحل الخلافات الناشئة عن ذلك فظهرت ضرورة التمثيل الدائم، وقد أصبح ذلك حقيقة واقعة في القرن الرابع عشر عندما بدأت الدول تبادل المبعوثين فيما بينها[٢] بفعل الظروف الاقتصادية الجديدة، وظهور ملامح العقلية الجماعية وتطور التيارات الفكرية التي أثرت في تطور وظيفة الدولة، ومهدت لإطار جديد من العلاقات الدولية بين المجموعات ذات الأنظمة المتباينة[٣]، التي دعت إلى فكرة نبذ الحرب واستخدام الوسائل الدبلوماسية في حل المنازعات الدولية[٤].

كان من نتيجة العوامل المذكورة زيادة نطاق التمثيل الدبلوماسي بين الدول، وزيادة عدد المبعوثين الدبلوماسيين، وتنوع واجباتهم مما أدى في كثير من الأحيان إلى أن يخالفوا هؤلاء أحكام القوانين المحلية بسبب قيامهم بواجباتهم الرسمية، دون أن تتخذ السلطات المحلية الإجراءات القضائية بحقهم لاعتبارات متعددة.

ومن تكرار مواقف السلطات تلك، ظهر عرف دولي جديد يقضي بتمتع المبعوث الدبلوماسي بالحصانة القضائية[5]، وكانت هذه الحصانة أقدم من حصانة الدول ورؤسائها[٦].

وقد ظهر أول تطبيق للحصانة القضائية في لندن سنة ١٦٥٤، وباريس سنة ١٧١٨، ثم توالت التطبيقات تباعاً إلى يومنا هذا، حيث لم تتخذ السلطات المحلية الإجراءات القضائية بحق المبعوثين الدبلوماسيين إنما اكتفت بطردهم من البلاد[٧].

ويعتبر موقف السلطات هذه بعدم اتخاذ الإجراءات القضائية بحق المبعوثين الدبلوماسيين من أهم السوابق العرفية للحصانة القضائية رغم عدم وجود معاهدات أو قوانين داخلية تمنح هذا الامتياز للمبعوث الدبلوماسي في ذلك الوقت.

---

(١) كانت المجموعة الدولية في البدء تقتصر على دول أوربا المسيحية، ثم شملت روسيا في القرن السابع عشر والولايات المتحدة في عام ١٧٨٣ وأمريكا اللاتينية في القرن التاسع عشر والإمبراطورية العثمانية في عام ١٨٥٦ ثم اتسعت لتشمل دولاً أخرى.

أنظر: الدكتورة عائشة راتب، المصدر السابق، ص٤.

(٢) Gerhad Von Glahan, op. cit, p.٣٧٦.

والدكتور حامد سلطان، القانون الدولي وقت السلم، دار النهضة العربية، القاهرة ١٩٦٥ صفحة ١٦٢.

(٣) بيير دينوفان، وجان باتيست دوروزيل، مدخل إلى العلاقات الدولية، ترجمة فائزكم نقش، منشورات عويدات، بيروت ١٩٦٧، صفحة ٨.

(٤) الدكتور راشد البارودي، العلاقات السياسية الدولية، ط١، القاهرة ١٩٧٢ صفحة ٨.

(٥) الدكتور عز الدين عبد الله، المصدر السابق، صفحة ٧٧١.

Philippe Cahier, op. cit, p. ٣٠

(٦) Sir Ernest Satow., A. Guid to Diplomatic Practice, Longmans, London, ١٩٥٧.p. ١٨٢.

(٧) الدكتور علي صادق أبو الهيف، المصدر السابق، صفحة ١٨٥ هامش رقم (١).

وقد ساهم مبدأ المقابلة بالمثل في بادئ الأمر بدور إيجابي في تطور الحصانة القضائية في ظل أحكام التعامل الدولي[١].

وبمرور الزمن استقرت قواعد الحصانة القضائية في التعامل الدولي وأصبحت بمثابة أحكام عرفية ملزمة[٢].

وقد كان العرف الدولي حتى وقت صدور اتفاقية فينا لعام ١٩٦١، هو المصدر الوحيد للحصانة القضائية في الدول التي لم ترتبط باتفاقيات دولية ولم تصدر فيها تشريعات داخلية تضمن فيها الحصانة القضائية للمبعوث الدبلوماسي مثل تايلاند والباكستان والدومنيكان والأكوادور والنيبال[٣].

كما إن بعض الدول التي أصدرت قوانين خاصة بالحصانة القضائية نصت على ضرورة تطبيق قواعد العرف في الحالات التي لم تتناولها القوانين هذه، مثل كوريا والاتحاد السوفيتي وايرلندا[٤].

وقد أخذ قانون امتيازات الممثلين السياسيين العراقي رقم (٤) ١٩٣٥ بهذا الاتجاه فنصت المادة الأولى منه على ما يلي: "أن الممثلين السياسيين للدول الأجنبية والأشخاص الذين يعتبرون من حاشيتهم وفق التعامل الدولي مصونون من سلطة المحاكم..." [٥].

كذلك أخذ قانون العقوبات العراقي رقم (١١١) لسنة ١٩٦٩، بالاتجاه هذا فنصت المادة (١١) منه على ما يلي: "لا يسري هذا القانون على الجرائم التي تقع في العراق من الأشخاص المتمتعين بحصانة مقررة بمقتضى الاتفاقيات الدولية أو القانون الدولي"[٦].

---

(١) Philippe Cahier, op. cit, p. ٣٠.

Eric Clark, Corop Diplomatique, Aiden Lane, London, ١٩٧٣. p.١٠٥.

يرفض الفقه في الوقت الحاضر تطبيق مبدأ المقابلة بالمثل بالنسبة للحصانة القضائية ويرى أن الدولة التي تنتهك هذه القواعد إنما تخالف القواعد العامة الملزمة وفي حالة الانتهاك يجب الاعتذار عن ذلك وإصلاح الضرر الذي تعرض له المبعوث الدبلوماسي. أنظر:

الدكتورة عائشة راتب، المصدر السابق، صفحة ١٤٠.

(٢) Clifton, E. Wilson, op. cit, p. ٢٧ Hans Kelsen, op. cit, p.٣٤٥.

(٣) أنظر مذكرة تايلند الموجهة إلى الأمم المتحدة المؤرخة في ٢٩ الثاني ١٩٠٠.

ومذكرة الدومينيكان المؤرخة في ٨ نيسان ١٩٥٦.

ومذكرة الأكوادور المؤرخة في ١٢ تموز ١٩٥٦.

ومذكرة النيبال المؤرخة في ١٥ أيلول ١٩٥٦.

United Nations Laws.p.٣٢٥, ١٢٥, ٢٢٦, ١٠٦, ١٩٦.

(٤) أنظر المادة (٧) من الدستور الكوري والمرسوم السوفيتي الصادر في عام ١٩٢٧ والفقرة ٣ من المادة (٢٩) من الدستور الإيرلندي.

United Nations Laws, p.١٩٨, ٣٣٧, ١٦٨.

(٥) الوقائع العراقية العدد ١٤٠٣ في ١٩٣٥/٣/٧.

(٦) كان على المشروع العراقي أن يحذف عبارة الاتفاقيات الدولية، من هذا النص لأنه أورد عبارة القانون الدولي الذي يشمل الاتفاقيات الدولية والعرف الدولي.

وقد أخذت بذلك أيضاً اتفاقية فينا للعلاقات الدبلوماسية لعام ١٩٦١، حيث جاء في ديباجة الاتفاقية ما يلي "وإذ تؤكد ضرورة استمرار قواعد القانون الدولي العرفي في تنظيم المسائل التي لم تنظمها صراحة أحكام هذه الاتفاقية".

وقد نقلت اتفاقية البعثات الخاصة صياغة ديباجة اتفاقية فينا نفسها[١].

ويظهر من ذلك أن العرف الدولي لازال محتفظاً بأهمية كبيرة بالنسبة لقواعد الحصانة القضائية، رغم وجود اتفاقيات متعددة وقوانين داخلية ضمنت هذه الحصانة، باعتبار المصدر التاريخي للحصانة القضائية.

ويمكن الرجوع إلى العرف الدولي حتى في حالة عدم وجود نص في اتفاقية دولية أو قانون داخلي، لأن الاتفاقيات الدولية والقوانين الداخلية مهما حاولت تقنين أحكام العرف الدولي المتعلق بالحصانة القضائية، فإنها لا تستطيع استيعاب جميع هذه القواعد، ويبقى العرف الدولي في هذه الحالة المرجع الرئيس لسد النقص أو الاختلاف في التفسير، أو عدم وجود أي نص.

ومما يعاب عليه العرف الدولي، هو أنه يتصف بالغموض وعدم الاستقرار، ويخضع في الكثير من الأحيان للمؤثرات السياسية الدولية كما أنه يعتبر استجابة لممارسات الدول الغربية خلال فترة معينة لم تظهر فيها الدول النامية لتشارك في وضع قواعدها.

المبحث الثاني

الاتفاقيات الدولية

تعتبر الاتفاقيات الدولية الثنائية منها والجماعية[٢]، من أهم الوسائل التي ساعدت على تطور وثبات قواعد الحصانة القضائية، حيث أنها ساهمت بصورة فعالة وجدية في تقنين قواعد العرف الدولي في نصوص تتسم بالوضوح والصراحة واليقين.

وكان للأمم المتحدة الدور الرئيس في عقد الاتفاقيات الجماعية المتعلقة بقواعد الحصانة القضائية، منذ تأسيسها إلى الوقت الحاضر لما قامت به من عقد مؤتمرات دولية

---

(١) جاء في ديباجة اتفاقية البعثات الخاصة لعام ١٩٦٩ ما يلي:
" Affirming that the rules of customary international law continue to govern questions not regulated by the provisions of the present convention".

(٢) تعتبر الاتفاقيات الدولية من المصادر الرئيسة لقواعد القانون الدولي.
أنظر في ذلك:
Pierre Vellas, op. cit, p. ٩٦ F. Schnyderm op. cit, p.٣٠
G.I. Tunkin, Theory of International Law, George Allen, London, ١٩٧٤, p.١٣٣.

متعددة تمخضت عن وضع اتفاقيات دولية تلزم الدول كافة بضمان الحصانة القضائية للمبعوث الدبلوماسي.

وعلى ذلك فإن مواضيع هذا المبحث تتضمن المطلبين التاليين:

المطلب الأول- نشوء الاتفاقيات الدولية.

المطلب الثاني- دور الأمم المتحدة في عقد الاتفاقيات الدولية.

المطلب الأول: نشوء الاتفاقيات الدولية

سبق القول أن العرف الدولي كان منذ بدء العلاقات الدولية، هـو المصدر الوحيد للحصانة القضائية، إلا أن زيادة عـدد الـدول وتطور المعـاملات الدولية واتسـاع قاعدة التمثيل الدبلوماسي بينها وتضارب المصالح الدولية، أدى إلى أيثار بعض الـدول إلى دول أخرى بمعاملة خاصة إلى مبعوثيها لاعتبارات تتعلق بطبيعة العلاقات بين هذه الدول.

وللحد من هذا التباين، اتجهت الدول إلى النص على قواعد الحصانة القضائية في اتفاقيات خاصة بينها، وكانت أول معاهدة دولية للعلاقات الدبلوماسية هي "معاهدة السلام والصداقة والتجارة" المعقودة في سنة ١٦٢٣ بين انكلترا وروسيا، ومعاهدة وستفاليا "المعقودة بين بعض الدول الأوربية عام ١٦٤٨، والمعاهدة المعقودة بين انكلترا أو الدنمارك والمعاهدة المعقودة بين انكلترا والبرتغـال عام ١٨٠٩ والمعاهدة المعقودة بـين بريطانيا والدولة العثمانية[1]، ومؤتمر فينا عام ١٨١٥ وبروتوكول "اكس لاشابل" ١٨١٨ بين بعض الدول الأوربية[2].

غـير أن هـذه الاتفاقيـات عـلى الـرغم مـن تناولها تنظيم بعض القواعد الدبلوماسية لم تحدد تفاصيل قواعد الحصانة القضائية ونطاقها من حيث الزمان والمكان والأشخاص وإنما تركت ذلك لقواعد العرف الدولي.

ويعود السبب في عدم تناول هذه الاتفاقيات لقواعد الحصانة القضائية بصورة مفصلة إلى أن قواعد الحصانة تمس سيادة الدولة القضائية وأن الـدول في ذلك الوقت لم ترغب في أن تلزم نفسها بنصوص صريحة واردة في اتفاقيات دولية وإنما كانت تـرى تـرك تحديد ذلك لطبيعة العلاقات الدولية ولقوانينها الداخلية.

---

(١) Graham Stuart, op. cit, p. ٢٣.

(٢) Philippe Cahier, op. cit, p. ٤٧٠.

والدكتور الشافعي محمد بشير، المصدر السابق، صفحة ٣٧٣.

والدكتور فاضل زكي محمد، المصدر السابق، صفحة ٢٦٩.

إضافة لذلك، فإن ما يشغل الدول في ذلك الوقت هو ضرورة استقرار التمثيل الدبلوماسي بينها، قبل الاعتراف رسمياً بقواعد الحصانة القضائية حيث كان التمثيل عرضة للانقطاع بسبب حالة الحرب شبه الدائمة مما يترتب عليه انتهاك حصانة المبعوث الدبلوماسي، ولهذا فقد اتجهت الدول إلى عقد الاتفاقيات الدولية لوضع قاعدة التمثيل الدبلوماسي دون أن تلتفت كلياً إلى قواعد الحصانة القضائية.

وأول اتفاقية متعددة الأطراف نصت صراحة على حصانة المبعوثين الدبلوماسيين هي اتفاقية المبعوثين الدبلوماسيين المتخذة من قبل المؤتمر الأمريكي الدولي السادس، والموقعة في هافانا عام ١٩٢٨[١] والاتفاقية المعقودة بين الدانمارك وفنلندا وايرلندا والنروج والسويد الموقعة في عام ١٩٥٥[٢].

أما على صعيد عصبة الأمم، ففي عام ١٩٢٧ قدمت لجنة خبراء القانون الدولي التابعة لعصبة الأمم تقريراً إلى مجلس العصبة أوضحت فيه ضرورة تنظيم الحصانات والامتيازات الدبلوماسية، غير أن مجلس العصبة لم يلتفت إلى قرار اللجنة، وحذف الموضوع من جدول أعمال مؤتمر لاهاي لعام ١٩٣٠[٣].

وإلى جانب الاتفاقيات الدولية المتعددة الأطراف عقدت اتفاقيات ثنائية بين بعض الدول تنص على إلزام كل طرف فيها بضمان الحصانة القضائية لمبعوثي الطرف الآخر[٤].

---

(١) Convention regarding diplomatic officers, adopted by Sixth International American Conference, signed at Habana, ٢٠ Fed. ١٩٢٨.
United Nations Laws, p.٤١٩.
وقد وقعت هذه الإتفاقية (١٢) دولة أمريكية ومن ضمنها الولايات المتحدة إلا أنها لم تصادق عليها لاعتراضها، على بعض النصوص المتعلقة بحق اللجوء السياسي. أنظر:
Gerhard Von Glahn, op.cit, p. ٣٧٦.

(٢) Convention between Dermak, Finland, Iceland Norway and Sweden, signed on ١٥ September ١٩٥٥, United Nationa Laws, p. ٤٢٦.

(٣) Gerhard Von Glahn, op. cit, p. ٣٧٦.

(٤) من هذه الاتفاقيات، الاتفاق المعقود بين بريطانيا والاتحاد السوفيتي عام ١٦٢٣، وبين فرنسا والصين ١٨٥٨، وبين بريطانيا والبرتغال ١٨٥٩ وبين إيطاليا والبابا ١٩٢٩، وبين فرنسا وإيران ١٩٢٩ وبين الولايات المتحدة والفلبين. ذكرت هذه الاتفاقيات في مؤلفات:
Clifton E. Wilson, op.cit, p.٣٦.

وقد وقع العراق عدة معاهدات ثنائية وجماعية مع بعض الدول تضمن الحصانة القضائية للمبعوثين الدبلوماسيين لكلا الطرفين، ومن هذه الاتفاقيات الاتفاق المعقود بين العراق وإيران الموقع في بغداد بتاريخ ١١ آب ١٩٢٩ لوضع قاعدة العلاقات بين العراق وإيران والممثلين السياسيين للبلدين، والتي ضمنت الحصانة القضائية لمبعوثي الدولتين على أساس مبدأ المقابلة بالمثل[١]، وملحق التحالف بين العراق وبريطانيا الموقع في بغداد بتاريخ ٣٠ حزيران ١٩٣٠ والتي أوجبت على الحكومة العراقية منح السفير البريطاني امتيازاً يتقدم على باقي الدول[٢] واتفاقية الامتيازات والحصانات لجامعة الدول العربية التي أقرتها الجامعة عام ١٩٥٣ والمصادق عليها بموجب القانون رقم (١١) لسنة ١٩٥٥[٣].

ويرى بعض الكتاب أن المعاهدات الثنائية لم تكن ذات أهمية ملحوظة في إنشاء القواعد القانونية الخاصة بالعلاقات الدبلوماسية، وأن الاتفاقيات الثنائية التي عقدتها الدول في مستهل ظهور العلاقات الدبلوماسية والتي كانت تهدف إلى تقرير الأحكام الخاصة بالحصانة الدبلوماسية ثم تواترت الحلول التي كانت تتضمنها المعاهدات الثنائية وأطرادها، يمكن أن ينظر إليها على أساس أنها كانت مصدراً للقواعد العرفية العامة التي تحكم العلاقات الدبلوماسية في القانون الدولي، وذلك بالقدر الذي تعد فيه المعاهدات الثنائية مصدراً للقواعد العرفية في القانون الدولي[٤].

ويتضح من ذلك أن الاتفاقيات الدولية الخاصة بالحصانة القضائية قد ساهمت مساهمة كبيرة في تقنين وثبات قواعد الحصانة القضائية وتوحيد تطبيقاتها بين الدول.

غير أنه مما لا شك فيه، أن الاتفاقيات الدولية قد تحد من جهة أخرى تطور قواعد الحصانة القضائية ذاتها، لأنها تضع نصوصاً جامدة لا يمكن تغييرها بسهولة بخلاف العرف الدولي الذي يستجيب لجميع التغيرات التي يشهدها العالم، ويعمل على تطور هذه القواعد تبعاً لتطور العلاقات الدولية.

ومع ذلك فإن تقنين قواعد العرف الدولي الخاص بالحصانة القضائية في اتفاقيات دولية يبقى ضرورة ملحة وهو ما أقدمت عليه هيئة الأمم المتحدة منذ تأسيسها، كما سنرى في المطلب الآتي:

Philippe Cahier, op. cit, p.٣٢.

والدكتور فاضل زكي محمد، المصدر السابق، صفحة ١٤٥.

والدكتور عبد العزيز محمد سرحان تقنين أحكام القانون الدولي العام، المصدر السابق، صفحة ٤٧٢.

كذلك الإتفاقية المعقودة بين البابا وبروسيا ١٨٥٦، والاتفاقية المعقودة بين الدانمارك وبرغواي ١٩٠٣ والمعاهدة بين الولايات المتحدة وألمانيا ١٩٢٣ والإتفاقية المعقودة بين جيكوسلوفاكيا وايطاليا ١٩٢٤ والمعاهدة المعقودة بين ألمانيا واليابان ١٩٢٧ والإتفاقية المعقودة بين الولايات المتحدة وكوستريكا ١٩٤٨ والمعاهدة بين الفلبين واسبانيا ١٩٤٨، والاتفاقية المعقودة بين الدنمارك وفرنسا ١٩٥١، والإتفاقية المعقودة بين بريطانيا والدانمارك ١٩٥٣. انظر:

United Notions Laws, P. ٤٢٧-٤٩٠.

(١) أنظر مذكرة المفوضية الإيرانية في بغداد المؤرخه في ٢٩/٨/١١ ومذكرة وزارة الخارجية العراقية في ٩٢٩/٨/١١، المعجم المفهرس للمعاهدات من عام ١٩٢١-١٩٢٨ وزارة التخطيط بغداد ١٩٧٤ صفحة ٤٨٠ و ٤٨٦.

(٢) أنظر المذكرات المتبادلة بين العراق وبريطانيا في ٣٠ حزيران ١٩٣٠. المعجم المفهرس للمعاهدات- الجزء الأول- وزارة التخطيط - بغداد ١٩٧٥ صفحة ١١٤.

(٣) الوقائع العراقية العدد ٣٥٦٠ والمؤرخة في ١٩٥٥/٢/٧.

(٤) الدكتور عبد العزيز محمد سرحان، تقنين أحكام القانون الدولي العام.
المصدر السابق، صفحة ٣٤١.

المطلب الثاني: دور الأمم المتحدة في عقد الاتفاقيات الدولية المتعلقة بالحصانة القضائية

لقد ساهمت الأمم المتحدة مساهمة فعالة وجدية في تطور قواعد الحصانة القضائية على الصعيد الدولي، وأول عمل قامت به في هذا الصدد، هو نجاحها في وضع نص قانوني في صلب ميثاق الأمم، ضمن الحصانة القضائية لأعضاء وموظفي هيئة الأمم المتحدة التي يتطلبها استقلالهم في القيام بالأعمال المتصلة بوظائفهم ولها أن تقترح من الدول الأعضاء عقد اتفاقيات أخرى لهذا الغرض[1].

وفي عام ١٩٤٧ استطاعت الأمم المتحدة وضع اتفاقية الامتيازات والحصانات للوكالات الأخصائية التي منحت الحصانة القضائية لممثلي الدول الأعضاء والموظفين في الوكالات الأخصائية، فيما يتعلق بأعمال وظائفهم الرسمية[2]، والتي تسري على جميع الدول الأعضاء سواء كانت قد أنضمت أو لم تنضم إلى الاتفاقية[3].

وفي عام ١٩٧٥ عقدت الأمم المتحدة مؤتمر الأمم المتحدة لتمثيل الدول في علاقاتها مع المنظمات الدولية في فينا" تمخض عنه وضع مشروع اتفاقية[4] تهدف إلى

---

(١) نصت المادة (١٠٥) من ميثاق الأمم المتحدة على ما يلي:

"١- تتمتع الهيئة في أرض كل عضو من أعضائها بالمزايا والاعفاءات التي يتطلبها تحقيق مقاصدها.

٢- وكذلك يتمتع المندوبون عن أعضاء "الأمم المتحدة" وموظفو هذه الهيئة بالمزايا والاعفاءات التي يتطلبها استقلالهم في القيام بمهام وظائفهم المتصلة بالهيئة.

٣- للجمعية العامة أن تقدم التوصيات بقصد تحديد التفاصيل الخاصة بتطبيق الفقرتين الأولى والثانية من هذه المادة، ولها أن تقترح على أعضاء الهيئة عقد اتفاقيات لهذا الغرض.

Charter of the United Nations, office of Public Information, New York, p.٣٢.

(٢) أنظر نص المادتين الخامسة والسادسة من اتفاقية الامتيازات والصيانات للوكالات الإخصائية التابعة للأمم المتحدة التي أقرتها الجمعية العامة للأمم المتحدة في ٢١ تشرين الثاني ١٩٤٧ والملاحق المرفقة بها، والمصادق عليها في العراق بالقانون رقم (٦) لسنة ١٩٥٤ والمنشورة في المعجم المفهرس للمعاهدات جمع وترتيب الأستاذ فؤاد الراوي، العدد السادس ١٩٥٠-١٩٥٥-وزارة التخطيط، بغداد ١٩٧٥، صفحة ٣٥٦.

(٣) جاء في بيان المستشار القانوني الممثل للأمين العام للأمم المتحدة المقدم إلى مجلس الأمم بتاريخ ١٤ آب ١٩٦٧ مايلي:

" إن التزامات الأعضاء تلزم كل عضو إزاء المنظمة وأن للمنظمة مصلحة حقيقية في تأمين الامتيازات والحصانات الضرورية لتمكين ممثلي الأعضاء من حرية حضور جميع الاجتماعات والمؤتمرات والاشتراك فيها، وأنه يبدو لذلك من القواعد البدائية أن تحمي المنظمة بطريقة كافية حقوق الممثلين وإلا تترك كلياً للتدابير الثنائية التي تتخذها الدول ذات العلاقة المباشرة، ولذلك فإن الأمين العام لا يزال يرى نفسه ملزماً بتأكيد حقوق ومصالح المنظمة بالنيابة عن ممثلي الدول الأعضاء كلما دعت الظروف، وإن المادة ١٠٥ من الميثاق تمنح الامتيازات والحصانات اللازمة وأنها تفرض بالفقرتين ١ و ٢ على جميع الدول الأعضاء في الأمم المتحدة التزاماً بمنح تلك الامتيازات والحصانات اللازمة لتحقيق مقاصد المنظمة وبمنح الممثلين والموظفين الامتيازات والحصانات اللازمة لهم لممارسة وظائفهم ممارسة مستقلة بصرف النظر عما إذا كانت قد انضمت أو لم تنضم إلى الاتفاقية "أنظر

Annual Report, ١٦ June-١٥ June, ١٩٦٨, ٢٣ the Session Supple-ment No.١ p.٢٠٨.

وعقدت الأمم المتحدة أيضاً اتفاقية الامتيازات والحصانات لوكالة الطاقة الذرية الدولية، والمصادق عليها في العراق بالقانون رقم ٩٥ لسنة ١٩٦٠.

(٤) أنظر الوقائع العراقية، العدد ٣٩٧ في ١٩٦٠/٨/٢٠.

United Nations Conference on the Representation of State in their Relations with International Organizations Vienna, ٤ Fep. -١٤ March ١٩٧٥ Vol. ١ and ٢. United Nations ١٩٧٦. New York.

منح الحصانة القضائية والامتيازات الأخرى لممثلي الدول في المنظمات الدولية، وقد أقرتها الجمعية العامة في عام ١٩٧٥[١].

وفيما يتعلق بالحصانة القضائية التي يتمتع بها المبعوث الدبلوماسي في البعثة الدائمة، فتطبيقاً لأحكام الفقرة الأولى من المادة (١٣) من ميثاق الأمم المتحدة[٢]، أعدت لجنة القانون الدولي مشروعاً لاتفاقية الحصانات والامتيازات الدبلوماسية[٣].

وفي عام ١٩٥٩ قررت الجمعية العامة للأمم المتحدة في دورتها الرابعة عشر- دعوة مؤتمر دولي في خريف عام ١٩٦١ من ممثلي الدول لدراسة إبرام اتفاقية للعلاقات والحصانات الدبلوماسية على أن يكون مشروع ١٩٥٨ أساساً للدراسات التي يقوم بها المؤتمر[٤].

---

(١) أدرج موضوع الإتفاقية في جدول أعمال الدورة الثلاثين للجمعية العامة بناء على طلب الأمين العام عملاً بالقرارين الذين اتخذهما مؤتمر الأمم المتحدة لتمثيل الدول في علاقاتها مع المنظمات الدولية الذي عقد في فيينا من ٤ شباط إلى ٤ آذار من عام ١٩٧٥ وهو يتصل بالمواضيع التالية:

١- مركز المراقب لحركات التحرر القومي التي تعترف بها منظمة الوحدة الافريقية أو جامعة الدول العربية أو كلتاهما.

٢- وتطبيق اتفاقية فيينا للتمثيل الدولي في علاقاتها مع المنظمات الدولية ذات الطابع العالمي على أنشطة المنظمة الدولية مستقبلاً أنظر:

Report of the Secretary- General on the Work of the Work of the Organization, ١٦ June ١٩٧٥ June ١٩٧٦. General Assembly, Official Records, ٣١ Session, Supplement No. ١, United Nations, p.١٥٢.

أنظر نصوص الاتفاقية:

AM. J. INT. 'L.L. ٦٩, P. ٧٣٩.

(٢) نصت الفقرة الأولى من المادة [١٣] من ميثاق الأمم المتحدة على ما يلي: "تنشيء الجمعية العامة دراسات وتشير بتوصيات بقصد إنماء التعاون الدولي في الميدان السياسي وتشجع التقدم المطرد للقانون الدولي وتدوينه".

(٣) أنشأت الجمعية العامة "لجنة القانون الدولي" والتي قررت منذ دورتها الأولى عام ١٩٥٠ إعداد قائمة بالموضوعات التي ترى دراستها، وقد وقع اختيار اللجنة على تقنين قواعد الحصانات والامتيازات الدبلوماسية، وفي عام ١٩٥٢ عرض ممثل يوغسلافيا على الجمعية العامة مشروعاً يرمي ؟إلى أن تبدأ اللجنة بتقنين موضوعات الامتيازات والحصانات الدبلوماسية وإعطائها الأهمية والأولوية على المواضيع الأخرى، وفي عام ١٩٥٢ وافقت الجمعية على الاقتراح المذكور، وعلى أثر ذلك عين الأستاذ Sandstron مقرراً خاصاً للموضوع، وأعدت اللجنة تقريرها الأول في عام ١٩٥٥.

وفي الدورة التاسعة للجنة القانون الدولي في عام ١٩٥٧م قدم التقرير وأنهت اللجنة من إعداد المشروع الأول للإتفاقية وعرضت على حكومات الدول لإبداء ملاحظاتها عليه، ثم قامت اللجنة في عام ١٩٥٨ بعد وصول هذه الملاحظات بإعداد المشروع النهائي وإحالته على الجمعية العامة.

Y.B.I.L.C. ١٩٥٦, Vol, ٢. p, ١٣٠ S.

Y.B.I.L.C. ١٩٥٨, Vol, ٢.p, ١٦ S.

(٤) الدكتور عبد العزيز محمد سرحان، المصدر السابق صفحة ١٣٢.

وقد اجتمع مؤتمر الأمم المتحدة للعلاقات والحصانات الدبلوماسية في نيوهوفبرغ بفينا من ٢ آذار إلى ١٤ نيسان ١٩٦١[1]، وأقر اتفاقية فينا للعلاقات الدبلوماسية، والبروتوكولين الاختيارين، تناول الأول حصانة أفراد البعثات الدبلوماسية وأسرهم من التشريعات القومية في الدولة المستقبلة، وتناول الثاني تسوية المنازعات الناشئة عن تفسير وتطبيق الاتفاقية والبروتوكول الأول.

أما الأسباب التي دفعت الجمعية العامة للأمم المتحدة إلى تقنين قواعد الامتيازات والحصانات الدبلوماسية فهي:

١- الرغبة في اقتناص الفرصة لإشراك الدول التي استقلت حديثاً في مباشرة مسؤولياتها الدولية، لأن الأمر يتعلق بوضع قواعد قانونية تلزم هذه الدول التي لم تشترك في تكوين قواعد العرف الدولي.

٢- إن دعوة مؤتمر دولي لتقنين الامتيازات والحصانات الدبلوماسية صار أمراً ضرورياً في فترة زمنية سادتها مجموعة من المخاوف الخطيرة التي تهدد العلاقات الودية بين الدول من بينها الخلاف بين الشرق والغرب والصعوبات الناشئة ان تزايد حركة التحرر من التبعية الاستعمارية، وتلك المخاوف كانت بطبيعتها مصدراً خطيراً لحدوث هذه المضاعفات في المستقبل[2].

ولم تشر نصوص اتفاقية فينا للعلاقات الدبلوماسية لعام ١٩٦١، إلى مسألتين مهمتين؛ الأولى الحصانة القضائية للقناصل في البعثات الدائمة، والثانية الحصانة القضائية للمبعوثين الدبلوماسيين في البعثات المؤقتة (الخاصة)، غير أن مؤتمر فينا أوصى بتشكيل لجنتين لدراسة المشاريع المقترحة الخاصة بالحصانات والامتيازات التي يتمتع بها القناصل والمبعوثون الدبلوماسيون في البعثات المؤقتة.

---

(١) واشترك في المؤتمر ممثلون عن إحدى وثمانين دولة منها خمس وسبعون دولة من الدول الأعضاء في الأمم المتحدة وست من الدول من غير الأعضاء فيها ولكنها أعضاء في الوكالات المتخصصة العامة إلى المؤتمر بقرارها رقم ١٤٥٠ (الدورة ١٤) الفصل الثالث من تقرير لجنة القانون الدولي عن أعمال دورتها العاشرة ليتخذه أساساً في موضوع الحصانات الدبلوماسية وأحالت الجمعية أيضاً بقرارها المرقم ١٥٠٤ (الدورة ١٥) والواردة في تقرير لجنة القانون الدولي.

وقد أحال مؤتمر فينا مشاريع المواد التي أعدتها لجنة القانون الدولي عن العلاقات والحصانات الدبلوماسية إلى لجنة عامة نظرت فيها وأحيلت بعد ذلك قراراتها التي اتخذت بأغلبية الحاضرين إلى لجنة الصياغة، وكلفت هذه بصياغة المشروع وأعيد على المؤتمر في جلسة عامة، واتخذ المؤتمر قراراته في المسائل الموضوعية بأغلبية ثلثي الحاضرين وأقر اتفاقية فينا للعلاقات الدبلوماسية.

Annual Report, ١٦ June, ١٩٦٠- ١٥ June, ١٩٦١ Sixteenth Session, Supplement No. ١, p. ١٧٠.

أنظر كذلك:

Gerhaed Von Glahn, op. cit, p.٣١٦.

Glifton E. Wilson, op. cit, p.٢٩.

(٢) الدكتور عبد العزيز محمد سرحان، المصدر السابق، صفحة ١٣١.

وفي نيسان من عام ١٩٦٣ عقد مؤتمر فينا للعلاقات القنصلية وانتهى بتاريخ ٢٤ من الشهر المذكور بوضع نصوص اتفاقية فينا للعلاقات القنصلية والبروتوكول الاختياري المتعلق بالتسوية الإلزامية للمنازعات، التي منحت القناصل الحصانة القضائية فيما يتعلق بأعمال وظيفتهم الرسمية[(١)].

وقد عالجت اتفاقية فينا للعلاقات الدبلوماسية ١٩٦١ حصانة المبعوث الدبلوماسي في البعثات الدبلوماسية الدائمة ولم تتضمن نصوصاً تتعلق بحصانة المبعوث الدبلوماسي في البعثات الخاصة "المؤقتة" غير أن مؤتمر فينا أحال مشاريع المواد المتعلقة بالبعثات الخاصة التي أعدتها لجنة القانون الدولي إلى اللجنة الفرعية للبعثات الخاصة[(٢)].

وفي علم ١٩٦٩ أقرت الجمعية العامة اتفاقية البعثات الخاصة والبروتوكول الاختياري المتعلق بالتسوية الإلزامية للمنازعات[(٣)].

ولم يقتصر عمل الأمم المتحدة على ضمان الحصانة القضائية والامتيازات الدبلوماسية للمبعوث الدبلوماسي، إنما ضمت كذلك حماية شخصه من أي اعتداء يتعرض له، وأوجبت على الدول معاقبة الأشخاص الذين يرتكبون بعض الأفعال ضد المبعوث

(١) وقد صادق العراق على الإتفاقية المذكورة والبروتوكولين الملحقين بها بالقانون رقم ٢٠٣ لسنة ١٩٦٨. أنظر نصوص الإتفاقية: المعجم المفهرس للمعاهدات والاتفاقيات، جمع وترتيب السيد فؤاد الراوي، الجزء ١٥، ١٩٦٨-١٩٦٩، وزارة التخطيط بغداد ١٩٧٧، صفحة ١٩٧.

(٢) أنظر: Annual Report, op. cit, p. ١٧٠.

في عام ١٩٦٧ قررت الجمعية العامة أن تدرج في جدول أعمال دورتها الثالثة والعشرين مسألة اتفاقية البعثات الخاصة لتقوم الجمعية بإقرار الاتفاقية وأحالت الموضوع إلى اللجنة السادسة، ودعي المراقب المنتدب من سويسرا إلى الاشتراك في المناقشات دون حق الاقتراح، وعرض على اللجنة السادسة اقتراح أساس مشروع يتألف من خمسين مادة كانت لجنة القانون الدولي قد أقرته سنة ١٩٦٧ كما عرض عليها الملاحظات التي قدمتها الحكومات على المشروع والتعديلات التي اقترحتها الوفود المختلفة على بعض المواد، وقامت بفحص المواد وأحالتها إلى لجنة صياغة.

Annual Report, ١٦ June ١٩٦٨- ١٥ June ١٩٦٩ Twenty-fourth Session Supplement No. ١, p.١٩٣.

(٣) أنظر نصوص الاتفاقية

Convention on Special Missions United Nations Office of Public Information June, ١٩٧٠.

الدبلوماسي[(١)]، وأقرت بذلك "اتفاقية بشأن منع ومعاقبة الجرائم المرتكبة ضد الموظفين الدبلوماسيين والأشخاص الآخرين الذين لهم حق التمتع بحصانة دولية، لعام ١٩٧٤"[(٢)].

ويعود السبب إلى اهتمام الأمم المتحدة إلى وضع الاتفاقية المذكورة، هو أن بعض الأفعال التي ترتكب ضد المبعوث الدبلوماسي في بعض الدول لا تعتبر جرائم بموجب قوانينها الوطنية، ولهذا فقد حددت الاتفاقية الأفعال التي تعد جرائم والتي ترتكب ضد المبعوث الدبلوماسي، وأوجبت على الدول الأطراف اعتبار مثل هذه الأفعال جرائم بموجب قوانينها الوطنية.

يتضح من ذلك أن الأمم المتحدة قامت بجهود جبارة في تقنين قواعد العرف الدولي في اتفاقيات دولية ضمنت الحصانة القضائية بصورة صريحة للمبعوث الدبلوماسي سواء في البعثات الدبلوماسية الدائمة أو المؤقتة، أو في المنظمات الدولية، مما ساعد المجهود هذا على توحيد قواعد الحصانة القضائية في الدول كافة، وهو أمر في غاية الأهمية في ثبات ووضوح هذه القواعد.

كما أقرت هذه الاتفاقية بالولاية الإلزامية لمحكمة العدل الدولية بالنسبة لمنازعات الناشئة عن تفسير الحصانة القضائية، وبذلك تكون المنظمة الدولية قد تمكنت من إنجاز عمل كبير عجزت عصبة الأمم من تحقيقه خلال سنوات طويلة.

المبحث الثالث

القوانين الداخلية

من الواضح أن الاتفاقيات الدولية المتعلقة بقواعد الحصانة القضائية لا تشمل جميع الدقائق والتفاصيل لهذه القواعد، وإنما تركت ذلك إلى قواعد العرف الدولي الذي يعتبر مكملاً لنصوص الاتفاقيات وهو ما جرى عليه العمل بالنسبة لاتفاقية فينا للعلاقات الدبلوماسية لعام ١٩٦١، التي اعتبرت العرف الدولي مكملاً لنصوص الاتفاقية.

---

(١) في عام ١٩٧٣ اتخذت الجمعية العامة للأمم المتحدة القرار رقم ١٦٦ مشفوعاً بالاتفاقية المذكورة وفي عام ١٩٧٤ أقرت الاتفاقية ومن هذه الاتفاقية أكدت الجمعية العامة "عظم شأن القانون الدولي المتعلقة بحرمة الأشخاص المتمتعين بحماية دولية والالتزامات التي تترتب على الدول في هذا الصدد ورأت أن الاتفاقية تمكن الدول من الوفاء بالتزاماتها بصورة أفضل وأنها لا تمس بأي حال ممارسة الحق المشروع في تقرير المصير والاستقلال لمقاصد ومبادئ الأمم المتحدة وإعلان مبادئ القانون الدولي المتصلة بالعلاقات الودية والتعاون بين الدول وفقاً لميثاق الأمم المتحدة.
أنظر:
Annual Report. ١٦ June ١٩٧٣-١٥ June ١٩٧٤, ٢٩ th Session Supplement No.١, p.١١٤.

(٢) Annual Report. ١٦ June ١٩٧٣-١٥ June ١٩٧٤ Twenty-ninth Session Supplement No.١, (A/١٩٦٠١) p.١١٤.

وحيث أن القاضي الوطني لا يطبق إلا القانون الذي تصدره دولته وفق الإجراءات التي ينص عليها نظامه القانوني، وأنه يصعب عليه الرجوع إلى أحكام العرف الدولي، فقد اتجهت غالبية الدول إلى إصدار قوانين خاصة بالحصانة القضائية للمبعوثين الدبلوماسيين الأجانب لاسيما قبل صدور اتفاقية فينا لعام ١٩٦١ لتكون هذه القواعد أسهل منالاً للقاضي الوطني من الاتفاقيات الدولية والعرف الدولي.

ومن الدول التي ضمنت الحصانة القضائية للمبعوث الدبلوماسي في تشريعاتها الوطنية كل من بريطانيا والنرويج واستراليا في تشريعاتها الصادرة عام ١٧٠٨[١]، وغواتيمالا في عام ١٧٨٠، والنمسا في عام ١٨١١، وفنلندا في عام ١٨٧٣، وألمانيا في عام ١٨٧٧، والاتحاد السوفيتي في عام ١٩٢٧، والصين في عام ١٩٢٩[٢].

وفي الخمسينات من هذا القرن أصدرت غالبية الدول تشريعات خاصة ضمنت الحصانة القضائية للمبعوث الدبلوماسي كجيكوسلوفاكيا في عام ١٩٥٠ وكل من الأرجنتين وبلجيكا والدنمارك في عام ١٩٥٥ وكل من كندا والأكوادور والسودان في عام ١٩٥٦[٣]، ودول أخرى.

وقد اختلفت الدول في تحديد القانون الذي يتضمن قواعد الحصانة القضائية، فبعض الدول أفردت لها قانوناً خاصاً، أطلق عليه "قانون الحصانات الدبلوماسية"[٤]، مثل الأرجنتين في قانونها الصادر عام ١٩٤٨ و ١٩٥٥، واستراليا في ١٩٥٢ وكندا في عام ١٧٠٨ و ١٩٥٥ و ١٩٥٦، وقد تضمنت القوانين هذه الحصانة القضائية في الأمور المدنية والجزائية، ودول أخرى لم تفرد تشريعاً خاصاً بالحصانة القضائية، إنما أوردت أحكامها في نصوص قوانين متفرقة حسب نوع الحصانة التي يتمتع بها المبعوث الدبلوماسي فأوردت أحكام الحصانة القضائية في الأمور المدنية ضمن نصوص القانون المدني أو قانون المرافعات المدنية وأوردت أحكام الحصانة القضائية في الأمور الجزائية ضمن نصوص قانون العقوبات أو قانون أصول المحاكمات الجزائية، ومن هذه الدول، النمسا حيث وردت أحكام الحصانة القضائية في قانون المرافعات الجزائية الصادر عام ١٩٣٢ والقانون المدني الصادر عام ١٨٩٥ و ١٩٣٢ وجيكوسلوفاكيا في قانون العقوبات الصادر عام ١٩٥٠ والقانون المدني ١٩٥٠ والقانون الإداري ١٩٥٥، وبولونيا في قانون أصول المحاكمات الجزائية ١٩٢٨ وقانون المرافعات المدنية ١٩٣٢[٥].

---

(١) طبقت كل من النرويج واستراليا قانون الملكة "آن" البريطاني الصادر عام ١٧٠٨ . أنظر
United Nations Laws, p. ٣٤٧, ٢٢٤, ٨.

(٢) أنظر نصوص هذه القوانين، المصدر السابق، صفحة ١٤٠ و ١٥و ١٦و ١٢٦و ٣٣٦ و ٦٣ .

(٣) أنظر نصوص هذه القوانين، المصدر السابق، صفحة ٨١ و ٤ و ٣٣ و ٩٨ و ٥٦ و ١٠٦ و ٤٩١.

(٤) يطلق على قانون الحصانات الدبلوماسية بالفرنسية
Loi Immunites Diplomatiques.
ويطلق عليه بالإنجليزية:
The Diplomatic Immunities.

(٥) أنظر هذه القوانين: United Nations Laws, p. ١. S

وأخذ العراق بالاتجاه الأول، فأفرد قانوناً خاصاً للحصانة القضائية أطلق عليه "قانون امتيازات السياسيين رقم (٤) لسنة ١٩٣٥، تضمن أحكام الحصانة القضائية في الأمور الجزائية والمدنية والتجارية[1]، وقانوناً آخر لامتيازات قناصل الدول الأجنبية رقم (٢٦) لسنة ١٩٤٩[2].

ولم تتضمن التشريعات الأخرى المدنية منها أو الجزائية أحكاماً تتعلق بالحصانة القضائية، عدا نص المادة (١١) من قانون العقوبات رقم ١١١ لسنة ١٩٦٩.

وأرى إصدار قانون خاص للحصانة الدبلوماسية يجمع أحكاماً، بدلاً من تشتيتها في نصوص قوانين متفرقة، ذلك أن تشريعها في قانون خاص يضمن انسجام أحكامها وعدم تعارضها وسهولة الرجوع إليها غير أن هذا القانون يجب أن تجيء نصوصه تفصيلية ومتضمناً لجميع أنواع الحصانة القضائية في حين أن قانون امتيازات الممثلين السياسيين في العراق لم يتضمن التفصيلات الكافية مما يستدعي إعادة النظر فيه.

ولجوء دولة معينة إلى تقنين قواعد العرف الدولي لم يغير من طبيعة القاعدة القانونية ولم ينزع عنها صفتها الدولية بل كان الغرض من ذلك تسهيل الأمر على محاكم الدولة عند بحثها عن القواعد العرفية لئلا تقع في صعوبة إثبات ذلك خاصة وأن الكشف عن القواعد العرفية ليس بالمهمة الهينة، لأن هذا الأمر يتطلب تقصي السوابق والتأكد من استقرارها وثباتها، وأن يلازم تطبيقها توافر الركنين المادي والمعنوي.

والتشريعات التي أخذت أحكامها من العرف الدولي، لا تعتبر بحد ذاتها قد أنشأت قواعد الحصانة القضائية، إنما تكون قد قننت العرف الدولي من أجل أن تلزم محاكمها بتطبيقها بوضوح ويسر ويقين، وعلى ذلك فإن هذه التشريعات وإن كانت مصدراً من مصادر الحصانة القضائية إلا أنها ليست من المصادر المنشئة لها في كل الأمور.

وبالرغم من حرية المشرع الوطني في إصدار القوانين التي تناسب أوضاعه السياسية بكل حرية وملاءمة، فإن القوانين الخاصة بالحصانة القضائية في الدول كافة تكاد تكون متقاربة في الحلول والاتجاهات، بسبب النزعة العالمية المهيمنة على هذه القواعد وأن الدول تجد نفسها ملزمة باتباع هذه الحلول والاتجاهات التي نشأت عن مصدر واحد، وهو العرف الدولي.

---

(١) يعتبر العراق أول الدول في الشرق الأوسط أصدرت قانوناً خاصاً للحصانة للقضائية، ثم صدر بعد ذلك في تركيا قانون عام ١٩٤٨ والسودان عام ١٩٥٦ ومصر عام ١٩٥٧. انظر:
United Nations Laws, p. ٣٢٦, ٤٩, ١٣٧, Cexil Hurst, op. cit. p. ١٨٧.

(٢) الدكتور عبد العزيز محمد سرحان، المصدر السابق، صفحة ٣٢.

وإذا كانت غالبية الدول قد صادقت على اتفاقية فينا لعـام ١٩٦١، فإن هـذه الاتفاقية لم تتضمن تفاصيل الحصانة القضائية، إنما وضعت المبادئ العامة لها وتركت التفاصيل للعرف الدولي، وعلى ذلك فإن المحاكم في بعض الدول ستجد نفسها ملزمة باتباع قواعد العرف الدولي فيما لم ترد بشأنه نصوص في اتفاقية فينا وهو أمر قد يكون من الصعوبة بالنسبة للقاضي الوطني.

وعلى ذلك فإني أؤيد ما ذهبت إليه بعض الدول في إصدار قوانين مكملة لقواعد الحصانة القضائية كبريطانيا[١] والاتحاد السوفيتي[٢] والولايات المتحدة الأمريكية[٣].

واقترح على المشرع العراقي إصدار قانون يتضمن نصوصاً تفصيلية للحصانة الدبلوماسية ووفق الإطار الذي وضعته اتفاقية فينا للعلاقات الدبلوماسية والتغييرات السياسية التي يشهدها القطر في الوقت الحاضر.

المبحث الرابع

التنازع بين مصادر الحصانة القضائية

سبق القول أن الحصانة القضائية تستمد قواعدها من مصادر قانونية مختلفة كالعرف الدولي والاتفاقيات الدولية والقوانين الوطنية.

وقد تشترك المصادر هذه جميعاً في إعطاء حل، موحد للقضية المعروضة أمام القاضي، مما يساعده على البت فيها ويسند حكمه إليها جميعاً.

غير أن الصعوبة تثور عندما تختلف الحلول التي تقدمها هـذه المصادر، ففي الحالة هذه يتعين على القاضي أن يختار القاعدة الملائمة من بين هـذه المصادر ويحسم النزاع بمقتضاها.

واختيار القاعدة الملائمة من بين المصادر المتنازعة لا يخضع لنظام واحد، إنما هو أمر اختلفت فيه المحاكم الدولية عن المحاكم الوطنية، حيث إن لكل منها اتجاهاً في تدرج المصادر التي تستنبط منها قواعد الحصانة القضائية لحسم النزاع.

---

(١)Appendix Diplomatic privilege Act. ١٩٦٤.

أنظر نصوص القانون المذكور.

B. Y. B. I. L. ١٩٥٦- ٦٦ XLI, P.٣٦٥.

(٢) Franciszek Prztacznik, op. cit, p. ٣٩٧.

(٣) أنظر مذكرة وزارة الخارجية الأمريكية المؤرخة في ٣١ تشرين الثاني ١٩٧٨ إلى البعثة العراقية في واشنطن المتضمنة نصوص القانون الأمريكي الصادر في عام ١٩٧٨.

وعلى ذلك فإن مواضيع هذا المبحث تشمل المطلبين التاليين:

المطلب الأول: عرض النزاع على محكمة دولية.

المطلب الثاني: عرض النزاع على محكمة وطنية.

المطلب الأول: عرض النزاع على محكمة العدل الدولية

إن محكمة العدل الدولية، كقاعدة عامة، لا تختص بالنظر في المنازعات الناشئة بين الدول، إلا إذا اتفقت على إحالة نزاعها على المحكمة المذكورة سواء تعلق النزاع بتفسير معاهدة أو قاعدة عرفية أو مسألة من مسائل القانون الدولي، أو التحقيق في واقعة إذا ثبت أنها تعد خرقاً لالتزام دولي[1].

وإذا وجدت المحكمة أن الواقعة المعروضة أمامها تحكمها عدة قواعد من مصادر مختلفة الحلول، يتعين عليها اللجوء إلى حكم المادة (٣٨) من النظام الأساسي للمحكمة، لتحديد القاعدة الواجبة التطبيق[2].

---

(١) نصت المادة (٣٦) من النظام الأساسي لمحكمة العدل الدولية على ما يلي:
" ١- تشمل ولاية المحكمة جميع القضايا التي يعرضها عليها المقاضون، كما تشمل جميع المسائل المنصوص عليها بصفة خاصة في ميثاق الأمم المتحدة أو في المعاهدات الدولية والاتفاقات المعمول بها.
٢- للدول التي هي أطراف في هذا النظام الأساسي أن تصرح في أي وقت، بأنها بذات تصريحها هذا وبدون حاجة إلى اتفاق خاص، تقر للمحكمة بولايتها الجبرية في نظر جميع المنازعات القانونية التي تقوم بينها وبين دولة تقبل الالتزام نفسه متى كانت هذه المنازعات القانونية تتعلق بالمسائل الآتية:
أ- تفسير معاهدة من المعاهدات.
ب- أية مسألة من مسائل القانون الدولي.
ج- تحقيق واقعة من الوقائع التي إذا ثبتت كانت خرقاً لالتزام دولي.
د- نوع التعويض المترتب على خرق التزام دولي ومدى هذا التعويض...
يراجع بشأن اختصاصات محكمة العدل الدولية.
H. G. Nicholas, The United Nations as Political Institution, ٤ ed. Oxford University Press, London ١٩٧٠, p. ١٥٨.
D. W. Bowett. The Law of International Frederick New York, ١٩٦٣, p.٢٢٠.
والدكتور جابر إبراهيم الراوي، المنازعات الدولية، مطبعة دار السلام، بغداد ١٩٧٨ صفحة ٨٤.
(٢) نصت المادة (٣٨) من النظام الأساسي لمحكمة العدل الدولية على ما يلي:
"١- وظيفة المحكمة أن تفصل في المنازعات التي ترفع إليها وفقاً لأحكام القانون الدولي وهي تطبق في هذا الشأن:

وقد اختلف الفقه الدولي في موضوع تفضيل القاعدة القانونية الواجبة التطبيق من بين مصادر القانون الدولي المختلفة الحلول، حيث ذهب الرأي الأول إلى الأخذ بالتدرج الذي ورد في نص المادة (٣٨) من النظام الأساسي(١).

وذهب الرأي الثاني إلى مساواة المصادر في قوتها القانونية وأن التفضيل بينها يعتمد على معياري العمومية والأسبقية الزمنية، فالقاعدة الخصوصية تفضل على القاعدة العمومية، والقاعدة اللاحقة تلغي القاعدة السابقة عند التعارض بينها(٢).

أما إذا تعلق النزاع بقاعدة من قواعد الحصانة الدبلوماسية، كالمنازعات الناشئة عن تحديد المحكمة الوطنية المختصة بالنظر في مخالفة المبعوث الدبلوماسي، أو مدى ونطاق حصانته القضائية، فإن الأمر يختلف من حيث الاختصاص والقاعدة القانونية الواجبة التطبيق.

فمن حيث الاختصاص، فإن اختصاص محكمة العدل الدولية في مثل هذه القضايا يكون إلزامياً، ولا يتوقف على موافقة طرفي النزاع وقد نصت على هذه القاعدة المادة الأولى من البروتوكول الاختياري بشأن التسوية الإلزامية لمنازعات الملحق بالاتفاقية أو تطبيقها في الولاية الإلزامية لمحكمة العدل الدولية، ويجوز بناء على ذلك رفعها إلى المحكمة بصحيفة دعوى يقدمها أي طرف في النزاع في هذا البروتوكول"(٣).

وعلى ذلك، فإن القاعدة العامة تقضي بخضوع المنازعات المتعلقة بالحصانة القضائية للولاية الإلزامية لمحكمة العدل الدولية، غير أن هذه القاعدة ليست مطلقة إنما ترد عليها الاستثناءات التالية:

أولاً- يجوز لطرفي النزاع الاتفاق على إحالة النزاع إلى هيئة تحكيمية خلال مدة شهرين من نشوء النزاع، وقد نصت المادة الثانية من البروتوكول على هذا الاستثناء

أ- الاتفاقات الدولية العامة والخاصة التي تضع قواعد معترف بها صراحة من جانب الدول المتنازعة.
ب- العادات الدولية المرعية المعتبرة بمثابة قانون دل عليه تواتر الاستعمال.
ج- مبادئ القانون العامة التي أقرتها الأمم المتمدنة.
د- أحكام المحاكم ومذاهب كبار المؤلفين في القانون العام في مختلف الأمم، ويعتبر هذا أو ذاك مصدراً احتياطياً لقواعد القانون وذلك مع مراعاة أحكام المادة ٥٩.
٢- لا يترتب على النص المتقدم ذكره أي إخلال بما للمحكمة من سلطة الفصل وفقاً لمبادئ العدل والانصاف متى وافق أطراف الدعوى على ذلك.

(١)Hans Kelsen, op.٥٣٨.

(٢) أنظر هذه الآراء والرد عليها في مؤلف:
الدكتور عبد الحسين القطيفي، القانون الدولي العام، الجزء الأول، مطبعة العاني، بغداد، ١٩٧٠، صفحة ١١٩.

(٣) وقد صادق العراق على البروتوكول الاختياري بشأن التسوية الإلزامية للمنازعات الملحق باتفاقية فينا للعلاقات الدبلوماسية بقانون رقم (٢٠) لسنة ١٩٦٢.
وقد أخذ البروتوكول الاختياري بشأن التسوية الإلزامية للمنازعات الملحق باتفاقية البعثات الخاصة لعام ١٩٦٩، وقد نصت المادة الأولى منه على ما يلي:
"Disputes arising out of the interpreation or application of the Convention shall lie within the Compulsory jurisdiction of the International Court of Justice may accordingly be brought before the Court by a written application made by any party to the dispute being a party to the present protocol".
Resolution adopted by the General Assembly during its ٢٤th Session ١٦ sep-١٧dec ١٩٦٩, Suppl. ٣٠ A/٧٦٣٠.

بقولها: "يجوز للطرفين في غضون شهرين من إعلان أحدهما الآخر برأيه في نشوء نزاع الاتفاق على الرجوع إلى هيئة تحكيم بدلاً من محكمة العدل الدولية"[١].

ثانياً- يجوز لطرفي النزاع الاتفاق على إحالة النزاع إلى "لجنة التوفيق" خلال مدة شهرين من نشوء النزاع، وقد نصت المادة الثالثة من البروتوكول بقولها: "١- يجوز للطرفين في غضون فترة الشهرين ذاتها، الاتفاق على الالتجاء إلى إجراء التوفيق قبل الرجوع إلى محكمة العمل الدولية ٢- تصدر لجنة التوفيق توصياتها في غضون خمسة أشهر من تعيينها ويجوز لكل من طرفي النزاع إن لم يقبلا بوصياتها في غضون شهرين من صدورها رفع هذا النزاع إلى المحكمة بصحيفة دعوى"[٢].

أما إذا لم يتفق طرفا النزاع على إحالته إلى هيئة التحكيم أو لجنة التوفيق خلال مدة شهرين من نشوء النزاع، فإن محكمة العدل الدولية لها الولاية الإلزامية بنظر النزاع المذكور.

أما من حيث القاعدة الواجبة التطبيق، فإنه لا تنشأ في هذه الحالة مشكلة أمام محكمة العدل الدولية، لأن اتفاقية فينا حسمت الموضوع وحددت بوضوح القاعدة الواجبة التطبيق على أي نزاع يعرض أمامها ويتعلق بالحصانة القضائية.

فقد أوجبت الاتفاقية تطبيق النصوص الواردة فيها وإن خالفت عرفاً دولياً حديثاً، وإذا لم تجد المحكمة نصاً قانونياً فيها، فإن عليها تطبيق العرف الدولي وإن تعارض في حكمه مع مصادر القانون، لأن القاضي الدولي ملزم بتفضيل العرف الدولي، بغض النظر عن معياري العمومية والأسبقية الزمنية.

---

(١) وقد أخذت اتفاقية البعثات الخاصة لعام ١٩٦٩ بهذا الإتجاه فنصت المادة الثانية على مايلي:
The parties may agree within a period of two months after one party has nothfied its opinion to the other that a dispute exists.

(٢) وقد أخذت اتفاقية البعثات الخاصة لعام ١٩٦٩ بالنص المذكور، فنصت المادة الثالثة منها على مايلي:
To resort not to the International Court but to an arbitral tribunal, after the expiry of the said period, either party may bring the dispute before Court by written application"."١. Within the same period of two months, the parties may agree to adopt a conciliation before resorting to the International court Justice.

٢. The conciliation commisson shall make its recommendations within five months after its appointment. If its, recommendetions are not accepted by the parties to the dispute within two months after they have beendclivered, either party may bring the dispute before the court by a written application".

وقد نصت اتفاقية فينا لعام ١٩٦١ على هذا الحل في ديباجتها بقولها: "وإذا تؤكد ضرورة استمرار قواعد القانون الدولي العرفي في تنظيم المسائل التي لم تنظمها صراحة أحكام هذه الاتفاقية"، وبذلك فقد قطعت الاتفاقية الخلاف القائم بين الفقه حول تفضيل القاعدة القانونية الواجبة التطبيق.

أما إذا حصل التنازع بين القانون الدولي والقانون الداخلي فإن القاضي الدولي يفضل تطبيق قواعد القانون الدولي على قواعد القانون الداخلي سواء أكانت هذه القواعد دستورية أم عادية[١]، وهو ما يجب أن يجري عليه في المحاكم الدولية[٢].

وعلى ذلك، فإن الحل الذي جاءت به اتفاقية فينا للعلاقات الدبلوماسية لعام ١٩٦١ يعتبر منطقياً وحسم الخلاف القائم بين الفقه بخصوص القاعدة الواجبة التطبيق، كما أنه منح محكمة العدل الدولية اختصاصاً ملزماً في المسائل المتعلقة بالحصانة القضائية بالنسبة للدول الموقعة على البروتوكول الاختياري بشأن التسوية الإلزامية للمنازعات.

ويعتبر هذا الاتجاه خطوة جريئة للحد من تمادي الدولي في التمسك الشديد بسيادتها، وإنماء وتطور قواعد الحصانة القضائية على يد المحكمة الدولية وكان من الأفضل أن تشمل التسوية الإلزامية جميع الدول الموقعة على اتفاقية فينا، أي أن يكون البروتوكول إلزامياً ضمن نصوص الإتفاقية، لا بالنسبة إلى الدول التي وقعت البروتوكول فقط.

المطلب الثاني: عرض النزاع على محكمة وطنية

إن المحاكم الوطنية عادة تطبق القواعد حسب التدرج الذي يشير إليه نظامها القانوني، وتتجه المحاكم في غالبية الدول إلى تطبيق النصوص التشريعية، وعند عدم وجود نص فيها تحكم وفق قواعد العرف، ثم إلى تمديد أثر النصوص بالقياس إلى المبادئ العامة للقانون وفق قواعد العدالة[٣].

---

(١) الدكتور حكمت شبر، المصدر السابق ص١١٧ والدكتور محمد حافظ غانم- المصدر السابق ص٩١.
(٢) الدكتور عبد العزيز محمد سرحان، تقنين أحكام القانون الدولي العام- المصدر السابق ص٣٤٤.

(٣) ومن الدول التي تحيل بصفة عامة عند عدم وجود نص تشريعي إلى العرف ثم إلى المبادىء العامة للقانون المادة (٣) من القانون المدني السويسري لسنة ١٩٠٧ والمادة (٧) من القانون المدني البرازيلي لسنة ١٩١٦ والمادة (٤) من القانون المدني المكسيكي الصادر عام ١٩٢٨ والمادة (٢٢) من القانون المدني الإسباني، والمادة (١١٣) من القانون

أما في العراق فإن القاضي الوطني ملزم بتطبيق النصوص التشريعية أولاً، ثم العرف، ثم مبادئ الشريعة الإسلامية ثم قواعد العدالة، ويسترشد بالأحكام التي أقرها القضاء والفقه في العراق ثم البلاد التي تتقارب قوانينها من القانون العراقي[1].

وعلى ذلك فإن القاضي الوطني يستطيع حل التنازع بين مصادر القانون الداخلي حسب التدرج الذي يشير إليه نظامه القانوني.

أما إذا نشأ التنازع بين أحكام المصدر الواحد، كأن تصدر في الدولة قوانين متعددة ذات حلول متباينة وهو ما يطلق عليه "التنازع الداخلي"[2] فإن القواعد العامة في حل التنازع تقضي بأن القانون الخاص أو الاتفاقية المصادق عليها بقانون يقيد القانون العام[3]، وأن القانون اللاحق يلغي أو يعدل القانون السابق.

وقد جاءت اتفاقية فينا بتدرج للمصادر يختلف عن التدرج الذي جاء به القانون المدني، فأوجبت تطبيق نصوص الاتفاقية أولاً، وعند عدم وجود ذلك فعلى القاضي أن يلجأ إلى العرف الدولي.

وعلى ذلك لا ينشأ أي تنازع بين النصوص التي جاءت بها الاتفاقية والعرف الدولي، لأن القاضي ملزم بالأخذ بالنصوص التشريعية أولاً والعرف الدولي ثانياً.

وقد يحصل التنازع بين قوانين الدولة ونصوص اتفاقية فينا للعلاقات الدبلوماسية فإنه ليس هناك حل واحد، إنما يعتمد ذلك على النظام القانوني في تلك الدولة.

المدني البرازيلي لسنة ١٩٣٤ والمادة (٤) من القانون المدني الفنزويلي لسنة ١٩٤٢ والمادة (٣) من القانون المدني الإيطالي لسنة ١٩٤٢.

ومن الدول التي أوجبت الأخذ بالنصوص التشريعية ثم العرف ثم بمقتضى القواعد التي ينشئها القاضي كما لو كان نفسه مشرعاً المادة الأولى من القانون المدني السويسري.

أنظر: الدكتور عبد الحسين القطيفي، تنازع المصادر في القانون الدولي العراقي، مجلة الأحكام القضائية، العدد التاسع ١٩٥٣، صفحة ٢٦٩.

(١) نصت المادة الأولى من القانون المدني العراقي على ما يلي:

١- "تسري النصوص التشريعية على جميع المسائل التي تتناولها هذه النصوص في لفظها أو في فحواها.

٢- فإذا لم يوجد نص تشريعي يمكن تطبيقه حكمت المحكمة بمقتضى العرف، فإذا لم يوجد فبمقتضى مبادىء الشريعة الإسلامية الأكثر ملاءمة لنصوص هذا القانون دون التقيد بمذهب معين فإذا لم يوجد فبمقتضى قواعد العدالة.

٣- وتسترشد المحاكم في كل ذلك بالأحكام التي أقرها القضاء والفقه في العراق ثم البلاد الأخرى التي تتقارب قوانينها مع القوانين العراقية".

(٢) أنظر الأستاذ الدكتور حسن الهنداوي، تنازع القوانين وأحكامه في القانون الدولي الخاص العراقي، مطبعة الإرشاد بغداد ١٩٧٢ صفحة ١٩.

(٣) نصت المادة (٢٩) من القانون المدني العراقي على ما يلي:

" لا تطبق أحكام المواد السابقة إذا وجد نص على خلافها في قانون خاص أو معاهدة دولية نافذة في العراق".

أما بالنسبة لقانون العقوبات فإنه لا تثار مشكلة تنازع المصادر المختلفة، حيث لا يوجد إلا مصدر واحد وهي النصوص القانونية وعلى ذلك فقد نصت المادة الأولى من قانون العقوبات العراقي رقم (١١١) لسنة ١٩٦٩ على أنه" لا عقاب على فعل أو امتناع إلا بناء على قانون ينص على تجريمه وقت اقترافه، ولا يجوز توقيع عقوبات أو تدابير احترازية لم ينص عليها القانون "أما بالنسبة للتنازع بين أحكام القوانين المختلفة فقد وضعت المادة الثانية من قانون العقوبات طريقاً محدداً لحل التنازع المذكور.

وفي العراق ينبغي التمييز بين حالتين:

الحالة الأولى- التنازع بين اتفاقية فينا والقوانين السابقة عليها

إن التصديق على اتفاقية فينا للعلاقات الدبلوماسية في العراق بموجب قانون رقم (٢٠) لسنة ١٩٦٢ أضفى عليها صفة القانون الداخلي كأي تشريع آخر، وإذا تعارضت نصوص هذه الاتفاقية مع نصوص قانونية سابقة عليها، فيلجأ القاضي إلى القواعد العامة التي تقضي بتطبيق الاتفاقية لأنها لاحقة للقوانين السابقة، ولأنها تتضمن نصوصاً قانونية خاصة تقيد النصوص القانونية العامة.

وإذا كانت اتفاقية فينا قد أوجبت صراحة تطبيق العرف الدولي في حالة عدم وجود نصوص صريحة فيها، فإن المشكلة التي تثور في هذا الصدد هي حالة ما إذا تعارض العرف الدولي مع نصوص قانونية داخلية واردة في قوانين أخرى، فهل يطبق العرف الدولي أم القانون الداخلي؟

الذي أجده طبقاً لاتفاقية فينا أن تطبق العرف الدولي أولاً، بخصوص قواعد الحصانة القضائية ولا يلتفت إلى نصوص القوانين الداخلية التي تتعارض معه[1] لأن اتفاقية فينا أوجبت تطبيق العرف الدولي في تنظيم المسائل التي لم تنظمها صراحة أحكام الاتفاقية المذكورة.

ولا يطبق القاضي الوطني في هذه الحالة المصادر التي يشير إليها نظامه القانوني لأن المشرع الوطني عند تصديقه على الاتفاقية قد ارتضى لنفسه الأخذ بالترتيب الذي أوردته الاتفاقية والتي فضلت العرف الدولي على التشريع الداخلي.

وهذا الحل قد يؤدي إلى صعوبة التطبيق في الناحية العلمية لتحرج المحاكم الوطنية عن نبذ قوانينها لصالح العرف الدولي غير المستقر والغامض نسبياً.

أما في حالة عدم وجود عرف دولي يحكم النزاع، فإن على القاضي أن يلجأ إلى إلى نظامه القانوني الوطني لتحديد القاعدة القانونية الواجبة التطبيق.

وفي العراق على القاضي أن يلجأ إلى نص المادة الأولى من القانون المدني ويطبق التدرج للمصادر الوارد فيها، أي أنه يطبق قانونه الوطنيّ، وفي حالة عدم وجود نص قانوني، فإنه يطبق العرف المحلي، وإذا لم يجد فبمقتضى قواعد العدالة.

---

(١) أن الحل الذي جاءت به اتفاقية فينا بإلزام القاضي الوطني بتطبيق العرف الدولي منتقده لسببين:
الأول يصعب على القاضي الوطني معرفة القاعدة العرفية وكيفية نشوئها واستقرارها في العمل الدولي، والثاني، أن العرف الدولي لم يستقر على تطبيق موحد لقواعد الحصانة القضائية حيث أن هناك اتجاهات متباينة من دولة إلى أخرى.
ولهذا فإن القاضي الوطني يفضل اللجوء إلى القواعد القانونية الصريحة ليسند حكمه إليها.

وعلى ذلك فإن القاضي الوطني يطبق أحكام اتفاقية فينا لعام ١٩٦١ على القضايا التي تعرض أمامه وإن خالفت هذه الاتفاقية أحكام قانون امتيازات الممثلين الدبلوماسيين رقم (٤) لسنة ١٩٣٥ أو القانون المدني العراقي أو أي قانون آخر صدر قبل تصديق اتفاقية فينا.

الحالة الثانية: التنازع بين اتفاقية فينا والتشريعات اللاحقة عليها:

قد تصدر الدولة تشريعات تخالف فيها أحكام اتفاقية سابقة فما هو الحل الواجب الأخذ به؟

يميز الفقه بين حالتين: الأولى حالة سكون أو غموض التشريع اللاحق في الاتفاقية السابقة، وحالة ثبوت نية المشرع الصريحة في مخالفة الاتفاقية، ففي الحالة الأولى يفترض أن المشرع الوطني لم يقصد مخالفة الاتفاقية، إنما أراد الاحتفاظ بها ضمناً إلى جانب تطبيق القانون الجديد على أساس أن كل قانون يتنازع مع اتفاقية سابقة عليه إنما يترك مجالاً لأعمالها عن طريق استثناء الحالة التي تطبق فيها المعاهدة من حكم القانون الجديد، وهذا المسلك استقر عليه القضاء في أغلب الدول منها فرنسا وبلجيكا وليبيا، أما في الحالة الثانية حيث تكون نية المشرع مخالفة الاتفاقية بصورة صريحة، ففي هذه الحالة يضطر القاضي إلى تطبيق القانون اللاحق ويهمل المعاهدة السابقة، وإن أدى ذلك إلى أن تتحمل دولته تبعة المسؤولية الدولية لإخلالها بأحكام المعاهدة[1].

ومن تطبيقات هذه القاعدة في العراق: رغم أن قانون العمل رقم (١٥١) لسنة ١٩٧٠ صدر بعد اتفاقية فينا، وأنه نص صراحة على إلغاء أي نص يخالف أحكامه في أي قانون آخر[2]، فإن المحاكم في العراق تطبق اتفاقية فينا للعلاقات الدبلوماسية[3]، رغم مخالفتها الصريحة لأحكام القانون المذكور كعدم قبول الدعوى المتعلقة بقانون العمل إذا أقيمت ضد مبعوث دبلوماسي في العراق.

---

(١) Henri Batiffol, op. cit, No. ٣٩.

والدكتور عبد الحسين القطيفي، القانون الدولي العام، الجزء الأول، ص١٣٠ وما بعدها، والدكتور حكمت شبر، المصدر السابق، ص١٢١ والدكتور هشام علي صادق، تنازع القوانين، ط٢، منشأة المعارف- الإسكندرية (بدون سنة طبع) ص٨٧.

(٢) نصت المادة (١٦٤) من قانون العمل رقم ١٥١ لسنة ١٩٧٠ على مايلي: ".. وتلغى جميع النصوص القانونية المخالفة لأحكام هذا القانون حيثما وجدت في القوانين الأخرى).

وتختص محاكم العمل بالمنازعات المتعلقة بقانون العمل، فقد نصت المادة (١٥١) من قانون العمل على "... تنظر محكمة العمل في جميع ما يطرحه أصحاب العلاقة أمامها من خلافات ناجمة عن تطبيق قانون العمل وأنظمته وعقوده الجماعية والفردية....".

(٣) أقام المدعي فليح سبتي الدعوى على سفير ألمانيا الإتحادية في محكمة عمل محافظة بغداد- القطاع الخاص، وقد طلبت المحكمة حضور السفير المذكور إلا أنه لم يحضر إجراءات المرافعة محتجاً بالحصانة القضائية.

أنظر مذكرة محكمة العمل العليا المرقمة ١٩٩ في ١٩٧٧/١/١٦ الموجهة إلى وزارة الخارجية.

كذلك فإن القاضي الوطني ملزم بتطبيق اتفاقية فينا لعام ١٩٦١ وإن خالفت أحكام قانون المرافعات المدنية رقم ٨٣ لسنة ١٩٦٩[١]، وقانون أصول المحاكمات الجزائية رقم ٢٣ لسنة ١٩٧٠[٢] كالتبليغات القضائية واستماع شهادة الشهود أو غير ذلك.

(١) نصت المادة ٣٢٣ من قانون المرافعات المدنية على ما يلي:
"... وكذلك يلغى كل نص في قانون السلطة القضائية والقوانين الأخرى يتعارض صراحة أو دلالة مع أحكام هذا القانون" أنظر الوقائع العراقية، العدد ١٧٦٦ في ١٩٦٩/٨/١٠.
(٢) نصت المادة ٣٧١ من قانون أصول المحاكمات الجزائية على ما يلي:
"ب- يلغى بوجه عام كل نص في أي قانون يتعارض مع أحكام هذا القانون".

الباب الثاني

أنواع الحصانة الدبلوماسية

Kinds of Diplomatic Immunity

القضاء، وظيفة من وظائف الدولة الحديثة، وهو من السيادة تحتكره الدولة وتمارسه بوساطة أجهزة متخصصة أطلق عليها السلطة القضائية، وعلى وجه الخصوص "المحاكم" التي تتولى حسم المنازعات الناشئة على الإقليم[(١)].

ويعرف الاختصاص القضائي للمحاكم، بأنه سلطة الحكم بمقتضى القانون في خصومه معينة، وقد تولى القانون تحديد اختصاص هذه المحاكم آخذاً بنظر الاعتبار طبيعة النزاع وتوزيع هذه المحاكم[(٢)].

والاختصاص القضائي للمحاكم الوطنية على نوعين:

الأول، الاختصاص الوطني "الخاص"، وهو الذي يحدد اختصاص كل محكمة وطنية حسب درجاتها، ويتولى قانون المرافعات في الدول تحديد سلطة كل محكمة وبيان اختصاصها الوظيفي والمكاني"[(٣)].

الثاني، الاختصاص العام "الدولي" وتتولى قواعد القانون الدولي الخاص تحديد اختصاص محاكم الدولة في حسم القضايا المتعلقة برابطة قانونية فيها عنصر أجنبي[(٤)].

---

(١) الدكتور فتحي والي، قانون القضاء المدني اللبناني، دار النهضة العربية، بيروت ١٩٧٠ صفحة ٢٩.

والأستاذ ضياء شيت خطاب، شرح قانون المرافعات المدنية والتجارية، مطبعة العاني، بغداد ١٩٦٧ صفحة ١٦٥ والدكتور عبد الله محمد عبد الله، الآثار الدولية للأحكام القضائية في مجال القانون الخاص، مع دراسة بعض الإتفاقيات الخاصة بتنفيذ الأحكام المبرمة بين الدول العربية مجلة القضاء والقانون، وزارة العدل الكويتية، العدد الثاني، السنة السابعة صفحة ١١.

(٢) G. Cornu et Foyer, Procedure Civil, Presses Universitares de France, Paris ١٩٥٨ p. ٧٣ Soviet Civil Legislation and Procedure.

Foreign Languages Publishing House, Moscow, p. ١٤٧.

والدكتور أحمد أبو الوفا، المرافعات المدنية والتجارية، دار المعارف الشركة الإسلامية للطباعة والنشر- بغداد ١٩٥٧، صفحة ٩١.

الإسكندرية ١٩٦٧، صفحة ٣٠١.

الأستاذ عبد الجليل برتو، شرح قانون أصول المرافعات المدنية والتجارية.

(٣) P. Lerebours, Pigeonniere. Droit International Prive Dalloz, Paris ١٩٦٢ p.٤٨٢.

J.P. Nibyet. Traite de Droit International Prive Français, Tome ٤, Recueil Sirey, Paris ١٩٤٩ Ne ١٧٢٤.

P. Arminjon, Precis de Droit International Prive. Tome ٣ ed. P. Arminjon, Precis de Droit International Prive. Tome ٣ ed. Dalloz, Paris, ١٩٥٢, p. ١٩٠. I an Brownlie, op. cit, p.١٩٠.

(٤) أنظر الدكتور حسن الهنداوي، تنازع القوانين وأحكامه في القانون الدولي الخاص الكويتي، جامعة الكويت ١٩٧٤ صفحة ٢١١.

ويميز الفقه الإيطالي بين الولاية القضائية Giurisdizione ويقصد بها الاختصاص الدولي، والاختصاص القضائي Competenza ويقصد به الاختصاص المحلي. أنظر:

Martin Wolff. Private International Law, ٢ ed. Claredo, Oxford, ١٩٥٠, p.٥٢.

إن فصل الاختصاص الدولي على الاختصاص المحلي، أمر لم يستقر عليه الفقه، فقد ذهب بعض الفقهاء الألمان إلى أن بحث قواعد الاختصاص الدولي للمحاكم الوطنية ضمن قواعد قانون المرافعات المدنية يجعلها جزءاً منه ما دام المشرع

والاختصاص القضائي الوطني على ثلاثة أنواع:

الأول، الاختصاص المتعلق بالولاية، وهو تخصيص كـل جهـة قضائيـة مـن ولايـة القضاء، حيث تختص المحاكم المدنية بـالنظر في المنازعـات الناشـئة بـين الأفـراد، وتختص المحاكم الإدارية بالمنازعات التي تكون الإدارة طرفاً فيها، وتختص المحاكم الجزائية بالقضايا المتعلقة بالجرائم، وتختص المحاكم العسكرية بالجرائم المتعلقة بمنتسبي القوات المسلحة.

الثاني، الاختصاص النوعي، وهو تخصص الدرجة الواحدة من كـل جهـة قضائيـة من المنازعات التي يحق لها الفصل فيها كاختصاص محاكم الصلح والبـداءة والاستئناف "محاكم الدرجة الأولى والثانية" بالنظر في منازعات معينة.

الثالث، الاختصاص المحلي أو المكاني، وهو تخصص المحكمة الواحدة من محاكم كل درجة بحق الفصل في منازعات ضمن منطقة جغرافية معينة[١].

وقد راعى المشرـع العراقـي التقسـيم المـذكور ووزع الاختصـاص القضائـي عـلى المحاكم المدنية[٢] والإدارية[٣] والجزائية[٤]، واعتبر قواعد الاختصاص من النظام العام تحكـم به المحكمة من تلقاء نفسها، وللخصم حق الدفع بعدم الاختصاص في أيـة مرحلـة تكـون عليها الدعوى[٥].

وإذا كانت كل دولة تملك اختصاصاً مانعاً على إقليمها، فإن هذا الاختصاص ليس مطلقاً، بسبب خضـوعها لقيـود معينـة فرضـها القانـون الـدولي، ومـن أهـم القيـود، هـذه الحصانة من الاختصاص القضائي الممنوحة للدول الأجنبية ومبعوثيها الدبلوماسـيين وقواتها العسكرية والمنظمات الدولية[٦].

بحثها ضمن هذا! القانون في عدد من الدول كالقانون الألماني والسوفيتي والليبي، وقد انتقد الفقه هذه الشكلة واعتبر دمج الاختصاص الدولي في قانون المرافعات لا ينفي صفتها الخاصة. أنظر:

H.C. Gutteidge. Le Conflit des Lois Juridiciares dans Les Actions Personnelles. R.c.A.D.I ١٩٣٣, No. ٤٤ p, ١٨٨ S.

(١) H. Souis ei, Rerrot. Droit J udiciaire. Sirey Paaris ١٩٦١ p.٥١٩.

الدكتور رمزي سيف، الوجيز في قانون المرافعات المدنية والتجارية، مكتبة النهضة، القاهرة ١٩٥٧ صفحة ١٥٩.

الدكتور أحمد مسلم، قانون القضاء المدني، دار النهضة العربية، بيروت ١٩٦٦ صفحة ٧٧.

الدكتور أحمد أبو الوفا، المصدر السابق، صفحة ٣٠٣.

(٢) أنظر المواد (٢٩-٣٥) من قانون المرافعات المدنية رقم ٨٣ لسنة ١٩٦٩.

(٣) أنظر المادة (٢) من قانون المحاكم الإدارية رقم ١٤٠ لسنة ١٩٧٧.

(٤) أنظر المادة (١٣٨) من قانون أصول المحاكمات الجزائية رقم ٢٣ لسنة ١٩٧١.

(٥) أنظر قرار محكمة تمييز العراق المرقم ٢١/هيئة عامة/ ٩٧٢ في ١٩٧٢/٤/١ النشرـة القضائيـة، العـدد الثاني- السـنة الثالثة، نيسان ١٩٧٤ وزارة العدل صفحة ١٣٧.

(٦)Edward Collins, Jr. International Law in Changing Word. Random House New York ١٩٧٠, p.٢٢٦.

والأستاذ الدكتور حسن الهنداوي، المصدر السابق، صفحة ٢١٧.

وقد أخذ المشرع العراقي بالقاعدة المذكورة، فلم يعتبر قانون المرافعات اختصاص المحاكم العراقية اختصاصاً مطلقاً في جميع المنازعات الناشئة على الإقليم العراقي، إنما استثنى من ذلك بعض المنازعات التي يرد فيها نص في قانون آخر، يقضي بعدم ولايتها بالنظر في حالات معينة[1].

ومن الاستثناءات هذه ما ورد في نص المادة الأولى من قانون امتيازات الممثلين السياسيين رقم (٤) لسنة ١٩٣٥، والمادة الثانية من قانون امتيازات قناصل الدول الأجنبية رقم (٢٦) لسنة ١٩٤٩ والمادة (٣١) من اتفاقية فينا للعلاقات الدبلوماسية بالنسبة للحصانة القضائية التي يتمتع بها المبعوث الدبلوماسي الأجنبي من اختصاص المحاكم العراقية بالنسبة للدعاوي الجزائية والمدنية والإدارية والإجراءات القضائية الأخرى كالإعفاء من إجراءات الشهادة، وتنفيذ الأحكام القضائية ضده.

ولما كانت قواعد المرافعات المدنية تعتبر المرجع العام لقوانين المرافعات والإجراءات الأخرى[2]، فإن الضرورة تقضي بحث الحصانة القضائية المدنية أولاً ثم الحصانة الجزائية، والحصانة من إجراءات أداء الشهادة، وتنفيذ الأحكام القضائية تباعاً.

أما بالنسبة للحصانة القضائية الإدارية، كما جاء في اتفاقية فينا للعلاقات الدبلوماسية، فإن المقصود بها، الحصانة من الإجراءات المتعلقة بالتنظيمات واللوائح الإدارية، وليس الحصانة من القضاء الإداري بالمعنى المعروف[3]، ولهذا لم يخصص للحصانة الإدارية بحث مستقل، إنما أدمجت موضوعاتها ضمن الحصانتين المدنية والجزائية حسب طبيعتها.

وعلى ذلك ستشمل موضوعات هذا الباب، أنواع الحصانة القضائية في الفصول الثلاثة الآتية:

---

(١) نصت المادة (٢٩) من قانون المرافعات المدنية العراقي على مايلي: "تسري ولاية المحاكم المدنية على جميع الأشخاص الطبيعية والمعنوية بما في ذلك الحكومة وتختص بالفصل بالمنازعات إلا ما استثنى بنص خاص".

(٢) نصت المادة الأولى من قانون المرافعات المدنية على ما يلي: "يكون هذا القانون هو المرجع لكافة القوانين والمرافعات والإجراءات فإذا لم يكن فيها نص يتعارض معه صراحة".

وقد أخذت المادة الأولى من قانون المرافعات المدنية في ألمانيا الديمقراطية الصادر عام ١٩٧٥ بالإتجاه المذكور واعتبرت قانون المرافعات هو المرجع العام للقوانين الأخرى.

أنظر نص المادة المذكورة.

Law and Legislation in German Domocratic Republic Lawyers Association of the G.D.R. Berlin.

(٣) يختص القضاء الإداري في المنازعات الناشئة عن:

١- علاقة الموظف بالدولة.

٢- العقود التي تكون الإدارة طرفاً فيها.

٣- الطعن في القرار الإداري.

أنظر في ذلك الدكتور شاب توما منصور، القانون الإداري، دراسة مقارنة، الجزء الأول، الطبعة الثانية، مطبعة سلمان الأعظمي، بغداد ١٩٧٦، صفحة ٣٦.

الفصل الأول: الحصانة القضائية المدنية.

الفصل الثاني: الحصانة القضائية الجزائية.

الفصل الثالث: الحصانة من اجراءات الشهادة وتنفيذ الأحكام القضائية.

الفصل الأول

الحصانة القضائية المدنية

Civil Diplomatic Immunity

اختلفت الآراء بصدد أحكام الحصانة القضائية المدنية، وظهرت مذاهب وتطبيقات متباينة في الدول المختلفة، بخلاف أحكام الحصانة القضائية الجزائية التي تكون صيغة موحدة في الدول كافة.

وقد تركزت الاختلافات في أحكام الحصانة القضائية المدنية في نقطتين مهمتين: الأولى، في تحديد طبيعة الحصانة القضائية المدنية، والثانية، في مدى نطاق الدعاوي المدنية التي تخضع لأحكام هذه الحصانة، حيث لم يستقر التعامل الدولي على اتجاه موحد إزاء ذلك، قبل صدور اتفاقية فينا في عام ١٩٦١.

وقد حاول مؤتمر فينا للعلاقات الدبلوماسية، أن يضع قواعد موحدة، استقى بعض أحكامها من العرف الدولي دون أن يتقيد بإتجاه أو نظرية معينة، والبعض الآخر كانت استجابة للمؤشرات الجديدة للعلاقات الدولية التي يشهدها العصر ـ الراهن، وتبعاً لتطور مهمة المبعوث الدبلوماسي في توطيد هذه العلاقات، وعلى الرغم من الجهود التي بذلها مؤتمر فينا في إعداد وصياغة اتفاقية فينا للعلاقات الدبلوماسية لعام ١٩٦١، فهناك الكثير من الثغرات التي تكتنف نصوص هذه الاتفاقية المتعلقة بأحكام الحصانة المدنية والتي ستكون مصدراً لتباين التطبيقات في الحالات المتشابهة في الدول المختلفة.

ومما وسع في هذه الثغرات تعريب الاتفاقية من قبل الأمم المتحدة بصورة مخالفة لبعض النصوص الأصلية، الفرنسي والإنكليزي.

وعلى ذلك فقد قسمت هذا الفصل إلى ثلاثة مباحث:

المبحث الأول: طبيعة الحصانة القضائية المدنية.

المبحث الثاني: مدى الحصانة القضائية المدنية في القانون الدولي التقليدي.

المبحث الثالث: مدى الحصانة القضائية المدنية في اتفاقية فينا.

المبحث الأول

طبيعة الحصانة القضائية المدنية

اتجهت غالبية الدراسات المعنية بالموضوع، إلى بحث طبيعة الحصانة القضائية للمبعوث الدبلوماسي بصورة شاملة، دون أن تميز بين الحصانة القضائية المدنية والحصانة القضائية الجزائية بالرغم من وجود اختلافات جوهرية بين الحصانتين، وقد خصصت البحث هذا لدراسة طبيعة الحصانة القضائية المدنية، أما بالنسبة لطبيعة الحصانة القضائية الجزائية، فقد أرجأت البحث فيها عند الكلام عن أحكام الحصانة القضائية الجزائية.

لقد تباينت الآراء في تحديد الطبيعة القانونية للحصانة القضائية، وذهبت في اتجاهات مختلفة فذهب رأي إلى اعتبارها استثناء من قواعد الاختصاص القضائي المحلي للمحاكم الوطنية، وذهب رأي آخر إلى أنها دفع من الدفوع "عدم قبول الدعوى"، أما الرأي الثالث فقد اعتبرها استثناء من قواعد الاختصاص القضائي الدولي للمحاكم الوطنية.

إن الكلام عن هذه الاتجاهات يتطلب الإلمام بصورة موجزة بالقواعد الأصلية التي تنسب إليها.

ومن أجل ذلك قسمت المبحث هذا إلى المطالب التالية:

المطلب الأول: الحصانة القضائية قيد على الاختصاص القضائي الوطني.

المطلب الثاني: الحصانة القضائية دفع بعدم قبول الدعوى.

المطلب الثالث: الحصانة القضائية استثناء على قواعد الاختصاص القضائي الدولي للمحاكم الوطنية.

المطلب الأول: الحصانة قيد على الاختصاص القضائي الوطني

سبق القول بأن العمل استقر في قانون المرافعات على منح المحاكم الوطنية اختصاص النظر في جميع المنازعات الناشئة على إقليم الدولة إلا ما استثنى بنص خاص، وبالاستناد لذلك فقد ذهب رأي إلى أن القضاء الوطني لا ولاية له بالنسبة للمنازعات التي تتعلق بالأشخاص الذين يتمتعون بالحصانة القضائية[1]، حيث سلب

---

(1) الدكتور منصور مصطفى منصور، مذكرات في القانون الدولي الخاص، دار المعارف، مصر ١٩٥٧ صفحة ٣٣٧ و ٣٤٠
والدكتور فتحي والي، المصدر السابق، صفحة ٧٠.
والدكتور سعدون ناجي القشطيني، شرح قانون المرافعات مطبعة المعارف بغداد ١٩٧٢ صفحة ١٤٠.

المشرع من المحاكم المدنية اختصاص النظر في مثل هذه الدعاوي[1]، وعلى المحاكم قبل البت بعدم اختصاصه أن يتبين عند بحثه لموضوع الدعوى، أما إذا كان المدعي عليه ممن تشمله الحصانة القضائية، ومن ثم أن يقرر عدم الاختصاص ولو لم يطلب إليه، لتعلق ذلك بالنظام العام، أما إذا تبين أن موضوع الدعوى ليس مما تمتد إليه الحصانة القضائية فيكون له حق النظر فيها[2].

ويؤيد هذا الاتجاه جانب من الكتاب في فرنسا، حيث يرى أن عدم اختصاص- المحاكم الفرنسية بمنازعات معينة لتوافر الحصانة القضائية يقوم إذا ما توافرت صفة معينة في المدعى عليه، وهي كونه دولة أو رئيسها دبلوماسياً، بحيث لو لم تكن هذه الصفة لدخلت المنازعة في اختصاصها وهي تدخل بذلك ضمن قواعد الاختصاص النوعي، وأن الدفع بالحصانة القضائية في حقيقته، دفع بعدم الاختصاص الوظيفي أو الولائي[3].

وعند توافر الحصانة القضائية في رأي بعض الفقهاء، تنعدم ولاية القضاء الوطني وليس مجرد عدم الاختصاص، وعلى القاضي الوطني أن يحكم بعدم ولايته[4]، وفي رأي البعض الآخر، تعتبر الحصانة القضائية من القيود التي ترد على اختصاص الدولة القضائي الوطني[5] في حين يجدها البعض تعبيراً عن قصور ولاية قضاء الدولة عن شموله بعض الأشخاص، نظراً لصفتهم المذكورة واحتراماً للقانون الدولي العام[6].

والأستاذ ضياء شيت خطاب، المصدر السابق، صفحة ١٧٥.

(١) الدكتور ممدوح عبد الكريم، المصدر السابق، صفحة ٣٥٣ كذلك للمؤلف نفسه، شرح قانون المرافعات المدنية العراقي رقم ٨٣ لسنة ١٩٦٩ المعدل، الجزء الأول، الطبعة الأولى، مطبعة الأزهر، بغداد ١٩٧٣ صفحة ١٧٦ و ١٨١.

(٢) الدكتور عبد الوهاب العشماوي ومحمد العشماوي، المصدر السابق، صفحة ٣٧١ و ٣٧٦.

(٣) ومن هؤلاء الفقهاء:

Nibovet Immunite de Juridiction- et Incompetence d' Attribution.

بحث منشور في المجلة الانتقادية للقانون الدولي الخاص ١٩٥٠ صفحة ١٣٩.

Frevia, Limites de I' Immunite de Juridiction et d' execution des Etats etrangers.

بحث منشور في المجلة الإنتقادية للقانون الدولي الخاص ١٩٥١ صفحة ٤٤٩ الدكتور عز الدين عبد الله، القانون الدولي الخاص، ط٦، دار النهضة العربية، القاهرة ١٩٧٢ نبذة ٢٠٥.

(٤) الدكتور محمد عبد الخالق عمر، القانون الدولي الليبي الخاص، دار النهضة العربية، القاهرة ١٩٧١، صفحة ١٦٤.

(٥)Charles Rousseau, op. cit. p.٢٣٣.

(٦) الدكتور أحمد مسلم، المصدر السابق، صفحة ٨٠.

وقد انتقد بعض الكتاب[1]، تشبيه الدفع بالحصانة القضائية بالدفع بعدم الاختصاص الولائي، واعتبر هذا التكييف خطأ، ولا يعبر عن المفهوم الحقيقي لفكرة الحصانة القضائية، لأن إخراج بعض المنازعات من ولاية المحاكم خلافاً لما تقضي به قواعد الاختصاص هذه يؤكد اختلاف طبيعة الدفع بالحصانة القضائية عن الدفع بعدم الاختصاص الولائي، كما أن معاملة الدفع بالحصانة القضائية على الوجه المذكور تختلف اختلافاً جوهرياً عن معاملة الدفع بعدم الاختصاص الولائي، والذي لا يجوز التنازل عنه بحال من الأحوال، لتعلقه بالنظام العام إضافة إلى اختلاف المعاملات التي يتلقاها كل من الدافعين أمام القضاء.

إضافة لذلك فإن من قواعد الاختصاص الوطني "ليس للمحكمة رد الدعوى بحجة خروجها عن اختصاصها القيمي، إذ ينبغي إحالتها على المحكمة المختصة مع الاحتفاظ للمدعي برسوم الدعوى"[2]، في حين أن المحاكم الوطنية لا تملك سلطة تعيين الجهة التي يحق لها النظر في النزاع الذي يكون المبعوث الدبلوماسي طرفاً فيه، إذ لا توجد محكمة وطنية تقبل هذه الإحالة، كما أن المحاكم الوطنية لا تستطيع إحالة مثل هذا النزاع على محكمة دولة أخرى.

وإذا كانت قواعد الاختصاص الداخلي من النظام العام وتتعلق بسيادة الدولة، وغير معلقة على موافقة طرفي النزاع أو دولة أخرى فإن هذه القاعدة تتعارض مع قاعدة التنازل عن الحصانة القضائية، التي تجعل اختصاص المحاكم الوطنية بالنظر في الدعاوي التي يكون المبعوث الدبلوماسي طرفاً فيها أمراً يخضع تقديره لدولة أجنبية، وهذا ما يتعارض وسيادة الدولة.

وأرى أن السبب الذي دفع هذا الجانب من الكتاب إلى الرأي هذا هو أن بعض الدول تناولت تنظيم الحصانة القضائية للمبعوث الدبلوماسي في قوانين المرافعات، ومن الدول هذه كولومبيا وألمانيا الاتحادية واليونان وغواتيمالا ونيكارغوا والهند وبولندا[3].

---

(١) الدكتور هشام علي صادق، المصدر السابق صفحة ٢٣٩.
والدكتور عز الدين عبدالله، المصدر السابق ص٧٨٧ وتعتبر محكمة تمييز العراق، الاختصاص من قواعد النظام العام وتتحقق من توافره في الدعوى من تلقاء نفسها ولو لم يدفع به الخصوم.
أنظر قرارات محكمة التمييز المرقمة ١٩١/مدنية ثالثة/ ١٩٧٢ في ١٩٧٢/٩/١٣ و ٤٨١/ مدنية ثالثة/ ١٩٧٢ في ٧٢/٨/٢١ النشرة القضائية العدد الثالث السنة الثالثة، تشرين أول ١٩٧٤ صفحة ١١٩ و ١٢١. وقرارها المرقم ١١٥/مدنية ثالثة/ ١٩٧١ في ٩٧١/٧/٢٦، المصدر السابق، العدد الثالث السنة الثانية نيسان ١٩٧٣ صفحة ٩١.
(٢) قرار محكمة تمييز العراق المرقم ٧٩٣/مدنية ثالثة/ ١٩٧١ في ١٩٧٢/٥/٦ النشرة القضائية، السنة الثانية، نيسان ١٩٧٤، صفحة ١٤٤.
كذلك أنظر قرار محكمة تمييز العراق المرقم ٩٣/ مدنية ثالثة/٧٣ وفي ٩٧٣/٤/١٠ و ٢٢٨/مدنية ثانية/٩٧٣ في ١٩٧٣/٦/١٩، النشرة القضائية، العدد الثاني السنة الرابعة ١٩٧٥، صفحة ٢٣٨.

(٣) انظر المادة ٦٧٩ من قانون المرافعات الكولومبي والمادة ١٨ من قانون السلطة القضائية الألماني والمادة ٢٦ من قانون المرافعات اليوناني والمادة ٤١٦ من قانون المرافعات في غواتمالا، والمادة ٨٦ من قانون المرافعات الهندي والمادة ١٢٩٥ من قانون المرافعات في نيكاراغوا، والمادة ٥ من قانون المرافعات البولندي. أنظر:

غير أن تناول قانون المرافعات تنظيم قواعد الحصانة القضائية في بعض الدول لا يضفي على قواعد هذه الصفة الوطنية وبعدها عن أساسها الدولي.

وعلى ذلك فإن هذا الاتجاه لا يمكن الاعتماد عليه، بالنظر لما يتضمنه من تناقضات.

المطلب الثاني: الحصانة القضائية دفع بعدم قبول الدعوى

يراد بالدفع بعدم قبول الدعوى irrecevabilite الدفع الذي يتقدم به المدعى عليه أمام المحكمة ويقصد به انكار وجود الدعوى أما الآن المدعي ليس له حق مباشرة الدعوى لفقدان الأهلية Capacite أو المصلحة interet أو الصفة qualite أو لأن الطعن في الحكم قدم بعد انقضاء ميعاده، أو لسبق الفصل فيها[1]، الأمر الذي يمنع المحكمة من مناقشة النزاع والحكم برفض الدعوى دون الدخول في موضوعها[2].

وقد ذهب الرأي الغالب إلى أن الدفع بعدم قبول الدعوى له طبيعة مزدوجة، فهو يتفق مع الدفوع الموضوعية من جهة كونه لا يتناول إجراءات الخصومة[3]، ويصح ابداؤه في أية مرحلة تكون عليها الدعوى، ولا يسقط هذا الدفع في حالة مباشرة الدفوع الموضوعية، ما لم يثبت من ظروف الدعوى أن المدعى عليه تنازل عنه صراحة أو

United Nations Law. P. ٦٤, ١٢٦, ١٣٤, ١٤٩, ٢٢٣, and ٢٤٢.

(١) M.A. Omar. La Notion D' Irrecevabikite en Droit Judiciaire Prive. R. Pichon, Paris ١٩٦٧, p.V. H. Solus et R. Perrot. Droit Judiciare Tome ١ Sirey Paris ١٩٦١, p. ٢٩٠. C. Cornu et J. Fo-yer, op. cit.p.٣١٥ Henry Vizoiz Etudes de Procedure, Biere Bordeaux ١٩٥٦, p. ٢٣١.

كذلك انظر الدكتور عبد الوهاب العشماوي ومحمد العشماوي، المصدر السابق، صفحة ٢٩٩.

والأستاذ محمود طهماز، أصول المحاكمات في المواد المدنية والتجارية، الجزء الأول، مكتب المطبوعات الجامعية، حلب صفحة ٣٥٣.

والدكتور أحمد أبو الوفا، المصدر السابق صفحة ٦٦.

ويطلق بعض الكتاب على الدفع بعدم قبول الدعوى بـ "شروط قبول الدعوى، أنظر الدكتور رزق الله انطاكي، المصدر السابق صفحة ١٥٢ وما بعدها.

الدكتور سعدون ناجي القشطيني، المصدر السابق، صفحة ١٠٤.

(٢) الدكتور ابراهيم نجيب سعد، القانون القضائي الخاص، الجزء الأول، الناشر منشأة المعارف، الإسكندرية ١٩٧٤، صفحة ٦٥٠.

(٣) يذهب الفقه والقضاء المصري إلى أن الدفع بعدم توجه الخصومة من الدفوع الشكلية التي يسقط التمسك بها عند تقديم الدفوع الموضوعية.

انظر الدكتور أحمد أبو الوفا، نظرية الدفوع في قانون المرافعات، المصدر السابق، صفحة ٦٠٥ وما بعدها وراجع أحكام المحاكم المصرية في هامش الصفحة المذكورة وهذا بخلاف ما ذهب إليه المشرع العراقي الذي اعتبر هذا الدفع من الدفوع الموضوعية، ويتعلق بالنظام العام، حيث نصت الفقرة (٢) من المادة ٨٠ من قانون المرافعات على: "للخصم أن يبدي هذا الدفع في أية حالة تكون عليها الدعوى".

ضمناً، ولم يكن متعلقاً بالنظام العام، ويتفق الدفع بعدم قبول الدعوى مع الدفوع الشكلية لأنه لا يتناول موضوع الدعوى، إنما يتعلق بحق الدعوى ذاته[1].

وقد اعتبر المشرع العراقي أحكام الدفع بعدم قبول الدعوى في قانون المرافعات المدنية داخلة ضمن "شروط الدعوى"، ومن هذه الشروط الأهلية[2] والخصومة[3] والمصلحة[4] والصفة[5]، وعدم سبق الفصل في الدعوى[6] والاختصاص[7].

وقد ذهب بعض الكتاب[8]، إلى أن الدفع بالحصانة، هو في حقيقته دفع بعدم قبول الدعوى، لأن الدفع بالحصانة لا ينصب على اجراءات الخصومة، كما هو الحال في الدفوع الشكلية، كالدفع بعدم الاختصاص، ولا ينصرف إلى الحق موضوع النزاع، إنما هو دفع يتعلق بصفة المدعى عليه، والتي تجعله بمنأى عن الخضوع للاختصاص القضائي الوطني لارتباطه بمدى حق المدعي في رفع الدعوى، ويكون بذلك الدفع بالحصانة من الدفوع التي تتوسط بين الدفوع الشكلية والدفوع الموضوعية وهذا هو شأن الدفع بعدم قبول الدعوى.

---

(١) Louis Cremieu. Traite Elementire de Procedure Civile et Voies D' Execution. Dalloz, Paris ١٩٥٤, p.٦٢.

Henry Viziozm op. cit, p. ٢٣١ S. H. Solus et R. Perrot, op. cit, p.٢٩٠ S.

والدكتور عبد الوهاب العشماوي ومحمد العشماوي المصدر السابق، صفحة ٢٩.

والدكتور ابراهيم نجيب سعد، المصدر السابق صفحة ٦٥٢.

ويرى بعض الكتاب أن الشريعة الإسلامية أخذت بنظرية الدفع بعدم قبول الدعوى. أنظر:

M .A. Omar, op. cit, p.٩.

(٢) نصت المادة (٣) من قانون المرافعات المدنية رقم ٨٣ لسنة ١٩٦٩:

"ويشترط أن يكون كل من طرفي الدعوى متمتعاً بالأهلية اللازمة لاستعمال الحقوق..." ومن تطبيقات محكمة التمييز لهذا الدفع قرارها المرقم ١٩٥٧/١٦٧٤ في ١٩٥٧/١٠/٢١، مجلة القضاء، العددان الأول والثاني، نيسان ١٩٥٨، السنة السادسة عشر، صفحة ٢٢٣.

(٣) نصت المادة (٤) من قانون المرافعات المدنية على: "يشترط أن يكون المدعي عليه خصماً..." ومن تطبيقات محكمة التمييز "رد الدعوى لعدم توجه الخصومة" قرارها المرقم ٧٥٤/ مدنية ثانية /٩٧٣ في ١٩٧٣/١٢/٣.

النشرة القضائية، العدد الرابع السنة الرابعة ١٩٧٣ صفحة ٣١١.

(٤) نصت المادة (٦) من قانون المرافعات على: "يشترط في الدعوى أن يكون المدعي به مصلحة معلومة وحالة ممكنة ومحققة...".

(٥) أنظر قرار محكمة التمييز "رد الدعوى لانعدام الصفة لرفعها من قبل محام غير موكل فيها "المرقم ٦١٣/مدنية/ ثانية/ ٩٧٣ النشرة القضائية، العدد الرابع، السنة الرابعة ١٩٧٣، ص٣٢٠.

(٦) أنظر قرارات محكمة التمييز درد الدعوى لسبق الفصل فيها" المرقمة ٢٢٨/استئنافية/٩٧٠ في ١٩٧١/٣/١٠.

النشرة القضائية، العدد الأول، السنة الثانية، آذار ١٩٧٢ ص١٠٦.

(٧) أنظر قرار محكمة التمييز "رد الدعوى لعدم الاختصاص" المرقم ٢٦٦/هيئة عامة/ ١٩٧٣ في ٩٧٣/١٠/٢٤.

النشرة القضائية، العدد الرابع السنة الرابعة، صفحة ٢٥٠.

(٨) الدكتور هشام علي صادق، طبيعة الدفع بالحصانة القضائية المصدر السابق صفحة ٣٤٩ وللمؤلف نفسه، تنازع الاختصاص القضائي الدولي، منشأة المعارف، الاسكندرية، صفحة ٤١.

Bauer, op. cit, Ne ٦.

ويرى أصحاب هذا الرأي أنه بالرغم من اقتراب الحصانة على هذا الوجه من الدفع بعدم الاختصاص الوطني، والذي يجوز للخصم التنازل عنه، إلا أنه يظل هناك فارق مهم بين الدفعين، لأن الدفع بعدم الاختصاص الوطني يجب ابداؤه كغيره من الدفوع الشكلية غير المتعلقة بالنظام العام، قبل الدخول بأساس الدعوى، ويترتب على إهمال ذلك سقوط حق الخصم في الدفع بعدم الاختصاص الوطني، وهذه المعاملة التي يلقاها الدفع بعدم الاختصاص مشابهة للدفع بعدم الاختصاص الدولي للمحاكم الوطنية، فسكون الخصم عن الدفع بعدم الاختصاص الدولي وترافعه في موضوع الدعوى يعد دلالة على تنازله عن هذا الدفع ورغبته في الخضوع الاختياري لولاية القضاء.

أما بالنسبة للحصانة القضائية فعلى الرغم من أن دخول المبعوث الدبلوماسي في أساس الدعوى يعد قرينة على تنازله عنها، إلا أن هذه القرينة ليست مطلقة كما هو الحال بالنسبة لكل من الدفع بعدم الاختصاص الوطني والدولي، إذ يجوز للمبعوث الدبلوماسي أن يتمسك بالحصانة القضائية في أية مرحلة من مراحل الدعوى.

إضافة لذلك، فإن هذا الجانب من الفقه، يرى تطابق الإجراءات التي يتلقاها كل من الدفع بعدم قبول الدعوى والدفع بالحصانة القضائية.

ويرى بعض الكتاب أن المحاكم الأمريكية تؤيد هذا الاتجاه، إذ قضت "بأن مسائل الاختصاص يجب بحثها مثل مسائل الحصانة القضائية، لأن الحصانة لا تتعلق بانعدام الولاية، ولكنها مجرد دفع كالدفع بانعدام الأهلية أو عدم الاختصاص"[1].

ويلاحظ على هذا الرأي، أنه يخالف مفهوم الحصانة القضائية لأن الدفع بعدم قبول الدعوى يعني أن هناك دعوى مقامة ضد شخص معين في حين أنه ليست هناك دعوى ضد المبعوث الدبلوماسي حتى يمكن القول بعدم قبولها، إذ لا يجوز إجبار المبعوث الدبلوماسي على الحضور أمام المحكمة التي تنظر في الدعوى المقامة ضده، وتتولى وزارة خارجية الدولة المستقبلة إشعار المحكمة بأن المبعوث الدبلوماسي المراد تبليغه يتمتع بالحصانة القضائية، مما يترتب عليه إقناع المحكمة بالنظر في الدعوى دون أن يتدخل المبعوث الدبلوماسي، أو يبدي أي دفع فيها[2].

---

(١) Le Livever et Freed Chronique de Jurisprudence des Etats Unis, Clunet ١٩٧٠, p. ٧٢٨.
أنظر الدكتور محمد عبد الخالق عمر، المصدر السابق، ص١٦٤.

(٢) جاء في مذكرة وزارة الخارجية المرقمة ٢٠٠/٢٤٤ في ٩٥٦/١/١٦ الموجهة إلى متصرفية بغداد عطفاً على كتابها المرقم المرقم ٤٢ في ١٩٥٦/١/١ "بأن السيد "مناورت" الموظف الدبلوماسي في السفارة الأمريكية في بغداد يتمتع بالصيانات والامتيازات الدبلوماسية ولا يمكن تبليغه بأوراق الاستقدام"، كذلك أنظر مذكرة وزارة الخارجية المرقمة ٢٠٠/٢٤٤ وفي ٩٥٦/٣/٢٥ الموجهة إلى وزارة العدل عطفاً على كتابها المرقم ٩٥٦/٤ حول عدم تبليغ السيدة دبلية جي جي باترسون زوجة المستشار في السفارة البريطانية لتمتعها بالحصانة القضائية.

إن هذه النظرية لا تفسر الحصانة القضائية التي يتمتع بها المبعوث الدبلوماسي من أداء الشهادة أمام أية محكمة في قضية ليس هو طرفاً فيها[١]، ذلك أن أمتناع المبعوث الدبلوماسي عن الإدلاء بشهادته لا يعد دفعاً يستخدمه أمام المحكمة، إذ لا توجد دعوى مقامة ضده.

كما أن تنازل المبعوث الدبلوماسي عن الحصانة القضائية، وفقاً للنظرية هذه يعني تحقق شروط الدعوى، ومن ثم ينبغي أن يلتزم المبعوث الدبلوماسي بتنفيذ قرار الحكم الصادر ضده، في حين أن قواعد الحصانة القضائية لا تجيز تنفيذ قرارات المحاكم الصادرة بحق المبعوث الدبلوماسي، ما لم توافق حكومته على ذلك بصورة مستقلة عن تنازلها من جراء محاكمته.

كذلك الأمر في حالة تنفيذ حكم صادر من محكمة أجنبية في دولة ثالثة، فإن تنفيذ هذا الحكم لا يكون نافذاً في حق المبعوث الدبلوماسي ما لم تقره محاكم الدولة المستقبلة أولا، وموافقة حكومته على تنفيذه بحقه ثانياً، فإذا ما أقيمت الدعوى أمام المحاكم الوطنية من أجل إصدار قرار حكم يقضي بتنفيذ الحكم الأجنبي، فإن المبعوث الدبلوماسي لا يستطيع في هذه الحالة الدفع بعدم قبول الدعوى، إذ لا توجد دعوى حقيقية ضده إنما يمتنع عن الحضور أمام المحكمة، ومن ثم تمتنع المحكمة من إصدار قرارها بتنفيذ الحكم الأجنبي عندما يتبين لها بأن المطلوب التنفيذ ضده يتمتع بالحصانة القضائية.

كما أن الدفع بعدم الاختصاص الوظيفي أو النوعي من الدفوع المتعلقة بالنظام العام التي لا يجوز فيها الامتداد الرضائي لاختصاص المحكمة Prorgation Volontaire de juridction[٢]، وعلى المحكمة أن تحكم به من تلقاء نفسها، فهو لا يسقط بالتعرض لموضوع الدعوى، إنما يجوز الدفع به في أية حالة تكون عليها الدعوى[٣]، بخلاف الدفع بعدم الاختصاص المكاني الذي يعتبر من الدفوع الشكلية[٤].

---

(١) امتنعت السفارة البريطانية في بغداد بموجب مذكرتها المرقمة ٥١ في ١٩٤٤/٢/٢٠ عن تبليغ السكرتير الثاني في سفارتها المستر بي، أف هانكوك، بالحضور أمام المحكمة للإدلاء بشهادته.

(٢) الامتداد الرضائي لاختصاص المحكمة، يقصد به اتفاق طرفي النزاع على رفع الدعوى أمام إحدى المحاكم التي ليس من اختصاصها، النظر في الدعوى.
أنظر:
Helen Gudement- Tallon. La Prorogation Volontaire de Jurdiction en Droit International Prive- L. Dalloz, p.٩. S. H. Vizioz, op. cit, N, ٢٢٧.

(٣) نصت المادة (٧٧) من قانون المرافعات المدنية العراقي رقم ٨٣ لسنة ١٩٦٩ على "الدفع بعدم اختصاص المحكمة بسبب عدم ولايتها أو بسبب نوع الدعوى أو قيمتها تحكم به المحكمة من تلقاء نفسها، ويجوز ابداؤه في أية حالة تكون عليها الدعوى.

(٤) نصت المادة (٧٤) من قانون المرافعات المدنية العراقي على "الدفع بعدم الاختصاص المكاني يجب ابداؤه كذلك قبل التعرض لموضوع الدعوى وإلا سقط الحق فيه.

وعلى ذلك، فإن الحصانة القضائية المدنية لا تتضمن طبيعة مزدوجة، فهي لا تدخل ضمن الدفوع الشكلية أو الدفوع الموضوعية، إنما يجب على الحاكم أن يمتنع عن مقاضاة المبعوث الدبلوماسي بمجرد علمه بأن الشخص المراد مقاضاته يتمتع بهذه الصفة دون الحاجة إلى حضوره أمام المحكمة، أو دفعه بعدم قبول الدعوى، وهو ما جرى عليه العمل في العراق، حيث تقوم وزارة الخارجية، بأشعار الجهات المختصة، بأن الشخص المراد تبليغه يتمتع بالحصانة القضائية، بمجرد علمها بصفته الدبلوماسية[1]، ودون أن تطلب من سفارته ذلك[2].

كما أن بعض الجهات القضائية تطلب من وزارة الخارجية إعلامها عما إذا كان المراد تبليغه يتمتع بالحصانة القضائية دون أن تطلب تبليغه[3].

وعلى ذلك، فإن الدفع بالحصانة القضائية، لا يشابه الدفع بعدم قبول الدعوى، فمن جهة "الأهلية" يتمتع المبعوث الدبلوماسي بالأهلية اللازمة لمقاضاته، ومن جهة "الخصومة" تصح خصومة إذا كان هو المسؤول عن الضرر الذي لحق بالمدعي، ومن جهة "الصفة" فإن المبعوث الدبلوماسي لا يستطيع الدفع بانعدام الصفة، إذا أقيمت عليه الدعوى بصفته الأصلية أو التمثيلية، أما من جهة "عدم سبق الفصل في الدعوى فإن المبعوث الدبلوماسي لا يستطيع الدفع بعدم قبول الدعوى" لسبق الفصل فيها، إذا لم يسبق للمحكمة النظر فيها.

أما بالنسبة للدفع "بعدم قبول الدعوى لعدم الاختصاص" فإن هذا الدفع لا يغير من حقيقة الدفع بأنه يتعلق بالاختصاص، ومن ثم ترد الانتقادات نفسها التي ترد على عدم الاختصاص الوطني.

انظر تطبيقات هذه القاعدة في المحاكم العراقية: قرار محكمة تمييز المرقم ١٣٣/هيئة عامة/٩٧٣ في ٩٧٣/١٢/١ وقرارها ١١٨٢/مدنية/ رابعة/٧٣ في ٩٧٣/١١/١٥ النشرة القضائية العدد الرابع السنة الرابعة ١٩٧٣ صفحة ٢٥١ و ٢٥٨ وقرارها المرقم ١٣٣/هيئة عامة أولى /١٩٧٣ في ٧٣/١٢/١ النشرة القضائية العدد الرابع السنة الرابعة ١٩٧٣ صفحة ٢٥١.

(١) انظر مذكرة وزارة الخارجية المرقمة ١٢٤١١/٥٨ في ٩٧٤/٤/٢٨ الموجهة إلى وزارة العدل حول تبليغ السيد جورج صالح الخوري مدير مركز الإعلام التابع للأمم المتحدة بالحضور أمام المحكمة لتمتعه بالحصانة القضائية، كذلك مذكرة وزارة الخارجية المرقمة ٢٦٦٩٨ في ٩٥٢/١٢/٣ حول عدم تبليغ المستر تيماني كوبونيو السكرتير التجاري في المفوضية الإيطالية في بغداد بالحضور أمام المحكمة المختصة.

(٢) طلبت وزارة العدل بكتابها المرقم أ/٢٥ في ٩٥٤/١٢/٣٠ من وزارة الخارجية تبليغ القائم بالأعمال الصينية في بغداد "شن يوه" بإنذار كاتب عدل الأعظمية المرقم ٥٤/٦٥٧ حول تخلية الدار المشغولة من قبله، إلا أن وزارة الخارجية لم تبلغ الموما اليه وحفظت الكتاب باعتباره يتمتع بالحصانة القضائية.

(٣) طلبت وزارة العدلية بكتابها المرقم ٩٥٦/٤ في ١٩٥٦/٤/١ من وزارة الخارجية عما إذا كان المستر بي تي ريتشابو مشمولاً بالصيانات والامتيازات الدبلوماسية، وقد أجابت وزارة الخارجية بأن الموما إليه مشمولاً بقانون امتيازات الممثلين الدبلوماسيين، انظر مذكرة وزارة الخارجية المرقمة ١٠٠٧٦/٢٠٠/٢٤٤ في ١٩٥٦/٤/٣٠.

وإذا أصدرت المحكمة قراراً بعدم النظر في القضية، ثم قررت بعد ذلك حكومة المبعوث الدبلوماسي التنازل عن حصانته، وجب على المحكمة النظر فيها، دون أن يكون للمبعوث الدبلوماسي حق الدفع بعدم قبول الدعوى لسبق الفصل فيها، وهذا الإجراء يتناقض مع طبيعة الدفع بعدم قبول الدعوى الذي ينهي النزاع، ولا يجوز إقامة الدعوى مرة ثانية أمام محكمة حكمت بعدم اختصاصها.

يضاف إلى ذلك، أن الدفع بعدم قبول الدعوى ينهي النزاع ويبرىء ذمة المدعى عليه، ولا يجوز للمدعي إقامة الدعوى للسبب نفسه في حين أن الحصانة القضائية لا تعفي المبعوث الدبلوماسي من المسؤولية القانونية[1]، ويجوز للمدعي إقامة الدعوى في محاكم دولة المبعوث الدبلوماسي أو مراجعة الطرق الدبلوماسية للحصول على حقه.

ويجوز للمبعوث الدبلوماسي تنفيذ التزامه ودياً، وهو بعلمه هذا لا يكون متبرعاً، إنما يقوم بأداء التزام ليبرئ ذمته، غير أن وسيلة المطالبة بتنفيذ هذا الالتزام جبراً، وهي إقامة الدعوى في محاكم الدولة المستقبلة غير جائزة لاعتبارات فرضها القانون الدولي، والتي سبق مناقشتها.

من هذا العرض، يمكن القول إن هذه النظرية ليست عملية ولا يمكن قبولها لعدم ملاءمتها للواقع وتناقضها مع المفاهيم السائدة.

المطلب الثالث: الحصانة القضائية استثناء على قواعد الاختصاص الدولي للمحاكم الوطنية

ينشأ الاختصاص الدولي للمحاكم الوطنية، في حالة عرض علاقة قانونية على المحاكم الوطنية، تتضمن عنصراً أجنبياً[2].

إن الاختصاص الدولي للمحاكم الوطنية على نوعين: الأول: الاختصاص الدولي المباشر La Competence general in directe وهو صلاحية المحاكم الوطنية بالفصل في القضايا التي تعرض أمامها مباشرة، أما النوع الثاني: فهو الاختصاص الدولي غير المباشر Ia competence general in direct والذي يتضمن صلاحية المحاكم الوطنية في

---

(١) Court of Appeal "London" ١٩٦٥.

في قضية:

Empson V. Smith
B.Y.B.I.L. ١٩٦٥ - ٦٦ XLI, p.٤٣.

(٢) Paul Graulich, Principles des Droit International Prive. Dalloz. Paris ١٩٦١, Ne, ٢٣٨.
كذلك أنظر الدكتور محمد عبد الخالق عمر، المصدر السابق ص١٧٤، الأستاذ الدكتور حسن الهنداوي، المصدر السابق، طبعة عام ١٩٧٢، صفحة ٢٣٠.

الأمر تنفيذ قرارات المحاكم الأجنبية الصادرة بحق الوطنيين أو الأجانب الموجودين في الدولة[1].

وتستقل كل دولة بتحديد الاختصاص الدولي لمحاكمها في المنازعات التي تتضمن عنصراً أجنبياً بصورة عامة بما يحقق مصالحها الاجتماعية والسياسية والاقتصادية التي تهدف إليها سياستها التشريعية[2] غير أن بعض القواعد الخاصة بالاختصاص القضائي الدولي للمحاكم الوطنية تخضع لقواعد القانون الدولي العام، ويتعين على الدولة استبعاد بعض المنازعات من اختصاص محاكمها الوطنية كالقواعد المتعلقة بالحصانة القضائية للدول الأجنبية ولرؤسائها ولمبعوثيها الدبلوماسيين وللأجانب الآخرين في حدود معينة[3].

وفي القانون والتطبيق المقارن فإن الأمر ليس بمحل اتفاق حيث تختص المحاكم الفرنسية بمقاضاة الأجنبي حتى في حالة عدم إقامته في فرنسا بشأن تنفيذ الالتزامات التي عقدت في فرنسا[4]، كما تختص المحاكم البريطانية بمحاكم الأجنبي في حالة إمكان تنفيذ قرار الحكم الذي يصدر بحقه، وهو ما يعبر عنه بمبدأ "قوة النفاذ" Principle of effectivenessوالذي يعني أن المحاكم البريطانية تختص بالمنازعات التي تملك بشأنها السلطة الفعلية في تنفيذ الأحكام الصادرة، منها وإن قوة النفاذ هذه تكون عادة موقوتة على مدى إمكانية المحكمة في تبليغ الخصم في الدعوى[5].

---

(١) Andreas Heldrich, International Zustandigkeit und Anwen dbares Recht. Tubingen, Berlin ١٩٦٩. p. und ٩٦.

H.C. Gutterdge. Le Conflit des Lois de competence Judiciaaire dans Les Actions Personnelles.

R.C.A.D.I. ١٩٣٣, ٢ Tome ٤٤ Sirey p. ١٢٦ et. ١٣٣

P.L. Pigeonniere, op. cit. p. ٤٨٢.

Helene Gaudemet, op. cit, p.٢.

الدكتور عبد المنعم رياض، المصدر السابق، صفحة ٤٩٨.

(٢) Elemer Balogh. Le Role du Droit Compare Le Droit International Prive, R.C.A.D.I. ١٩٣٦ Vol. ٣. Tome ٥٧, p.٥٧٩.

(٣) J.P. Nibouyet, op: cit. p. ٢٥٦.

والدكتور هشام علي صادق، المصدر السابق، صفحة ٩.

(٤) Helene Gauement-Tallon, Recherches Sur Les Origines de Article ١٤ du Code Civil. Presse, U. de France ١٩٦٤, p.٦١. S. Rene Savatier, op. cit, p. ١٤٠ Paul Graulich. Principles Droit International. Dalloz, Paris, ١٩٦١, Ne ٢٣٨.

(٥) R.H. Graveson. Conflict of Laws Private International Law ٧ ed. S. Axwell, London ١٩٧٤, p. ٩٦ and ١١١.

J.H.C. Mom's. Dicey's Conflict of Laws ٧ ed.

Steven, L.D. London ١٩٥٨ ١٩٥٨, p.٢١.

Istvan, Szaszy. International Civil Procedure.

Akademia kiado, Budapest ١٩٦٧, p. ٣١١.

J.P. Niboyet, op. cit. Ne ١٧١٩, p. ٢٦٦ S.

والدكتور هشام علي صادق، المصدر السابق، صفحة ٤٨.

وتختص المحاكم الاردنية بالنظر في الدعاوي المقامة على الأجنبي، كما يجوز للأجنبي الالتجاء إلى المحاكم الاردنية بصفة مدعي ويتمتع بحقوق المرافعة المدنية على قدم المساواة مع الاردني.

وتختص المحاكم المصرية وفق شروط معينة بالنظر في الدعاوى التي يكون فيها الأجنبي مدعياً أو مدعى عليه[١].

أما في العراق، فقد نظم القانون المدني العراقي الاختصاص الدولي للمحاكم العراقية، وأجاز للأجنبي مقاضاة العراقي عما ترتب بذمته من التزامات حتى ما نشأ منها خارج العراق[٢]، كما أجاز مقاضاة الأجنبي بصفة مدعى عليه في الحالات الآتية:

أولاً- وجود الأجنبي في العراق.

ثانياً- إذا كان موضوع الدعوى يتعلق بعقار موجود في العراق.

ثالثاً- إذا كان موضوع الدعوى يتعلق بمنقول موجود في العراق وقت رفع الدعوى.

رابعاً- إذا كان موضوع الدعوى عقداً تم إبرامه في العراق.

خامساً- إذا كان موضوع الدعوى عقداً تم إبرامه خارج العراق، وكان واجباً التنفيذ فيه.

سادساً- إذا كان موضوع الدعوى ناشئاً عن حادثة وقعت في العراق[٣]، وقد ذهب رأي إلى أن الدفع بالحصانة القضائية، يعد دفعاً بعدم الاختصاص الدولي للمحاكم الوطنية[٤]، باعتبار أن الدولة وحدها هي التي تنفرد بتنظيم اختصاصها القضائي الدولي لمحاكمها الوطنية، ولا يجوز لأية جهة التدخل في هذا التنظيم على إرادة الدولة، ولا يرد على حرية الدولة في تنظيم اختصاصها القضائي الدولي سوى بعض القيود التي يفرضها القانون الدولي العام ومنها القيود المعروفة بالحصانة القضائية التي يتمتع بها المبعوث الدبلوماسي[٥] وباعتباره أجنبياً فإنه يستثنى من الاختصاص الاختصاص العام الدولي للمحاكم الوطنية[١].

---

(١) أنظر المادتين (٢٨و ٢٩) من قانون المرافعات المصري الصادر عام ١٩٦٨.

(٢) أنظر المادة (١٤) من القانون المدني العراقي.

(٣) أنظر المادة (١٥) من القانون المدني العراقي.

(٤) الدكتور عز الدين عبد الله، المصدر السابق، نبذة ٢٠٥.

(٥) الأستاذ الدكتور حسن الهنداوي، المصدر السابق طبعة ١٩٧٢ صفحة ٢٣٢ الدكتور فؤاد عبد المنعم رياض، مبادىء مبادىء القانون الدولي الخاص، دار النهضة العربية، لبنان، ١٩٦٩، صفحة ٤٣٠ و ٤٤٠.

الدكتور ابراهيم نجيب أسعد، المصدر السابق، صفحة ٣٦١، هامش ٢. ويلاحظ أن بعض الكتاب لا يشيرون بصورة صريحة إلى تأييدهم هذا الاتجاه إنما يستفاد ذلك ضمناً عند بحثهم الاستثناءات التي ترد على الاختصاص الدولي للمحاكم الوطنية. أنظر:

P. Lereboure, Pigonniere, op. cit. p. ٤٨١ EMILE Tyan. Preeis Droit International Prive L.Antoine Beyrouh ١٩٦٦ Ne ٣٥٥.

P. Arminjon. Precis de Droit International Prive Tome ٣٢ ed Dalloz. Paris ١٩٥٢ p.٢١٧ S.

وقد انتقد هذا التكييف لطبيعة الحصانة القضائية، واعتبر أن فكرة الحصانة تخرج عن مفهوم "الاختصاص"، فقواعد الاختصاص قواعد داخلية تتكفل كل دولة بتشريعها وفقاً لما تقتضيه سيادتها التشريعية، في حين أن الحصانة القضائية تقوم على أسس ثابتة في القانون الدولي العام، فالأصل أن لكل دولة سلطة واسعة في القضاء إزاء المنازعات التي تثور في إقليمها، بقطع النظر عن طبيعة النزاع وصفة الخصوم، وتستمد الدولة سلطتها هذه من مبدأ سيادتها واستقلالها، إلا أن هذه السلطة ليست مطلقة إنما مقيدة بما تفرضه قواعد هذا القانون التي استقرت في العرف الدولي وضمنت الحصانة القضائية للمبعوث الدبلوماسي في مواجهة قضاء الدولة المستقبلة، وعلى ذلك فإن هذا الرأي يعتبر الحصانة قيداً على سلطة الدولة في القضاء تفرضه أحكام القانون الدولي العام، وهي عندما تستبعد المبعوث الدبلوماسي من ولاية محاكمها لا تفعل ذلك لمجرد رغبتها في تنظيم اختصاص محاكمها على وجه معين، بل لأنها لا تملك سلطة واسعة أصلاً إزاء هذه المنازعات، فالحصانة ليست قيداً على قواعد الاختصاص الدولي للمحاكم الوطنية إنما هي قيد على سلطة الدولة في القضاء[٢].

وليس من شك أن الحصانة القضائية تقوم على أسس ثابتة في القانون الدولي العام تفرض على الدول جميعاً إلزاماً بمنح المبعوث الدبلوماسي الحصانة القضائية من أجل توطيد العلاقات الدولية إلا أن هذا الإلزام لا يغير من حقيقة، أن هذه القاعدة تعد أحد القيود التي ترد على الاختصاص الدولي للمحاكم الوطنية[٣] للأسباب الآتية:

,الأستاذ عبد الرحمن العلام، المصدر السابق، صفحة ٣٢٦.

(١) الدكتور عدنان الخطيب، الوجيز في أصول المحاكمات منشورات كلية الشريعة في الجامعة السورية- مطبعة الجامعة السورية، ١٩٥٧، صفحة ١٦٢ و ١٦٩.

(٢) الدكتور هشام علي صادق، المصدر السابق، ص٢٤٢ وما بعده.

Hubert Bauer, op. cit. No ٦.

ويرى فرانكشتين أن بحث تنازع الاختصاص يخرج من نطاق القانون الدولي الخاص ويدخل جزء منه في قانون المرافعات والجزء الآخر في القانون الدولي العام، وهو الجزء الخاص بتحديد الاختصاص بالنسبة للمتمتعين بالحصانة القضائية.

Revue de Droit International Prive ' ١٩٣٢ p. ٤٧.

أنظر مؤلف الدكتور عبد المنعم رياض بك، مصدر سابق صفحة ٤٩٣.

(٣) إن الاختصاص الدولي للمحاكم الوطنية ليس اختصاصاً مطلقاً، إنما ترد عليه بعض الاستثناءات لعدة اعتبارات، ومن هذه الاعتبارات ما يعود لطبيعة النزاع، كأن يتعلق النزاع بعقار خارج اقليم الدولة، أو المنقول خارج اقليم الدولة وقت رفع الدعوى، ومن الاعتبارات ما ترجع إلى إرادة المشرع المحضة دون أن يكون هناك فرض معين يلزم الدولة باستثناء بعض القضايا من الاختصاص الدولي لمحاكمها مثال ذلك استثناء الدعاوى التي يكون فيها مصدر الالتزام الإرادة المنفردة أو الكسب دون سبب.

أنظر المادة (١٥) من القانون المدني العراقي التي حددت الحالات التي يخضع فيها الأجنبي لاختصاص الدولي للمحاكم العراقي، صفحة (١٩٦) من هذه الرسالة. كذلك أنظر قرار محكمة تمييز العراق المرقم ١٦٥/حقوقبة ثانية/ ٩٧٠ النشرة القضائية العدد ٣ السنة الأولى أيار ١٩٧١ صفحة ٧٤.

أولاً- إن الحصانة القضائية لا تمنح للمبعوث الدبلوماسي إلا إذا توافر فيه شرطان: الأول: أن يكون أجنبياً والثاني: أن يتمتع بالصفة الدبلوماسية فإذا تنازلت دولته عن حصانته هذه أو تنازلت عن صفته الدبلوماسية أو انتهت مهمته الدبلوماسية وفضل البقاء في الدولة المستقبلة فإنه يبقى محتفظاً بصفته كأجنبي، لأن إسقاط الصفة الدبلوماسية عنه لا يجعله وطنياً، ومن ثم فإنه يخضع للقواعد التي تطبق على الأجانب، ومنها خضوعه لقواعد الاختصاص الدولي للمحاكم الوطنية، وفي هذه الحالة فإن المحكمة تكون أمام أحد أمرين: إما خضوع المبعوث الدبلوماسي لاختصاصها طبقاً لقواعد تنازع الاختصاص القضائي الدولي فيكون من اختصاصها أن تحسم النزاع المفروض أمامها[1]، وإما أن الدعوى تخرج عن اختصاصها وتكون من اختصاص محاكم دولة أخرى، ومن ثم عليها الامتناع عن النظر في الدعوى، في حين لو أن الدعوى تخضع للاختصاص المحلي لكان على القاضي الوطني أن يحسم النزاع بغض النظر عن مكان نشوء الالتزام وإلا اعتبر منكراً للعدالة[2]، وإذا وجد أنها تخضع لاختصاص حاكم وطني آخر حسب قواعد الاختصاص المكاني والنوعي فعليه أن يحيلها عليه[3] .

ثانياً- إن الحصانة القضائية التي يتمتع بها المبعوث الدبلوماسي في الأمور المدنية ليست حصانة مطلقة، حيث تخضع بعض الدعاوى لاختصاص محاكم الدولة المستقبلة رغم احتفاظه بصفته الدبلوماسية، كالدعاوي المتعلقة بالإرث والتركات والوصية وغيرها من الدعاوى التي يطبق عليها القاضي الوطني قانون المبعوث الدبلوماسي الشخصي أو أي قانون آخر طبقاً لقواعد تنازع القوانين حيث إن تطبيق القانون الأجنبي من قبل المحكمة يخضع الدعوى لاختصاص المحكمة الدولي وينفي عنها صفة الاختصاص الوطني الذي تلتزم فيه المحكمة بتطبيق قانونها.

ثالثاً- في حالة خضوع المبعوث الدبلوماسي لاختصاص محاكم الدولة المستقبلة، فإنها لا تستطيع تنفيذ الحكم الصادر ضده، لأنه يتمتع بالحصانة القضائية من التنفيذ، إلا إذا وافقت دولته على ذلك.

وموافقة الدولة على تنفيذ الحكم الصادر ضد المبعوث الدبلوماسي يعد من قواعد القانون الدولي الخاص التي لا تجيز تنفيذ الأحكام الصادرة من محاكم أجنبية إلا

---

(١) جاء بقرار محكمة تمييز العراق المرقم ٨٨٠/ حقوقية/ ٩٧١ في ٩٧١/٦/٢٧: "متى ما أقر القانون خضوع الأجنبي للولاية المحاكم العراقية، فلا يجوز الاتفاق على خلاف الاختصاص القضائي، لأن الاختصاص الوظيفي من النظام العام لقيامه على أسباب إقليمية، فكل اتفاق يرمي إلى جعل الاختصاص في الأحوال المقررة في القانون لمحكمة عراقية إلى محكمة أجنبية هو اتفاق باطل"، انظر النشرة القضائية، العدد الثاني، السنة الثانية، ١٩٧٢ صفحة ١٣٦.

(٢) نصت المادة (٣٠) من قانون المرافعات المدنية العراقي على ما يلي "لا يجوز ولاية محكمة أن تمتنع عن الحكم بحجة غموض القانون أو فقدان النص أو نقضه وإلا عد ممتنعاً عن إحقاق الحق".

(٣) أنظر قرار محكمة تمييز العراق المرقم ١١٧١ مدنية ثالثة ٩٧٣ في ٩٧٣/١١/٢٩ النشرة القضائية العدد الرابع السنة الرابعة ص٢٥٤.

بعد موافقة حكومته وصدور قرار من المحاكم الوطنية يقضي بتنفيذها[1]، وهو ما يعبر عنه بالاختصاص الدولي غير المباشر.

رابعاً- أن تمتع المبعوث الدبلوماسي بالحصانة القضائية لا يعني أنه في منأى عن أية مسؤولية إنما يخضع لاختصاص محاكم دولته عن الأفعال التي يرتكبها في الدولة المستقبلة، ولدولته أن تتنازل عن اختصاصها القضائي لمحاكم الدولة المستقبلة، ولدولته أن تتنازل عن اختصاصها القضائي لمحاكم الدولة المستقبلة عن طريق تنازلها عن حصانة مبعوثها الدبلوماسي، وعلى ذلك فإن الحصانة القضائية تبدو استثناء من قواعد الاختصاص القضائي للمحاكم الوطنية.

ويترتب على اعتبار الحصانة القضائية، استثناء من قواعد الاختصاص القضائي الدولي للمحاكم الوطنية النتائج الآتية:

أولاً- على القاضي أن يتأكد من أن الأجنبي المطلوب مقاضاته أمامه ممن لا يتمتع بالحصانة القضائية.

ثانياً- إذا وجد القاضي أن الأجنبي يتمتع بالصفة الدبلوماسية فعليه أن يتأكد من أن الدعوى المعروضة أمامه من الدعاوى التي تخرج عن نطاق الحصانة القضائية ولا يتمتع المبعوث الدبلوماسي إزاءها بالحصانة القضائية[2]، أو أنه يتمتع بها ولكن دولته قد تنازلت عنها.

ثالثاً- إذا ثبت للقاضي أن الدعوى المعروضة أمامه تخرج عن نطاق حصانة المبعوث الدبلوماسي، أو أن أنها تدخل ضمن حصانته القضائية غير أن دولته تنازلت عنها فعليه أن يقرر اختصاصه بالنظر فيها طبقاً لقواعد الاختصاص القضائي الدولي (المادة ١٥ من القانون المدني العراقي إذا كانت الدعوى مقامة في العراق) باعتبار أن المبعوث الدبلوماسي أصبح في هذه الحالة كأي أجنبي آخر يخضع لقواعد الاختصاص القضائي الدولي للمحاكم الوطنية.

رابعاً- إذا وجد القاضي أن الدعوى تخرج عن اختصاصه طبقاً لقواعد الاختصاص القضائي الدولي للمحاكم الوطنية (المادة ١٥ من القانون المدني العراقي بالنسبة للعراق) فعليه أن يمتنع عن النظر فيها، باعتبار أن الأجنبي في هذه الحالة لا يخضع للاختصاص القضائي الدولي للمحاكم الوطنية.

---

(١) أنظر المادة (٢) من قانون تنفيذ الأحكام الأجنبية.

(٢) إن حصانة المبعوث الدبلوماسي القضائية ليست حصانة مطلقة إنما ترد عليها استثناءات كما سيأتي شرح ذلك في المبحث الثاني.

وبالرغم من أن الدعوى قد تخرج عن نطاق حصانة المبعوث الدبلوماسي القضائية، أو أن دولته تنازلت عنها فإن القاضي الوطني قد يمتنع عن النظر فيها إذا وجد أنها تخرج عن نطاق اختصاصه الدولي.

المبحث الثاني

مدى الحصانة القضائية المدنية في القانون الدولي التقليدي

لقد اختلفت تطبيقات الدول بشأن تحديد نطاق الحصانة القضائية المدنية، فكانت بعض الدول ترى عدم ضرورة منح المبعوث الدبلوماسي الحصانة القضائية في الأمور المدنية سواء ما تعلق بأعماله الرسمية أم الخاصة، وترى دول أخرى ضرورة التمييز بين أعماله الرسمية وأعماله الخاصة في الأمور المدنية، ومنحه الحصانة بالنسبة للأعمال الأولى دون الأعمال الثانية، وهذا ما يطلق عليه بالحصانة القضائية المدنية المقيدة.

أما الاتجاه الثالث فإنه يرى أن يتمتع المبعوث الدبلوماسي بالحصانة القضائية المدنية المطلقة سواء ما تعلق بأعماله الرسمية أو أعماله الخاصة.

وعلى ذلك فإن هذا المبحث يتضمن المطالب الآتية:

المطلب الأول: عدم الاعتراف بالحصانة القضائية المدنية.

المطلب الثاني: الحصانة القضائية المدنية المقيدة.

المطلب الثالث: الحصانة القضائية المدنية المطلقة.

المطلب الأول: عدم الاعتراف بالحصانة القضائية المدنية

لم يستقر العرف الدولي في بادئ الأمر على منح المبعوث الدبلوماسي الحصانة القضائية المدنية بخلاف الاتفاق السائد على منحه الحصانة القضائية في الأمور الجزائية[1]، فقد جرى العمل في بعض الدول الأوربية على خضوع المبعوث الدبلوماسي لاختصاصها، بحجة أن الحصانة هذه تخالف العدل والقانون الطبيعي[2].

(1) Philippe Cahier, op. cit, p. ٢٤٧ Franciszek, op, cit, p. ٤٠٩ Jean Serres, op. cit, Ne ١٢٧.

(٢) وقد حرم القانون الاسباني الصادر في ١٥ حزيران ١٧٣٧، المبعوث الدبلوماسي من الحصانة المدنية على أساس أن القانون الذي يمنح مثل هذه الحصانة إنما يخالف العدل والقانون الطبيعي.

Mario Giuliano. Les Relation et Immunites Diplomatiques. R.C.A.D.I. ١٩٦٠ Vol. ٢. Tome ١٠٠ p.٨٦.

ولم تعترف الحكومة البريطانية بالحصانة القضائية المدنية بصورة رسمية إلا في عام ١٧٠٨ عندما قبض على السفير الروسي في لندن DeMalitove لعدم دفعه الديون المترتبة بذمته لمصلحة بعض التجار الإنكليز[(١)].

وجرى التطبيق العملي في الولايات المتحدة الأمريكية في السابق، على عدم الاعتراف بالحصانة القضائية المدنية بالنسبة للمبعوثين الدبلوماسيين الأجانب في الولايات المتحدة، ولمبعوثيها الدبلوماسيين في الخارج، ففي عام ١٨٧٤ رفض وزير الخارجية الأمريكية منح الوزير المفوض الأمريكي في هنغاريا، الحصانة القضائية المدنية عندما رفعت في هنغاريا دعوى مدنية ضده، وجاء في التعليمات التي أصدرها وزير الخارجية الأمريكي "أن هذه الحصانة يجب طلبها لمناسبات أكثر دقة وأهمية، ويجب ألا تكون موضع استعمال عندما تكون حقائق معينة تعرض مصالح المبعوث الدبلوماسي إلى الزوال، أو الرغبة في أن يتهرب من مسؤوليته الشخصية أو المالية هو الباعث الذي دعاه للتمسك بهذه الحصانة[(٢)].

وقد أيدت هذا الاتجاه بعض المحاكم السويسرية، فقد رفعت سيدة سويسرية الدعوى ضد رئيس البعثة المصرية في برن عام ١٩٦٠ بشأن إيجار مقر البعثة، وقد دفع رئيس البعثة بالحصانة القضائية، غير أن المحكمة الفدرالية العليا، رفضت هذا الدفع، بحجة أن عقد الإيجار يعتبر من أعمال الإدارة وليس من أعمال السلطة العامة التي تخرج من ولاية القضاء[(٣)].

ولم تقم الاتفاقية القنصلية بين الولايات المتحدة وبريطانيا، الحصانة القضائية المدنية للمبعوث الدبلوماسي، حيث أوجبت تغطية مسؤوليتها المدنية بعقود تأمين تضمن دفع التعويضات للمتضررين عن الحوادث المرتكبة من قبلهم، وهذا يعني اتخاذ الإجراءات بحقهم غير أن شركة التأمين هي التي تقوم بدفع التعويض[(٤)].

---

(١) John Alderson Foote. Privat International Law. Sweet and Maxwell. L. London ١٩٢٥, p.٢١٠.
كذلك أنظر عبد المجيد عباس، المصدر السابق، صفحة ١٤١ ورغم صدور القانون الإنكليزي المذكور، إلا أن محكمة استئناف لندن رفضت في عام ١٩٢٢ منح الحصانة القضائية لمبعوث دبلوماسي سوفيتي، بحجة أن الاتفاق الثنائي بين الحكومة السوفيتية والبريطانية تضمن فقط الحصانة من دفع الضرائب والتفتيش والحصانة من الاختصاص المدني.
أنظر القرار.
F.A. Mann, Studies in International Law. Oxford, London, ١٩٣٧, p.٣٣٨.

(٢) أنظر C. E. Wilson, op. cit. p.٩٩

(٣) أنظر الدكتور فؤاد عبد المنعم رياض، الحصانة القضائية للدولة ملحق المجلة المصرية للقانون الدولي رقم ١٩ لسنة ١٩٦٣ ص٥٥.

(٤) نصت المادة (٥) من الاتفاقية على: "جميع السيارات والزوارق والطائرات الممتلكة من قبل الدولة الموفدة والمستعملة من قبل القنصلية أو الممتلكة من قبل الدولة الموفدة والمستعملة من قبل القنصلية أو الممتلكة من قبل موظف أو مستخدم قنصلي يجب أن تغطى بعقود ضمان كافية ضد الأضرار للشخص الثالث، وأن أي إدعاء في حدود هذه العقود يعتبر عائداً لعقد يتضمن مسؤولية في دعوى مدنية".
أنظر الأستاذ سهيل فريحي، المصدر السابق، صفحة ١٠٠.

كما أن محكمة التمييز الأردنية في عام ١٩٥٨ رفضت بصورة مطلقة، منح الحصانة القضائية المدنية لمقر البعثة الدبلوماسية، حتى بالنسبة للأعمال الرسمية، فقد جاء في قرار لها "... وعليه فإن القنصل العام الأجنبي الذي وقع عقد إيجار بالوكالة عن حكومته لا يتمتع بالحصانة القضائية تجاه المحاكم المحلية..." على الرغم من أن العقد المذكور قد عرض على وزارة الخارجية الفرنسية والتي وافقت عليه [١].

وكان المرسوم المصري الصادر في سنة ١٩٠١ يميز بين الأعمال المعلقة بوظيفة المبعوث الدبلوماسي والأعمال الخارجة عنها، فيمنح الحصانة القضائية للأولى دون الثانية، وقد ألغى المرسوم في عام ١٩٣٧ ضمن القوانين واللوائح المترتبة على امتيازات الأجانب في مصر على أثر اتفاق "مونترو" المؤرخ في ٨ آذار من عام ١٩٣٧ [٢]، الذي لم يتضمن أية أحكام تتعلق بالحصانة القضائية، عدا المادة الثانية التي أخضعت الأجانب المقيمين في مصر للتشريع المصري في القضايا المدنية والجنائية مع مراعاة القانون الدولي. وقد أثار الإلغاء المذكور تطبيقات مختلفة بين تأكيد وجود الحصانة القضائية وبين رغبة المشرع في إلغائها [٣].

ورغم أن غالبية الفقه والقضاء وتشريعات الدول اعترفت بالحصانة القضائية المدنية للمبعوثين الدبلوماسيين، كما سنرى ذلك فيما بعد، إلا أن بعض الدول كالأردن والبرتغال ورومانيا، لم تعترف بهذه الحصانة بصورة رسمية قبل صدور اتفاقية فينا للعلاقات الدبلوماسية لعام ١٩٦١ [٤]، ولم يعد للاتجاه هذا من أثر خاصة بعد نفاذ الاتفاقية المذكورة.

---

(١) أنظر الأستاذ سهيل فريحي، المصدر السابق، صفحة ٩٩.
D. P. Oconnell, op. cit, p. ٩٢٢.

(٢) أنظر الاتفاق الخاص بإلغاء الامتيازات في مصر، والوثائق الموقعة بمونترو في ٨ مايو سنة ١٩٣٧، والملحقات الخاصة بتصديق البرلمان المصري، في ملحق العدد العاشر من مجلة المحاماة، السنة السابعة عشرة، ١٩٣٦-١٩٣٧، صفحة ١ وما بعدها.

(٣) الأستاذ محمد حسني بك، القانون الدبلوماسي، المطبعة الأميرية، القاهرة صفحة ٢٥٠.

(٤) طلبت الأمم المتحدة من الدول كافة تزويدها بنسخ من القواعد الخاصة بالحصانات والامتيازات التي يتمتع بها المبعوثون الدبلوماسيون على أقاليمها، وأرسلت جميع الدول نسخاً من هذه القواعد، ولم يرد في النسخ المرسلة من قبل كل من الأردن والبرتغال ورومانيا ما يشير إلى اعتراف هذه الدول، بالحصانة القضائية المدنية للمبعوثين الدبلوماسيين رغم اعترافها بالحصانات والامتيازات الأخرى.
أنظر:
Enited Nations Laws, p. ١٨٧, ٢٧٩, ٢٨٩.

المطلب الثاني: الحصانة القضائية المقيدة

ذهب بعض الكتاب[1] إلى أن الحصانة القضائية المدنية التي يتمتع بها المبعوث الدبلوماسي، لا تشمل الأعمال التي يزاولها بصفته الرسمية، أما إذا زاول أعمالاً أخرى لا علاقة لها بوظيفته الرسمية كالأعمال التجارية، أو تملك عقارات أو منقولات لمصلحته الشخصية، فإن جميع المنازعات الناشئة عن ذلك تخضع لاختصاص محاكم الدولة المستقبلة على أساس أن الحصانة القضائية قررت على سبيل الاستثناء، ويجب ألا تتعدى الحكمة التي وضعت من أجلها، وهي تمكين المبعوث الدبلوماسي من أداء واجبة على أكمل وجه ممكن.

وقد أخذت بذلك الحكومة الفرنسية في عام ١٧٧١[2]، والمحكمة التجارية في باريس

عام ١٩٦٨[3]، ومحكمة السين الفرنسية في عام ١٩٢٧[1] ومحكمة النقض الإيطالية في قراريها الصادرين في عام ١٩١٥ و ١٩٢١[2]

---

(١) ومن مؤيدي هذه النظرية:

Bidau, Esperson, Laurent, p. Fiore, Epitacio Pessoa.

أنظر في ذلك:

J.R. Wood and J. Serres, op, cit. p.٤٢٧

Mohammed Ali Ahmad, op. cit, p. ١٥٣

Niboyet, op. cit,p. Ne-٧٨٠

G. Stuart, op. cit, p. ٥١٩.

V. Poullet, op. cit, p.١٩٩

Joe Verhoven. Jurisprudence Belge Relative au Droit Intenational, R.B.D.I. ١٩٦٦-I, p.٣٧٠.

Francois Regaux. Droit Public et Droit Prive dans Les Relations Internationals A. Pedone Paris ١٩٧٧, p.٢٢٣

Charles G. Fenwick. International Law. ٣ed. Appleton-Century-Crofts, Ins. New York ١٩٤٨ p. ٤٧٠.

والدكتور فؤاد شباط، الدبلوماسية، مطابع الحلواني، دمشق ١٩٦٤، صفحة ٢٢٥.

والدكتور فؤاد عبد المنعم رياض، المصدر السابق، صفحة ٤٤٣.

والدكتور محمد عزيز شكري، المصدر السابق، صفحة ٣٤٣.

والدكتور حسن مصعب، المصدر السابق، صفحة ١٦٣.

الدكتور غالب الدودي مذكرات في مبادىء العلوم السياسية، المصدر السابق، صفحة ٣٨.

(٢) في عام ١٧٧١ عندما أراد البارون Wrech سفير Landgrave de Hesse Cassel في فرنسا مغادرتها دون الإيفاء بديونه الكثيرة، فقد أبلغ دائنوه الحكومة الفرنسية بذلك، وعندما وجدت هذه الحكومة أن دعواهم صحيحة أعطت الأوامر بمنع تسليم السفير جواز سفره، وقد احتج السفير على ذلك، ورد الملك لويس الخامس عشر على احتجاج السفير وبقية الهيئة الدبلوماسية المعتمدة في باريس بأنه يشعر بضرورة الحفاظ على الحصانات المرتبطة بالصفة المقدسة للسفير ولكنه يعتقد الظروف بحقوقهم وامتيازاتهم، وكان جواب الملك مصحوباً بمذكرة وزير الخارجية التي استشهدت بعمل بعض الدول وآراء بعض الكتاب من أن الحصانة القضائية للمبعوث الدبلوماسي لا يمكن إلا أن تكون مرتبطة بشكل مباشر مع ممارسته لوظائفه. أنظر: Mario Giuliano, op. cit. p. ٨٦

(٣) في عام ١٨٦٨ أقيمت الدعوى على مستشار السفارة الروسية في باريس لقيامه بكفالة أحد الأشخاص عن ما يترتب بذمته من ديون وقد قررت المحكمة خضوع المستشار لاختصاصها القضائي رغم الدفع الذي قدمه محتجاً بالحصانة

ومحكمة الاستئناف المختلطة عام ١٩٣٥[٣] ومحكمة الأمور المستعجلة في مصر- عام ١٩٦١[١].

القضائية، فقد جاء في قرار المحكمة أن الحصانة التي احتج بها "شيشرون" مستشار السفارة الروسية في باريس من حق ممثلي الحكومات الأجنبية لكي لا يتعرضوا لمضايقات أثناء قيامهم بوظائفهم الرسمية، ألا أن هذه الحصانة لا يمكن أن تمنح لهم عندما يدخلون في معاملات تجارية لمصلحتهم الشخصية.

وقد نقضت محكمة استئناف باريس القرار المذكور على أساس أن المحكمة لا تملك حق مقاضاة المبعوث الدبلوماسي. أنظر:

B. Sen, op. cit. p. ١١٣

,الدكتور عبد المجيد عباس، المصدر السابق، صفحة ١٥٧.

(١) في عام ١٩٢٧ رفضت محكمة السين الفرنسية الدفع بالحصانة القضائية، وحكمت بأن المبعوث الدبلوماسي يخضع لاختصاص المحاكم الفرنسية عن أعماله الخاصة، وقد أيدت محكمة الاستئناف الفرنسية القرار المذكور عام ١٩٢٨.

أنظر قضية: Bigelow, V. Princess No. ١٢٥, ١٩٢٨

Gerhard Von Glahn, op. cit, p. ٤١٣

وترى بعض المحاكم الفرنسية أن المبعوث الدبلوماسي لا يتمتع بالحصانة بالنسبة للدعاوى التي تتعلق بالنفقة أو تعيين مقرٍ للزوجة والدعاوى العينية العقارية. أنظر:

J.P. Niboyet, op. cit. p. ٣٨٣.

والدكتور عز الدين عبدالله، المصدر السابق، صفحة ٧٧٢.

(٢) ذهبت محكمة النقض الفرنسية في قرارها الصادر في ٢٠ نيسان عام ١٩١٥ (قضية Rinaldi) إلى ما يلي: "أن المبعوث الدبلوماسي لا يخضع للاختصاص الإقليمي بخصوص الأعمال التي يقوم بها أثناء ممارسته الوظيفة، ولكن الشك يثور حول هذه الحصانة بخصوص الأعمال التي يقوم بها باعتباره شخصاً خاصاً" وأضافت المحكمة "إذا كان احترام الدولة واجباً تجاه الأشخاص الذين يمثلون سلطة ملك دولة أجنبية، وإذا كانت المجاملة في العلاقات الدولية تقتضي الإعتراف "بخارج الإقليمية" وبالحصانة القضائية للمبعوثين الأجانب فإن هذين السببين يزولان عندما يرتبط هؤلاء الأجانب بروابط خاضعة للقانون الخاص في البلد المقيمين فيه، أي عندما يرتبطون بالتزامات الترافع أمام المحكمة الإقليمية لاستحصال الدين، ولا يقال بوجوب السماح لهم للتخلص من الخضوع للقانون العام وللقضاء الإقليمي بالإدعاء بالحصانة الشخصية في الوقت الذي تعاقدوا فيه على ديون، ولم يتمثلوا بالالتزام على الدفع، وفي مثل هذه الحالة يجب التسليم بشرعية الإجراءات المتخذة على أموالهم إذا وجدت في الإقليم فيما عدا مراكز مكاتبهم ومسكنهم الخاص، وقد ذهبت المحكمة إلى الرأي المذكور في عام ١٩٢٢. أنظر:

Mario Giuliano, op. cit. p. ٨٧

Jir. Wood and J. Serres, op. cit. p. ١١٦

B. Sen, op. cit, p. ١١٧.

وقد احتج السفير الفرنسي على القرار المذكور بصفته عميد السلك الدبلوماسي في إيطاليا، وأرسل مذكرة إلى وزير الخارجية الإيطالي عبر فيها عن عدم قناعته بخصوص الأسس التي استندت إليها المحكمة.

أنظر: EMILE Tayan, op. cit, p. ٤٢٨. Philippe Cahier, op. cit, p. ٢٥٠

D.P. O'Connell, op. cit, p. ٨٩٨.

والدكتور فاضل زكي محمد، المصدر السابق، صفحة ١٥٧.

(٣) كان المرسوم الصادر في مصر عام ١٩٠١ يقضي بإعفاء المبعوث الدبلوماسي من اختصاص المحاكم المختلطة عدا التصرفات الشخصية المتعلقة بالصناعة والتجارة وما يمتلكه من عقارات خاصة في مصر، وكانت المحاكم المصرية تميز بالاستناد إلى المرسوم المذكور بين أعمال المبعوث الدبلوماسي الرسمية وبين أعماله الخاصة، فتضفي الحصانة القضائية على الأولى وتخرج الثانية من نطاقها، وقد جاء بقرار محكمة الاستئناف المختلطة المرقم ٢٨٥ والمؤرخ في ٧ مارس عام ١٩٣٥ ما يلي: "إن دكريتو أول مارس سنة ١٩٠١ الذي سوى مركز الموظفين السياسيين والقنصليين الأجانب ينص على مبدأين أساسيين الأول عدم مقاضاتهم فيما يختص بالأعمال الداخلة في حدود وظائفهم -الثاني -اختصاص المحاكم المختلطة في المسائل غير الداخلة في أعمالهم"، و "طبقاً لنصوص معاهدة الصداقة المعقودة في ٢٨ نوفمبر سنة ١٩٢٨

كما ذهبت إلى عدم تمتع المبعوث الدبلوماسي بالحصانة القضائية فيما يتعلق بأعماله الخاصة، محكمة استئناف بروكسل في قرارها الصادر عام ١٩٦٢[٢].

وكذلك مجلس الدولة المصري في الفتوى التي أصدرها في ١٩٤٩، والتي أوجب فيها خضوع المبعوث الدبلوماسي فيما لا يتصل بصفته الرسمية[٣].

بين مصر وإيران بتقاضي رعايا دولة إيران أمام المحاكم الأهلية إلا في حالة تمتعهم بامتيازات المناعة السياسية وفي حالة قيامهم بأعمالهم الرسمية وباعتبارهم الممثلين السياسيين أو القنصلين لدولهم".

أنظر: مجلة المحاماة، ١٩٣٥، صفحة ٦٤٣.

كذلك أنظر الدكتور عبد العزيز سرحان، قواعد القانون الدولي، وما جرى عليه العمل في مصر، المجلة المصرية للقانون الدولي المجلد ٢٢، القاهرة ١٩٧٢ صفحة ٥٩.

والدكتور محمدة حافظ غانم، المصدر السابق، صفحة ٥٩٢.

والدكتور محمد حسني بك، المصدر السابق، صفحة ٢٥٠.

(١) جاء بقرار محكمة الأمور المستعجلة الصادر عام ١٩٦١ إن التقييد في نطاق الحصانة يسري على الممثلين الدبلوماسيين... وأن هذا الرأي هو الراجح منذ عام ١٩٠١ ، إضافة إلى أن العرف في العربية المتحدة ما زال يتجه إلى الأخذ بمبدأ الحصانة المقيدة في المواد المدنية..."

أنظر مجلة المحاماة، العدد الثالث، السنة ٤٢، نوفمبر ١٩٦١ صفحة ٢١٦.

(٢) أقيمت الدعوى على سفير فنزويلا في بلجيكا في عام ١٩٦٢، لدى محكمة بروكسل المدنية وطلب المدعي تعويضه عن الأضرار الحاصلة للعقار الذي كان يشغله السفير المذكور، وقد دفع السفير بالحصانة القضائية وعدم ولاية المحاكم البلجيكية بالنظر في الدعوى المذكورة، وقد اتجهت المحكمة إلى أن مسألة الحصانة القضائية في بلجيكا خاضعه أساساً للقانون الدولي العرفي وأن مرسوم رقم (١٣) Ventose للسنة الثانية (المنشور في بلجيكا بالقرار رقم ٧ للسنة الخامسة) يكتفي بالتأكيد على هذا المبدأ دون أن يحدد مداه وحدوده، أما اتفاقية فينا فإنها لم يصادق عليها من قبل الحكومة البلجيكية، وقد قررت المحكمة اختصاصها بالنظر في الدعوى.

وصدق قرار محكمة بروكسل المدنية من قبل محكمة الاستئناف وجاء في قرار التصديق "نظراً لأن حاكم الدرجة الأولى قد بين بشكل دقيق بأن الحصانة التي يتمتع بها الممثلون الدبلوماسيون لا تشمل إلا الحالات التي تعتبر ضرورية لصيانة العلاقات الدبلوماسية الجديدة...".

وأن الحصانة لا تكون إلا بخصوص الأفعال الرسمية التي يقوم بها بصفته كممثل لدولة أجنبية. أنظر:

Civ. Bruxelles, ١٦ Avril ١٩٦٢ Ramirex M.C. Gegor Denis, R.C.J.B. ١٩٦٨.

,ملاحظة الأستاذ Joe Verhoeven المنشورة في:

R.E.D.I. ١٩٦٩- ١ p. ٣٦٩ .

(٣) جاء في الفتوى المذكورة ما يلي: "إن اختصاص المحاكم المصرية بنظر الدعوى التي ترفع على رجال السلكين السياسي والقنصلي الأجنبي في مصر أصبح خاضعاً لأحكام القانون الدولي "العرف الدولي" فإليهما وحدهما وإلى نص المادة الحادية عشر من اتفاقية مونترو في شأن القناصل يرجع حالياً للتعرف على مدى الحصانة التي يتمتع بها الممثلون السياسيون والقنصليون، وإذا كان الفقه والقضاء قد أجمعا على أن هذه الحصانة مطلقة فيما يتعلق بإعفاء رجال السلك السياسي من الخضوع للقضاء المحلي في الشؤون الجنائية إلا أنه فيما يتعلق بالدعوى المدنية وعلى وجه الخصوص بالدعاوى العينية العقارية اختلفت الآراء وتشعبت فالبعض ما زال متمسكاً بمبدأ الحصانة المطلقة حتى في شأن الدعاوي المدنية دون تمييز بين ما كان متعلقاً بالعمل الرسمي للممثل السياسي من عدمه والبعض الآخر يرى وجوب التفرقة بين الفرضين وإباحة الخضوع للقضاء المحلي فيما لا يتصل بالصفة الرسمية للممثل السياسي وقد وجد هذا الرأي الأخير صدى في مشروع الميراث الدولي والحصانات السياسية الذي أقره معهد القانون الدولي عام ١٨٩٥، وفي المشروع الذي أقره معهد القانون الدولي الأمريكي، كما أخذت به بعض المحاكم الإيطالية في حالات خاصة، إلا أن أحكام القضاء الإنجليزي والأمريكي والفرنسي تشايعها غالبية الفقهاء استقرت على أنه لا يجوز في جميع الأحوال مقاضاة الممثل السياسي الأجنبي أمام محاكم الدولة التي يباشر عمله فيها رسمياً مالم يتنازل هذا الممثل بموافقة حكومته عن حصانته، وقد أقر مؤتمر الدول الأمريكية في هافانا سنة ١٩٢٨ هذا المبدأ، ومع تفضيلنا هذا الرأي الأخير نرى ذلك أنه لا تحول الحصانة كلية دون حصول ذي الشأن على حقهم بطريقة ما...".

انظر فتوى مجلس الدولة المصري المرقمة ١٤٣ في ١٩٤٩/٦/٢٦ المجلة المصرية للقانون الدولي، القاهرة ١٩٧٢ المجلد عدد ٢٢ صفحة ١٥٢.

وأيدت الحصانة القضائية المقيدة في الأمور المدنية قوانين بعض الدول كبولندا وكولومبيا والفلبين[١] ومشروع معهد القانون الدولي ١٨٩٥-١٨٩٦ والمعهد الأمريكي للقانون الدولي ١٩٢٧ والمادة ٢٤ منن اتفاقية هافانا الموقعة عام ١٩٢٨[٢].

إن أثر الحصانة القضائية المقيدة في الأمور المدنية كان معمولاً به حتى عام ١٩٧٥ بالنسبة لموظفي الأمم المتحدة وأعضاء محكمة العدل الدولية، حيث يتمتع هؤلاء بالحصانة القضائية المدنية في أقاليم الدول الأعضاء بقدر تعلق الأمر بأعمال وظائفهم الرسمية[٣]، كذلك بالنسبة للقناصل[٤] ورؤساء الدول الأجنبية، حيث قيدت هذه الحصانة بالأعمال التي تتصل بالشؤون الرسمية، أما إذا تعلق النزاع بالشؤون الخاصة فإن العمل قد جرى على خضوعهم لاختصاص محاكم الدولة المستقبلة[٥].

(١) أنظر المادة الخامسة من قانون المرافعات البولندي الصادر عام ١٩٣٢ والمادة الرابعة من المرسوم الكولومبي المرقم ٦١٥، الصادر في عام ١٩٣٥ والفقرة الخامسة من الفصل الأول من القانون الخاص بالحصانات والامتيازات الفلبيني المرقم ٧٥ الصادر عام ١٩٤٦. أنظر:

United Nations Laws, p. ٢٤٣, ٦٥, ٢٣٧.

(٢) أنظر المادة ١٦ من مشروع معهد القانون الدولي ١٨٩٥/١٨٩٦ والمادة ٢٧ من المعهد الأمريكي للقانون الدولي ١٩٢٧ والمادة ٢٤ من اتفاقية هافانا الموقعة عام ٩٢٨.

B. Sen, op. cit, p. ١١١ No. ٢ and ٣.

(٣)G. Schwarzeberger, International law S, and Sone, L. London ١٩٧٦ p. ٤٩٧

(٤) نصت المادة (٤٣) من اتفاقية فينا للعلاقات القنصلية لعام ١٩٦٣ المصادق عليها بالقانون رقم (٢٠٣) لسنة ١٩٦٨ على ما يأتي: "لا يخضع الضباط القنصليون والموظفون القنصليون لولاية السلطات القضائية والإدارية للدولة المستقبلة بالنسبة للأعمال التي يضطلعون بها ممارسة منهم للواجبات القنصلية.

٢- لا تنطبق أحكام الفقرة (١) من هذه المادة على دعوى مدنية تكون إما أ- ناشئة عن عقد مبرم من قبل ضابط قنصلي أو موظف لم يتعاقد فيه صراحة أو ضمناً كوكيل للدولة المرسلة. أو ب- مقامة من قبل طرف ثالث عن أضرار ناشئة عن حادث وقع في الدولة المستقبلة وسببته واسطة نقل برية أو جوية".

أنظر الوقائع العراقية العدد ١٦٨٨ في ١٩٦٩/٢/٢.

ونصت المادة الثانية من قانون امتيازات قناصل الدول الأجنبية العراقي رقم ٢٦ لسنة ١٩٤٩ على ما يلي: "عدا ما قد ينص عليه في الاتفاقات والمعاهدات القنصلية يخضع القنصل في الأعمال غير الرسمية لسلطة المحاكم المدنية في الأمور المدنية والتجارية والجزائية ولا صيانة له إلا في الأعمال التي يقوم بها بحكم وظيفته وبصفته الرسمية وذلك على أساس المقابلة بالمثل".

(٥) الأستاذ الدكتور حسن الهنداوي، المصدر السابق، صفحة ٢٢٠.

والدكتور عز الدين عبد الله، المصدر السابق، صفحة ٧٧٠.

وقد انتقد الكتاب[1]، فكرة التمييز بين أعمال المبعوث الدبلوماسي الرسمية وأعماله الخاصة، وذهب إلى أن هذا التمييز إذا كان مقبولاً كما يبدو في الظاهر فهو صعب التطبيق من الناحية العملية وتكمن هذه الصعوبة في وضع حد فاصل بين أعماله الرسمية وأعماله الخاصة ويدق التمييز بينهما في كثير من الأحيان، إضافة إلى أن أكثر الأفعال التي يمارسها المبعوث الدبلوماسي تتم بموجب تعليمات تصدرها له دولته، وتنسب إليها، وينجم عن ذلك أن هذه الأفعال إما أن تدخل ضمن إطار القانون الدولي "المسؤولية الدولية" ومن ثم فإنها لا تخضع لولاية المحاكم المحلية التي لا يكون لها أي اختصاص عليها، وإما أن تعزى إلى موضوعات الحصانة القضائية للمبعوث الدبلوماسي.

وعلى هذا فإن مشكلة الحصانة القضائية للمبعوث الدبلوماسي تخص الأعمال التي يمارسها هؤلاء باعتبارهم أشخاصاً مدنيين، هذا من جهة، ومن جهة أخرى تثور مشكلة من هي الجهة التي تقرر أن العمل المرتكب هو رسمي أم خاص؟ فإذا قيل أن البعثة الدبلوماسية التي ينتمي لها المبعوث الدبلوماسي هي التي تقرر ذلك، فإن من شأنها أن تغطي أعمال ممثلها وتضفي عليها الصفة الرسمية، وإن قيل أن المحاكم المحلية هي التي تقرر ذلك فمغبة ظهور مخاطر التعسف، كما أن هذا التمييز الذي أخذ به بالنسبة لحصانة الموظفين الدوليين لا يزال مصدر نزاع بين دول المقر والمنظمات الدولية.

ومن الانتقادات التي وجهت لهذه النظرية، هي أن التمييز بين الأفعال التي يمارسها المبعوث الدبلوماسي بصفته الرسمية، وبين الأفعال التي يمارسها بصفته الخاصة، وإضفاء الحصانة القضائية على تصرفاته الأولى دون الثانية يعني عدم الاعتراف بالحصانة القضائية للمبعوث الدبلوماسي، فعندما يتصرف المبعوث الدبلوماسي بصفته الرسمية فإن هذه الأفعال يجب أن تنسب إلى دولته التي يمثلها، وأن مسؤولية ما ينتج عن تصرفاته يجب أن تتحملها دولته، وفي هذه الحالة، وطبقاً لقواعد القانون الدولي، فإن الدول الأجنبية تتمتع بالحصانة القضائية أمام المحاكم الأجنبية[2]، ومن ثم فإن الحصانة القضائية التي يتمتع بها المبعوث الدبلوماسي عن تصرفاته الرسمية، هي في الواقع الحصانة القضائية التي تتمتع بها دولته أمام المحاكم الأجنبية، وليس الحصانة القضائية التي يتمتع بها المبعوث الدبلوماسي لذاته ما دامت تصرفاته الخاصة خارج نطاق الحصانة القضائية.

أما في العراق، فبالرغم من صراحة قانون امتيازات الممثلين السياسيين رقم (٤) لسنة ١٩٣٥ على منح المبعوث الدبلوماسي الحصانة القضائية المطلقة[3]، فإن بعض الممارسات العملية تدل على أن العراق أخذ بالحصانة القضائية المقيدة.

---

(١) Philippe Cahier, op. cit. p. ٢٤٨.

والدكتور سموحي فوق العادة، المصدر السابق، صفحة ٣٠٥.

(٢) J.R. Wood and J. Serres, op. cit, p.١١٦.

(٣) أنظر نص المادة الأولى من القانون المذكور في صفحة (٢٢٢) من هذه الرسالة.

ففي عام ١٩٥٢ طلبت وزارة العدلية من وزارة الخارجية تبليغ مستشار السفارة الأردنية في بغداد بالحضور إلى محكمة صلح بغداد في الدعوى المرقمة ٩٥٢/٦١٧ عن دين ترتب بذمته لصالح المدعي[١] إلا أن وزارة الخارجية لم تبلغه مباشرة سفارته، إنما طلبت تبليغه بواسطة المحامي الذي وكله المستشار للدفاع عن حقوقه في الدعوى المذكورة[٢]، ولم تدفع وزارة الخارجية بالحصانة القضائية التي يتمتع بها المستشار، كما أن المستشار لم يدفع بذلك أيضاً.

وفي عام ١٩٥٥ طلبت وزارة العدل تبليغ أحد الموظفين الدبلوماسيين في السفارة الإيرانية في بغداد، بإنذار علم وخبر صادر من كاتب عدل جنوبي بغداد عن دين ترتب بذمته[٣]، إلا أن وزارة الخارجية أعادت أوراق التبليغ غير موقعة من قبل مخاطبها وطلبت تبليغ المحامي الذي وكله المدعي عليه[٤].

ويدل موقف وزارة الخارجية في هذه القضايا على أنها كانت ترى خضوع المبعوث الدبلوماسي لاختصاص المحاكم العراقية في الدعاوى المدنية المتعلقة بمصلحته الشخصية، كما أن المحاكم العراقية كانت لا تمانع من السير في هذه الدعاوى.

المطلب الثالث: الحصانة القضائية المدنية المطلقة

بالنظر لما وجه إلى النظريتين السابقتين من انتقادات فقد ذهب اتجاه آخر إلى ضرورة منح المبعوث الدبلوماسي الحصانة القضائية المدنية المطلقة، سواء في ما تعلق بأعماله الرسمية أو بأعماله الخاصة ليتسنى له القيام بأعباء وظيفته بصورة صحيحة، وبدون تفرقة بين رئيس البعثة الدبلوماسية أو أعضائها الآخرين، وبدون تمييز بين أنواع الحصانات القضائية باعتبار أن الحصانة القضائية، إحدى نتائج حرية التصرف التي يجب توفيرها للمبعوث الدبلوماسي تأكيداً لمبدأ سيادة الدولة المستقلة لئلا تلجأ الدول إلى قضائها ليكون ستاراً لمراقبة تصرفاته[٥].

وقد ذهبت بعض المحاكم الفرنسية إلى تأييد الحصانة القضائية المدنية المطلقة للمبعوث الدبلوماسي، واعتبرت هذه الحصانة وحدة لا تتجزأ فلا فرق بين أعماله الرسمية

---

(١) أنظر مذكرة وزارة العدلية المرقمة أ/٢٥ في ١٩٥٢/٢/١٤.
(٢) أنظر مذكرة وزارة الخارجية المرقمة ٢٠٠/١١١٧ في ١٩٥٢/٥/٢١.
(٣) أنظر مذكرة وزارة العدلية المرقمة أ/٢٥ في ٩٥٥/١١/٣.
(٤) أنظر مذكرة وزارة الخارجية المرقمة ٢٠٠/٢٤٥ في ٩٥٦/١/٣.
(٥) Paul Guggenheim. Traite de Droit International Public. L. Georg, Geneve ١٩٥٣ p. ٥٠٧.
Pierre de Fouquieres. Manuel Partique de Protocol. L.Arquebuse, Marine ١٩٦٥, p. ٧٢ Mario Giuliano, op. cit.p. ٣٨ Philippe Cahier, op. cit. p. ٢٤٨ Claud- Albert Colliard. Institution des relations Internationals, ٦ ed. Dalloz, Paris ١٩٧٤ p.٢٣٧.
والدكتورة عائشة راتب، الحصانة القضائية للمبعوثين الدبلوماسيين، المجلة المصرية للقانون الدولي، المجلد ٢١، السنة ١٩٦٥، مطبعة نصر - الاسكندرية صفحة ٨٩.
والدكتور محمد عبد المنعم رياض، المصدر السابق، صفحة ٢٠٠.
والدكتور محمد حافظ غانم، القانون الدولي العام، مطبعة دار النهضة العربية، القاهرة، ١٩٦٨ ، صفحة ٥٩٢.

وأعماله الخاصة"[١]، وتعلل هذه المحاكم الحصانة القضائية المطلقة في أن "من المبادئ المؤكدة في قانون الشعوب، أن المبعوثين الدبلوماسيين لحكومة أجنبية لا يخضعون لقضاء البلد الموفدين إليه، وحيث أن هذا المبدأ يستند إلى المجرى الطبيعي للأمور الذي يتطلب الصالح المشترك للدولتين، فلا يتعرض مبعوثوهم إلى محاكمات لا تترك لهم الحرية الكاملة في أداء مهماتهم"[٢].

ويؤيد الفقه[٣] والقضاء الإنكليزي الحصانة القضائية المطلقة للمبعوث الدبلوماسي سواء تعلق التصرف بأعماله الرسمية أو الخاصة، وسواء أكان الضرر نتيجة علاقة عقدية، أم نتيجة فعل ضار ارتكبه المبعوث الدبلوماسي[٤]، وله حق الدفع بالحصانة أية

مرحلة تكون عليها الدعوى[٥].

---

(١) فقد نصت محكمة استئناف باريس في عام ١٩٠٠ "بأنه لا مجال للبحث عما هي طبيعه الديون التي هي موضوع النزاع، وأنه لا يمكن إقامة أي تمييز بين الصفة العامة أو الخاصة دون أن يؤدي إلى انهاك القاعدة العامة للحصانة القضائية التي هي مبدأ غير قابل للتجزئة". أنظر كذلك قرار محكمة الصين الفرنسية الصادر عام ١٩٠٧.

Philippe Caher, op, cit, p.٢٤٩.

(٢) قرار محكمة استئناف باريس الصادر عام ١٨٦٧.

أنظر الدكتور علي صادق أبو هيف، المصدر السابق، ص١٨٨. وقد أخذت محكمة النقض الفرنسية بالإتجاه المذكور عام ١٨٩١، التي اقتنعت بالحجج التي قدمها المدعي العام والتي جاء فيها "يبدو لي أنه على المحكمة أن تحل بصورة نهائية التمييز بخصوص الحصانة القضائية بين الأعمال التي يقوم بها المبعوث الدبلوماسي باعتباره ممثلا لحكومته والأعمال التي يقوم بها باعتباره شخصاً عادياً ونقترح على المحكمة بصدد ذلك عدم الوقوف على هذا التمييز ففي كل مرة يتصرف فيها المبعوث الدبلوماسي باعتباره شخصاً عادياً فإنه يخضع لقضاء المحاكم الفرنسية ويطارده دائنوه بدون رحمة ويستطيعون إعاقة ممارسته أعمال وظيفته تارة بالمطالبات الشرعية وتارة بالمطالبات الملفقة وهكذا نسقط في المساوىء التي أراد قانون الشعوب "القانون الدولي تحاشيها" كذلك أخذت المحكمة المذكورة بالإتجاه نفسه في قرار آخر صدر عام ١٩٠٠. أنظر:

Philippe Caher, op. cit. p. ٢٤٩.

(٣) E.J. Cohn. Waiver Immunity. B.Y.B.I.L ١٩٥٩ Vol ٣٤١ p.٢٦٠ J. Morris, op. cit, p. ١٣٩ Margart Buckly, op, cit, p٣٣٩.

(٤) ذهبت احدى المحاكم الانكليزية في عام ١٨٥٩ في قضية Magdalena Stem Navigation. Co. V. Martin إلى أن المبعوث الدبلوماسي يتمتع بالحصانة القضائية بالنسبة لأعماله الخاصة، وملخص الدعوى أن شركة Magdalaraأقامت الدعوى على الوزير المفوض لغواتمالا وغرناطة الجديدة في محكمة لندن تطالبه بدفع دين قدره ٦٠٠ جنيه، وقد أسست المحكمة حكمها على قاعدة الوجود خارج الأقليم، وعلى حرية المبعوث الدبلوماسي في القيام بواجباته.

وقد ذهبت المحكمة نفسها في عام ١٩١٤ إلى "أن المبعوث الدبلوماسي الأجنبي لدى التاج البريطاني يتمتع بالحصانة المدنية المطلقة من الخضوع للقضاء البريطاني"، وقد أصبح القرار هذا من السوابق القضائية الثابتة في القضاء الإنكليزي أنظر:

C.E. Wilson, op. cit. p. ٩٨ Philippe Cahier. Op. cit. p. ٢٤٨ Sir. Cecil Hurst. Op. cit, p. ١٧٦.

كذلك أنظر الدكتور عبد الحسين القطيفي، المصدر السابق ص١٧٦ وانظر أيضاً قرار محكمة نقض لندن عام ١٩٥٩.

B.Y.B.I.L ١٩٦٠, p. ٣٩٨

وقرار Lord Chief Justiceعام ١٩٦٠ المشار إليه في: Managaret Bukley, op. cit, p.٣٤١

(٥) Taylor V. Best ١٨٥٤ In re Republic of Bolivia Exploration Syndicate Ltd. ١٩١٤ B. Sen. Op. cit. p. ١١٦.

ويؤيد الحصانة القضائية المطلقة في الأمور المدنية الفقه والقضاء في كل من ايطاليا[١] والولايات المتحدة الأمريكية[٢]، وهو ما جرى عليه العمل في كل من فنلندا وكوبا وتايلند[٣].

أما في الاتحاد السوفيتي فقد اختلفت الآراء في مدى نطاق الحصانة القضائية المدنية التي يأخذ بها، فقد ذهب رأي إلى أن الإتحاد السوفيتي يأخذ بالحصانة القضائية المدنية المقيدة، حيث يمنح الحصانة القضائية عندما يتعلق التصرف بأعمال المبعوث الدبلوماسي الرسمية، ويحجبها عندما تخرج عن شؤونه الرسمية وتتعلق بالحقوق الواردة على الملكية[٤].

وذهب رأي آخر أن الاتحاد السوفيتي يأخذ بالحصانة القضائية المطلقة وأن الفقه السوفيتي يرى ضرورة منح المبعوث الدبلوماسي الأجنبي في الاتحاد السوفيتي الحصانة القضائية المدنية المطلقة[٥]، وشمولها أوجه النشاط الذي تمارسه الحكومة السوفيتية في

---

(١) جاء في قرار محكمة النقض الإيطالية الصادر عام ١٩٤٠ ما يلي:
" في حالة عدم وجود نصوص يذهب إلى عكس ما هو مقرر في قانوننا، فإنه يجب التمسك بالقاعدة التي تقرر مبدأ، أن المبعوث الدبلوماسي المعتمد في الدولة مستثنى من الاختصاص المدني بالنسبة إلى الأعمال المتعلقة بشؤونه الخاصة" أنظر:
Philippe Cahier, op. cit, p. ٢٥٠ J.R. Wood and Swerres, op. cit, p.١١٦ G.E. do Nascimento e Silva, op. cit. p. ١١٦ Charles Rousseau. Op. cit, p.٣٤٦ Herbert Briggs, op. cit, p.٧٧٤.
كذلك أنظر: الدكتور عز الدين عبدالله، المصدر السابق، صفحة ٧٧٣ وكذلك الدكتور عبد المجيد عباس، المصدر السابق، ص١٥٧.

(٢) Ignaz Seidle- Hohenveldern, American-Austrian Private International Law.
B.S.P.I.L. No.١١.١٩٦٣, p. ٩٧ Jan Brownilie, op. cit, p.٣١٨.
وأن الاتجاه الحديث لوزارة الخارجية الأمريكية، هو منح الحصانة القضائية المدنية المطلقة للمبعوث الدبلوماسي، لأن ممارسة الاختصاص في نظرها على المبعوث الدبلوماسي في حالة ما إذا كانت القضايا نابعة نتيجة نشاط حياته العامة أو الخاصة تؤدي إلى عدم امكان تنفيذ مهماته الرسمية المكلف بها.
وفي عام ١٩٣٩ عندما قام موظفو الحجز بوضع إشارة الحجز على ممتلكات عقارية تعود للوزير المفوض لجمهورية كورستريكا في واشنطن، وضحت وزارة الخارجية الأمريكية بأن أوراق التبليغ في الدعوى المدنية لا يمكن تبليغها للمبعوثين الدبلوماسيين، وفي عام ١٩٥٦ أعلنت محكمة ولاية نيويورك بأنها لا تستطيع أن تصدر أوراق دعوية لتبليغ المدعى عليه إذا كان متمتعاً بالحصانة القضائية.
وقد أوضحت وزارة الخارجية الأمريكية عام ١٩٦٠ بصورة رسمية بأن التفسير المطبق في القانون الدولي والمتبع من قبل الولايات المتحدة على أن الحصانة القضائية الكاملة في الدعاوى المدنية يجب منحها في أي ظرف كان.
انظر: C.E.Wilsone op.cit.p.٩٩.
وقد تأكد هذا الاتجاه في الولايات المتحدة الأمريكية في قانونها الصادر عام ١٩٧٨.

(٣) United Nations Law, p. ١١٤.

(٤) Y.A. Korovin and others, International Laws Foreign Languages Publishing House Moscow ١٩٦١, p. ٣٠٣.

(٥) KOBAAB A.B., op. cit. p.٢٠٢.
ويرى الأستاذ K. Gorodetskaia أن المبعوث الدبلوماسي يتمتع بالحصانة القضائية المطلقة المدنية والإدارية مع استثناءات معينة تخرج عن نطاق الحصانة هذه على ضوء ما جاء بإتفاقية فينا للعلاقات الدبلوماسية.
أنظر:

الخارج، بغض النظر عن طبيعة العلاقات القانونية التي تكون الحكومة السوفيتية طرفاً فيها، ويتعين مقاضاة مبعوثيها أمام المحاكم السوفيتية ويفصل في الطلبات الموجهة إليها طبقاً للقانون السوفيتي، ويسري ذلك بصورة خاصة على عقود القانون المدني التي يبرمها مبعوثو الاتحاد السوفيتي في الخارج لمصلحة دولتهم، في التصرفات المتعلقة بالبيع والشراء والقرض وغيرها مما يتطلبه نشاطها الخارجي، والسبب الذي يدفع الإتحاد السوفيتي إلى هذا الاتجاه هو هيمنة الدولة على التجارة الخارجية(١).

ويرى بعض الكتاب أنه ما دام التشريع السوفيتي يقرر الحصانة القضائية للدول الأجنبية في الاتحاد السوفيتي، فإنه ينبغي على الدول الأخرى احترام قاعدة المعاملة بالمثل، وإضفاء الحصانة القضائية على جميع أوجه النشاط الذي يمارسه مبعوثو الاتحاد السوفيتي في الخارج وهو ما سارت عليه الدول الاشتراكية الأخرى(٢).

ويؤيد هذا الاتجاه الفقه والقضاء في كل من اسبانيا والبرتغال(٣) وسويسرا(٤) والأرجنتين(٥) والنمسا(٦)، كما أخذ بذلك قانون الحصانات والامتيازات الليبي رقم ٢١ لسنة ١٩٥٤ وتبناه بعض الكتاب في ليبيا(٧) ومصر(١).

Great Soviet Encyclopedia Volume ١٠ Macmilan, London, ١٩٧٠, p.١٥٥.

(١) Razimery Grzybowski, Soviet Private International Law ١٩٦٠, p.١٥٩.

أنظر الدكتور عز الدين عبد الله، المصدر السابق، صفحة ٧٦١.

والدكتور هشام علي صادق، المصدر السابق، صفحة ٣٢.

(٢) الدكتور فؤاد عبد المنعم رياض، المصدر السابق، ص٤٣٦، كذلك أنظر:

Mohammed Ali Ahmad, L'Institutation Consulaire et Droit International. These L.G.D. Paris ١٩٧٢. p.١٥.

وقد نصت المادة ٦١ من قانون الإجراءات المدنية لإتحاد الجمهوريات السوفيتيه الصادر عام ١٩٦١ على "لا يخضع لاختصاص المحكمة السوفيتية في القضايا المدنية الممثلون الدبلوماسيون للدول الأجنبية المعتمدون في اتحاد الجمهوريات السوفيتية والأشخاص الآخرون المشار إليهم في القوانين ولاتفاقات الدولية المعنية إلا في الحدود التي تضعها قواعد القانون الدولي أو الاتفاقات مع الدول المعنية...".

(٣) الدكتور علي صادق أبو هيف، المصدر السابق، صفحة ١٨٩.

(٤) جاء بقرار المحكمة الفدرالية السويسرية الصادر عام ١٩٢٢ "أنه لا مجال للتمييز بين الأعمال الرسمية والأعمال الخاصة"، وقد نصت القواعد المعمول بها في سويسرا الصادرة عام ١٩٤٧ على "أن حصانة المبعوث الدبلوماسي مطلقة وتمتد إلى الأعمال المتعلقة لحياته الخاصة".

"L'immunite de juridiction des Agent diplomatique est absolut et S'etend aux actes de leur vie privee".

Philippe Cahier, op. cit. p. ٢٤٩.

(٥) أنظر قرار المحكمة الفدرالية الأرجنتينية الصادر عام ١٨٩١.

B. Sen, op. cit, p.١٢٠.

(٦) ضمن القانون المدني النمساوي، الحصانة القضائية المدنية للمبعوث الدبلوماسي.

B. Sen, op. cit, p.١١٥.

(٧) أنظر الدكتور عبد العزيز الألفي، شرح قانون العقوبات الليبي ط١، المكتب المصري الحديث للطباعة، الاسكندرية ١٩٦٩ صفحة ١٢٣.

والدكتور محمد عبد الخالق عمر، المصدر السابق، صفحة ١٧٠.

وقد أخذت بذلك قوانين بعض الدول، كألمانيا وهولندا وكندا وفنزويلا واليونان[٢].

لقد أخذ العراق بالحصانة القضائية المدنية المطلقة في قانون امتيازات الممثلين السياسيين رقم (٤) لسنة ١٩٣٥، حيث نصت المادة الأولى منه على: أن الممثلين السياسيين للدول الأجنبية والأشخاص الذين يعتبرون من حاشيتهم وفق التعامل الدولي مصونون من سلطة المحاكم المدنية في الأمور المدنية والتجارية والجزائية وتصان أشخاصهم وأموالهم وفق التعامل الدولي من القبض والتوقيف والحجز من قبل المحاكم أو السلطات الأخرى".

ولم يرد أي قيد يحد من هذا الإطلاق، وجاءت التطبيقات العملية موافقة له، سواء ما يتعلق بالحصانة من اختصاص المحاكم المدنية[٣] أو من الإجراءات المتعلقة بها كالحصانة من التبليغ بالإنذار الصادر من كاتب العدل[٤].

وقد جرى العمل في العراق على أن السفارة لا تدفع بالحصانة القضائية المدنية بصورة صريحة، إنما تمتنع عن تبليغ المخاطب بورقة الدعوتية، لمبررات تذكرها السفارة في جوابها على الدعوية، والتي غالباً ما تعلق بموضوع النزاع لأسباب معنوية تحاول فيها عدم المساس بسمعة موظفيها.

---

(١) ويذهب البعض من الفقهاء المصريين إلى أن الرأي الغالب في الفقه هو تعميم الإعفاء من القضاء المدني بصرف النظر عن نوع الالتزامات والحقوق لأن حكمة الإعفاء من القضاء المدني بصرف النظر عن نوع الالتزامات والحقوق، لأن حكمه الإعفاء قائمة في كل الحالات، وهي المحافظة على استقلال المبعوث الدبلوماسي وعدم إزعاجه وتعكير طمأنينته أمام محاكم الدولة المستقبلة، لاسيما وأن أصحاب الحقوق يعلمون تماماً أو يفترض عليهم على الأقل بصفته وما يتصل بها من امتيازات.
أنظر الدكتور علي صادق أبو هيف، المصدر السابق، صفحة ١٩٠.

(٢) أنظر المادة ٨ من قانون ألمانيا الصادر عام ١٩٥٠ والمادة (١٣) من القانون الهندي الصادر عام ١٨٢٩ والمادة الخامسة من القانون الكندي الصادر عام ١٩٥٤ والمادة الخامسة من قانون الحصانات والامتيازات الفنزويلي والمادة ٢٦ من القانون اليوناني، أنظر نصوص هذه القوانين في نشرة الأمم المتحدة.
United Nations Laws, p. ١٢٦, ١٩٧, ٤٠٢, ١٣٤.

(٣) طلبت وزارة العدلية تبليغ السكرتير الأول في السفارة البريطانية في بغداد بالحضور أمام محكمة صلح كربلاء، إلا أن وزارة الخارجية رفضت تبليغه وأوضحت في جوابها "إن المومأ إليه يتمتع بالحصانة القضائية ولا يمكن إجباره على حضوره المحاكمة" انظر مذكرة وزارة الخارجية المرقمة ٢٥/أ والمؤرخه في ٩٥٠/١١/١٢ كذلك أنظر مذكرتها المرقمة ٢٤٦٦٥/٢٠٠/٣٦٧ في ١٩٥٠/١٢/٤.

(٤) طلبت وزارة العدلية تبليغ القائم بالأعمال الصينية في بغداد بإنذار كاتب عدل الأعظمية المرقم ٥٤/٦٥٧ في ١٩٥٤/١٢/٢٥ حول تخلية الدار المشغولة من قبله إلا أن وزارة الخارجية رفضت تبليغ المومأ إليه وقررت حفظ الطلب في الإضبارة الخاصة أنظر مذكرة وزارة العدلية المرقمة أ/٢٥ في ١٩٥٤/١٢/٣٠ ويلاحظ أن الغرض من تبليغ المدعى عليه بالإنذار الصادر من كاتب العدل قبل إقامة الدعوى لإثبات أن المدعى عليه ممتنع عن تنفيذ التزامه ويقدم إلى المحكمة بعد اقامة الدعوى.

ففي عام ١٩٣٨ طلبت وزارة العدلية تبليغ أحد المبعوثين البريطانيين في السفارة البريطانية في بغداد بالحضور أمام محكمة صلح بغداد بصفة مدعى عليه بمبلغ معين خاص به[١]، فرفضت السفارة تبليغه بحجة أنه دفع المبلغ[٢].

وفي عام ١٩٣٩ رفضت السفارة السعودية تبليغ أحد موظفيها بالحضور أمام المحكمة بصفة مدعى عليه في دعوى لا علاقة لها بواجبه الرسمي فلم تدفع السفارة بالحصانة القضائية وإنما ذهبت إلى أن الدين المطالب به غير قانوني[٣].

وفي عام ١٩٥٥ طلبت وزارة العدلية تبليغ أحد المبعوثين الدبلوماسيين في السفارة الأمريكية في بغداد بإنذار وعلم وخبر تبليغ صادر من كاتب عدل شمالي بغداد حول تخلف المومأ إليه عن دفع المبلغ المدان به والبالغ ٦٠٠ دينار، فأعيدت الأوراق غير مبلغة على أساس أنه دفع المبلغ المذكور[٤].

وبالرغم من أن هذه النظرية تعتبر أسلم النظريات الأخرى لما تقدمه من ضمانات واسعة للمبعوث الدبلوماسي تساعده على أداء مهام وظيفته بصورة كاملة دون أن يتعرض لاحتمال اتهامه بارتكاب أفعال معينة تسيء إلى سمعة دولته، إلا أنها في الوقت نفسه تؤدي إلى احتمال تعسف المبعوث الدبلوماسي في استعمال هذه الحصانة، مما يؤدي إلى عزوف البعض عن التعامل معه خوفاً من النتائج المترتبة على الحصانة المطلقة.

المبحث الثالث

مدى الحصانة القضائية المدنية في اتفاقية فينا

في خضم الآراء المتناقضة والنظريات المتعددة التي سبقت الإشارة إليها، كان على المؤتمرين في مؤتمر فينا للعلاقات الدبلوماسية لعام ١٩٦١، أن يحددوا السياسة الواجبة الاتباع التي ترضي غالبية الدول تجاه مدى الحصانة القضائية المدنية التي يتمتع بها المبعوث الدبلوماسي.

وبالرجوع إلى الأعمال التحضيرية والمناقشات الحادة التي نشأت بين أعضاء لجنة القانون الدولي المكلفة بإعداد مشروع اتفاقية فينا للعلاقات الدبلوماسية وبين أعضاء مؤتمر فينا، والتي تمخضت أخيراً في النهاية عن إقرار غالبية النصوص المقترحة، يظهر لنا مدى التناقض في الآراء التي أثيرت حول مدى الحصانة القضائية المدنية التي يتمتع بها المبعوث الدبلوماسي.

---

(١) أنظر مذكرة وزارة العدلية المرقمة أ/١٩٠٢/٢٥ في ١٩٣٨/١٠/٢١.
(٢) أنظر مذكرة السفارة البريطانية المرقمة ١٩٨ في ١٩٣٩/٤/٢٤.
(٣) أنظر مذكرة وزارة العدلية المرقمة أ/٢٥ في ٩٥٥/٦/١٣.
(٤) أنظر مذكرة وزارة الخارجية المرقمة ٢٠٠/٢٤٥ في ٩٥٥/٩/١٥.

ومن دراسة نصوص اتفاقية فينا يبدو جلياً، بأن الاتفاقية اتجهت إلى حل جديد يختلف عن الاتجاهات التي سبقت الإشارة إليها، حيث أنها منحت المبعوث الدبلوماسي الحصانة القضائية المطلقة في الأمور المدنية فيما يتعلق بأعمال وتصرفات المبعوث الدبلوماسي الرسمية والحصانة القضائية المقيدة فيما يتعلق بأعماله وتصرفاته المتعلقة بشؤونه الخاصة.

وعلى ذلك سيتضمن المبحث هذه الأمور الآتية:

المطلب الأول: الحصانة القضائية المطلقة للأعمال الرسمية.

المطلب الثاني: الحصانة القضائية المقيدة للأعمال الخاصة.

المطلب الأول: الحصانة القضائية المدنية المطلقة للأعمال الرسمية

لم يرد في اتفاقية فينا للعلاقات الدبلوماسية لعام ١٩٦١، واتفاقية البعثات الخاصة لعام ١٩٦٩ أي نص صريح يميز بين الأعمال والتصرفات الرسمية، والأعمال والتصرفات الخاصة التي يزاولها المبعوث الدبلوماسي في الدولة المستقبلة، إنما أوردت نصاً عاماً يقضي بمنحه الحصانة القضائية في الأمور المدنية[1]، ثم أورد النص استثناءات عديدة قيدت من صفة الإطلاق هذه بالنسبة للأعمال والتصرفات التي يزاولها بصفته الخاصة فقط.

أما بالنسبة للأعمال والتصرفات التي يقوم بها بصفته الرسمية فلم يرد عليها أي قيد يحد من إطلاقها ومن الأمور الثابتة أن المطلق يجري على إطلاقه ما لم يرد نص يقيده.

وعلى ذلك فإن اتفاقية فينا للعلاقات الدبلوماسية أقرت الحصانة القضائية المطلقة في الدعاوى المدنية بالنسبة للتصرفات والأعمال التي تدخل ضمن نطاق أعمال وظيفته الرسمية التي يزاولها نيابة عن دولته بغض النظر عن مصدر الالتزام.

ومن هذا يتضح أن المبعوث الدبلوماسي يتمتع بالحصانة القضائية المدنية في الدعاوى التي يكون مصدر الالتزام فيها عقداً، سواء كان ذلك العقد من العقود التي ترد

---

(١) نصت المادة (٣١) من اتفاقية فينا للعلاقات الدبلوماسية لعام ١٩٦١ على مايلي: "يتمتع المبعوث الدبلوماسي بالحصانة القضائية فيما يتعلق بقضائها المدني والإداري..." وقد نصت الفقرة الثانية من المادة (٣١) من اتفاقية البعثات الخاصة على المبدأ نفسه فجاء النص:

"They shall also enjoy immunity from the civil and administrative jurisdiction of the receiving state..."

على حق الملكية، كقيامه ببيع أو شراء أو هبة عقارات قائمة في الدولة المستقبلة[1]، أو المنقولات كالأثاث واللوازم المستعملة لأغراض البعثة[2]، أو من العقود التي ترد على حق الانتفاع بالشيء كقيامه بإيجاز أو استئجار عقارات أو منقولات لأغراض بعثته[3].

ويتمتع المبعوث الدبلوماسي بالحصانة القضائية المدنية بالنسبة للدعاوى المتعلقة بالشفعة، فلا تسمع المحكمة دعوى بالشفعة المقامة عليه لانتزاع ملكية عقار مخصص لأغراض البعثة.

كذلك يتمتع بالحصانة القضائية في الدعاوى المتعلقة بعقود العمل أو الخدمة التي يبرمها مع الغير لمصلحة البعثة[4]، أو أي تعهد باسم دولته أو بعثته بتنفيذ مقاولة لمصلحة

---

(١) Paul Graulich, op. cit, p. ١٨٥.

(٢) جاء بقرار ديوان التدوين القانوني المرقم ١٩٧٣/٣٠٣ والمؤرخ في ١٩٧٣/١٢/٢٥ "أن الحصانة القضائية التي تتمتع بها الدول الأجنبية على أموالها المملوكة بها في اقليم دوله ما يقتضي بعدم جواز مقاضاتها أمام محاكم الدولة التي توجد في اقليمها هذه الأموال". وقد استند الديوان في رأيه هذا على أحكام اتفاقية فينا للعلاقات الدبلوماسية لسنة ١٩٦١، أنظر مجلة العدالة، العدد الثاني، السنة الأولى ١٩٧٥ صفحة ٤٨٣.

(٣) وقد استقر رأي محكمة تمييز العراق على تمتع المبعوث الدبلوماسي بالحصانة القضائية المدنية بالنسبة للدعاوي المتعلقة بإيجار العقارات المخصصة لأغراض بعثته، فقد جاء بقرارها المرقم ١٥٩/هيئة عامة ثانية/١٩٧٤ والمؤرخ في ١٩٧٤/١٢/٧: "لدى التدقيق والمداولة من قبل الهيئة العامة لمحكمة التمييز تبين أن المادة الأولى من قانون امتيازات الممثلين السياسيين رقم (٤) لسنة ١٩٣٥ نصت على أن الممثلين السياسيين للدول الأجنبية والأشخاص الذين يعتبرون من حاشيتهم وفق التعايش الدولي مصون من سلطة المحاكم المدنية في الأمور المدنية. كما أن المادة ٢١ من اتفاقية فينا للعلاقات الدبلوماسية المصدقة بقانون رقم ٢٠ لسنة ١٩٦٢ قضت بتمتع المبعوث الدبلوماسي بالحصانة القضائية.... وفيما يتعلق بقضائها المدني...".
أنظر المبدأ نفسه في قرارها المرقم ١٦٠/هيئة عامة ثانية/١٩٧٤ والمؤرخ في ١٩٧٤/١٢/٧.
النشرة القضائية العدد الرابع، السنة الخامسة، ١٩٧٨ صفحة ٣٤٤، وأقام المدعي الدعوى المرقمة ٨٢٤/ب/٧٧ في محكمة بداءة بغداد طالباً منها الزام الممثل التجاري لسفارة الصين الشعبية بالإضافة لوظيفته بمبلغ قدره (٢٠٩٣/٣٢١) وطلبت وزارة الخارجية بمذكرتها المرقمة ١١٠٨٩٧ في ١٩٧٧/١١/٢٩ من السفارة الصينية تبليغه بأوراق الدعوية- وقد أجابت السفارة بمذكرتها المرقمة ع/٩٧٧/١١٥ والمؤرخة في ٩٧٧/١١/١٧: "تهدي سفارة جمهورية الصين الشعبية أطيب تحياتها إلى وزارة الخارجية وتتشرف بأن السفارة لا تقبل أوراق تبليغ ترسلها إليها مع مذكرة الوزارة، هذا ونعيد إلى الوزارة الموقرة التبليغ مع هذه المذكرة".

(٤) أقام المدعي [ف] الجعوى المرقمة ٤/صلحية/٩٧٠ في محكمة صلح العمل ببغداد ضد المدعى عليه "السفير الهندي" ببغداد إضافة وظيفته، طالب فيها بأن له بذمة المدعي عليه مبلغاً قدره ٢٠٥ دنانير من جراء خدمته في السفارة الهندية.
وبتاريخ ١٩٧٠/٤/٢٥ أصدرت المحكمة حكماً حضورياً يقضي برد دعوى المدعي وتحميله للمصاريف، وأسست قضائها على كون عمل المدعى عليه لا يعتبر ضمن الأعمال التي نص عليها قانون العمل، وأن كافة الهيئات الدبلوماسية في العراق وفي أي بلد آخر تعتبر خارج نطاق وسلطة الحاكم إلا إذا زاولت أعمال قصدت بها الربح. ولعدم قناعة المدعي بالحكم المذكور فقد طلب تدقيقه تمييزاً ونقضه، وبتاريخ ١٩٧١/٢/٢٠ أصدرت محكمة تمييز العراق القرار التالي: "لدى التدقيق والمداولة من قبل الهيئة العامة لمحكمة التمييز تبين أن المدعي- المميز- أقام دعواه المميزة على المدعى عليه- المميز عليه- السفير الهندي المعتمد في بغداد إضافة لوظيفته يطالبه بمبلغ ٢٠٥ دينار عن الحقوق المترتبة له بذمة السفارة الهندية من جراء خدمته فيها بصفة مترجم أول لمدة تزيد على ١٤ سنة، وبما أن المادة الأولى من قانون امتيازات الممثلين السياسيين رقم (٤) لسنة ١٩٣٥ قد نصت على أن الممثلين السياسيين للدول الأجنبية يتمتعون بالحصانة في الأمور المدنية والتجارية والجزائية... الخ كما أن المادة ٣١ من اتفاقية فينا للعلاقات الدبلوماسية المصدقة بالقانون رقم ٢٠ لسنة ١٩٦٢ نصت بتمتع المبعوث الدبلوماسي بالحصانة القضائية فيما يتعلق بالقضاء الجنائي للدول المعتمد لديها وكذلك فيما يتعلق بقضائها المدني والإداري ولا يوجد من بين الحالات المستثناة المعددة فيها الحالة التي عليها دعوى المدعي وعليه فإن هذه النصوص القانونية توجب على المحاكم المدنية الإمتناع عن نظر هذه الدعوى والخوض في موضوعها، ولما

دولة أو شخص آخر، أو تعاقده مع مقاول على أن يقوم الأخير بتنفيذ عمل لمصلحة البعثة كبناء مقر لها، أو إجراء ترميمات فيه، أو استخدامه أشخاصاً للقيام بأعمال معينة"[(1)].

ولا تجوز مقاضاة المبعوث الدبلوماسي عن الدعاوى التي يكون مصدر الالتزام فيها "الإرادة المنفردة" كنكوله بصفته الرسمية عن دفع جائزة معينة التزم بدفعها لشخص معين أو امتناعه عن استلام جائزة تبرع بها آخر له.

كذلك يتمتع المبعوث الدبلوماسي بالحصانة القضائية عن الدعوي الناشئة من "الفعل الضار"، فلا تجوز مقاضاته عن الأضرار التي يسببها للغير من جراء عمل غير مشروع ارتكبه أثناء ممارسته أعمال وظيفته الرسمية، كالأضرار المدنية الناتجة عن حوادث السيارات، أو الناتجة من جراء ارتكابه جريمة معينة تسببت عنها أضرار مادية لحقت بالطرف الآخر.

وفي حالة إثراء المبعوث الدبلوماسي بدون سبب أو كسب غير مشروع على حساب الغير فإن الغير لا يستطيع مقاضاته إذا عاد هذا الإثراء لمصلحة دولة المبعوث الدبلوماسي أو لبعثته، فإذا قام شخص مثلاً بدفع مبلغ معين عن طريق الخطأ أو دون سبب إلى بعثة دبلوماسية، فإنه لا يستطيع مقاضاة البعثة أو رئيسها أو الموظف الذي تسلم المبلغ أثناء الواجب الرسمي بدعوى الإثراء غير المشروع.

كذلك لا تجوز مقاضاة المبعوث الدبلوماسي عن الدعاوى المتعلقة بشؤون الشركات بصفته الرسمية بغض النظر عن الصفة التي يدخل فيها بالنسبة لهذه الدعوي، سواء كان وصياً أو وارثاً أو موصى له.

كان الحكم المميز قد قضى بردها للأسباب الواردة فيه يكون صحيحاً وموافقاً للقانون من حيث النتيجة لذا تقرر تصديقه بهذا الاعتبار ورد الاعتراضات التمييزية وتحميل المميز رسم التمييز وصدق القرار قي ١٩٧١/٢/٢٠".

أنظرقرار محكمة تمييز العراق المرقم ٦١٥/ حقوقية رابعة/١٩٧٠ هيئة عامة- النشرة القضائية السنة الثانية آذار ١٩٧٢، صفحة ٢١٩.

وأقيمت الدعوى المرقمة ٥٢٥/ خاص/ ١٩٧٥ في محكمة عمل بغداد ضد المستشار التجاري للسفارة البولونية وقد دفعت السفارة بالحصانة القضائية ولم يحضر المستشار اجراءات الدعوى.

أنظر مذكرة السفارة المرقمة ٤٣/٢٠/٧٨ في ١٩٧٨/٤/٩ ومذكرة وزارة الخارجية المرقمة ٩٩٥٠٢/٥٣/٨١/١١ في ١٩٧٨/٤/١٩.

(١) في عام ١٩٧٧ أقام المدعي (أ) الدعوى أمام محكمة عمل بغداد -القطاع الخاص- على السفير الكندي بالإضافة لوظيفته طالب فيها إعادته إلى عمله بصفة خادم وقد دفعت السفارة بالحصانة القضائية ولم تجر مقاضاته، أنظر مذكرة محكمة العمل العليا المرقمة ٢٧٠ في ١٩٧٧/١/٢٤ ومذكرة السفارة الكندية المرقمة ٤٦ في ٧٧/٢/٥ الموجهة إلى وزارة الخارجية.

على حق الملكية، كقيامه ببيع أو شراء أو هبة عقارات قائمة في الدولة المستقبلة[1]، أو المنقولات كالأثاث واللوازم المستعملة لأغراض البعثة[2]، أو من العقود التي ترد على حق الانتفاع بالشيء كقيامه بإيجاز أو استئجار عقارات أو منقولات لأغراض بعثته[3].

ويتمتع المبعوث الدبلوماسي بالحصانة القضائية المدنية بالنسبة للدعاوى المتعلقة بالشفعة، فلا تسمع المحكمة دعوى بالشفعة المقامة عليه لانتزاع ملكية عقار مخصص لأغراض البعثة.

كذلك يتمتع بالحصانة القضائية في الدعاوى المتعلقة بعقود العمل أو الخدمة التي يبرمها مع الغير لمصلحة البعثة[4]، أو أي تعهد باسم دولته أو بعثته بتنفيذ مقاولة لمصلحة

---

(1) Paul Graulich, op. cit, p. ١٨٥.

(٢) جاء بقرار ديوان التدوين القانوني المرقم ١٩٧٣/٣٠٣ والمؤرخ في ١٩٧٣/١٢/٢٥ "أن الحصانة القضائية التي تتمتع بها الدول الأجنبية على أموالها المملوكة بها في اقليم دوله ما يقتضي بعدم جواز مقاضاتها أمام محاكم الدولة التي توجد في اقليمها هذه الأموال". وقد استند الديوان في رأيه هذا على أحكام اتفاقية فينا للعلاقات الدبلوماسية لسنة ١٩٦١، أنظر مجلة العدالة، العدد الثاني، السنة الأولى ١٩٧٥ صفحة ٤٨٣.

(٣) وقد استقر رأي محكمة تمييز العراق على تمتع المبعوث الدبلوماسي بالحصانة القضائية المدنية بالنسبة للدعاوي المتعلقة بإيجار العقارات المخصصة لأغراض بعثته، فقد جاء بقرارها المرقم ١٥٩/هيئة عامة ثانية/١٩٧٤ والمؤرخ في ١٩٧٤/١٢/٧: "لدى التدقيق والمداولة من قبل الهيئة العامة لمحكمة التمييز تبين أن المادة الأولى من قانون امتيازات الممثلين السياسيين رقم (٤) لسنة ١٩٣٥ نصت على أن الممثلين السياسيين للدول الأجنبية والأشخاص الذين يعتبرون من حاشيتهم وفق التعايش الدولي مصون من سلطة المحاكم المدنية في الأمور المدنية. كما أن المادة ٢١ من اتفاقية فينا للعلاقات الدبلوماسية المصدقة بقانون رقم ٢٠ لسنة ١٩٦٢ قضت بتمتع المبعوث الدبلوماسي بالحصانة القضائية.... وفيما يتعلق بقضائها المدني...".
أنظر المبدأ نفسه في قرارها المرقم ١٦٠/هيئة عامة ثانية/١٩٧٤ والمؤرخ في ١٩٧٤/١٢/٧.
النشرة القضائية العدد الرابع، السنة الخامسة، ١٩٧٨ صفحة ٣٤٤، وأقام المدعي الدعوى المرقمة ٨٢٤/ب/٧٧ في محكمة بداءة بغداد طالباً منها الزام الممثل التجاري لسفارة الصين الشعبية بالإضافة لوظيفته بمبلغ قدره (٢٠٩٣/٣٢١) وطلبت وزارة الخارجية بمذكرتها المرقمة ١١٠٨٩٧ في ١٩٧٧/١١/٢٩ من السفارة الصينية تبليغه بأوراق الدعوية- وقد أجابت السفارة بمذكرتها المرقمة ع/٩٧٧/١١٥ والمؤرخة في ٩٧٧/١١/١٧: "تهدي سفارة جمهورية الصين الشعبية أطيب تحياتها إلى وزارة الخارجية وتتشرف بأن السفارة لا تقبل أوراق تبليغ ترسلها إليها مع مذكرة الوزارة، هذا ونعيد إلى الوزارة الموقرة التبليغ مع هذه المذكرة".

(٤) أقام المدعي [ف] الجعوى المرقمة ٤/صلحية/٩٧٠ في محكمة صلح العمل ببغداد ضد المدعى عليه "السفير الهندي" ببغداد إضافة وظيفته، طالب فيها بأن له بذمة المدعي عليه مبلغاً قدره ٢٠٥ دنانير من جراء خدمته في السفارة الهندية.
وبتاريخ ١٩٧٠/٤/٢٥ أصدرت المحكمة حكماً حضورياً يقضي برد دعوى المدعي وتحميله للمصاريف، وأسست قضائها على كون عمل المدعى عليه لا يعتبر ضمن الأعمال التي نص عليها قانون العمل، وأن كافة الهيئات الدبلوماسية في العراق وفي أي بلد آخر تعتبر خارج نطاق وسلطة الحاكم إلا إذا زاولت أعمال قصدت بها الربح. ولعدم قناعة المدعي بالحكم المذكور فقد طلب تدقيقه تمييزاً ونقضه، وبتاريخ ١٩٧١/٢/٢٠ أصدرت محكمة تمييز العراق القرار التالي: "لدى التدقيق والمداولة من قبل الهيئة العامة لمحكمة التمييز تبين أن المدعي- المميز- أقام دعواه المميزة على المدعى عليه- المميز عليه- السفير الهندي المعتمد في بغداد إضافة لوظيفته يطالبه بمبلغ ٢٠٥ دينار عن الحقوق المترتبة له بذمة السفارة الهندية من جراء خدمته فيها بصفة مترجم أول لمدة تزيد على ١٤ سنة، وبما أن المادة الأولى من قانون امتيازات الممثلين السياسيين رقم (٤) لسنة ١٩٣٥ قد نصت على أن الممثلين السياسيين للدول الأجنبية يتمتعون بالحصانة في الأمور المدنية والتجارية والجزائية... الخ كما أن المادة ٣١ من اتفاقية فينا للعلاقات الدبلوماسية المصدقة بالقانون رقم ٢٠ لسنة ١٩٦٢ نصت بتمتع المبعوث الدبلوماسي بالحصانة القضائية فيما يتعلق بالقضاء الجنائي للدول المعتمد لديها وكذلك فيما يتعلق بقضائها المدني والإداري ولا يوجد من بين الحالات المستثناة المعددة فيها الحالة التي عليها دعوى المدعي وعليه فإن هذه النصوص القانونية توجب على المحاكم المدنية الإمتناع عن نظر هذه الدعوى والخوض في موضوعها، ولما

دولة أو شخص آخر، أو تعاقده مع مقاول على أن يقوم الأخير بتنفيذ عمل لمصلحة البعثة كبناء مقر لها، أو إجراء ترميمات فيه، أو استخدامه أشخاصاً للقيام بأعمال معينة"[1].

ولا تجوز مقاضاة المبعوث الدبلوماسي عن الدعاوى التي يكون مصدر الالتزام فيها "الإرادة المنفردة" كنكوله بصفته الرسمية عن دفع جائزة معينة التزم بدفعها لشخص معين أو امتناعه عن استلام جائزة تبرع بها آخر له.

كذلك يتمتع المبعوث الدبلوماسي بالحصانة القضائية عن الدعوي الناشئة من "الفعل الضار"، فلا تجوز مقاضاته عن الأضرار التي يسببها للغير من جراء عمل غير مشروع ارتكبه أثناء ممارسته أعمال وظيفته الرسمية، كالأضرار المدنية الناتجة عن حوادث السيارات، أو الناتجة من جراء ارتكابه جريمة معينة تسببت عنها أضرار مادية لحقت بالطرف الآخر.

وفي حالة إثراء المبعوث الدبلوماسي بدون سبب أو كسب غير مشروع على حساب الغير فإن الغير لا يستطيع مقاضاته إذا عاد هذا الإثراء لمصلحة دولة المبعوث الدبلوماسي أو لبعثته، فإذا قام شخص مثلاً بدفع مبلغ معين عن طريق الخطأ أو دون سبب إلى بعثة دبلوماسية، فإنه لا يستطيع مقاضاة البعثة أو رئيسها أو الموظف الذي تسلم المبلغ أثناء الواجب الرسمي بدعوى الإثراء غير المشروع.

كذلك لا تجوز مقاضاة المبعوث الدبلوماسي عن الدعاوى المتعلقة بشؤون الشركات بصفته الرسمية بغض النظر عن الصفة التي يدخل فيها بالنسبة لهذه الدعوي، سواء كان وصياً أو وارثاً أو موصى له.

كان الحكم المميز قد قضى بردها للأسباب الواردة فيه يكون صحيحاً وموافقاً للقانون من حيث النتيجة لذا تقرر تصديقه بهذا الاعتبار ورد الاعتراضات التميزية وتحميل المميز رسم التمييز وصدق القرار في ١٩٧١/٢/٢٠".

أنظرقرار محكمة تمييز العراق المرقم ٦١٥/ حقوقية رابعة/١٩٧٠ هيئة عامة- النشرة القضائية السنة الثانية آذار ١٩٧٢، صفحة ٢١٩.

وأقيمت الدعوى المرقمة ٥٢٥/ خاص/ ١٩٧٥ في محكمة عمل بغداد ضد المستشار التجاري للسفارة البولونية وقد دفعت السفارة بالحصانة القضائية ولم يحضر المستشار اجراءات الدعوى.

أنظر مذكرة السفارة المرقمة ٤٣/٢٠/٧٨ في ١٩٧٨/٤/٩ ومذكرة وزارة الخارجية المرقمة ٩٩٥٠٢/٥٣/٨١/١١ في ١٩٧٨/٤/١٩.

(١) في عام ١٩٧٧ أقام المدعي (أ) الدعوى أمام محكمة عمل بغداد -القطاع الخاص- على السفير الكندي بالإضافة لوظيفته طالب فيها إعادته إلى عمله بصفة خادم وقد دفعت السفارة بالحصانة القضائية ولم تجر مقاضاته، أنظر مذكرة محكمة العمل العليا المرقمة ٢٧٠ في ١٩٧٧/١/٢٤ ومذكرة السفارة الكندية المرقمة ٤٦ في ٧٧/٢/٥ الموجهة إلى وزارة الخارجية.

ولا تقام الدعوى على المبعوث الدبلوماسي بالذات إذا مثل بعثته أمام محاكم الدولة المستقبلة[1]، أو زاول مهنة الطب كمعالجة أعضاء البعثة أو تولى تصليح أجهزة البعثة ومعداتها.

كذلك يتمتع المبعوث الدبلوماسي إذا زاول أعمالاً تجارية نيابة عن بعثته، لقيامه بالبيع والشراء لمصلحة البعثة أو التوقيع على عقد نيابة عن دولته أو إحدى شركاتها العامة، أو قيامه بتوقيع أو تظهير أو قبول أوراقٍ تجارية، كالسفتجة والسند لأمر والشيك وغيرها من الأوراق لمصلحة بعثته[2].

ويلاحظ من ذلك مدى خطورة الحصانة القضائية المدنية المطلقة التي يتمتع بها المبعوث الدبلوماسي بالنسبة للأعمال الرسمية على حقوق مؤسسات الدولة المستقبلة ومواطنيها، ومخالفتها لقواعد العدل والإنصاف كما أن هذا الوضع قد يؤدي إلى امتناع

---

(١) يمثل المبعوث الدبلوماسي في بعض الحالات بعثته أمام محاكم الدولة المستقبلة وخاصة في قضايا استرداد المتهمين، فقد طلبت محكمة جزاء الكبرى حضور ممثل عن سفارة المتهمين فقد طلبت محكمة الجزاء الكبرى حضور ممثل عن سفارة الإمارات العربية في بغداد بصدد استرداد متهم، لأن تسليم المجرمين لا يتم إلا بالطرق الدبلوماسية.

أنظر مذكرة وزارة العدل المرقمة ٣١٣٦/٨/٤/٣ في ١٩٧٨/٢/٦ ومذكرة وزارة الخارجية المرقمة ٩٦٥١٥/٧/٨١/١١ في ١٩٧٨/٢/١٩ ويلاحظ في هذا الصدد أن المبعوث الدبلوماسي لا يمثل الشركات الخاصة لدولته، فقد أقامت المنشأة العامة لاستيراد الحديد والخشب الدعوى أمام محكمة بداءة بغداد ضد شركة خاصة كندية وقد طلبت المحكمة حضور ممثل دبلوماسي عن السفارة وطلبت وزارة الخارجية بمذكرتها المرقمة ١٠٨٦٥١/٨١/١١ في ٩٧٧/٩/٨ حضور مندوب دبلوماسي عن السفارة امام البعثة وقد أجابت السفارة ما يلي: "تتشرف السفارة الكندية من أن تعلن من أنه ضد سياسة الحكومة الكندية قيام مندوب دبلوماسي للعمل في اجراءات قضائية نيابة عن شركة كندية خاصة ولذلك ترجو السفارة شطب اسم الممثلية التجارية في السفارة الكندية من أية اشارة في سجلات المحكمة، وبموجب اتفاقية فينا حول العلاقات الدبلوماسية التي تتمسك بها كل من كندا والعراق فإن السفارة الكندية في بغداد مصونة وحيث أن الموظف التجاري الموصوف في أوراق الدعوى هو مندوب دبلوماسي يتمتع بالحصانة القضائية الكاملة فإنه سوف لن يمثل في المحكمة".

كذلك أنظر مذكرة السفارة الكندية المرقمة ٤٠٨ في ٧٧/١٢/٢٧.

(٢) ويلاحظ في هذا الصدد أن هناك عدداً كبيراً من الفتاوى المتعلقة بالمبعوثين الدبلوماسيين الأجانب في بغداد المتعلقة بأعمالهم الرسمية يتمتعون إزاءها بالحصانة القضائية، وأن أصحاب هذه الدعاوى لا يلجأون إلى تمييزها لمعرفتهم مقدماً عدم جدوى ذلك ويفضلون مراجعة الطرق الدبلوماسية للحصول على حقوقهم، ومن هذه الدعوى:

لا يلجأون إلى تمييزها لمعرفتهم مقدماً عدم جدوى ذلك ويفضلون مراجعة الطرق الدبلوماسية للحصول على حقوقهم، ومن هذه الدعاوى:

الدعوى المرقمة ١٩٥٢/٦١٧ المقامة في محكمة صلح بغداد على مستشار السفارة الأردنية والدعوى المرقمة ١٩٥٧/١٠٥٨ المقامة في محكمة صلح الكرادة على القنصل البريطاني والدعوى المرقمة ٥٨/٢٢٨٨ المقامة في محكمة صلح بغداد على موظف باكستاني، والدعوى المرقمة ٢٠٨/مستعجل ٩٧٦ المقامة في محكمة بداءة الكرادة على الملحق التجاري الفرنسي والدعوى المرقمة ٣٨/ص/٧٧ المقامة في محكمة صلح الكرادة على رئيس القسم التجاري في سفارة جمهورية جيكوسلوفاكيا والدعوى المرقمة ٤٣٥/م٩٧٦ المقامة في محكمة بداءة بغداد على ملحق سفارة جمهورية أفريقيا الوسطى والدعوى المرقمة ٢٤٢/م/٧٧ المقامة في محكمة بداءة الكرخ على الملحق التجاري البلغاري والدعوى المرقمة ٢٤/م/٧٧ المقامة في محكمة بداءة الأعظمية على سفير الجمهورية الأفغانية والدعوى المرقمة ٩٧٨/١١٥١ المقامة في محكمة بداءة بغداد على الملحق التجاري البولوني.

مؤسسات الدولة ومواطنيها من التعامل مع المبعوث الدبلوماسي، طالما لا توجد وسائل قانونية تلزمه بتنفيذ التزاماته، وهو أمر يتناقض مع المقاصد التي منحت بموجبها الحصانة القضائية في اتفاقية فينا من أجل "ضمان الأداء الفعّال لأعمال بعثته".

وليست هناك وسائل قانونية تلزم مواطني الدولة ومؤسساتها بالتعامل مع المبعوث الدبلوماسي وتسهيل مهماته، طالما أن الحصانة القضائية المدنية تقف حائلاً دون حصولهم على حقوقهم.

وبالرغم من أن الحصانة القضائية المدنية المطلقة في الأمور المدنية تسبب الكثير من الأضرار للدولة المستقبلة ولمؤسساتها ولمواطنيها فإنه مع هذا تعتبر مقبولة لاعتبارات عملية، لأن البديل عنها لا يحقق استقلال المبعوث الدبلوماسي في أداء عمله، لاحتمال ؟إقامة الدعاوى الكيدية ضده والتي يراد منها التشهير والإساءة إلى سمعة دولته.

كما أن الشركات الخاصة والأفراد قد يقومون بأعمال وإجراءات مقدماً لضمان مصالحهم القانونية والاقتصادية عند تعاملهم مع البعثات الدبلوماسية، ثم إن خضوعهم جدلاً لاختصاص القضاء الوطني لا يحقق النتائج المطلوبة طالما أنه يتمتع بالحصانة من تنفيذ الأحكام.

وعلى الرغم من عدم وجود أي قيد في اتفاقية فينا للعلاقات الدبلوماسية لعام ١٩٦١، يحد من الحصانة القضائية المطلقة التي يتمتع بها المبعوث الدبلوماسي في الأمور المدنية فيما يتعلق بأعماله الرسمية إلا أني أرى أن هذه الحصانة يجب ألا تخالف النظام العام أو تعرقل مسيرة مؤسسات الدولة المستقبلة وتطورها، ويجوز لها أن تتخذ من الوسائل التي تؤمن ذلك فيحق لها أن تقوم باستملاك المباني التي تملكها البعثات الأجنبية إذا كانت هناك ضرورة لاستملاكها، لقاء تعويض عادل يدفع لها وبشرط أن تتحقق المصلحة العامة فيه وألا يكون الغرض منه مضايقة البعثة في أعمالها[1].

أما فيما عدا ذلك فلا أرى أي قيد يحد من الحصانة القضائية المطلقة في الأمور المدنية التي يتمتع بها المبعوث الدبلوماسي فيما يتعلق بأعماله الرسمية.

---

(١) وقد طبقت هذه القاعدة في العراق، حيث تقوم الحكومة العراقية باستملاك بعض مباني البعثات الدبلوماسية للمصلحة العامة ولقاء تعويض عادل يدفع إلى البعثة الدبلوماسية أو لصاحب البناية إذا كانت مؤجرة.
أنظر في ذلك مذكرة وزارة الخارجية المرقمة ١١١٣٩٩ في ٧٧/١٢/١٢ وقرار مجلس قيادة الثورة المرقم ٢٧٠ في ٧٤/٣/١٦ حول استملاك بناية تعود للسفارة المصرية.
وانظر الدعوى الاستملاكية المرقمة ٨١٣/ب/٧٤ المقامة ٨١٣/ب/٧٤ المقامة في محكمة بداءة بغداد لاستملاك البناية التي تشغلها السفارة السوفيتية كذلك أنظر مذكرة وزارة الخارجية المرقمة ١٠١٤٥٣ في ٧٨/٦/٢١، كذلك أنظر الدعوى المرقمة ١١٩٨/ب/٧٤ حول استملاك عموم العقار المشغول من قبل السفارة الصينية.
وانظر مذكرة السفارة البلجيكية المرقمة ٦٢٧ في ١٩٧٧/٢/٢٣، الموجهة إلى وزارة الخارجية حول استملاك القطعة العائدة للسفارة البلجيكية.
وانظر كتاب مجلس قيادة الثورة ٦٢٨ في ١٩٧٥/١٢/٣ حول استملاك العقار العائد للسفارة البابوية.
ومذكرة وزارة الخارجية المرقمة ٣١٠٩٨ في ٧٦/٨/٥ حول استملاك الملك العائد للسفارة البرازيلية.

ولا تقام الدعوى على المبعوث الدبلوماسي بالذات إذا مثل بعثته أمام محاكم الدولة المستقبلة[1]، أو زاول مهنة الطب كمعالجة أعضاء البعثة أو تولى تصليح أجهزة البعثة ومعداتها.

كذلك يتمتع المبعوث الدبلوماسي إذا زاول أعمالاً تجارية نيابة عن بعثته، لقيامه بالبيع والشراء لمصلحة البعثة أو التوقيع على عقد نيابة عن دولته أو إحدى شركاتها العامة، أو قيامه بتوقيع أو تظهير أو قبول أوراقٍ تجارية، كالسفتجة والسند لأمر والشيك وغيرها من الأوراق لمصلحة بعثته[2].

ويلاحظ من ذلك مدى خطورة الحصانة القضائية المدنية المطلقة التي يتمتع بها المبعوث الدبلوماسي بالنسبة للأعمال الرسمية على حقوق مؤسسات الدولة المستقبلة ومواطنيها، ومخالفتها لقواعد العدل والإنصاف كما أن هذا الوضع قد يؤدي إلى امتناع

---

(١) يمثل المبعوث الدبلوماسي في بعض الحالات بعثته أمام محاكم الدولة المستقبلة وخاصة في قضايا استرداد المتهمين، فقد طلبت محكمة جزاء الكبرى حضور ممثل عن سفارة المتهمين فقد طلبت محكمة الجزاء الكبرى حضور ممثل عن سفارة الإمارات العربية في بغداد بصدد استرداد متهم، لأن تسليم المجرمين لا يتم إلا بالطرق الدبلوماسية.

أنظر مذكرة وزارة العدل المرقمة ٣١٣٦/٨/٤/٣ في ١٩٧٨/٢/٦ ومذكرة وزارة الخارجية المرقمة ٩٦٥١٥/٧/٨١/١١ في ١٩٧٨/٢/١٩ ويلاحظ في هذا الصدد أن المبعوث الدبلوماسي لا يمثل الشركات الخاصة لدولته، فقد أقامت المنشأة العامة لاستيراد الحديد والخشب الدعوى أمام محكمة بداءة بغداد ضد شركة خاصة كندية وقد طلبت المحكمة حضور ممثل دبلوماسي عن السفارة وطلبت وزارة الخارجية بمذكرتها المرقمة ١٠٨٦٥١/٨١/١١ في ٩٧٧/٩/٨ حضور مندوب دبلوماسي عن السفارة امام البعثة وقد أجابت السفارة ما يلي: "تتشرف السفارة الكندية من أن تعلن من أنه ضد سياسة الحكومة الكندية قيام مندوب دبلوماسي للعمل في اجراءات قضائية نيابة عن شركة كندية خاصة ولذلك ترجو السفارة شطب اسم الممثلية التجارية في السفارة الكندية من أية اشارة في سجلات المحكمة، وبموجب اتفاقية فينا حول العلاقات الدبلوماسية التي تتمسك بها كل من كندا والعراق فإن السفارة الكندية في بغداد مصونة وحيث أن الموظف التجاري الموصوف في أوراق الدعوى هو مندوب دبلوماسي يتمتع بالحصانة القضائية الكاملة فإنه سوف لن يمثل في المحكمة".

كذلك أنظر مذكرة السفارة الكندية المرقمة ٤٠٨ في ٧٧/١٢/٢٧.

(٢) ويلاحظ في هذا الصدد أن هناك عدداً كبيراً من الفتاوى المتعلقة بالمبعوثين الدبلوماسيين الأجانب في بغداد المتعلقة بأعمالهم الرسمية يتمتعون إزاءها بالحصانة القضائية، وأن أصحاب هذه الدعاوى لا يلجأون إلى تمييزها لمعرفتهم مقدماً عدم جدوى ذلك ويفضلون مراجعة الطرق الدبلوماسية للحصول على حقوقهم، ومن هذه الدعوى:

لا يلجأون إلى تمييزها لمعرفتهم مقدماً عدم جدوى ذلك ويفضلون مراجعة الطرق الدبلوماسية للحصول على حقوقهم، ومن هذه الدعاوى:

الدعوى المرقمة ١٩٥٢/٦١٧ المقامة في محكمة صلح بغداد على مستشار السفارة الأردنية والدعوى المرقمة ١٩٥٧/١٠٥٨ المقامة في محكمة صلح الكرادة على القنصل البريطاني والدعوى المرقمة ٥٨/٢٢٨٨ المقامة في محكمة صلح بغداد على موظف باكستاني، والدعوى المرقمة ٢٠٨/مستعجل /٩٧٦ المقامة في محكمة بداءة الكرادة على الملحق التجاري الفرنسي والدعوى المرقمة ٣٨/ص/٧٧ المقامة في محكمة صلح الكرادة على رئيس القسم التجاري في سفارة جمهورية جيكوسلوفاكيا والدعوى المرقمة ٤٣٥/م٩٧٦ المقامة في محكمة بداءة بغداد على ملحق سفارة جمهورية أفريقيا الوسطى والدعوى المرقمة ٢٤٢/م/٧٧ المقامة في محكمة بداءة الكرخ على الملحق التجاري البلغاري والدعوى المرقمة ٢٤/م/٧٧ المقامة في محكمة بداءة الأعظمية على سفير الجمهورية الأفغانية والدعوى المرقمة ٩٧٨/١١٥١ المقامة في محكمة بداءة بغداد على الملحق التجاري البولوني.

مؤسسات الدولة ومواطنيها من التعامل مع المبعوث الدبلوماسي، طالما لا توجد وسائل قانونية تلزمه بتنفيذ التزاماته، وهو أمر يتناقض مع المقاصد التي منحت بموجبها الحصانة القضائية في اتفاقية فينا من أجل "ضمان الأداء الفعّال لأعمال بعثته".

وليست هناك وسائل قانونية تلزم مواطني الدولة ومؤسساتها بالتعامل مع المبعوث الدبلوماسي وتسهيل مهماته، طالما أن الحصانة القضائية المدنية تقف حائلاً دون حصولهم على حقوقهم.

وبالرغم من أن الحصانة القضائية المدنية المطلقة في الأمور المدنية تسبب الكثير من الأضرار للدولة المستقبلة ولمؤسساتها ولمواطنيها فإنه مع هذا تعتبر مقبولة لاعتبارات عملية، لأن البديل عنها لا يحقق استقلال المبعوث الدبلوماسي في أداء عمله، لاحتمال إقامة الدعاوى الكيدية ضده والتي يراد منها التشهير والإساءة إلى سمعة دولته؟

كما أن الشركات الخاصة والأفراد قد يقومون بأعمال وإجراءات مقدماً لضمان مصالحهم القانونية والاقتصادية عند تعاملهم مع البعثات الدبلوماسية، ثم إن خضوعهم جدلاً لاختصاص القضاء الوطني لا يحقق النتائج المطلوبة طالما أنه يتمتع بالحصانة من تنفيذ الأحكام.

وعلى الرغم من عدم وجود أي قيد في اتفاقية فينا للعلاقات الدبلوماسية لعام ١٩٦١، يحد من الحصانة القضائية المطلقة التي يتمتع بها المبعوث الدبلوماسي في الأمور المدنية فيما يتعلق بأعماله الرسمية إلا أني أرى أن هذه الحصانة يجب ألا تخالف النظام العام أو تعرقل مسيرة مؤسسات الدولة المستقبلة وتطورها، ويجوز لها أن تتخذ من الوسائل التي تؤمن ذلك فيحق لها أن تقوم باستملاك المباني التي تملكها البعثات الأجنبية إذا كانت هناك ضرورة لاستملاكها، لقاء تعويض عادل يدفع لها وبشرط أن تتحقق المصلحة العامة فيه وألا يكون الغرض منه مضايقة البعثة في أعمالها[1].

أما فيما عدا ذلك فلا أرى أي قيد يحد من الحصانة القضائية المطلقة في الأمور المدنية التي يتمتع بها المبعوث الدبلوماسي فيما يتعلق بأعماله الرسمية.

(١) وقد طبقت هذه القاعدة في العراق، حيث تقوم الحكومة العراقية باستملاك بعض مباني البعثات الدبلوماسية للمصلحة العامة ولقاء تعويض عادل يدفع إلى البعثة الدبلوماسية أو لصاحب البناية إذا كانت مؤجرة.
أنظر في ذلك مذكرة وزارة الخارجية المرقمة ١١١٣٩٩ في ٧٧/١٢/١٢ وقرار مجلس قيادة الثورة المرقم ٢٧٠ في ٧٤/٣/١٦ حول استملاك بناية تعود للسفارة المصرية.
وانظر الدعوى الاستملاكية المرقمة ٨١٣/ب/٧٤ المقامة ٨١٣/ب/٧٤ المقامة في محكمة بداءة بغداد لاستملاك البناية التي تشغلها السفارة السوفيتية كذلك أنظر مذكرة وزارة الخارجية المرقمة ١٠١٤٥٣ في ٧٨/٦/٢١، كذلك أنظر الدعوى المرقمة ١١٩٨/ب/٧٤ حول استملاك عموم العقار المشغول من قبل السفارة الصينية.
وانظر مذكرة السفارة البلجيكية المرقمة ٦٢٧ في ١٩٧٧/٢/٢٣، الموجهة إلى وزارة الخارجية حول استملاك القطعة العائدة للسفارة البلجيكية.
وانظر كتاب مجلس قيادة الثورة ٦٢٨ في ١٩٧٥/١٢/٣ حول استملاك العقار العائد للسفارة البابوية.
ومذكرة وزارة الخارجية المرقمة ٣١٠٩٨ في ٧٦/٨/٥ حول استملاك الملك العائد للسفارة البرازيلية.

المطلب الثاني: الحصانة القضائية المدنية المطلقة للأعمال الخاصة

إن القاعدة التي جاءت بها اتفاقية فينا للعلاقات الدبلوماسية لعام ١٩٦١، هي أن المبعوث الدبلوماسي يتمتع بالحصانة القضائية بالنسبة لأعماله وتصرفاته المتعلقة بشؤونه الخاصة، غير أن هذه القاعدة ليست مطلقة كما هو الحال بالنسبة لتصرفاته وأعماله الرسمية، إنما أوردت عليها الاتفاقية استثناءات متعددة، حددت من القاعدة هذه، وأخرجت من الحصانة حالات معينة (على سبيل الحصر) وأخضعتها لاختصاص محاكم الدولة المستقبلة لاعتبارات خاصة اقتضتها ظروف كل حالة.

والتصرفات والأعمال التي يزاولها المبعوث الدبلوماسي بصفته الشخصية والتي لا يتمتع بها بالحصانة القضائية هي تلك الأعمال والتصرفات المتعلقة بالحقوق العينية العقارية والدعاوى المتعلقة بالميراث والتركة والأعمال والتصرفات المتعلقة بالنشاط المهني والتجاري.

وعلى ذلك سنتناول تباعاً معالجة الحالات التي تخضع لاختصاص محاكم الدولة المستقبلة فيما يتعلق بأعمال وتصرفات المبعوث الدبلوماسي الشخصية، بالشكل الذي نصّت عليه الاتفاقية في الفروع الآتية:

الفرع الأول: الدعاوى العينية العقارية.

الفرع الثاني: الدعاوى المتعلقة بالميراث والتركة.

الفرع الثالث: الدعاوى المتعلقة بالنشاط المهني والتجاري.

الفرع الأول: الدعاوى العينية العقارية

إن علة تعدد محاكم الطبقة الواحدة في الدولة الواحدة، هي تيسير التقاضي لتصبح بقدر الإمكان قريبة من موطن المدعى عليه[1]، ولهذا تقضي القاعدة العامة في الاختصاص المحلي: أن الاختصاص يكون للمحكمة الواقع بدائرتها موطن المدعى عليه[2]، غير أن المشّرع خرج عن هذه القاعدة في حالات عديدة لاعتبارات تتصل بحسن سير القضاء وما يقتضيه التيسير على بعض الأشخاص والرعاية الواجبة لهم[3]، ومن هذه

---

(١) الدكتور أحمد أبو الوفا، المصدر السابق، صفحة ٤٧٧.

(٢)G. Cornu et J. Foyer.op.cit, p.٢٢٥ H. Solus et R. Perrot, op. cit, p.١٣٤.

والدكتور عبد الوهاب العشماوي والمحامي محمد العشماوي المصدر السابق، صفحة ٤٨٥، والأستاذ ضياء شيت خطاب، المصدر السابق صفحة ٢٢٨.

(٣) ومن الاستثناءات الأخرى الواردة على هذه القاعدة، الدعاوى المتعلقة بالتركات والجمعيات والمؤسسات، حيث تختص فيها المحكمة التي يقع في دائرتها مركز إدارة التركة، والدعاوى المتعلقة بالتركات، تختص فيها محكمة

الحالات استثناء الدعاوي العينية العقارية من هذه القاعدة وجعل الاختصاص فيها للمحكمة التي تقع العقار في دائرتها[1].

وفي مقابل ذلك، لا تكون محاكم الدولة مختصة في الدعاوي المتعلقة بعقار لا تقع في إقليمها، وإن كان أطراف العلاقة مقيمين فيها أو من مواطنيها[2].

وقد أخذت بهذه القاعدة، فرنسا[3]، وألمانيا[4] وانكلترا[5] والولايات المتحدة الأمريكية[6]، والأقطار الأوربية الأخرى[7] والاتحاد السوفيتي[8] ومصر[9]، والعراق[10].

ويقوم اختصاص محكمة موقع العقار على أساس أنها أقرب المحاكم إليه، مما يسهل لها الانتقال إلى موقعه لمعاينته أو ندب خبير لتثبيت حالة[11]، كما تظهر أهمية هذه القاعدة بصورة خاصة في القانون الدولي، وذلك لأن محكمة الدولة التي يقع العقار في

افتتاح التركة وهو آخر موطن كان للمورث قبل وفاته، ودعاوى التفليس والإعسار، يكون الاختصاص فيها للمحكمة التي قضت به، وهناك استثناءات أخرى تتعلق بأحكام القانون التجاري أنظر في ذلك الدكتور رمزي سيف، المصدر السابق، ص٣١٦، والدكتور ابراهيم نجيب سعد، المصدر السابق، ص٤٨٥ وما بعدها ويلاحظ في العصر الحاضر أنه قلما توجد دولة تسمح للأجنبي تملك العقارات وإذا ما أعطت هذا الحق فإنها تضع بعض القيود لحماية الاقتصاد الوطني والمصلحة العامة.

أنظر الدكتور ممدوح عبد الكريم المصدر السابق صفحة ٢٢٨.

الدكتور جابر ابراهيم الراوي، مبادىء القانون الدولي الخاص المصدر السابق، صفحة ١٥٨.

(١) H. Solus et R. Perrot, op. cit, p.١٣٤ Emile Tyan , op. cit,p.١٩٢ P.L. Pigeonniere. Op.cit, p.٣٧٩.

والدكتور أحمد مسلم، المصدر السابق، صفحة ٣٥٨ والدكتور ابراهيم نجيب سعد، المصدر السابق، صفحة ٤٨١.

(٢) G.C. Cheshiere, Private International Law. London, ١٩٦١. p.٥٩٠.

(٣) Rene Savatie, op.cit,p. ٣٠٥ Henri Batiffol, op. cit, Ne ٢٧٢.

كما حكمت بموجبه محكمة السين الفرنسية.

Tribunal Civil de la Seine. First Chamber ١٢ Feb, ١٩٥٨. Journal Droit International ١٩٥٩, p.١١٥٠.

(٤) H. Bauer, op. cit, Ne ٥٠ Louis Cavare, op.cit, p.٢٧.

(٥) R.H. Graveson. Op. cit, p.٩٠ and ١٣٤ J. H.C. Morris, op.cit, p. ٥١٣.

(٦) Oscar Svarlier, op. cit, p. ٢٤٨.

(٧) G. C. Cheshiere. Op. cit, p.٥٨٨.

(٨) نصت الفقرة الأولى من المادة ١٨ من التشريع المدني السوفيتي الصادر ١٩٦١ على "يطبق قانون موقع المال بالنسبة إلى العلاقات الناجمة عن حق الملكية".

(٩) الدكتور هشام علي صادق، المصدر السابق صفحة ٨٦ أنظر المادة ٢٩ من قانون المرافعات المصري رقم ١٣ لسنة ١٩٦٨.

(١٠) الدكتور ممدوح عبد الكريم، المصدر السابق، صفحة ٣٧٤ ونصت المادة (٢٤) من القانون المدني العراقي "المسائل الخاصة بالملكية والحيازة والحقوق العينية الأخرى، وبنوع خاص طرق انتقال هذه الحقوق بالعقد والميراث والوصية يسري عليها قانون الموقع فيما يختص بالعقار.".

(١١) الدكتور أحمد أبو الوفا، المصدر السابق، صفحة ٣٦٧ والدكتور جابر جاد عبد الرحمن، القانون الدولي الخاص العربي معهد الدراسات العربية العالمية، القاهرة، ١٩٦٤ صفحة ٤٨.

دائرتها أقدر على اتخاذ إجراءات التنفيذ الفعلي بعد صدور الحكم، لما لها مـن قـوة النفـاذ تكفل تحقيق آثاره بخصوص المال المتنازع فيه[1].

ومن جراء تمسك الـدول[2] بهـذه القاعـدة، فقـد نـادى بعـض الكتّـاب بضـرورة خضوع الدعاوى المتعلقة بالعقارات التي يشغلها المبعوث الدبلوماسي بصفته الرسمية أو الخاصة لاختصاص محاكم الدولة المستقبلة[3] وقـد أخـذت بـذلك كـل مـن النمسـا[4] وجيكوسلوفاكيا[5] وكولومبيا[6] والهند[7] والاتحاد السوفيتي[8].

وقد ذهب معهد القانون الدولي المنعقد في كمبردج عـام ١٨٩٥ إلى أبعـد مـن ذلك، حيث أخضع الدعاوى العينية المتعلقة بالمنقول بالإضافة إلى الدعاوي العينية المتعلقة بالعقار لاختصاص الدولة المستقبلة، فقـد نصت المـادة (١٦) مـن القواعـد المتعلقـة بالحصانات الدبلوماسـية عـلى: "أن الحصانة مـن الاختصاص القضائي لا تشمل الـدعوى العينية ودعاوى الحيازة المتعلقة بالمنقول أو العقار الكائن على إقليم الدولة"[9].

---

(١) ابراهيم نجيب سعد، المصدر السابق، صفحة ٤٨١، الدكتور هشام علي صادق، تنازع الاختصاص القضائي الـدولي المصدر السابق، صفحة ٩٤، الدكتور فؤاد عبد المنعم رياض، المصدر السابق، صفحة ٤٥٢.

(٢) Le Vicomte Pouulet. Op. cit, p.١٩٩ Jean Spiropoulos.ip.cit, p.٢١٣ Rene Savatier, op. cit, p.١٩٩ Paul Graulich, op. cit. p.٤١.

(٣) ومـن هـؤلاء الفقهـاء Vattel, Pradier Fodere Sire Cecil Hurst, op. cit. p.١٨. S. oppenheim.op. cit, p.٨٠٠.

(٤) أنظر الفقرة الثانية من المادة التاسعة من اختصاص المحاكم النمساوية الصادرة عام ١٨٩٥. United Nations Laws.p.١٥.

(٥) أنظر المادة ٦٤٢ من قانون المرافعات الجيكوسلوفاكي الصادر عام ١٩٥٠ United Nations Laws.p.٨١.

(٦) أنظر المادة الرابعة من المرسوم الكولومبي الصادر عام ١٩٣٥. United Nations Laws.p.٦٥.

(٧) أنظر الفقرة (٢) من المادة ٨٦ من قانون المرافعات المدني الهندي. United Nations Laws.p.١٦٧.

(٨) Franciszek Przetaczik, op. cit.p.٤٠٨.

ورغم أن الفقه السوفيتي يذهب إلى هذا الاتجاه إلا أن المادة ٦١ مـن أسـس الاجـراءات المدنيـة لاتحـاد الجمهوريـات السوفيتية الصادر عام ١٩٦١ لم تنص على استثناء الدعاوى المتعلقة بالعقار من نطاق الحصانة القضائية، غير أنها أحالت ذلك إلى قواعد القانون الدولي، حيث جاء النص بالشكل التالي"... إلا في الحدود التي تضعها قواعـد القانون الدولي أو الاتفاقيات الدولية مع الدول المعنية".
أنظر أسس التشريع لاتحاد الجمهوريات الاشـتراكية السوفيتيـة والجمهوريـات المتحـدة، دار التقـدم، موسكو ١٩٧٤، صفحة ٢٨٢.

(٩) أنظر:

Roual Genet, Traite de Diplomatique et de Droit Diplomatique. Tome ١. A. Pedone, Paris. ١٩٣١. p.٥٨٢.

Sir Cecil Hurst, op. cit, p.١٨٣.

وذهب رأي آخر إلى ضرورة التمييز بين العقارات التي يستخدمها المبعوث الدبلوماسي لمصلحته الرسمية، وبين العقارات التي يستخدمها لمصلحته الخاصة وإضفاء الحصانة القضائية على الأولى دون الثانية[1]، وقد أخذت بذلك المادة الخامسة من قانون المرافعات المدنية البولندي الصادر عام ١٩٣٢[2].

ورغم انتقاد بعض الكتاب للرأي الأخير[3]، إلا أن اتفاقية فينا للعلاقات الدبلوماسية أخذت به ولم تمنح المبعوث الدبلوماسي الحصانة القضائية عن الدعاوى المتعلقة بالعقارات الكائنة في الدولة المستقبلة التي يشغلها بصفته الخاصة[4]، وقد جاء في الفقرة "أ" من الاستثناءات التي عددتها المادة (٣١) من الاتفاقية "الدعاوى العينية المتعلقة بالأموال العقارية الكائنة في إقليم الدولة المعتمد لديها، ما لم تكن حيازته لها بالنيابة عن الدولة المعتمدة لاستخدامها في أعراض البعثة"[5].

ويعلل الفقه استثناء الأموال العقارية من نطاق الحصانة القضائية إلى عدة اعتبارات منها: أن وصف المالك يتعارض مع وصف المبعوث الدبلوماسي، وأن الدعاوى العقارية لا تمس الصفة التمثيلية التي يتمتع بها المبعوث الدبلوماسي، وأن هذا الاستثناء لا يتعارض والحرية الواجبة له[6]، وأن مبدأ استقلال الدولة يعطي لمحاكمها الأفضلية للنظر في في الدعاوي المتعلقة بالعقارات، كما أن عدم إعطاء محكمة موقع العقار اختصاص النظر

---

(١) Paul Gggenheim, op. cit, p.٥٠٨ Oscar Svarlien. An Introduction to the Law of Nations. London. ١٩٥٥, p.٢٤٩.
A.B. Lyons. Immunities other than Jurisdiction of Property of Diplomatic Envoys.
B.Y.B.I.L. No, ٣٠, ١٩٥٣, p, ١٢٧.

(٢) United Nations Laws, p. ٢٤٣.

(٣) وقد انتقد هذا التمييز بالنظر لصعوبة وضع حد فاصل للتفرقة بين العقارات التي يستخدمها المبعوث الدبلوماسي الدبلوماسي بصفته الرسمية، وتلك التي يستخدمها بصفته الخاصة، إذ لا يمكن اعتباره مرة ممثلاً لدولته، وأخرى شخصاً عادياً، لأن وجوده في الدولة المستقبلة يكون دائماً بشرط تمتعه بصفة الدبلوماسية.
Sir Cecil Hurst, op. cit, p. ١٨١.

(٤) R.H. Graveson, op. cit, p.١٥٩.
والدكتور عزالدين عبدالله، المصدر السابق، صفحة ٧٧٦.

(٥) نصت الفقرة (أ) من المادة (٣١) من الاتفاقية بالفرنسية على:
(a) d'un action reelle concernant un Immeuble prive situe sur le territaire de l'Etat accreditare, a moins que lagent diplomatigue ne le posse pour le compte de l'Etat accreditant au Fins de mission".
وأخذت اتفاقية البعثات الخاصة بالنص المذكور فنصت الفقرة (أ) على ما يلي:
(a) areal action relating to private immovable property situted in terriotory of the receiving state, unless the person concerned hold it on behalf of the sending state for the purposes of the mission".

(٦) الدكتورة عائشة راتب، المصدر السابق، صفحة ١٦١.
الدكتور سموحي فوق العادة، المصدر السابق، صفحة ٣٠٧.
Ian Brownile, op. cit, p. ٣٢٩.

في مثل هذه الدعاوى، يترتب عليه بالضرورة عدم وجود محكمة أخرى تختص بالنظر فيها طبقاً لقواعد تنازع القوانين[(١)].

وفي ضوء أحكام نص الفقرة (أ) من المادة (٣١) من اتفاقية فينا، فإنه يشترط لخضوع المبعوث الدبلوماسي لاختصاص محاكم الدولة المستقبلة بالنسبة للدعاوى العقارية الكائنة فيها الشروط الآتية:

أولاً- أن تتعلق الدعوى بعقار كائن في الدولة المستقبلة، سواء كان هذا العقار عقاراً بطبيعته، كالأرض والأشجار والمباني والمنشآت، أو عقاراً بالتخصيص، كالحيوانات المخصصة للزراعة وآلات الحرث، والمراجل والأنابيب والمكائن والمنقولات التي تربط بالعقار على سبيل الدوام.

وعلى ذلك فلا يشمل الاستثناء الدعاوى المتعلقة بالمنقولات وإن وجدت في الدولة المستقبلة وقت رفع الدعوى، أو كانت مؤجرة من قبل المبعوث الدبلوماسي لاستعمالها داخل العقار الذي يسكنه[(٢)]، كما لا يشمل هذا الاستثناء النقود والأوراق الأخرى[(٣)].

---

(١) الأستاذ محمد حسن عمر بك، المصدر السابق، صفحة ٢٤٩.
الدكتور عبد المنعم رياض، المصدر السابق، صفحة ٤٤٢.
وقد أقر معهد القانون الدولي هذا المبدأ في دورته المنعقدة في نيويورك عام ١٩٢٩ المادة (١٢).
أنظر الأستاذ الدكتور عبد الحسين القطيفي، المصدر السابق ص٧٩.

(٢) أدعت المدعية لدى محكمة صلح الكرادة، بأن المدعى عليه الممثل التجاري للسفارة الرومانية في بغداد كان مستأجراً للدار المرقمة ٢٦/٢/٤٦ علوية، وكذلك مستأجراً الأثاث العائد لها في نفس الدار، ثم بيعت الدار فقط بواسطة التسجيل العقاري، ولم تبع الأثاث التي بقيت ملكيتها للمدعية وبتاريخ ٧٢/٦/١٥ استحق عليه دفع إيجار تلك الأثاث والذي يقدر بـ (٥٠٠) دينار سنوياً، لذا طلبت دعوة المدعى عليه للمرافعة والحكم عليه بدفع بدل ايجار الأثاث مع الاحتفاظ بحق المدعية / بأجرة المثل عن المدة التي تلي مدة المطالبة وتحميله الرسوم وأتعاب المحاماة.
أصدرت المحكمة بتاريخ ١٩٧٣/١١/٢٩ بالإضبارة المرقمة ١١٧٨/ص/٩٧٢ حكماً وجاهياً يقضي برد دعوى المدعية وتحميلها المصاريف وأتعاب المحاماة، ولعدم قناعة المدعية بالحكم المذكور طلبت تدقيقه تمييزاً ونقضه، فأصدرت محكمة التمييز قرارها في الإضبارة المرقمة ٥٧/مدنية/ثالثة/٩٧٤ الذي جاء فيه.
"لدى التدقيق والمداولة، وجد أن الحكم المميز صحيح وموافق للقانون لذلك فقد تأيد من كتاب وزارة العدل المرقم أ ٥٥٣/١/٢٥ والمؤرخ في ١٩٧٣/١٠/٢١ المربوط في أوراق الدعوى تمتع المدعي عليه- المميز عليه- الممثل التجاري بالسفارة الرومانية بالحصانة القضائية الدبلوماسية. واستناداً لأحكام المادة الأولى من قانون رقم ٤ لسنة ١٩٣٥ والمادة (٣١) من الاتفاقية (فينا) للعلاقات الدبلوماسية المصدق عليها بالقانون رقم ٢٠ لسنة ١٩٦٢ فقد وجد أن الممثل التجاري المذكور مصون من سلطة المحاكم في الدولة المعتمد لديها لذلك فإنه لا يقاضى أمام المحاكم العراقية في أي أمر يتعلق بشؤون عمله أو من مستلزماته مما يصبح معه الطعن بأجور المحاماة غير وارد لأن المدعى يعتبر خاسراً للدعوى وتحميل أتعاب المحاماة وكيل المدعى عليه- المميز عليه- استناداً لأحكام المادة ١٦٦ من قانون المرافعات المدنية والمادة ٦٣ من قانون المحاماة المعدل وعليه قرار رد الطعون التمييزية وتصديق الحكم المميز وتتحمل المميزة رسم التمييز وصدر القرار بالاتفاق في ١٩٧٤/٤/٢٢.

(٣) أنظر الدكتور عز الدين عبد الله، المصدر السابق، صفحة ٧٧٢ وفي عام ١٩٤١ تقرر حجز أحد البنوك في ارغواري وكانت ضمن ودائع البنك ودائع نقدية تعود لمبعوث دبلوماسي فرنسي، وقد قررت محكمة ارغواي عدم شمول قرار الحجز لنقود وأوراق المبعوث للدبلوماسي الفرنسي أنظر:
Clifton E.Wilson, op. cit, p.١٠٩.

ثانياً- أن تكون الدعوى المقامة على المبعوث الدبلوماسي واردة على حق عيني متعلقة بعقار، سواء كان هذا الحق أصلياً، كحق الملكية وحق الارتفاق وحق السكنى وحق التصرف وحق العقر وحقوق المنفعة والاستعمال والسكنى والمسطحة وحق الوقف وحق الإجازة الطويلة، أو كان تبعياً كحق الرهن التأميني وحق الرهن الحيازي وحقوق الامتياز.

أما إذا كان موضوع الدعوى يتعلق بحق شخصي وارد على عقار، كعقد الإيجاز والوكالة والكفالة وغيرها من الحقوق الشخصية الأخرى، فإن المبعوث الدبلوماسي يتمتع إزاء ذلك بالحصانة القضائية وإن تعلق موضوع النزاع بعقار كائن في الدولة المستقبلة، لأن نص الفقرة (أ) من المادة (٣١) من الاتفاقية، حدد الاستثناء بالحقوق العينية الواردة على العقار وما يخرج من الحقوق العينية، فإنه لا يخضع لاختصاص محاكم الدولة المستقبلة.

والملاحظ أن النص المذكور لم يحدد ماهية الحقوق العينية، حيث إن هناك اختلافاً في الفقه والقضاء والتشريعات المختلفة حول تحديد الحقوق العينية، إذ يرى بعض الكتاب[1]، أن الإرادة يمكن أن تنشئ حقوقاً عينية باتفاق خاص في حين يرى جانب آخر[2]، أن الحقوق واردة على سبيل الحصر ولا يمكن للإرادة أن تنشئ مثل هذه الحقوق. ويظهر أن واضعي اتفاقية فينا للعلاقات الدبلوماسية لعام ١٩٦١ تجنبوا تعداد الحقوق العينية الواردة على العقار لصعوبة ذلك، ولأن هذه المسألة متعلقة بالتكييف وتحل وفق قواعد تنازع القوانين.

ورغم أن المحاكم العراقية لا تواجه مشكلة في تحديد المقصود بالحقوق العينية، لأن القانون المدني العراقي أحال في الفقرة الثانية من المادة (١٧) تحديد ما إذا كان الشيء عقاراً أو منقولاً على قانون الدولة التي يوجد فيها هذا الشيء[3]، وهذا يعني أن

---

(١) من الفقه الفرنسي من يرى أن للارادة ان تنشئ حقوقاً عينية.

G. Marty et p. Raynaud, Droit Civil, Tome ٢, Dalloze Paris, ١٩٦٥, p. ١٤. s.

M. Planiol, G. Ripert, M. Picard. Traite Partique de Droit Civil Francais. Tome ٣ R. Pichon, Paris ١٩٥٢, p. ٥٢.

ومن الفقه الايطالي من يذهب الى هذا الرأي Franchetti

ومن الفقه المصري الاستاذ عبد المعطي خيال. انظر المرحوم السنهوري.

الوسيط في شرح القانون المدني. الجزء الثامن القاهرة ١٩٦٧ صفحة ٢١٤.

(٢) ومن الفقه الفرنسي من يؤيد الرأي هذا

H.L.J. Mazeaud, Lecons de Droit Civil, Tome Paris, ١٩٥٦, p. ١٠٢٠. S.

R. Beudand. Cours deDroit Civil Francais. Tome ٤ ١٩٣٣, p. ٦٣.S.

A. Coln et H. Capitan, Retondu, L. Julliot de la Morandiere Traite de Droit Civil. ٢, Paris ١٩٥٩, p. ١٤٣. S.

(٣) نصت المادة (١٧) من القانون المدني العراقي على ما يلي:

"١- القانون العراقي هو المرجع في تكييف العلاقات عندما يطلب تحديد نوع هذه العلاقات في قضية تتنازع فيها القوانين لمعرفة القانون الواجب تطبيقه من بينها. ٢- ومع ذلك فإن القانون الذي يحدد ما إذا كان الشيء عقاراً أو منقولاً هو قانون الدولة التي يوجد فيها هذا الشيء".

القانون العراقي هو الذي يحدد ذلك، فيما إذا رفعت الدعوى أمام المحاكم العراقية وكان الشيء موجوداً في العراق وقت رفع الدعوى.

وقد حددت المادة (٦٨) من القانون المدني الحقوق العينية على سبيل الحصر[1]. ولا تستطيع الإرادة إنشاء مثل هذه الحقوق، غير أن المشكلة تظهر عندما يقاضى المبعوث الدبلوماسي العراقي في الخارج، ولم يحدد قانون تلك الدولة هذه الحقوق على سبيل الحصر، ومن ثم تظهر الاجتهادات وتتباين التطبيقات من دولة لأخرى.

ثالثاً – أن يكون العقار مملوكاً ملكية خاصة للمبعوث الدبلوماسي، سواء أكان هذا العقار تحت حيازته مباشرة، أو مؤجراً للغير، بغض النظر عما إذا كانت دولته هي التي دفعت قيمته، أم المبعوث الدبلوماسي اشتراه من حسابه الخاص، ما دامت سجلات التسجيل العقاري تشير إلى أنه ملك المبعوث الدبلوماسي أما إذا كان المبعوث الدبلوماسي لا يمتلك عقاراً، إنما يمتلك حقاً عينياً، كحق الارتفاع والسكنى والمساطحة، وارد على عقار مملوك للغير، فهل يتمتع المبعوث الدبلوماسي بالحصانة القضائية في هذه الحالة؟

الواقع أن نص الفقرة (أ) ن المادة (٣١) من الاتفاقية لا يشير إلى ذلك صراحة، غير أنه يمكن القول إن المبعوث الدبلوماسي لا يتمتع في الحالة هذه بالحصانة القضائية المدنية، لأن نص الفقرة المذكورة جاء بصورة مطلقة بخصوص "الأموال العقارية الخاصة" ولم يحدد ما إذا كان العقار يعود للمبعوث الدبلوماسي أو للغير. إنما أوجب أن تكون العقارات خاصة وأن تتعلق الدعوى بحق عيني يرد على هذه العقارات.

ويرد على هذا الاستثناء قيد، هو ألا تكون حيازة المبعوث الدبلوماسي للعقارات المذكورة نيابة عن دولته لاستخدامها في أغراض البعثة. إذ قد يمتلك المبعوث الدبلوماسي عقارا مسجلاً باسمه في سجلات التسجيل العقاري، غير أن فائدة العقار هذا تعود لدولته، وخاصة إذا كان نظام الدولة المستقبلة لا يسمح بتسجيل العقارات الكائنة فيها باسم الدولة الأجنبية، إنما بأسماء ممثليها[2].

ويمكن معرفة ما إذا كانت منفعة العقار تعود لشخص المبعوث الدبلوماسي أو لدولته من طبيعة الأعمال التي تمارس من خلاله، كأن يتخذ مقراً للبعثة الدبلوماسية أو مخزناً لها أو غير ذلك من الاستخدامات المتعلقة بالشؤون الرسمية، أو أن سجلات

---

(١) نصت المادة (٦٨) من القانون المدني العراقي على ما يلي:
" الحقوق العينية الأصلية هي حق الملكية وحق التصرف وحق المقر وحقوق المنفعة والاستعمال والسكنى والمساطحة وحقوق الارتفاق وحق الوقف وحق الاجازة الطويلة والحقوق العينية التبعية هي حق الرهن التأميني وحق الرهن الحيازي وحقوق الامتياز".

(٢) وقد ذهب الاستاذ Tunkin على أن القانون الوطني لبعض الدول قد لا يسمح بامتلاك الدول الأجنبية عقارات لها، فإن الحل المتبع في هذه الحالة ان تسجل هذه العقارات باسم رئيس البعثة ويذكر أن العقار مخصص لأعمال البعثة الدبلوماسية أنظر:
H.R. Wood and J. Serres, op. cit, p. ١١٨.

التسجيل العقاري تشير إلى أن المبعوث الدبلوماسي يمتلك العقار نيابة عن دولته أو بالإضافة لوظيفته.

الفرع الثاني: الدعاوى المتعلقة بالميراث والتركات

الميراث في اصطلاح الفقهاء هو: قواعد من الفقه والحساب يعرف بها الوارثون ونصيب كل وارث من التركة[١]. أما التركة فهي: ما يتركه المتوفى من الأموال صافياً عن تعلق الغير بعينه[٢].

وتمتع الأجنبي بحق الإرث، لم يكن متعارفاً عليه بصورة معتادة غير أن كثيراً من الاتفاقيات الدولية ضمنت هذا الحق للأجنبي[٣]، ثم صدرت قوانين عديدة في الدول المختلفة تعترف له بحق التمتع بالإرث[٤].

واعتبرت هذا الحق من الحقوق المتعلقة بالأحوال الشخصية التي يتمتع بها الأجانب[٥]، والتي يسري عليها القانون الشخصي- المورث[٦] بقطع النظر عن جنسية الورثة[١].

---

(١) الدكتور مصطفى السباعي، الأحوال الشخصية، الجزء الثالث، مطبعة جامعة دمشق ١٩٦٣ صفحة ٢٧ والشيخ محمد عبد الرحيم الكشكي، الميراث المقارن، الطبعة الثالثة، دار النذير للطباعة والنشر- بغداد ١٩٦٩ صفحة ٧. الاستاذ محمد مصطفى شبلي، أحكام المواريث، المكتب المصري الحديث، الاسكندرية ١٩٦٧ صفحة ٢٢، والصديق محمد الأمين الضرير الميراث في الشريعة الاسلامية، المطبعة الكمالية، الخرطوم ١٩٦٤ صفحة (٥).

(٢) الاستاذ عمر عبدالله، أحكام المواريث في الشريعة الاسلامية، دار المعارف، مصر- ١٩٦٠ صفحة ١٥ والدكتور مصطفى السباعي الأحوال الشخصية، مطبعة جامعة دمشق ١٩٧٠ صفحة ٤٤٤.

(٣) Niboyet, op. cit, N٣٠٧.

والدكتور عز الدين عبدالله، المصدر السابق، صفحة ٦٨١.

(٤) وقد اعترفت فرنسا بحق الأجنبي بالإرث في عام ١٨١٩، ثم تبعتها بلجيكا عام ١٨٦٥، والدنمارك وأسبانيا وإيطاليا وهولندا. أما الولايات المتحدة الأمريكية. فلم يتضمن قانونها العام نصا يقضي بذلك، مما أدى إلى اختلاف الولايات في مدى الاعتراف به. حيث اعترفت بعض الولايات بحق الارث دون قيد، والبعض الآخر اعترف بشرط التصرف فيما يؤول اليه من مورثه وبعضها يشترط إقامة الأجنبي بالدولة او تجنسه بالجنسية الامريكية. وفي كولومبيا يتمتع الأجنبي بحق الإرث كالوطني. انظر الدكتور عز الدين عبدالله، المصدر السابق، صفحة ٦٨٢. والاستاذ نعوم سيوفي، الحقوق الدولية الخاصة، مديرية الكتب والمطبوعات الجامعية ١٩٦٦ صفحة ٣٩٩ والدكتور جابر ابراهيم الراوي، مبادىء القانون الدولي الخاص ط٣، مطبعة المعارف بغداد ١٩٧٦ صفحة ١٨٣.

(٥) الدكتور محمد عبد المنعم رياض المصدر السابق، صفحة ٤١٢.

(٦) الدكتور منصور مصطفى منصور، المصدر السابق، صفحة ٢٦٠ تعتبر بعض الدول "قانون الجنسية" هو القانون الشخصي وتأخذ بهذا المبدأ دول عديدة وهي غالبية أوروبا كألمانيا وإيطاليا وبلجيكا واسبانيا وجيكوسلوفاكيا. وتعتبر دول اخرى "قانون الوطن" هو القانون الشخصي- كانكلترا والولايات المتحدة الامريكية. وتمزج بعض دول النظامين كبولونيا واليونان، انظر الدكتور جاد عبد الرحمن القانون الدولي الخاص العربي، الجزء الثالث، معهد الدراسات العربية العالمية، ١٩٦٠ صفحة ١٠٩ والدكتور منصور مصطفى منصور، مذكرات في القانون الدولي الخاص، ١٩٥٧ صفحة ١٨٤.

وتعتبر بعض الدول الميراث من مسائل الأحوال العينية، التي تخضع لقانون موقع العقار كالاتحاد السوفيتي وبعض دول أمريكا الجنوبية وأخذ بهذا الاتجاه اتفاق "مونتفيدو".

ورغم خضوع المنازعات الناشئة عن التركة إلى قانون جنسية المورث بوجه عام فإن الاختصاص القضائي يبقى لمحاكم الدولة التي توجد فيها التركة، بالاستناد على قاعدة محل وجود المال[٢]، أو محل افتتاح التركة[٣].

وتختص المحاكم العراقية بالنظر في الدعاوى المتعلقة بالأحوال الشخصية للأجانب، حيث تختص محاكم البداءة بالنظر في الدعاوى الخاصة بالميراث أو التركة، إذا كانوا من غير المسلمين[٤]، وتختص المحاكم الشرعية في الدعاوي الخاصة بالميراث أو التركة للأجانب إذا كانوا مسلمين تطبق دولتهم الشريعة الإسلامية[٥]، أما إذا كانت دولتهم لا تطبق أحكام الشريعة الإسلامية فإنهم يخضعون لاختصاص محاكم البداءة، طبقا لأحكام قانون الأحوال الشخصية للأجانب المرقم ٧٨ لسنة ١٩٣١ المعدل[٦].

انظر الدكتور عز الدين عبدالله، المصدر السابق صفحة ٢٤٤. وفي فرنسا تميز المحاكم الفرنسية بين العقار والمنقول، حيث تخضع العقار لقانون موقعه. أما المنقول فيخضع لقانون جنسية المتوفي.

(١) فقد يتعدد الورثة وتتعدد جنسياتهم، ومن ثم تتعدد القوانين الواجبة التطبيق عند الأخذ بجنسية الورثة، في حين أن الأموال جميعها تعود لمتوفى واحد.
انظر الدكتور جابر جاد عبد الرحمن، المصدر السابق، صفحة ٢٧٦.
والدكتور حسن الهنداوي، المصدر السابق صفحة ١٦٨.

(٢) H. Batifol et Paul Lagard, Droit International Prive, ٦ ed, Tome ١, R, Pichon, Paris ١٩٧٤ N٣ ٢٨٠ P. Lerbours, Digeonniere, Droit International Prive. Paris ١٩٦٢, Ne ٤٧٩.
Parilles – Sommieres, La Synthese du Droit International prive, Vol ٢. Cujas, Paris ١٩٧٢, p. ١٩٦ R. Savater, p[. cit. p. Ne ٤٣٨.
وجاء بقرار ديوان التدوين القانوني المرقم ٨٣ والمؤرخ في ١٩٧٦/٥/٢٧: "أن المبلغ موضوع الميراث مودع في بنك بريطاني، وانتقال الملكية بالإرث يجب أن يصدر به قرار من جهة ذات اختصاص ويجب أن ينفذ ويخضع الميراث للمادة (٢٢) من القانون المدني لقانون المورث وقت موته والمعروف أن القانون البريطاني يخضع مسائل الاحوال الشخصية بصورة عامة لقانون الموطن وأننا لو افترضنا أن المورث كان متوطناً في العراق عند موته وكان ميراثه يخضع للقانون العراقي، فإن النظام البريطاني يتدخل لتنفيذ القرار الصادر بتوزيع التركة، لأن المال موجود في بريطانيا وأغلب الظن أن الجهات البريطانية لا تنفذ قراراً ينطوي على حرمان بعض الوارثين من نصيبهم لاختلاف الدين، لأن ذلك يعتبر مخالفاً للنظام مجلة العام في بريطانيا ...".
انظر مجلة العدالة. العدد الثاني السنة الثانية ١٠٧٦ صفحة ٤٩٦.

(٣) الدكتور منصور مصطفى منصور، المصدر السابق، صفحة ٣٦٥.
Paul Guggenheim, op. cit, p. ٥٠٨.

(٤) انظر المادة ٣٣ من قانون المرافعات المدنية رقم ٨٣ لسنة ١٩٦٩.

(٥) انظر قرار ديوان التدوين القانوني المرقم ٩٧٣/٩٢ في ١٩٧٣/٤/٣٠. مجلة العدالة، العدد ١٩٧٣ المؤرخ في ١٩٧٢/٤/٢٩. النشرة القضائية العدد الثاني، السنة الثالثة ١٩٧٣ صفحة ٩٤.

(٦) نصت المادة الثانية من قانون الأحوال الشخصية للأجانب على:
"١- للمحاكم المدنية ان تنظر في دعاوي المواد الشخصية المختصة بالاجانب. ٢- للمحاكم الشرعية صلاحية النظر في المواد الشخصية المتعلقة بالمسلمين الأجانب فقط عندما لم يكن القانون الشخصي المقتضي تطبيقه وفق المادة الأولى من هذا القانون قانوناً مدنيا بل هي الأحكام الفقهية الشرعية. انظر الوقائع العراقية عدد ٩٩٢ في ٩ حزيران ١٩٣١. ويرث العراقي من الأجنبي ويرث الأجنبي من العراقي إذا كانت قوانين دولة ذلك الأجنبي تسوغ ذلك. فقد نصت المادة الخامسة من قانون الاحوال الشخصية على " ... ويرث العراقي من الأجنبي والأجنبي من العراقي إذا كانت قوانين دولة ذلك الأجنبي تسوغ ذلك ...".
وقد أخذ القانون المدني العراقي بهذه القاعدة فنصت الفقرة (أ) من المادة (٢٢) على: " ... اختلاف الجنسية غير مانع من الإرث في الأموال المنقولة والعقارات، غير أن العراقي لا يرثه من الأجانب إلا من كان قانون دولته يورث العراقي منه ".

وتختص المحاكم العراقية أيضاً بالنظر في الدعاوى المتعلقة بالعقارات الكائنة في العراق أو بالمنقولات الموجودة فيه وقت رفع الدعوى وتطبق القوانين العراقية، بغض النظر عن جنسية المتوفي أو الوارث ومحل وجود كل منهما، وسواء حصلت الوفاة داخل العراق أو خارجه لأن العبرة بموقع العقار أو المنقول المتنازع عليه[1].

وقد أخرجت اتفاقية فينا للعلاقات الدبلوماسية، الدعاوي المتعلقة بشؤون الإرث والتركات من نطاق الحصانة القضائية التي يتمتع بها المبعوث الدبلوماسي، حيث نصت الفقرة (ب) من المادة (٣١) من الاتفاقية على: " الدعاوى المتعلقة بشؤون الإرث والتركات والتي يدخل فيها بوصفه منفذا أو مديرا أو وريثاً أو موصى له، وذلك بالأصالة عن نفسه لا بالنيابة عن الدولة المعتمدة[٢].

إن استثناء الدعاوى المتعلقة بالميراث والتركات من نطاق الحصانة القضائية لم يكن معروفا في الماضي، ولا يقوم على قاعدة من قواعد القانون الدولي، كما لم تكن تؤيده الآراء الفقهية، ولم يجر عليه العمل الدولي[٣]، ولم تأخذ به التشريعات المختلفة، بل على العكس من ذلك فإن بعض أحكام المحاكم اتجهت إلى منح المبعوث الدبلوماسي الحصانة القضائية بخصوص التصرفات المتعلقة بهذا الموضوع[٤]، غير أن لجنة القانون الدولي اقتنعت اقتنعت بإدخال هذا الاستثناء في مشروعها لاعتبارات تتعلق بأحكام القانون الدولي الخاص التي أخضعت انتقال التركة وإدارتها إلى قانون موقع العقار وتجنب إهدار حقوق

(١) نصت المادة (٢٤) من القانون المدني العراقي على المسائل الخاصة بالملكية والحيازة والحقوق العينية الأخرى وبنوع خاص طرق انتقال هذه الحقوق بالعقد والميراث والوصية وغيرها يسري عليها قانون الموقع فيما يختص بالعقار ويسري بالنسبة للمنقول قانون الدولة التي يوجد فيها هذا المنقول وقت وقوع الأمر الذي ترتب عليه كسب الحق أو فقده. وانظر في ذلك الدكتور حسن الهنداوي تنازع القوانين وأحكامه في القانون الدولي الخاص العراقي، بغداد ١٩٦٧ صفحة ٢٢٢.

(٢) انظر Jean Serres, op. cit, Ne ١٤٨.

وجاء النص بالفرنسية.

"d'une action Concerant une succession dans laquelle l'agent diplpmatique figure comme executeur testamentair, administrateur heritier our legataire a titre prive et non pas au nom de l'Etat".

ونصت الفقرة (ب) من المادة (٣١) من اتفاقية البعثات الخاصة ١٩٦٩ على:

" an action relating to succession in which the person concerned is involved as executor, administrator, heir or legatee as a private person and not on behalf of the sending state".

(٣) Philippe Cahier, op. cit, p. ٢٥٨.

B. Sen. Op. cit, p. ١١١.

(٤) La Cour Supreme Techecoslovaque ١٩٣٦ Annual Digest ١٩٣٨ - ٤٠ Ne ١٦٧ Philippe Cahier, op. cit, p. ٢٥٨.

Executeuw testamentaire.

والدكتور عبد الحسين القطيفي، المصدر السابق، صفحة ٨٠.

ذوي العلاقة[1]، وهو ما تقتضيه ضرورة عدم تعطيل الإجراءات الخاصة بالميراث[2]، بالإضافة إلى ذلك، فإن المبعوث الدبلوماسي لا يتضرر من الدعاوى المتعلقة بالميراث والتركة، لأن محاكم الدولة المستقبلة غالبا ما تطبق القواعد الموضوعية الأجنبية المتعلقة بالميراث والتركة، وقد تطبق قانون دولة المبعوث الدبلوماسي إذا كان المورث من جنسيته، وذلك وفقاً لقواعد تنازع القوانين. كما أن الإجراءات والمرافعات المدنية تكون محكومة وفق قانون المحكمة التي تباشر هذه الإجراءات، ولأنها من القوانين التي لا تطبق خارج حدود الدولة التي أصدرتها.

ولم تخضع اتفاقية فينا للعلاقات الدبلوماسية جميع الدعاوى المتعلقة بالميراث لاختصاص محاكم الدولة المستقبلة، إنما قيدت ذلك بأربع حالات لا يتمتع فيها المبعوث الدبلوماسي بالحصانة القضائية، وبشروط معينة يجب توافرها في هذه الحالات، وعليه فسنبحث الحالات هذه والشروط في الفقرتين التاليين:

الفقرة الأولى: الدعاوى المتعلقة بالإرث والتركات التي تخرج من نطاق الحصانة القضائية.

الفقرة الثانية: شروط خضوع المبعوث الدبلوماسي لاختصاص محاكم الدولة المستقبلة.

الفقرة الأولى: الدعاوى المتعلقة بالإرث والتركات التي تخرج عن نطاق الحصانة القضائية

سبق القول بأن الأجنبي بصورة عامة والمبعوث الدبلوماسي بصورة خاصة يخضع لاختصاص محاكم الدولة المستقبلة في قضايا الإرث والتركات لاعتبارات عملية تقتضي- الخروج عن قواعد الحصانة القضائية.

وخضوع المبعوث الدبلوماسي في دعاوى الإرث والتركات لاختصاص محاكم الدولة المستقبلة ليس مطلقا، إنما هو وارد في حالات معينة حددتها اتفاقية فينا للعلاقات الدبلوماسية على سبيل الحصر والحالات هذه تشمل:

أولاً، الحالة التي يكون فيها المبعوث الدبلوماسي "منفذاً للإرث والتركة.

لقد عُرّب مصطلح executeur testamentaire من الفرنسية executor من الانكليزية إلى "منفذ" للإرث والتركات[3]، والأصح هو منفذ الوصية.

(١) الدكتور عبد الحسين القطيفي، المصدر السابق، صفحة ٨٠.

(٢) الدكتور علي صادق أبو هيف، المصدر السابق، صفحة ١٩٨.

(٣) عرب مصطلح succession الوارد في نص المادة (٣١) من اتفاقية فينا لعام ١٩٦١ الى الإرث والتركات، والأصح هو التوريث.

ويختلف مصطلح الإرث عن التركة، فالإرث يعني كون الشخص مستحقا نصيباً في تركة المتوفى، أما التركة فهي ما كان للميت حال حياته من أعيان وحقوق.

انظر الدكتور أحمد الكبيسي. الأحوال الشخصية، الجزء الثاني، بغداد ١٩٧٤ صفحة ٨ و ١٥٤.

ويظهر من ذلك، أن تعريب الاتفاقية من اللغة الفرنسية والانكليزية غير موفق من الناحية القانونية، وكان على مترجمي نصوص الاتفاقية أن يلاحظوا المصطلحات القانونية المتداولة في الدول العربية، وأن يعربوا الاتفاقية في ضوء هذه المصطلحات كي تجيء موافية لمقاصدها ومنطبقة وأغراضها.

ومنفذ الوصية في مفهوم القانونين الفرنسي- والانكليزي، يعني الشخص الذي يعين من قبل الموصى أو المحكمة أو القانون لتنفيذ وصية المتوفي[1].

ويقابل مصطلح "منفذ الوصية" الوارد في القانونين الفرنسي والانكليزي مصطلح "مصفي قضائي" في العراق[2]. وكان على المشرّع العراقي أن يحذف مصطلح "منفذ" عند التصديق على الاتفاقية ويضع محلها "مصفي قضائي". لينطبق الاصطلاح مع المفهوم. أو يضع تحفظاً على هذه المصطلحات عند التصديق على الاتفاقية.

ثانيا - الحالة التي يكون فيها المبعوث الدبلوماسي مديرا:

لقد عرب مصطلح administrateur من النص الفرنسي و administrator من النص الانكليزي من اتفاقية فينا للعلاقات الدبلوماسية على مصطلح "مدير"، وهذا يعني أن المبعوث الدبلوماسي لا يتمتع بالحصانة القضائية بالنسبة للدعاوى المتعلقة بالإرث والتركات، والتي يدخل فيها بوصفه مديرا للإرث أو التركة. والمقصود به كما جاء في اتفاقية فينا للعلاقات الدبلوماسية هو مصطلح مصفي التركات Administrateur des succession وليس كما جاء في التعريب منفذا.

والمصفي هو الشخص الذي تعينه المحكمة لتصفية التركة، ودفع الديون المترتبة عليها، ومن ثم تحديد حصة كل وارث فيها[3].

---

(١) Henri Petitjean. Fondements. Et Mecabism de la Transmission Successoral. Parise ١٩٥٩ p. ٥٣.

Graham S. Goodchild. Executors and Adminidtrators London, ١٩٦٥ p. ١٩.

(٢) ويعين الوصي عن طريق الايصاء، والايصاء كما عرفته المادة (٧٥) من قانون الأحوال الشخصية العراقي رقم ١٨٨ لسنة ١٩٥٩ هو (إقامة الشخص غيره لينظر فيما أوصى به بعد وفاته).

وتتولى المحاكم العراقية صيانة أموال المتوفى الأجنبي وإدارتها وتعين وصيا إذا وجدت ذلك في مصلحة التركة (المادة ٩ من قانون الأحوال الشخصية للأجانب رقم ٧٨ لسنة ١٩٣١) أما إذا قامت المحكمة بإدارة التركة من قبلها مباشرة ولم تعين لذلك وصيا، فلها أن تنيب عنها أحد موظفيها في الدعوى المقامة لصالح التركة أو عليها (المادة ١٠ من قانون الأحوال الشخصية للأجانب).

(٣) Petitjean, op. cit. op. ٥٤.

S. J. Bailey - The Law of wills. London ١٩٥٩,

نصت الفقرة (أ) من المادة (٧) من قانون ادارة أموال القاصرين رقم ٤٧ لسنة ١٩٦٩ على "تتولى المحاكم الشرعية ومحاكم المواد الشخصية كل حسب اختصاصها تحرير التركة وبيعها وتصفيتها وفقاً لأحكام القانون وللسلطة المالية المسؤولة عن تطبيق قانون ضريبة التركات أن تنيب أحد موظفيها للحضور عند تحرير التركة".

وتقوم المحاكم العراقية، بإدارة التركة للمتوفي الأجنبي[١]، وتتخذ الإجراءات الضرورية للمحافظة عليها. ولها أن تعين شخصا ثالثا أو وصيا إذا وجدت مصلحة التركة تقضي بذلك، أو أن تتولى ذلك بنفسها[٢]. وإذا ما قامت بتعيين وصي لها فإن الوصي هو الذي يتولى تصفية التركة وتسليمها إلى مستحقيها، أو تسجيلها بأسمائهم، أو التصرف بها حسب قرار المحكمة وتحت إشرافها[٣].

وكان ينبغي أن تكون مصطلحات هذه الحالة والحالة السابقة موافقة لمصطلحات القانون العراقي أو تعرب الاتفاقية بصورة دقيقة لإمكان تطبيق القانون العراقي عليها بصورة صحيحة، لأن تحديد مثل هذه القضايا لا يعد من القواعد الموضوعية التي تخضع لقانون دولة المتوفي، إنما تعتبره من قواعد القانون الدولي الخاص التي يرجع البت فيها للقانون العراقي[٤]، وهي قواعد شكلية أو إجرائية.

والمحكمة من استثناء الحالتين السابقتين، ترجع إلى أن هذه الدعاوى، لا تتعلق بشخصية المبعوث الدبلوماسي بصفته هذه، إنما بصفة النيابة عن التركة فلا يكون خصماً شخصياً عن الدعاوى المتعلقة في هاتين الحالتين، إنما يكون خصماً بالإضافة إلى التركة باعتبار انه يتمتع بنيابة قانونية لا تصح خصومته بالذات.

فإذا ما صدر حكم على التركة، فإنه لا ينفذ على أموال المبعوث الدبلوماسي الشخصية، إنما يتحدد نطاق الحكم بالتركة فقط.

ثالثا - المبعوث الدبلوماسي وريثا:

عرب مصطلح heritier من الفرنسية و heir من الانكليزية على عبارة "وريثا" والأصح هو "الوارث"[٥] ويعرف الوارث، بأنه الشخص الذي يخلف مورثه في ثروته بناء

---

(١) انظر المادة السابعة من الأحوال الشخصية للأجانب.
(٢) انظر المادة التاسعة المعدلة من قانون الأحوال الشخصية للأجانب.
(٣) انظر المادة الحادية عشر من قانون الأحوال الشخصية للأجانب.
(٤) نصت الفقرة (١) من المادة (٣١) من القانون المدني العراقي على "إذا تقرر ان قانونا أجنبياً هو الواجب التطبيق فإنما تطبق منه أحكامه الموضوعية دون التي تتعلق بالقانون الدولي الخاص" وتتولى المحاكم الشرعية في العراق بالنظر في الدعاوى المتعلقة بالوصاية والقيمومة والولاية ونصب القيم أو الوصي وعزله ومحاسبته والاذن بالتصرفات الشرعية إذا كان المبعوث الدبلوماسي مسلما "والمادة ٣٠٠ من قانون المرافعات المدنية رقم ٨٣ لسنة" أما إذا كان غير مسلم فإن محكمة البداءة هي المحكمة المختصة بذلك (المادة ٣٣) من قانون المرافعات المدنية العراقي.
(٥) انظر لسان العرب، للامام ابن منظور، المجلد الثاني، دار صادر، بيروت ١٩٥٥ صفحة ١٩٩.

على حق الدم أو الزواج أو لصفة معينة فيه[١]، أو الشخص الذي تنتقل إليه الأموال بحكم القانون[٢].

وقد عرفت الفقرة (٢) من المادة (٨٦) من قانون الأحوال الشخصية العراقي رقم ١٨٨ لسنة ١٩٥٩ المعدل الوارث، بأنه "الحي الذي يستحق الميراث".

ويرجع لقانون دولة المورث وقت موته لتحديد صفة الوارث[٣] فإذا كان المورث فرنسيا، والمبعوث الدبلوماسي انكليزيا، فإن القانون الفرنسي هو الذي يحدد من هو الوارث، وكيفية توزيع التركة.

وإذا كان القانون الأجنبي هو الواجب التطبيق، فإن المحاكم العراقية تختص بالنظر في الحالات الآتية:

١- إذا وجد المبعوث الدبلوماسي في العراق.

٢- إذا كانت التركة تتعلق بعقار موجود في العراق أو بمنقول موجود فيه وقت رفع الدعوى.

٣- إذا حصلت الوفاة في العراق[٤].

رابعاً – المبعوث الدبلوماسي موصى له:

الموصى له "legate" legataire هو الشخص الذي يتلقى الأموال من الموصى بناء على الوصية[٥].

وإذا كان المبعوث الدبلوماسي موصى له، فإن المحاكم العراقية هي المختصة بالنظر في الدعاوي الناشئة عن الوصية غير أنها تطبق قانون دولة الموصي وقت موته، إلا إذا تعلقت الوصية بمال غير منقول كائن في العراق، ففي هذه الحالة تطبق القوانين العراقية في نقل الملكية العقارية حسب ما جاء في الوصية"[٦].

وإذا كان الوارث أو الموصى له "المبعوث الدبلوماسي" من العرب فإن القانون العراقي قد سمح له بهذه الوصية أو الإرث بلا قيود ولا حدود إذا كانت الوصية تتعلق

---

(١) J Stephen Cretney Theobald on wills, London ١٩٧١ p. ٣٤٨.

(٢) Henri Soum-La Transmission de la Succession Teslamentaire. Paris, ١٩٥٧, Ne ٤.

(٣) انظر المادة (٢٢) من القانون المدني العراقي.

(٤) انظر المادة (١٥) من القانون المدني.

(٥) Henri Soum, op. cit. Ne ٤.

(٦) انظر الاستاذ الدكتور حسن الهنداوي، المصدر السابق ص ١٧٢ ونصت المادة (٢٣) من القانون المدني على "١- قضايا الوصايا يسري عليها قانون الموصى وقت موته ٢- تطبق القوانين العراقية في صحة الوصية بالأموال غير المنقولة الكائنة في العراق والعائدة الى متوفى أجنبي وفي كيفية انتقالها".
وجاء بقرار ديوان التدوين القانوني المرقم ٩٧٣/١٨٩ في ١٩٧٣/٧/٢٤" قضايا الوصايا يسري عليها قانون الوصي وقت وفاته" انظر مجلة العدالة العدد الأول، السنة الأولى ١٩٧٥، صفحة ٢٢٢.

بأموال موجودة في العراق. أما إذا كان المبعوث الدبلوماسي الموصى له من الأجانب فإنه يخضع للشروط الواردة في قانون تملك الأجانب للأموال غير المنقولة في العراق رقم (٣٨) لسنة ١٩٦١ المعدل الذي اشترط المقابلة بالمثل والإقامة في العراق لمدة سبع سنوات، وأن تكون له دار واحدة للسكن واستحصال موفقات المحافظة ووزارة الدفاع والداخلية والعدل ومحافظ البنك المركزي، وأن يبعد هذا العقار عن الحدود مسافة لا تقل عن ٣٠ كيلو متر[(١)].

أما مصير الوصية في حالة رفض المبعوث الدبلوماسي قبولها الذي هو موصى له فتنتقل إلى الورثة باعتبارها من التركة وفي حالة عدم وجود ورثة تنتقل التركة إلى الدولة على أساس أن الدولة وارثة له.

الفقرة الثانية : شروط خضوع المبعوث الدبلوماسي لاختصاص محاكم الدولة المستقبلة في الدعاوى المتعلقة بالميراث

يلاحظ من أحكام الفقرة (ب) من المادة (٣١) من اتفاقية فينا للعلاقات الدبلوماسية، أنها أوجبت توافر شرطين أساسيين لخضوع المبعوث الدبلوماسي "على سبيل الحصر" منفذا أو مديراً، أو وارثا، أو موصى به، وما يخرج من الحالات الأربع المذكورة، فإنه يتمتع بالحصانة القضائية، لأن هذه الحالات وردت على سبيل الحصر ولا يجوز التوسع فيها.

وعلى ذلك فلا يشمل الاستثناء المذكور، الأحوال الشخصية الأخرى، كالدعاوى المتعلقة بالزواج وما يتعلق به من مهر ونفقة ونسب وحضانة وفرقة وطلاق وسائر الأمور الزوجية الأخرى[(٢)]، والحجر ورفعه واثبات الرشد. رغم أهمية هذه الحالات وخاصة أنها ترفع من قبل أشخاص غالباً ما يتمتعون بالحصانة القضائية بحكم علاقتهم بالمبعوث الدبلوماسي كأفراد عائلته[(٣)].

---

(١) الدكتور ممدوح عبد الكريم حافظ، المصدر السابق، صفحة ٢٩٠.

(٢) كما لا تختص المحاكم الفرنسية بالدعاوى المتعلقة بالطلاق divorce والانفصال الجسماني Separation de corps واثبات النسب filiation والاجراءات الوقتية التي يتطلب اتخاذها مثل تعيين مقر الزوجة أو تقدير نفقة وقتية لها أو ضم الولد للحضانة اثناء دعوى الطلاق. انظر قرار:

Trib – Chinin, ٢٧, Juill ١٩٣١.

Niboyet, op. cit. Ne ١٧٨٠.

(٣) اقام السيد (س.ح) الدعوى المرقمة ٩٧٧/١٧٦ في محكمة شرعية بغداد الكرخ على زوجته الموظفة في سفارة سلطنة عمان في بغداد وقد طلبت وزارة الخارجية من السفارة المذكورة تبليغها بأوراق الدعوتية. إلا أن السفارة اجابت بمذكرتها المرقمة ٣٥٣/٧٧/١١/٤ في ١٩٧٧/١/١٤ بان المومأ اليها سافرت إلى سلطنة عمان ويتعذر تبليغها.

وكان من الممكن ان تقوم السفارة بتبليغها بأوراق الدعوتية والطلب منها الحضور إلى المحكمة غير انه لم ترغب في حضورها ولم تدفع بالحصانة القضائية، إنما اعتذرت عن تبليغها بالنظر لسفرها.

ولا يشمل الاستثناء الدعاوى المتعلقة بالوقف سواء كان الوقف خيريا أو ذريا وكان الواجب إدخال هذه الدعاوى ضمن الاستثناءات التي يتمتع بها المبعوث الدبلوماسي بالحصانة القضائية، لأنها لا تختلف عن دعاوى الميراث من حيث الجوهر[(١)].

الشرط الثاني - أن تقام الدعوى على المبعوث الدبلوماسي بصفته الشخصية لا بصفته ممثلاً عن دولته.

وبموجب هذا الشرط، يجب ألا تتعلق الدعوى بأعمال المبعوث الدبلوماسي الرسمية، وإنما تتعلق بصفته الخاصة، أي كإنسان مرتبط شخصياً مع الآخرين. وقد نصت الفقرة (ب/١) من المادة (٣١٩ من الاتفاقية على هذا الشرط بقولها "... وذلك بالأصالة عن نفسه لا بالنيابة عن الدولة المعتمدة"[(٢)].

ويلاحظ أن نص الفقرة المذكورة يثير اللبس والغموض للأسباب التالية:

أولاً - أن غالبية دعاوى التركة والميراث لا تقام على الوصي أو الوارث أو المصفي أو الموصى له بالأصالة عن نفسه، إنما تقام عليه بالإضافة إلى التركة[(٣)].

في حين أن نص الاتفاقية اشترط أن تقام الدعوى على المبعوث الدبلوماسي بالأصالة عن نفسه.

ثانيا - أن منفذ الوصية "المنفذ" أو مصفي التركة "المدير" لا يعتبر طرفا في دعاوى التركات لأنه يعتبر وكيلا، وأن الوكيل لا تصح خصومته[(٤)]، وعلى ذلك فإن الدعوى لا تقام عليه بالأصالة عن نفسه إلا إذا خالف شروط الوصية أو تصفية التركة، إلا أنه من الممكن إدخاله في الدعوى شخص ثالث عندما تكون هناك رابطة صلة تربطه في الدعوى.

---

(١) يرجع السبب في عدم استثناء الدعاوى المتعلقة بالوقف من الحصانة القضائية إلى عدم معرفة بعض الدول بأحكام الوقف، رغم اشتراك عدد كبير من الدول الإسلامية التي تعرف هذه الأحكام، في مؤتمر فينا للعلاقات الدبلوماسية، وكان من الممكن النص على هذه الأحكام في الاتفاقية دون أن يؤثر ذلك في النظام القانوني بالنسبة للدول التي لا تعرف هذه الأحكام، لأنها لا تطبق في الغالب قانونها إنما تطبق قانون دولة المورث، لا سيما أن القانونين الأمريكي والبريطاني فيهما ما يشبه هذه الأحكام بنظام يطلق عليه "trust".

(٢) جاء النص بالفرنسية:

" ... a titre prive et non au nom de l'Etat accrediant".

وقد أخذت اتفاقية البعثات الخاصة بالنص نفسه حيث جاء في الفقرة (ب/١) من المادة (٣١) ما يلي:

" ... as a private person and not on behalf of sending state".

(٣) انظر قرارات محكمة تمييز العراق المتعلقة بإقامة الدعوى على الوراث اضافة للتركة لا بالاصالة عن نفسه، المرقمة ٩٥/ مدنية ثالثة ١٩٧٣ في ١٩٧٣/٦/٦ و ٣٩/ مدنية ثالثة / ١٩٧٣ في ١٩٧٣/٤/٣٠.
النشرة القضائية، العدد الثاني، السنة الرابعة، صفحة ١٨٣ و ١٨٤.
كذلك قرارها المرقم ١٩٤/ شرعية أولى/ ١٩٧٣ في ٩٧٣/٦/٢٠ المتعلق بإقامة الدعوى على الورثة بالاضافة إلى التركة في دعوى خاصة بالوصية، المصدر السابق، صفحة ١٢٩.

(٤) انظر قرار محكمة تمييز العراق المرقم ٧١٨/ مدنية ثالثة/ ٩٧١ في ١٩٧١/٧/١٨.
النشرة القضائية، العدد الثالث السنة الثانية نيسان ١٩٧٣ صفحة ١١١.

ثالثا – هناك بعض الحالات يتولى فيها المبعوث الدبلوماسي إدارة شركة لا بالأصالة عن نفسه (بصفة الشخصية) ولا بالنيابة عن دولته، كالحالة التي يكون فيها مديرا لتركة المتوفين من تبعة دولته في الدولة المستقبلة[1]، وفي هذه الحالة لا يستطيع ذوو العلاقة إقامة الدعوى على المبعوث الدبلوماسي بالإضافة إلى التركة التي تحت إدارته لكونه وكيلاً في إدارة التركة وليس أصيلا فيها. وهذا يعني أن أموال الأجنبي المتوفى سوف تتمتع بالحصانة القضائية، رغم أنها لا تتمتع بالصفة الدبلوماسية تطبيقا للنص المذكور، وهذا ما يؤدي إلى إجحاف يضار منه ذوي العلاقة، وكان ينبغي جواز إقامة الدعوى على المبعوث الدبلوماسي بالإضافة إلى التركة التي تعود للأجنبي المتوفى.

وعلى ذلك كان من الأفضل أن يكون نص الفقرة (ب/١) من المادة (٣١) من اتفاقية فينا بالشكل الآتي: "الدعاوى المتعلقة بشؤون التركات التي يدخل فيها بوصفه وصيا أو مصفيا أو وارثاً أو موصيا، أو موصى به، أو مستحقاً للوقف، بصفته الخاصة ".

الفرع الثالث: الدعاوى المتعلقة بالنشاط المهني والتجاري

بالنسبة إلى النشاط المهني تتجه الدول في الوقت الحاضر إلى زيادة حالات منع الأجانب من ممارسة النشاطات المهنية في إقليمها، وبخاصة تلك المهن التي تتصل اتصالا وثيقاً بحياة المجتمع، كمهنة الطب والصيدلة والمحاماة وممارسة بعض الفنون، وهي ما يطلق عليها بالمهن الحرة Profession liberale[2].

---

(١) نصت المادة (١٦) من قانون الاحوال الشخصية للأجانب رقم ٧٨ لسنة ١٩٣١ على "إذا كانت هناك معاهدة أو اتفاقية بين دول العراق وأي مملكة أجنبية يسوغ بموجبها للقنصل أن يدير تركة المتوفى من تبعة دولته فيسوغ اصدار أنظمة تبين كيفية إدارة تلك التركات تنفيذاً لتلك المعاهدة أو الاتفاقية".
ونصت المادة (٥١) من معاهدة التعاون القضائي الموقعة في بغداد في ٢٢ كانون الأول ١٩٧٠ مع المانيا الديمقراطية المصادق عليها بالقانون رقم (٤٢) لسنة ١٩٧١ على ما يلي: " يكون الممثل الدبلوماسي أو القنصلي لكل من الطرفين المتعاقدين مخولا بأن يمثل دون أي وكالة خاصة مواطنيه في أمور التركات بما في ذلك دعاوى الإرث ما لم يكونوا حاضرين شخصياً أو يعينوا ممثلاً مخولاً عنهم أمام المحاكم أو السلطات المختصة التابعة لطرف المتعاقد الآخر".
انظر الوقائع العراقية العدد ١٩٧٩ في ١٩٧١/٣/٢٩ ونصت المادة (٣٧) من معاهدة التعاون القضائي والقانوني بين العراق والاتحاد السوفيتي الموقعة في موسكو في ٢٢ حزيران ١٩٧٣ المصادق عليها بالقانون رقم ١٠٤ لسنة ١٩٧٣ على ما يلي: "يكون الممثل الدبلوماسي والقنصلي لكل من الطرفين المتعاقدين مخولاً بأن يمثل دون أي وكالة خاصة مواطنيه في أمور التركات بما في ذلك دعاوى الإرث ما لم يكونوا حاضرين شخصياً أو يعينوا وكيلاً مخولاً أمام المحاكم أو السلطات المختصة الأخرى التابعة للطرف الآخر".
الوقائع العراقية العدد ٢٢٧٨ في ١٩٧٣/٩/١٦.

(٢) انظر الدكتور فؤاد عبد المنعم رياض، المصدر السابق ص ٣٦٠، والاستاذ حامد مصطفى، المصدر السابق، صفحة ١٢٧، والدكتور جابر عبد الرحمن جاد، القانون الدولي الخاص العربي، معهد البحوث والدراسات العربية ١٩٦٨، صفحة ١٢٦. كذلك انظر:

Rene Savatier, op. cit. p. ١٢٣.
Swege Dairaines Les Eteangers et Les Societes
Etrangeres en France. Villefort, paris ١٩٥٧, p. ١١٦.

وقد اختلفت الآراء بصدد تمتع المبعوث الدبلوماسي بالحصانة القضائية بالنسبة للدعاوى المتعلقة بالنشاط المهني الذي يزاوله في الدولة المستقبلية، فذهب البعض من الفقهاء[1]، إلى إضفاء الحصانة القضائية على هذه النشاطات.

وذهب رأي آخر إلى خلاف ذلك، ويرى حرمان المبعوث الدبلوماسي من الحصانة القضائية إذا مارس مهنة لمصلحته الشخصية[2].

وقد أيدت هذا الاتجاه المادة (١٦) من معهد نظام القانون الدولي لسنة ١٨٩٥ بقولها: " لا تثار الحصانة القضائية في حالة مقاضاة تقوم بناء على التزامات متعاقد عليها من قبل الشخص الذي يتمتع بالحصانة القضائية عندما يمارس مهنة معينة داخل البلد الذي يمارس أعماله فيه". كما أخذت بذلك المادة (١٣) من قرار المعهد المذكور في عام ١٩٢٩ والمادة (٢٤) من مشروع قانون جامعة هارفرد[3].

ويعلل الكتاب هذا الاتجاه بأن قيام المبعوث الدبلوماسي بنشاط مهني في الدولة التي يزاول مهماته فيها، كمعالجته المرضى إذا كان طبيباً، أو نشره بحوثاً ودراسات قانونية أو اقتصادية إذا كان مؤلفاً، أو صحفيا، أو قيامه بمزاولة أعمال فنية كالرسم والنحت والموسيقى، فإن مثل تلك الأعمال تخرج عن نطاق مهمته وتسيء إلى شخصيته عندما يكون الباعث على ممارستها الربح المادي[4].

وقد أخذت الاتفاقية فينا للعلاقات الدبلوماسية بالاتجاه الأخير، ونصت الفقرة (ج) من المادة (٣١) منها على استثناء الدعاوى المتعلقة بالنشاط المهني التي يمارسها المبعوث

راجع في القيود الخاصة بالنشاط المهني بالنسبة للأجانب في الولايات المتحدة الامريكية، واليونان وبلجيكا، والاتحاد السوفيتي وفرنسا الدكتور عز الدين عبدالله، المصدر السابق، هامش الصفحة ٦٧٥. وانظر كذلك نص المادة (٤٢) من قانون نقابة الصيادلة العراقي رقم ١١٢ لسنة ١٩٦٦ والمادة (٤٥) من قانون نقابة الاطباء رقم ١١٤ لسنة ١٩٦٦ حول ممارسة الأجنبي مهنة الصيدلة والطب في العراق.

(١) Sir Cecil Hurst, op. ccut, p. ١٨٨. p. Genet, op. cit. pp. ٥٨٠ - ٥٨١.

(٢) Phililppe Cahier, op. cit, ٢٥٠. Whneman, op. cit, p. ١١٨.

والدكتور عبد الحسين القطيفي، المصدر السابق، صفحة ٨٠ هامش رقم (٢).

ونصت المادة (١٣) من قرار المعهد المذكور في عام ١٩٢٩ بالفرنسية على ما يلي:

"L'immunite de juruduction ne peut etre invcquee par l'gent diplo matique pour les acted concernant une activite professionuella en dehors de ses fonction".

(٣) ونصت المادة (٢٤) نة مشروع اتفاقية هارفرد على ما يلي:

"A receiving atate may refuse to accord the pricileges and immunotoes provided for in this convention to member of his family who engages in a business or who practices a progession within its territory other than that of mission, with respects to acts done in connection with that other business or profession".

انظر هذه النصوص:

Philippe Cahier, op. cit, p. ٢٥٠.

G.E do Nascimento e Slivam op. cit, p. ١١٨.

(٤) انظر الدكتور سموحي فوق العادة، المصدر السابق، صفحة ٣٠٨.

الدبلوماسي من نطاق الحصانة القضائية بقولها: "الدعاوي المتعلقة بأي نشاط مهني أو تجاري يمارسه في الدولة المعتمد لديها خارج وظائفه الرسمية"[1].

ولم تكتف الاتفاقية باستثناء الدعاوى المتعلقة بالنشاط المهني من الحصانة القضائية، بل منعت المبعوث الدبلوماسي من ممارسة مثل هذا النشاط في الدولة المستقبلة لمصلحته الشخصية. فقد نصت المادة (٤٢) من الاتفاقية على ما يلي: "لا يجوز للمبعوث الدبلوماسي أن يمارس في الدولة المعتمد لديها أي نشاط مهني لمصلحته الشخصية"[2].

وقد لاحظ بعض الكتاب تناقضا بين أحكام الفقرة (ج) من المادة (٣١) من الاتفاقية التي جردت المبعوث الدبلوماسي من الحصانة القضائية في الدعاوى المتعلقة بالنشاط المهني والتي تعني جواز ممارسته هذه الأعمال مع حرمانه من الحصانة القضائية، وأحكام المادة (٤٢) من الاتفاقية نفسها التي منعت المبعوث الدبلوماسي نهائيا من ممارسة هذه الأعمال، في حين يرى البعض الآخر من الكتاب عدم وجود مثل هذا التناقض، إنما يفترض أن المبعوث الدبلوماسي قد قام بنشاط مهني لمصلحته الخاصة، على الرغم من الخطر الوارد في المادة (٤٢٩ من الاتفاقية"[3].

إن الرأي الأخير أكثر صواباً، باعتبار أن مخالفة الفقرة (ج) من المادة (٣١) تقتضي خضوع المبعوث الدبلوماسي لاختصاص محاكم الدولة المستقبلة، في حين أن نص المادة (٤٢) اعتبر هذه الأعمال مخالفة لوظائفه ويجوز للدولة أن تمنعه من ممارستها، وتعتبره شخصا غير مرغوب فيه ولها حق طرده من بلادها.

أما مصدر نص المادة (٤٢) من الاتفاقية على رأي بعض الكتّاب فإنها غير مستمدة من قاعدة عرفية في القانون الدولي، بل تعبر عن رأي فقهي اعتبر مزاولة هذا النشاط لا يتفق مع وظيفة وشخصية المبعوث الدبلوماسي، وذهبوا إلى أن هذا النص لا يشمل النشاط الأدبي والثقافي كإلقاء المحاضرات وتأليف الكتب الأدبية والعلمية مثلا[4].

---

(١) جاء النص بالفرنسية

"d'une action concernbant une rofession liberale ou une actrivite commerciale quelle soit exercess par l'agant diplomatique dans ;'Etat accreditaire en dehors de ess fonctions officielles".

وقد أخذت اتفاقية البعثات الخاصة لعام ١٩٦٩ بالنص المذكور، فنصت الفقرة ج من المادة (٣١) على ما يلي:

"an action relation to any professional or commercial activity exercised by the person concerned in the receiging state out - side his official fnuctions".

(٢) جاء النص بالفرنسية:

"l'agent diplomatique n'exercera pas dans l'Etat accreditaire une activite professionnelle ou commerciale en vue d'une gain personnel

وقد أخذت اتفاقية البعثات الخاصة لعام ١٩٦٩ بالنص المذكور فنصت المادة ٤٨ منها على ما يلي:

" The representatives of the sending state in the special mission and the members of its diplomatic professional or commercial activity in the receiving State".

(٣) انظر هذه الآراء في مؤلف الدكتور فؤاد شباط، المصدر السابق صفحة ٢٢٦.

(٤) Philippe Cahier, op. cit. p. ٢٦٠.

وأرى أن النص المذكور مستمد من العرف الدولي بدليل أن بعض القوانين الداخلية للدول أخذت به تجسيداً لأحكام العرف الدولي[1]، كما أن التمييز بين أنشطة المبعوث الدبلوماسي المهنية وعدم خضوع بعضها للاختصاص القضائي المحلي لا سند له من القانون، لأن نص الفقرة (ج) من المادة (٣١) ونص المادة (٤٢) من الاتفاقية جاءتا شاملتين لجميع أوجه النشاط المهني سواء كان هذا النشاط أدبيا أو فنيا أو علميا.

وذهب آخرون[2] على أن ممارسة المبعوث الدبلوماسي النشاط لمهني يفترض أنه تنازل عن حصانته القضائية وقبل الخضوع للاختصاص القضائي المحلي.

ويبدو أن ممارسة المبعوث الدبلوماسي للنشاط المهني في الدولة المستقبلة تعني مخالفته للقوانين الداخلية التي تمنع الأجانب من ممارسة هذه الأنشطة إلا وفقاً للشروط التي تضعها الدولة، وذلك لأن حرمانه من الحصانة القضائية في هذه الحالة قد لا يمنعه من مزاولة هذه الأنشطة، أو أن مزاولته هذه قد لا يترتب عليها أي ضرر يصيب الغير، ومن ثم لا تقام الدعوى ضده، وعلى ذلك جاء نص المادة (٤٢) ليمنع المبعوث الدبلوماسي من مزاولة المهني وإن لم تثر مسألة الحصانة القضائية.

أما بالنسبة للنشاط التجاري الذي يزاوله المبعوث الدبلوماسي فإن الدول بما لها من حق المحافظة على كيانها الاقتصادي والاجتماعي، تتمتع بحق منع الأجانب من ممارسة أنواع معينة من النشاط الاقتصادي، وخاصة تلك الأنواع الخاصة بالأعمال التجارية والصناعية المتعلقة بأمن الدولة أو الدفاع الوطني أو الصناعات المتصلة باستغلال الثروة الاقتصادية القومية[3]، أو التي من شأنها منافسة الوطنيين في أسباب معيشتهم[4].

وقد تسمح الدول للأجانب الموجودين في إقليمها بممارسة بعض الأعمال التجارية المعينة على سبيل المقابلة بالمثل وبشروط خاصة[5].

أما بالنسبة لمزاولة المبعوث الدبلوماسي الأعمال التجارية في الدولة المستقبلية، فإن الفقه لم يستقر على رأي معين، كما أن هناك اختلافاً في قرارات المحاكم الوطنية بهذا الصدد[1].

---

(١) انظر المادة (٤) من المرسوم الكولومبي عام ١٩٣٥ والمادة ٨٦ من قانون المرافعات المدنية الهندي والمادة الخامسة من قانون المرافعات البولوني. والقواعد الخاصة بالامتيازات والحصانات الدبلوماسية المطبقة في سويسرا. انظر:

United Nations Laws, p. ١٦٦٥.

(٢) الدكتورة عائشة راتب، المصدر السابق، صفحة ١٦١.

(٣) الدكتور فؤاد عبد المنعم رياض، المصدر السابق، صفحة ٣٦.

والدكتور جابر ابراهيم الراوي، المصدر السابق صفحة ١٨٥.

(٤) الاستاذ حامد مصطفى، المصدر السابق، صفحة ١٢٧.

(5) H. Batiffol et p. Lagard. Drot International prive. ٢ ed. Tome ١. L.G.D.J. Paris, ١٩٧٤ Ne ١٨٠.

وقد ذهبت محكمة استئناف باريس عام ١٨٦٧ [٢] ومحكمة العدل الانكليزية عامي ١٨٥٤ و ١٨٩٥ [٣] على إضفاء الحصانة القضائية على أعمال المبعوث الدبلوماسي المتعلقة بالشؤون التجارية التي يزاولها لمصلحته الشخصية.

وقد أيد بعض الكتّاب هذا الاتجاه [٤]، لأنه يضمن استقلال المبعوث الدبلوماسي في أداء مهمته دون أن يتعرض إلى احتمال تلفيق التهم الكيدية ضده والتي من شأنها أن تسيء إلى سمعة دولته.

وقد انتقد بعض الكتاب هذا الاتجاه، ووصف القرارات التي أخذت به، بأنها قديمة وأن تسببها لم يكن واضحا. كما أن مجلس الدولة الفرنسي أقر في سنة ١٩٣٠ بصورة صريحة خضوع المبعوث الدبلوماسي لاختصاص محاكم الدولة المستقبلة عندما يزاول أعمالاً تجارية خاصة [٥].

ويؤيد معظم الكتاب [٦] في الوقت الحاضر الوقت خضوع المبعوث الدبلوماسي لاختصاص محاكم الدولة المستقبلة عن الأعمال والتصرفات التجارية التي يمارسها لمصلحته الشخصية.

وقد أخذت بذلك محكمة استئناف في الولايات المتحدة الأمريكية حيث رفضت منح الوزير المفوض الاسباني الحصانة القضائية عن أعماله التجارية الخاصة [٧].

---

(١) J. R. Wood and J. Serres, op cit. P. ٣١٦.

ويرى الاستاذ Uppennenn ان هذا الاستثناء تأخذ به بعض الدول دون أن تأخذ به بريطانيا.

Oppenhiem, op. cit p. ٨٠٠.

(٢) La Cour d'Appel de Paris ١٩٦٧

انظر :   Philippe Cahier, op. cit. p. ٢٥٩.

(٣) Taylor V. Best ١٨٥٤.

Magdalena Steam, Navigation Company V. Martin Sir

انظر :   Enest Spatow, op. cit. p. ١٨٤.

والدكتور عبد الحسين القطيفي، المصدر السابق، صفحة ٨١ هامش رقم (٢).

(٤) Sir Cecil Hurst, op. cit. p. ١٨٨.

R. Gent, op. cit. p. ٥٨٠.

(٥) Philippe Cahier, op. cit. p. ٢٥٩.

(٦) G.E. do Nascimento e Slivam op. cit. p. ١١٨.

Clifton E. Wilson, op. cit. p. ١١١.

Whiteman, op. cit. p. ١٤٨.

Eric Clark, op. cit. p. ١٠٣.

والدكتور عبد الحسين القطيفي، المصدر السابق، صفحة ٨٠.

والدكتور ممدوح عبد الكريم حافظ، المصدر السابق ص ١٨١.

والدكتورة عائشة راتب، المصدر السابق، صفحة ١٦١.

والدكتور فاضل زكي محمد، المصدر السابق، صفحة ١٥٨.

(٧) United State Court of Appeals.

في قضية

ولم تميز المادة الأولى من قانون امتيازات الممثلين السياسيين العراقي رقم (٤) لسنة ١٩٣٥ بين الأعمال التجارية التي يزاولها المبعوث الدبلوماسي بصفته الرسمية وبين الأعمال التجارية الخاصة، لكنها أضفت الحصانة على هذه الأعمال بصورة مطلقة، حيث نصت المادة المذكورة على ما يلي: "أن الممثلين السياسيين للدول الأجنبية والأشخاص الذين يعتبرون من حاشيتهم وفق التعامل الدولي مصونون عن سلطة المحاكم المدنية في الأمور المدني والتجارية".

وقد نصت الفقرة (ج) من المادة (٣١) من اتفاقية فينا للعلاقات الدبلوماسية على: "الدعاوى المتعلقة بأي نشاط تجاري يمارسه في الدولة المعتمد لديها خارج وظائفه الرسمية".

وعلى ذلك، فإن المبعوث الدبلوماسي لا يجوز له ممارسة الأعمال التجارية بكافة أنواعها سواء أكانت هذه الأعمال تجارية بطبيعتها nature أو تبعية accessoire[1] كالشراء بقصد البيع أو التأجير، والأعمال المتعلقة بالأوراق التجارية كالسفتجة والسند لأمر والشيك وأعمال الصف والسمسرة والأعمال المتعلقة بالتجارة البحرية والمقاولات المتعلقة بالنجارة والصناعة والوكالة بالعمولة والنقل والتوريد ووكالة الأعمال والبيع بالمزاد العلني والملاهي العمومية وإنشاء المباني والتأمين[2] وغيرها من الأعمال التجارية الأخرى التي يمارسها لمصلحته الشخصية.

أما إذا مارس المبعوث الدبلوماسي الأعمال التجارية هذه لمصلحة بعثته فإنه يتمتع بالحصانة القضائية عن الدعاوى المتعلقة بهذه الأعمال.

ويلاحظ أن نص الفقرة (ج) من المادة (٣١) من الاتفاقية لم تضع معيارا تحدد فيه الأعمال التجارية التي لا يتمتع بموجبها بالحصانة القضائية ويميزها عن الأعمال

Victory Transport, Inc. V. Comidaria
General Abastecimientos y Transportes

انظر:

Edward Collins Jr. International Law in a changing world, Random House New York ١٩٧٠ p. ٢٢٧.

وقد جرت التطبيقات العملية في ايطاليا في الوقت الحاضر على استثناء الدعاوى المتعلقة بالأعمال التجارية الخاصة. انظر:

Clifton, E. Wilson, p. cit. p. ١١٢.

(١) يراجع في شأن الأعمال التجارية بطبيعتها الأصلية" والتبعية

Jean Van Ryn. Principles de Droit Commercial Tome,

I, Bruxelle ١٩٥٤ p. ٦٤.

J. Hafel et G. Largard. Traite Droit Commercial Tome

I, Dalloz ١٩٥٤ p. ١٧٦ s.

والدكتور اكرم ياملكي، الوجيز في القانون التجاري العراقي الجزء الأول، مطبعة العاني، ١٩٧١ صفحة ٥١.

(٢) يراجع في تفصيل الأعمال التجارية الدكتور مصطفى كمال طه، الوجيز في القانون التجاري، الجزء الأول منشأة المعارف، ١٩٦٤ صفحة ٣٢.

المدنية التي يتمتع بموجبها بالحصانة القضائية، ذلك أن الفقه والقضاء في الدول المختلفة لم يتفق على معيار يحدد فيه نطاق الأعمال التجارية وتمييزها عن الأعمال المدنية[1].

وفي العراق جرى التطبيق العملي على عدم السماح للمبعوث الدبلوماسي ولأفراد عائلته ممن يتمتعون بالحصانة القضائية بمزاولة النشاط المهني أو الأعمال التجارية في القطر العراقي لمصلحتهم الشخصية طبقا لأحكام المادة (٤٢) من اتفاقية فينا للعلاقات الدبلوماسية[2].

---

(١) لقد اختلفت النظريات في تحديد نطاق الأعمال التجارية فاعتمدت النظرية الأولى على فكرة السبب cause وهو الباعث الدافع الذي دعا إلى القيام بالعمل. وذهبت النظرية الثانية إلى فكرة الحرفة Profession باعتبار ان العمل التجاري يتم ضمن ممارسة مهنة التجارة، وذهبت النظرية الثالثة الى فكرة المضاربة speculation وهي القصد من تحقيق ربح مادي بصورة عامة. وذهبت نظرية رابعة إلى فكرة التداول circulation باعتبار أن العلم لا يعد تجاريا ما لم يتوسط في تداول الثروات بين المنتج والمستهلك. وذهبت النظرية الخامسة الى فكرة المشروع enterprise باعتبار ان العمل التجاري تكرار على وجه الاحتراف.

انظر في ذلك الدكتور اكرم ياملكي، المصدر السابق، صفحة ٥١ وما بعدها كذلك انظر:

G. Ripert. Traite Elementaire de Lroit Commercial Tome I, R. Pichon ١٩٥٩, p. ١٣٩.

A. Jaufret Manuel Droit Commercial R. Pichon Paris ١٩٦١ p. ٢١.

J. Julliot de la Morandere. Droit Commercial. Tome ١, Dalloz pris ١٩٦٢ p. ٣٧.

J. Hamel et G. largrde, op. cit. p. ١٧٢.

(٢) طلبت سفارة الجمهورية الشعبية المجرية في بغداد بمذكراتها المرقمة ٩٧٧/١٥١ والمؤرخة في ١٩٧٧/٦/٣٠ من وزارة الخارجية عن "الظروف القائمة والقوانين العراقية بصدد عمل عوائل موظفي السفارة وبضمهم الدبلوماسية والإداريين في شركات ومؤسسات عراقية؟ وهل من الضروري التخلي عن الامتيازات الدبلوماسية والاعفاءات في اتفاقية فينا لعام ١٩٦١ كشرط للحصول على العمل مع مؤسسات عراقية؟ ".

وقد اجابت الوزارة بمذكرتها المرقمة ١٠٨٢٩٣/٥٥/٨١/١١ في تموز للعلاقات الدبلوماسية لا تجيز للمبعوث الدبلوماسي أن يمارس في الدولة المعتمد لديها أي نشاط مهني أو تجاري لمصلحته الشخصية ".

الفصل الثاني

الحصانة القضائية الجزائية

Penal Diplomatic Immunity

تعتبر الحصانة القضائية الجزائية من أهم الحصانات والامتيازات التي يتمتع بها المبعوث الدبلوماسي في الدولة المستقبلة. فهي لا تقتصر على إجراءات القاضي فحسب، وإنما تشمل حماية وصيانة شخصه من جميع الإجراءات الأخرى، فلا تباشر ضده التعقيبات القانونية التي تتخذ عادة عند انتهاك الوطني أو الأجنبي أحكام القوانين الداخلية، كالتفتيش والقبض والحجز والتحقيق والمحاكمة وغيرها من الإجراءات.

وبخلاف الحصانة القضائية المقيدة في الأمور المدنية، يتمتع المبعوث الدبلوماسي بالحصانة القضائية المطلقة في الأمور الجزائية، مهما كانت جسامة وخطورة الجريمة التي ارتكبها، سواء ارتكبها أثناء ممارسته أعمال وظيفته الرسمية، أو أثناء قيامه بشؤونه الخاصة، وبغض النظر عن صفة المجني عليه، سواء كانت الجريمة موجهة ضد الأفراد أم موجهة ضد أمن وسلامة الدولة المستقبلة.

وإذا كان المبعوث الدبلوماسي يتمتع بالحصانة القضائية المطلقة في الأمور الجزائية، فإن المشكلة تثور في هذا الصدد، وهي، هل يجوز للأفراد وقف الجريمة التي ينوي المبعوث الدبلوماسي ارتكابها ضدهم، وأن يستعلموا حق الدفاع الشرعي ضده، وإن أدى ذلك إلى إلحاق الأذى به؟

وإذا كان المبعوث الدبلوماسي يتمتع بالحصانة القضائية المطلقة في الأمور الجزائية، فهل يحق له مخالفة الأنظمة والتعليمات الإدارية التي تضعها الدولة لتنظيم شؤونها اليومية؟

إن الإجابة عن ذلك يتطلب منا دراسة طبيعية ومدى الحصانة القضائية الجزائية، والحصانة من مخالفات الأنظمة والتعليمات الإدارية والحصانة من جراء ارتكاب الجرائم الخطرة وحق الشخص في الدفاع الشرعي ضد الجرائم التي يرتكبها المبعوث الدبلوماسي.

وعلى ذلك ستكون موضوعات هذا الفصل المباحث الآتية:

المبحث الأول: طبيعة الحصانة القضائية الجزائية.

المبحث الثاني: مدى الحصانة القضائية الجزائية.

المبحث الثالث: الحصانة من مخالفات الأنظمة والتعليمات الإدارية.

المبحث الرابع: الحصانة من جراء ارتكاب الجرائم الخطرة.

المبحث الخامس: حق الشخص في الدفاع الشرعي ضد الجرائم التي يرتكبها المبعوث الدبلوماسي.

المبحث الأول

طبيعة الحصانة الجزائية

تختلف قواعد الاختصاص القضائي المدني عن قواعد الاختصاص القضائي الجزائي للمحاكم الوطنية من حيث سلطة القاضي في ثبوت اختصاصه، فقد أجاز المشرع للقاضي المدني في حالات متعددة أن يتعدى حدود إقليم دولته، ويطبق قانوناً غير قانون دولته على العلاقة القانونية المعروضة أمامه حسبما تشير إليه قواعد الإسناد الواردة في نظامه[(١)]، وعليه أن يفصل في النزاع طبقا لمصادر القانون التي حددها تشريعه، وليس من حقه الامتناع عن حسم الدعوى بحجة عدم وجود نص قانوني[(٢)]، أو غموضه، أو نقصه، وإلا عد ممتنعاً عن إحقاق الحق[(٣)].

أما بالنسبة للاختصاص الجزائي، فإن الأمر يختلف تماماً عن الاختصاص المدني، وذلك لأن قاعدة تلازم الاختصاص القانوني والقضائي في القضايا الجزائية، هي التي تحكم الدعاوى الجزائية المعروضة أمام القاضي الوطني[(٤)]، انطلاقاً من متطلبات

---

(١) وإذا ما ثبت الاختصاص القضائي المدني للقاضي الوطني، في علاقة قانونية تتضمن عنصراً أجنبياً فعليه أن يرجع الى قاعدة الاسناد ليبين القانون الذي يحكم هذا النزاع، ويتطلب منه التكييف القانوني qualification لوضع العلاقة القانونية في نطاق طائفة من العلاقات التي خصها المشرع في قاعدة اسناد. ومن ثم يحدد القانون الأجنبي الذي يحسم النزاع المعروض أمامه.
انظر الدكتور عز الدين عبدالله، المصدر السابق، صفحة ٥٦.
كذلك انظر:
R.H. Graveson. Conflict of Laws - Sweet London ١٩٧٤ p. ٤٣.
Herri Batiffol, op. cit, p. ٣٣١. Morris op. cit. p. ٤١٥.

(٢) إذا لم يجد القاضي الوطني نصا يحكم النزاع فإنه لا يستطيع الامتناع عن الحكم إلا اعتبر منكرا للعدالة، وتترتب عليه عقوبة انكار العدالة وهذه العدالة ليعوض ما في القانون من نقص وغموض.
انظر الدكتور عبد الحسين القطيفي، المصدر السابق، الجزء الأول، ما يتطلب منه في حالة عدم وجود نص قانوني أن يحكم بمقتضى قواعد صفحة ١٩١.

(٣) وقد نصت المادة (٣٠) من قانون المرافعات المدنية رقم ٨٣ لسنة ١٩٦٩ على هذه القاعدة بقولها "لا يجوز لأية محكمة ان تمتنع عن الحكم بحجة غموض القانون او فقدان النص او نقصه وإلا علم الحاكم ممتنعاً عن احقاق الحق ...".

(٤) pierre Bouzat - raite Theorique et Pratique de Droit penal.
Dalloz, Paris, ١٩٥١ p. ١٠٤٥.

مبدأ أعمال السيادة الذي يعني حق الدولة في المقاضاة والعقاب[1]، للمحافظة على سلامتها وصيانة مجتمعها حيث يمتد الاختصاص القضائي والقانوني في القضايا الجزائية إلى ما تمتد إليه سيادة الدولة من مكان وأشخاص[2].

وبحكم قاعدة تلازم الاختصاص القضائي والقانوني في القضايا الجزائية مبدأ "إقليمية القانون الجنائي" أو "الاختصاص الإقليمي Principle territorialite de lois penales"[3] الذي أخذت به غالبية التشريعات المعاصرة[4]، وأصبح من المبادئ المقررة في الاختصاص الدولي في المواد الجزائية[5]. والذي يعني أن الاختصاص القضائي

(١) الدكتور علي حسين الخلف، شرح قانون العقوبات، النظرية العامة، الجزء الأول، مطبعة الزهراء، بغداد ١٩٦٨ صفحة ١٥٢.

والدكتور عبد الفتاح مصطفى الصيفي، حق الدولة في العقاب، جامعة بيروت ١٩٧١ صفحة ٤٥.

(٢) الدكتور عباس الحسيني، شرح قانون العقوبات العراقي الجديد المجلد الأول والثاني، ط٢، مطبعة الارشاد، بغداد ١٩٧٢ ص ٣١.

وقد اصبح من المبادىء المقررة في التشريعات الحديثة ان قانون الدولة الجنائي يسري وحده داخل اقليمها ولا يتعداه الى الخارج، لأن العقاب من خصائص السلطة العامة، وهو من مظاهر سيادتها على اقليمها ولهذا لا يجوز التنازل عن هذا الحق لهيئة أو سلطة أجنبية، أو أن تطبق محاكمها قانونا أجنبياً غير القانون الذي تصدره الدولة حتى لا يفاجئ شخص بمعاقبته بقانون لا يعلم عنه شيئا. اضافة الى ما تحدثه الجريمة من اضطراب واخلال بنظام الدولة التي تقع فيها.

انظر الدكتور مأمون محمد سلامة، قانون العقوبات، القسم العام، دار الفكر العربي، القاهرة ١٩٧٦ صفحة ٦٠.

انظر كذلك:

Alexandre Charles. Jurispordence Franciase Relative au Droit Internation.

A.F.D.I.Vo١. ١٤ ١٩٦٨, p. ٨٣٣.

(٣) ويعني هذا المبدأ ان اختصاص المحاكم الاقليمية في القضايا الجزائية يستتبعه تطبيق القانون الجزائي الاقليمي لتلك الدولة انظر:

Roger merle. Droit penal General. Presses Universitaires de france. Paris ١٩٥٧ p. ٥٥.

Andre Decoco. Deoit Penal General. Colin, Paris, p. ١٦٢. ٥.

كذلك الدكتور علي حسين الخلف، المصدر السابق، ١٥٣.

والدكتور مصطفى كامل، شرح قانون العقوبات العراقي، ط١، مطبعة المعارف، بغداد، ١٩٤٩ صفحة ٩٥.

(٤) وقد حدد مشرع كل دولة مجالاً جغرافياً لتطبيق قانونه الجزائي ومن الدول التي أخذت بهذا المبدأ فرنسا وإيطاليا وإسبانيا والمانيا واليونان. انظر الدكتور حميد السعدي، مقدمة في دراسة القانون الدولي الجنائي، مطبعة بغداد ١٩٧١ صفحة ٢٢. كما أخذ به قانون اتحاد الجمهوريات السوفيتية الصادر عام ١٩٥٨ في المادة الرابعة منه. والمادة الأولى من القانون المصري. والمادة السادسة من قانون العقوبات العراقي رقم ١١١ لسنة ١٩٦٩ التي نصت على ما يلي: "تسري احكام هذا القانون على جميع الجرائم التي ترتكب في العراق، وتعتبر الجريمة مرتكبة في العراق إذا وقع فيه فعل من افعالها المكونة لها ...".

(٥) إن مبدأ سريان القانون الجزائي في المكان اصبح من مواضيع القانون الجنائي الذي بدأ يستقل ليصبح فرعا جديداً من فروع القانون.

انظر الدكتور علي حسين الخلف المصدر السابق، صفحة ١٥٣ والدكتور محمد الفاضل الوجيز في قانون اصول المحاكمات الجزائية، مطبعة جامعة دمشق، ١٩٦٠ صفحة ٤٨٣.

والنفاذ القانوني يطبق على كل من ارتكب جريمة على إقليم الدولة بقطع النظر هم جنسيه الجاني أو المجني عليه، سواء كانا وطنيا أم أجنبيا[1].

وهذا التلازم بين الاختصاص القضائي والنفاذ القانوني في قواعد القانون الجزائي هو الذي أدى إلى اختلاف الآراء الفقهية في تحديد طبيعة الحصانة الجزائية، فقد اتجهت بعض الآراء إلى أن الحصانة الجزائية تعتبر حدا أو قيداً على نطاق القانون الجزائي، ونظرت آراء أخرى من زاوية العقوبة واعتبرت الحصانة مانعة من تطبيق العقوبة، في حين ذهب رأي ثالث إلى أنها استثناء من قواعد الاختصاص القضائي الجزائي.

ومن عرض هذه الآراء سيتضح لنا جليا مفهوم وطبيعة الحصانة القضائية الجزائية، وعلى ذلك فقد وزعت المبحث على المطالب الآتية:

المطلب الأول: الحصانة الجزائية قيد على نطاق القانون الجزائي.

المطلب الثاني: الحصانة الجزائية مانعة من تطبيق العقوبة.

المطلب الثالث: الحصانة الجزائية استثناء من قواعد الاختصاص القضائي.

المطلب الأول: الحصانة الجزائية قيد على نطاق القانون الجزائي

ذهب أصحاب هذا الرأي إلى أن الحصانة الجزائية التي يتمتع بها المبعوث الدبلوماسي تعتبر قيدا على نطاق القانون الجزائي غير أنهم ذهبوا في اتجاهين.

الأول، اعتبر الحصانة الجزائية استثناء من قاعدة الاختصاص القانوني الإقليمي، أي من قاعدة "إقليمية القانون الجزائي"، والثاني: اعتبرها استثناء من قاعدة سريان القانون الجزائي على الأشخاص، أي من قاعدة "شخصية القانون الجزائي، ولهذا فقد قسمت هذا المطلب على الفرعين الآتيين:

الفرع الأول: الحصانة الجزائية استثناء من قاعدة إقليمية القانون الجزائي.

الفرع الثاني: الحصانة الجزائية استثناء من قاعدة شخصية القانون الجزائي.

---

(١) نصت المادة (٦) من قانون العقوبات العراقي رقم ١١١ لسنة ٩٦٩ على ما يلي: " تسري أحكام هذا القانون على جميع الجرائم التي ترتكب في العراق وتعتبر الجريمة مرتكبة في العراق إذا وقع فيه فعل من الأفعال المكونة لها او إذا تحققت فيه نتيجتها أو كان يراد أن تتحقق فيه ...".

الفرع الأول: الحصانة الجزائية استثناء من قاعدة إقليمية القانون الجزائي

إن الحصانة القضائية في الأمور الجزائية التي يتمتع بها المبعوث الدبلوماسي، على رأي بعض الكتاب تعد قيداً على الاختصاص القانوني للدولة، حيث لا يسري قانونها الجزائي على من توافرت فيهم صفات معينة وان ارتكبوها على إقليمها أفعالا تعد جرائم وفقاً لنصوصها الجزائية[1]، لأن تلك الأفعال "تخرج عن مجال القانون الجزائي وتخضع لقواعد تخرج بدورها عن مجال هذا القانون"[2]. باعتبار أن المبعوث الدبلوماسي خارج حدود تلك الدولة والحصانة الجزائية بهذا الوصف تعتبر قيدا على نفاذ القانون الجزائي فمن يتمتع بالصفة الدبلوماسية[3] يخرج من عداد من يوجه إليهم المشرع أوامره ونواهيه، فإذا ارتكب فعلا يعد جريمة، فإنه ارتكبها من الناحية الواقعية فحسب، ولم يرتكبها من الناحية القانونية[4]، لأنه يمثل دولة مستقلة يجب احترام سيادتها وعدم إخضاعها لنطاق أحكام قانون دولة أخرى[5]، طبقا لما تقتضيه ضرورة إدامة العلاقات الودية بين الدول جميعا دعما للسلام العالمي والتعاون الدولي[6].

وقد انتقد هذا الرأي من النواحي التالية:

أولاً - إن استبعاد الأفعال التي يمارسها المبعوث الدبلوماسي من التجريم يعني استحالة وصفها بأنها غير مشروعة وتصبح ضمن نطاق الأعمال المباحة مما يترتب على ذلك النتائج التالية:

---

(١) Haus Kelsen, op. cit. p. ٣٤٤.

Roger Merle et Andre Vitu. Traited Droit Criminel. Preses Cujas. Paris ١٩٦٧, p. ٢٠٨.

Roger Merle. Droit Penal General. Presses Universitaites de France, Paris ١٩٥٢, p. ٥٤.

Pierre Bouzat, op cit. p. ٥٧.

والدكتور علي احمد راشد، مبادئ القانون الجنائي، الجزء الأول، الطبعة الثانية، لجنة التأليف والترجمة، القاهرة ١٩٥٠ صفحة ٨٤.

والدكتور محمد ظاهر معروف. المبادئ الاساسية في اصول الاجراءات الجنائية. الجزء الأول، دار الطبع والنشر الأهلية، بغداد ١٩٦٢، صفحة ٧٨ و ٧٩.

(٢) ومن الفقه الايطالي من يؤيد هذا الرأي "Grispign" انظر الدكتور عبد الفتاح الصيفي. القاعدة الجنائية. الشركة الشرقية للنشر والتوزيع، بيروت ١٩٦٧، صفحة ٣٩٧.

(٣) Donnedieu de Vabres. Traite de Droit Criminel. Sirey, Paris ١٩٤٧, p. ٩٤٢.

(٤) الدكتور محمد محي الدين عوض. القانون الجزائي، المطبعة العالمية، القاهرة ١٩٦٣، صفحة ٤٣. والأستاذ أحمد موافي من الفقه الجنائي المقارن بين الشريعة والقانون، المجلس الأعلى للشؤون الإسلامية - الكتاب الثاني ١٩٦٥ صفحة ٨٧.

(٥) الدكتور سعيد بسيسو، مبادئ قانون العقوبات، المطبوعات الجامعية، قانون العقوبات، الطبعة الأولى، مطبعة العاني، بغداد ١٩٧٤، صفحة ٦٧. حلب ١٩٦٢ صفحة ١٥٨ والاستاذ محسن ناجي الأحكام العامة في المعارف الاسكندرية، صفحة ٢٩٩.

Robert Vouin et jacques Leatute. Droit penal. P.U. de France, Paris ١٩٦٠, p. ١٩.

(٦) الدكتور عدنان الخطيب، موجز القانون الجنائي، الكتاب الأول، مطبعة دمشق ١٩٦٣، صفحة ٩٢.

١- أن المساهم في الجريمة لا يقع تحت طائلة العقاب، لأن ما ساهم به يعد فعلا مشروعاً[١]. حيث يستعير المساهم إجرامه من الفاعل الأصلي ويستحق العقاب الذي يفرض على الفاعل الأصلي، ويستفيد من الظروف المخففة والمعفية له، وما دامت أفعال المبعوث الدبلوماسي وفقاً للنظرية المذكورة توصف بأنها مشروعة لخروجها عن نطاق القانون الجزئي، فإنه لا يمكن اعتبار المساهم معه محرما، وبالتالي يفلت من العقاب[٢].

٢- إن أفعال المبعوث الدبلوماسي وفقا للنظرية المذكورة لا تكون محلا للدفاع الشرعي[٣]، لأن الدفاع الشرعي لا تترتب عليه المسؤولية إذا ثبت أن المتهم استعمل حق الدفاع عن النفس أو المال، حيث يشترط في هذا الاستعمال أن يكون الفعل الواقع عليه محرماً قانوناً[٤] وما دام الفعل الذي يقترفه المبعوث الدبلوماسي بحسب هذا الرأي مباحا، فإن استعمال الدفاع الشرعي سوف تترتب عليه المسؤولية الجزائية.

ثانياً – إن دولة المبعوث الدبلوماسي لا تستطيع محاكمة مبعوثها، إذا كان قانونها يشترط أن يكون الفعل معاقباً عليه طبقاً لمبدأ إقليمية قانونها الجزائي[٥] الذي يعني أن القانون الجنائي للدولة يحكم كل ما يقع على إقليم تلك الدولة من جرائم، غير أن الجانب السلبي لهذا المبدأ هو أن القانون الجزائي للدولة لا سلطان له على الجرائم التي ترتكب في خارج إقليم الدولة[٦]، وما دام المبعوث الدبلوماسي مقيماً خارج إقليم دولته فإنه لن يخضع لاختصاصها، وبالتالي فسوف يفلت من العقاب المقرر قانونا.

ثالثاً – إن هذا الرأي يجعل المبعوث الدبلوماسي معفيا من الخضوع للتشريع وهو ليس كذلك، بل إنه بحكم أهمية مركزة وصفته تجعله مقيدا باحترام القانون أكثر من الغير، فالفعل الإجرامي الذي يقترفه لا شك يترك أثره من الناحيتين الواقعية والقانونية[٧].

---

(١) قرار محكمة تمييز العراق المرقم ٩٥٠/ج/٦٢ في ٩٦٢/٧/٢ انظر الدكتور عباس الحسني، الفقه الجنائي في قرارات محاكم التمييز. المجلد الأول، مطبعة الارشاد، بغداد ١٩٦٨، صفحة ١٥٧.

(٢) الدكتور علي حسين الخلف، المصدر السابق، صفحة ٢٣٠.

(٣) الدكتور محمود نجيب حسني، شرح قانون العقوبات، القسم العام، دار النهضة العربية، القاهرة ١٩٦٢ صفحة ١٤٣.

(٤) قرار محكمة التمييز العراق المرقم ٨٠٨/ جنايات/ ٦٤ في ٩٦٤/٥/١٢ أنظر: الدكتور عباس الحسني، المصدر السابق، صفحة ٢٥٥.

(٥) الدكتور محمود نجيب حسني، المصدر السابق، صفحة ١٤٣.

(٦) الدكتور علي حسين الخلف، المصدر السابق، صفحة ١٥٧.

(٧) الدكتور كمال أنور محمد، المصدر السابق، صفحة ٨٥.

رابعاً - إن هذا الاتجاه يؤدي إلى تفويت الغاية التي حملت على تقرير الحصانة القضائية للمبعوث الدبلوماسي، إذ تقوم هذه الغاية على الحاجة لضمان استقلال واحترام شخصه أثناء وجوده في الدولة المستقبلة وتحقيق هذه الغاية لا تقتضي إخراجه من عداد من يوجه الشارع إليه أوامره ونواهيه واستبعاد أفعاله من الخضوع للقانون الجزائي، إنما يكفي لذلك أن تمتنع السلطات الإقليمية عن القيام بمباشرة إجراءات التحقيق والمحاكمة ضده، ويكفل هذا الامتناع صيانة استقلاله وتوفير الاحترام اللازم له[1].

خامساً - إن اعتبار حصانة المبعوث الدبلوماسي استثناء من قواعد إقليمية القانون الجزائي وخضوعه لقانون دولته تعني عدم إمكان المبعوث الدبلوماسي اللجوء إلى محاكم الدولة المستقبلة عندما يكون مجنيا عليه، لأنه لا يخضع للقواعد الإقليمية، في حين أن المبعوث الدبلوماسي يستطيع اللجوء إلى محاكم الدولة عندما ترتكب جريمة ضده، بل إن اتفاقية منع ومعاقبة الجرائم المرتكبة ضد الأشخاص المشمولين بالحماية الدولية التي أقرتها الجمعية العامة للأمم المتحدة قد أخضعت الجرائم التي ترتكب ضد المبعوث الدبلوماسي لاختصاص محاكم الدولة المستقبلة[2].

ومن عرض هذا الرأي والانتقادات التي وجهت إليه، يبدو جليا أنه يعتمد أساساً على النظرية القديمة "عدم الوجود الإقليمي" التي رفضها الفقه والقضاء المعاصر لما لها من عيوب عند التطبيق.

الفرع الثاني: الحصانة القضائية استثناء من قاعدة شخصية القانون الجزائي

يرى أصحاب هذا الرأي أن مبدأ سيادة الدولة يقتضي أن تجعل قضاءها مختصاً لمحاكمة كافة الأشخاص الذين يرتكبون جرائم على إقليمها وسريان قانونها الجزائي على كافة الجرائم التي تقع فوق إقليمها، غير أن هذه القاعدة ليست مطلقة، إنما ترد عليها

(١) الدكتور علي حسين الخلف، المصدر السابق، صفحة ٢٣٠.

(٢) ونصت المادة الثانية من الاتفاقية على ما يلي " ١- على كل دولة أن تعتبر الاقتراف العمدي لأي من الأفعال الآتية جريمة بموجب قانونها الداخلي. أ- القتل أو الاختطاف أو أي اعتداء على شخص أو حرية الشخص المشمول بالحماية القانونية.
ب- الهجوم العنيف على المقار الرسمية، أو محال السكن أو وسائل التنقل لشخص مشمول بالحماية الدولية يكون من شأنه تهديد شخص حريته بالخطر ج- التهديد بارتكاب أي من هذه الاعتداءات د- محاولة ارتكاب أي من هذه الاعتداءات هـ - العمل الذي يكون اسهاما بصفة شريك في أي من هذه الاعتداءات. ٢- على كل دولة طرف أن تجعل هذه الجرائم معاقبا عليها بالعقوبات المناسبة التي تأخذ بعين الاعتبار طبيعتها الخطرة ٣- لا تخل الفقرتين (١ ، ٢) من هذه المادة بأي حال بالتزامات الدول الأطراف بمقتضى القانون الدولي في أن تتخذ الوسائل المناسبة لمنع الاعتداءات الأخرى على شخص وحرية وكرامة الشخص المشمول بالحماية الدولية".
وقد نصت المادة (٣) من الاتفاقية: "على كل دولة طرف ان تتخذ الإجراءات الضرورية لإقامة اختصاصها في الجرائم المنصوص عليها في المادة (٢) في الحالات الآتية: ج- عندما ترتكب جريمة ضد شخص مشمول بالحماية الدولية وفقا للتحديد الوارد في المادة (١) والذي يتمتع بذلك المركز بحكم وظائف يمارسها نيابة عن تلك الدولة ".

عدة استثناءات[١]، منها الحصانة القضائية التي يتمتع بها المبعوث الدبلوماسي، حيث يخرج هذا من نطاق عدة سريان القانون الجزائي على الأشخاص استناداً لأحكام قواعد القانون الدولي العام[٢] ونصوص القوانين الداخلية التي تقرر عدم خضوع المبعوث الدبلوماسي لأحكامها[٣].

غير إن مسألة سريان القانون الجزائي على الأشخاص يحكمها مبدأ إقليمية القانون الجزائي، لأن للقانون الجزائي سلطاناً إقليمياً يتناول كل جريمة تقع في نطاق حدود الدولة، ويترتب عليه أن الأشخاص الموجودين على إقليم تلك الدولة يخضعون لقانونها الجزائي ولاختصاصها القضائي سواء كانوا من الوطنيين أم من الأجانب[٤]، وبالتالي فإن الانتقادات ذاتها التي وردت على مبدأ إقليمية القانون الجزائي ترد على هذا الرأي.

أما إذا كان المقصود بقاعدة سريان القانون الجزائي على الأشخاص، هو الاختصاص الشخصي للقانون الجزائي[٥].

Competence personnelle des lois penales

فإن هذا المبدأ لا يجد تطبيقاً له بخصوص الحصانة القضائية التي يتمتع بها المبعوث الدبلوماسي لأنه ليس من مواطني الدولة المستقبلة، وبالتالي فإن عدم خضوعه لها لا يعني استثناء منها، إنما هو بالأصل لا يعتبر من الأشخاص الذين يخضعون لهذه القاعدة.

إضافة لذلك فإن تطبيق قاعدة شخصية القانون الجزائي على المبعوث الدبلوماسي، تعني خضوعه لأحكام قانون دولته وعدم خضوعه لأحكام قانون الدولة

---

(١) الدكتور غالب الداودي، شرح قانون العقوبات العراقي، القسم العام، دار الطباعة الحديثة، البصرة ١٩٦٨ صفحة ١٢٤.

(٢) الاستاذ عبد الأمير العكيلي، شرح قانون العقوبات، أصول المحاكمات الجزائية، الجزء الثاني، مطبعة المعارف، بغداد، ١٩٦٩ صفحة ١٤. والدكتور حميد السعدي، شرح قانون العقوبات الجديد، الجزء الأول مطبعة المعارف بغداد ١٩٨٠ صفحة ٩٨.

(٣) وقد أخذ القانون السوري بهذا المبدأ حيث نصت المادة (٢٢) من قانون العقوبات على ما يلي: لا يطبق القانون السوري في الأرض السورية على الجرائم التي يقترفها السلك الخارجي والقناصل الأجانب ما تمتعوا بالحصانة التي يخولهم إياها القانون الدولي" وأخذ به أيضاً القانون العراقي، حيث نصت المادة (١١) من قانون العقوبات على ما يلي: "لا يسري هذا القانون على الجرائم التي تقع في العراق من الأشخاص المتمتعين بحصانة مقررة بمقتضى الاتفاقيات الدولية أو القانون الدولي أو القانون الداخلي".

(٤) الدكتور علي حسين الخلف، المصدر السابق، صفحة ٢١٥.

(٥) يعتبر مبدأ الاختصاص الشخصي للقانون الجزائي من المبادئ القديمة التي عزف عنها الفقه والقضاء والتشريعات المختلفة وهو يعني بأن محاكم دولة كل شخص هي المختصة بالنظر في الجرائم التي يرتكبها هذا الشخص وخضوعه لقانونه الشخصي الذي هو قانون دولته وفي مقابل ذلك لا يخضع الأجنبي لقانون دولة الاقليم عن الجرائم التي ارتكبها على هذا الإقليم لأنه ليس قانونه الشخصي، وقد كان هذا المذهب شائعاً في السابق في بعض الدول، وخاصة تلك الدول الخاضعة للدولة العثمانية. انظر: الدكتور حميد السعدي، المصدر السابق، صفحة ٩٥.

المستقبلة. في حين ألزمت اتفاقية الدبلوماسية لعام ٩٦١ المبعوث الدبلوماسي باحترام قوانين الدولة المستقبلة وأنظمتها(١).

وإذا ما ارتكب المبعوث الدبلوماسي جريمة في الدولة المستقبلة بمقتضى أحكام قانونها الوطني، فإن قانون دولته قد لا يعتبر العمل الذي قام به جريمة معاقباً عليها، لاختلاف الأنظمة القانونية بين الدول، تبعا لاختلاف المجتمعات السياسية، ومن ثم فإنه قد يتمادى في ارتكابه مثل هذه الأفعال ما دام قانون دولته لا يعتبرها من الجرائم وهو ما يقلق أمن وسلامة مجتمع الدولة المستقبلة(٢).

وعلى ذلك فإن هذه النظرية ليست سليمة، ولا تتضمن مفهوم الحصانة الجزائية التي يتمتع بها المبعوث الدبلوماسي.

المطلب الثاني: الحصانة الجزائية مانعة من تطبيق العقوبة

ذهب أصحاب الاتجاه هذا إلى أن الحصانة الجزائية التي يتمتع بها المبعوث الدبلوماسي لا تؤثر في عناصر الجريمة أو تمس أركانها، حيث يبقى الفعل غير المشروع محرماً قانونا، غير إن الحصانة القضائية تعتبر مانعة من تطبيق العقوبة التي نص عليها القانون.

وقد اختلف أصحاب هذا الرأي في تعليل ذلك، فذهب الاتجاه الأول إلى أن الحصانة الجزائية تعتبر سبب لامتناع العقوبة، وذهب الاتجاه الثاني إلى عدم أهلية المبعوث الدبلوماسي للعقوبة الجزائية، أما الاتجاه الثالث فقد اعتبر الحصانة الجزائية بمثابة شرط سلبي في القاعدة الجزائية، وهذا ما سنبينه في الفروع الآتية:

الفرع الأول: الحصانة الجزائية سبباً لمنع العقوبة.

الفرع الثاني: عدم أهلية المبعوث الدبلوماسي للعقوبة الجزائية.

الفرع الثالث: الحصانة الجزائية شرط سلبي في القاعدة الجزائية.

---

(١) نصت المادة (٤١) من الاتفاقية على ما يلي " ١- يجب على جميع المتمتعين بالامتيازات والحصانات، مع عدم الاخلال بها احترام قوانين الدولة المعتمد لديها وأنظمتها ويجب عليهم كذلك عدم التدخل في شؤونها الداخلية".

(٢) فقد يقوم مبعوث دبلوماسي أجنبي في العراق بأفعال مخالفة للآداب تعتبر جرائم طبقا لقانون العقوبات العراقي، غير أن هذه الأفعال قد لا تعتبر كذلك في قانون دولته وخاصة تلك الأفعال المتعلقة بالحياة الاقتصادية والأمور الخاصة بتنظيم إقامة الأجانب وغيرها من الأمور.

الفرع الأول: الحصانة الجزائية سبب لمنع العقوبة

يرى الفقه الإيطالي أن الحصانة القضائية التي يتمتع بها المبعوث الدبلوماسي تعد سببا للإعفاء من العقوبة[١]، لصفته الشخصية التي تمنع تطبيق العقوبة بحقه، ولكنها تترك الفعل كما هو، ويظل ممنوعاً يحرم القانون ارتكابه[٢]. حيث تدخل هذه الحصانة ضمن الأسباب الخاصة التي تؤدي إلى عدم فرض العقوبة، رغم قيام أركان الجريمة والحصانة القضائية بهذا الوصف تشكل مانعا من موانع العقاب، وبالتالي لا تترتب على الجريمة آثارها القانونية تجاه المبعوث الدبلوماسي[٣].

ويرى أصحاب هذا الرأي أنه إذا كانت القاعدة الجزائية لا تسري على المبعوث الدبلوماسي لتمتعه بالحصانة الجزائية، فإنه ليس معنى ذلك أنها لا تكون نافذة عليهم، وإنما يعني أن عنصر الجزاء في تلك القاعدة هو الذي لا يعتبر موجها إليهم بينما يظل مخاطبا إياهم عنصر التكليف في القاعدة ذاتها. لذلك فإن سلوك المبعوث الدبلوماسي يبقى غير مشروع جزائياً لمخالفته عنصر التكليف الذي خوطب به، ويرى أصحاب هذا الرأي أنهم بذلك حلوا مشكلتين، الأولى تتصل بالاشتراك في الجريمة التي يرتكبها المبعوث الدبلوماسي، والثانية تتصل بالدفاع الشرعي ضد ما يصدر من المبعوث الدبلوماسي من جرائم، فغير وصف أفعالهم بأنها محرمة جزئياً سوف يفلت الشريك من العقاب، لأن وضعه الإجرامي تبعي للفاعل الأصلي الذي هو المبعوث الدبلوماسي، وبما أن الأصل يخرج من نطاق القاعدة الجزائية، فهو إذن مباح وتنعكس إباحته على نشاط الشريك وهو نشاط ثانوي، وبغير هذا التكييف أيضاً فسوف لن يتمكن من أن يستهدفه المبعوث الدبلوماسي لصد عدوانه وأن يلجأ للدفاع الشرعي عن نفسه أو ماله، لأن الدفاع الشرعي لا يكون إلا في مواجهة فعل غير مشروع جزائيا[٤].

وموانع العقاب Causes des non Punibilite تتحقق عندما تكتمل أركان الجريمة الثلاث، ومع ذلك فلا تحدث أثرها القانوني في إيقاع العقاب بسبب الإعفاء منه[٥]. ومثال

---

(١) JG. Stefani et G. levasseur. Droit peneral. Dalloz, Paris ١٩٧٥, P. ٤١٦.
Lenonard P.B. Sutton Immunities and exception. A Treatise on International Criminal Law Vol. ٢. Charles U.S.A, ١٩٧٣ p. ١٠٣.

(٢) F. Antolosei. Manual di Diritto Penal. Part Special p. ١٥٠.
مشار اليه في مؤلف الدكتور كمال أنور محمد، مصدر سابق ص ٨٦.

(٣) Antolisei – Manuale di Diritto Penale. Parte Generale ١٩٦٦, p. ١٠٥.
مشار إليه في مؤلف الدكتور مأمون محمد سلامة، المصدر السابق صفحة ٧٣.

(٤) Grispigni. Dirilt Penale Italiano. Milano, ١٩٥٢, p. ٣٥٠.
مشار اليه في مؤلف الدكتور عبد الفتاح الصيفي، المصدر السابق، صفحة ٣٩٨.
وانظر كذلك الدكتور رمسيس بهنام، المصدر السابق، صفحة ٢٣٨.

(٥) الدكتور مأمون محمد سلامة، المصدر السابق، صفحة ١٦٢.
والدكتور عبد الوهاب حومد، الحقوق الجزائية العامة، الطبعة الخامسة، الجامعة السورية ١٩٥٩، صفحة ٤٣٤.

ذلك ما نص عليه المشرع من إعفاء الراشي أو الوسيط إذا اخبر السلطات بالجريمة، فالإخبار في هذه الحالة يعتبر مانعاً من العقاب، والسلطة المختصة لا تقرر الإعفاء من العقاب مقدما بمجرد الإخبار بل يجب أن يرافق ذلك إجراء التبليغات القانونية والحضور في مرحلتي التحقيق والمحاكمة إلى حين صدور حكم من المحكمة يقضي بالإعفاء من العقوبة بعد أن توافرت أركان الجريمة، في حين أن المبعوث الدبلوماسي يتمتع بالحصانة من جميع الإجراءات هذه، فلا يحضر مرحلتي التحقيق والمحاكمة، كما لا يهمه سواء أقرت المحكمة الإعفاء من العقوبة أم لا، لأنه يتمتع بالحصانة من تنفيذ العقوبة، حيث لا تنفذ العقوبة إلا بعد أن تتنازل دولته عن حصانته من التنفيذ بصورة مستقلة عن تنازلها عن حصانته القضائية.

يضاف إلى ذلك أن هذا الرأي لا يفسر طبيعة الحصانة التي يتمتع بها المبعوث الدبلوماسي من أداء الشهادة أمام السلطات القضائية. حيث لا يوجد في هذه الحصانة معنى العقوبة حتى يمكن اعتبارها مانعاً من موانع العقاب.

وعلى ذلك فإن هذا الرأي هو الآخر لم يستطع تفسير الحصانة الجزائية التي يتمتع بها المبعوث الدبلوماسي، لأنه اعتمد على عنصر عدم فرض العقاب كأساس لطبيعة الحصانة الجزائية، في حين أن العقوبة لا تفرض إلا بعد مراحل وإجراءات متعددة لا يخضع لها المبعوث الدبلوماسي، أصلا، وعلى ذلك فإن هذا الرأي يعتبر مصادرة للمطلوب.

الفرع الثاني: عدم أهلية المبعوث الدبلوماسي للعقوبة الجزائية

يرى فريق من رجال الفقه الإيطالي أن أهلية العقوبة لا تقتصر على القدرة على الفهم لمن اكتمل عقله وإنما تتسع لتشمل غير المكلف بالأمر، فهناك طائفتان من الأشخاص لا تثبت لهم الأهلية لسببين، الأول لعدم الإدراك والتمييز كالمجنون والطفل، والثاني لاعتبارات سياسية كرئيس الدولة الأجنبية والمبعوث الدبلوماسي الأجنبي ومن إليهم، وأن التشابه بين الطائفتين يقف عند هذا الحد، إذ بينهما أوجه خلاف أساسية، فالمجنون أو الصغير غير المميز إذا ارتكب جريمة تتخذ الإجراءات للتحقق من فقد أهليته ويقدم للمحكمة فتقضي بعدم مسؤوليته وقد تحكم باتخاذ تدبير احترازي قبل ذلك، أما بالنسبة للمبعوث الدبلوماسي، فلا تتخذ الإجراءات الاحترازية ضده، وإذا ما قدم خطأً إلى المحكمة فلا تنظر في قيام مسؤوليته وإنما تحكم بعدم جواز رفع الدعوى عليه[1].

والسيد أحمد موافي، من الفقه الجنائي المقارن، المجلسين الأعلى للشؤون الإسلامية، الكتاب الثاني، القاهرة ١٩٦٥، ص ٢٠٦.

والدكتور عبد السلام التونجي. موانع المسؤولية الجنائية معهد البحوث والدراسات العربية، القاهرة ١٩٧١، صفحة ١٠١.

(١) دي لوجو، دروس عن فكرة الجريمة ١٩٥٣ بند ٢٤٦.

وقد انتقد بعض الكتاب هذا الرأي على أساس أن المبعوث الدبلوماسي ملزم باتباع أحكام القانون الوطني في الدولة المعتمد لديها أكثر من غيره. فعديم الأهلية لا يفهم أحكام التشريع بعكس المبعوث الدبلوماسي الذي يفترض فيه فهمها ومعرفتها، كما أن عديم الأهلية تتخذ الإجراءات بحقه بعكس المبعوث الدبلوماسي الذي لا يتخذ ضده أي إجراء[١].

فإذا قدمت شكوى ضد المبعوث الدبلوماسي فإن السلطات المختصة لا تستطيع إجراء التحقيق معه، وإذا ما أجري معه خطأ وأحيل إلى المحاكمة فإن المحكمة ملزمة بحفظ الدعوى وعدم سماعها.[٢]

كما أن الأهلية الجزائية للعقوبة بوجه عام تتوقف على ظروف متعلقة بالحالة النفسية والعضوية للجاني، وليس على مركزه الوظيفي والاجتماعي، وأنه من غير المنطق مساواة الأفراد المتمتعين بالحصانة القضائية بعديمي التمييز والمصابين بعاهات عقلية[٣]، وأن هذا الرأي قاد إليه التمسك بحرفية الشكلية في تفسير القانون[٤]، وأن عدم توافر شرطي المسؤولية: الوعي Ia conscience والآراء Ia volonte هما السبب في انتفاء المسؤولية بالنسبة للجرائم التي يرتكبها المجنون وهي ظروف تتعلق بالركن المعنوي للجريمة. فتحقق الجنون يعني انتفاء الركن المعنوي للجريمة، وبالتالي فإن المحكمة بعد أن تتأكد من انتفاء الركن المعنوي، تقرر براءة المجنون، أو حفظ الدعوى[٥]، لأنه لا يقدر مسؤولية أعماله وقت ارتكابه الجريمة[٦].

انظر الدكتور محمود محمود مصطفى، شرح قانون العقوبات الطبعة الثامنة، دار النهضة العربية، القاهرة ١٩٦٩ صفحة ١٠٦.

ومن مؤيد هذا الاتجاه ايضاً بعض الكتاب مشار إليهم في مؤلف الدكتور مأمون محمد سلامة، المصدر السابق، صفحة ٧٣.

Moro. La Capacite Giuridica Penale Padava. ١٩٣٩ p.

Petroceli. Proncipi di diritto penale vol ١ p. ١٨٥. Carrelutti Lezioni di dir proc Pen Roma ١٩٤٠, p. ١٠٥.

مشار اليهم في مؤلف الدكتور عبد الفتاح مصطفى الصيفي، المصدر السابق، صفحة ٣٩٧.

(١) الدكتور حسين توفيق، أهلية العقوبة في الشريعة الإسلامية والقانون المقارن، مطبعة الشعب، القاهرة، ١٩٦٤ صفحة ٦٩.

(٢) الدكتور كمال أنور محمد، المصدر السابق، صفحة ٨٦.

(٣) الدكتور مأمون سلامة، المصدر السابق، صفحة ٧٣.

(٤) الدكتور عبد الفتاح الصيفي، المصدر السابق، صفحة ٣٩٦.

(٥) الدكتور عدنان الخطيب، المصدر السابق صفحة ٥٠٦.

وقرار محكمة النقض المصرية المرقم ٤٨٦ في الجلسة ٦٤/٦/٢٩ ومحكمة النقض المكتب الفني، العدد الثاني ١٩٦٤ رقم ١٠٣ صفحة ٥١٦.

وانظر في انتفاء مسؤولية المجنون:

Rupert Cross. An Introduction to criminal Law. ٦ ed. Butteworth, Londom ١٩٦٨ p. ٦٩.

Fitzgeral Crimimal kaw and Punishment Oxford, ١٩٦٢, p. ١٣١ R. Merle et vitu, op. cit. p. ٣٧٣.

(٦) قرار محكمة تمييز العراق ٢١٦٢/ جنايات/ ١٩٧١ في ١٩٧١/٩/٢٧ النشرة القضائية، العدد الثالث، السنة الثانية، نيسان ١٩٧٣، صفحة ١٦٤.

أما بالنسبة للمبعوث الدبلوماسي، فإن المحكمة لا تبحث في توافر شرطي المسؤولية في الفعل الذي يصدر منه وإنما تلجأ إلى التأكد من الصفة الدبلوماسية التي يتمتع بها، وهو أمر يخرج عن نطاق أركان الجريمة. فالصفة الدبلوماسية هي الأساس في تقرير الحصانة القضائية.

وإذا افترض جدلا أن المبعوث الدبلوماسي لا يتمتع بأهلية العقوبة وقررت المحكمة عدم الحكم عليه لهذا السبب، ثم قررت بعد ذلك دولته التنازل عن حصانته القضائية، فإن المحكمة في هذه الحالة لا تستطيع محاكمته وإصدار العقوبة اللازمة لحقه إذا اعتبر المبعوث الدبلوماسي عديم الأهلية كالمجنون، ما دام أنه يتمتع بظرف معفي من العقاب وقت ارتكاب الجريمة، كما هو الشأن بالنسبة للمجنون والقاصر الذي يرتكب جريمة تحت ظل هذه الظروف فإنه يعفى من العقاب وإن زال عنه الجنون، أو بلغ سن الرشد، في حين أن الفقه والقضاء والقوانين والاتفاقيات الدولية تقضي بمحاكمة المبعوث الدبلوماسي إذا تنازلت دولته عن حصانته القضائية، كما سيأتي شرح ذلك في الفصول اللاحقة.

وإذا تنازلت دولة المبعوث الدبلوماسي عن حصانته القضائية في الأمور الجزائية، وقررت المحكمة الحكم عليه بعقوبة جزائية، فهذا يعني أن المبعوث الدبلوماسي أصبح يتحمل العقوبة الجزائية الصادرة بحقه، ويجب إيقاعها عليه في هذه الحالة، غير إن الواجب إتباعه أن تنفيذ الحكم غير ممكن، إلا إذا تنازلت دولته عن حصانته من تنفيذ العقوبة الصادرة بحقه بصورة مستقلة عن تنازلها عن حصانته القضائية.

كما أن هذا الرأي لم يفسر الحصانة التي يتمتع بها المبعوث الدبلوماسي من إجراءات أداء الشهادة، حيث إن هذه الحصانة ليس فيها معنى العقوبة، إنما هي حصانة من إجراءات معينة وعلى ذلك فإن هذا الرأي لم يخرج عن نطاق الرأي السابق وليس من السهولة تقبله.

الفرع الثالث: الحصانة الجزائية شرط سلبي في القاعدة الجزائية

إن الحصانة القضائية التي يتمتع بها المبعوث الدبلوماسي على رأي بعض الكتاب في إيطاليا، تعتبر بمثابة شرط سلبي يكمن في كل قاعدة جزائية مفادها: "انه يشترط لوجود الجريمة ألا يكون الجاني متمتعاً بالحصانة القضائية"(1).

والقاعدة السلبية: هي القاعدة التي من شأنها إبطال مفعول القاعدة الايجابية من جهة سلب العقوبة المقررة فيها لتوافر سبب معين، وهي إما أن تحدث تأثيرها في العنصر الأمر، أي عنصر الحكم في القاعدة الايجابية وتجعل سلوكه مباحا على خلاف الأصل، ويطلق عليها في هذه الحالة "القاعدة المبيحة"، وإما أن تحدث تأثيرها في عنصر الجزاء

(1) ومن الفقه الايطالي من يؤيد هذا الرأي:

Mayer e Sauer – Citati dol Pannaian, p. ٥٩, ٢٩٨.

مشار اليه في مؤلف الدكتور عبد الفتاح مصطفى الصيفي، مصدر سابق، صفحة ٣٩٧.

في القاعدة الإيجابية فتبطله دون المساس بعنصر الأمر، ويظل السلوك محظوراً ومعارضاً إرادة القانون ويطلق عليها "القاعدة المعفية من العقاب" وأن القاعدة الأخيرة مصدرها القانون الجزائي ذاته، وهي ترفع العقوبة الجزائية دون أن يتبعه رفع العقوبة غير الجزائية"، لأنها لا تجرد الأفعال من وصف الجريمة، وبالتالي من وصف السلوك المحظور، وإنما تقتصر على تجريده من العقوبة الجزائية فتظل لصيقة به مع كافة الآثار المترتبة على الجريمة المرتكبة، وهذا لا يدل على أن السلوك أصبح مباحا ومرخصا به، إنما كل دلالته مقصورة على أنه لصفة معينة رافقت السلوك، رأى القانون الجزائي التسامح فيه والتغاضي عن توقيع الجزاء على صاحبه لاعتبارات خاصة، ومن أمثلة ذلك إعفاء الخاطف من عقوبة خطف الأنثى إذا تزوج بمخطوفته زواجاً شرعياً، وقاعدة إعفاء الابن من عقوبة السرقة المرتكبة بحق أبيه إذا لم يتقدم الأب بالشكوى وقاعدة إعفاء الزوجة من عقوبة إخفاء زوجها الفار من وجه العدالة، وقاعدة المبعوث الدبلوماسي من الجزاء الجريمة التي ارتكبها[1].

وأرى عدم التوافق بين حصانة المبعوث الدبلوماسي الجزائية والحالات التي تندرج تحت موضوع "القاعدة السلبية" فإعفاء الخاطف من العقوبة إذا تزوج من مخطوفته مقررة بالأصل لمصلحة المخطوفة وانتشال سمعتها وسمعة عائلتها، ويعد ما يقوم به الخاطف في هذه الحالة إصلاحا للضرر الذي أحدثه، وهي بمثابة عقوبة بحقه، في حين أن حصانة المبعوث الدبلوماسي مقررة لمصلحة دولته لضمان أداء وظيفته بحرية تامة، وليس فيها معنى إصلاح الضرر.

كما أن إعفاء الزوجة من العقاب لاخفائها زوجها الفار وإعفاء الابن من عقوبة السرقة المرتكبة بحق أبيه تعتبر من الجرائم السلبية المقررة بالأصل لمصلحة الأسرة ووحدتها، وأن القانون ما وضع إلا لحماية الأسرة والمجتمع في حين أن حصانة المبعوث الدبلوماسي تعد من الناحية الواقعة انتهاكات للقواعد المنظمة لسير المجتمع.

إن الرأي هذا يتطلب لقيام الجريمة، ألا يكون مرتكبها متمتعاً بالحصانة الجزائية، وهو أمر يتعلق بأركان الجريمة، ويتطلب من المحكمة البحث عن توافر هذه الأركان، مما يتطلب خضوع المبعوث الدبلوماسي للإجراءات التي يقتضيها ذلك، في حين أن المبعوث الدبلوماسي يتمتع أيضاً بالحصانة عن هذه الإجراءات.

كما أن تنازل دولة المبعوث الدبلوماسي عن حصانته الجزائية يعني وفقاً للرأي المذكورة، قيام أركان الجريمة وجواز إصدار العقوبة الجزائية وتنفيذها ضده، غير أن الواقع يخالف ذلك فالمبعوث الدبلوماسي يتمتع بالحصانة من جراء تنفيذ العقوبة ضده.

(١) الدكتور رمسيس بهنام، الجريمة والجزاء، منشأة المعارف، الإسكندرية، ١٩٧٢، صفحة ١٨٧ - ١٩٠.

ولم يفسر الرأي المذكور الحصانة التي يتمتع بها المبعوث الدبلوماسي من إجراءات أداء الشهادة، حيث إن وصف الشرط السلبي على هذه الحصانة لا يمكن تصوره.

يظهر من ذلك أن الآراء السابقة لم تحقق الضمان الكافي لأداء المبعوث الدبلوماسي أعمال وظيفته الرسمية بحرية تامة، حيث إن ضمنته من حصانة لا يخرج عن نطاق العقوبة الجزائية دون أن تلتفت على الإجراءات السابقة على صدور العقوبة والتي غالبا ما تعيقه عن أداء مهام وظيفته.

وبالنظر للعيوب التي تكتنف هذه الآراء، وعدم انطباقها وما جرى عليه التطبيق العملي، فقد عزف عنها الفقه واتجه إلى اعتبار هذه الحصانة بمثابة قيد على الاختصاص القضائي وهو ما سنتناوله في المطلب الآتي:

المطلب الثالث: الحصانة الجزائية قيد على الاختصاص القضائي

كان من نتيجة العيوب التي تكتنف الآراء التي سبق شرحها والتي حددت مجال الحصانة الجزائية ضمن إطار قانون العقوبات أو العقوبة الجزائية، ذهب رأي آخر إلى أن الحصانة الجزائية التي يتمتع بها المبعوث الدبلوماسي تعتبر قيدا على الاختصاص القضائي، حيث تخرج الجرائم التي يرتكبها المبعوث الدبلوماسي عن الولاية القضائية لمحاكم الدولة المستقبلة[١]، وإن بحث مجال هذه الحصانة وحدودها ليس في قانون العقوبات وإنما يدخل في نطاق قانون أصول المحاكمات الجزائية وهي لا تعدو أن تكون مقررة لمانع إجرائي يحول دون اتخاذ الإجراءات ضد أي شخص يتمتع بالصفة الدبلوماسية وإن ارتكب جريمة على إقليم هذه الدولة وهي بهذه الصورة ليست استثناء من قاعدة إقليمية القانون الجزائي، بل إنها استثناء من ولاية القضاء[٢]. يترتب على تمتع المبعوث الدبلوماسي بها تعطيل حق الدولة في تحريك الدعوى العامة[٣]، لأن ما يتمتع به من حصانة تمنع خضوعه لسلطة محاكم الدولة المستقبلة، بخصوص الجرائم التي ارتكبها على إقليمها على أساس أن هذه الحصانة من الأمور التي تمنع رفع الدعوى[٤].

وعلى ذلك يرى أصحاب هذا الرأي أن المبعوث الدبلوماسي مخاطب بأحكام قانون العقوبات، وأن الفعل الذي يقع منه يعتبر مخالفا بذلك أوامر المشرع وجريمة موجبة

---

(١) Rupert Cross, Op. cit. p. ٢٧٧. s. B.A. ٣ OPNH, op cit p. ٢٠٠.

(٢) الدكتور محمود نجيب حسني، شرح قانون العقوبات القسم العام، الطبعة الثانية، دار النهضة العربية، صفحة ١٢٧ و ١٤٣.

والدكتور علي حسين الخلف، المصدر السابق، صفحة ٢٣١.

(٣) Pirre Bouzat et jean pian. Traite de Droit Penal et de Criminologie. Dalloz, Paris ١٩٦٣, p. ١٣١٦.

والدكتور سامي النصراوي، المبادئ العامة في قانون العقوبات الجزء الأول، دار السلام، بغداد ١٩٧١، صفحة ٨١.

(٤) الاستاذ أحمد عبد الحميد، المصدر السابق، صفحة ٩٩.

للعقاب، ويجوز محاكمته في دولته، وأن كل ما هناك أن المشرع منع اتخاذ إجراءات المحاكمة ضده في الدولة التي يعمل فيها، و "بالتالي فقد اعتبرت تلك الحصانة ليست سوى مانع من موانع رفع الدعوى".

فالدولة التي تقع فيها الجريمة المرتكبة من قبل المبعوث الدبلوماسي، تملك سلطة العقاب دون ولاية القضاء، حيث تتولى دولته محاكمته عن تلك الجريمة[١].

ويرى بعض الكتاب أن اضطراب الفقه في صدد النظريات السابقة يرجع إلى الخلط بين سلطة العقاب وولاية القضاء، فكل شخص يتمتع بالأهلية القانونية يخضع لقانون العقوبات، وتنشأ للدولة سلطة في معاقبته غير أن هذا الخضوع لا يستتبعه مقاضاته عن ذلك الفعل في الدولة التي وقعت فيها الجريمة، لاعتبارات سياسية قضت بتنازلها عن ولاية القضاء لدولة المبعوث الدبلوماسي بحيث يحاكم أمام قضاء دولته[٢].

وقد انتقد هذا التكييف من جهة أنه يقلل من قيمة الحصانة التي يتمتع بها المبعوث الدبلوماسي ولا يتسق وجوهرها، واعتبر أن هذه الحصانة تتصل بقواعد قانون العقوبات لا بقواعد الإجراءات الجزائية[٣]، لأنها قيد أو حد على إلزامية القاعدة الجزائية لكل من يوجد على إقليم الدولة من أشخاص، فالمشرع لا يخاطب المبعوث الدبلوماسي بالقاعدة الجزائية لا بعنصر التكليف ولا بعنصر الجزاء، وإن حصانته تكون تشريعية لا قضائية، وبهذا التكييف يرتفع عن المشرع التناقض الحاصل، إذ كيف يتسنى له أن يكلف المبعوث الدبلوماسي وهو يعلم سلفا بأنه لن يتوجه إليه بعنصر الجزاء الذي يحمي هذا التكييف، وبالتالي لا يخضع لحكم هذه القاعدة، إذ لا مفر من التسليم بأحد فرضين، إما أن المشرع يخاطبه بالقاعدة القانونية الجزائية بعنصريها ويخضعه لحكمها أو انه يتجه أصلا بالخطاب والأمر بها، وبذلك فهو لا يخضع لحكمها[٤].

ويضاف إلى ذلك أن هذا الرأي منتقد من جهة انه يفصل بين حق الدولة في القضاء وحق الدولة في العقاب. فإذا كان الأخذ بهذا الفصل في الأمور المدنية فإنه يتعذر الأخذ به في الأمور الجزائية نظرا لاندماج الحقين في صورة واحدة.

وإذا كان للدولة حق القضاء كان لها أن تخضع المجرم لأحكام قانونها ولاختصاصها القضائي، وليس من مبادئ القانون الجزائي أن يحكم القاضي بقانون دولة أجنبية، أو تترك الدولة التي وقعت الجريمة فيها بتطبيق قوانينها بحق الجاني إلى محاكم

---

(١) جاء بمذكرة وزارة الخارجية المرقمة ٢٩٧٧٦ في ٩٦٢/٦/٢٨ الموجهة الى وزارة العدل:... ترى الوزارة أن تبليغ المبعوث الدبلوماسي أمام المحقق العدلي يتناقض والحصانة القضائية التي يتمتع بها، علماً بأن هذه الحصانة لا تعفي هذا الدبلوماسي من الخضوع لقضاء دولته المحاكم الالمانية ".

(٢) الدكتور محمود محمود مصطفى، المصدر السابق، صفحة ١٠٦.

(٣) الدكتور عبد الفتاح مصطفى الصيفي، المصدر السابق، صفحة ٣٩٧.

(٤) الدكتور عبد الفتاح مصطفى الصيفي، المصدر السابق، صفحة ٤٠٠.

أجنبية، لأن حق الدولة في العقاب "قضائية العقوبة" وأن من الخطأ إعطاء حق القضاء لدولة أجنبية مع احتفاظ الدولة التي وقعت فيها الجريمة بحق العقاب.

وعلى الرغم من الانتقادات المذكورة إلا أن هذا الرأي لقي قبولا لدى غالبية فقهاء القانون الدولي العام[١] والخاص[٢]، والقانون الدبلوماسي[٣]. ويعللون ذلك بأن الحصانة الجزائية التي يتمتع بها المبعوث الدبلوماسي لا تجعله فوق القانون بل يبقى خاضعاً[٤]، وهي استثناء من الاختصاص القضائي وليس الإعفاء من أحكام القانون[٥]، فلا يكون في منأى من المسؤولية irresponsable [٦]، وعليه أن يحترم قوانين الدولة التي يعمل فيها[٧] لأن ما يتمتع به ما هو إلا مجرد إعفاء من إجراءات التقاضي[٨].

وتكييف الحصانة الجزائية، بالحصانة القضائية الجزائية أمر يكاد يجمع عليه لتطبيق من قبل الحكومات والمحاكم للدول المختلفة ومن نتائج هذا التكييف انه لا يمكن مقاضاة المبعوث الدبلوماسي أمام محاكم الدولة المستقبلة أو أن يكون محلا للمضايقة من قبل أية سلطة قضائية أو تحقيقية أو إدارية. وهذه النتائج لا تعني أن يحرم المعتدى عليه من وسيلة الدفاع الشرعي ضد المبعوث الدبلوماسي أو اتخاذ الإجراءات القسرية ضده لمنع ارتكابه جريمة معينة[٩]، لأن الحصانة القضائية لا تضفي صفة المشروعية على

---

(١) Charles Rousseau, Op. cit ٤٢٥ Oppenheim, Op. cit. vol. IP. ٧٦٠.
Lan Brownlie, Opcit. P. ٢٧٥.
والدكتور حامد سلطان، القانون الدولي العام وقت السلم، ط٦، دار النهضة العربية، القاهرة ١٩٧٦ صفحة ١٣٤
والدكتور محمد حافظ غانم، المصدر السابق صفحة ١٧٩.
الدكتور عبد الحسين القطيفي، المصدر السابق، صفحة ٧٤.

(٢) Henri Batiffil, op. cit. P. ٧٧٩
Niboyet, op. cit P. ٣٨٠.
Emile Tyan, op. cit. P. ٤٢٨.
Pigconniere, op. cit. No. ٤٠٦.
والدكتور ممدوح عبد الكريم حافظ، المصدر السابق ص ٣٦٣.
الدكتور محمد عبد الخالق عمر، المصدر السابق صفحة ١٦٤.
الدكتور هشام علي صادق، المصدر السابق، صفحة ٣٩.

(٣) Sir Cecil Hurst' Op. cit. P. ١٦٥.
Sir Ernest Satow' Op cit. P. ١٨١.
Clifton E. Wilson' Op. cit.
والدكتورة عائشة راتب، المصدر السابق، صفحة ١٥٤.
والدكتور فؤاد شباط، المصدر السابق، صفحة ٢٢٤.

(٤) Leanard V.B. Sutton' op. cit. P. ١٠٣.

(٥) Diplmatic agent enjoy an immunity from the jurisdtion of the Iocal courts and not exemption frm the substanitive law".

(٦) J.R. Wood J.Serres. Op. cit. P. ٥٤.

(٧) Jean Serres. Op. cit. Ne ١١٢.

(٨) J.B. Moore. Adigest Internaeional Law. VOI. ٤ G.P.o. Washington, ١٩٠٦ P. ٦٣٠.

(٩) philippe Cahier, Op. cit. P. ٢٤٤ et ٢٤٥.

أعمال المبعوث الدبلوماسي[1]، وإنما تبقى الأعمال التي يحرم القانون ارتكابها ممنوعة غير انه لا يمكن اتخاذ إجراءات قضائية بحقه للصفة الدبلوماسية التي يحملها.

ويفيد التكييف هذا ليس فقط في إسباغ الصفة الشرعية على الدفاع الشرعي ضد جريمة يقترفها المبعوث الدبلوماسي، إنما أيضاً إلى إمكان مسألة المساهم يستعير إجرامه من الفاعل الأصلي على رأي بعض الفقهاء فإن الحصانة لا تضفي صفة الإباحة على الفعل غير المشروع، ولا تمس أي جانب من جوانبه ويبقى ممنوعاً، يحرم القانون ارتكابه فتتخذ الإجراءات ضد المساهم دون الفاعل الأصلي "المبعوث الدبلوماسي" الذي يتمتع بالحصانة القضائية، لأن الشريك في الجريمة يستعير إجرامه من الفاعل الأصلي لذات الفعل الذي يرتكبه ويستفيد من الأعذار المادية التي تلحق الجريمة دون الأعذار الشخصية الخاصة بالفاعل"[2].

وقد اعتبر المشرع العراقي الشريك الذي يساهم في ارتكاب الجريمة مع المبعوث الدبلوماسي فاعلاً أصلياً للجريمة[3].

كما أن تكييف الحصانة الجزائية، بالحصانة القضائية يتسق وما للمبعوث الدبلوماسي من حصانات أخرى، كالحصانة القضائية المدنية والحصانة من إجراءات أداء الشهادة والحصانة من التنفيذ وصيانة شخصه من صور القبض والاعتقال[4]، حيث إن هذه الحصانات تعتبر جميعا إعمالاً إجرائية ترد على شخص المبعوث الدبلوماسي، وهي بالتالي توجب عليه احترام قوانين الدولة التي يعمل لديها.

وقد اعترفت غالبية تشريعات الدول بالحصانة هذه واعتبارها حصانة قضائية، ومن ذلك المادة (١٢) من نظام معهد القانون الدولي في بروكسل سنة ١٨٩٥. والمادة

الدكتور فؤاد عبد المنعم رياض والدكتورة سامية رشيد. الوجيز في القانون الدولي الخاص، الجزء الأول، دار النهضة العربية، القاهرة ١٩٧١، صفحة ٤٥٢.

(١) وقد جاء بقرار محكمة القاهرة الابتدائية الصادر في ٢٠ ابريل " ... إلا أن العرف الدولي في هذا المجال وأن تواضع على اعفاء الملوك من الخضوع لقضاء الدول الأجنبية التي يوجدون على اقليمها إلا أن ذلك ليس معناه التحلل من احكام القانون، بل ورد هذا الاستثناء على قاعدة اقليمية القضاء المسلم بها في عرف القانون الدولي العام ...".
انظر القرار المذكور في بحث الدكتور عبد العزيز محمد سرحان في المجلة المصرية للقانون الدولي، المصدر السابق، ص ٧٠.

(٢) وقد أخذ المشروع العراقي بهذا الرأي فنصت المادة (٥٢) من قانون العقوبات على: " إذا توافرت اعذار شخصية معفية من العقاب أو مخففة له من أحد المساهمين - فاعلا أو شريكا في ارتكاب الجريمة فلا يتعدى أثرها على غير من تعلقت به".

(٣) نصت المادة (٤٧) من قانون العقوبات العراقي على أنه ""يعد فاعلا الجريمة ٣- من دفع بأية وسيلة شخصا على تنفيذ الفعل المكون للجريمة إذا كان هذا الشخص غير مسؤول جزائياً عنها لأي سبب كان.

(٤) الدكتور محمد حافظ غانم، المصدر السابق، صفحة ١٧٩.

(١١) من النظام الذي أقره المعهد في عام ١٩٢٩، والمادة ١٩ من اتفاقية هافانا والمادة ١٩ من اتفاقية جامعة هارفرد[1].

وقد اعتبر قانون امتيازات الممثلين السياسيين العراقي رقم (٤) لسنة ١٩٣٥ الحصانة الجزائية "صيانة عن سلطة المحاكم الجزائية" ولم يعتبرها حصانة من القانون المحلي ويقصد بها حصانة إجرائية تمنع اتخاذ التعقيبات ضد المبعوث الدبلوماسي فقد نصت المادة الأولى منه على ما يلي: "إن الممثلين السياسيين للدول الأجنبية والأشخاص الذين يعتبرون من حاشيتهم وفق التعامل الدولي مصونون عن سلطة المحاكم المدنية في الأمور المدنية والتجارية والجزائية ..." وكانت التطبيقات العملية في العراق تسير بهذا الاتجاه[2].

كما أخذت بذلك صراحة المادة (٣١) من اتفاقية فينا للعلاقات الدبلوماسية لسنة ١٩٦١، حيث نصت على أنه "يتمتع المبعوث الدبلوماسي بالحصانة القضائية فيما يتعلق بالقضاء الجنائي للدولة المعتمد لديها ..." وقطعت الاتفاقية بذلك الخلاف القائم بين الفقه بصدد تحديد طبيعة الحصانة الجزائية التي يتمتع بها المبعوث الدبلوماسي، ووصفتها بأنها "حصانة قضائية"[3].

ومما يؤكد اتجاه اتفاقية فينا للعلاقات الدبلوماسية على قصر الحصانة القضائية فقط دون الإعفاء من الخضوع لأحكام القوانين والأنظمة المحلية ما جاء بنص المادة (٤١) بقولها:

١- "يجب على جميع المتمتعين بالامتيازات والحصانات مع عدم الإخلال بها، احترام قوانين الدولة المعتمد لديها وأنظمتها ....".

أما التطبيقات العملية لاتفاقية فينا بخصوص تحديد طبيعة الحصانة الجزائية للمبعوث الدبلوماسي في العراق فقد اعتبرت هذه الحصانة "حصانة قضائية، وليست الإعفاء من المسؤولية[4].

---

(١) Philippe Cahier, op. cit. p. ٢٤٦.

(٢) وقد جرى التعامل بين الدوائر المختصة والجهات القضائية في العراق على استعمال اصطلاح عبارة "الامتيازات والصيانات" كما جاءت بالقانون المذكور عوضا عن استخدام الحصانة القضائية. حيث عربت عبارة immunity على صيانة وليس حصانة فقد طلبت وزارة العدلية بمذكرتها المرقمة ٩٥٥/٤ في ١٩٥٥/٤/٢٥ من وزارة الخارجية عما إذا كان المدعو "جوزيف ادريتك" السكرتير الثاني في المفوضية البلجيكية مشمولا بالامتيازات التي يتمتع بها أعضاء السلك الدبلوماسي بناء على طلب رئاسة محكمة استئناف بغداد وأجابت وزارة الخارجية بمذكرتها المرقمة ١١٧٩٤/٢٠٠/٢٤٥ في ١٩٥٥/٥/١٢ بأن المومأ إليه يتمتع بالامتيازات والصيانات.

(٣) وقد أخذت المادة (٣١) من اتفاقية البعثات الخاصة بالرأي هذا فنصت على ما يلي:
"... immunity from the criminal jurisdiction ..."

(٤) لقد استخدمت عبارة "الحصانة القضائية" في الكثير من المعاملات والمراسلات الرسمية بين الدوائر الرسمية والسلطات القضائية منها:

فقد اتجهت قرارات محكمة تمييز العراق إلى أن الحصانة التي يتمتع بها المبعوث الدبلوماسي في الأمور الجزائية "حصانة قضائية" واعتبرت ذلك قيدا على اختصاص المحاكم الوطنية[1]، وهو ما ذهبت إليه وزارة الخارجية في مراسلاتها مع السلطات التحقيقية التي طلبت فيها عدم اتخاذ الإجراءات بحق المبعوثين الدبلوماسيين لتمتعهم بالحصانة القضائية"[2].

وقد استخدم مصطلح "الحصانة الدبلوماسية" في أحد قرارات محكمة التمييز[3]، ومذكرة رئاسة محكمة استئناف بغداد[4]، وفي بعض مذكرات وزارة الخارجية[5]، غير أن ما يقصد في هذا المصطلح هو الحصانة القضائية، لأن الحصانة الدبلوماسية مفهوم واسع شامل.

طلبت مديرية شرطة محافظة البصرة بكتابها المرقم س ٧٢٣٤ في ١٩٧٥/٣/٢ تبليغ أحد منتسبي السفارة المجرية في بغداد في حادث دهس، وقد ذهبت حاكمية تحقيق القرنة ان المومأ اليه يتمتع بـ "الحصانة القضائية".

أعلمت وزارة الخارجية وزارة العدل وحاكمية تحقيق الكاظمية الأطراف بأن "السيد فوريرينا كنافينو" السكرتير الثاني في سفارة جمهورية أفريقيا الوسطى يتمتع بالحصانة القضائية.

(أنظر كتاب وزارة العدل المرقم ٤٣٢٧ في ١٩٧٦/٣/٦). كذلك أنظر في استخدام "الحصانة القضائية" كتاب وزارة العدل المرقم ٨١٧١/٤/٣ في ١٩٧٧/٤/٥ ومذكرة وزارة الخارجية المرقمة ١٠٣٦٨٥/٥٥/٨١/١١ في ٧٧/٣/٢٧ الموجهة الى سفارة جمهورية هنغاريا الشعبية.

(١) جاء بقرار محكمة تمييز العراق المرقم ٦٥١/ حقوقية / ٩٧٠ في ١٩٧١/٢/٢٠ ما يلي: "تمتنع المحاكم من النظر في الدعاوى التي تقام ضد الممثلين السياسيين للدول الأجنبية والأشخاص الذين يعتبرون من حاشيتهم لتمتعهم بالحصانة القضائية والصيانة من سلطة المحاكم المدنية في الأمور المدنية والتجارية والجزائية ". أنظر:

النشرة القضائية، العدد الأول، السنة الثانية، آذار ١٩٧٢ صفحة ٢١٨ وجاء بقرارها المرقم ٥٧/ مدنية ثالثة/ ١٩٧٤ والمؤرخ في ١٩٧٤/٤/٢٢ بأن المبعوث الدبلوماسي " ... مصون من سلطة المحاكم في الدولة المعتمد لديها لذلك فإنه لا يقاضي أمام المحاكم العراقية من أي أمر يتعلق بشؤون عمله أو من مستلزماته ...". أنظر:

النشرة القضائية، العدد الثاني، السنة الخامسة صفحة ٢٧٤ كذلك أنظر قرارها المرقم ١٦٠/ هيئة عامة/ ١٩٧٤ الصادر في ١٩٧٤/١٢/٧ ويلاحظ أن محكمة تمييز العراق تستخدم "الحصانة القضائية" الواردة في المادة (٣١) من اتفاقية فينا وعبارة " الصيانة من سلطة المحاكم المدنية" الواردة في المادة الأولى من قانون امتيازات الممثلين السياسيين رقم (٤) لسنة ٩٣٥ وكان عليها أن تستخدم عبارة الحصانة القضائية لأنها أدق من عبارة الصيانة.

(٢) جاء بمذكرة وزارة الخارجية المرقمة ١٠٤٧٢١/٨١/١١ في ١٩٧٧/٤/١٨ "أن مستشار السفارة السوفيتية في بغداد يتمتع بالحصانة القضائية" أنظر كذلك مذكراتها المرقمة ١٤٩٦٦٥ في ١٩٧٧/٤/٣١ والمرقمة ٤٣٢٧/٨١ في ١٩٧٦/٣/٦ والمرقمة ١٠٣٦٨٥ في ١٩٧٧/٣/٢٧.

(٣) جاء بقرار محكمة تمييز "ممن يتمتعون بالحصانة الدبلوماسية ". أنظر كتاب محكمة جزاء امانة العاصمة المرقم ٦٥ في ٩٧٧/٢/٢٣.

(٤) جاء بكتاب رئاسة محكمة استئناف بغداد المرقم ت/٢٣٤٢/١/١ الموجهة الى حاكمية تحقق الكاظمية لأن المبعوث الدبلوماسي (-) "يتمتع بالحصانة الدبلوماسية".

(٥) جاء بمذكرة وزارة الخارجية المرقمة ١٠٢٨٢٢/٨١/١١ في ١٩٧٧/٢/٢٨ "بأن المستشار في السفارة التونسية في بغداد يتمتع بالحصانة الدبلوماسية "أنظر كذلك مذكرات وزارة الخارجية المرقمة ١٥٦٠٤/٦٩/٨١/٩ في ٧٦/٤/٢٢ والمرقمة ١٠١٧٣١/٥١/٨١/١١ في ١٩٧٧/١/٢٦.

وكانت وزارة الخارجية قد أوضحت في إحدى مذكراتها بأن التمتع بالحصانة لا يمكن سوقه إلى المحاكم[١]، وهو تأكيد على أن مفهوم الحصانة الدبلوماسية في هذا الصدد يقصد به الحصانة القضائية وحبذا لو استخدم مصطلح الحصانة القضائية بدلا من "الحصانة الدبلوماسية"[٢] حيث إن المصطلح الأول يوافق المضمون ويعبر عنه.

وجدير بالإشارة في هذا الصدد، إلى أن الحصانة القضائية الجزائية التي يتمتع بها المبعوث الدبلوماسي لا تعتبر من الظروف القضائية، لأن تقدير الظروف القضائية، أمر يرجع إلى محكمة الموضوع التي تتبينها من وقائع الدعوى وأحوال المتهم، وهي تختلف من دعوى إلى أخرى، ولا أثر لهذه الظروف على غير صاحبها[٣]، ولا تغير من نوع الجريمة المرتكبة[٤]، في حين أن الحصانة القضائية لا تخضع لتقدير قاضي الموضوع، وإذا ما توافرت الصفة الدبلوماسية في الجاني فعلى القاضي الامتناع من السير في إجراءات الدعوى لأنها حصانة قضائية واردة في نصوص قانونية لا تسمح له حرية الاختيار.

المبحث الثاني

مدى الحصانة القضائية الجزائية

إذا كان هناك ثمة خلاف في الفقه والقضاء والقانون المقارن حول مدى الحصانة القضائية المدنية التي يتمتع بها المبعوث الدبلوماسي، فإن هذا الخلاف يكاد يكون قليلا بالنسبة لدى الحصانة القضائية الجزائية، إذ أن الاتجاه السائد يرى منحه الحصانة القضائية المطلقة في الأمور الجزائية بالنسبة لجميع الأفعال التي تصدر منه في الدولة المستقبلة. غير أن ذلك لا يعني عدم وجود آراء تناقض هذا الاتجاه إنما هناك من يرى ضرورة تقييد الحصانة القضائية الجزائية للمبعوث الدبلوماسي.

وبناء على ذلك سيتضمن هذا المبحث المطلبين التاليين:

المطلب الأول: الحصانة القضائية المقيدة

المطلب الثاني: الحصانة القضائية المطلقة

---

(١) جاء بمذكرة وزارة الخارجية المرقمة ٢٦٦٩٨ في ١٩٥٢/١٢/٣ الموجه الى وزارة العدلية "ان السكرتير التجاري يتمتع بالحصانة ولا يمكن سوقه الى المحاكم".

(٢) يطلق بعض الكتاب "الحصانة الدبلوماسية، على جميع امتيازات المبعوث الدبلوماسي وحصاناته القضائية. انظر الدكتور عائشة راتب، المصدر السابق، صفحة ١٤١.

(٣) الدكتور علي حسين الخلف، المصدر السابق، صفحة ٧٦٣.
والدكتور محمود ابراهيم اسماعيل، المصدر السابق، صفحة ٣٤٤.
وقد نصت المادة ١٣٢ من قانون العقوبات العراقي على العذر القضائي بقولها: "إذا رأت المحكمة في جناية ان ظروف الجريمة أو المجرم تستدعي الرأفة جاز لها أن تبدل العقوبة المقررة للجرمية ...".

(٤) نصت المادة (٢٤) من قانون العقوبات على: "لا يتغير نوع الجريمة إذا استبدلت المحكمة بالعقوبة المقررة لها عقوبة من نوع أخف سواء كان ذلك لقدر مخفف أم لظرف قضائي مخفف ما لم ينص القانون على غير ذلك".

المطلب الأول: الحصانة القضائية الجزائية المقيدة

رغم أن العرف الدولي يقضي بمنح المبعوث الدبلوماسي الحصانة القضائية الجزائية المطلقة، كما سنرى ذلك، إلا أن هناك بعض الاتجاهات ترى ضرورة تقييد هذه الحصانة والحد من إطلاقها، وهذه الاتجاهات لم تتفق على ضوابط معينة تحد من هذا الإطلاق، وإنما ذهبت إلى الآراء الآتية:

أولا - ذهب بعض الكتاب(١) وقرارات محاكم(٢) وقوانين بعض الدول(٣) إلى ضرورة تقييد الحصانة القضائية بوضع حد فاصل بين أعمال المبعوث الدبلوماسي الرسمية وأعماله الخاصة، ومنحه الحصانة القضائية عن الجرائم التي يرتكبها بصفته الرسمية وحجبها عنه عن الجرائم التي يرتكبها بصفته الخاصة.

وقد أخذت بالاتجاه هذا اتفاقية الامتيازات والصيانات للوكالات الإحصائية التابعة للأمم المتحدة(٤) واتفاقية مزايا وحصانات جامعة الدول العربية(٥)، فقد منحت الاتفاقيتان

---

(١) ومن هؤلاء الفقهاء:

Pasquale Fiore, Ganazza, Laurent, Esperon, Eduardo Bidau.

G.E. do Nascimento e Silva, op. cit. p. ١٢٢ D.P. O'connell, op. cit, p. ٨٩٩.

(٢) وقد ذهبت محكمة النقض في روما عام ١٩١٥ الى هذا الاتجاه وجاء بقرارها:

"That pruvate acts accomplished by siplomatic aggent are subject to the local jurisduction"

Sir Ernest Satow, op. cit. p ١٩١.

كذلك انظر قرار محكمة الاستئناف المختلطة في مصر في قرارها المرقم ٢٨٥ في ٧ مارس ١٩٣٥، مجلة المحاماة، العدد السادس ١٩٣٥ صفحة ٦٣٤.

ومن القرارات الحديثة نسبيا ما ذهبت إليه إحدى المحاكم الفرنسية في قرارها لصادر عام ١٩٦١ حيث جاء في حكمها أن الدبلوماسي لا يتمتع بالحصانة القضائية الا في حدود وظيفته انظر:

G.E. do Nascimento e Sliva, op. cit. op. ١٢١.

(٣) نصت المادة الثامنة من قانون العقوبات الهولندي على "لا يخضع المبعوث الدبلوماسي للاجراءات ألا إذا تعلقت القضية المتهم بها بأعماله الخاصة".

United Natins Laws. P. ١٩٧.

(٤) اقرت الجمعية للأمم المتحدة هذه الاتفاقية في ٢١ تشرين الثاني ١٩٤٧ وصادق عليها العراق بالقانون رقم (٦) لسنة ١٩٥٤. وقد نصت المادة الخامسة منها على ما يلي: "يتمتع ممثلو الدول الأعضاء في الاجتماعات التي تعقدها إحدى الوكالات الاختصاصية بالامتيازات التالية وذلك عند قيامهم بأعمالهم وأثناء سفرهم الى ومن محل الاجتماع.

أ- الصيانة من التعقيبات القانونية مهما كان نوعها وذلك فيما يتعلق بما ينطقون به او يكتبونه وجميع الأفعال التي يقومون بها بصفتهم الرسمية ...".

انظر المعجم المفهرس للمعاهدات والاتفاقيات، الجزء الثالث بغداد ١٩٧٥ صفحة ٣٥٦. والمفهوم المخالف للنص يقضي بخضوعهم لاختصاص محاكم الدولة المستقبلة بالنسبة لأعمالهم الخاصة.

(٥) أقر مجلس الجامعة العربية هذه الاتفاقية بجلسته المنعقدة في ٩ نيسان ١٩٥٣ وصادق عليها العراق بقانون رقم (١١) لسنة ١٩٥٥. وقد نصت المادة الحادية عشرة منها على ما يلي: "يتمتع ممثلوا الدول الأعضاء في الهيئات الرئيسية او الفرعية في جامعة الدول العربية والمؤتمرات الدولية التي تدعو اليها الجامعة اثناء قيامهم بأعمالهم وسفرهم الى مقر اجتماعاتهم وعودتهم منه بالمزايا والحصانات التالية: ١- عدم جواز القبض عليهم أو حجزهم أو حجز أمتعتهم الشخصية ٢- الحصانة القضائية فيما يصدر منهم قولاً وكتابة أو عملا بوصفهم ممثلين لدولتهم ..." انظر المصدر السابق، صفحة ٤٣٥.

المذكورتان الحصانة القضائية الجزائية لممثلي الدول الأعضاء فيما يتعلق بالجرائم التي تصدر عنهم أثناء ممارستهم أعمال وظيفتهم فقط، أما بالنسبة للجرائم التي تقع منهم بصفتهم الشخصية فإنها تخرج عن نطاق الحصانة القضائية وتخضع لاختصاص المحاكم الوطنية.

وقد أخذ القانون العراقي بهذا الاتجاه بالنسبة للحصانة القضائية الجزائية التي يتمتع بها القناصل[1].

إن هذا الرأي لا يمكن الأخذ به لصعوبة تطبيقه من الناحية العملية. إذ يدق في الكثير من الأحيان التمييز بين الأعمال الرسمية والأعمال الخاصة التي يزاولها المبعوث الدبلوماسي، إضافة إلى صعوبة تحديد الجهة التي يحق لها تقرير كون الجريمة تتعلق بأعماله الرسمية أو الخاصة، فإذا ما أنيطت هذه المهمة بالدولة المستقبلة، فإن احتمال تعسف مؤسسات الدولة في تقرير ذلك يكون وارداً، بإضفاء الصفة الخاصة على الأعمال التي يزاولها بصفته الرسمية من أجل خضوعه لمحاكمها ويكون العكس فيما لو أنيطت هذه المهمة إلى دولة المبعوث الدبلوماسي أو بعثتها الدبلوماسية، من أجل إبعاده عن إجراءات المحاكمة.

ثانيا - ذهب رأي إلى حرمان المبعوث الدبلوماسي من الحصانة القضائية، إذ ثبت أن دولته أرسلته بقصد انتهاك القوانين الداخلية للدولة المستقبلة[2] أو أنه خالفها عن قصد وسوء نية[3].

إن من الصعوبة الأخذ بالرأي المذكور لعدم إمكان الدولة المستقبلة إثبات أن الدولة المرسلة قد أرسلت مبعوثها من أجل إنتهاك قوانينها، إضافة لذلك فإن القواعد الجزائية لا تقوم على الظن وإنما توجب أن تكون وسائل الإثبات قاطعة لا شبهة فيها.

كما أن هذا الرأي يؤدي إلى نسبة الجريمة التي يرتكبها المبعوث الدبلوماسي إلى دولته، مما يترتب عليها قيام مسؤوليتها الدولية تجاه الدولة المتضررة، الأمر الذي يؤدي إلى تأزم العلاقات بين الدولتين.

---

(١) نصت المادة الثانية من قانون امتيازات قناصل الدول الأجنبية رقم (٢٦) لسنة ١٩٤٩ على ما يلي: "عدا ما قد ينص عليه في الاتفاقيات والمعاهدات القنصلية يخضع القنصل في الاعمال غير الرسمية لسلطة المحاكم ... الجزائية ولا صيانة له إلا في الأعمال التي يقوم بها بحكم وظيفته وبصفته الرسمية وذلك على أساس المقابلة بالمثل ".
ونصت المادة (٤٣) من اتفاقية فينا للعلاقات القنصلية لعام ١٩٦٣ المصادق عليها بالقانون رقم (٢٠٣) لسنة ١٩٦٨ على ما يلي: "١- لا يخضع الضباط القنصليون والموظفون القنصليون لولاية السلطات القضائية والإدارية بالنسبة للأعمال التي يضطلعون بها ممارسة منهم للواجبات القنصلية".

(٢) G.E. do Nasimento e Sliva, op. cit. p. ١٢٢.

(٣) الدكتورة عائشة راتب، المصدر السابق، صفحة ١٦٠.

ثالثا – ذهب بعض الكتاب إلى أن المحاكم المحلية تختص بمحاكمة المبعوث الدبلوماسي عن الجرائم المتلبس بها بالنظر لثبوت ارتكابه الجريمة[١]. إن هذا الرأي ينظر إلى منح الحصانة القضائية للمبعوث الدبلوماسي من خلال أدلة الإثبات، فإذا توافرت هذه الأدلة بصورة واضحة لا لبس فيها كالتلبس بالجريمة فإنه لا يتمتع بالحصانة القضائية، أما إذا لم تصل الأدلة إلى هذا الحد فإنه يتمتع بالحصانة، وهو رأي لا يستقيم، والأساس الذي تقوم عليه الحصانة القضائية وهو منحه الحرية اللازمة من أجل أداء أعمال وظيفته بصورة صحيحة، لأن إجراءات الدعوى وما يتبعها من آثار تؤدي إلى عرقلة أعمال المبعوث الدبلوماسي. كما أن هذا الرأي لا يمنع من تلفيق التهم ضده والقبض عليه متلبساً بالجريمة أو الادعاء بالقبض عليه متلبساً بالجريمة.

رابعاً – وقد نظر بعض الكتّاب إلى الجريمة ذاتها ومدى خطورتها وميّز بين الجرائم الخطرة عن الجرائم غير الخطرة فأضفى الحصانة القضائية على الثانية دون الأولى[٢].

وقد انتقد هذا الرأي لصعوبة وضع حد فاصل بين الجرائم الخطرة والجرائم غير الخطرة، إذ إن الجرائم تكون خطرة في بعض الدول وغير خطرة في دول أخرى، كما أن هذا الرأي يتيح الفرصة للسلطات المحلية بحجة البحث عن العناصر المكونة للجريمة لمعرفة ما إذا كانت من الجرائم الخطرة أو غير الخطرة أن تنتهك حرمة البعثة الدبلوماسية أو دار المبعوث الدبلوماسي والاطلاع على أسرار البعثة[٣].

إن هذه الآراء المتباينة لم تقدم التعليل المقبول للحد من الحصانة القضائية المطلقة في الأمور الجزائية، وإنما أتت بضوابط غير عملية قد تكون مجالات لانتهاك حصانة المبعوث بالدبلوماسي القضائية.

وإن التطبيقات العملية في العراق لم تأخذ بالحصانة القضائية المقيدة في الأمور الجزائية، فعندما تطلب المحاكم أو السلطات التحقيقية حضور مبعوث دبلوماسي لمحاكمته أو التحقيق معه لاتهامه بارتكاب جريمة معينة، فإن وزارة الخارجية لا تستفسر عما إذا كانت الجريمة المتهم بها المبعوث الدبلوماسي أو القنصلي تتعلق بأعمال وظيفته الرسمية أو أنها من الجرائم المتلبس بها، أو الجرائم الخطرة، بأن تقوم مباشرة بإشعار هذه السلطات بأن المراد تبليغه يتمتع بالحصانة القضائية[٤].

---

(١) Sir Cecil Hurst, op. cit. p. ١٧١.

(٢)G.E. do Nascimento e Silva, op. cit. p. ١٢٢.

(٣) الدكتور علي صادق أبو هيف، المصدر السابق، صفحة ١٨٣.

(٤) انظر مذكرات وزارة الخارجية في هذا الصدد المرقمة ٨٤٥٠ في ١٩٧٨/٨/١٧ بالنسبة لحصانة مبعوث دبلوماسي في السفارة السعودية، ومذكرتها ١٠٥٥٧٧ في ١٩٧٨/١١/٢٣ بالنسبة لحصانة مبعوث دبلوماسي في سفارة جمهورية فيتنام الاشتراكية، ومذكرتها في ١٩٧٨/٣/٦ بالنسبة لمبعوث دبلوماسي في السفارة الكورية.

وعلى الرغم من ضرورة تقييد الحصانة القضائية في الأمور الجزائية في حالات معينة، إلا أن الحصانة القضائية المطلقة هي السائدة في الوقت الحاضر، كما سنوضح ذلك في المطلب القادم.

المطلب الثاني: الحصانة القضائية الجزائية المطلقة

ذهب غالبية الكتاب[1]، إلى أن المبعوث الدبلوماسي يتمتع بالحصانة القضائية المطلقة في الأمور الجزائية، عن الجرائم التي يرتكبها في الدولة المستقبلة، سواء بصفته الرسمية أو الخاصة، وسواء كانت جناية أو جنحة أو مخالفة، أو كانت من الجرائم العادية أو من الجرائم المتلبس بها، أو كان ارتكابها بإيعاز من دولته أو بمحض إرادته.

ويبرر أصحاب هذا الرأي الحصانة المطلقة في الأمور الجزائية بأن هذه الحصانة تعد من أهم أنواع الحصانات القضائية التي يتمتع بها المبعوث الدبلوماسي، وهي ضرورة لأنها تهيئ له مجال ممارسة أعمال وظيفته بعيدا عن مراقبة سلطات الدولة التي يعمل فيها، وتضمن استقلاله وعدم التأثير عليه[2]، إذ لو جاز للسلطات الإقليمية القبض على المبعوث الدبلوماسي واتهامه بأنه ارتكب جريمة معينة، ثم تمت مقاضاته وما يتبع ذلك من توقيع العقوبة الجزائية المانعة للحرية لأصبح تحت رحمة سلطات الدولة المستقبلة[3]، فضلاً عن أن أسرار دولته تكون عرضة للانتهاك بحجة التحري عن أدلة الجريمة التي نسبت إليه أو وقعت في مقر عمله أو في مسكنه، كما أن محاكمته أمام القضاء الجزائي قد تكون وسيلة للتشهير به والانتقام منه للحد من نشاطه في الدفاع عن

---

(١) Eriedrich Berber, op. cit p. ٤١.
Margaret Buskley, op. cit p. ٣٣٩.
Franciszek przetacznik, op. cit. p. ٤٠٩.
G. Stefani et G. Levasseur, op. cit. Ne. ٥٩٢.
Marco Giuliano, op. cit. p. ٩١.
Phillippe Cahier, op. cit p. ٢٤٤.
J. Alan Cohen and H. Chiu. People's China and International Law. Vol. ٢ Harved University, p. ١٠٠٠.
B. Senio op. cit. ١٠٦.
North Cheshire's Private International Law. Butterworths, London ١٩٧٤. p. ١١٢.
والدكتور فؤاد شباط، المصدر السابق، صفحة ٢٢٤.
والدكتور محمد حافظ غانم، المصدر السابق، صفحة ١٧٩.
والدكتور فاضل زكي محمد، المصدر السابق، صفحة ١٥٤.
والدكتور حامد سلطان، المصدر السابق، صفحة ٧٥٥.
والاستاذ الدكتور حسن الهنداوي، المصدر السابق، طبعة عام ٩٧٤، صفحة ٢٢٠.
(٢) G.E. do Nascimento e Silva, op. cit. p. ١٢٠.
(٣) Alphons Heyking. I'Exterritotialite et ses sApp;ocations en Extreme – Orient. R.C.A.D.I. Vol. ٢ Tom V ١٩٢٥ p. ٢٧٤.

مصالح دولته ويقول Grotius بهذا الصدد "أن فائدة احترام حصانات المبعوثين الدبلوماسيين أكثر قيمة من فائدة العقاب على الجرائم"[(١)] لأنهم يمثلون دولهم وليس لدولة على أخرى حق العقاب[(٢)].

وهناك من الكتاب من يشك في شرعية الحصانة الجزائية ويرى بأن العيب في التفرقة التي تأخذ بها القوانين الوضعية تنطلق من حجة حمايتهم وتمكينهم من أداء وظائفهم. فالمبعوث الدبلوماسي الذي يرتكب الجرائم لا يستحق الحماية ولا يصلح لأداء وظيفته، إذ لا يحمى المبعوث الدبلوماسي ويصون كرامته سوى ابتعاده عن الشبهات وعدم ارتكاب الجرام، وإذا أخيف من اتخاذ الاتهام ذريعة للضغط عليه فهو خوف في غير محله، لأن هناك من وسائل الضغط ما هو أسهل وأسرع وأجدى من الاتهام، فمنع محاكمة المبعوث الدبلوماسي لا يمنع من الضغط عليه والتأثير فيه، والحجج التي يبرر فيها الفقه منع محاكمته لا تبرر المنع بأي حال من الأحوال[(٣)] يضاف لذلك أن المبعوث الدبلوماسي فرد من رعايا دولة أجنبية، وان للدولة حق العقاب على رعايا الدول الأجنبية إذا ارتكبوا جريمة على أراضيها، وأنه لا يمكن أن يعطل تطبيق القانون على الممثل الدبلوماسي أعمال هذا الممثل ما دام يحترم القانون ويطيعه ولا يعرض نفسه للوقوع تحت طائلته[(٤)]. ويؤيد رأي قديم في بريطانيا عدم الأخذ بالحصانة الجزائية[(٥)].

ويرى بعض الكتاب أن الحصانة في الأمور الجزائية أمر انعقد عليه الإجماع فقها وقضاء وعملا منذ مدة طويلة[(٦)]. فقد جاء في المادة (١٦) من معهد القانون الدولي في اجتماعه بمدينة كمبردج عام ١٨٩٥ ما يلي: "تستمر الحصانة القضائية حتى في حالة خرق خطير للنظام العام والأمن العام كما أنها تستمر في حالة ارتكاب جناية ضد أمن الدولة دون أن ينقص ذلك من حق الحكومة المحلية في اتخاذ التدابير الوقائية

---

(١) الدكتور علي صادق أبو هيف، المصدر السابق، صفحة ١٨٣.

(٢) Hans Kelsen, op. cit. p. ٣٤٨.

(٣) الاستاذ عبد القادر عوده، التشريع الجنائي الإسلامي مقارنا بالقانون الوضعي، الجزء الأول، القسم العام، دار التراث القاهرة ١٩٧٧ صفحة ٣٢٥.

(٤) الاستاذ عبد القادر عودة، المصدر السابق، طبعة عام ١٩٥٩، ص ١٣١٣.

(٥) وهناك رأي قديم في بريطانيا ينفي أصلاً وجود الحصانة القضائية، ويرى ان القانون الملكي ضمن الحصانة القضائية المدنية، وأنه ليس هناك سند في القانون يقضي. منحه الحصانة الجزائية لأن هذه الحصانة لا يتمتع بها سوى الملوك والسيادة الأجنبية للدول. انظر:

Clifton E.Wilson, op. cit., p. ٧٩, No.٤ Margret Buskley, op. cit. p. ٣٤١.

(٦) انظر الدكتور عبد الحسين القطيفي، المصدر السابق، صفحة ٧٤.

Oppenheim, op., p. ٧٩١.

Clifton E. Wilson, op. cit, p. ٨٠.

التي ترتأيها[1]. وقد أخذت بذلك أيضاً المادة (١١) من قواعد المعهد المذكور في عام ١٩٢٩[2] والمادة ١٩ من اتفاقية هافانا لعام ١٩٢٨[3].

وقد نصت المادة (٣١) من اتفاقية فينا للعلاقات الدبلوماسية لعام ١٩٦١ على ما يلي: ١- يتمتع المبعوث الدبلوماسي بالحصانة القضائية فيما يتعلق بالقضاء الجنائي للدولة المعتمد لديها ..."[4] وقد أخذت اتفاقية البعثات الخاصة بالاتجاه المذكور[5].

وأخذت بذلك غالبية القوانين الوطنية للدول، ونصت على تمتع المبعوث الدبلوماسي بالحصانة القضائية المطلقة في الأمور الجزائية[6].

كما أخذ القانون العراقي بالاتجاه المذكور فنصت المادة الأولى من قانون امتيازات الممثلين السياسيين رقم (٤) لسنة ١٩٣٥ على ما يلي: "إن الممثلين السياسيين

---

(١) الدكتور فؤاد شباط، المصدر السابق، صفحة ٢٢٥.
والدكتور علي صادق أبو هيف، المصدر السابق، صفحة ١٨٢.

(٢) Phlippe Cahier, op. cit p. ٢٤٦.
Mario Giuliano, op. cit. p. ٩٢.

(٣) نصت المادة (١٩) من اتفاقية هافانا على ما يلي:
" Diplomatic sofficers are exempt from all ... criminal juriseiction of the state which they are accredited ...." G.E. do Mascimento e Silva, op. cit. p. ٢٠٥.

(٤) وجاء النص بالفرنسية:
"L'agent diplomatique jouit de immunite de la juridiction prnale de Etate accreditaire ...".

(٥) نصت المادة (٣١) من اتفاقية البعثات الخاصة لعام ١٩٦٩ بالانكليزية على ما يلي:
" – The representative of sending state in the sprcial mission and the members of its diplomatic staff shall enjoy immunity from the criminal iurisdiction of receiving state".

(٦) أنظر المادة ٦١ من قانون الاجراءات النمساوي، والمادة الثانية من المرسوم الكولومبي رقم ٦١٥ لسنة ١٩٣٥ الخاص بالامتيازات والحصانات الدبلوماسية والمادة الثالثة من قانون كورستريكا والمادة (٤١٢) من قانون الاجراءات الجزائية لكوبا والمادة السادسة من قانون جيكوسلوفاكيا الصادر في ١٢ تموز ١٩٥٠ والمادة الثالثة من قانون الاجراءات الجزائية للاكوادور، والمادة ٩٥ من مرسوم غواتيمالا رقم ١٧٨١ والمادة ٢٧ من قانون الاجراءات الجزائية البولوني والمادة (٧) من القانون الجزائي الروماني والمادة الثانية من المرسوم السوفيتي الصادر عام ١٩٢٧ والمادة الخامسة من قانون فنزويلا الصادر عام ١٩٤٥ والمادة (١٣٣) من قانون الاجراءات الجزائية اليوغسلافي. انظر:
Philippe Cahier, op. cit. p. ٢٤٥, No. ٢٢.
والمادة (٢٧) من قانون أصول المحاكمات الجزائية البولندي الصادر عام ١٩٢٨ والمادة الثانية من قانون المرافعات الجزائية اليوناني والمادة ١٢ من قانون العقوبات الدانماركي انظر:
United Nations Laws, op. cit. p. ٢٩٤.
ونصت المادة (٤) من القانون الجنائي السوفيتي رقم (١) لسنة ١٩٥٨ على ما يلي: "تحل بالطرق الدبلوماسية المسؤولية الجنائية للممثلين الدبلوماسيين للدول الأجنبية وغيرهم من المواطنين الذين وفقا للقوانين القائمة والاتفاقات الدولية لا يخضعون لاختصاص المحاكم السوفيتية في القضايا الجنائية في حالة "ارتكاب هؤلاء الأشخاص لجريمة في اتحاد الجمهوريات السوفيتية الاشتراكية".
انظر أسس التشريع السوفيتي، المصدر السابق، صفحة ٢٩٣.

للدول الأجنبية والأشخاص الذين يعتبرون من حاشيتهم وفق التعامل الدولي مصونون عن سلطة المحاكم المدنية في الأمور ... الجزائية ...".

ونصت المادة (١١) من قانون العقوبات العراقي رقم (١١١) لسنة ١٩٦٩ على ما يلي: "لا يسري هذا القانون على الجرائم التي تقع في العراق من الأشخاص المتمتعين بحصانة مقررة بمقتضى الاتفاقيات الدولية أو القانون الدولي أو الداخلي".

وحيث لم يرد أي نص يقيد من صفة الإطلاق هذه، وإن القاعدة العامة تقضي بأن المطلق يجري على إطلاقه ما لم يقيده نص آخر، فإنه يمكن القول طبقا للنصوص المذكورة، أن المبعوث الدبلوماسي الأجنبي يتمتع في العراق بالحصانة القضائية المطلقة في الأمور الجزائية وإذا ما وجهت إليه تهمة ارتكاب جريمة معينة، فإنه لا يتمتع بالحصانة من إجراءات المحاكمة فحسب، وإنما من جميع الإجراءات السابقة على المحاكمة والتي من شأنها إثبات وقوع الجريمة وجمع الأدلة المتعلقة بها فلا يجوز لقاضي التحقيق إصدار أمر بتكليف المبعوث الدبلوماسي بالحضور أمام السلطات التحقيقية[1]، أو تفتيش شخصه، أو منزله[2]، أو الاطلاع على مراسلاته وأوراقه الرسمية أو الخاصة، أو أمواله الأخرى، بحجة البحث عن أدلة الجريمة[3].

---

(١) Friedrich V. Metroplitan Police Commissioner.

(٢) الدكتور علي صادق أبو الهيف، مصدر سابق، صفحة ١٧٦.
وانظر في حصانة مسكن المبعوث الدبلوماسي قرار محكمة استئناف لندن الصادر عام ١٩٦٩.
Aqbor V,Metroplotan Police Comissioner
وملاحظة الأستاذ Ian Brownlie
B.Y.B.I.l. XLIV, ١٩٧٠. p. ٢١٥.
ويعتبر التفتيش إجراء من إجراءات التحقيق لا تجوز مباشرته إلا إذا كانت الدعوى الجزائية قد حركت أمام السلطات التحقيقية بهدف الوصول إلى الحقيقة وكشف معالم الجريمة التي صدر أمر التفتيش والإذن به، إنما يجب أن تسبقه تحريات عمل اشتمل عليه البلاغ.
انظر الدكتور أحمد فتحي سرور. أصول قانون الإجراءات الجنائية، دار النهضة العربية، القاهرة ١٩٦٩، صفحة ٥٨٤.
والدكتور محمود محمود مصطفى، المصدر السابق، صفحة ٢٠٠ و ٢٤١. ولا يجوز تفتيش أي شخص في العراق ألا في الأحوال التي حددها القانون، وبناء على أمر من حاكم التحقيق أو من يخوله القانون انظر المواد (٧٢ الى ٨٦) من قانون أصول المحاكمات الجزائية العراقي رقم ٢٣ لسنة ١٩٧١.

(٣) JJ.G. Starke, op. cit. p. ٣٨٨.
ويرى بعض الكتاب أن المبعوث الدبلوماسي يتمتع بالحصانة من إجراءات التفتيش بالنسبة للممتلكات الموجودة في حيازته الفعلية والمسكن الخاص الذي يسكنه. ويرى آخرون ان مسكن المبعوث الدبلوماسي لا يتمتع بالحصانة الا اذا كان داخل مقر البعثة أو كان في نفس الحي مع استخدامه لأغراض البعثة ولا تتمتع ممتلكاته العقارية الاخرى المنزل الريفي وأكواخ الصيد.
انظر الدكتورة عائشة راتب، المصدر السابق، صفحة ١٥٧ ولم تأخذ اتفاقية هافانا لعام ١٩٢٨ بالرأي المذكور انما منحت الحصانة لمسكن المبعوث الدبلوماسي الخاص ومقر عمله الرسمي ولجميع أمواله فنصت المادة (١٤) على ما يلي:
"Diplomatic officer shall be, inviolate as to their persons their residence private or official, and their Property".

ولا يجوز القبض على المبعوث الدبلوماسي من قبل سلطات الدولة[1]، سواء بقصد محاكمته لاتهامه ارتكاب جريمة معينة، أو بقصد تسليمه إلى سلطات دولة أخرى، ما دام يتمتع بالصفة الدبلوماسية[2]، غير أن هذه القاعدة غالبا ما تنتهك من قبل بعض الدول[3].

وقد نصت المادة الأولى من قانون امتيازات الممثلين السياسيين رقم (٤) لسنة ١٩٣٥ على عدم جواز إلقاء القبض على المبعوث الدبلوماسي بقولها: " ... وتصان أشخاصهم وأموالهم وفق العامل الدولي من القبض ... من قبل المحاكم أو السلطات الأخرى".

كما أخذت اتفاقية فينا للعلاقات الدبلوماسية بالقاعدة هذه فنصت المادة (٢٩) منها على ما يلي: "... ولا يجوز إخضاعه لأية صورة من صور القبض أو الاعتقال..."[4].

كذلك الأمر بالنسبة للتوقيف[5]، فلا يجوز توقيف الدبلوماسي مهما كانت أسباب ذلك[1].

G.E. do Naschimento e Silvam op. cit. p. ٢٠٥.

وأخذت به اتفاقية فينا لعام ١٩٦١ للعلاقات الدبلوماسية المادة (٣٠).

كذلك أخذت بالاتجاه المذكور اتفاقية البعثات الخاصة لعام ١٩٦٩ (المادة ٣٠ من الاتفاقية).

(١) JFraniszek Przetacznik, OP. cit. P. ٤٠٨.

Hargert Buskley, op. cit, op. ٣٣٨.

D.W. Bowett, opcit. P. ٣١٥.

John Alderso Foote, op. ti. P. ٢٠٦.

والقبض على المتهم من إجراءات التحقيق لا الاستدلال، ولا ينفذ الا بأمر من سلطات التحقيق المختصة دون غيرها، وهو يعني حجز المتهم لفترة قصيرة لمنعه من الفرار تمهيداً لاستجوابه بمعرفة الجهو المختصة.

J.R. Ristol. Criminal law for Peace officers. A.P. Haij Co U.S.A. ١٩٧٠ P. ١٥٣.

ولا يجوز القبض على أي شخص في العراق الا بمقتضى أمر صادر من حاكم أو محكمة وفي الأحوال التي يجيز فيها القانون القاء القبض وهي على سبيل الحصر.

انظر المادة ١٠٢ من قانون اصول المحاكمات الجزائية (٢٣) لسنة ١٩٧١.

(٢) Wilfred Jenks. International immunies. Stevens, London ١٩٦١ P. ١٨٥.

Charles Rousseau, Op. cit. Ne ٤٢٤.

Serge Dairanines, op. cit. P. ٢٤٨.

Ian Brownlie, op. cit. P. ٣٤١.

V.Poullet, op. cit. O. ١٩٥.

WM.W. Bishop, op. cit P. ٢٢٩.

(٣) بتاريخ ٩٧٩/٢/٥ قامت الحكومة السويدية باعتقال مبعوث دبلوماسي عراقي في استوكهولم بتهمة الاتصال بضابط شركة سويدي يحمل رتبة كبيرة. وقد احتجت السفارة العراقية على هذا الإجراء لمخالفته قواعد الحصانة التي يتمتع بها المبعوث الدبلوماسي، ولأن التهمة الموجهة للدبلوماسي لا أساس لها من الصحة. انظر صحيفة الثورة (العراقية) العدد ٣٢٣٥ في ٦ شباط ١٩٧٩.

(٤) وقد أخذت اتفاقية البعثات الخاصة العام ١٩٦٩ بذلك فنصت المادة (٢٩) على ما يلي:

"... They shall not be liable to any from of arrest or detention."

(٥) التوقيف أو الحبس الاحتياطي أمر يتعلق بالخصومة بناء على قرار صادر من السلطة القائمة بالتحقيق بأن يوضع المتهم في مركز التوقيف لمدة معينة تقتضيها ظروف التحقيق. ويشترط فيه أن يكون المتهم قد استجوب فعلا وأن هناك دلائل كافية على ارتكابه الجريمة وأن تكون الجريمة مما يجيز فيها القانون التوقيف. يراجع في تفصيل ذلك.

ويلاحظ أن إجراءات التفتيش والقبض والتوقيف، تدخل ضمن نطاق الحصانة القضائية التي يتمتع بها المبعوث الدبلوماسي في حالة ارتكابه جريمة معينة[٢]، وتدخل هذه الإجراءات ضمن نطاق حرمته الشخصية ضد أي انتهاك تقوم به سلطات الدولة إذا لم يرتكب جريمة معينة.

وعلى ذلك فإن المبعوث الدبلوماسي، طبقا للعرف الدولي واتفاقية فينا للعلاقات الدبلوماسية والتشريعات الداخلية للدول المختلفة ومنها قانون امتيازات الممثلين السياسيين العراقي رقم (٤) لسنة ١٩٣٥، يتمتع بالحصانة القضائية المطلقة في الأمور الجزائية، رغم ثبوت ارتكابه الجريمة وتوافر أركانها الثلاثة، الركن المادي والركن المعنوي والركن الشرعي، وبغض النظر عن جسامة الجريمة، سواء أكانت جناية أم جنحة أم مخالفة.

ويتمتع المبعوث الدبلوماسي بالحصانة القضائية بغض النظر عن نوع الجريمة المرتكبة، حيث تشمل الحصانة كافة الجرائم الواقعة على الأشخاص، كالجرائم الماسة بحياة الإنسان وسلامة بدنه، مثل القتل العمد والضرب المفضي إلى الموت، والقتل الخطأ[٣]، وجرائم الجرح والضرب والإيذاء العمد[٤] وجرائم الإجهاض، وجرائم التحويل الخارجي[١] والجرائم الاقتصادية[٢].

J.Gazier et F. Brouch ot. Anakyse et commentaire du cod de procedure pemale. L. Techniques, Paris ١٩٦٠ P. ٦٤. S. R. Merle et vitu. Op. ٩٨٦. S.

والدكتور رؤوف عبيد، المصدر السابق، صفحة ٣٣٣.

وتراجع المواد من ١٠٩ لغاية ١٢٠ من قانون أصول المحاكمات الجزائية العراقي.

(١) B. Sen, op. cit. P. ٩٠.

Douglas Busk. The Ceaft of Diplomacy. Pall Mall Press, Loudon ١٩٦٧. P. ١٤.

(٢) Francizek Przetacznik, op. cit. P. ٤٠٩.

(٣) وتنشأ غالبية حالات القتل الخطأ بالنسبة للمبعوث الدبلوماسي الأجنبي في العراق عن حوادث الدهس، فقد طلبت وزارة العدلية من وزارة الخارجية عما إذا كان (علي غلام) مقدم في الجيش الايراني عضو الوفد الايراني في ميثاق بغداد متمتعاً بالحصانة الدبلوماسية لدهسه طفلة بسيارته. وقد أجابت وزارة الخارجية بأن السيد علي غلام معاون السكرتير العام لميثاق بغداد للشؤون العسكرية والعضو الدبلوماسي في السفارة الايرانية يتمتع بالحصانة القضائية المنصوص عليها في قانون امتيازات الممثلين السياسيين. انظر مذكرة وزارة العدلية المرقمة ١٩٥٦/٤ في ١٩٥٦/٩/٢٩.

طلبت وزارة العدل بمذكراتها المرقمة ٦٨٥/٢/٦/٣ في ١٩٧٦/٣/٦ من وزارة الخارجية عما إذا كان السكرتير الثاني في سفارة جمهورية أفريقيا الوسطى متمتعا بالحصانة الدبلوماسية أم لا ليتسنى لحاكمية التحقيق، التحقيق معه في حادث دهس وقعت بتاريخ ٧٦/٣/٤ وقد اجابت وزارة الخارجية بمذكرتها المرقمة ١٥٦٠٣/٦٩/٨١/٩ في ١٩٧٦/٤/٢٢ أن الموما إليه يتمتع بالحصانة الدبلوماسية.

وقد طلبت مديرية شرطة بغداد بكتابها المرقم ٢١٦٠٦/٤/٢في ١٩٧٧/٤/٦ من وزارة الخارجية عما إذا كان سكرتير الملحق العسكري السعودي وحامل الهوية الدبلوماسية متمتعاً بالحصانة الدبلوماسية، أجابت الوازرة بمذكرتها المرقمة ١٤٠٦٦٥ في ١٩٧٧/٤/٢١ أنه متمتع بالحصانة القضائية.

(٤) طلبت وزارة العدلية بكتابها المرقم ٤هـ في ١٩٥٢/١٠/٢٩ من وزارة الخارجية تبليغ موظف دبلوماسي في السفارة الايطالية في بغداد المستر ثيماني كويونيو، لاعتدائه على المشتكي يونس بالضرب وسبب له جرحاً، فأجابت وزارة الخارجية بمذكرتها المرقمة ٢٦٦٩٨ في ١٩٥٢/١٢/٣ بأن الموما اليه يتمتع بالحصانة القضائية ولا يمكن سوقه الى المحاكم.

كذلك يتمتع المبعوث الدبلوماسي بالحصانة القضائية عن الجرائم الماسة بحرية الإنسان وكرامته كالقبض على الأشخاص وخطفهم وحجرهم وانتهاك حرمة المساكن وملك الغير والتهديد بارتكاب جناية وجرائم القذف والسب وإفشاء السر.

ويتمتع المبعوث الدبلوماسي بالحصانة المطلقة في الأمور الجزائية مهما كانت صفة المجني عليه، سواء أكان شخصا عادياً من مواطني الدولة المستقبلة(٣) كان موظفاً اعتدى عليه المبعوث الدبلوماسي أثناء ممارسته واجبة(٤)، وسواء أكان المعتدى عليه أجنبياً وأن كان ممن يتمتعون بالحصانة القضائية أيضاً، كأن يكون مبعوثاً دبلوماسياً(٥) نائباً في المجلس الوطني، أو وزيراً أو شخصاً أخر وطنياً أو أجنبياً.

---

(١) قام سفير إحدى الدول في بغداد بإرسال مبلغ من المال إلى خارج العراق داخل رسالة بريدية عادية خلافا لتعليمات التحويل الخارجي. وقد جاء بكتاب البنك المركزي العراقي المرقم ٣١٨ في ١٩٧٨/٢/٢٢ ما يلي: " أحالت الينا هيئة الرقابة في بريد بغداد المركزي بكتابها المرقم ١٢٢ والمؤرخ في ١٩٧٨/٢/٦ الرسالة العادية والمرسلة من قبل (-) وبداخلها ١٥٠٠ فرنك فرنسي. كما أرسلت نسخة من هذا الكتاب الى الشخص المرسل لمراجعتنا لمخالفته أحكام قانون البنك المركزي العراقي رقم (٦٤٩ لسنة ١٩٧٦) وقد وردنا كتاب لاحق من الهيئة المذكورة برقم ١٥١ وبتاريخ ١٩٧٨/٢/١٣ يبين فيه ان الرسالة تعود الى سفير (-) في بغداد وأنه من ذوي الحصانة الدبلوماسية. فقد طلبوا تسليمها اليه أو من ينوب عنه".

(٢) قام موظف في إحدى السفارات الأجنبية في بغداد بإدخال ثلاجتين الى العراق باسم سكرتير الثاني في السفارة وقام الموظف في محاولة بيع الثلاجتين في السوق المحلية بعد أن اخرجها من معرض بغداد الدولي وقد أجرى التحقيق من قبل مديرية كمرك ومكوس المنطقة الوسطى في القضية الاستئنافية المرقمة ١٩٧٢/٨٧. وقد طلبت وزارة الخارجية بمذكرتها المرقمة ٢٣/١٤ في ١٩٧٢/٢/١٧ غلق القضية، وتم غلقها فعلا.

(٣) جاء بمذكرة وزارة الخارجية المرقمة ٦٠٥٩ في ٩٧٦/٢/٢١ " ... لا يجوز استقدام السيد ساندورسوج الملحق العسكري المجري لشموله بالحصانة الدبلوماسية، وكان الموما اليه تسبب بحادث دهس مواطن أثناء عبوره الشارع.

(٤) في عام ١٩٥٤ تشاجر أحد أعضاء السفارة البريطانية في موسكو مع الشرطة السوفيتية غير ان الحكومة السوفيتية لم تتخذ الاجراءات لاحالته على المحاكم، وإنما طلبت منه ترك البلاد رغم عدم تمتعه بالحصانة القضائية. أنظر:

Clifton E. Wilson, op. cit. P. ٨٧.

طلبت المديرية العامة للكمارك والمكوس بكتابها المرقم ١٤٠٧ في ١٩٧٧/٧/٥ اتخاذ الاجراءات القانونية بحق أحد موظفي السفارة اليوغسلافية ممن يتمتعون بالحصانة القضائية لاعتدائه على أحد موظفي الكمارك أثناء واجبه الرسمي ... وبالنظر لتمتع الموظف اليوغسلافي بالحصانة القضائية فلم تتخذ الاجراءات بحقه، وإنما قامت الوزارة باستدعاء مستشار السفارة وأبلغته بالحادث ووعد باتخاذ الاجراءات الادارية بحقه. تشير الى ذلك الاضبارة الخاصة بالموضوع في وزارة الخارجية.

(٥) طلبت وزارة العدل بمذكرتها المرقمة ١٨٠٢٩/٦٩٤/٦/٣ في ١٩٧٧/٢/٢٦ من وزارة الخارجية عما إذا كان السكرتير التجاري في السفارة المجرية متمتعا بالحصانة الدبلوماسية بناء على طلب حاكمية تحقيق الكرخ الوسطى للتحقيق معه في الشكوى المقدمة من قبل مبعوث دبلوماسي أخر. أجابت وزارة الخارجية بمذكرتها المرقمة ١٠٧٧٩٧/٥٥/٨١ في ٩٧٧/٨/٢ ان السكرتير التجاري في السفارة المجرية يتمتع بالحصانة القضائية.

يتضح من ذلك أن الدولة المستقبلة لا تستطيع اتخاذ إجراءات عقابية بحق المبعوث الدبلوماسي الذي يرتكب جريمة على إقليمها، غير أنه يجوز لوزارة الخارجية استدعاء المبعوث الدبلوماسي أو أحد أعضاء السفارة إلى ديوان الوزارة وإشعاره بعدم تكرار مثل ذلك إذا كانت الجريمة المرتكبة من الجرائم البسيطة[1]، أما إذا كانت الجريمة المرتكبة من الجرائم الخطرة فإنه يجوز للدولة اعتباره شخصا غير مرغوب فيه وطرده من البلاد.

إن الحصانة القضائية في الأمور الجزائية تعتبر ضرورية للمبعوث الدبلوماسي ولا بد منها من أجل ضمان الأداء الفعّال لوظائفه بحرية تامة، غير أن استغلال البعض لهذه الحصانة من أجل منافع شخصية، أو القيام بأعمال تهدد نظام الدولة السياسي والاقتصادي والاجتماعي، تفوت الغاية التي منحت من أجلها.

وكان على واضعي اتفاقية فينا أن يلاحظوا ذلك وأن يقيدوا من الإطلاق الذي تتصف به الحصانة القضائية في الأمور الجزائية واقترح الاستثناءات الآتية:

أولا – الجرائم الخطرة، كجرائم القتل الجماعي، والمتاجرة بالمخدرات لما لهذه الجرائم من أثر مروع لدى المواطنين.

ثانيا – الجرائم التي يرتكبها المبعوث الدبلوماسي ضد مبعوث دبلوماسي آخر إلى محاكم الدولة المستقبلة، وطلب منها إجراء التعقيبات القانونية بحق الجاني.

ثالثا – الجرائم التي يرتكبها المبعوث الدبلوماسي في المناطق الممنوع عليه دخولها والتي سبق وأن أشعر بذلك.

رابعا – جرائم العود التي يرتكبها المبعوث الدبلوماسي خلال فترة عمله في الدولة المستقبلة.

(١) ارتكب مبعوث دبلوماسي في السفارة الهنغارية مخالفة في بغداد فقامت وزارة الخارجية باستدعاء الشخص الثاني في السفارة وجاء بمذكرتها المرقمة ٦٤١٢/٥٥/٨١/١١ في ١٩٧٨/٧/٤ ما يلي "قامت الوزارة باستدعاء السكرتير الثاني في السفارة الهنغارية في بغداد إلى دائرة المراسم وأحيط علما بمخالفة دبلوماسي فأبدى اعتذاره وأكد أنه سيعرض الامر على السفير لاتخاذ ما يلزم بحق الدبلوماسي المخالف".

المبحث الثالث

الحصانة من جراء مخالفة الأنظمة والتعليمات الإدارية

"الحصانة من القضاء الإداري"

إن من أكثر المخالفات التي يتعرض لها المبعوث الدبلوماسي المخالفات المتعلقة بالأنظمة والتعليمات التي تصدرها الدولة لتنظيم شؤونها اليومية.

وبالنظر لبساطة هذه الجرائم وكثرة عددها فإن الدول غالبا ما تخول أجهزتها الإدارية صلاحية أو سلطة فرض العقوبات على مرتكبي هذه المخالفات، ولهذا السبب فقد أطلق بعض الكتاب[1] مصطلح "الحصانة من القضاء الإداري" administrative immunite de jurisdiction على الحصانة من جراء مخالفة الأنظمة والتعليمات الإدارية ومن أبرز هذه المخالفات وأكثرها شيوعاً، المخالفات المتعلقة بخرق أنظمة وتعليمات المرور وما ينتج عنها من جرائم تصيب الأفراد كالدهس وما تسببه من أضرار مدنية تلحق بالمجني عليه.

وعليه فإن موضوعات المبحث ستشمل المطلبين التاليين:

المطلب الأول: الحصانة من جراء مخالفات الأنظمة العامة وتعليمات المرور.

المطلب الثاني: مدى مسؤولية المبعوث الدبلوماسي المدنية الناشئة عن حوادث السيارات.

---

(١) Philippe Cahier, op. cit. ٢٤٧.

والدكتور سموحي فوق العادة، المصدر السابق، صفحة ٣٠٣ وأرى خلاف الراي المذكور، لأن للقضاء الإداري مدلولا واسعا وهو يوجد في الدول التي تأخذ بالنظام القضائي المزدوج، حيث يختص القضاء الإداري بمراقبة مدى التزام الادارة بالحدود التي رسمها القانون وكيفية ممارسة الاختصاص التقديري.

انظر الدكتور محمود حلمي، القضاء الادارية، الطبعة الأولى، دار الفكر العربي، القاهرة ١٩٧٤، صفحة ٢٣.

كما وردت الاشارة الى قضاء الإدارة في المادة (٣١) من اتفاقية فينا للعلاقات الدبلوماسية لعام ١٩٦١، حيث نصت الفقرة الأولى منها على ما يلي: "يتمتع المبعوث الدبلوماسي بالحصانة القضائية فيما يتعلق بقضائها المدني والإداري ....".

ويظهر من النص المذكور ان القضاء الإداري جاء مرتبطاً بالقضاء المدني ومنفصلاً تماما عن شطر الفقرة الخاص بالحصانة من القضاء الجزائي.

أما الصلاحية التي تخولها الدولة لبعض سلطاتها الإدارية في فرض العقوبات الجزائية على مرتكبي هذه المخالفات، فأنها لا تعدو أن تكون سلطة قضائية جزائية وليست سلطة إدارية، وعلى ذلك اقترح حذف عبارة "الإدارية" من اتفاقية فينا.

المطلب الأول: الحصانة من جراء مخالفة الأنظمة العامة وتعليمات المرور

تضم الأنظمة والتعليمات الإدارية مجموعة من القواعد تهدف المحافظة على النظام والسلامة العامة داخل الدولة، كالأحكام الخاصة بالبناء التي تفرض شروطاً معينة لإنشاء المباني وهدمها تأميناً للسلامة العامة ومراعاة التنسيق داخل المدن، والأحكام الخاصة بالصحة العامة والقيود التي تفرضها الدولة للمحافظة على الأمن المدني كخطر ارتياد مناطق معينة أو خطر التحول في أوقات محددة.

ومثل هذه الأحكام والقيود تفرضها الدولة للصالح العام فيجب تطبيقها دون استثناء على كل فرد يوجد على أراضيها. ويلتزم بها المبعوثون الدبلوماسيون كغيرهم من الأشخاص فيمتنع عليهم أن يتصرفوا بصورة تنتهك هذه الأنظمة والتعليمات[(١)]، غير أن ذلك يجب ألا يخل بالحصانة الممنوحة لهم[(٢)]، لأنه يتمتع بالحصانة أيضاً من تدخل السلطات المحلية ضده، كما هو الحال بالنسبة للحصانة من قبل المحاكم في القضايا المدنية والجزائية[(٣)] فلا تتخذ الإجراءات الاعتيادية ضده في حالة انتهاكه هذه الأنظمة أو التعليمات، ولا يبلغ بالحضور أمام المحاكم غير إن ذلك لا يعني عدم التزامه بإطاعة واحترام الأنظمة والتعليمات الإدارية التي تصدرها الدولة[(٤)].

أن أغلب المخالفات التي يتعرض لها المبعوث الدبلوماسي في الدول كافة هي تلك المتعلقة بانتهاك أنظمة المرور والتي أصبحت كثيراً ما تقلق الدول في الوقت الحاضر، بالنظر لزيادة عدد وسائط النقل وما تسببه من خطورة على أرواح المواطنين وإخلالها بالنظام والطمأنينة والسلامة العامة[(٥)]، ولهذا فقد انبرى للحد من هذه الظاهرة

---

(١) الدكتور علي صادق أبو هيف، المصدر السابق، صفحة ١٧٨.

(٢) خالف السيد (ع - س) المبعوث الدبلوماسي في إحدى السفارات العربية في بغداد تعليمات أمانة العاصمة فأحيل على محكمة جزاء أمانة العاصمة التي حكمت عليه بعقوبة الغرامة غير إن محكمة تمييز العراق قررت نقض الحكم المذكور وطلبت التحقيق عما إذا كان الموما اليه متمتعا بالحصانة القضائية، وبتاريخ ٧٧/١/١٦ وبعدد ٣٣ قرر حاكم التحقيق غلق الدعوى نهائيا بالنظر لتمتع الموما اليه بالحصانة القضائية وإعادة الغرامة المدفوعة من قبله. انظر قرار محكمة تمييز العراق المرقم ٩٧٦/٤٧٣ في ٧٦/٥/٢٧.

(٣) Clifton E. Wilson, op. cit. P. ٨٩.
Raul Genet, op. cit. P. ٥٦٢.

(٤) Philippe Cahier, op. cit, P. ٢٤٦.
G.E. do Nascimento e Silva, Silva, op. cit. P. ١٢٠.
Sir Cecil Hurst, op. cit. P. ١٧٢.
Jean Serres, op. cit Ne ١١٢.
Leonard V.B. Sutton, op. cit P. ١٠٤.
Clifton E. Wilson, P ٨٩.

(٥) وقد نشرت وزارة الخارجية الامريكية تقريراً عن عدد الانتهاكات التي يقوم بها المبعوثون الدبلوماسيون في واشنطن، ذكرت فيه أن عدد هذه الانتهاكات لفترة خمسة أشهر في عام ١٩٦٢ بلغت ٢٢٥٦ مخالفة يقابلها ٢٥٠٤ مخالفة للفترة ذاتها من عام ١٩٦١ أنظر:

Clifton E. Wilson, op. cit. P. ٩٠.

الصحف السياسية[١]، وأقوال أعضاء الدبلوماسية والتي تطلب فيها ضرورة تبليغ منتسبيها باحترام أنظمة المرور[٢] البرلمان[٣]، ومذكرات وزارات الخارجية المتعددة التي ترسلها إلى البعثات والهيئات العليا في الدولة[٤] كما تصدى لها كتاب القانون[٥]. وأحكام بعض المحاكم[٦].

وإذا كانت غالبية الدول لا تخضع المبعوث الدبلوماسي الأجنبي لاختصاص محاكمها المحلية عن مخالفات المرور التي يرتكبها على إقليمها فإنها لا تتركه يتمادى في مخالفته حسب ما يشاء، إنما لها أن تتخذ من الوسائل ما يكفل احترام أنظمة وتعليمات المرور التي تصدرها، فبعض الدول تقوم عادة بتوجيه مذكرات إلى البعثات الدبلوماسية الأجنبية تطلب منها حث منتسبيها على ضرورة الالتزام بأنظمة وتعليمات المرور وعدم مخالفتها[٧]، وبعض الدول توجب على المبعوث الدبلوماسي أن يحمل إجازة قيادة السيارة أثناء استعماله لها كما أنها تسحب تلك الإجازة عند الاقتضاء وخاصة عند تكرار مخالفته،

Michael Akehurst, op. cit. P. ١٤٣.

(١) وقد نشرت صحيفة Dail Herald الناطقة باسم حزب العمال البريطاني مقالا افتتاحيا في عام ١٩٦٤ أوضحت فيه مدى المضايقات التي يعانيها البريطانيون نتيجة انتهاكات أنظمة وتعليمات المرور من قبل المبعوثين الدبلوماسيون، بحيث اصبح البريطانيون يقابلون سيارات البعثات الدبلوماسية بالاشمئزاز والاحتقار.

Clifton E. Wilson, op ti. Ne ٦٠.

(٢) انظر اقوال السنتور الامريكي M.Clifford عام ١٩٦٥ حول الحد من حرية المبعوثين الدبلوماسيين في انتهاكات أنظمة المرور. انظر:

Reyue General de Droit International Public, Pedone, paris, ١٩٦٥ p. ١١١.

كذلك أقوال السنتور Mckellar في عام ١٩٣٠. انظر:

Cliffton E. Wilson, op. cit. P. ٩٣.

(٣) في عام ١٩٦٣ وجهت وزارة الخارجية البريطانية مذكرات الى كافة البعثات الدبلوماسية في لندن طلبت فيه ضرورة الالتزام بأنظمة المرور.

أنظر:

G.E. do Nascimento e Silva, op. cit. P. ١٢٢.

(٤) جاء بالتقرير السنوي للمجلس الفدرالي السويسري المقدم الى الجمعية الفدرالية في عام ١٩٨٢ "بناء على طلب سلطات شرطة المقاطعة فقد تدخلت الدائرة السياسية وبمتسببات متعددة لدى البعثات الدبلوماسية لكي يكون أعضاؤها أكثر انتباها تجاه أنظمة وتعليمات المرور.

(٥) Philippe Cahier, op. cit P. ٢٤٦.

Jean Serres, op. cit P. ٧٥.

(٦) وقد ذهبت المحكمة العليا في الأرجنتين عام ١٩٣٥ "أن المحكمة لها وفقا للمادة ١٠١ من الدستور الاختصاص الجزائي لمحاكمة المبعوث الدبلوماسي الأجنبي من قضايا المرور" وقد ذهبت محكمة بونس ايرس عام ١٩٥٨ على "ان مخالفات المرور التي تصدر من المبعوثين الدبلوماسيين يجب الا تضعهم في موضع ممتاز يجعلهم يتمتعون بحرية تامة في انتهاكات القانون".

"Dose not put them in a Privileged position, so that may freely violate the law".

Cliffton E. Wilsone, op. cit P. ٨٦ and ٨٩.

(٧) تقوم وزارة الخارجية في كل من بريطانيا وسويسرا والصين الشعبية بتوجيه مذكرات الى البعثات الأجنبية تطلب فيها مراعاة أنظمة وتعليمات المرور. أنظر:

Paul Guggenheim, op cit. P. ٥٠٨.

J.Alan Cohen. H. Chiu, op. cit. P. ١٠٠٠.

وترفض بعض الدول منح المبعوث الدبلوماسي حق امتلاك أو قيادة سيارة معينة ما لم يؤمن عن الحوادث الناشئة عن سيارته[1]، دون أن يخل ذلك بالطلب من بعثته بأن تتخذ الإجراءات التأديبية ضده أو استدعائه على ديوان الوزارة وتنبيهه بعدم تكرار ذلك[2].

وتعتبر الولايات المتحدة الأمريكية من أكثر الدول تشددا في محاسبة المبعوثين الدبلوماسيين عند مخالفتهم لأنظمة وقواعد المرور، ومن أشهر القضايا المعروفة في هذا الصدد هي قضية الوزير الإيراني المفوض، ففي عام ١٩٣٥ كان الوزير الإيراني المفوض في الولايات المتحدة يقود سيارته بسرعة فائقة في أحد شوارع ولاية Maryland مما جعل الشرطة المحلية تلقي القبض عليه وكبلت يديه بالحديد وأرسلته إلى الشرطة وقد احتج الوزير الإيراني المفوض إلى الحكومة الفدرالية الأمريكية على الإجراء الذي اتخذ بحقه فاعتذرت الحكومة الأمريكية عن الحادث، ولكنها أضافت بأنها كانت تتوقع من الوزير المفوض أن يحترم القوانين والأنظمة في الولايات المتحدة، كما تتوقع من مبعوثيها في الخارج احترام أنظمة وتعليمات المرور في الدولة التي يعملون فيها ولم تقتنع الحكومة الإيرانية بهذا الاعتذار بل سارعت على غلق بعثتها واستدعت موظفيها وقامت الحكومة الأمريكية بعد ذلك بمعاقبة الشرطة المتسببين بتأزم العلاقات بين الدولتين[3].

وما زالت الولايات المتحدة حتى الوقت الحاضر تتشدد في مخالفات المرور، ففي عام ١٩٦٨ أصدرت وزارة الخارجية الأمريكية تعليمات موجهة إلى البعثات الدبلوماسية ميزت فيها بين ثلاثة أنواع من المخالفات:

الأولى: مخالفات المرور البسيطة minor traffic offenses وهي تلك الانتهاكات الكثيرة الوقوع والتي تتضمن عقوبات نقدية monetary penalty فورية، ففي هذه الحالة ليس للمبعوث الدبلوماسي أن يتمسك بالحصانة القضائية في الامتناع عن دفعها.

---

(١) الدكتور عبد الحسين القطيفي المصدر السابق، صفحة ٧٤.

(٢) Philippe Cahier, op. cit P. ٢٥٦.
Sir Cecil Hurst, op. cit p. ١٧٢.
وتتغاضى دول أمريكا الجنوبية عن حوادث المرور التي يرتكبها المبعوث الدبلوماسي فلا تتخذ أية اجراءات بحقه، إذا سار بسيارته في اتجاه معاكس. انظر:
شار تاير، المصدر السابق، صفحة ٢٨٩.

(٣) Leinard B.V. Sutton. Op. cit. p. ١٠٤.
Wesley L. Goilad, op. cit. p. ٧١.
Green H. Hack North, Digest of International Law Vol ٤, Washington ١٩٤٢. p. ٥٤٢.
Charles W. Thayer. Diplomat. Michael Joseph, London ١٩٦٠ p. ١٩٩.
والدكتور حامد سلطان، المصدر السابق، صفحة ١٣٤.
والدكتور محمد حافظ غانم، المصدر السابق، صفحة ١٧٩.

الثانية: مخالفات المرور التي تتطلب إصدار مذكرة تتضمن انتهاك قواعد المرور traffic violation notice وهي تتضمن أيضاً دفع غرامة نقدية إلى المكتب المركزي، وترسل هذه المذكرة إلى البعثة الدبلوماسية التي ينتمي إليها المبعوث الدبلوماسي المخالف، وللبعثة أن تقرر دفع هذه الغرامة أم لا.

الثالثة: إذا كانت المخالفة من الخطورة التي تتطلب اتخاذ إجراءات قضائية بحق المخالف ففي هذه الحالة لا تتخذ الإجراءات بحق المبعوث الدبلوماسي كالتوقيف وتوجيه التهمة أو المحاكمة مما قد ينتهك قاعدة الحصانة القضائية، وتقوم وزارة الخارجية بإخبار بعثته عن الحادث[1].

وأرى أن السبب الذي يدفع الولايات المتحدة الأمريكية إلى اتخاذ هذا الموقف هو كثرة عدد البعثات الدبلوماسية فيها وزيادة حوادث المرور، غير إن ذلك لا يبرر خرق أحكام اتفاقية فينا للعلاقات الدبلوماسية التي تعتبر الولايات المتحدة طرفا فيها، حيث أن المبعوث الدبلوماسي يتمتع بالحصانة القضائية المطلقة في الأمور الجزائية ولم يرد أي قيد يحد من هذا الإطلاق.

أما في العراق، فإن قانون المرور رقم ٤٨ لسنة ١٩٧١ قد وضع ثلاثة أنواع من العقوبات لمعاقبة المخالف لأنظمة وتعليمات المرور:

النوع الأول: الغرامة الفورية التي يفرضها ضابط المرور على المخالف.

النوع الثاني: قرار حكم يصدره ضابط الشرطة يتضمن دفع غرامة إلى مكتب التسجيل.

النوع الثالث: الإحالة على المحاكم في حالات معينة.

ولم يرد في القانون المذكور أي استثناء بالنسبة للمبعوث الدبلوماسي، غير أن التطبيقات العملية في العراق قبل وبعد اتفاقية فينا لعام ١٩٦١ وصدور قانون المرور في عام ١٩٧١ لم تخضع المبعوث الدبلوماسي لهذه العقوبات، سواء بالنسبة للغرامات الفورية التي يقررها ضابط الشرطة أو الغرامة المفروضة بموجب "قرار حكم" يصدره ضابط الشرطة[2].

وإذا أحيل المبعوث الدبلوماسي على المحاكمة عن مخالفات المرور فإنه لا يحضر إجراءات التحقيق أو المحاكمة بالنظر للحصانة القضائية التي يتمتع بها[3].

---

(١) M. Whiteman, op. cit. P. ٤٢١.

والدكتور عبد الحسين القطيفي، المصدر السابق، صفحة ٧٥ هامش رقم (١).

(٢) طلبت مديرية المرور العامة بكتابها المرقم ١٩٦٦٧ في ١٩٧٧/١١/٣٠ من وزارة الخارجية تضمين مبعوث دبلوماسي في سفارة سلطنة عمان الغرامة المفروضة بحقه لمخالفته أنظمة المرور. إلا أن وزارة الخارجية قررت حفظ الطلب ولم تشعر السفارة بذلك.

(٣) جاء بكتاب متصرفية بغداد المرقم ٨٣١٥ في ١٩٥٨/٤/٢ ما يلي "طلب شرطي المرور من سائق السفير الباكستاني عدم الوقوف في ساحة المصارف باعتباره محل غير مسموح به. وقد اعتدى كل منهما على الآخر وحصل الطرفان على تداوي واوقف الشرطي وأطلق سراح السائق لتمتعه بالحصانة القضائية".

غير إن الحصانة هذه لم تمنع وزارة الخارجية العراقية من الطلب من بعثة المبعوث الدبلوماسي بضرورة تبليغ مبعوثها بالالتزام بأنظمة وتعليمات المرور. وفي حالات خاصة تتصل الوزارة بالمخالفين مباشرة وتطلب منهم عدم تكرار ذلك مستقبلا[1].

وجدير بالملاحظة في هذا الصدد، بأنه ينبغي التمييز بين حالتين:

الحالة الأولى: إذا كانت المخالفة مما تستوجب دفع الغرامة الفورية أو الغرامة التي تدفع إلى مكتب التسجيل وهي ما يطلق عليها في العراق "قرار حكم" والتي يفرضها ضابط شرطة المرور على المخالفين مباشرة، فإني أرى ضرورة استثناء هذه الغرامة من الحصانة التي يتمتع بها المبعوث الدبلوماسي، لأنها لا تمس كرامة المبعوث الدبلوماسي، وليس فيها من الإجراءات ما يعيقه عن أداء مهام وظيفته، هذا من جهة، ومن جهة أخرى فإن هذا الرأي سوف يقلل من المشاكل الحاصلة بين شرطة المرور والمبعوثين الدبلوماسيين.

أما إذا رفض المبعوث الدبلوماسي دفع الغرامة الفورية فلا تتخذ الإجراءات ضده، إنما يطلب من بعثته بالطرق الدبلوماسية استقطاع هذه الغرامة من راتبه الخاص وإرسالها إلى مكاتب التسجيل.

الحالة الثانية: إذا كانت المخالفة مما تستوجب إحالته على المحاكمة، ففي هذه الحالة لا يتخذ إجراء ضد المبعوث الدبلوماسي المخالف، إنما يطلب من بعثته اتخاذ إجراء إداري بحقه وإنذاره بعدم تكرار ذلك في المستقبل. وإذا خالف المبعوث الدبلوماسي أنظمة وتعليمات المرور مرة ثانية، فإن على مديرية المرور أن تسحب إجازة قيادة السيارة، أو عدم تجديدها عند انتهاء مدتها، وتتخذ الإجراءات اللازمة لمنعه من قيادة أي سيارة في المستقبل.

طلبت مديرية الشرطة العامة بكتابها المرقم ٨٥٩ في ١٩٧٦/١/١١ من وزارة الخارجية تبليغ المتهم (-) الموظف الدبلوماسي في سفارة الجمهورية المجرية الشعبية في بغداد لمخالفته أنظمة المرور وحصول حادث دهس من جراء ذلك. فأجابت الوزارة بمذكرتها المرقمة ٦٠٥٩ في ١٩٧٦/٢/٢١ بأنه لا يجوز استقدام المومأ إليه بالنظر لتمتعه بالحصانة القضائية علما بأن ورقتي التبليغ قد أرسلت للسفارة للاطلاع عليها.

وطلبت وزارة العدل في كتابها المرقم ٢٠١٩/٧٢٢ في ١٩٧٨/١/١٤ من وزارة الخارجية تبليغ السكرتير الثاني في سفارة الكونغو الشعبية بالحضور أمام حاكم تحقيق الكرخ الوسطى، فأجابت الوزارة بمذكرتها المرقمة ٩٦٠٦١ في ١٩٧٨/٣/١ بما يلي: "نعلمكم بأن السكرتير الثاني (-) في سفارة الكونغو الشعبية بالحصانة القضائية".

كذلك انظر كتاب محافظة بغداد المرقم ٢٨٢٧٣ في ١٩٧٨/١٠/٢٠ ومذكرة وزارة الخارجية المرقمة ١٠٥٥٧٧/٤١/٨١/١١ في ١٩٧٨/١١/٢٣ حول حصانة مبعوث دبلوماسي فرنسي. ومذكرة سفارة المانيا الاتحادية المرقمة ٩٦٦٢٩/٤٢/٨١/١١ في ١٩٧٨/٢/٢٢ حول حصانة مستشار السفارة الالمانية في بغداد.

(١) طلبت وزارة الداخلية بكتابها المرقم ١٢٧١ في ١٩٥٨/١/٢٠ من وزارة الخارجية تبليغ مبعوث دبلوماسي في السفارة المصرية، وآخر في السفارة التركية بالحضور للتحقيق معهما بشأن مخالفاتها لقواعد المرور، إلا أن وزارة الخارجية اتصلت بالمخالفين وطلبت منها عدم تكرار ذلك في المستقبل.

إن هذه الإجراءات لا تخل بحق الدولة المستقبلة بالطلب من حكومة المبعوث الدبلوماسي إحالته إلى محاكمها عند هذه المخالفات.

المطلب الثاني: مد مسؤولية المبعوث الدبلوماسي المدنية الناشئة عن حوادث المرور

إن مخالفات المرور بالإضافة إلى أنها تعتبر انتهاكاً لأحكام القانون، فإنها غالباً ما تسبب أضراراً مادية وجسيمة يتضرر منها الغير، فتقوم في الحالة هذه مسؤولية المتسبب المدنية بالإضافة إلى مسؤوليته الجزائية، ولما كانت القاعدة العامة تقضي بأن المبعوث الدبلوماسي يتمتع بالحصانتين المدنية والجزائية، فإن المنطق يقتضي بعدم إلزامه بتعويض المضرر عن الأضرار المادية الجسيمة التي لحقت به من جراء حوادث المرور، وهذه بالحقيقة نتيجة غير منطقية ولا مقبولة لمجافاتها العدالة وحقوق الإنسان.

ولما كان التأمين الإلزامي يغطي المسؤولية المدنية في غالبية الدول(١)، وإن الحصانة التي يتمتع بها المبعوث الدبلوماسي هي حصانة قضائية لا تعفيه من المسؤولية المدنية، فقد أجاز التعامل الدولي للمتضرر ملاحقة شركات التأمين للحصول على تعويض مناسب عن الأضرار التي أصابته من جراء الحادث لأن شركات التأمين ليست لها صفة تمثيلية ولهذا يجب أن لا تستفيد من الحصانة التي يتمتع بها المبعوث الدبلوماسي(٢).

---

(١) بالنظر لازدياد حوادث المرور فقد اشترطت غالبية الدول التأمين الإلزامي على السيارات مثال ذلك في بريطانيا قانون الطرق والمرور البريطاني الصادر عام ١٩٣٠ وفي فرنسا القانون الصادر عام ١٩٣٠ وسويسرا القانون الصادر عام ١٩٣٢ وفي سوريا القانون الصادر عام ١٩٥٣ والكويت القانون الصادر عام ١٩٥٥ وفي مصر القانون الصادر عام ١٩٥٥ والأردن القانون الصادر عام ١٩٥٨ وفي العراق قانون التأمين الإلزامي من المسؤولية المدنية الناشئة عن حوادث السيارات رقم ٢٠٥ لسنة ١٩٦٤.

(٢) Michael Akehurst, op. cit. p. ١٤٣.

والدكتور سموحي فوق العادة، القانون الدولي العام، دمشق ١٩٩٠ صفحة ٤٩٤.

وأحمد عبد المجيد، المصدر السابق، صفحة ١٠٨.

وقد أجازت الاتفاقية الأوروبية بخصوص التأمين على المسؤولية المدنية الناشئة عن حوادث وسائط النقل الموقعة في ٢٠ نيسان ١٩٥٩، إقامة الدعوى على شركات التأمين مباشرة للحصول على تعويض الضرر الناشئ عن حوادث المرور انظر المواد (١ - ١٣) من الاتفاقية.

Treaty Series. Vol. ٧٢٠. United nations New York ١٩٧٣ p. ١١٩.

وقد استقر العمل بالقاعدة المذكورة في فرنسا[١]، والولايات المتحدة الأمريكية[٢] وبلجيكيا[٣]، وأجيز للمتضرر إقامة الدعوى المباشرة على شركة التأمين، أما إذا لم يؤمن المبعوث الدبلوماسي على الأضرار المدنية الناشئة عن حوادث المرور، أو أن عقد التأمين تضمن شرطاً يعفي شركة التأمين من دفع التعويض بسبب ما يتمتع به من حصانة قضائية أو أن شركات التأمين لا تدفع التعويض في حالة صدور خطأ أو إهمال من قبل المتسبب، فإن ذلك لا يبرر للمبعوث الدبلوماسي التهرب نهائياً عن المسؤولية المدنية، إنما يجوز للمتضرر ان يسلك الطرق المقررة لاستيفاء حقه.

ويعلل بعض الكتاب حق المتضرر بالحصول على تعويض مناسب في هذه الحالة، إلى أن الحصانة القضائية لا تتضمن رفع المسؤولية المدنية عن مرتكبي مثل هذه الحوادث، بل إن جل ما فيها هو الامتناع عن اجراء محاكمة المبعوث الدبلوماسي في محاكم الدولة المستقبلة[٤].

---

(١) انظر في ذلك: Jean Serres, op. cit, p. ٧٦.

(٢) وفي عام ١٩٥٧ تسبب السفير الايرلندي بمقتل امرأة في واشنطن في حادث دهس. وقد دفعت شركة التأمين التعويض عن الأضرار التي سببها الحادث.

أنظر: Philippe Cahier, op. cit. p. ٢٤٧.

Clifton E. Wilson, op. cit. p. ٩٢.

طالب المشاور القانوني لوزارة العدل الأمريكية أمام مجلس النواب الأمريكي في الأول من أيلول عام ١٩٧٧ بضرورة التأمين على وسائل النقل التي يملكها المبعوث الدبلوماسي باعتبار ان ذلك سوف يسد النقص الذي يعتري قواعد الحصانة القضائية، ويؤدي إلى حصول ذوي العلاقة على تعويض مناسب لأن العرف القانوني في الولايات المتحدة لا يجيز رفع دعوى التعويض على شركات التأمين إذا صدر إهمال أو خطأ من قبل سائق السيارة وهذا يعني أن المبعوث الدبلوماسي المهمل أو المخطئ لا يدفع التعويض لذوي العلاقة ولذا فمن الضرورة التأمين الالزامي على وسائط النقل وجواز رفع الدعوى من قبل المتضرر على شركات التأمين مباشرة.

(٣) جاء بقرار محكمة بروكسل التجارية الصادر عام ١٩٧١ لغرض أدائه مهام وظيفته بشكل مستقل لدى رئيس دولة بلجيكا، لا تفيد المؤمن المسؤول عن الأضرار التي يسببها استعمال سيارة السفارة، لأن المؤمن لا يمارس أية مهمة تمثيلية في بلجيكا لرئيس دولة أجنبية، وأنه خارج تطبيق الحصانة الدبلوماسية التي لا يمكن أن توسع دائرة شمولها ولا إطار تفسيرها ولغرض الاستفادة من الحصانة الدبلوماسية فإن المدعي عليه يدعي أن الدعوى ضد المؤمن لا يمكن أن تنجح إلا إذا ثبت جرم سائق السيارة والذي يفترض ارتكابه مخالفة لأنظمة الشرطة في بلجيكا. ولذا يمكن الاحتجاج بالحصانة الدبلوماسية وهكذا فإن الدعوى ضد المدعى عليه مباشرة مرتبطة بإثبات المخالفة الجزائية المرتكبة من السائق وحيث إن هذا الإثبات غير جائز لتعارضه مع حصانة المبعوث الدبلوماسي فتكون الدعوى مباشرة ضده مردوده وإذا كان إثبات الجريمة المرتكبة في هذه الحالة لا يمس الحصانة القضائية ولا تمس شخص وأموال المبعوث الدبلوماسي، فأن للمتضرر أن يقيم الدعوى مباشرة ضد شركة التأمين، لأن الشركة بقبولها التأمين قد رضيت بقيام مسؤوليتها المدنية وتنازلت عن الادعاء بالحصانة التي يتمتع بها المبعوث الدبلوماسي وإلا ما الفائدة من التأمين الذي يجريه المبعوث الدبلوماسي ...".

انظر قرار المحكمة المذكور وتعليق Joe Verhoeven في المجلة للقانون الدولي، المصدر السابق، صفحة ٦٨٩.

(٤) Jean Serrs, op. cit. No. ١٣٥.

وغالباً ما تقوم دولة المبعوث الدبلوماسي بدفع التعويض المدني للمتضرر كهديـة لتغطيـة النفقات التي صرفها من جراء الحادث، وهـي تقوم بـذلك لا مـن منطلق الإلـزام القانوني، إنما من أجل عدم التشهير بالمبعوث الدبلوماسي والمحافظة على سمعتها[1].

إن شركات التأمين هي التي تتحمل المسؤولية المدنيـة وتغطـي الأضرار الناشئة عن حوادث المرور، وإن تحقيق هذه المسؤولية يتطلب اتخاذ الاجـراءات المقتضية ضـد المبعوث الدبلوماسي كالتبليغ والتحقيق والكشف وتقديم المعلومات وغيرها من الإجراءات التي تتطلبها مسألة تقدير الضرر، بالنظر لارتباط المسؤولية المدنية بالأفعال الضارة التـي سببها الحادث والتي يتمتع قبلها المبعوث الدبلوماسي بالحصانة القضائية. فهل يجوز للمبعوث الدبلوماسي الامتناع عن تقديم ذلك؟

للإجابة عن هذا التساؤل يذهب الاستاذ Jean Serres إلى ما يلي:

١- للمبعوث الدبلوماسي حق الدفع بالحصانة القضائية في جميع الأحوال ولا تتخذ أية إجراءات ما لم تتناول دولته عن حصانته القضائية سواء كان يقود السيارة بنفسه أم بواسطة سائقه.

٢- لا يجوز مع هذا أن يستغل المبعوث الدبلوماسي صفته الدبلوماسية للتخص مـن المسؤولية نهائيا. ففي مرحلـة التحقيق لا يجـوز لـه أن يعيـق سـير العدالـة ويرفض تقديم المعلومات المطلوبة حول ظروف الحادث وكيفية حصوله، غير إن ذلك لا يبرر توقيفه أو حجزه أو انتهاك حرمة منزله[2].

إن هذا الرأي يستند على أسس انسانية منطقيـة، ولكنـه لا يستند علـى أسـاس قانوني مقبول، ذلك أن حضور المبعوث الدبلوماسي إجراءات التحقيق والمرافعة وغيرها إنما هي أعمال شخصه وقد تعيقه عن أداء مهام وظيفته بالنظر لما تتطلبه اجـراءات الحـادث. كما أن اتفاقية فينا لم تنص على هذه الحالة، إنما ذهبت على خلاف ذلك، فلم تجـز اتخـاذ أية إجراءات تمس شخص المبعوث الدبلوماسي.

وفي العراق فإن المبعوث الدبلوماسي يتمتع بالحصانة القضائية الجزائية والمدنية بالنسبة للحوادث الناشئة عن مخالفات المرور فلا يقاضى المبعوث الدبلوماسي ولا يدفع أي تعويض مدني للمجني عليه[3] غير أن بعض البعثات الدبلوماسية في بغداد تهتم في

---

(١) في عام ١٩٥٧ تسبب السفير اليوغسلافي في الأمـم المتحـدة بقتـل شخص بسيارته، ورغـم ان السفير دفع بالحصانة القضائية إلا أن حكومته دفعت تعويضاً مناسباً لورثة المجني عليه.

Clifton E. Wilson, op. cit. p. ٩٢.

(٢) Jean Serres, op. cit. Ne ١٣٥.

(٣) إذا ارتكب المبعوث الدبلوماسي الأجنبي في بغداد حادث دهس فإن حاكمية التحقيق المختصة تطلب مـن وزارة العدل مفاتحه وزارة الخارجية عما إذا كان الجاني متمتعـاً بالحصانة الجزائية، وبعـد ورد الجـواب

مثل هذه الحوادث وتقوم بدفع بعض التعويض المدني بصورة هدايا تقدم للمجني عليه كي تظهر البعثة بالمظهر اللائق[(١)].

وتشترط مديرية شرطة المرور في العراق أن يؤمن المبعوث الدبلوماسي على السيارة التي يقودها استناداً لقانون التأمين الإلزامي عن المسؤولية المدنية الناشئة عن حوادث السيارات رقم (٢٠٥) لسنة ١٩٦٤ ولا يمنح لوحة الهيئة الدبلوماسية "هـ - د" ما لم يدفع رسم التأمين من أجل تغطية الأضرار المدنية عن حوادث السيارات[(٢)].

ولم يرد في قانون امتيازات الممثلين الدبلوماسيين رقم (٤) لسنة ١٩٣٥ واتفاقية فينا لعام ١٩٦١ واتفاقية البعثات الخاصة لعام ١٩٦٠، ما يوجب على المبعوث الدبلوماسي التأمين على سيارته لتغطية المسؤولية المدنية الناشئة عن ذلك، وأن ما يتخذ بإخضاعه إلى التأمين الإلزامي، وعدم السماح له بقيادة أي مركبة ما لم يدفع قسط التأمين، يستند إلى نص المادة (٤١) من اتفاقية فينا لعام ١٩٦١ والتي توجب على المبعوث الدبلوماسي احترام قوانين الدولة المعتمد لديها وأنظمتها، غير أن ذلك لا يبرر إجراء مقاضاته جزائياً عن مخالفات المرور أو مقاضاته عن دفع الأضرار المدنية الناشئة منها طالما أنه يتمتع بالحصانتين القضائيتين الجزائية والمدنية، كما أن المحاكم لا تستطيع الحكم على شركات التأمين مباشرة دون تدخل المبعوث الدبلوماسي شخصياً في الدعوى وسماع أقواله، لأن الخطأ الذي يرتكب في حوادث المرور من الأخطاء الشخصية التي تتطلب سماع أقوال الشخص الذي ارتكبها، وطالما أن المبعوث الدبلوماسي يتمتع بالحصانة القضائية فإن المحكمة لا تستطيع الحكم عليه بدفع الأضرار المدنية الناشئة عن

بالإيجاب من وزارة الخارجية تقرر الحاكمية غلق الدعوى، وفي الحالة هذه لا يستطيع ذوي المجني عليه الحصول على أي تعويض عن الأضرار المادية التي اصابتهم نتيجة الحادث. أنظر في ذلك مذكرة حاكمية تحقيق الكاظمية الأطراف المرقمة ٢١٠ في ٧٧/٣/٢١ ومذكرة وزارة العدل المرقمة ٧١٥/٢/٦/٣ في ١٩٧٧/٣/١٤ ومذكرة وزارة الخارجية المرقمة ١٠٢٨٢٢/١٦/٨١/١١ في ٧٧/٢/٢٨ حول تمتع مبعوث دبلوماسي في السفارة التونسية بالحصانة القضائية.

(١) أبدى سفير جمهورية افريقيا الوسطى اسفه عن حادث الدهس الذي كان ضحيته طفلة وجرح امرأتين من قبل السكرتير الثاني في السفارة المذكورة، وقد قرر السفير دفع هدية قدرها ١٠٠ دينار لذوي المجني عليهم. وجاء بمذكرة السفارة أن هذه الهدية لا تخل بالتعويضات التي يستحقها ذوو العلاقة أنظر مذكرة السفارة المرقمة ٣٦/ في ١٩٧٦/٢/٥ وعندما طلبت حاكمية تحقيق الكاظمية الأطراف حضور السكرتير الثاني للتحقيق معه، امتنعت الوزارة ودفعت بالحصانة القضائية التي يتمع بها. ولم يدفع أي تعويض لذوي المجني عليهم. انظر كتاب وزارة العدل المرقم ٤٣٢٧ في ١٩٧٦/٣/٦.

وقد جاء بكتاب وزارة العدل المرقم ٢١٩٨٧/٧٣١/٢/٧٣١/٦/٣ في ١٩٧٧/٩/١٩ الموجه الى وزارة الخارجية طلبت حاكمية تحقيق الكرخ الجنوبية أعلامها عما إذا كان (-) الموظف في سفارة بلغاريا الشعبية الذي دهس المجني عليه بتاريخ ١٩٧٤/٢/٨ متمتعاً بالحصانة الدبلوماسية أم لا علما بأن المتهم دفع التعويض الى ذوي المجني عليه حسب مذكرة السفارة البلغارية في ٧٦/٢/١٥ المرسلة في كتاب وزارة الخارجية ٢٠٠/٧/٧٨٠٥ في ٧٦/٢/٢٨ وقد أجابت الوزارة بأن المتهم قد غادر العراق لانتهاء أعماله.

(٢) نصت المادة الثانية من قانون التأمين الإلزامي على ما يلي: "لا يجوز لمالك السيارة أن يستعمل السيارة بنفسه أو بأذن لأي شخص ان يستعملها ما لم يكن قد أبرم عقد تأمين يغطي الأضرار الجسيمة التي تلحق بالغير بسبب الاستعمال ".

ونصت المادة الرابعة على ما يلي: " على دوائر شرطة النقليات والمرور عدم اصدار شهادة بتسجيل أو تجديد تسجيل أية سيارة أو اجراء أية معاملة أخرى عليها ما لم يقدم مالكها شهادة تؤيد أبرامه عقد تأمين ....". الوقائع العراقية. العدد ١٠٥٥ في ١٩٦٤/١٢/٢٨.

حوادث المرور، ولا تستطيع أيضاً الحكم على شركة التأمين لعدم مثول المتهم المسؤول أمامها، ولا يمكن إدخاله حتى بصفة شخص ثالث في الدعوى.

وعلى ضوء ذلك اقترح تعديل اتفاقية فينا، وأن يرد نص فيها يوجب التأمين الإلزامي على سيارات المبعوثين الدبلوماسيين، وأن يحضروا إجراءات المرافعة، او تؤخذ أقوالهم خطيا بوساطة بعثاتهم بناء على طلب المحكمة، إذا ارتكب الحادث أثناء ممارسته أعمال وظيفته أو بسببها.

أما إذا ارتكب الحادث خارج أعمال وظيفته، فإني أرى ضرورة تعديل الاتفاقية بحيث يخضع المبعوث الدبلوماسي لاختصاص محاكم الدولة المستقبلة بالنسبة لتعويض الضرر عن حوادث المرور التي لا علاقة لها بأعمال وظيفته، لضمان حصول المتضرر على التعويض الذي يستحقه، وقد أخذت بهذا الرأي اتفاقية البعثات الخاصة لعام ١٩٦٩ وأوجبت خضوع المبعوث الدبلوماسي لاختصاص محاكم الدولة المستقبلة بالنسبة لدعوى الضرر التي تقع خارج أوقات عمله الرسمي، وعلى الرغم من أن هذه الاتفاقية أخذت بالحصانة القضائية نفسها التي يتمتع بها المبعوث الدبلوماسي إلا أنها استثنت دعاوي الضرر الناشئة من حوادث المرور من هذه الحصانة، فنصت الفقرة (د) من المادة (٣١) منها على استقناء "دعوى الضرر الناشئة عن حوادث المرور الناشئة عن أعماله الخاصة والتي لا علاقة لها بأعمال وظيفته الرسمية "[1].

وإذا تعذر حضور المبعوث الدبلوماسي إجراءات إثبات الحادث فإن للمتضرر حق إقامة الدعوى ضد شركة التأمين مباشرة، لا سيما وأن قانون التأمين الإلزامي قد منح المتضرر حقا مباشرا قبل شركة التأمين، دون أن يكون لها حق استعمال الدفوع يتمتع بها المبعوث الدبلوماسي[2].

وإذا لجأ المتضرر إلى إقامة الدعوى المباشرة ضد شركة التأمين فهل يجوز للأخيرة حق الرجوع على المبعوث الدبلوماسي عن المبالغ التي دفعتها للمتضرر في الأحوال التي يجوز فيها الرجوع على المتسبب[3].

---

(١) نصت المادة (٣١) من اتفاقية البعثات الخاصة لعام ١٩٦٩ على ما يلي:

"٢. They shall also enjoy immunity from the civil and administrative jurisdiction of the receiving state, except un the case of: d. an action for damages arising out of an sccident caused by a vehicle used outside the official functions of the person. Concerned".

(٢) نصت المادة الثامنة من قانون التأمين الالزامي عن المسؤولية المدنية الناشئة عن حوادث السيارات على ما يلي: " يكتسب حقاً مباشراً قبل المؤمن ولا تسري بحقه الدفوع التي يجوز للمؤمن أن يتمسك بها قبل المؤمن له".

(٣) نصت المادة التاسعة من قانون التأمين الالزامي عن المسؤولية المدنية الناشئة من حوادث السيارات على ما يلي: " ادخل المؤمن له بالواجبات المترتية عليه بموجب احكام وشروط وثيقة التأمين - كان للمؤمن حق الرجوع عليه لاسترداد ما دفعه من تعويض على المتضرر. ب- يجوز للمؤمن أن يرجع على المؤمن له بقية ما يكون قد أداه من تعويض في الحالات التالية ...".

الواقع، ان المبعوث الدبلوماسي يتمتع بالحصانة القضائية في هذه الحالة ولا تسمع الدعوى التي تفرعها شركة التأمين ضده لاستحصال مبلغ التعويض الذي دفعته للمتضرر. غير أن ذلك لا يعني أن الشركة لا تستطيع الحصول على المبلغ المذكور، وإنما لها أن تستعمل الطرق الدبلوماسية لاستحصال المبلغ.

ومن تطبيقات هذه القاعدة في العراق: طلبت شركة التأمين الوطنية من وزارة الخارجية اعلام سفارة امبراطورية افريقيا الوسطى في بغداد بدفع مبلغ التأمين ١٦٥٠ ديناراً عن قيمة التعويض الذي دفعته الشركة للمتضرر من جراء الحادث الذي سببه أحد مبعوثيها[(١)].

ويلاحظ في هذا الصدد أن خضوع المبعوث الدبلوماسي لاختصاص محاكم الدولة المستقبلة في دعاوى الضرر الناشئة عن حوادث المرور يتحدد بالنسبة لدعاوى المسؤولية المدنية فقط ولا يشمل الدعاوى الجزائية، حيث إنه يحتفظ بحصانته القضائية في الأمور الجزائية مهما كانت الدعوى.

المبحث الرابع

الجرائم الخطرة الي يرتكبها المبعوث الدبلوماسي

يقصد بالجرائم الخطرة: تلك الجرائم المضرة بالمصلحة العامة وهي الجرائم الماسة بأمن الدولة الخارجي والتي تهدد استقلال البلاد ووحدتها وسلامة أراضيها، أو التي تؤدي إلى نشوب الحرب أو قطع العلاقات السياسية مع الدول الأخرى، أو إفشاء الأسرار والمعلومات الحربية والسياسية والاقتصادية[(٢)].

---

(١) انظر كتاب شركة التأمين الوطنية المرقم ١٦١٦٤ في ١٩٧٧/٧/١٦ وقد طلبت وزارة الخارجية بمذكرتها المرقمة ١٠٧٣٥٢/٨١/١١ في ١/ تموز/ ١٩٧٧ من السفارة المذكورة دفع مبلغ التأمين إلا أن السفارة لم تجب على ذلك رغم مضي مدة قصيرة على الطلب.

(٢) ومن هذه الجرائم السعي لدى دولة أجنبية أو التخابر معها أو مع أحد ممن يعملون لمصلحتها للقيام بأعمال عدائية ضد الدولة قد تؤدي إلى الحرب أو على قطع العلاقات السياسية او دبر بها الوسائل المؤدية لذلك، والسعي لدى دولة أجنبية معادية أو التخابر معها أو مع أحد من يعملون لمصلحتها لمعاونتها في عملياتها الحربية ضد الدولة أو للأضرار بالعمليات الحربية أو تدبير الوسائل المؤدية لذلك، ومساعدة العدو على دخول البلاد أو على تقدمه فيها بإثارة الفتن في صفوف الشعب أو أضعاف الروح المعنوية للقوات المسلحة أو بتحريض قواتها على الانضمام الى العدو الاستسلام او زعزعة أخلاصهم للدولة، أو تسليم أحد افراد القوات المسحلة إلى العدو، وتحريض الجند في وقت الحرب على الانخراط في خدمة دولة أجنبية جمع اللجنة والاشخاص أو الأموال أو العتاد لمصلحة دولة أخرى في حالة حرب مع الدولة المستقبلة أو لمصلحة جماعة مقاتلة ولو لم تكن لها صفة المحاربين، وتسهيل دخول العدو أو تسليمهم جزءاً من أراضيها أو مؤنها أو حصنا أو موقعا عسكرية أو سفينة أو طائرة أو أموال الدولة الأخرى، وتعريض التدابير العسكرية أو تدابير الدفاع عن البلاد للخطر، والسعي لدى دولة أجنبية للأضرار بمركز العراق الحربي أو السياسي والاقتصادية.
انظر الباب الأول من الكتاب الثاني من قانون العقوبات العراقي رقم ١١١ لسنة ١٩٦٩.

والماسة بأمن الدولة الداخلي، والتي تهدد نظام الحكم في الدولة، أو إثارة عصيان مسلح ضد الحكومة، أو تعطيل أوامر الحكومة[١] والجرائم الماسة بالهيئات النظامية، كقتل رئيس الدولة أو إهانته أو نشر الجلسات السرية للمجلس الوطني[٢].

ورغم خطورة هذه الجرائم، فإن العرف الدولي قد استقر على عدم خضوع المبعوث الدبلوماسي لاختصاص محاكم الدولة المستقبلة في حالة ارتكابه أي منها.

ففي عام ١٥٨٤ تآمر السفير الاسباني في لندن Mendoza ضد الملكة اليزابيث ولم تتخذ الاجراءات القضائية ضده، إنما اكتفى بالطلب من الحكومة الاسبانية بسحبه من لندن ومعاقبته من قبلها[٣]، غير إن الحكومة البريطانية اكتفت، من قضية مشابهة وقعت عام ١٥٨٧ بالطلب من السفير الفرنسي- في لندن L'Aubepine عدم ارتكاب مثل ذلك في المستقبل[٤].

وفي عام ١٧١٨ تآمر السفير الاسباني في باريس Due d'orieans Pronce ضد de Cellamare، وقامت السلطات الفرنسية بالقبض عليه وارساله على بلاده[٥].

وفي عام ١٩١٧ أرسل الوزير الالماني المفوض في بونيس ايرس، معلومات بواسطة الحقيبة الدبلوماسية كان من شأنها أن تؤدي إلى اغراق سفن الحلفاء التي غادرت

---

(١) ومن الجرائم الماسة بأمن الدولة الداخلي قلب نظام الحكم او تغيير دستور الدولة أو شكل الحكومة من قبل عصبة استعملت القوة، وقيادة قسم من القوات المسلحة أو نقطة عسكرية أو ميناء أو مدينة بغير تكليف من الحكومة، أو إثارة حرب أهلية أو اقتتال طائفين واحتلال الاملاك والمباني العامة بالقوة أو تخريبها واتلافها وتحريض افراد القوات المسلحة على الخروج عن الطاعة وترويج أي من المذاهب التي ترمي الى تغيير الدستور أو النظام الأساسي للهيئة الاجتماعية أو لتسوية طبقة اجتماعية على غيرها من الطبقات او القضاء على طبقة اجتماعية أو لقلب نظام الدولة الاجتماعي والاقتصادي واهانة الامة العربية أو فئة من سكان الدولة أو العلم الوطني أو شعار الدولة.
انظر الباب الثاني من الكتاب الثاني من قانون العقبات العراقي.

(٢) ومن الجرائم الماسة بالهيئات الاجتماعية اللجوء إلى وسائل العنف أو التهديد أو أية وسيلة أخرى لحمل رئيس الدولة على أداء عمل من اختصاصه قانونا القيام به أو على الامتناع عنه، أو إهانة دولة أجنبية أو منظمة دولية لها مقر في الدولة او أهان رئيسها أو من يمثلها في الدولة وأهان عملها أو شعارها الوطني.
انظر الفصل الأول من الباب الثالث من الكتاب الأول من قانون العقوبات العراقي.

(٣) Leonard V.B. Sutton, op. cot. P. ١٠٣. Mario Gilulian, op. cit p. ٩٠.

(٤) Sir Ernest Satoe, op. cit. p. ١٨٢.

(٥) وفي عام ١٦٥٤ تآمر السفير الفرنسي على حياة كروميل، فأمرت الحكومة البريطانية بأن يغادر بريطانيا خلال ٢٤ ساعة. أنظر:

Sir Ernest Satow, op. cit, P. ١٨٢.
Sir Cecil Hurst, op. cit. p. ١٦٥.
Charles G. Fenwick, op. cit. P. ٤٦٩.]

والدكتور حامد سلطان، المصدر السابق، صفحة ١٤٣.
والدكتور فؤاد شباط، المصدر السابق، صفحة ٢٢٤.

الارجنتين، غير ان السلطات الأرجنتينية لم تعتقله أو تحاكمه، إنما قررت ابعاده عن بلادها[1].

وفي عام ١٩٤١ قامت الولايات المتحدة بالقبض على مبعوثي المانيا لاتهامهم بالتجسس وارسلتهم الى دولتهم[2].

وفي عام ١٩٤٨ قامت الحكومة الرومانية بطرد اثنين من الدبلوماسيين في السفارة الأمريكية لقيامهم بأعمال تجسسية ضد الحكومة الرومانية. وفي عام ١٩٦٤ ألقت الحكومة السوفيتية القبض على ثلاثة من الدبلوماسيين في السفارة الأمريكية وآخر في السفارة البريطانية في موسكو وقامت بتفتيش منازلهم وعثرت على صور تجسسية[3].

وقد جاء بمقررات معهد القانون الدولي عام ١٨٩٥ ما يلي:

" تستمر الحصانة القضائية في حالة خرق خطير للنظام العام كما أنها تستمر في حالة ارتكاب جريمة جنائية ضد أمن الدولة دون أن ينقص ذلك من حق الحكومة المحلية في اتخذ التدابير الواقية التي تراها"[4].

ومن سير التعامل الدولي يبدو أن الدولة المستقبلة تخضع المبعوث الدبلوماسي السوفيتي Gubitchev للحبس لمدة خمس عشرة سنة بتهمة التجسس[5]. وقد أخذت محكمة النقض الفرنسية بالاتجاه هذا، وأخضعت في عام ١٩٥٠ "اوتوابنز" ممثل حكومة ألمانيا النازية لدى حكومة بينان وحكمت عليه بالسجن معللة ذلك بوجوب استثناء جرائم الحرب من نطاق الحصانة القضائية التي يتمتع بها المبعوث الدبلوماسي[6].

---

(١) Philippe Cahier, op. ٢٤٤.

(٢) الدكتور فؤاد شباط، المصدر السابق، صفحة ٢٢٥.

Clifton E. Wilson, op, cit, p. ٦٥.

(٣) وفي عام ١٩٥٨ اتهم سفير الولايات المتحدة في جكارتا بالتآمر ضد الحكومة الاندونسية ولم تتخذ الاجراءات بحقه وإنما أبعد من البلاد. وفي عام ١٩٦١ أبعد قائم بالأعمال المصري في ليبريا لاتهامه بالتدخل في الشؤون الداخلية. أنظر:

Philippe Cahier, op. cit. p. ٢٤٤.

وفي عام ١٩٧٢ القت السلطات المختصة اللبنانية القبض على الملحق العسكري الأردني هشام لطفي يوسف عندما كان يحاول تسليم حقيبة تحتوي على متفجرات، غير أن الحكومة اللبنانية قررت طرده من البلاد ولم تحاكمه.

انظر الدكتور عبد الحسين القطيفي، المصدر السابق، صفحة ٦٢.

(٤)الدكتور فؤاد شباط، المصدر السابق، صفحة ٢٢٤.

(٥) وقد ذهبت المحكمة الامريكية في القضية المشار اليها الى أن رفضها للدفع بالحصانة القضائية يستمد الى أن أن جواز السفر دبلوماسي لا يخول صاحبه الحصانة القضائية، إنما يتطلب مقابلته بالاحترام وتوفير وسائل الراحة: انظر:

Leonatrd V. P. Sutton, op. cit. p. ١٠٨.

(٦) الدكتور محمد حافظ غانم، المصدر السابق، صفحة ١٧٩ هامش رقم (١) وبعد الحرب العالمية الثانية، تألفت لجنة بموجب اتفاق لندن ٨ أب ١٩٥٤ "محكمة نومبرغ" لمحاكمة مجرمي الحرب. وقد جاء على

ولم يرد في قانون امتيازات الممثلين السياسيين العراقي رقم (٤) لسنة ١٩٣٥ وفي اتفاقية فينا للعلاقات الدبلوماسية لعام ١٩٦١ أي استثناء بخصوص الجرائم الخطرة التي يرتكبها المبعوث الدبلوماسي ضد أمن الدولة المستقبلة.

وإذا كانت الحصانة القضائية التي يتمتع بها المبعوث الدبلوماسي ضرورية, لئن يتمكن من أداء مهام وظيفته بصورة كاملة بعيدا عن مضايقات واحتمال تلفيق التهم الباطلة ضده التي تسيء إلى شخصه وسمعة دولته فإن هذه الحصانة يجب أن تتحدد بالأهداف التي منحت من أجلها وإلا تكون غطاء تستخدم لتنفيذ الأعمال الإجرامية التي تهدد كيان الدولة ونظامها السياسي والاقتصادي والاجتماعي, فمهمة المبعوث الدبلوماسي تقتصر على تمثيل دولته وتوطيد العلاقات العسكرية والسياسية والاقتصادية إلى دولته, لأن مثل هذه الأعمال تخرج عن نطاق مهمته وتجعل منه موضع ريبة وشك ومراقبة مستمرة تعيقه عن ممارسته الوظيفة المكلف بها.

ولهذا لا أرى من الصواب منح المبعوث الدبلوماسي الحصانة القضائية المطلقة في مثل هذه الجرائم الخطرة. وإن الاكتفاء بطرده من البلاد لا يحقق الردع المناسب لمنعه من التمادي في غيّه طالما أنه حقق المشروع الإجرامي الذي أوكل إليه. كما أن خضوعه لمحاكم دولته عن هذه الجرائم طبقا لأحكام اتفاقية فينا. لا يضمن فرض العقاب المناسب بحقه طالما أن دولته هي التي أوكلت إليه تنفيذ هذه الجرائم.

المبحث الخامس

حق الدفاع الشرعي ضد الجرائم التي يرتكبها المبعوث الدبلوماسي

إن من أهم الحقوق التي يقرها القانون الجزائي للإنسان "حق الدفاع الشرعي" Droit de la legitime defense وهو حق يبرر درء خطر مداهم بالقوة اللازمة وقوعه ولو بأفعال يعتبرها القانون في غير حالة الدفاع جريمة معاقب عليها[1].

لسان حاكمها " إن ممثلي الدول لا يمكن ان يستغلوا حماية القانون الدولي ليقوموا بأعمال إجرامية ويتهربوا من المحاكمات العادية ويكونوا في مأمن من العقاب ".
انظر الدكتور فؤاد شباط، المصدر السابق، صفحة ٤٢.

(١) Ram Lal Gupta. Law of Abetment Criminal Conspiracy. Law book. Allahabad, ١٩٦٥ p. ٣٢.

R. Marle, A Vitu, op. cit. Ne ٤٣٧.

والدكتور عدنان الخطيب، المصدر السابق، صفحة ١٦٤.
والدكتور محمد محي الدين عوض، المصدر السابق، صفحة ٦٤٤.
والدكتور محمود إبراهيم إسماعيل المصدر السابق، صفحة ٤٦٦.

وإذا كان المبعوث الدبلوماسي يتمتع بالحصانة القضائية المطلقة كما علمنا عن الجرائم التي يرتكبها في الدول المستقبلة[١]، وبالحماية القانونية الخاصة التي قررتها قوانين العقوبات في الدول كافة[٢]، وما أوجبته اتفاقية منع معاقبة الجرائم المرتكبة ضد الأشخاص المشمولين بالحماية الدولية لعام ١٩٧٤ على الدولة بمعاقبة الأشخاص الذين يرتكبون جرائم ضد المبعوثين الدبلوماسيين[٣]، فإن المشكلة التي تثور في هذا الصدد هي: هل للمجني عليه حق الدفاع عن نفسه أو ماله وإن يوقف الجريمة التي يرتكبها المبعوث الدبلوماسي، وإن أدى ذلك إلى أن يرتكب جريمة ضد شخص المبعوث الدبلوماسي؟

الواقع إن القانون يشترط لقيام حالة الدفاع الشرعي أن يكون العمل الذي يقوم به الفاعل غير مشروع ويعد جريمة معاقب عليها ليبرر للمدافع حق دفاعه عن نفسه أو عن أمواله[٤]، وفي ضوء هذه القاعدة يمكن القول إذا افترض أن عمل المبعوث الدبلوماسي مباحا ولا يعد جريمة فإننا نكون قد جردنا المدافع عن استعمال هذه الوسيلة وأجزنا للمبعوث الدبلوماسي أن يرتكب أية أفعال يشاء وليس للدولة أو الفرد حق وقفها.

وإذا قيل إن مثل هذه الأعمال التي يرتكبها المبعوث الدبلوماسي تشكل جريمة يحرمها القانون، وإن ما يتمتع به لا يتجاوز سوى الحصانة من "إجراءات التقاضي" فإننا نكون في الحالة هذه ضمنا أو للفرد حق الدفاع الشرعي وهو ما تقتضيه العدالة.

---

(١) نصت المادة (١١) من قانون العقوبات العراقي على "لا يسري هذا" القانون على الجرائم التي تقع في العراق من الاشخاص المتمتعين بحصانة مقررة بمقتضى الاتفاقيات الدولية أو القانون الدولي أو القانون الداخلي ".

ونصت الفقرة الأولى من المادة (٣١) من اتفاقية فينا للعلاقات الدبلوماسية على ما يلي: "يتمتع المبعوث الدبلوماسي بالحصانة القضائية فيما يتعلق بالقضاء الجنائي للدولة المعتمد لديها".

(٢) تقرر قوانين الدول عقوبات مشددة على كل شخص يعتدي على المبعوث الدبلوماسي. ومن هذه القوانين: المادة ١٠٤ من قانون العقوبات الالماني الصادر عام ١٨٧١ والمادتين ٦ و ٧ ، قانون العقوبات البلجيكي الصادر عام ١٨٥٨، والمادة (٤٩٤٩ من قانون العقوبات النمساوي والمادة (٤٣) من قانون العقوبات السويسري والمادة (٢٦١) من قانون العقوبات الروسي والمادة (١٨٢) من قانون العقوبات المصري الصادر عام ١٩٣٧ أنظر: الدكتور علي صادق أبو هيف، المصدر السابق، صفحة ١٧٣.

ونصت المادة (٢٢٧) من قانون العقوبات العراقي على ما يلي: "يعاقب بالحبس مدة لا تزيد على سنتين أو بغرامة لا تزيد على مائتي دينار كل من أهان بإحدى طرق العلانية دولة أجنبية أو منظمة دولية لها مقر بالعراق أو أهان رئيسها أو ممثلها لدى العراق ...".

(٣) نصت الفقرة الثانية من المادة الثانية من اتفاقية منع ومعاقبة الجرائم المرتكبة ضد الأشخاص المشمولين بالحماية الدولية المصادق عليها بقانون رقم (٣) لسنة ١٩٧٨ على ما يلي: " على كل دولة طرف أن تجعل هذه الجرائم معاقباً عليها بالعقوبات المناسبة التي تأخذ بعين الاعتبار طبيعتها الخطرة ". أنظر: الوقائع العراقية العدد ٢٦٣٣ السنة العشرون، ١٦ كانون الثاني ١٩٧٨ صفحة ١٣٦.

(٤) P. Bouzat et. Pintel. Traite de droit Penal et de criminologie. Tome l. Dalloz Paris ١٩٦٣ p. ٢٧٤.

والدكتور أكرم نشات إبراهيم، موجز الاحكام العامة في قانون العقوبات العراقي، مطبعة المعارف، بغداد، ١٩٦٩ صفحة ٥١ وقد أوجبت المادة (٤٢) من قانون العقوبات العراقي لقيام حالة حق الدفاع الشرعي أن يوجه المجني عليه خطر حال من جريمة على النفس أو المال.

أنظر كذلك قرار محكمة تمييز العراق المرقم ١٠٧/ جنايات / ٩٧١ في ١٩٧١/١/٢٤ النشرة القضائية العدد الأول السنة الثانية آذار ١٩٧١ صفحة ١٣٥.

وقد ذهب بعض الكتّاب[١] إلى أكثر من ذلك فأجازوا استعمال حق الدفاع الشرعي حتى ضد الأشخاص الذين يتمتعون بالإعفاء من المسؤولية كالطفل والمجنون، وأن كان كليهما معفى من العقاب؛ لأن الدفاع الشرعي ليس عقابا يقع على المعتدى أنما هو دفاع لصد عدوان. حيث يستطيع الفرد الدفاع عن نفسه ضد أي عمل يقوم به المبعوث الدبلوماسي إذا كان ذلك العمل يعد جريمة واقعة على النفس أو المال وكان من المتعذر عليه الالتجاء إلى السلطات العامة للطلب منها وقف الجريمة التي ينوي المبعوث الدبلوماسي ارتكابها[٢] لأن الحصانة القضائية التي يتمتع بها المبعوث الدبلوماسي لا تعني حرمان الأفراد من حق الدفاع عن أنفسهم وأموالهم ضد الأفعال التي يرتكبها، فلهم أن يدفعوا الجريمة عنهم بالقوة، متى كان استعمال القوة لازما[٣]، غير إن ذلك لا يبيح للمدافع إحداث ضرر أشد مما يستلزمه حق الدفاع الشرعي[٤].

ويلاحظ في هذا الشأن أن الفرد المجني عليه الذي يلتجئ إلى السلطات العامة لحمايته من الجريمة التي ارتكبها المبعوث الدبلوماسي ضده والذي لا يستطيع ردها بنفسه أو يأمل من السلطات العامة أن تحصل على حقه، فإنه سوف لا يجد الوسيلة القانونية للاختصاص من المبعوث الدبلوماسي، لأن الحصانة القضائية التي يتمتع بها هذا الشخص تقف حائلاً دون الحصول على حقه.

أما الفرد الذي يستطيع الدفاع عن نفسه والذي لا يلجأ إلى السلطات العامة لحمايته فإنه يجد الوسيلة القانونية للحصول على حقه وردع الجاني، وذلك باستعمال حق الدفاع الشرعي وأن يرتكب ضد المبعوث الدبلوماسي عملا يعد جريمة في غير حالة الدفاع الشرعي.

---

(١) الاستاذ عبد القادر عودة، المصدر السابق، صفحة ٧٧.
الدكتور محمد محي الدين عوض، المصدر السابق، صفحة ٦١٥.

(٢) نصت المادة (٤٢) من قانون العقوبات العراقي على ما يلي: " لا جريمة اذا وقع الفعل استعمالاً لحق الدفاع الشرعي ويوجد هذا الحق إذا توفرت الشروط التالية:

١- إذا واجه المدافع خطر حال من جريمة على النفس أو على المال أو اعتقد قيام هذا الخطر وكان اعتقاده مبنيا على أسباب معقولة.

٢- ان يتعذر عليه الالتجاء الى السلطات العامة لإبعاد هذا الخطر في الوقت المناسب.

٣- ان لا يكون وسيلة أخرى لدفع هذا الخطر ... ".

(٣) الدكتور محمد محي الدين عوض، المصدر السابق، صفحة ٤٣.

(٤) نصت المادة (٤٦) من قانون العقوبات العراقي على ما يلي: " يبيح حق الدفاع الشرعي مقاومة أحد افراد السلطة العامة أثناء قيامه بعمل تنفيذاً لواجبات وظيفته ولو تخطى حدود وظيفته ....".
ومن الأمثلة التي يمكن ذكرها في هذا الصدد لحصول حالة الدفاع الشرعي ان تحدث مشاجرة عنيفة بين دبلوماسي واخر فيستعمل الدبلوماسي سلاحاً قاتلا فيصيب خصمه الا أن الخصم يستطيع في اللحظات الاخيرة ان يصوب عليه هو الاخر ويرديه جريحا أو قتيلا. أما التجاوز أو التعسف في استعمال هذا الحق كأن يقوم دبلوماسي بصيد في أراضي الغير بدون رخصة حيث يفاجئه مالك الأرض ويستعمل سلاحه ضده ويرديه قتيلا.

ومن هنا يبدو التناقض بين موقف الفرد الذي يلجأ للسلطة العامة من أجل حمايته والحصول على حقه، وبين الفرد الذي لا يلجأ للسلطة العامة ويرد الاعتداء بنفسه ويحصل على حقه، وبالتالي نصل إلى نتيجة مخالفة للمقاصد التي منحت من أجلها الحصانة القضائية، وهي ما تشجع الأفراد في أن يقفوا بحزم ضد أي عمل يقوم به المبعوث الدبلوماسي وأن يحصلوا على حقوقهم بأنفسهم، وهو أمر في غاية الخطورة إذ من الصعوبة أن يقدر الفرد بدقة الفعل الذي لا يتجاوز مستلزمات الدفاع الشرعي ويقف عند حده.

وإذا كان للفرد حق الدفاع الشرعي، فهل يثبت الحق هذا لدولة وأن تتخذ الوسائل اللازمة لمنع وقوع الجريمة التي يعزم المبعوث الدبلوماسي ارتكابها ضد أمن وسلامة الدولة أو مؤسساتها العامة؟

لا أرى مانعاً يحول دون أن تتخذ الدولة التدابير المقتضية لمنع المبعوث الدبلوماسي من تنفيذ مشروعه الإجرامي.

فللدولة حق اتخاذ الوسائل في الحالات الضرورية لمنع ارتكاب الجريمة، ولها أن تحاصر البعثة[١] أو مسكنه الخاص، وأن تتجاهل حرمته الشخصية وتلقي القبض عليه أو حجزه مؤقتاً لدفع الخطر عندما توجد لديها معلومات جدية وأكيدة، بأن المبعوث الدبلوماسي لا مجال في طريقته إلاالقيام بالأفعال هذه.

ويجب على الدولة في هذه الحالة أن تتخذ الإجراءات الضرورية لإيقاف هذه الأفعال دون أن تتوسع في هذه الرخصة، أو أن تكون مبرراً لإلحاق الأذى به.

وإذا ما تمكنت الدولة من وقف الأعمال هذه، فإن سلطتها تقف عند هذا الحد، فلا تستطيع محاكمته أمام محاكمها[٢]، أو أن توقع عليه العقوبة الجزائية المقررة في قوانينها[٣].

وللدولة أن تشعر البعثة بتجاوز مبعوثها السلوك الصحيح وأنه لم يأبه بالسمعة الجديدة له ولدولته[٤]. وإن لم يقف عند حده جاز لها أن تقرر طرده باعتباره شخصا غير مرغوب فيه في أي وقت تشاء دون بيان أسباب ذلك[٥].

---

(١) الدكتور فؤاد عبد المنعم رياض والدكتورة سامية راشد، المصدر السابق، صفحة ٤٥٢.
وأحمد عبد المجيد، المصدر السابق، صفحة ٩٨.
(٢) الدكتور حامد سلطان، المصدر السابق، صفحة ١٧٦.
والدكتور محمد حافظ غانم، المصدر السابق، صفحة ١٧٩.
والدكتور فاضل زكي محمد، المصدر السابق، صفحة ١٥٤.
(٣) الدكتور علي صادق، أبو هيف، المصدر السابق، صفحة ١٨٤.
(٤)Leonatrd V.B. Sutton, Op. cit, p. ١٠٤.
(٥) Clifton E. wilson, op. cit. p. ٩٠.
Michael Akrhurst, op. ctit. P. ١٤٣.

وإذا لجأ المبعوث الدبلوماسي إلى استعمال القوة المادية ضد سلطات الدولة في أية صورة كانت، كأن يقوم بالاعتداء على رئيس الدولة أو وضع متفجرات في إحدى مرافقها، جاز للسلطات المختصة أن تتخذ بحقه الوسائل كافة للحد من خطورته بما في ذلك اللجوء إلى القوة على سبيل الدفاع عن نفسها، على أن لا يتجاوز هذا الدفاع القدر اللازم لوقف اعتداء المبعوث الدبلوماسي إلى حين زوال خطورته[1] بحيث لا تكون الوسائل المتخذة ضده كعقوبة على ما ارتكبه من جرائم أو ما كان يعزم القيام به، إنما تتخذ في إطار مستلزمات الدفاع الشرعي عن كيان الدولة.

Edward Collins, op. cit. p. ٢٢٨.

وسامي الميداني، موجز الحقوق الدولية الخاصة، مطبعة الجامعة السورية، دمشق ١٩٥١ صفحة ٢٤٤.

(١)Charles G. Fenwick, op. cit. p. ٤٦٩.

الفصل الثالث

الحصانة من إجراءات الشهادة وتنفيذ الأحكام القضائية

Immunity from witness and Execution

إن الحصانة القضائية التي يتمتع بها المبعوث الدبلوماسي لا تقتصر على الحالات التي يكون فيها مدعى عليه أو متهما، إنما تشمل جميع الإجراءات القضائية الأخرى، فلا يجوز اجباره على الإدلاء بشهادته أمام السلطات القضائية سواء أكانت الدعوى مدنية أم جزائية.

كما أن تنازل دولة المبعوث الدبلوماسي عن حصانته القضائية وخضوعه لاختصاص محاكم الدولة المستقبلة لا يعني إمكان تنفيذ الحكم الصادر بحقه، إنما يتطلب أن تتنازل دولته عن حصانته من إجراءات التنفيذ بصورة مستقلة عن تنازلها عن حصانته القضائية بخصوص الدعوى المرفوعة.

وعليه فإن هذا الفصل سيشمل المبحثين التاليين:

المبحث الأول: الحصانة من إجراءات أداء الشهادة.

المبحث الثاني: الحصانة من إجراءات التنفيذ.

المبحث الأول

الحصانة من إجراءات الشهادة

الشهادة بصورة عامة: الأخبار عن مشاهدة وعيان لا عن تخمين وحسبان[1]. وهي البيانات التي يدلي بها الشاهد عما أدركه بحواسه الخاصة من أمور تتعلق بموضوع الحق المتنازع عليه[2].

---

(١) الاستاذ ضياء شيت خطاب، المصدر السابق، صفحة ٣١١.

(٢)H.L.J. Mazeaud – lecone Droit Civil. Montchrstieh, Paris ١٩٥٩ Ne ٤٣٣ p. ٤٤٨.

والدكتور سعدون العامري: موجز نظرية الاثبات، الطبعة الاولى، مطبعة المعارف، بغداد ١٩٦٦ صفحة ٧٧.

وتعد الشهادة في هذا الوصف إحدى وسائل الإثبات المهمة في القضايا المدنية والجزائية[1]، ويشترط في الشاهد معرفة شخصية بالواقعة المراد إثباتها وأن يحلف اليمين قبل أداء الشهادة بقول الحقيقة[2].

وإذا امتنع الشاهد عن الحضور أمام المحكمة رغم تبليغه بذلك جاز للمحكمة إصدار الأمر بإحضاره[3]، وإذا امتنع عن الإدلاء بشهادته حكمت عليه المحكمة بعقوبة جزائية[4].

ويلزم الشاهد أداء الشهادة أمام المحكمة، وإذا خيف التعطيل أو وجد مانع من حضوه، جاز للمحكمة إن تندب أحد قضاتها لأخذ شهادته في مقر عمله أو في مسكنه الخاص[5]، وفي بعض الدول يطلب منه الإجابة تحريرياً عن الأسئلة التي تضعها المحكمة وإرسالها إليها[6].

وما كان دور الشاهد يقتصر عادة على بيان ما أدركه بحواسه من معلومات تتعلق بموضوع الدعوى، فقد ذهب بعض الكتاب[7]، على أن المبعوث الدبلوماسي لا

---

(١) تادرس مخائيل تادرس. القواعد العلمية لفحص وتحليل شهادة الشهود، مكتبة الانجلو المصرية ١٩٤٨، صفحة ٢ و ٥.

(٢)Ch. Beudant, Cours Droit Civil Francais. ٢ ed. Tome ٩, Rouseau, Psris ١٩٥٨, Ne ١٢٥٠.

H.L.J. Mazeaud op. cit. p. ٤٤٩.

والدكتور عبد الرزاق السنهوري، الوسيط في شرح القانون المدني. الجزء الثاني، دار النشر للجامعات المصرية، ١٩٦٥ صفحة ٣٢٥. والدكتور سعدون ناجي القشطيني، المصدر السابق صفحة ٣١٢ . ونصت المادة (٦٠) من قانون أصول المحاكمات الجزائية العراقي رقم ٢٣ لسنة ١٩٧١ على ما يلي "ب- يحلف الشاهد الذي أتم الخامسة عشرة من عمره قبل أداء الشهادة يمينا بأنه يشهد الحق.

ونصت المادة ١١٩ من قانون المرافعات المدنية العراقي رقم ٨٣ لسنة ٩٦٩ على ما يلي: " ... ثم تسمع شهادته بعد أن يحلف يمينا بأن يقول الحق ".

(٣) الدكتور محمود محمود مصطفى، شرح قانون الاجراءات الجنائية الطبعة الثامنة، دار مطابع الشعب، القاهرة ١٩٦٣ صفحة ٣٨٩. والدكتور عبد الرزاق السنهوري، المصدر السابق، صفحة ٣٢٥.

نصت المادة (٥٩) من قانون أصول المحاكمات الجزائية العراقي على ما يلي:

" حـ - لحاكم التحقيق أن يصدر أمراً بالقبض على الشاهد المتخلف عن الحضور واحضاره جبرا لأداء الشهادة ".

(٤) الاستاذ عبد الأمير العكيلي. أصول الاجراءات الجنائية في قانون أصول المحاكمات الجزائية الجزء الأول، مطبعة المعارف بغداد ١٩٧٥ صفحة ٣١. والدكتور سامي النصراوي. دراسة في قانون أصول المحاكمات الجزائية. الجزء الأول، مطبعة دار السلام، بغداد، ١٩٧٦ صفحة ١٤٣. ونصت الماة ١١٨ من قانون المرافعات المدنية على ما يلي:

" ١- اذا بلغ الشاهد وتخلف عن الحضور دون عذر مقبول حكم عليه بغرامة لا تتجاوز عشرة دنانير ...".

(٥) الاستاذ عبد الأمير العكيلي، المصدر السابق، صفحة ٣١٤.

والاستاذ ضياء شيت خطاب، المصدر السابق، صفحة ٣١٢.

ونصت المادة (٦٧) من قانون أصول المحاكمات الجزائية على ما يلي:" إذا كان الشاهد مريضاً او كان لديه ما يمنعه من الحضور فعلى الحاكم أو المحقق الانتقال الى محله لتدوين شهادته ".

(٦) الدكتور محمد محي الدين عوض، قانون الاجراءات، المطبعة العالمية، القاهرة ١٩٧١، صفحة ٧٠٣.

(٧) ومن مؤيدي هذا الرأي (nall) و (Culvo) انظر: Sir Ernest Satowm op. cit. p. ٢٠٢.

والدكتور فاضل زكي محمد، المصدر السابق، صفحة ١٦٠.

وقد أخذت بهاذ الاتجاه المادة (٤٠٠) من قانون أصول المحاكمات السوري، ونصت على دعوة المبعوث الدبلوماسي للإدلاء بشهادته امام الجهات المختصة.

يتمتع بالحصانة من إجراءات أداء الشهادة ويمكن اجباره على الإدلاء بها أمام السلطات التحقيقية أو القضائية؛ لأنها لا تعد انتهاكاً لحرمته الشخصية أو تخضعه لاختصاص محاكم الدولة المستقبلة، وأنه ليس طرفاً في الدعوى التي يدلي أقواله فيها وعلى ذلك فإنه سوف لن يتأثر بالحكم الذي يصدر في موضوع الدعوى.

إن هذا الرأي منتقد ويتعارض وحصانة المبعوث الدبلوماسي القضائية، للأسباب الآتية:

أولا - إن الشهادة واجب فرضه القانون، وإذا تخلف الشاهد عن الحضور جاز إلقاء القبض عليه وإحضاره، وإذا ما أدلى بشهادة الزور جاز الحكم عليه[1]. ومن المحتمل أن يمتنع المبعوث الدبلوماسي عن الحضور، أو يدلي بشهادة الزور، ففي هذه الحالة ينبغي على السلطات المختصة إجراء التعقيبات القانونية بحقه، وهو أمر يتعارض والحصانة القضائية التي يتمتع بها المبعوث الدبلوماسي التي تقضي عدم خضوعه لاختصاص محاكم الدولة المستقبلة.

ثانيا - من المحتمل أن تتعلق بالشهادة بموضوع يتعلق بأسرار دولته السياسية أو الاقتصادية أو العسكرية، وإن امتناعه عن ذلك سوف يعرضه للعقوبات التي ينص عليها القانون.

ثالثاً - إن الغاية من منح المبعوث الدبلوماسي الحصانة القضائية هي ضمان أداء أعماله بحرية تامة، وطالما أن إجراءات أداء الشهادة تتضمن التقيد بعض الشروط كالحضور والانتظار والتبليغات وغيرها من الإجراءات، فإن إلزامه بأداء الشهادة يكون مصادرة على المطلوب وانتهاكاً لحرمته.

وقد حاول رأي آخر أن يوفق بين حرمة المبعوث الدبلوماسي والحصول على شهادته، فلم يخضعه للإجراءات الاعتيادية الخاصة بأخذ الشهادة نذهب إلى " إن من حق المبعوث الدبلوماسي الامتناع عن الإدلاء بشهادته أمام السلطات المختصة، وله أن يبعث بها بصورة مكتوبة إلى تلك السلطات، وإذا امتنع عنه فإن السلطة المختصة تبعث أحد موظفيها إلى دار البعثة لأخذ شهادته[2]".

انظر: الدكتور فؤاد شباط، المصدر السابق، صفحة ٢٢٦.

(١) الدكتور سعدون القشطيني، المصدر السابق، صفحة ٣١١.

نصت المادة (٢٥٢) من قانون العقوبات العراقي رقم ١١١ لسنة ١٩٦٩ على ما يلي: " من شهد زورا في جريمة لمتهم او عليه يعاقب بالحبس أو الغرامة أو بإحدى هاتين العقوبتين ".

(٢) Jean Serres, op. cit. Ne ١٢٩.

Sir Ernest Satow, op. cit. p. ٢٠١.

والسيد احمد عبد المجيد، المصدر السابق، صفحة ١٧٠.

في واشنطن لاتهامه باختلاس أموال السفارة وطلبت من الحكومة الامريكية أن

" The following persons are exempted from the daity to obey summons of the Court, but not from duty to testify…

وقد أخذت بهذا الرأي قوانين بعض الدول، وأوجبت على المبعوث الدبلوماسي الإدلاء بشهادته أمام السلطات المختصة، أو الإدلاء بها أم موظف في تلك السلطة إلى مقر بعثته.

إن هذا الرأي حاول عدم المساس بحرمة المبعوث الدبلوماسي الشخصية، إلا أنه معيب من الناحيتين الآتيتين:

الأولى: مخالفته العدالة، حيث أنه لا يسمح لذوي العلاقة في مناقشة شهادة المبعوث الدبلوماسي وبيان مدى صحة المعلومات الواردة فيها، وإن حضورهم مع الشخص الذي توفده السلطة المختصة إلى مقر البعثة وإجراء المناقشة داخل البعثة وإجراء المناقشة داخل البعثة أمر يمس كرامة الدولة المستقبلة ويخضع العلاقة لتأثيرات البعثة وقد لا تسمح لهم بالدخول إلى مقرها أساساً.

الثانية: لم يبين هذا الرأي حالة ما إذا امتنع المبعوث الدبلوماسي من إعطاء شهادته سواء داخل المحكمة أو في مقر البعثة فهل تستطيع السلطات الخاصة اجباره على ذلك؟

وإذا قيل بالإيجاب فإن هذا الرأي سوف يؤدي إلى خضوع المبعوث الدبلوماسي لاختصاص محاكم الدولة المستقبلة وتسري عليه الانتقادات الواردة على الرأي السابق.

ويقضي القانون الكوبي، كقاعدة عامة على خضوع الأشخاص المتمتعين بالحصانة القضائية لإجراءات الإدلاء بالشهادة المعتادة، فإذا كانت شهادة هؤلاء ضرورية في الدعوى فيقوم القاضي بزيارتهم إلى محل سكناهم أو مقرات عملهم الرسمية، بعد إشعارهم بتاريخ وموعد الزيارة فإذا رفض هؤلاء استقبال القاضي أو امتنعوا عن الإدلاء بشهادتهم، فإن عليه أن يرفع الموضوع إلى المحكمة العليا لتقرر ما تراه مناسباً أما إذا كان المطلوب شهادته مبعوثاً دبلوماسياً فأنه يستثنى من هذه القاعدة. فإذا رفض الإدلاء بشهادته فإن القاضي يقوم بإشعار وزارة العدل حالا بمذكرة رسمية. وتتولى وزارة العدل

---

٤. Diplomatic representatyes avvredited to Niearagun Government".

ونصت المادة ١٢٩٨ من القانون المذكور على ما يلي:

If it should be necessary to obtain testimony from a dip;omatic representative accredited to the Nicarguan Government, the court shall address a communication to him specify the points on which testimony is required and requesting him to give particulars concerning these points in writing. If it should be necessary to obtain a diplomatic reperesentive's reply to statements made by others or his attes'ation of his signature on private documents the judge shall go to the said represebtative's house or office to take his testimony.

United Nations laws. P. ٢٢٣.

بالطرق الدبلوماسية بواسطة وزارة الخارجية أخذ شهادة المبعوث الدبلوماسي خطياً على النقاط المطلوبة الإجابة عنها[1].

غير أن الرأي الراجح يذهب[2] على منح المبعوث الدبلوماسي الحصانة من أداء الشهادة، ولا يجوز اجباره على الإدلاء بأقواله أمام السلطات المختصة أو في مقر البعثة ما لم توافق دولته على ذلك، سواء أكان ذلك في الأمور المدنية أم الأمور الجزائية.

وأخذت بهذه القاعدة قوانين دول متعددة، ونصت على الطرق الواجب اتباعها عند تبليغ المبعوث الدبلوماسي للإدلاء بشهادته[3]. كما أخذت بذلك التطبيقات العملية في دول عديدة.

كالولايات المتحدة الأمريكية[4] وفرنسا[1] ونيوزيلندا[2] ومصر[3]. فلم تتخذ هذه الدول الإجراءات اللازمة لإجبار المبعوث الدبلوماسي على الإدلاء بأقواله أمام محاكمها بصفة شاهد أو خبير[4] إنما تركت ذلك لموافقة دولته.

---

(١) انظر المواد ٤١٢ و ٤١٤ و ٤١٥ من قانون المرافعات الكويتي:

(٢) Wesley L. Gould, op. cit. p. ٢٧٣.
Edward Collins, op. cit. p. ٢٢٨.
Sir Ernest Statow, op. ci, p. ٢٠٢.
Philippe Cahier, op. cit. p. ٢٥٤.
Oppenhim, op. cit. p. ٨٠٢.
Charles Rousseau, op. cit. Ne ٤٢٥.
Michel Hardy. Op. cit. p. ٦٧.
Clifton E. Wilson, op. cir p. ١٠٠.
D . P. O'connell, op. cit. p. ٩٠١.
Oscar Svarkin, op. cit P. ٢٤٩.
Gergard von Glahn, op. cit. p. ٣٩٧.

والدكتور علي صادق أبو هيف، المصدر السابق، صفحة ٢٠٠.
والاستاذ محمد حسني عمر، المصدر السابق، صفحة ٢٥٠.
الاستاذ سامي الميداني، المصدر السابق، صفحة ٢٤٥.
الدكتور فاضل زكي محمد، المصدر السابق، صفحة ١٤٩.

(٣) ومن هذه القوانين المادة (٢٩) من المرسوم النمساوي الصادر عام ١٩٣٣ والمادة (٦) من قانون المرافعات الكولومبي والمادة (٤١٣) من قانون الاجراءات الجنائية الكويتي والمادة (٢٤٧) من قانون المرافعات المدنية الاكوادور. والمادة ٩٧ من القواعد الدبلوماسي في الهنداروس والمادة الثانية من المرسوم السوفيتي الصادر عام ١٩٢٧. أنظر
Philippe Cahier, op. cit, p. ٢٥٤.
G.E. do Nascimento e Silva, op. cit, p. ١٣٦.

(٤) في عام ١٨٥٦ طلبت الحكومة الامريكية تبليغ الوزير المفوض الهولندي في واشنطن بالحضور أمام إحدى المحاكم الأمريكية للإدلاء بشهادته بخصوص جريمة قتل حصلت بحضوره، غير أنه رفض المثول أمام المحكمة ووافق على إرسال شهادته مكتوبة دون أن يخضع لإجراءات الاستجواب.
أنظر: Philippe Cahier, op. cit. p. ٢٥٤.
Sir Ernest Satoe, op. cit. p. ٢٠٢.
G.E do Nascimento e Silva,op. cit. p. ١٢٠.

وفي عام ١٨٨١ طلبت الحكومة الأمريكية في فنزويلا تنازلها عن حصانة وزير المفوض في واشنطن من أداء الشهادة في حادث قتل الرئيس الامريكي Carfield فوافقت الحكومة الفنزويلية على ذلك. أنظر:

وقد أقرت المادة (١٧) من نظام معهد القانون الدولي الصادر عام ١٨٩٥، للمبعوث الدبلوماسي حق رفض إعطاء الشهادة أمام الجهات الإقليمية لدولة المستقبلة، ويجوز بـالطرق الدبلوماسية أخذ شهادته في مقر البعثة من قبل قاض ترسله الدولة المستقبلة[٥]، وقد أخذت بذلك أيضاً المادة من اتفاقية هافانا لعام ١٩٢٨[٦].

Charles G. Fenwick, op. cit. p. ٤٧١.

Wesley L. Gould, op. cit. p. ٢٧٣.

Oscar' Svalien, op cit. p. ٢٤٩.

والدكتور فاضل زكي محمد، المصدر السابق، صفحة ١٦٠.

وفي عام ١٩٥٨ فصلت الحكومة السويدية السكرتير الأول في سفارتها في واشنطن لاتهامه باختلاس أموال السفارة وطلبت من الحكومة الأمريكية أن تتخذ الاجراءات بحقه المحاكمة بتهمة الاختلاس. وقد خولت الحكومة السويدية حق التنازل عن أداء الشهادة لأي موظف في سفارتها. وعندما بدأت المحاكمة في عام ١٩٦٠ رفض القاضي الأمريكي المختص قبول شهادة موظفي السفارة السويدية بما فيهم السفير السابق، وطلب ان يكون التنازل عن أداء الشهادة على وجه التخصيص لكل حالة بصورة مستقلة وبناء على ذلك ارسلت السفارة السويدية مذكرة الى وزارة الخارجية الأمريكية تتضمن أسماء المبعوثين الذين جرى التنازل عن حصانتهم القضائية من أداء الشهادة

أنظر: Whiteman, op. cit. p. ٤٢٨.

والدكتور عبد الحسين القطيفي، المصدر السابق، صفحة ٩٦ هامش رقم (٤).

(١) في عام ١٩٢٠ انتقل قاضي التحقيق الفرنسي الى دار المفوضية اليونانية في باريس لأخذ شهادة الوزير المفوض اليوناني عن حادث الاعتداء الذي وقع على رئيس وزراء اليونان "فنزيلوس" أنظر:

الاستاذ سامي الميداني، المصدر السابق، صفحة ٢٤٥.

(٢) في عام ١٩٦٦ طلبت إحدى المحاكم في نيوزلندا تبليغ أحد موظفي السفارة الامريكية بالحضور أمامها للإدلاء بشهادته في حادث سرقة سيارته. غير إن الموظف لم يحضر أمام المحكمة ألا بعد تنازل حكومته عن حصانته من أداء الشهادة. أنظر: Whiteman, op. cit. p. p. ٤٣٠.

(٣) في عام ١٩٥٣ حكمت محكمة النقض المصرية على أحد الاشخاص لاعتدائه على شرف ابنه مبعوث دبلوماسي في القاهرة وجاء بقرار المحكمة أنها لم تستمع إلى شهادة الام بالنظر لتمتعها بالحصانة القضائية من أداء الشهادة. أنظر محكمة النقض المصرية، الدائرة الجنائية، ٢٨ ديسمبر ١٩٥٣ مجموعة الاحكام الصادرة من الدائرة الجنائية السنة الخامسة العدد الاول صفحة ١٩٠.

(٤) Friedrich Berber, op. cit.

(٥) نصت المادة ١٧ من نظام معهد القانون الدولي الصادر عام ١٨٩٥ على:

أنظر:

" Les personners jouissant de l'mmuniteds devant une juridiction peuvent refuser de comparaitre comp temoins devant une jurisdiction territoriale a condition, Si elles en sont requises par voie diplomatique de donner leur temoignahe dans l'hotel de la mission, a magistrate de pays delegue aupred d elles a cet effet"

Phillippe Cahier, op, cit, p. ٢٥٥.

Stauart, op. cit, p. ٢٥٦.

(٦) ونصت المادة (٢١) من اتفاقية هافانا لعام ١٩٢٨ على

" Persons enjoying immunity from juridiction may refuse to appear as witnesses before the territorial court".

G.E. do Nascimento e Silvam op. cit. p. ١٢٦.

أما بالنسبة لاتفاقية فينا للعلاقات الدبلوماسية فقد جاء النص الأصلي الفرنسي-[١] والانكليزي[٢] في الفقرة الثانية من المادة (٣١) بالشكل التالي: " إن المبعوث الدبلوماسي غير ملزم بإعطاء شهادته ".

وقد وضع المذكور بعد مناقشات عديدة لأعضاء مؤتمر فينا[٣]. وجاء في تعليق اللجنة بهذا الموضوع، أنه لا يوجد التزام على المبعوث الدبلوماسي بإعطاء شهادته والحضور بصفة شاهد. غير أن ذلك لا يعني أنه يجب أن يرفض بالضرورة التعاون مع سلطات الدولة بالنسبة للتحقيق في جريمة شاهد حصولها على سبيل المثال، وأنه يجوز التنازل عن حصانته هذه[٤].

ويلاحظ أن اتفاقية فينا لم تمنح المبعوث الدبلوماسي الحصانة المطلقة من أداء الشهادة كما هو الحال بالنسبة للحصانة القضائية الجزائية ويتضح من المفهوم المخالف للنص الفرنسي والانكليزي أن المبعوث الدبلوماسي يتمتع بالحصانة من الإجراءات التي تلزمه بأداء الشهادة.

ولم يرد أي استثناء لهذه الحصانة. وعلى ذلك لا يجوز إلزامه بأداء الشهادة سواء تعلقت هذه الشهادة بأعماله الرسمية أو الخاصة. وسواء أكانت تتعلق بالدعاوى المدنية أم الجزائية.

أما النص المعرب والمصادق عليه في العراق، فقد نص على ما يأتي: " يتمتع المبعوث الدبلوماسي بالإعفاء من أداء الشهادة ". ويختلف النص المعرب عن النصين الأصليين الفرنسي-والانكليزي، حيث إنه استعمل عبارة الإعفاء من أداء الشهادة. وهذا يعني أن المبعوث الدبلوماسي يتمتع بالحصانة من أداء الشهادة، وليس من إجراءاتها كما ورد في النص الأصلي. ويترتب على ذلك أن السلطات المختصة عندما يتضح لديها بأن

---

(١) جاء النص الفرنسي الفقرة الثانية من المادة (٣١) من اتفاقية فينا بالشكل التالي:

"l'agent diplomatique n' est pas pblige de donner son temoignage".

(٢) وجاء النص الانجليزي للفقرة المذكورة بالشكل التالي:

" a diplomatic agent is not obliged to give as a witness.

وقد أخذت اتفاقية البعثات الخاصة بالنص المذكور فنصت الفقرة (٣) من المادة ٣١ منها على ما يلي:

" The representatives of sending atate in special mission and the members of its diplomatic staff are not obliged evidence as witnesses".

(٣) وقد اقترح ممثل إيطاليا في مؤتمر فينا التمييز بين الشهادة المتعلقة بأعماله الرسمية والشهادة التي تخرج عن ذلك، وطلب منحه الحصانة القضائية بالنسبة للأولى دون الثانية. واقترح ممثل هولندا استثناء الحالات التي يخضع بموجبها المبعوث الدبلوماسي للاختصاص المحلي، وهي الحالات الواردة في الفقرة الأولى من المادة (أ وب وج) أما عدا ذلك فلا يجوز إجباره على اعطاء شهادته. أنظر:

G.E. do Naschimento e Silva, op. cit. p. ١٢٣.

(٤)Y.B.I.L.C. ١٩٥٨. Vol ١١, p ٩٨.

المراد أخذ شهادته في حين أن النص الأصلي يسمح للسلطات المختصة الطلب منه إعطاء شهادته، وإذا ما رفض ذلك فليس هناك وسيلة لإجباره.

فالقاعدة في النص الأصلي أن المبعوث الدبلوماسي يدلي بشهادته أمام السلطات المختصة، غير أنه لا توجد وسيلة لإجباره على ذلك، والقاعدة في النص المعرب أن المبعوث الدبلوماسي معفى من الإدلاء بشهادته.

وقد اختلفت الآراء بصدد طبيعة الحصانة من أداء الشهادة، فذهب رأي إلى إن الإعفاء من الإدلاء بالشهادة أمام المحاكم بدون موافقة حكومته جزء مهم لحريته في عمله ويتصل بحرمته الشخصية وليس مظهراً من مظاهر الحصانة القضائية(١).

وذهب رأي آخر إلى خلاف ذلك، ويرى أنه من المنطق ربط هذا الأمر بالحصانة القضائية لأن هذا الامتياز يقضي بأن المبعوث الدبلوماسي غير ملزم بإعطاء شهادته بخصوص القضايا التي لديه معلومات عنها، لئلا تكون محلا للمناقشة القضائية. ومما لا شك فيه أن عدم إمكان حمل المبعوث الدبلوماسي بالقوة الحضور أمام المحكمة يقوم على أساس حرمته الشخصية، غير أن هذا الامتياز إنما يأتي من حقيقة أن الحضور أمام المحكمة للإدلاء بشهادته إنما يعد بالنسبة له خضوعاً للتشريع المحلي، وفي حالة اتهامه بإعطاء شهادة الزور فإنه سوف يخضع للعقوبات القضائية المترتبة على ذلك، وسيقع في المحاذير التي أريد تحاشي الوقوع فيها عند منحه الحصانة القضائية(٢).

وأرى أن الإدلاء بالشهادة أمام السلطات القضائية تعد من الإجراءات القضائية التي تقتضيها مستلزمات الدعوى، ولا تدخل ضمن حرمة المبعوث الدبلوماسي الشخصية، غير أن إتباع إجراءات القسر لإجباره على الإدلاء بشهادته تدخل ضمن نطاق حركته الشخصية أيضاً لأنها واردة على شخصه بالذات.

كما أن اتفاقية فينا للعلاقات الدبلوماسية لعام ١٩٦١ أوردت نص الفقرة المتعلقة بالشهادة ضمن المادة (٣١) الخاصة بالحصانة القضائية ولم توردها في نص الفقرة (٢٩) الخاصة بالحرمة الشخصية ويترتب على اعتبار الامتناع عن أداء الشهادة حصانة قضائية جواز التنازل عنها حيث يجوز للدولة المرسلة أن تنازل عن حصانة المبعوث الدبلوماسي من أداء الشهادة باعتبارها حصانة قضائية. في حين لا يجوز التنازل عنها فيما لو اعتبرت حرمة شخصية.

---

(١) Mario Giulino, op. cit. pp. ١١٨ - ١١٩.
R. Gent, op. cit.p. ٥٣٠.
والدكتور فاضل زكي محمد، المصدر السابق، صفحة ١٥٩.

(٢)Philippe Cahier, op. cit. p. ٢٥٤.
G.E. do Nascimento e Sliva, op. cit. p. ١٢٤.
والدكتور عبد الحسين القطيفي، المصدر السابق، صفحة ٧٨.
الاستاذ سامي الميداني، المصدر السابق، صفحة ١٤٥.

وإذا ما تنازلت دولة المبعوث الدبلوماسي عن حصانته من أداء الشهادة، فإنه لا يجوز للسلطات المختصة أن تبلغه مباشرة بالحضور أمام السلطات القضائية. إنما يجب أن يتم ذلك بواسطة وزارة الخارجية(١).

وإذا حضر المبعوث الدبلوماسي المرافعة الإدلاء بشهادته فللمحكمة أن تسأله عن اسمه ومهنته ومحل إقامته وان تحلفه اليمين بأن يقول الحق، ويؤدي الشهادة شفاها ويوقع على أقواله. وللخصوم حق المناقشة بواسطة المحكمة والطعن بعدم صحتها.

ولا يجوز للمحكمة أو للخصوم الطلب منه إفشاء معلومات تخص بعثته أو دولته أو أموره الخاصة، وإن تعلقت بموضوع الدعوى.

أما إذا كان تناول دولة المبعوث الدبلوماسي عن حصانته من أداء الشهادة مجددا بأدائها في مقر البعثة وليس الحضور أمام المحكمة، فإن على المحكمة أن ترسل أحد القضاة إلى مقر البعثة بعد مفاتحتها بواسطة وزارة الخارجية، وتحديد موعدا معينا لأخذ شهادته، وفي هذه الحالة فإن المبعوث الدبلوماسي أن يدلي بشهادته أمام القاضي المنتدب.

أما التطبيق العملي في العراق، فقد جرى على أن تقوم وزارة الخارجية بتبليغ المبعوثين الدبلوماسيين بالحضور أمام السلطات القضائية لتدوين أقوالهم بصفة شهود(٢)، إلا ان الاستجابة لهذه السياسة تختلف من بعثة دبلوماسية إلى أخرى.

فهناك بعض البعثات في بغداد كالسفارة البريطانية(٣) والسورية(٤) وكوريا

---

(١) طلبت إحدى الدوائر التحقيقية تبليغ أحد موظفي السفارة البريطانية في بغداد بصفة شاهد من السفارة مباشرة. وقد اعتذرت وزارة الخارجية بمذكرتها المرقمة ١٨٠٩/٢٠٠ في ١٤ مارت ١٩٤٤ من السفارة البريطانية عن وصول التبليغ اليها مباشرة. وطلبت الوزارة بمذكرتها المرقمة ٢٠٠/٣٨٧ في ١٧/ مارت/ ١٩٤٤ من وزارة الداخلية ما يلي: " نظراً لتمتع أعضاء السلك الدبلوماسي بالصيانات والحصانات وفق العرف الدولي والتعامل الدولي فلا يحق لدوائر الحكومة الاتصال بهم مباشرة وإنما وزارة الخارجية وحدها التي تتوسط من أجل اجراء المعاملات المتقضية بين الطرفين".

(٢) طلبت السلطات المختصة تبليغ أعضاء سفارة جمهورية أفريقيا الوسطى في بغداد بالحضور اليها بصفة شهود في حادث الاعتداء الواقع عليهم. وقد طلبت وزارة الخارجية بمذكرتها المرقمة ١٥٦٠٣ في ١٩٧٦/٤/١٢ من السفارة المذكورة تبليغهم بالحضور بصفة شهود.

(٣) امتنعت السفارة البريطانية في بغداد بموجب مذكرتها المرقمة ٥١ والمؤرخة في ١٩٤٤/٢/٢٠ تبليغ السكرتير الثاني في السفارة للإدلاء بشهادته في حادث دهس كلبه باعتبار أن السكرتير الثاني المذكور يتمتع بالحصانة القضائية من أداء الشهادة.
انظر كذلك مذكرة وزارة الخارجية المرقمة ١٨٠٩/٢٠٠/٣٨٧ في ١٤ مارت ١٩٤٤.

(٤) طلبت متصرفية لواء بغداد بمذكرتها المرقمة ١٣٢٠٣ في ١٩٥٠/٧/١٢ تبليغ القائم بأعمال المفوضية السورية في بغداد بصفة شاهد امام السلطات التحقيقية، وقد قامت وزارة الخارجية بإرسال الطلب المذكور الى المفوضية السورية بمذكرتها المرقمة ٢٠٠/٣٦٧ في ١٩٥٠/٧/٢٣، إلا ان المفوضية لم توافق على ادلاء القائم بالأعمال بشهادته بالنظر لتمتعه بالحصانة من أداء الشهادة.

الديمقراطية[1] والبلجيكية[2]، لا توافق على تبليغ ممثلها للإدلاء بشهادته سواء أمام السلطات المختصة أو في مقر البعثة أو في منزله الخاص على أساس تمتعه بالحصانة من أداء الشهادة.

وتسمح بعض السفارات في بغداد كالسفارة الأمريكية[3] والفرنسية[4] والمصرية[5]، لمثليها بتدوين شهادتهم في مقر البعثة فقط ولا تسمح لهم بالحضور أمام السلطات المختصة.

ولا تمانع بعض السفارات كالسفارة الباكستانية[6] من حضور ممثليها أمام السلطات المختصة لتدوين أفادتهم.

وما دام المبعوث الدبلوماسي يتمتع بالحصانة القضائية، فإنه لا يمكن إجباره على الإدلاء بشهادته أمام السلطات المختصة، لأن امتناعه عن الإدلاء بالشهادة لا يتبعه إمكان اتخاذ الإجراءات القضائية وفرض العقاب اللازم بحقه بالنظر لتمتعه بالحصانة القضائية في الأمور الجزائية.

---

(١) طلبت محكمة جزاء الكوت حضور السكرتير الثالث في السفارة الكورية في بغداد بصفة شاهد في الدعوى المرقمة ٧٤/١٥٣، وقد أجابت السفارة بمذكرتها المرقمة ٧٧/١٠ والمؤرخة في ١٩٧٧/٢/٥ بانها لا توافق على حضوره بصفة شاهد.

(٢) طلبت محكمة الجزاء الثالثة لمنطقة الرصافة بكتابها المرقم ٣٦/ج/٧٨ والمؤرخ في ١٩٧٨/٣/٢٧ تبليغ أحد أعضاء السفارة بصفة شاهد. وقد أجابت السفارة بمذكرتها المرقمة ١٣٣ والمؤرخة في ١٩٧٨/٤/١٩ بأن السيد (-) "معفى من حضور المرافعة القانونية للدعوى المرقمة ٢٦/ج/٩٧٨". وكان المومأ اليه اعطى شهادته أمام الشرطة.
أنظر مذكرة وزارة الخارجية المرقمة ٩٩٣٧٤ في ١٦ نيسان ١٩٧٨.

(٣) قررت محكمة جزاء بغداد في القضية المرقمة ٤٩/١ علوية الخاصة بسرقة دار المستر فرانسيس الن السكرتير في السفارة الامريكية في بغداد استماع شهادته وتبلغه بالحضور أمام المحكمة الكبرى وكان السكرتير المذكور قد رفض الحضور أمام المحكمة لتدوين افادته. وقد أجابت وزارة الخارجية بمذكرتها المرقمة ٢٠٠/٣٦٧ في ٩٥٠/١/١١ " لما كان المستر فرانسيس الن السكرتير الثاني في السفارة الامريكية من أعضاء السلك الدبلوماسي الذين يتمتعون بالصيانات والامتيازات فإنه لا يمكن ارغامه على الحضور شخصياً أمام المحكمة الا اذا وافق على ذلك، ويظهر انه لا يرغب في الحضور الى المحكمة، ولذا يرجى انتداب أحد الحكام أو نوابهم لأخذ إفادته في دار السفارة مع أعلامنا بالموعد المحدد الذي سيتقرر لذلك ليتسنى لنا اخبار السفارة الامريكية بذلك ".

(٤) جاء بمذكرة وزارة الخارجية المرقمة ٢٠٠/٢٤٥ في ٥٥/٢/١٢ الموجهة الى متصرف لواء بغداد، " إن السيد لوسيان جوفردا الموظف في السفارة الفرنسية في بغداد لا يستطيع الحضور الى محكمة الجزاء الا انه على استعداد للإدلاء بإفادته في السفارة التي توفده المحكمة لهذا الغرض. ونعيد أوراق التبليغ غير مبلغة من مخاطبها ونرجو إعلامنا باسم المحقق الذي سينتدب مع بيان التاريخ الذي سيعين لذلك ".

(٥) طلبت متصرفية لواء بغداد بكتابها المرقم ٧٨٩٤ في ٥٥/٣/٧ من وزارة الخارجية تبليغ السيد كمال محمد ابو الخير الموظف الدبلوماسي في السفارة المصرية في بغداد بالحضور أمام محكمة الجزاء بصفة شاهد وقد أجابت الوزارة بمذكرتها المرقمة ٢٠٠/٢٤٥/٦٦٣١ في ١٩٥٥/٣/٢٦ " كان السيد كمال محمد ابو الخير السكرتير الثالث في السفارة المصرية مشمولاً بالصيانات والامتيازات فليس بالإمكان الزامه بالحضور في محكمة جزاء بغداد الا انه وافق على الادلاء بافادته في دار السفارة. نرجو الايعاز بارسال احد المحققين العدليين الى السفارة المذكورة لأخذ افادة السكرتير الثالث ".

(٦) جاء بمذكرة السفارة الباكستانية في بغداد المرقمة ٧١/٤٢/٤٢ في ١٩٧٢/٥/٢٧ " أن المطلوب تبليغهم قد غادروا العراق الى باكستان ويتعذر تبليغهم. نرجو الاكتفاء بالشهادة المقدمة الى حاكم التحقيق والجهات الأخرى ".

والنص على هذه الحصانة في اتفاقية فينا للعلاقات الدبلوماسية لعام ١٩٦١ جاء من باب التأكيد على هذه الحصانة وقطع الاختلاف بالتفسير.

وإذا ما تنازلت دولة المبعوث الدبلوماسي عن حصانة مبعوثها الدبلوماسي من إجراءات أداء الشهادة وامتنع الحضور أمام السلطات التحقيقية أو القضائية حضر أمامها وأعطى شهادة كاذبة فهل يجوز فرض العقاب اللازم بحقه؟

لما كانت الشهادة من الأمور الشخصية المتعلقة بالشخص، وأن ما يدلي به يتضمن ما اطلع عليه بحواسه، فإني أرى أن تنازل دولته عن حصانته من إجراءات الشهادة لا يبرر لدولته إلزامه بإعطاء شهادته أمام سلطات الدولة المستقبلة وإنها لا تستطيع اتخاذ الوسائل التي تجبره على ذلك إذا كانت الشهادة تتعلق بقضية لا علاقة بها بواجباته الرسمية.

أما إذا كانت الشهادة تتعلق بواجباته الرسمية، وأن امتناعه عن الإدلاء بها سوف يؤدي إلى أضرار تصيب دولته، فإنه في هذه الحالة يكون مسؤولاً من قبل دولته، ولها أن تتخذ الوسائل اللازمة بحقه طبقاً لقوانينها.

أما بالنسبة لسلطات الدولة المستقبلة، فإن تنازل دولة المبعوث الدبلوماسي عن حصانته من إجراءات أداء الشهادة، لا يبرر لها أن تتخذ الوسائل اللازمة لإجباره على الإدلاء بشهادته أو تحضره بالقوة أمامها، لأن ذلك يتعلق بحرمته الشخصية.

وإذا حضر أمام السلطات المختصة وأعطى شهادة كاذبة فإن ذلك لا يبرر إحالته على محاكم الدولة المستقبلة بتهمة الشهادة الكاذبة لأنه يتمتع بالحصانة القضائية في الأمور الجزائية فلا يجوز محاكمته أو فرض العقاب اللازم بحقه مباشرة.

وعدم قيام سلطات الدولة المستقبلة بإجبار المبعوث الدبلوماسي بالحضور أمامها للإدلاء رغم تنازل دولته عن حصانته من إجراءات أداء الشهادة أو عدم إمكان معاقبته لإعطائه شهادة كاذبة يقوم على أساس أن تنازل الدولة المستقبلة عن الحصانة من إجراءات الشهادة لا يتضمن التنازل عن حرمته الشخصية أو حصانته القضائية في الأمور الجزائية. وأن تنازلها عن حصانته من إجراءات الشهادة كان مبنياً على أن مبعوثها ليس طرفا في الدعوى الأصلية، وأنه لن يتأثر بقرار الحكم الصادر بصددها.

ومن هذا يتبين أن الشهادة التي يدلي بها المبعوث الدبلوماسي ليست لها قيمة عملية لاحتمال الإدلاء بمعلومات كاذبة طالما أن وسائل الردع متوقفة ضده ولا تحمله على قول الصدق.

كما أن الحضور إلى مقر البعثة لأخذ أقواله لا يحقق العدالة لعدم إمكان ذوي العلاقة من مناقشة ما يدلي به.

وعلى ذلك أرى أن لا يلجأ إلى أخذ شهادة المبعوث الدبلوماسي إلا في الأحوال الضرورية وتعذر حضور شهود آخرين غيره.

وإذا كانت القضية تتعلق بأمور سياسية، فأرى أن يترك تقدير تقديم الشهادة إلى وزير خارجية الدولة المستقبلة الذي يقرر ذلك حسب ظروف كل قضية وطبيعة العلاقات الدولية ومدى تأثير الشهادة هذه عليها.

المبحث الثاني

الحصانة من التنفيذ

عندما أخذت الدولة على عاتقها سلطة تأكيد احترام القواعد القانونية عن طريق احتكار القضاء لنفسها، ومنعت الشخص اقتضاء حقه بنفسه من الغير، كان من الضروري تضع الوسائل القانونية الكفيلة بحماية الحق وإيصاله إلى أهله، لأن الحق بدون حماية لا يمكن أن يوفر لصاحبه المصلحة التي هي جوهره[1].

ولهذا فقد أنشأت الدولة مؤسسات تتولى القرارات التي تصدرها محاكمتها المدنية والسندات الأخرى التي يمنحها القانون قوة التنفيذ والتي تتضمن دفع شيء معين. والقرارات التي تصدرها محاكمها الجزائية وبعض سلطاتها الإدارية والتي تتضمن عقوبات سالبة للحرية.

وإذا لم تتنازل دولة المبعوث الدبلوماسي عن حصانته القضائية، ومع ذلك تمت محاكمته أمام محاكم الدولة المستقبلة أما بالنظر لعدم معرفة صفته الدبلوماسية أو وكل غيره حضور إجراءات المرافعة ولم تثار مسألة الحصانة، أو امتنع عن الحضور وصدر حكم غيابي بحقه، فإنه لا يجوز تنفيذ الحكم الصادر بحقه إذا كشف عن صفته الدبلوماسية وتصبح الأحكام الصادر بحقه غير قابلة للتنفيذ في هذه الحالات.

وإذا تنازلت دولة المبعوث الدبلوماسي عن حصانته القضائية فمن المحتمل أن تصدر محاكم الدولة المستقبلة حكما ضده، وعند ذلك تثور مشكلة إمكانية تنفيذ الحكم هذا بحقه، فهل يعني أن تنازل دولته عن حصانته القضائية يتضمن جواز تنفيذ الحكم الصادر بحقه وإمكان اتخاذ الإجراءات التنفيذية؟ أو أن التنازل كان قاصراً على الإجراءات القضائية المتعلقة بالدعوى فقط. وينتهي بانتهائها ولا يتعدى إلى التنفيذ؟

---

(١) الدكتور فتحي والي. التنفيذ الجبري، الطبعة الثانية، مطبعة جامعة القاهرة، ١٩٧٥، صفحة ٢.

إن الإجابة عن ذلك يتطلب التمييز بين الأحكام الصادرة من المحاكم المدنية، وبين الأحكام الصادرة من المحاكم الجزائية، بالنظر لاختلاف الإجراءات التي تتطلبها هـذه الأحكام والمؤسسات التي تتولى تنفيذها.

وعليه سنتكلم في هذا المبحث عن الحصانة من تنفيذ الأحكـام في الأمـور المدنيـة وعن الحصانة من تنفيذ الأحكام في الأمور الجزائية وهو ما خصصنا له المطلبين التاليين:

المطلب الأول: الحصانة من التنفيذ في الأمور المدنية.

المطلب الثاني: الحصانة من التنفيذ في الأمور الجزائية.

المطلب الأول: الحصانة من التنفيذ في الأمور المدنية

يعرف التنفيذ المدني بأنه "اقتضاء حق للمرء بذمة آخر" وهو على نوعين:

الأول: التنفيذ الرضائي "الاختياري"[1]، وهو التنفيذ الذي يقوم به المـدين اختيـارا ومـن تلقـاء نفسه أو بناء على طلب الدائن دون أن يخضع للإجراءات الاعتيادية التي تتخذ بحـق المـدين الممتنع، وهو الطريق الطبيعي لانقضاء الالتزام.

الثاني: التنفيذ الجبري، وهو التنفيذ الذي يتم عن طريق مؤسسات رسمية تتولى تنفيذ الحكم وحمل المدين على أداء الالتزام وقهر إرادته عن طريق الحجز على أمواله وبيعها واقتضاء ثمن الدين منها[2].

وتعد إجراءات التنفيذ المدني الجبري من الإجراءات القضائية، حيـث يمـارس رئـيس التنفيذ أو "قاضي التنفيذ" الإجراءات كافة المتبعة لدى المحاكم، ويجري الطعن بقراراتـه أمـام المراجع القضائية العليا وفقاً للقواعد الخاصة بالطعن في قانون المرافعات[3]

---

(١) الدكتور ادوار عبد، طرق التنفيذ ومشكلاته، مطبعة النجوى، بيروت، ١٩٦٣، صفحة ٧.
والدكتور سعيد عبد الكريم مبارك، أحكام قانون التنفيذ. الطبعة الثانية، مطبعة جامعة بغداد ١٩٧٨ ، صفحة ١٢.
والدكتور عبد الرزاق السنهوري، المصدر السابق صفحة ٧١٩.
الدكتورة أمينة النمر، القواعد العامة في التنفيذ بطريق الحجز، الطبعة الاولى، دار المعارف، الاسكندرية ١٩٧٠، صفحة ٢.
(٢)Jean Carbonner. Droit Civil-Tome ٢ Presses Universitaires de France ١٩٥٩ p. ٧٩٣. S. G.
Marty, p. Raynand. Droit Civil. Tome ٢, vol. ١, Sirey Paris ١٩٦٢.
(٣) الدكتور سعيد عبد الكريم مبارك، المصدر السابق، صفحة ٣٣.
الدكتور ادور عبد، المصدر السابق، صفحة ٥٩.
انظر كذلك قرارات محكمة تمييز العراق الخاصة بطرق الطعن بقرار رئيس التنفيذ أمام محكمة التمييز المرقمة:
٣٢٢/ تنفيذ ١٩٦٤ في ١٩٦٤/٩/٢١ و ٣٧٤/ تنفيذ/ ٩٦٤ في ٦٤/٩/٢١ و ٤٣٣/ تنفيذ/ ٩٦٤ في ١٩٦٤/١٠/٢٥ و ٢٠٠/
تنفيذ ١٩٦٤ في ١٩٦٤/٦/٢.
مجلة قضاء محكمة تمييز العراق، المجلد الثاني، مطبعة الادارة المحلية، بغداد ١٩٦٨ صفحة ٣٠٤ و ٣٠٥.

وله صلاحية حبس المدين الموسر الذي ليس له مال طاهر يمكن الحجز عليه، أو الذي يمتنع عن تسليم شيء معين[1].

وبالنظر لما يترتب على حجز أموال المدين وبيعها أو حبسه عنه تعذر الحجز عليها من تعرض لصيانته الشخصية وحرمة أمواله، فقد ذهب الفقه[2] والقضاء[3] وقوانين بعض الدول[4] على أن تنازل دولة المبعوث الدبلوماسي عن حصانته القضائية وخضوعه للقضاء الإقليمي لا يتبعه إمكان اتخاذ الإجراءات التنفيذية ضده أو على أمواله في حالة صدور حكم في غير صالحه، لأن من شأن ذلك أن يمس حرمته الشخصية وينال من هيبته وكرامته، حيث تقترن في إنه من غير الجائز الحجز على أمواله أو الاستيلاء عليها من قبل السلطات القضائية أو الإدارية في الدولة المستقبلة ما لم تتنازل دولته عن حصانته من تنفيذ الحكم الصادر ضده بصورة مستقلة عن تنازلها عن حصانته القضائية.

وقد وضعت اتفاقية فينا للعلاقات الدبلوماسية لعام ١٩٦١ قاعدة عامة، تقضي- عدم اتخاذ أية إجراءات تنفيذية ضد المبعوث الدبلوماسي ما لم يصدر تنازل صريح من حكومته وبصورة مستقلة عن تنازلها عن الحصانة القضائية. وأوردت على هذه القاعدة بعض الاستثناءات ذاتها الواردة على الحصانة القضائية المدنية. فعندما تخرج بعض

---

(١) انظر قرارات محكمة تمييز العراق الخاصة بحبس المدين الموسر أو المدين الذي متنع عن تسليم شيء معين المرقمة ١٤٠٣/ تنفيذ / ١٩٦٥ في ٩٦٥/٩/٤ و ٣٨٦/ تنفيذ/ ٩٦٥ في ٩٦٥/٨/٢٢ و ٣٣١/ تنفيذ/ ١٩٦٥ في ٩٦٥/٨/١٦ مجلة قضاء محكمة تمييز العراق، المصدر السابق، المجلد الثالث، صفحة ٣٤٨ وما بعدها.
ونصت المادة (٨٦) من قانون التنفيذ رقم (٣٠) لسنة ١٩٥٧ على ما يلي: " إذا لم يقبل المدين بالتوصية التي قررها الرئيس كان للرئيس اصدار القرار بحبسه ".

(٢)Hans Kelsen, op. cit. p. ٣٤٩.
Ian Brownilie, op. cit. p. ٣٤٤.
Gerhard Von Glahn, op. cit. p. ٣٨.
Emile Tyan, op. cit. p. ٤٣٧.
Rene Savatier, op. cit. p. ١٣٤.
Philippe Cahier, op. cit. p. ٢٦٣.

والدكتور علي صادق ابو هيف، المصدر السابق، صفحة ٢٠٠ والدكتور عبد الحسين القطيفي، المصدر السابق ص ٩٧.

(٣) في عام ١٩١٧ تنازلت الحكومة البوليفية عن حصانة وزيرها المفوض في لندن "سواريز" لقيامه بإدارة شركة خاصة لمصلحة اسرته. وقد قضت المحكمة بأن يدفع "سواريز" للمدعي مبلغا من المال، غير انه رفض تنفيذ ذلك محتجاً بحصانته من اجراءات التنفيذ وقد أخذت المحكمة بدفعه هذا واقرت حصانته من تنفيذ الحكم ضده.
انظر قضية Suarez V. Suarez مشار إليها في

Y.B.IL.G. ١٩٥٦, Vol ٢ p. ١٦٨ Ne ٢٨٨.

كذلك انظر قرار محكمة (Aix) الفرنسية الصادر عام ١٩٣٩ مشار اليه في:

Henri Batiffol, op. cit. p. ٧٨٧.

وانظر قرار محكمة لندن في قضية

B.Y.B.I.L. Vol. ٢ ١٩٢٦. p ٢١٨.

(٤) انظر المادة (٥٦٧) من قانون المرافعات البولندي الصادر عام ١٩٣٢.

الدعاوى من نطاق الحصانة القضائية المدنية جاز تنفيذ الحكم الصادر ضد المبعوث الدبلوماسي دون حاجة إلى تنازل دولته عن هذه الحصانة(١).

ونصت على هذه القاعدة الفقرة (٣) من المادة (٣١) من الاتفاقية بقولها: "لا يجوز اتخاذ أية إجراءات تنفيذية إزاء المبعوث الدبلوماسي إلا في الحالات المنصوص عليها في البنود (أ) و (ب) و (ج) من الفقرة (١) من هذه المادة ويشترط بإمكان اتخاذ تلك الإجراءات دون المساس بحرمة شخصه أو منزله(٢) ". وقد أخذت اتفاقية البعثات الخاصة لعام ١٩٦٩ بالقاعدة هذه(٣).

وعلى ذلك فلا تنفذ قرارات المحاكم المدنية لدى دوائر التنفيذ العراقية، وعلى رئيس التنفيذ " قاضي التنفيذ" أن يمتنع عن قبول تنفيذ هذه القرارات، سواء تضمن قرار الحكم دفع مبلغ معين من النقود أم تسليم أو تسلم شيء.

ويترتب على ذلك أن أموال المبعوث الدبلوماسي تتمتع بالحصانة من إجراءات التنفيذ فلا يجوز الحجز عليها وبيعها بالمزاد العلني من أجل استحصال مبلغ الدين.

ويستطيع المبعوث الدبلوماسي الدفع بعدم التنفيذ الجبري لا بالنسبة إلى الأحكام القضائية الصادرة ضده فحسب، إنما أيضاً بالنسبة لجميع السندات التنفيذية الأخرى وإن لم يصدر بها قرار من المحاكم المحلية، كالأوراق التجارية والسندات المثبتة لحق شخصي أو عيني والسندات الأخرى التي يمنحها القانون قوة التنفيذ لدى دوائر التنفيذ مباشرة دون حاجة إلى صدور حكم بها(٤)، لأن الإجراءات المتبعة في تنفيذ الحكم الصادر من المحاكم

---

(١) وقد أجاز بعض الكتاب اتخاذ اجراءات التنفيذ الجبري في مواجهة المبعوث الدبلوماسي في حالة ما إذا صدر حكم ضده يستند الى الطلبات العارضة في الدعوى المقامة من قبله. انظر الدكتور محمد عبد الخالق عمر، المصدر السابق، صفحة ١٧٢.

غير أن هذا الرأي لا يجد سنداً له في اتفاقية فينا للعلاقات الدبلوماسية الحالات الواردة في الفقرة الأولى من نفس المادة. وعلى ذلك لا يستطيع من بيده سند تنفيذ يستند الى قرار حكم في دعوى متقابلة أو على الطلبات العارضة في الدعوى المقامة من قبل المبعوث الدبلوماسي ان ينفذه لدى دائرة التنفيذ ما لم يحصل على تنازل دولته عن الحصانة من اجراءات التنفيذ.

(٢) وجاء بالنص بالفرنسية:

"Acune mesure d'execution ne peut etre prise l'egard de l'agent dilomatique, sauf dans les prevus aux alineas a (etc) du paragraphe l du present article, et pourvu que l'execution puisse se faire sans quil soit porte atteinte a l'involabilite de sa persone ou de sa demeure".

(٣) وقد نصت الفقرة الرابعة من المادة (٣١) من اتفاقية البعثات الخاصة على ما يلي:

" لا يجوز القيام بإجراءات تنفيذية ازاء ممثلي الدولة الموفدة في البعثة الخاصة أو أحد موظفيها الدبلوماسيين إلا في الحالات المنصوص عليها في البنود (أ وب وج ود) من الفقرة ٢ من هذه المادة، وبشرط امكان اتخاذ تلك الاجراءات دون المساس بحرمة شخصه او مسكنه ".

(٤) لقد منحت قوانين الدول بعض السندات قوة التنفيذ الجبري لدى دوائر التنفيذ مباشرة وتنفذ هذه السندات كالأحكام القضائية الصادرة من المحاكم. وانظر على سبيل المثال المادتين (٥٤ و ٥٨) من قانون المرافعات السوفيتي. انظر الدكتور فتحي والي، قانون القضاء المدني في الاتحاد السوفيتي، مكتبة القاهرة الحديثة، (بدون سنة طبع) والمادة ٣٦٩ من قانون المرافعات الليبي الصادر عام ١٩٦٦ والمادة ٣٢١ من قانون الاجراءات المدنية الجزائري

المدنية، حيث إنها تؤدي بالنتيجة إلى الحجز على أموال المبعوث الدبلوماسي واستحصال ثمـن الدين منها.

أما الاستثناءات الواردة على قاعدة الحصانة من التنفيذ والتي حـددتها الفقـرة (٣) من المادة (٣١) من اتفاقية فينا، فأنها تتطلب توافر الشرطين التاليين:

الشرط الأول أن يكون موضوع الحكم المراد تنفيذه متعلقاً بالاستثناءات الواردة في نص الفقرة الأولى من المادة (٣١) والتي لا يتمتع بموجبها المبعوث الدبلوماسي بالحصانة القضائية وهذه الحالات:

١- الدعاوي العينية العقارية المملوكة الكائنة في إقليم الدولة المعتمـد لـديها، مـا لم تكـن حيازته لها بالنيابة عن الدولة المعتمدة لاستخدامها في أغراض البعثة.

٢- الدعاوي المتعلقة بشؤون الإرث والتركات والتي يدخل فيها بوصفه منفذاً أو مصفياً أو وريثاً أو موصى له، وذلك بالأصالة عن نفسه لا بالنيابة عن الدولة المعتمدة.

٣- الدعاوي المتعلقة بأي نشاط مهني أو تجاري يمارسـه في الدولـة المعتمـد لـديها خـارج وظائفه الرسمية.

أما ما عدا ذلك من أحكام فلا يمكن تنفيذها ضد المبعوث الدبلوماسي مهما كانـت طبيعة الالتزام كما يجوز تنفيذ السندات التنفيذية الأخرى بحقـه، لأن نـص الفقـرة (٣) مـن المادة (٣١) من الاتفاقية حددت الأحكام التي يجوز تنفيذها ضد المبعوث الـدبلوماسي عـلى سبيل الحصر، ولا يجوز التوسع فيها.

الشرط الثاني: ألا تمس الإجراءات التنفيذية المتخذة ضد المبعوث حرمة شخصه.

إن من الأمور المستقرة في القانون الدولي وما أكدته اتفاقية فينا للعام ١٩٦١ انه لا يجوز تعرض شخص المبعوث الدبلوماسي إلى وسائل القسر، أو أن تسـتعمل القـوة ضـده، لأن من شأن ذلك تقييد حريته وعدم إمكانيته أداء واجباته الرسمية بصورة صحيحة.

وعلى ذلك لا يجوز حبسه لامتناعه عن تسليم شيء معين تعتمد إخفاءه أو امتنع من تسليمه، أو امتناعه عن دفع مبلغ من النقود رغم يسر حاله وقدرته على الدفع. ولا يجوز دخول مقر عمله الرسمي أو منزله الخاص بحجة وضع الحجز عليه أو حج

الصادر عـام ١٩٧٣ نشرة وزارة العـدل الجزائرية الصادرة عـام ١٩٧٣ والمادة ٢٨٠ مـن قـانون المرافعـات المدنيـة والتجارية المصري الصادر عام ١٩٦٨ والمادة الخامسة من قانون التنفيذ العراقي رقم (٣٠) لسنة ١٩٥٧ ويراجـع تنفيذ هذه السندات: الدكتور سعيد عبد الكريم مبارك، أحكام قانون التنفيذ، الطبعة الثالثة، مطبعة جامعة بغداد ١٩٧٨ صفحة ٦٩.

ز الأموال الموجودة فيه والتي لا تتمتع بالحصانة من التنفيذ سواء كان يمتلكها أم كانت بحيازته بصفة شخص ثالث.

أما إذا كانت لديه أموال أخرى تدخل ضمن الحالات المنصوص عليها في الشرط الأول والتي تخرج من نطاق الحصانة القضائية سواء أكانت موجودة لديه وقام بتسليمها إلى دائرة التنفيذ رضاء أو كانت موجودة لدى شخص ثالث أودعها المبعوث الدبلوماسي لديه، فيجوز في هذه الحالة التنفيذية عليها عن طريق حجزها وبيعها العلني، إذا كان ذلك لا يمس حرمة شخصه أو منزله.

ومن ذلك يتضح انه يجوز الحجز على العقارات التي لا يشغلها بنفسه أو أمواله المنقولة التي ليست تحت حيازته والمبالغ المودعة لدى المصارف وبضائعه الموجودة في محل تجاري مملوك له أو لغيره أو أمتعته الموجودة على ظهر السفينة أو الطائرة أو أي واسطة نقل أخرى، وغيرها من الأموال التي تدخل ضمن الشرط الأول.

ومن الواضح أن التنفيذ على هذه الأموال بعد توافر الشرطين المذكورين لا يتطلب تنازل دولته عن حصانته من تنفيذ الحكم الصادر ضده، إنما تنفذ هذه الأحكام بحقه مباشرة بطريق التنفيذ الجبري، لأن المبعوث الدبلوماسي لا يتمتع بالحصانة القضائية في مثل هذه الدعاوي، وإنها تخرج عن نطاق الحصانة القضائية أصلاً طبقاً لأحكام الفقرة الأولى من المادة (٣١) من اتفاقية فينا للعلاقات الدبلوماسية كما أنها تخرج عن نطاق الحصانة من التنفيذ طبقاً للفقرة الثالثة من المادة المذكورة.

أما ما عدا ذلك فلا يجوز لقاضي التنفيذ أن ينفذ أي قرار حكم قضائي أو أي سند تنفيذي أخر، ما لم تتنازل دولة المبعوث الدبلوماسي عن حصانته من التنفيذ بصورة مستقلة عن تنازلها عن حصانته القضائية.

وقد نصت على هذه القاعدة الفقرة الرابعة من المادة (٣٢) من اتفاقية فينا لعام ١٩٦١ بقولها: " إن التنازل عن الحصانة القضائية بالنسبة إلى أي دعوى مدنية أو إدارية لا ينطوي على أي تنازل عن الحصانة بالنسبة إلى تنفيذ الحكم بل لا بد في هذه الحالة الأخيرة من تنازل مستقل[1] " وهو ما أخذت به اتفاقية البعثات الخاصة لعام ١٩٦٩[2].

---

(١) وقد جاء النص بالفرنسية على ما يلي:

"La rnonciation a immunite de Juridiction pour action civile ou administrative n'edt pas censee implique la reneanciation a J'immunite quant aux mesures d'execution du Jugement, pour lesquelles une renanciation distinet est nescessaire".

(٢) وقد نصت الفقرة ٤ من المادة ٤١ من اتفاقية البعثات الخاصة على ما يلي:

" التنازل عن الحصانة القضائية بالنسبة إلى أية دعوى مدنية أو إدارية لا يعتبر تنازلاً عن الحصانة القضائية بالنسبة الى تنفيذ الحكم بل يجب في هذه الحالة الأخيرة تنازل مستقل".

وقد سبق للعراق أن طبق هذا المبدأ قبل وبعد نفاذ اتفاقية فينا لعام ١٩٦١. ففي خلال الحرب العالمية الثانية استولت الحكومة العراقية على أموال السفارتين الإيطالية والألمانية في بغداد غير إنها لم تقرر مصادرتها، إنما سلمتها إلى السفارة التركية لتسليمها للحكومة الايطالية، وكان من بين هذه الأموال، أموال تعود لسكرتير المفوضية الايطالية[1].

وفي عام ١٩٧٣ قررت رئاسة بغداد النظامي وضع الحجز التنفيذي على أرصدة السفارة الأمريكية في بغداد في مصرف الرافدين والمصرف التجاري العراقي والحوالات المصرفية الواردة إليها من الخارج عن طريق البنك المركزي العراقي، بالإسناد إلى قرارات الحكم المرقمة ٩٦٩/١٦٠٣ و ١٦٠٤/ ٩٦٩ و ٩٧٠/٤٥٦ الصادرة من محكمة بداءة بغداد. وبعد أن اتخذت رئاسة التنفيذ الاجراءات التنفيذية اعترضت رئاسة ديوان رئاسة الجمهورية على هذه الاجراءات وطلبت إلغاء الاجراءات التنفيذية المتخذة وتبليغ ذوي العلاقة بمراجعة الطرق الدبلوماسية للحصول على حقوقهم[2].

يتضح من ذلك أن رأي الحكومة العراقية يمنع اتخاذ الاجراءات التنفيذية بحق أموال البعثات الدبلوماسية الأجنبية، وأن صدر حكم قضائي من المحاكم العراقية، وهو اتجاه يتفق وأحكام اتفاقية فينا للعلاقات الدبلوماسية.

---

(١) جاء بمذكرة وزارة الداخلية الموجهة إلى وزارة الخارجية ما يلي: " اقترح مراقب أموال الاجانب بيع الامتعة العائدة الى السكرتير الشرقي السابق للمفوضية الايطالية السنيور (دافيد دابك) بالمزاد العلني نرجو بيان موافقتكم ". وقد أجابت وزارة الخارجية بمذكراتها المرقمة ٢٠٠/٨٣ في ١٩٤٢/١/١٤ ما يلي: نود ان نبين بهذه المناسبة ان سيارة القائم بالأعمال السابق في روما موجودة في ايطاليا ولم تتعرض لها السلطات الايطالية بأي شكل من الاشكال كما إن الأعضاء المفوضية الملكية العراقية في برلين امتعة وأثاث محفوظة لم تمس من قبل السلطات الالمانية. أما اذا أردنا الخروج عن قواعد المجاملة الدولية التي تقتضي بمعاملة البعثات الدبلوماسية المنسحبة معاملة خاصة تختلف عن معاملات باقي الهيئات الأجنبية فليس هناك ما يدعو الى التغاضي عن مراعاة قاعدة المقابلة بالمثل التي توجب ان تعامل هاتين المفوضتين بما تعامل به أموال مفوضيتنا في روما وبرلين ".

وقد طلبت وزارة الداخلية بمذكرتها المرقمة ٢١٩ في ٤٢/١/١٧ من الجهات المختصة تسليم الأموال المذكورة الى السفارة التركية التي تقوم برعاية مصالح هاتين الدولتين في بغداد.

(٢) انظر كتاب وزارة العدل المرقم أ ٢٥/أ/٥٦٥ والمؤرخ في ١٩٧٤/٥/٥ الذي تضمن كتاب رئاسة ديوان رئاسة الجمهورية المرقم ٥٨٢ والمؤرخ في ١٩٧٤/٤/٢٩ والذي جاء " ... بلزوم تبليغ الدائن (خ) بانه لاستحصال ديونه المترتبة نتيجة استئجار البناية العائدة من قبل السفارة الأمريكية عن طريق تقديم طلب اصولي الى وزارة الحارجية مؤيداً بالحجج المثبتة لحقه لكي تقوم وزارة الخارجية بطريقة دبلوماسية بمفاتحة الجهات الامريكية لاستحصال حقوقه واسترجاع المبلغ المستلم من قبله من المصرف التجاري العراقي فرع كرادة مريم ".

انظر نص " القرار ايضاً منشور في حيثيات الدعوى المرقمة ١٥٩ هيئة عامة ١٩٧٤ والمؤرخ في ١٩٧٤/١٢/٧، النشرة القضائية العدد الرابع، السنة الخامسة ١٩٧٨ صفحة ٣٤٤ والدعوى المرقمة ١٦٠/ هيئة عامة/ ١٩٧٤ (غير منشورة) كذلك انظر كتاب رئاسة تنفيذ بغداد النظامي المرقمة ٤٦/٧٢/٤١٥٤ في ١٩٧٦/٦/١٤ الموجه الى وزارة الخارجية.

ويؤيد القضاء العراقي رأي الحكومة العراقية ويرى " عدم جواز اتخاذ أية إجراءات تنفيذية إزاء المبعوث الدبلوماسي[1] ".

كما أن بعض السفارات الأجنبية في بغداد تتمسك بالحصانة من إجراءات التنفيذ، وتمتنع عن تنفيذ قرار الحكم الصادر من المحاكم العراقية[2]. ولم تتخذ أية إجراءات تنفيذ بحقها بمجرد امتناعها عن تنفيذ الحكم.

وقد أثار موضوع التنازل المستقل بالنسبة للتنفيذ الدعاوي المدنية والإدارية اعتراضات متعددة من قبل بعض الكتاب وهي:

١- انه يتجاهل التشريعات الداخلية في الدول.

(١) على أثر صدور كتاب رئاسة ديوان الجمهورية المرقم ٥٨٢ في ١٩٧٤/٤/٢٩ قررت رئاسة تنفيذ بغداد النظامي وقف الاجراءات التنفيذية ومطالبة الدائنين بإعادة المبالغ المستحصلة، فاعترض الدائنون على هذا القرار لدى رئيس التنفيذ واعتبر القرار مخالفا للقانون ومضراً بمصلحته وطلب الرجوع عنه، فقررت الرئاسة رفض الطلب وتكليف الدائنين بدفع المبلغ المستلم من قبلهم. ولعدم قناعتهم بذلك قدموا لائحة تمييزية على محكمة التمييز لتدقيق قرارات رئيس التنفيذ ونقضها باعتبار ان قرار رئاسة ديوان رئاسة الجمهورية لا يرقى الى القرار الذي له قوة التنفيذ. وقد اصدرت محكمة التمييز القرار التالي: " لدى التدقيق والمداولة من قبل الهيئة العامة لمحكمة التمييز تبين ان المادة الأولى من قانون امتيازات الممثلين السياسيين رقم (٤) لسنة ١٩٣٥ نصت على أن الممثلين السياسيين للدول الأجنبية والأشخاص الذين يعتبرون من حاشيتهم وفق التعامل الدولي مصونون من سلطة المحاكم المدنية في الأمور المدنية والتجارية والجزائية .... الخ، كما أن المادة ٣١ من اتفاقية فينا للعلاقات الدبلوماسية المصدقة بالقانون رقم (٢٠) لسنة ٩٩٢ قضت بتمتع المبعوث الدبلوماسي بالحصانة القضائية فيما يتعلق بالقضاء الجنائي للدول المعتمد لديها وكذلك فيما يتعلق بقضائها المدني والإداري وكذلك نصت الفقرة (٣) من هذه المادة على عدم جواز اتخاذ أية اجراءات تنفيذية إزاء المبعوث الدبلوماسي، فكان على رئاسة التنفيذ أن تقرر الزام المميز بإعادة المبالغ الي دفعت اليه خلافاً لحكم المواد المذكورة أعلاه ولهذا السبب فلا تعتبر الاعمال التنفيذية بالنسبة لهذه المبالغ قد تمت. وحيث أنها قررت الزامه بإعادة هذه المبالغ استناداً الى سبب آخر. لذا يكون القرار المميز موافقاً للقانون فقرر تصديقه من حيث النتيجة ورد الاعتراضات التمييزية وتحميل المميز رسم التمييز وصدر القرار باتفاق الآراء في ١٩٧٤/١٢/٧ ".
انظر قرار محكمة تمييز العراق المرقم ١٥٩/ هيئة عامة/ ثانية/ ١٩٧٤، النشرة القضائية، المصدر السابق، صفحة ٣٤٥، كذلك انظر قرارها المرقم ١٦٠/ هيئة عامة/ ثانية/ ١٩٧٤ والمؤرخ في ١٩٧٤/١٢/٧ (غير منشور) ومشار الى رقمه في الصفحة المذكورة.
(٢) طلبت رئاسة تنفيذ الكرخ النظامي بكتابها المرقم ٩٠٠٠ في ١٩٧٨/٣/١٢ وضع الحجز على بدل ايجار بناية السفارة المجرية في بغداد، فأجابت السفارة بمذكرتها المرقمة ١٩٧٨/١٣٨ في ١٩٧٨/٣/١٥ " عدم تعاونها في هذا المجال مبررة بأن صاحب الدار عليه التزامات لم ينفذها تجاه الدار التي يسكنها السفير ".
انظر مذكرة وزارة الخارجية المرقمة ٩٩٠٠٩/٥٥/٨١ في ١٩٧٨/٤/٤. ويلاحظ ان السفارة تحوز الأموال في هذه الحالة بصفة شخص ثالث، وكقاعدة عامة يجوز التنفيذ على الأموال الموجودة لدى الشخص الثالث فإذا كان الشخص الثالث يحوز عقارا بصفة مستأجر فإن عليه إرسال بدل الإيجار الى دائرة التنفيذ وقد نصت على ذلك المادة (٥٥) من قانون التنفيذ العراقي رقم (٣٠) لسنة ٩٥٧ بقولها: إذا كان المطلوب حجزه بدل إيجار مال المدين فليس للمستأجر ان يدعي تسليم بدل الإيجار خلافات للبند أو عرف البلد عند عدم وجود سند ويكون ضامناً البدل اذا سلمه خلاف لذلك الا اذا اثبت ذلك بسند رسمي أو حكم محكمة ".
وكان على السفارة في هذه الحالة ان تدفع بالحصانة بدلا من الادعاء بأن صاحب الدار عليه التزامات، لان هذا الادعاء لا يبرر لها امتياز على بقية الدائنين الآخرين.

٢- انه يعرقل سير القضاء بدون مبرر ويضر بمصالح الدولة المستقبلة.

٣- انه يثير خلافات ومشاكل متعددة بين الدولة المستقبلة ورعاياها.

٤- انه يتنافى مع المبادئ الأخلاقية، إذ بموجبه يفسح المجال أمام المبعوث الدبلوماسي أن يطالب بتنفيذ الحكم الصادر لمصلحته ويرفض تنفيذ الحكم الصادر ضده[1].

وأرى عدم وجود مبرر للحصانة من تنفيذ قرارات المحاكم في الأمور المدنية ومن الضرورة تنفيذ هذه القرارات بمجرد تنازل دول المبعوث الدبلوماسي عن حصانته القضائية المدنية بشرط ألا يمس التنفيذ بشخص المبعوث الدبلوماسي أو بحرمة مقر عمله أو منزله.

إن التنازل عن الحصانة القضائية لا تكون له قيمة ما دام تنفيذ الحكم يتوقف على تنازل مستقل. والقول بذلك يجعل التنازع عن الحصانة القضائية المدنية نوعاً من الرهان، حيث تنتظر دولة المبعوث الدبلوماسي نتيجة الحكم القضائي، فإذا صدر لصالح المبعوث الدبلوماسي تمسكت به وطالبت بتنفيذه، وإذا صدر لصالح الطرف الآخر تمسكت بالحصانة من التنفيذ وهي نتيجة مخالفة للعدالة وتبقى المحاكم مشغولة في هذه الدعاوي بدون فائدة.

وعلى ذلك كان على واضعي اتفاقية فينا لعام ١٩٦١ واتفاقية البعثات الخاصة لعام ١٩٦٩، أن يربطوا بين التنازل عن الحصانة القضائية المدنية وبين التنازل عن التنفيذ في الأمور المدنية، ويجعلوا التنازل عن الحصانة الأولى موجباً للحصانة الثانية دون حاجة إلى صدور تنازل مستقل، بحيث يجوز لدائرة التنفيذ وضع الحجز على أموال المبعوث الدبلوماسي وبيعها بالمزاد العلني، أو إجباره على تسليم شيء معين حسب ما يقتضيه قرار الحكم بمجرد تنازل دولته عن حصانته القضائية.

أما إذا أخفى المبعوث الدبلوماسي الشيء المحكوم بتسليمه أو امتنع عن تسديد ديونه ولا توجد لديه أموال ظاهرة يمكن حجزها وثبت يسر حالة مما يستوجب اعتيادياً حبس المدين الموسر، ففي هذه الحالة لا يجوز حبسه وقهر إرادته، إنما يلجأ رئيس التنفيذ إلى مفاتحة بعثته الدبلوماسية عن طريق وزارة الخارجية لحمله على تنفيذ قرار الحكم الصادر ضده.

وعليه أرى أن تكون الفقرة (٣) من المادة (٣١) من الاتفاقية بالشكل الآتي: " إذا تنازلت دولة المبعوث الدبلوماسي عن حصانته القضائية في الأمور المدنية، فعلى المبعوث الدبلوماسي المبادرة إلى التنفيذ الرضائي وفي حالة امتناعه تتخذ إجراءات التنفيذ الجبري بحقه على أن لا تمس هذه الاجراءات شخصه أو حرمة منزله".

---

(١) الدكتور فؤاد شباط، المصدر السابق، صفحة ٢٢٩.

ولم تتعرض اتفاقية فينا للعلاقات الدبلوماسية لعام ١٩٦١ لحالة ما إذا كان الحكم المطلوب تنفيذه في الدولة المستقبلة ضد المبعوث الدبلوماسي صادر من دول أجنبية.

إن هذا الأمر يتعلق بتنفيذ الأحكام الأجنبية. وأرى أن تنازل دولته عن حصانته من التنفيذ في الحالة هذه غير كاف لتنفيذ الحكم بحقه، إنما يتطلب بالإضافة لذلك تحقق الشروط الواجب توافرها في الحكم الأجنبي المطلوب تنفيذه حسب ما تقتضيه القوانين الداخلية والاتفاقيات الخاصة بتنفيذ الأحكام الأجنبية[١].

وفي العراق فإن الحالة تختلف ما إذا كان العراق مرتبطاً بمعاهدة مع الدولة المطلوب تنفيذ الحكم الصادر من محاكمها، ففي هذه الحالة يجب على المحكمة المطلوب تنفيذ الحكم من قبلها الرجوع إلى نصوص المعاهدة لبيان كيفية الحكم الأجنبي أما إذا لم تكن هناك معاهدة في هذا الصدد، فإن على المحكمة أن تنفذ الحكم طبقا للشروط المنصوص عليها في قانون تنفيذ أحكام المحاكم الأجنبية في العراق رقم (٣٠) لسنة ١٩٢٨[٢].

وإذا كان المبعوث الدبلوماسي يتمتع بالحصانة القضائية من التنفيذ، فإن ذلك لا يعني أنه في منأي عن أي التزام وانه يستطيع عدم تنفيذ التزاماته كافة، وإلا فإنه سوف لن يجد من يتعامل معه في حياته اليومية.

وعلى ذلك فإنه يلتزم بدفع بدل إيجار العقار الذي يشغله[٣]، وأجور الماء والكهرباء[٤]، وأجور المعالجة في الغرف الرسمية[٥]، والأضرار التي يسببها للممتلكات الدولة[٦]، ومشترياته اليومية وغيرها من الأمور.

---

(١) انظر الشروط الواجب توافرها في الحكم الأجنبي المطلوب تنفيذه الدكتور عبدالله محمد عبدالله. الآثار الدولية للأحكام القضائية في مجال القانون الدولي الخاص مع دراسة بعض الاتفاقية الخاصة بتنفيذ الأحكام المبرمة بين الدول العربية. مجلة القضاء والقانون، العدد الثاني السنة السابعة، وزارة العدل، دولة الكويت، صفحة ١٧ والأستاذ الدكتور حسن العداوي، المصدر السابق، طبعة الكويت ١٩٧٤، صفحة ٢٣٧.

(٢) والشروط الواجب توافرها في تنفيذ الحكم الأجنبي في العراق عي اقامة الدعوى امام محكمة البداءة وتعين يوم مرافعة وان يتفق منع المبادئ العامة والا تتضمن وسائل العنف أو القوة أو يخالف النظام العام. انظر الدكتور ممدوح عبد الكريم، المصدر السابق، صفحة ٤٠٥.

(٣) تقوم الهيئات الدبلوماسية في تنفيذ غالبية التزاماتها المتعلقة بدفع بدلات الإيجار للبنايات التي تقوم بإشغالها بمجرد مطالبة المدعي مباشرة وانظر على سبيل المثال مذكرة السفارة الهولندية في بغداد المرقمة ١٣١٤ في ١٩٧٨/٧/٨.

(٤) انظر مذكرة وزارة الخارجية المرقمة ١٠٣٩٢١/٥٢ في ١٩٧٨/٩/٢٥ حول الطلب من السفارة الفلندية بدفع أجور الماء والكهرباء. وقد قامت السفارة بدفعها فعلا. كذلك انظر مذكرة الوزارة المرقمة ١٠٣٩١١/٢٦/٨١/١١ في ١٩٧٨/٩/٢٥.

(٥) انظر مذكرة وزارة الخارجية المرقمة ١٠٢٨٥٢/٤٧/٨١/١١ في ١٩٧٨/٨/١٥ حول دفع اجور معالجة السيد سفير الدنمارك في بغداد الى مؤسسة مدينة الطب. وقد دفعت هذه الأجور فعلا.

(٦) طلبت وزارة الخارجية بمذكرتها المرقمة ١٠٠٩٨٩ في ١٩٧٨/٦/١ من سفارة جمهورية أفريقيا الوسطى الإيعاز إلى السكرتير الثاني لديها بتسديد مبلغ قدره (٣١٨.٣١٧) دينار المترتب بذمته نتيجة اصطدام سيارته بعمود الكهرباء.

وإذا وجدت الدولة أن المبعوث الدبلوماسي يمتنع عن تنفيذ هذه الأمور فلها أن تعتبره شخصاً غير مرغوب فيه.

كذلك يجوز للمبعوث الدبلوماسي أن ينفذ رضاء الأحكام الصادرة بحقه. والسندات التنفيذية الأخرى دون حاجة على تنازل دولته أو أخذ موفقتها عن ذلك، لأن الحصانة التي يتمتع بها المبعوث الدبلوماسي في هذا الصدد هي حصانة من إجراءات التنفيذ ذاته كما ورد نص الفقرة الثالثة من المادة (٣١) من الاتفاقية.

وقيام المبعوث الدبلوماسي بالتنفيذ لا يعرضه إلى إجراءات التنفيذ كالحجز والحبس وغيرها مما قد يمس كرامته ويسيء إلى سمعته، بل إن قيامه بتنفيذ التزاماته رضاء يدل على حسن طويته ويعزز شخصه سواء من قبل سلطات الدولة المستقبلة أو من قبل دولته بالذات.

وقد جرى العمل في العراق على أن بعض السفارات الأجنبية في بغداد لا تمانع من تنفيذ ادعاء المدعي[١] أو قرارات المحاكم الوطنية بصورة رضائية، وخاصة إذا كان المبعوث الدبلوماسي يحوز الشيء المنفذ عليه لا بصفته كمدعى عليه إنما بصفته كشخص ثالث[٢]. للمحافظة على العلاقات الودية بين دولها والعراق[٣] وقد يقوم بتنفيذ التزامه بمجرد إنذاره قبل إقامة الدعوى[٤].

---

(١) طلبت وزارة العدل بكتابها المرقم أ/ ٢٥ والمؤرخ في ١٩٥٠/٦/١٠ تبليغ الوزير المفوض الافغاني (غلام يحيى خان ثرزي) بالحضور بصفة مدعى عليه في الدعوى الصلحية المرقمة ٩٥٠/٣٢٢٧ المقامة في محكمة صلح بغداد.
وقد أجابت وزارة الخارجية بمذكرتها المرقمة ١٢٤٢٥/٣٠٠/٣٦٧ في ٦/ تشرين الثاني ١٩٥٠ " نعيد أوراق التبليغ غير مبلغة لتمتع الوزير المفورض الافغاني بالامتيازات والصيانات الدبلوماسية. هذا وأن معاليه ابدى استعداده لدفع مبلغ قدره ثلاثون ديناراً الى السيد محمد عيسى الحداد كأجور عمل يستحقها في تصليح السيارة ".

(٢) يجوز التنفيذ على أموال المدين لدى شخص ثالث وتتخذ الاجراءات التنفيذية ضده كما لو كان صاحب المال انظر المواد (٥٢ - ٥٧) من قانون التنفيذ العراقي رقم (٣٠) لسنة ١٩٥٧ المعدل.

(٣) في عام ١٩٧٤ طلبت محكمة بداءة بغداد اجراء الكشف المستعجل على الدار التي يشغلها السكرتير الأول في السفارة البرازيلية في بغداد، في الدعوى المرقمة ١١٢ مستعجل ٧٤ وقد وافقت السفارة على تنفيذ قرار المحكمة هذا. انظر مذكرة وزارة الخارجية المرقمة ٣٢٣٧ في ١٩٧٤/٨/١١.
وفي عام ١٩٧٦ قررت محكمة بغداد استملاك الدار التي تشغلها سفارة جمهورية بلغاريا الشعبية في الدعوى الاستملاكية المرقمة ٥٦١/ب/٩٧٤ المقامة في المحكمة المذكورة، وقد وافقت السفارة على تنفيذ قرار المحكمة وتخلية الدار. انظر مذكرة وزارة الخارجية المرقمة ١٦٨٣٤ في ١٩٧٦/٤/٢٦.
في عام ١٩٧٦ قررت محكمة بداءة الكرخ الكشف على الدار المرقمة ٥٦١/٨ التي يشير لها سفير الاتحاد السوفيتي في بغداد لغرض استملاكها لامانة العاصمة بموجب الدعوى الاستملاكية المرقمة ١١٢٢١/ب/٩٧٤ وقد وافقت السفارة على تنفيذ قرار المحكمة باجراء الكشف على العقار كما جاء بمذكرتها المرقمة ١٢٥ في ٩٧٦/٨/٢٢.

(٤) في عام ١٩٧٤ وافقت سفارة بنغلاديش على تخلية الدار التي يشغلها أحد موظفيها بمجرد تبليغها بانذار صادر من كاتب العدل. أنظر مذكرة وزارة الخارجية المرقمة ٢٨٠٠ والمؤرخة في ٧٤/١٢/١٥.

وعلى ذلك أرى أن التنفيذ الرضائي خير طريقة يستطيع بموجبها أن يثبت المبعوث الدبلوماسي التزامه بتطبيق القوانين المحلية واستجابته لقرارات محاكم الدولة المستقبلة، وهو ما يحفظ كرامة وسمعة دولته ويدل على خلق رفيع، ويرفع عنه المضايقات والإجراءات المعقدة.

المطلب الثاني: الحصانة من التنفيذ في الأمور الجزائية

إن صدور الحكم في الأمور الجزائية يتطلب تنفيذ العقوبة التي أصدرتها المحكمة المختصة[1]، وتنفيذ العقوبة يكون عادة من اختصاص المحكمة التي أصدرت الحكم[2]، حيث يودع المحكوم عليه في المؤسسة التي خصها القانون.

ولا تعتبر بعد ذلك الاجراءات التي تتخذ بحق المحكوم عليه لتنفيذ العقوبة من الاجراءات القضائية، فلا يجوز الطعن بالأوامر التي يتخذها مدير السجن أو مدير المصح العقلي أو مدير مدرسة الجانحين، بل تكون الأوامر التي تتخذ بهذا الصدد إدارية صرفة.

وبالنظر لما ينطوي على تنازل دولة المبعوث الدبلوماسي عن حصانته القضائية في الأمور الجزائية من احتمال إصدار عقوبة مانعة للحرية سواء كانت عقوبة أصلية كالإعدام أو السجن أو الحبس أو الغرامة أم تبعية كالحرمان من بعض الحقوق والمزايا ومراقبة الشرطة، أم احترازية كالحجز في مأوى علاجي أو منع الإقامة أو مراقبة الشرطة أو سحب إجازة قيادة السيارة أو مصادرة الأموال المضبوطة بحوزته. فقد جرى العرف الدولي على عدم جواز تنفيذ الحكم الجزائي بحق المبعوث الدبلوماسي إلا بعد أن تنازلت الدولة المرسلة بصورة مستقلة عن تنازلها عن حصانته القضائية في الأمور الجزائية[3].

---

(١) وتعرف العقوبة الجزائية بانها " الاثر الذي يرتبه القانون في مخالفة القاعدة الجزائية وتوقعها سلطة قضائية مختصة وتستهدف تحقيق الردع العام أو الخاص أو الاثنين معا ".

انظر الدكتور احمد عبد العزيز الالفي. شرح قانون العقوبات الليبي. الطبعة الأولى، المكتبة المصرية للطباعة والنشر، القاهرة ١٩٦٩ صفحة ٤٣٥ والدكتور رؤوف عبيد، المصدر السابق، صفحة ٦٣٩.

(٢) الاستاذ عبد الامير العكيلي، اصول الاجراءات الحنائية في قانون المحاكمات الجزائية، الجزء الثاني، الطبعة الاولى، مطبعة المعارف ١٩٧٣، صفحة ٣٥٥.

وتختلف المؤسسات التي تتولى تنفيذ الحكم الجزائي تبعاً لاختلاف نوع العقوبة، حيث تختص دوائر السجون بتنفيذ الاحكام المتضمنة حبس الجاني أو سجنه وتتولى دوائر الشرطة بتنفيذ الاحكام المتضمنة المراقبة أو الحجز وتتولى المستشفيات والمصحات العقلية تنفيذ الحكم المتضمن الحجز في مأوى علاجي وتتولى الصحف نشر الحكم المتضمن الحكم على الجاني بعقوبة معنوية.

انظر المواد ٨٧ الى ١٠٢ من قانون العقوبات العراقي.

(٣)Paul Guggenheim, op. cit, p. ٥٠٩.

J.G. Stark, op. cit. p. ٢٦١.

Hands Kelsen, op. cit. p. ٣٤٩.

D.O. O'Connell, op. cit. p. ٩١١.

والدكتور عبد الحسين القطيفي، المصدر السابق، صفحة ٩٧.

إن الدولة المرسلة عندما تنازلت عن حصانة مبعوثها الدبلوماسي في الأمور الجزائية فإنها تهدف تحقيق أحد الأمور الآتية:

أولا – لتبين أن مبعوثها كان بريئاً من التهمة الموجهة إليه وأنها واثقة مـن عدالـة محاكم الدولة المستقبلة التي سوف تحكم ببراءته.

ثانيا – لتثبيت عدم علاقتها بالحادث الذي ارتكبه مبعوثها الدبلوماسي وأن مـا قـام بـه كـان بدافع شخصي كي تدفع الاتهام عنها للحفاظ على العلاقات الودية بين الدولتين.

ثالثاً – لتثبيت أنها بجانب العدالة، وأن ما قام به المبعوث الدبلوماسي يستحق المحاكمة.

غير أن دولة المبعوث الدبلوماسي تبقى في جميع الأحوال تراقب نتائج مـا سيتخذ بحق مبعوثها من إجراءات وما يصدر بحقه من عقوبات.

فـإذا وجـدت الدولة المرسلة أن محاكم الدولة المستقبلة قررت الحكم بـبراءة مبعوثها الدبلوماسي، كما توقعت فإنها سوف تتمسك بهذا الحكم لصالحها، باعتباره اثبـت حقيقة عدم صحة الادعاءات التي وجهت لمبعوثها.

أما إذا وجدت إن إجراءات المحاكمة كانت غير عادلة، أو كان الغرض منها التنكيـل بالمبعوث الدبلوماسي والإساءة لسمعة دولته، أو أن العقوبة التي صدرت بحقه كانت فادحـة ومبالغ فيها، فإن تطبيق العقوبة هـذه بحقـه سـوف يـؤدي إلى الإسـاءة إلى سـمعة الدولـة المستقبلة الأمر الذي يعكس أثـره على طبيعة العلاقات بين الدولتين، ولهذا فقد اتجه التعامـل الدولي إلى عدم تنفيذ العقوبة بحق المبعوث الدبلوماسي إلا بعد تنازل دولتـه عن حصانته من تنفيذ العقوبة بحقه بصورة مستقلة عن تنازلها عن حصانته القضائية.

وقد وقعت اتفاقية فينا للعلاقات الدبلوماسية لعام ١٩٦١، واتفاقية البعثـات الخاصة لعام ١٩٦٩، قاعدة عامة منعت بموجبها خضوع المبعوث الدبلوماسي لأية إجراءات تنفيذية في الأمور المدنية أو الجزائية، وقد جاءت القاعدة مطلقة بالنسبة للـدعاوى الجزائيـة خاصة، ولم يرد عليه أي استثناء إلا بالنسبة للحالات الأربع المتعلقة بالأمور المدنية الـواردة في نص الفقرة الأولى من المادة (٣١) من اتفاقية فينا لعام ١٩٦١ والفقرة الأولى مـن المـادة (٤١) من اتفاقية البعثات الخاصة لعام ١٩٦٩، وهي الحالات المتعلقـة بالـدعاوى المدنيـة والتي لا يتمتع إزاءها المبعوث الدبلوماسي بالحصانة القضائية.

وعلى ذلك فإن المبعوث الدبلوماسي طبقا للاتفاقيتين المـذكورتين يتمتـع بالحصانة من أي إجراء تنفيذي يصدر ضده من محكمة أو سلطة إدارية.

أما إذا تنازلت دولة المبعوث الدبلوماسي عن حصانته في الأمور الجزائية، فهل يبقى محتفظاً بالحصانة من التنفيذ ولا يجوز تنفيذ أي حكم ضده إلا بعد تنازل دولته عن حصانته من التنفيذ بصورة مستقلة عن تنازلها عن حصانته القضائية كما هو الشأن بالنسبة للحصانة المدنية؟

الواقع، أن اتفاقية فينا للعلاقات الدبلوماسية واتفاقية البعثات الخاصة لم ينصا بصورة صريحة على ذلك، ويظهر من قراءة النصين أنهما تتطلبا التنازل المستقل للحصانة من التنفيذ بصورة منفصلة عن التنازل عن الحصانة القضائية بالنسبة للدعاوى المدنية والإدارية فقط، ولم يشترطا التنازل المستقل بالنسبة للحصانة من التنفيذ بالنسبة للدعاوى الجزائية.

فقد نصت الفقرة المذكورة على ما يلي: " أن التنازل عن الحصانة القضائية بالنسبة إلى أية دعوى مدنية أو إدارية لا ينطوي على أي تنازل عن الحصانة بالنسبة إلى تنفيذ الحكم بل لا بد في هذه الحالة الأخيرة من تنازل مستقل".

فهل يعني أن مؤتمر فينا لم يتطلب التنازل المستقل بالنسبة للدعاوى الجزائية.

إن عدم قيام اتفاقية فينا بالنص على التنازل المستقل بالنسبة للدعاوى الجزائية يرجع لأحد الاحتمالات التالية:

أولا- إن مؤتمر فينا لم ينص على ذلك صراحة لأن هذه القاعدة من القواعد الثابتة في القانون الدولي والتي لا يوجد بشأنها أي خلاف، وأن ما حصل من اختلاف في الآراء في مؤتمر فينا كان بصدد التنازل المستقل بالنسبة للأمور المدنية فقط. وأن المؤتمر أراد قطع الخلاف في الرأي بالنسبة للأمور المدنية فنص عليها صراحة وترك التنازل المستقل بالنسبة للأمور الجزائية باعتباره من القواعد الثابتة.

ثانيا- إن مؤتمر فينا استطاع تدوين بعض أحكام العرف الدولي في الاتفاقية وترك الأخرى باعتباره مكملاً، كما جاء ذلك في ديباجة الاتفاقية واعتبر التنازل المستقل في الأمور الجزائية من الحالات التي تركت للعرف الدولي.

ثالثا- إن مؤتمر فينا أراد استثناء الدعاوي الجزائية من حالة التنازل المستقل وجعل التنازل عن الحصانة القضائية في الأمور الجزائية شاملا للتنازل عن التنفيذ.

غير أن الاحتمال الأخير قد لا يكون وارداً؛ لأن مؤتمر فينا، لو أراد التخلي عن هذه القاعدة لنص عليها صراحة، خاصة وأن المؤتمر قد أكد على تدوين الحالات المختلف عليها بين الدول ليقطع الاختلاف في التطبيق.

وعلى ذلك أرى أن مؤتمر فينا لم يبحث هذه المسألة إغفالا منه، ولأن ما دار من مناقشات كانت بصدد التنازل المستقل في الأمور المدنية فقط قد أدى إلى إغفال مناقشة مسألة التنازل في الأمور الجزائية.

وعلى الرغم من عدم وجود أي نص في اتفاقية فينا للعلاقات الدبلوماسية لعام ١٩٦١ واتفاقية البعثات الخاصة لعام ١٩٦٩ يتطلب التنازل المستقل في الأمور الجزائية، فإني أرى أنه لا يجوز للدولة المستقبلة أن تنفذ قرارات محاكمها في الأمور الجزائية إلا بعد أن تحصل على تنازل مستقل من دولة المبعوث الدبلوماسي باعتبار أن العرف الدولي هو المكمل لنصوص الاتفاقية.

الباب الثالث

طرق مساءلة المبعوث الدبلوماسي

ونطاق حصانته الدبلوماسية

Responsibility and Extent of Diplomatic Immunity

Diplomacy

سبق القول أن الحصانة التي يتمتع بها المبعوث الدبلوماسي، تعتبر حصانة مـن إجراءات التقاضي ولا تعفيه من المسؤولية المدنية والجزائية عن الأفعـال والتصرفات التـي يرتكبها في الدولة المستقبلة، وهي لا تعني أن المتضرر لا توجد لديه طرق أخـرى للحصول على حقوقه.

وقد وضع التعامل الدولي طرقاً عديدة لمسألة المبعـوث الـدبلوماسي وإنصاف ذوي العلاقة. ومن أنجع الطرق هذه وأكثرها عدالة هي الطرق القضائية، فيجوز للمتضـرر اللجوء إلى محاكم دولته "الدولة المستقبلة" إذا تنازلـت دولـة المبعـوث الـدبلوماسي عـن حصانته القضائية.

وإذا تمسكت دولة المبعوث الدبلوماسي بالحصانة القضائية ولم تتنازل عنها، فإن الطرق القضائية تبقى أيضا هي الأساس لمسألته حيـث يجـوز للمتضـرر مراجعـة محـاكم الدولة المرسلة وإقامة الدعوى أمامها.

وإذا وجد أصحاب العلاقة أن اللجوء إلى محاكم دولة المبعوث الـدبلوماسي يكلفهـم مشـقة لا يستطيعون تحملهـا، فـإن ذلـك لا يعنـي عـدم وجـود وسـائل أخـرى يستطيعون اللجوء إليها للحصول على حقوقهم، فقد أجاز العرف الدولي لأصحاب العلاقة مراجعة الطرق الدبلوماسية لإجبار المبعوث الدبلوماسي على تنفيذ التزاماته فيما تمتع بـه من حصانة قضائية.

وعلى ذلك فإن الحصانة القضائية التي يتمتع بها المبعوث الـدبلوماسي لا تعنـي عدم المسؤولية وأن جميع أفعاله وتصرفاته مباحة إنمـا هنـاك مـن القواعـد والضوابط مـا يخضع لها وتجبره على تنفيذ التزاماته.

يضـاف إلى ذلـك أن للحصانة القضائية نطاقاً محـدداً لا يسـتطيع المبعـوث الدبلوماسي تجاوزه حيث أنها تبدأ من وقت محدد وتنتهي في وقت محدد أيضاً، كما أن لها مكانا محدداً لا يجوز تجاوزه.

والحصانة القضائية التي يتمتع بها المبعوث الدبلوماسي سواء في البعثات الدائمة أو المؤقتة، مقررة من أجل أداء أعماله بصورة صحيحة، فإن ذلك لا يعني أنها قاصرة عليه، إنما هناك بعض الأشخاص من أفراد عائلته يتمتعون بها تبعا لما يتمتع به.

وعلى ذلك فإن موضوعات هذا الباب تشمل دراسة طرق مسألة المبعوث الدبلوماسي ونطاق حصانته القضائية وهي ما خصصنا لها الفصلين التاليين:

الفصل الأول: طرق مسألة المبعوث الدبلوماسي.

الفصل الثاني: نطاق الحصانة القضائية.

الفصل الأول

طرق مساءلة المبعوث الدبلوماسي

Diplomacy Responsibility

إذا كانت الحصانة القضائية التي يتمتع بها المبعوث الدبلوماسي من النظام العام، وأن على الدولة المستقبلة التزامها دوليا يقضي بأن تضمن منحها له، فإن ذلك الامتياز لا يبرر للمبعوث الدبلوماسي حق خرق القوانين والأنظمة التي تصدرها الدولة المستقبلة كيفما يشاء، وأنه في منأى عن أي حساب، بل العكس فإنه يخضع لقواعد متعددة تضمن احترام قوانين وأنظمة الدولة المستقبلة وحقوق مواطنيها.

فقد يخضع المبعوث الدبلوماسي لاختصاص محاكم الدولة المستقبلة إذا تنازلت دولته عن حصانته القضائية، أما إذا تمسكت بها ورفضت التنازل عنها فعليها أن تحيله إلى محاكمها عن ذات الفعل المخالف لأحكام قوانين وأنظمة الدولة المستقبلة، وقد لا يتمكن أصحاب العلاقة من اللجوء لمحاكم دولة المبعوث الدبلوماسي لإقامة الدعوى فيها، ولكن ذلك لا يعني ضياع حقوقهم، وإنما يحق لهم مراجعة الطرق الدبلوماسية للحصول على حقوقهم.

وعلى ذلك فإن هذا الفصل يشمل المباحث الآتية:

المبحث الأول: خضوع المبعوث الدبلوماسي لاختصاص محاكم الدولة المستقبلة.

المبحث الثاني: خضوع المبعوث الدبلوماسي لاختصاص محاكم دولته.

المبحث الثالث: اللجوء إلى الطرق الدبلوماسية.

المبحث الأول

خضوع المبعوث الدبلوماسي لاختصاص الدولة المستقبلة

سبق القول إن المبعوث الدبلوماسي يتمتع بالحصانة القضائية من اختصاص محاكم الدولة المستقبلة، وأن القانون الدولي يفرض التزاما على الدولة هذه أن تضمن تطبيق قواعد الحصانة القضائية وإلا قامت مسؤوليتها الدولية قبل الدولة التي انتهكت حصانة مبعوثها.

وطالما أن قواعد الحصانة القضائية تعتبر التزاماً على الدولة المستقبلة، فإنها من جهة أخرى تعتبر حقاً للطرف الآخر المستفيد منها فله أن يصر على التمتع بهذا الحق، ويرفض الخضوع لاختصاص محاكم الدولة المستقبلة، أو يتخلى عنه ويقبل الخضوع لاختصاص هذه المحاكم بمحض إرادته.

ويخضع المبعوث الدبلوماسي لاختصاص محاكم الدولة المستقبلة في حالتين الأولى حالة التنازل عن الحصانة القضائية والثانية حالة اللجوء لمحاكم الدولة المستقبلة وإقامة الدعوى أمامها.

وعلى ذلك فإن هذا المبحث يتضمن المطلبين الآتيين:

المطلب الأول: التنازل عن الحصانة القضائية.

المطلب الثاني: إقامة المبعوث الدبلوماسي الدعوى في محاكم الدولة المستقبلة.

المطلب الأول: التنازل عن الحصانة القضائية

إذا كانت الحصانة القضائية التي يتمتع بها المبعوث الدبلوماسي مقررة لضمان أداء أفعاله بصورة تامة من أجل تنمية العلاقات الودية بين الدولتين، فإن هذه الحصانة لا تعني أن المبعوث الدبلوماسي مسموح له أن ينتهك حرمة القوانين والأنظمة المحلية، وأن يقوم بتصرفات تسيء إلى سمعة دولته ويحط من كرامتها، إنما يفترض فيه إلا يقوم بأي عمل من قبيل ذلك، وبخلافه فإن لدولته بالإضافة لما تتخذ بحقه من إجراءات إدارية أن تتنازل عن حصانته القضائية وتقبل خضوعه لاختصاص محاكم الدولة المستقبلة.

والتنازل عن الحصانة يثير مشكلتين رئيسيتين، الأولى الجهة المختصة بإصدار التنازل، والثانية: هل يشترط في التنازل أن يكون صريحا، أو يجوز أن يكون ضمنيا، وعليه فإن هذا المطلب يتضمن الفرعين التاليين:

الفرع: الجهة المخولة بالتنازل عن الحصانة القضائية.

الفرع الثاني: التنازل الصريح والتنازل الضمني.

الفرع الأول: الجهة المخولة بالتنازل عن الحصانة القضائية

إن الحصانة القضائية تعد إحد الامتيازات الدبلوماسية التي تمنحها الدولة المستقبلة للمبعوث الدبلوماسي من أجل حماية مصالح دولته.

وعلى ذلك فإن الحصانة القضائية تتعلق بثلاثة أطراف، الأول: المستفيد منها شخصياً وهو المبعوث الدبلوماسي، والثاني: من تقررت الحصانة لمصلحته وهي الدولة المرسلة، والثالث: من قام بمنح هذا الامتياز وهي الدولة المستقبلة.

وفي هذه الحالة تثور مشكلة من هو صاحب الحق في التنازل عن الحصانة القضائية التي يتمتع بها المبعوث الدبلوماسي. أهو المستفيد منها شخصياً أو دولته أو الدولة المستقبلة؟

إن الأمر محل خلاف بين الفقه والقضاء والتشريعات المختلفة:

ذهب الرأي على أن للمبعوث الدبلوماسي حق التنازل عن حصانته القضائية دون أخذ موافقة حكومته. ويؤيد هذا الرأي بعض الكتاب[١]، وأخذت به محاكم[٢] وقوانين بعض الدول[٣]. على افتراض أن التنازل هذا تم بموافقة حكومته[٤]. وأن عدم الاعتداء به يعد من قبيل المغالاة ومن الفضل الاكتفاء بإرادة المستفيد شخصياً في التنازل عن الحصانة القضائية التي يتمتع بها، لما له من سلطة تقديرية في تحديد ما هو لازم للقيام بأعماله[٥].

وقد انتقد هذا الافتراض لأنه يثير مشاكل خطيرة، فقد يتنازل المبعوث الدبلوماسي عن حصانته القضائية ثم تعلن حكومته رفضها التنازل عن حصانته. في أية لحظة تراها، الأمر الذي يهدد إجراءات الدعوى[٦] ولا سيما أن العرف الدولي قد أقر بأن للدولة حق التنازل عن الحصانة القضائية التي يتمتع بها مبعوثها الدبلوماسي في أية مرحلة تكون عليها الدعوى، وإذا صدر في مرحلة معينة من مراحل الدعوى فإنه يشمل المراحل الأخرى اللاحقة على أن يصبح الحكم نهائياً[٧].

---

(١)John Aderson Foot. Op. cit, p. ٢٠٧.
Herbert W. Brigges, op. cit. p. ٧٨٥.

والدكتور عز الدين عبدالله، المصدر السابق، صفحة ٧٧٤.

(٢) ساد الاتجاه هذا في بريطانيا في أوساط القرن التاسع عشر كما أخذت به بعض المحاكم الفرنسية كمحكمة باريس في حكمها الصادر عام ١٩٠٢ ومحكمة استئناف باريس في حكمها الصادر عام ١٩٥٢. أنظر: الدكتور عبد الحسين القطيفي، المصدر السابق، صفحة ٩٣.

(٣) انظر الفقرة (د) من المادة (٨٦) من قانون المرافعات المدنية الهندي. والفقرة (أ) من المادة (٦٢٤) من قانون المرافعات المدنية اليوغسلافي الصادر عام ١٩٥٠ والفقرة (٢) من قانون المرافعات الهولندي ايضاً أنظر:
United Nations Laws. P. ٨١, ١٦٧, ١٩٧.

(٤) الدكتور محمد عبد الخالق عمر، المصدر السابق، صفحة ١٧٢.

(٥) ترى الدكتورة عائشة راتب، المصدر السابق، صفحة ١٦٢: " أن الفقه يميل الى اعطاء الممثل الدبلوماسي الحق في التنازل عن الاعفاء القضائي، وهو اتجاه يتفق مع الفكرة الحديثة عن الحصانة القضائية فللممثل سلطة تقديرية في تحديد ما هو لازم له للقيام بأعماله. وتأخذ بذلك المحاكم الفرنسية والانكليزية وخاصة الدعاوى الخاصة بحوادث السيارات ".

(٦) Philippe Cahierm op. cit. P. ٢٦٩.

والدكتور عبد الحسين القطيفي، المصدر السابق، صفحة ٩٣.

(٧) الدكتور فؤاد شباط، المصدر السابق، ٢٢٩.

يضاف لذلك أن الحصانة القضائية التي يتمتع بها المبعوث الدبلوماسي مقررة بالأساس لمصلحة دولته وليست لمصلحته الشخصية، وعلى ذلك فإن الدولة التي منحت الحصانة لها هي صاحبة الحق في التنازل عنها، وأن صفة المبعوث الدبلوماسي لا تتعدى صفة الوكيل الذي يعمل في الإطار الذي يحدده له موكله وبصورة تكفل حماية مصالحه وللموكل حق تقييد استعمال حقوقه من قبل وكيله.

وبالنظر لما ينطوي عليه رأي تنازل المبعوث الدبلوماسي عن حصانته القضائية، من أضرار تمس مصالح دولته وسمعتها، فقد ذهب رأي آخر إلى أن تلك الحصانة، تعد قاعدة من قواعد النظام العام[1] التي توجب على القاضي الوطني الحكم بعدم الاختصاص من تلقاء نفسه[2] برغم التنازل الصادر من قبل المبعوث عن حصانته القضائية، لأنه لا يملك لنفسه حق التنازل عنها، إنما يتطلب أن يصدر ذلك من قبل دولته فقط[3] باعتبارها صاحبة صاحبة الامتياز الذي تتمتع به للمحافظة على استقلالها[4] ولضمان حرية ممثليها من أجل القيام بالأعباء المكلف بها بصورة صحيحة بهدف حماية مصالحها[5]. وعلى ذلك فالدولة وحدها هي صاحبة الشأن في تقرير التنازل عن الحصانة القضائية أم لا، بغض النظر عن صفة المستفيد، سواء أكان رئيس دولة أو رئيس بعثة أو أحد أعضائها[6].

وأيد قاعدة تنازل الدولة عن حصانة مبعوثيها الدبلوماسيين في الخارج عدد من الكتاب في فرنسا[7] وبريطانيا[8] والولايات المتحدة الأمريكية[1] والاتحاد السوفيتي[2] وتركيا[3] ولبنان[4] ومصر[5] والعراق[6].

---

(١)B.A. P H' op. cit. p. ٢٠٤.

أنظر كذلك قرار محكمة بروكسل المدنية الصادر عام ١٩٦٨ وملاحظة الاستاذ Koe Vehoeven.

(٢)Niboyet, op. cit. Ne ١٧٦٨., p. ٣٥٩.

(٣)Sir Cecil Hurst, op. cit. p. ١٩٣.

(٤) A. B. Lyons, op. cit. p. ٣٦٨.
Henri Batiffol, op. cit. p. ٧٨١.
Lord Ellenborough in M.V. Critico ١٨٠٨, Lord Hewart in D.V. Del Solar ١٩٣٠, K. Caldecote ١٩٤١ B.Y.B.O.L ١٩٦٥.

(٥) Niboyet, op. cit. Ne ١٨٧٣, p. ٢٨٦.

(٦) الدكتور هشام علي صادق، طبيعة الدفع بالحصانة، المصدر السابق، صفحة ٣١٧.
والدكتورة عائشة راتب، الحصانة القضائية للمبعوثين الدبلوماسيين المجلة المصرية للقانون الدولي، المجلد الحادي والعشرون ١٩٦٥، صفحة ٩٦.

(٧) Marcel Sibert, op. cit p. ١٣١.
Louis Dellbex, op. cit. p. ٣٠٦.
Jean Serres, op. cit. p. ٧٩.
Niboyet, op. cit. p. ٣٩٣.

(٨) R. H. Graveson. Op. cit. p. ١٦١.
Sompong Sugaritkul, State Immunities and Trading activites International Lak, London, p. ٢٤.
J.H.C. Morris, op. cit. p. ١٣٩.

وقد أخذت بذلك محاكم الدول المختلفة كفرنسا[7] وبريطانيا[8] والولايات المتحدة الأمريكية[9] وبلجيكا[10]، حيث امتنعت المحاكم هذه عن النظر في الدعاوى التي يكون المبعوث الدبلوماسي مدعيا عليه أو متهماً فيها، ما لم تتنازل دولته عن حصانته القضائية.

Eric Clark, op. cit. p. ١٦٦.

(١) B. Sem. op. cit. p. ١٢٩.

Ian Brownlle, op. cit p. ٣٤٤.

Graham H. Stuart, op. cit. p. ٣١٩.

Herbert W. Bttggs, op. cit. p. ٧٧٩.

Wesley L. Gould, op. cit. p. ٢٧٣.

(٢) B.A. op. H, op. cit. p. ٢٠٤.

F.J.M. Felodbrugge, Encyclopedia of Soviet Law Netherlan-ds ١٩٧٤. p. ٢٢٨.

(٣) Karl Struoo, op. cit. p. ٥٢٨.

(٤) Emile Tyan, op. cit. p. ٤٣٧.

(٥) الدكتور علي صادق أبو هيف، القانون الدولي العام، القاهرة ١٩٥٩، صفحة ٤٤٥.
والدكتور عبد المنعم رياض، المصدر السابق، صفحة ٤٤٤.
والاستاذ محمد حسين عمر، المصدر السابق، صفحة ٢٤٨.

(٦) الدكتور عبد الحسين القطيفي، المصدر السابق، صفحة ٨٣.
الاستاذ هشام الشاوي، المصدر السابق، صفحة ٢٠٧.

(٧) انظر قرار محكمة السين الفرنسية الصادر عام ١٩٠٧.

Philippe Cahier, op. cit. p. ٢٦٨.

وقرار محكمة باريس الصادر عام ١٩٠٧.

R. Genet, op. cit. p. ٥٩٢.

(٨) انظر قرار محكمة استئناف لندن الصادر عام ١٩٦١ في قضية

R. Madan

B.Y.B.I.L. ١٩٦١. p. ٥٤٩.

And Max sorensen, op. cit. p. ٤٠٢.

وفي عام ١٩٧٠ وافقت الحكومة الهولندية على محاكمة أحد أعضاء بعثتها أمام إحدى المحاكم البريطانية في لندن.

Eiric clark, op. cit, p. ١٠٧.

(٩) انظر قرارات محكمة نيويورك الصادرة في عام ١٩٢٧ و ١٩٥٧ و ١٠٦٤.

Leonard V. B. Sutton, op. cit. p. ١١٢.

Sir Ernest Satow, op. cit. p. ١٩٩.

وبموجب تعليمات الخدمة الدبلوماسية الأمريكية فإن وزارة الخارجية الامريكية تشترط مسبقا موافقتها عند احالة أحد مبعوثيها على محاكم الدولة التي يعملون فيها أنظر:

D.P. P'connell. Op. cit. p. ٩٠٩.

(١٠) في عام ١٩٠٦ ارتكب ابن قائم بالأعمال الشيلي في بلجيكا جريمة قتل خطيب أخته ولم يؤخذ بالتنازل الصادر من والده عن حصانة ابنه الا بعد موافقة الحكومة الشيلية بالتنازل عن حصانته القضائية. انظر قضية:

Waddington – Balmaceda

R.G.D.I.P. ١٩٠٧, p. ١٥٩.

Et Philippe Cahier, op. cit. p. ٢٧٠.

وإذا ما صدر التنازل عن الحصانة القضائية من قبل دولة المبعوث الدبلوماسي، فليس له حق الاعتراض على ذلك أمام المحاكم الدولة المستقبلة.

وأيدت الاتجاه هذا المادة الثالثة من قرار معهد القانون الدولي في دورته المنعقدة في نيويورك عام ١٩٢٩[1]، والفقرة الثالثة من المادة الرابعة من اتفاقية الامتيازات والحصانات الموقعة في صوفيا عام ١٩٥٦ بين الدول الاشتراكية[2].

كما أخذت بذلك تشريعات بعض الدول، كفنزويلا والفلبين[3] والاتحاد السوفيتي[4]. ونيوزلندا[5].

أما الجهة التي يحق لها التصريح باسم الدولة بالتنازل عن الحصانة القضائية، فقد ذهب رأي إلى ضرورة التمييز بين رئيس البعثة الدبلوماسية وبين بقية أعضاء البعثة، وأوجب أخذ موافقة حكومة رئيس البعثة عند التنازل عن حصانته والاكتفاء بموافقة رئيس البعثة عند التنازل عن حصانة أعضاء البعثة الآخرين ويؤيد هذه القاعدة بعض الكتاب في فرنسا[6] وبريطانيا[7] والولايات المتحدة الأمريكية[8] والعراق[9]،

---

(١) نص قرار المعهد على ما يلي: " ان التنازل عن الحصانة لقضائية يعود للدولة التي تمارس باسمها البعضة اعمالها بتصريح من رئيس البعثة ".

Y.B.I.L.C. ١٩٥٦ Vol. ٢ p. ١٥١.

(٢) انضم الاتفاقية المذكورة كل من البانيا وبلغاريا وهنغاريا وألمانيا الديمقراطية ومنغوليا وبولونيا ورومانيا والاتحاد السوفيتي وجيكوسلوفاكيا. انظر نصوص الاتفاقية:

Intenational organixation and Integration. Netherland, ١٩٦٨, p. ١٠٣٥.

(٣) انظر المادة الخامسة من قانون حصانة الموظفين الدبلوماسيين الفنزويلي الصادر عام ١٩٤٥ والفقرة الأولى من قواعد الخدمة الخارجية في الفلبين.

Philippe Cahier, op. cit. p. ٢٦٩.

(٤) نصت المادة (٦) من أسس الاجراءات المدنية لاتحاد الجمهوريات السوفيتية الاشتراكية الصادر عام ١٩٦١ على ما يلي: " لا يجوز ان يباح رفع الدعوى على دولة ولا تؤمن الدعوى وتوجه المقاضاة على أموال دولة أجنبية في اتحاد الجمهوريات الاشتراكية السوفيتية إلا بموافقة الجهات المختصة للدولة المعنية.
لا يخضع لاختصاص المحكمة السوفيتية في القضايا المدنية الممثلون السياسيون للدول الأجنبية المعتمدون في اتحاد الجمهوريات الاشتراكية السوفيتية والأشخاص المشار اليهم في الاتفاقيات الدولية المعنية إلا في الحدود التي تضعها قواعد القانون الدولي والاتفاقيات مع الدول المعنية ".
انظر أسس التشريع لاتحاد الجمهوريات الاشتراكية السوفيتية والجمهوريات المتحدة، دار التقدم، موسكو ١٩٧٤ صفحة ٢٨٣.

(٥) انظر المادة (٨) من قانون الحصانات الدبلوماسية النيوزلندي الصادر عام ١٩٥٢.

United Nations Laws. P. ٢١٨.

(٦)Philippe Cahier, op. cit. p. ٢٧٠.

(٧)Margaret Buckley, op. cit. p. ٣٥٣.

(٨)Leonard V.B. Sutton, op. cit. p. ١١٢.

(٩) الدكتور عبد الحسين القطيفي، المصدر السابق، صفحة ٩٥.

والمادة ٢٦ من مشروع جامعة هارفرد لسنة ١٩٣٢[1]، والقواعد المطبقة في سويسرا[2].

أما بالنسبة لرئيس الدولة فقد ذهب بعض الكتاب إلى جواز تنازل رئيس الدولة عن حصانته القضائية من قبله مباشرة، وقبوله الخضوع لاختصاص محاكم الدولة المستقبلة، وإن كان هذا القبول يعد تنازلاً منه عن مركزه وكرامة بلاده بخضوعه لسلطات دولة أجنبية وتنازلاً عن صفته[3].

وقد انتقد بعض الكتاب هذا الرأي واتجه إلى بطلان التنازل الصادر من رئيس الدولة، لأن رغبته في الخضوع لاختصاص محاكم الدولة المستقبلة اعتداء صريح على واجبه في احترام سيادة دولته[4].

وأؤيد ما ذهب إليه الرأي الأول الذي أجاز لرئيس الدولة التنازل عن حصانته من قبله، إذ ليس من القانون أن يتنازل رئيس البعثة أو حكومة تلك الدولة عن حصانة رئيسها، لأن ما يملكه هؤلاء من اختصاصات تكون بناء على تخويل من رئيس الدولة، ولا يجوز أن يمتلك الوكيل من الاختصاصات بصورة تتعدى ما يملكه الأصيل. وإذا كان التنازل يمس كرامة الدولة، فإن لدولته حق محاسبته عن ذلك.

ولم ينظم قانون امتيازات الممثلين السياسيين رقم (٥) لسنة ١٩٣٥ أحكام التنازل عن الحصانة القضائية، إنما ترك ذلك لقواعد العرف الدولي.

---

(١) نصت المادة (٢٦) من مشروع قانون كلية هارفرد لسنة ١٩٣٢ على ما يلي: "يجوز للدولة المرسلة ان تتنازل عن اية من الامتيازات والحصانات المنصوص عليها في هذه الاتفاقية وإذا تعلقت الحصانة برئيس البعثة فأن التنازل عنها يكون من قبل الدولة أما في الأحوال الأخرى فأن التنازل يتم أما من قبل حكومة الدولة المرسلة أو من قبل رئيس البعثة ".

Philippe Cahier, op. cit. p. ٢٦٩.

Herbert Brigges, op. cit. p. ٧٨٥.

(٢) تنص القواعد المطبقة من قبل الدائرة السياسية الفيدرالية السويسرية الخاصة بالحصانات والامتيازات الدبلوماسية والقنصلية على ما يلي: "إن رئيس البعثة لا يستطيع التنازل عن حصانته إلا بأذن حكومته ولا يستطيع بقية أعضاء البعثة التنازل عن حصانتهم إلا بأذن رئيسهم.

Philippe Cahier, op. ٢٦٩.

(٣) الدكتور كمال انور محمد المصدر السابق، ص ٦٣.

وانظر كذلك قرار محكمة القاهرة الابتدائية، المجلة المصرية للقانون الدولي العدد السنة صفحة ٧٠.

ويورد الفقه بعض الحالات التي يعد فيها رئيس الدولة متنازلاً عن حصانته القضائية وهذه الحالات: ١- إذا دخل الخدمة العسكرية للدولة التي يوجد فيها ٢- إذا زالت عنه صفة رئيس الدولة ٣- إذا اساء إلى الدولة المقيم على إقليمها ٤- إذا وجد على أقليم الدولة الأجنبية رغم إرادة السلطات المحلية ٥- إذا سافر تحت اسم مسبق كمواطن.

(٤) انظر الدكتورة عائشة راتب، المصدر السابق، صفحة ٤٢.

وقد أوجبت اتفاقية فينا للعلاقات الدبلوماسية أن يكون التنازل عن الحصانة القضائية التي يتمتع بها المبعوث الدبلوماسي صادراً من دولته سواء كان رئيس البعثة الدبلوماسية أم أحد أعضاءها أم أفراد أسرة المبعوث الدبلوماسي، حيث نصت الفقرة الأولى من المادة (٣٢) من الاتفاقية على ما يلي: " يجوز للدولة المعتمدة أن تتناول عن الحصانة القضائية التي يتمتع بها المبعوثون الدبلوماسيون والأشخاص المتمتعون بها بموجب المادة (٣٧) "[١].

وما دامت البعثة تمثل الدولة المرسلة في الدولة المستقبلة[٢]، فإن رئيسها يعتبر ممثلاً لدولته فيها، ويترتب على ذلك أن التنازل الذي يصدر من رئيس البعثة يعد بمثابة تنازل صادر من دولته وتعتبر مسألة ما إذا كان رئيس البعثة مختصاً بالتنازل عن الحصانة القضائية أن لا مسألة داخلية لا تخص إلا الدولة المرسلة ورئيس بعثتها، وعلى المحكمة أن تقبل هذا التنازل باعتباره صادراً من دولته دون التحقيق فيما إذا كانت له مثل هذه السلطة، كما أن دولته لا تستطيع رفض التنازل الصادر منه[٣]، إلا إذا أفصحت بأن رئيس بعثتها لا يتمتع بهذه السلطة، لأن الأصل هو أن رئيس البعثة يمثل دولته في الدولة المستقبلة.

وذهب رأي إلى أن اتفاقية فينا أوجبت أخذ موافقة رئيس البعثة في حالة التنازل عن حصانة أحد أعضائها، وأخذ موافقة حكومته في حالة التنازل عن حصانته القضائية[٤]، وهو ما جرى عليه التطبيق العملي في بريطانيا قبل صدور الاتفاقية، وما أكدته الفقرة الثالثة من الفصل الثاني من قانون الامتيازات الدبلوماسية البريطاني الصادر

---

(١) نصت الفقرة الأولى من المادة (٣٢) من الاتفاقية بالفرنسية على

"L'Etate accreditant peut renoncer a I'immunite de juridiction des agent diplomatiques et des personners qui benficient de I'I„unite en verth de I'article ٣٧".

وأخذت اتفاقية البعثات الخاصة بالرأي فنصت الفقرة الأولى من المادة (٤١) منها على ما يلي:

" للدولة المستقبلة ان تتنازل عن الحصانة القضائية التي يتمتع بها ممثلوها في البعثة الخاصة وموظفوها الدبلوماسيون وغيرهم من الاشخاص بموجب المواد من ٣١ الى ٤٠ ".

(٢) نصت المادة (٣) من اتفاقية فينا للعلاقات الدبلوماسية على:

"١- تتألف أهم وظائف البعثة الدبلوماسية مما يلي:

أ- تمثيل الدولة المعتمدة في الدولة المعتمد لديها.

ب- حماية مصالح الدولة المعتمدة ومصالح رعاياها في الدولة المعتمد لديها ضمن الحدود التي يقرها القانون الدولي.

ج- التفاوض مع حكومة الدولة المعتمد لديها ....".

(٣)Philippe Cahier, op. cit. p. ٢٧٠.

(٤)J.G. Strak, op. cit. p. ١٩٣.

Philippe Cahier, op. cit. p. ٢٧٠.

عام ١٩٦٤[١] وهو الرأي نفسه الذي تبنته لجنة القانون في المشروع الذي أعدته لتفسير المادة المذكورة[٢].

ولا أتفق مع الرأي المذكور، لأن نص الفقرة الأولى من المادة (٣٢) من اتفاقية فينا للعلاقات الدبلوماسية لم يميز في التنازل بين رئيس البعثة وبين بقية أعضائها، وأوجب في الأحوال جميعها أن يصدر التنازل من الدولة التي يتبعها المبعوث الدبلوماسي. وطالما أن رئيس البعثة الدبلوماسية هو ممثل لدولته في الدولة المستقبلة، فإن ما يصدر عنه من أقوال وتصرفات وأفعال تعتبر وكأنها صادرة من دولته، سواء تعلقت به شخصياً أم بأحد أفراد البعثة.

وعلى ذلك أرى أن التنازل الصادر من رئيس البعثة بالتنازل عن حصانته القضائية يعتبر صادراً من دولته وعلى المحكمة الأخذ به، إلا إذا كانت رغبة دولته تقتضي خلاف ذلك، وعليها في هذه الحالة إشعار الدولة المستقبلة بعدم اختصاص رئيس البعثة عن حصانته القضائية بالنسبة له أو بالنسبة لبقية أفراد البعثة الآخرين.

وأؤيد ما ذهبت إليه اتفاقية فينا للعلاقات الدبلوماسية واتفاقية البعثات الخاصة من اشتراط أن يكون التنازل صادراً من قبل الدولة التي يتبعها المبعوث الدبلوماسي فمن المحتمل أن تنسب الأفعال المخالفة التي يقوم بها المبعوث الدبلوماسي على إنها صدرت منه بناء تحريض من دولته، فتلجأ دولته في الحالة هذه إلى رد الاتهام المذكور عن طريق تنازلها عن حصانة مبعوثها الدبلوماسي لتثبت حسن طويتها، وأن ما صدر منه من أفعال وتصرفات تعتبر شخصية ولا علاقة لدولته بها.

وتنازل الدولة عن حصانة مبعوثها إذا وجدت أن الفعال والتصرفات التي ارتكبها تسئ إلى سمعتها وأن ما قام به لا يتفق وصفته كممثل لها، أو أن ما قام به ينطوي على إهدار لحقوق المواطنين وان من العدل معاقبة المعتدي أو أن يحصل كل ذي حق حقه منه، وإلا كانت الحصانة ملجأ يلجأ إليها المبعوث الدبلوماسي للإساءة إلى سمعة دولته.

وقد تتنازل الدولة عن حصانة مبعوثها إذا وجدت عدم صحة الاتهامات الموجهة إليه، أو أن عدالة القضاء الوطني كفيلة بإثبات براءته.

وقد ترفض الدولة التنازل عن حصانة مبعوثها، إذا وجدت أنه الغرض من إقامة الدعوى هو التشهير بها أو أن من شأن المحاكمة كشف أسرار الدولة.

---

(١) Margares Buckley, op. cit, p. ٣٥٣.
(٢)Y.B.I.L.C. Vol. ٢ ١٩٥٨, p. ٩٩.

ومـن الواضـح أن المقصـود بالدولـة في هـذا المجـال، هـي الدولـة التـي يتبعهـا المبعوث الدبلوماسي وليس المقصود بهـا الدولـة المسـتقبلة، حيـث نصـت المـادة (٣٢) مـن اتفاقية فينا على ما يلي: " ١- يجوز للدولة المعتمدة أن تتنازل عـن الحصـانة القضـائية ..." غير أن وزارة الخارجية المصرية ذهبت إلى خلاف ذلك وأعطت هذا الحق إلى وزارة خارجية الدولة المستقبلة بحجة أن المـادة (٤١) مـن الاتفاقيـة أوجبـت عـلى المبعـوث الـدبلوماسي احترام قوانين الدولة المستقبلة وأن مخالفة ذلك يبرر رفع الحصانة القضائية عنه[1].

وقد رفضت المحكمة العسكرية العليا في مصر ـ الأخـذ بتعليـل وزارة الخارجيـة المصرية هذا باعتبار أن الدولة المستقبلة ليس من حقها استناداً للمادة (٤١) من الاتفاقيـة إسقاط الحصانة الفضائية عن الدبلوماسي الذي يرتكب عملا ينتهك فيـه قوانينهـا أو يخـل بأمنها، واعتبرت القبول بغير ذلك يخالف صراحة النص الذي تصدر بتحفظ لصالح الحصانة، ويخالف مقاصد واضعيه، وفضلا عن ذلك فإن رأي وزارة الخارجيـة المصريـة يخـالف مبـدأ هاماً من مبـادئ تفسـير المعاهـدات هـو مبـدأ ضرورة إعـمال الـنص، وأن القـول بإسـقاط الحصانة جزاء إنهاك الدبلوماسي قوانين الدولة المستقبلة يفرغ الحصانة القضـائية مـن كـل مضمون ويجعل الالتزام بها كما مهملا ونصا ميتا، إذ لا مجال لإعمالها ولا محل لتطبيقها إلا حال ارتكاب الجرائم أو الامتناع عن تنفيذ الالتزامات[2].

---

(١) " اتهمت النيابة العسكرية المصرية السيد سيف محسن السكرتير الثاني بسفارة جمهورية اليمن الديمقراطية في القاهرة مع آخرين بأنهم في غضون عام ١٩٧٦ بيتوا النية على اغتيال السيد محمـد عـلي هيـثم رئيس وزراء اليمن الديمقراطية السابق بسبب الخلافات السياسية والعقائدية وبأنهم شرعوا بتنفيذ مخططهـم في ١٩٧٦/٨/٦ وأطلقوا عليه الرصاص فأصابوه اصابات عديدة بأنها المحاولة الثانية حيث تعرض لمحاولة أولى في اكتوبر ١٩٧٥ ... ورأت السلطة المختصة احالة هذه القضية على القضاء العسكري حيث طلبت النيابـة العامـة العسـكرية معاقبتهم ... وقد دفع السكرتير اليمني بعدم جواز محاكمته امام القضاء المصري لتمتعه بالحصانة الدبلوماسية وفقاً لأحكام العرف الدولي واتفاقية فينـا لسـنة ١٩٦١، وقـد طلبـت وزارة الخارجيـة المصريـة في سـفارة الـيمن الديمقراطية التنازل عن الحصانة القضائية، غير إن السفارة رفضت بمذكرتها المؤرخة ١٩٧٦/٨/١٤ بـإصرار التنـازل عن الحصانة وقد جاء بكتاب وزارة الخارجية – إدارة المراسم – المـؤرخ في ١٩٧٦/٨/٢١ الموجـه إلى رئـيس نيابـة الجيزة والذي جاء به "تقرر اسقاط الحصـانة الدبلوماسـية عـن السـيد سـيف محسـن وأنـه يمكـن اتخـاذ كافـة الاجراءات القضائية حيالـه" وقـد كلفـت المحكمـة النيابـة العسـكرية مخاطبـة وزارة الخارجيـة لبيـان الاسـانيد القانونية بكتابها المذكور. وردت وزارة الخارجية بكتابهـا المـؤرخ في ١٩٧٦/١٠/٩: " أتشرف بالافـادة بـأن السـند القانوني لرفع الحصانة عن المتهم المذكور هو المادة (٤١) من اتفاقية فينا للعلاقات الدبلوماسـية والتـي تقتضيـ باحترام الدبلوماسي لقوانين ولوائح البلاد وان ما قام به المتهم شكل تهديداً لأمن مصر مما استدعى ضرورة القاء القبض عليه وتقديمه للمحاكمة".

انظر حيثيات قرار حكم المحكمة العسكرية في القضية المرقمة (٧) لسنة ١٩٧٦ أمن دولة عسكرية عليا. المنشور في المجلة المصرية للقانون الدولي، المجلد الثاني والثلاثون ١٩٧٦ صفحة ٢٧٤.

(٢) وقد جاء بحيثيات الحكم بأن المحكوم راجعت آراء كبار الفقهاء في هذا المجال ووجدت أن " هذه الحصانة لا تعني عدم الخضوع للأحكام القانونية الموضـوعية في الدولـة المعتمـد لـديها فهـي حصـانة اجرائيـة وحسـب ويخضع المبعوث الدبلوماسي لقوانين تلك الدولة أن يلتزم باحترامها. فإن خالفها أو أخل بـأمن الـبلاد كـان ذلـك مبرراً قانونياً للاحتجاج لدى دولته أو طلب سحبه ومحاكمته او اعتباره شخصـا غـير مرغـوب فيـه ... ونظـرا لأن

وفي جميع الأحوال إذا صدر التنازل من جهة غير مخولة قانوناً بإصداره كأن يصدر التنازل من رئيس البعثة في الوقت الذي أصبحت فيه دولته عن عدم تخويله بـذلك، أو صدر من قبل أحد موظفي البعثة في دعوى تتعلق برئيس البعثة، أو صدر من أية جهة غير مختصة، ثم أجريت محاكمة المبعوث الدبلوماسي استناداً للتنازل المـذكور وتبـين للمحكمة بعد ذلك عدم صلاحية الجهة التي أصدرته، فإن عليها أن توقـف إجراءاتها، وإذا صدر حكم منها يعتبر باطلاً ولا يعتد به لصدوره من محكمة غير مختصة.

إضافة لذلك فإن صدور الحكم ضد المبعوث الدبلوماسي في هذه الحالة لا يثير مشاكل معقدة، إذ يظل تنفيذ ذلك الحكم رهينا بموافقة دولته.

وفي حالة تنازل دولة المبعوث الدبلوماسي عن حصانته القضائية فإنه في هـذه الحالة لا يصبح من مواطني الدولة المستقبلة ويخضع للإجراءات التي يخضع لها الـوطني، إنما يبقى كأي أجنبي أخر يخضع لقواعد الاختصاص القضائي التي تطبق على الأجانب. فإذا وجدت المحكمة المدنية أن الدعوى لا تخضع لاختصاصها القضائي، إنما تخضع لاختصاص محاكم دولة أخرى، فعليها أن تمتنع عن النظر في الدعوى هذه، لأن التنازل عـن الحصانة القضائية لا يمنح محاكم الدولة المستقبلة اختصاصاً أوسع هو محدد لها في قوانينها الوطنية.

الفرع الثاني: التنازل الضمني والتنازل الصريح

إذا كان التنازل عن الحصانة القضائية المدنية أو الجزائية، يعني خضوع المبعوث الدبلوماسي لاختصاص محاكم الدولة المستقبلة، فهـل يجـوز أن يكون الإفصاح عـن هذا التنازل ضمنيا بحيث يمكن أن يستخلص من الظروف المحيطة في الـدعوى، أم يشـترط فيه يكون صريحا صادراً من قبل الدولة المرسلة في جميع الظروف والأحوال؟

لقد اختلفت الآراء والتطبيقات العملية في هذا الصدد، حيث أجاز اتجـاه مـن يكون التنازل عن الحصانة القضائية ضمنيا، بينما اشترط اتجاه آخر أن يكون هـذا التنازل صريحا معبرا عن إرادة الدولة في التنازل عن حصانة مبعوثها، بصورة لا يعتريها الغموض أو الإبهام.

وعليه سنتطرق إلى الرأيين المذكورين في الفقرتين الآتيتين:

الفقرة الأولى: التنازل الضمني.

الفقرة الثانية: التنازل الصريح.

جمهورية مصر العربية قد انضمت إلى اتفاقية فينا لسنة ١٩٦١، بشأن العلاقات الدبلوماسية بقرار رئيس الجمهورية رقم ٤٦٩ لسنة ١٩٦٤ وتكون لها قوة القانون بعـد ابرامهـا والتصديق عليها فقـد صار لزامـاً علـى المحكمة - نزولاً على حكم القانون - ان تنتهي الى عدم اختصاصها ولائياً بمحاكمة المتهم الأول سيف محسـن " انظر المصدر السابق، صفحة ٢٨٢.

الفقرة الأولى: التنازل الضمني

ذهب بعض الكتاب وتطبيقات بعض الدول إلى أن التنازل عن الحصانة القضائية لا يشترط أن يكون صريحا، إنما يجوز أن يكون ضمنا يستخلص من الظروف المحيطة بالدعوى، غير إن أصحاب هذا الرأي وأن أنفقوا على جواز التنازل الضمني إلا أنهم اختلفوا في نطاق هذا التنازل وطرق التعبير عنه وتفرقوا إلى الاتجاهات التالية:

الرأي الأول: يرى أصحابه أن التنازل الضمني عن الحصانة القضائية يكون مطلقا ودون الالتفات إلى طبيعة الدعوى أو ما يتعلق بها من أمور، سواء أكانت هذه الدعوى مدنية أم جزائية، وسواء تعلقت بأعماله الرسمية أم الخاصة[1]، وقد أخذت بهذا الرأي بعض الدول كالهند وباكستان[2].

ولم يلق هذا الرأي تقبلا من بقية الفقه والقضاء ولم تأخذ به الاتفاقيات الدولية، لأنه يؤدي إلى القضاء على الحصانة القضائية ويفرغها عن محتواها، إذ انه يعتبر أي تصرف يصدر من المبعوث الدبلوماسي بمثابة تنازل ضمني عن حصانته.

الرأي الثاني: يميز هذا الرأي بين الدعاوى المدنية والدعاوى الجزائية، وأجاز التنازل الضمني عن الأولى، واشترط التنازل الصريح عن الثانية[3].

إن التمييز بين الدعاوى المدنية والدعاوى الجزائية لا مبرر له في هذا المجال، حيث إن الحصانة القضائية سواء أكانت مدينة أم جزائية مقررة من أجل حماية شخصية وأموال المبعوث الدبلوماسي، وأن جواز أمواله وبيعها وحبسه لقهر إرادته على تنفيذ التزاماته المدنية. وإن مثل هذه الأمور لا تقل خطورة عن الحصانة الجزائية.

يضاف لذلك أن بعض الدعاوى المدنية ترتبط ارتباطاً وثيقاً بالدعاوى الجزائية، عندما يؤدي الفعل الجرمي إلى أضرار مادية أو معنوية تلحق بالمجني عليه، ففي الحالة هذه لا يستطيع المتضرر المطالبة بالتعويض وإن تنازل المبعوث الدبلوماسي عن حصانته المدنية ضمنيا، لأن الدعاوى التي يتوقف عليها إثبات الوقائع الجرمية التي تكون أساساً في الدعوى المدنية، لم تنظر لما تتطلبه من تنازل صريح فيكون التنازل الضمني عن الحصانة المدنية لا قيمة له إذا لم يرافقه تنازل عن الحصانة الجزائية التي تعتبر أساساً في الدعوى هذه.

---

(١)Poulet, op. cit. p. ١٩٩.

Ian Brownile, op. cit. p. ٣٤٤.

(٢) انظر الفقرة (د) من المادة ٨٦ من قانون المرافعات الهندي والقواعد المطبقة في باكستان الواردة في مذكرتها المؤرخة في ٨ نيسان ١٩٥٨.

انظر:

United nations Laws. P. ١٦٧. and ٢٢٧.

(٣)B. Sen, op. cit. p. ١٣٠.

الرأي الثالث: ذهب بعض الكتاب[1]، إلى أن للمبعوث الدبلوماسي حق الدفع بالحصانة القضائية ابتداء من حضوره إجراءات المرافعة القضائية أمام المحكمة لأول مرة، غير إن دخوله في أساس الدعوى دون أن يراعى صفته الدبلوماسية يعني أنه أبدى رغبته بالتنازل عن حصانته القضائية وقبل الخضوع لاختصاص محاكم الدولة المستقبلة بمحض إرادته.

وقد أخذت بهذا الرأي بعض المحاكم الفرنسية[2] والبريطانية[3] والمصرية[4]. حيث اعتبرت المحاكم هذه أن مجرد دخول المبعوث الدبلوماسي في أساس الدعوى وعدم

---

(١)Machael Akehrst Juridication in Unternational Law B.Y.B.I.L. ١٩٧٢ - ١٩٧٣, p. ٢٤٥.
Emile Tyan, op. cit, p. ٤٣٧.

والدكتور فاضل زكي محمد، المصدر السابق، صفحة ١٤٧.

والاستاذ المرحوم عبد الرحمن العلام، المصدر السابق، ص ٣٢٧.

ويرى الدكتور محمد حافظ غانم، المصدر السابق، صفحة ٥٤٩، أن العرف الدولي كان يجيز التنازل عن الحصانة المدنية بصورة ضمنية، عندما يحضر المبعوث الدبلوماسي اجراءات الدعوى دون أن يدفع بحصانته القضائية.

(٢) انظر قرار محكمة استئناف باريس الصادر عام ١٩٥٣ وتتلخص هذه القضية في أن احد موظفي السفارة الأمريكية بباريس أقامت عليه زوجته دعوى الطلاق، وقد حضر الموظف المذكور جلسات الدعوى دون ان يدفع بحصانته، ثم تغيب بعد ذلك عن حضور الجلسات اللاحقة، فقررت المحكمة الاستمرار بـاجراءات الـدعوى والحكم ضده.

J.D.I. Ne ٤ ١٩٥٣, p. ٨٨٦.

واعتبرت محكمة النقض الفرنسية مجرد دخول المبعوث الدبلوماسي أساس الدعوى يعد تنازلاً عن حصانته القضائية.

Cour de Cassation, Chambre civile ٢٠. ١٩٥٨, J.D.I. ١٩٥٩, p. ١١٥٨ Dikinson V. Del Solar ١٩٣٠.

(٣) انظر قضية

وتتلخص القضية، بأن السكرتير الأول في سفارة بيرو في لندن احيل على المحاكمة في حادث دهس ودخلت شركة التأمين كطرف ثالث في الدعوى، وقد دفعت الشركة بالحصانة القضائية والتي يتمتع بها السكرتير الاول التي تعفيه من المسؤولية، بعد أن دخل المدعى عليه في أساس الدعوى، وقد جاء بقرار المحكمة بأن دخوله الدعوى يعتبر تنازلاً ضمنيا عن حصانته القضائية، ويصبح خاضعاً لاختصاصها، وقد أوردت المحكمة سوابق قضائية في في عام ١٩١٨. انظر القرار في In reuaraz عام ١٨٥٤ و Taylor V. Best هذا المجال لاسناد حكمها وهي B.Y.B.I.L. ١٩٦٥ - ٦٦ p. ٣٥٦.

كذلك انظر الدكتور فاضل زكي محمد، المصدر السابق، صفحة ١٤٨.

(٤) جاء بقرار محكمة الاستئناف المختلطة المرقمة ٢٨٥ في ٧ مارس ١٩٣٥ ان ولاية القضاء لا يمنع أن يحوز حكماً أهلياً قوة الشيء المحكوم فيه بالنسبة لشخص تابع لقضاء المحاكم المختلطة اذا كان هذا الاخير قد حضر الدعوى بعد اعلانه ولم يدفع بعدم الاختصاص ...".

انظر مجلة المحاماة، العدد السادس، ١٩٣٥ صفحة ٦٤٣ وجاء بقرار محكمة القاهرة الابتدائية في قرارها الصادر عام ١٩٧١ "وكذلك يعتبر الملك الأجنبي انه أخضع نفسه للقضاء الاقليمي اذا رفعت عليه دعوى ولم يدفع بعدم الاختصاص بل تركه يفصل في موضوع النزاع ... " انظر قرار محكمة القاهرة الابتدائية الصادر في ٢٠ نيسان ١٩٧١ الدكتور عبد العزيز محمد سرحان. قواعد القانون الدولي العام في أحكام المحاكم وما جرى عليه العمل في مصر، المجلة المصرية للقانون الدولي، المجلد الثامن والعشرون ١٩٧١ صفحة ٧٠.

دفعه بالحصانة القضائية أمراً كافياً لخضوعه لاختصاصها، ولها في هذه الحالة أن تصدر حكمها ضده رغم عدم استمراره بالحضور أمام المحكمة بالنسبة للمرافعات اللاحقة.

وقد رفضت دائرة مجلس الملك البريطاني الأخذ بهذا الرأي[١] كما رفضته محكمة استئناف لوكمسبرغ[٢]، ومحكمة النقض البلجيكية[٣]، باعتبار أن حضوره إجراءات الدعوى أو امتناعه عن الحضور أو سكوت حكومته لا يعد تنازلاً عن الحصانة القضائية.

إن حضور المبعوث الدبلوماسي إجراءات الدعوى قد يقصد منه دفع الاتهام الباطل الموجه ضده من اجل أن يبرئ ساحته أمام المحكمة المترافع أمامها وسلطات الدولة المستقبلة وسلطات دولته، لأن قرار المحكمة برد الاتهام الصادر ضده ينهي الدعوى ولا يجوز للمدعي بعد ذلك مراجعة الطرق الأخرى للحصول على الحق الذي يدعيه، كما ان محاكم دولته لا تختص بالنظر في الدعوى التي سبق النظر فيها من قبل محاكم دولة أخرى، وعلى ذلك فإنه يفضل الحضور أمام المحكمة لرد الدعوى إذا كان واثقاً من موقفه وسلامة طويته، ولا يقصد بذلك التنازل عن حصانته القضائية.

الرأي الرابع: يرى أصحابه، أن مجرد دخول المبعوث الدبلوماسي أراضي دولة أجنبية بصورة متخفية أو باسم مستعار ودون علم سلطات الدولة المستقبلة بصفته الدبلوماسية، يعد بمثابة موافقته الضمنية بالخضوع للاختصاص القضائي لتلك الدولة. ولم يلق الرأي هذا تقبلاً في التطبيق العملي، باعتبار ان دخوله بصورة متخفية لا يعد دليلاً كافياً بأن في نيته الخضوع للاختصاص القضائي لتلك الدولة[٤].

---

(١) جاء بقرار مجلس الملك البريطاني في عام ١٩٤٨ بصدد دعوى اقيمت على مبعوث دبلوماسي أمريكي حضر اجراءات المرافعة ولم يحتج بالحصانة القضائية: أن المبعوث الدبلوماسي لا يستطيع التنازل بنفسه عن الحصانة القضائية، إنما يكون لدولته فقط هذا الحق.
انظر قضية

Brice V. Griffin

B.Y.B.I.L. ١٩٤٩, p. ٤٣٣ - ٤٣٧.

(٢) في عام ١٩٥٧ اقيمت الدعوى على مستشار السفارة الايطالية في لوكسمبورغ وقد حضر المبعوث الدبلوماسي اجراءات الدعوى ودخل بأساس الدعوى دون أن يحتج بالحصانة القضائية التي يتمتع بها، وقد اعتبرت موقفه هذا تنازلاً عن حصانته القضائية وحكمت عليه، غير أن محكمة الاستئناف قررت فسخ الحكم باعتبار ان المبعوث الدبلوماسي لا يملك التنازل عن حصانته، إلا بموافقة دولته. انظر قضية

Balaso V. Wolter

الدكتور عبد الحسين القطيفي، المصدر السابق، صفحة ٩٤.

(٣) انظر قرار محكمة النقض البلجيكية مشار اليه في

R. Genet, op. cit. p. ٥٩٢.

وقرارها الصادر عام ١٩٥٤ مشار إليه

Whiteman, op. cit. p. ٤٢٦.

(٤) رفضت محكمة استئناف لندن في عام ١٨٩٤ الأخذ به عندما رفعت فتاة انكليزية دعوى أمام القضاء البريطاني شخص يحمل اسم " البرت بيكر " لأنه أخل بوعده بالزواج منها ولكن القضاء رفض النظر في هذه

ولا ينطبق هذا الاتجاه على المبعوث الدبلوماسي في الوقت الحاضر لأن رئيس البعثة لا يعتبر ممثلاً لدولته إلا بعد قبول أوراق اعتماده من قبل الدولة المستقبلة[١] وأن بقية أعضاء البعثة لا يعتبرون من أعضائها الدبلوماسيين إلا بعد إعلام وزارة خارجية تلك الدولة بتعيينه ووصوله إليها[٢] وأن دخول المبعوث الدبلوماسي أراضي الدولة المستقبلة بصورة متخفية أو علنية قبل اتخاذ تلك الإجراءات لا يضفي عليه الصفة التمثيلية لدولته، وبالتالي فإنه بالأساس لا يتمتع بأية امتيازات دبلوماسية أو حصانات قضائية داخل إقليم تلك الدولة.

أما إذا كان المبعوث الدبلوماسي ممن يعملون داخل البعثة الدبلوماسية بعد أن تمت الإجراءات المذكورة، ثم عاد لدولته لفترة معينة ورجع منها إلى الدولة المستقبلة بصورة متخفية، ولم يعلم وزارة خارجيتها بقدومه، فإنه لا يفقد في هذه الحالة حصانته القضائية، لأن إعلان الدخول لإقليم الدولة المستقبلة لا يعتبر من الشروط اللازمة توافرها في استمرار الصفة الدبلوماسية التي سبق وأن اكتسبها بالإجراءات التي سبق ذكرها.

الرأي الخامس: يتجه هذا الرأي إلى أن التنازل الضمني يمكن أن يستخلص من ظروف القضية السابقة على إقامة الدعوى، وخاصة من شروط التعاقد المتجلية برغبة المبعوث الدبلوماسي بالتنازل عن الحصانة القضائية أو التمسك بها[٣]، لأن عدم توافر أحد أسباب الاختصاص التقليدي لا يحول دون خضوع النزاع لولاية المحكمة التي رفعت الدعوى أمامها انطلاقاً من مبدأ الخضوع الاختياري، حيث إن رضا الخصوم بالخضوع لولاية المحاكم الوطنية يعد في ذاته ضابطاً لاختصاص هذه المحاكم في معظم دول العالم[٤].

الدعوى بعد أن تبين له أن "البرت بيكر" ما هو الا اسم مستعار كان سلطان جوهر قد اتخذه اثناء وجوده في لندن.

وفي عام ١٩٠٤ رفضت احدى المحاكم السويسرية الحكم على ملك هولندا وجاء بقرارها انه يتمتع بالحصانة القضائية رغم دخوله الأراضي السويسرية بصورة متخفية. انظر:

محمود سامي جنيه، المصدر السابق، صفحة ٣٦٨.

والدكتور علي صادق أبو هيف، المصدر السابق، صفحة ٤٨.

E.J. Cohen, op. cit. p. ٢٦ s.

(١) انظر المادة الرابعة من اتفاقية فينا للعلاقات الدبلوماسية لعام ١٩٦١.

(٢) انظر المادة العاشرة من اتفاقية فينا للعلاقات الدبلوماسية لعام ١٩٦١.

(٣) Dalloz Encyclopedie Juridique, Droit International Tome ٢, Parise, ١٩٦٩, p. ١٣١.

(٤)Oscar Svarlien, op. cit. p. ٢٤٨.

والدكتور هشام علي صادق، المصدر السابق، صفحة ٤٣.

وقد رفضت المحاكم البريطانية[١] والمحكمة العليا في بولندا[٢]، وشيلي[٣]، وبعض الكتاب[٤] الأخذ بالرأي المذكور لأن الحصانة القضائية التي يتمتع بها المبعوث الدبلوماسي مقررة لمصلحة دولته التي لم تكن طرفاً في الاتفاق الذي يقضي بالتنازل عنها. وأن طرفي الدعوى لا يملكان سلطة توسيع اختصاص المحكمة خارج الحدود المرسومة لها. وعليه فإن مثل هذا الشرط لا ينتج أثراً ويعتبر أي شرط يتضمن التنازل عن الحصانة القضائية باطلاً في العقود الشخصية التي يبرمها المبعوث الدبلوماسي في الدولة المستقبلة أو القبول بشرط الاختصاص القضائي المحلي دون موافقة حكومته.

الرأي السادس: يرى أصحاب هذا الرأي أن التنازل الضمني عن الحصانة القضائية يتحقق لو ارتكب المبعوث الدبلوماسي أعمالاً تعد خطراً على سلامة الدولة المستقبلة وأمنها أو تدخل في شؤونها الداخلية، أو ساد أحد الأحزاب السياسية[٥]، أو ارتكب خطأً جسيماً في تصرفاته الخاصة[٦].

---

(١) في عام ١٨٩٦ عرضت قضية على القضاء البريطاني وفيها أرسل المدعي عربات محملة للمدعى عليه في اسكتلندا، ثم رفعت الدعوى أمام أحدى المحاكم البريطانية بناء على نص ورد في العقد يقضي بتطبيق القانون البريطاني واختصاص المحكمة العليا البريطانية في المنازعات الناجمة عن العقد. وقد رفضت المحكمة النظر في القضية على أساس أن طرفي العقد ليس لهم تقرير اختصاص المحاكم عن طريق الاتفاقات العقدية.
الدكتور عائشة راتب، المصدر السابق، صفحة ٤٣.
كذلك انظر E.J. Cohen, op. p. ٢٦٣.
British Court ١٩١٤.
مشار اليه في Herbert W. Brigges, op. cit. p. ٧٨٥

(٢) The Supreme Court of Poland ١٩٢٥, Wesley L. Gould, op. cit p. ٢٧٤
Herbert W. Brigges, op. cit, p. ٧٨٥.

(٣) انظر قرار المحكمة العليا في شيلي الصادر عام ١٩٥٦ مشار إليه الدكتور عبد الحسين القطيفي، المصدر السابق، المصدر السابق، صفحة ٩٦، هامش رقم (٢).

(٤) الدكتور سموحي فوق العادة، المصدر السابق، صفحة ٣١٣.

(٥) الدكتور عائشة راتب، المصدر السابق، صفحة ١٥١.

(٦) الدكتور عز الدين عبدالله، المصدر السابق، صفحة ٧٧٢.
وذهبت بعض الآراء إلى أن التنازل الضمني يكون في حالة ممارسة المبعوث الدبلوماسي أعمالاً خاصة في الدولة المستقبلة.
Poullete, op. cit. p. ١٩٩.
وهناك رأي آخر يذهب إلى أن التنازل الضمني يحصل سابقا على أي نزاع يكون المبعوث الدبلوماسي طرفا فيه بالاستناد إلى تعليمات عامة أو نص تشريعي يخضع بموجبها المبعوث الدبلوماسي لاختصاص محاكم الدولة المستقبلة في حالات معينة. ويترتب عليه في هذه الحالة أن يتصرف في حدود التعليمات أو النص التشريعي وفقاً لما تمليه دون الحاجة للرجوع إلى دولته لأخذ موافقتها. أنظر:
الدكتور علي صادق أبو هيف، المصدر السابق، صفحة ٢٠١.

إن الأخذ بالرأي المذكور يثير مشاكل متعددة، منها عدم إمكان تحديد الأعمال الخطرة وتمييزها عن الأعمال غير الخطرة، وأن ما يعتبر من الأعمال الخطرة في دولة لا يعتبر كذلك في دولة أخرى، الأمر الذي يؤدي إلى اختلاف التطبيقات بين الدول. وقد يؤدي إلى اتهام المبعوث الدبلوماسي بالقيام بأعمال خطرة أو التدخل في الشؤون الداخلية من أجل محاكمته والإساءة إلى سمعته وسمعة الدولة التي يمثلها.

ولم تأخذ اتفاقية فينا للعلاقات الدبلوماسية لعام ١٩٦١ بالتنازل الضمني كقاعدة عامة، إنما أخذت بذلك في حالة واحدة، وهي حالة ما إذا أقام المبعوث الدبلوماسي الدعوى في محاكم الدولة المستقبلة كما سيجيء بحث ذلك في المطلب القادم.

الفقرة الثانية: التنازل الصريح

بالنظر للعيوب التي تكتنف الضمني فقد ذهبت غالبية الكتّاب[1] والتطبيقات العملية إلى اشتراط أن يكون التنازل عن الحصانة القضائية التي يتمتع بها المبعوث الدبلوماسي صريحاً يعبر عن قبول حكومة دولته بخضوعه على محاكم الدولة المستقبلة، سواء أكانت الدعوى مدنية أم جزائية، وسواء تعلق بأعماله الرسمية أم الخاصة، وأن حضر- إجراءات المرافعة ودخل في أساسها دون أن يدفع بالحصانة القضائية التي يتمتع بها ولا فرق في ذلك سواء كان المبعوث الدبلوماسي رئيس دولة أم رئيس بعثتها أم أحد أعضاء البعثة يتمتعون بالصفة الدبلوماسية.

ويكون التنازل صريحا إذا صدر قرار من حكومته يتضمن موافقتها على التنازل عن حصانته القضائية أو قبول خضوعه للاختصاص المحلي للدولة المستقبلة.

وكذلك يكون التنازل عن الحصانة القضائية صريحاً إذا طلبت حكومته أو بعثته رسميا من سلطات الدولة المستقبلة اتخاذ الإجراءات القانونية بحق احد أعضاء البعثة دون أن تثار شكوك من جهة معينة[2].

---

(١) J.P. Quenud, op. cit. p. ٢١٤.
Philippe Cahier, op. cit. cit p. ٢٦٩.
Louis Cavare, op. cit. p. ٢٩.
Lenonrd V.B. Sutton, op. cit. p. ١١٢.
Margart Buckley, op. cit. p. ٣٥٢.
Jean Serres, op. cit. Ne ١٣١.

(٢) في عام ١٩٦٩ طلبت احدى البعثات الدبلوماسية في بغداد من وزارة الخارجية العراقية اتخاذ الاجراءات القانونية بحق السيد (-) أحد أعضاء سفارتها لقيامه بعمليات احتيال تسيء إلى سمعة السفارة.
انظر مذكرة السفارة المرقمة ١٩٦٩/٨١/١١.
وفي عام ١٩٧٧ طلبت السفارة المذكورة من وزارة الخارجية اتخاذ التعقيبات القانونية بحق (-) المستخدم في دار السفير لقيامه بعمليات سرقة واختلاس.
أنظر مذكرة السفارة المذكورة المؤرخة في ١٩٧٧/٤/٧.

أما بالنسبة لاتفاقية فينا للعلاقات الدبلوماسية لعـام ١٩٦١ فقـد نصت الفقـرة (٢) من المادة (٣٢) على ما يلي: "يكون التنازل صريحا في جميع الأحوال ".

ونصت الفقرة الثالثة من المادة المذكورة على مـا يـلي: " لا يحـق للمبعـوث الـدبلوماسي أو للشخص المتمتع بالحصانة القضائية بموجب المادة (٣٧) -أن أقام أيـة دعـوى - الاحتجـاج بالحصانة القضائية بالنسبة على أي طلب عارض يتصل مباشرة بالطلب الأصلي.

وقد جرى العمل في العراق على تطبيق هذه القاعدة[١].

وقد ذهب بعض الكتاب إلى أن اتفاقية فينا للعلاقـات الدبلوماسية ميـزت بـين التنازل عن الحصانة الجزائية وبين التنازل عن الحصانة المدنية فأوجبت في الأولى أن يكون التنازل صريحا من قبل حكومة المبعوث الـدبلوماسي، دون أن يكون لـه الاختبـار في ذلـك، وأجازت في الثانية أن يكون التنازل صادراً من قبل المبعوث الدبلوماسي نفسه[٢]. وهو الرأي الذي ذهبت إليه لجنة القانون الدولي في المشروع الذي أعدته لاتفاقية فينا، حيث اشترط المشروع موافقة حكومة المبعوث الدبلوماسي نفسه. وهو الـرأي الـذي ذهبـت إليـه لجنـة القانون الدولي في القضايا المدنية[٣]. غير أن الاتفاقية لم تأخذ بهذا التمييز

---

(١) من التطبيقات الحديثة لقاعدة التنازل الصريح عن الحصانة القضائية في العراق القضية التالية:
في شباط عام ١٩٧٩ ارتكب الملحق الاقتصادي في السفارة اللبنانية جريمة قتل زوجته وابنته، ولم تتخذ السلطات العراقية الاجراءات القضائية بحقه إلا بعد ما تنازلت دولته عـن حصانتـه القضائيـة وقـد جـاء بمـذكرة السفارة اللبنانية المرقمة ٥ – ١٣ والمؤرخة في ١٩٧٩/٢/٥ ما يلي: "تهدي سفارة لبنان تحياتها إلى وزارة الخارجية وتتشرف بأن تورد ما يلي: أولاً- ان السلطات اللبنانية قررت التنازل عن الحصانة الدبلوماسية المشمول بها (-) الملحق الاقتصادي في هذه السفارة الذي ارتكب جريمة قتل زوجته الحامل وطفله، وأن الحكومة اللبنانيـة تتنـازل عـن هذه الحصانة ثقة منها بعدالة القضاء العراقي وبكافة السلطات العراقية التي ستتولى معالجة هذا الموضوع من جميع جوانبه.
ثانياً – ان السفارة اللبنانية تعرب باسم الحكومة اللبنانية عن عميق شكرها وتقديرها للطريقة التي عالجت السلطات العراقية المختصة الجريمة منذ وقوعها ومراعاتها لمبدأ الحصانة الدبلوماسية وتعاونها الوثيق مع هـذه السفارة ...".
(٢) Sz Feller. A Treatise on International Criminal Law. Vol. ٢ M. Cherif Bassiouni, U.S.A.
١٩٧٣ p. ١١١.
والدكتور حامد سلطان، المصدر السابق، صفحة ١٣٥.
والدكتور كمال انور محمد، المصدر السابق، صفحة ٦٨.
(٣) وقد نصت المادة (٣٠) من المشروع الذي أعدته لجنة للقانون الدولي في عام ١٩٥٨، المقابلة للمادة (٣١) من اتفاقية فينا على ما يلي:

١-   The immunity of its diplomatic agent from juridiction may be waived by the
      sending state.
٢-   In criminal proceedings, waiver must always be express.
٣-   In civil or administrative proceedings, waiver may be express or implied. A
      waiver is presumed to have occurred if a diplomatic agent appears as defendant
      without claming any immunity. The initiation of proceedings by a diplomatic

واشترطت أن يكون التنازل صريحا في الأحوال جميعا عدا حالة ما إذا لجأ المبعوث الدبلوماسي إلى محاكم الدولة المستقبلة لإقامة الدعوى أمامها وهي الحالة التي سنتناولها في المطلب الآتي:

المطلب الثاني: إقامة الدعوى من قبل المبعوث الدبلوماسي أمام محاكم الدولة المستقبلة

يحق للأجنبي اللجوء إلى محاكم الدولة التي يقيم فيها، لحماية حقوقه المعترف بها، أو لدفع أي اعتداء يتعرض له إثناء إقامته في تلك الدولة[١].

ويجوز للمبعوث الدبلوماسي بوصفه أجنبيا أن يستعمل هذا الحق، ويلجأ لمحاكم الدولة المستقبلة لدفع التعرض عن شخصه وأمواله.

ولجوء الأجنبي أو المبعوث الدبلوماسي للقضاء الوطني بصفته مدعيا يغني اعترافه بعدالة هذا القضاء وقبوله الخضوع لسلطته بمحض إرادته فهل يجوز للمدعى عليه في هذه الحالة أن يستعمل الحقوق التي كفلها له القانون، وأن يثبت عدم صحة دعوى المبعوث الدبلوماسي وأن يبدي دفوعه أو أن يقيم دعوى متقابلة ضد المبعوث الدبلوماسي؟

ذهب بعض الكتاب إلى جواز مقاضاة المبعوث الدبلوماسي في حالة أي طلب عارض يتصل مباشرة بالدعوى التي أقامها أمام محاكم الدولة المستقبلة[٢].

وأنه لا يستطيع في الحالة هذه أن يتمسك بالحصانة القضائية إذا تحول إلى مدعى عليه بشأن أمور تتصل بالطلب الأصلي. وكذلك الحال إذا استأنف المدعي عليه الدعوى التي أقامها المبعوث الدبلوماسي أمام المحاكم الأعلى درجة ونقض القرار لمصلحته[٣].

---

agent shall preclude him from invoking immunity of jurisdiction in respest of counter – claims directly connected with the principle claim..." Y.B.I.L. Vol. ٢ ١٩٥٨ p. ٩٩.

(١) غير أن بعض الدول تضع بعض القيود على حق الأجنبي في الالتجاء إلى القضاء، ومنها أن يقدم كفالة لامكان تحصيل المصروفات ودفع التعويضات التي قد تترتب على الأجنبي اذا خسر الدعوى، ولحماية الوطنيين من الدعاوى الكيدية التي يقيمها الأجنبي ضدهم. غير أن هذه القيود يجب الا تجعل الالتجاء إلى القضاء أمراً عسيراً أو مستحيلا. انظر:
الدكتور جابر ابراهيم الراوي، المصدر السابق، صفحة ١٨٥.

(٢) Paul Gaggenheim, op. cit. p. ١٤٤.
J.H.C. Morris, op. cit. p. ١٤٤.
Louis Dellez, op. cit p. ٣٠٥.
Martin Wolf, ip. Cit p. ٥٩.
Henri Batiffol, op. cit Ne ٦٩٤.
Oscar Svarlien, op. cit. p. ٢٤٨.
Emile Tyen, io. Cit. p. ٤٨٧.

والدكتور فاضل زكي محمد، المصدر السابق، صفحة ١٤٨.
والدكتور هشام علي صادق، المصدر السابق، صفحة ٣١٠.

(٣)Philippe Cahier, op. cit. p. ٢٦١.

ويعلل الفقه هذا الاتجاه بأن المبعوث الدبلوماسي ما دام قد رفع الدعوى أمام محاكم الدولة المستقبلة فإنه قد أقر بعدالتها والخضوع لاختصاصها[١].

وقد أخذت بالاتجاه هذا المذاهب القانونية[٢]، وقوانين بعض الدول، كالهند وهولندا وباكستان[٣] وكولومبيا[٤] ومحاكم بعض الدول كألمانيا[٥] والنمسا[٦] ومصر[٧].

Sir Ernest Satow, op. cit. p. ٢٠.

Jean Serres, p[. cit. p. ١٣٨.

(١)Sir Cecil Hurst, op. cit. p. ١٨٩.

G.E. do Nacimento e Silva, op. cit. p. ١٣٠.

Oppenhiem, op. cit. p. ٧٩٩.

(٢) نصت الفقرة الثانية من المادة (١٢) من قرار معهد القانون الدولي المعقد في نيويورك عام ١٩٢٩ على أنه:" لا يجوز التمسك بالحصانة القضائية في حالة رفع دعوى فرعية تتعلق بدعوى مقامة من قبل شخص يتمتع بالحصانة القضائية ".

ونصت المادة (٢٥) من مشروع اتفاقية جامعة هارفرد على ما يلي يجوز للدولة المستقبلة ان تمارس سلطتها القضائية على كل شخص بخصوص دعوى مقامة من قبل عضو البعثة أو أحد افراد عائلته أمام محاكم تلك الدولة في حالة عدم وجود تنازل عن الحصانة القضائية ..." انظر:

Philippe Cahier, op. cit. p. ٢٦١.

والدكتور محمود سامي جنينه، المصدر السابق، صفحة ٣٦٤.

(٣) نصت الفقرة (أ) من المادة (٨٦) من قانون المرافعات المدنية الهندي على ما يلي: " يفقد المبعوث الدبلوماسي حصانته القضائية في حالة رفعت دعوى امام محاكم الهند".

ونصت القواعد المتبعة في هولندا منذ عام ١٩٢٢ على ما يلي: " يجوز مقاضاة المبعوث الدبلوماسي في حالة رفعه دعوى امام محاكم هولندا " ونصت القواعد المتبعة في باكستان على ما يلي: يخضع المبعوث الدبلوماسي لاختصاص محاكم باكستان في حالة رفعه دعوى ضد شخص اخر، ولكنه في هذه الحالة يستطيع الدفع بالحصانة في أية مرحلة تكون عليها الدعوى وقبل صدور الحكم" انظر النصوص هذه:

United Nations Laws, p. ١٦٧, ١٩٨. ٢٢٧.

ويلاحظ أن القانون الباكستاني أجاز للمبعوث الدبلوماسي الدفع بالحصانة في حالة رفعه الدعوى. ولم يبين النص حالة سماع المحكمة الدفع بالحصانة فهل يحق لمبعوث الدبلوماسي الاستمرار بالدعوى التي رفعها هو؟

(٤) نصت الفقرة الأولى من المادة الرابعة من قانون الامتيازات الدبلوماسية الكولمبي على ما يلي: " يعتبر المبعوث الدبلوماسي متنازلاً عن حصانته اذا أقام الدعوى أمام محاكم كولومبيا".

(٥) في عام ١٩٢٥ أقام سكرتير السفارة الصينية في برلين الدعوى على أحد الأشخاص يطلب فيها تسليمه دراجة بخارية دفع ثمنها وأقام المدعي عليه دعوى متقابلة ضد السكرتير المذكور وقد دفع الأخير بالحصانة القضائية إلا أن المحكمة رفضت طلبه معللة حكمها بأن رفعه الدعوى أمام المحكمة يعتبر قبولاً منه باختصاصها. انظر:

Sir Erenst Satow, op. cit, p. ٢٠١.

ورفع سكرتير السفارة السوفيتية في برلين الدعوى ضد أحد المواطنين الالمان حول ملكية سيارته مدعيا استعداده لدفع ما تبقى عليها من أقساط وقد سمحت المحكمة للمدعي اقامة الدعوى ضد المبعوث الدبلوماسي.

انظر الدكتور فاضل زكي، المصدر السابق، صفحة ١٤٨.

(لم يحدد المصدر تاريخ الدعوى الاخيرة).

(٦) انظر قرار محكمة النقض النمساوية الصادر عام ١٩٢٧.

Oscar Svarlien, op. cit, p. ٢٤٩.

(٧) جاء بقرار محكمة القاهرة الابتدائية عام ١٩٧١ ما يلي: " ... وعلى ذلك إذا تقدم الملك الاجنبي بدعوى يرفعها اعتبر في نظر القانون خاضعاً للقضاء في هذه الدعوى بالذات ".

انظر المجلة المصرية للقانون الدولي، المصدر السابق، ص ٧٠.

ونصت الفقرة (٣) من المادة (٣٢) من اتفاقية فينا للعلاقات الدبلوماسية على ما يلي: " لا يحق للمبعوث الدبلوماسي أو للشخص المتمتع بالحصانة القضائية بموجب المادة (٣٧) – أن أقام أية دعوى – الاحتجاج بالحصانة القضائية بالنسبة إلى أي طلب عارض يتصل مباشرة بالطلب الأصلي"[١].

ويظهر من ذلك أن اتفاقية فينا تشترط لمقاضاة المبعوث الدبلوماسي في محاكم الدولة المستقبلة دون حاجة لموافقة دولته الصريحة الشروط التالية:

أولا – أن يقيم الدعوى أمام إحدى محاكم الدولة المستقبلة، سواء أكانت الدعوى مدنية أم جزائية، بغض النظر عن صفة المدعى عليه وسواء أكان فرد من أفراد الدولة المستقبلة أم إحدى مؤسساتها الرسمية.

أما إذا كان المدعى عليه مبعوثاً دبلوماسياً فإن المحكمة لا تستطيع النظر بالدعوى المذكورة إلا إذا تنازلت دولة المدعى عليه عن حصانته القضائية، أو رفع هو دعوى أيضاً متقابلة ضد المدعي.

ثانيا – أن تكون الدعوى المتقابلة التي يتقدم بها المدعى عليه ضد المبعوث الدبلوماسي متصلة مباشرة بالدعوى التي أقامها المدعي.

والدعوى المتقابلة: هي التي تتضمن طلبات عارضة أو متقابلة demande reconventionnelle يتقدم بها المدعى عليه أمام المحكمة، والتي يهدف بها إلى إلغاء الحكم أو الحكم على المدعي وهي تختلف عن الدفع الذي يرمي إلى رد دعوى المدعي[٢]، لأنها دعوى جديدة تستند إلى حق جديد[٣] تتصل بصورة مباشرة بالطلب الأصلي[٤] وبصورة لا تقبل التجزئة، وتتحد معها من حيث الخصومة والموضوع والسبب والمحكمة المقامة فيها[١].

---

(١) نصت الفقرة (٣) من المادة (٣٢) من الاتفاقية على الفرنسية

"Si un agent diplomatique ou une personne beneficint de l,mmunite de juridiction en virtu de l'art ٣٧ engage une procedure il n'est plus recevable a invoquer l'immunite de juridiction a l'egard de toutr demande reconventionnelle directement liee a la demande proncipale".

وقد أخذت اتفاقية البعثات الخاصة بالنص نفسه حيث نصت الفقرة الثالثة من المادة (٤١) على ما يلي:

" لا يحق لأي شخص من الأشخاص المشار اليهم في الفقرة ١ من هذه المادة أن اقام اية دعوى الاحتجاج بالحصانة القضائية بالنسبة على أي طلب عارض يتصل مباشرة بالطلب الاصلي ".

(٢)G. Connue. Et J. Foyer, op. cit. p. ٣١٨.

والاستاذ محمد كمال أبو الخير، المصدر السابق، صفحة ٣٣٤.

(٣) الدكتور سعدون ناجي القشطيني، المصدر السابق، ص ٢٥٤.

(٤) ويجوز رفع الدعوى المتقابلة ضد دعوى المدعي في الحالات التالية:

١- اذا كان الطلب المتقابل متلازماً مع الطلب الأصلي.
٢- اذا كان يؤدي الى المقاصة القضائية.
٣- اذا كان الطلب بشكل دفعا في الدعوى الاصيلة.

وبالنظر لأن إقامة الدعوى المتقابلة، تعني خضوع المبعوث الدبلوماسي لاختصاص محاكم الدولة المستقبلة واحتمال صدور حكم قضائي ضده، فقد ذهب بعض الكتاب[٢] إلى انه يجب على المبعوث الدبلوماسي الذي يرغب في إقامة الدعوى في محاكم الدولة المستقبلة أن يحصل مسبقاً على موافقة دولته على التنازل عن حصانته لتفادي الاحتمالات الممكنة كخسارته الدعوى أو إقامة المدعى عليه دعوى متقابلة قد تحرج موقفه وتعرضه لتدابير تأديبية تسيئ إلى مركزه.

غير أن هذا الرأي وإن كان منطقياً إلا أنه لا يجد السند القانوني الذي يدعمه في اتفاقية فينا. كما أن الاحتمالات الواردة فيه مبالغ فيها. فإذا ما صدر حكم ضد المبعوث الدبلوماسي في الدعوى المتقابلة، فلا يمكن تنفيذه ضده إلا إذا تنازلت دولته عن ذلك بصورة مستقلة عن تنازلها عن حصانته القضائية.

وقد جرى التطبيق القضائي في العراق على قبول المحاكم العراقية النظر في الدعاوي التي يرفعها المبعوثون الدبلوماسيون ضد الأشخاص الآخرين واعتبار لجوئهم للمحاكم العراقية قبولا منهم باختصاصها، ومن ثم خضوعهم لإجراءات الدعوى وتقبل المحاكم العراقية في هذه الحالة الدفوع التي يقدم بها المدعي عليه لرد دعوى المبعوث الدبلوماسي وللمدعي عليه أيضاً حق استئناف وتمييز قرار الحكم كما يصبح المبعوث الدبلوماسي في هذه الحالة مستأنفاً عليه، ومميزاً عليه[٣].

٤- اذا كان الطلب يرمي الى تعويض المدعي عليه عن الضرر الذي لحق به من جراء تعسف المدعي من اقامة الدعوى انظر: الدكتور ادوارد عيد، المصدر السابق، صفحة ٧٠.

٥- الدكتور رزق الله انطاكي، المصدر السابق، صفحة ١٧٤.

٦- الدكتور سعدون ناجي القشطيني، المصدر السابق، ص ٢٥٤.

(١) انظر قرار محكمة تمييز العراق المرقم ١٩٢/ هيئة عامة أول/ ٩٧١ في ١٩٧٢/٥/١٣ وقرارها المرقم ١٠٢/ مدنية ثالثة مستعجل / ٩٧٢ في ١٩٧٢/٤/٤ المنشورة في النشرة القضائية، العدد الثاني ١٩٧٤، صفحة ١٩٤ و ١٧٤.

(٢) الدكتور سموحي فوق العادة، المصدر السابق، صفحة ٣١٤.

(٣) اقامت سفارة جمهورية بلغاريا الشعبية في بغداد الدعوى المرقمة ٤٤٦/ب/٩٧٦ لدى محكمة بداءة بغداد على المدعي عليه "ف.ر.ع" مدعية بانها استأجرت من المدعي عليه الدار المرقمة ١٩/ب/٤/١٤ الواقعة في كرادة مريم، وقد التزم المدعي عليه بتحوير الدار واضافة ٨ غرف وتأسيس مرافق كاملة وحيث ان المدعي عليه تخلف عن تنفيذ ما التزم مما سبب لها ضرراً كبيراً، وقد طلبت السفارة في عريضة الدعوى فسخ العقد والزام المدعى عليه بإعادة البدل البالغ (٣٠٠٠ دينار) مضافاً اليه الفوائد القانونية وتحميله المصاريف مع الاحتفاظ بحق المطالبة بالتعويض.

فاصدرت المحكمة بتاريخ ١٩٧٧/٢/٢١ حكماً يقضي بفسخ العقد والزام المدعي بإعادة البدل وتحميله أجور محاماة وكيل السفارة والفوائد القانونية بنسبة ٤% اعتباراً من تاريخ اقامة الدعوى.

وقد استأنف المدعى عليه قرار الحكم لدى محكمة استئناف بغداد بتاريخ ١٩٧٧/٣/٨ وبعدد ٩١/س/٩٧٧ طالباً فسخه فأصدرت محكمة الاستئناف حكماً حضورياً يقضي بتأييد الحكم البدائي المستانف ورد الاعتراضات التمييزية، ولعدم قناعة المستأنف بالحكم الاستئنافي قدم في ١٩٧٨/١/٢٥ طلباً على محكمة تمييز العراق يطلب فيه تدقيق القرار تمييزاً ونقضه وبتاريخ ٩٧٨/٥/١٤ اصدرت محكمة تمييز العراق حكماً يقضي بنقض الفقرة الحكمية الواردة في القرار وإعادة الأوراق الى المحكمة للسير بها على المنهاج المرسوم في قرار محكمة التمييز.

ومن التطبيقات العملية للدعاوى المتقابلة في العراق: موافقة سفارة "سريلانكا" في بغداد على تبليغ أحد موظفيها بالحضور أمام السلطات التحقيقية في دعوى متقابلة ولم تدفع بالحصانة القضائية[1].

وكذلك وافقت السفارة الاسترالية تبليغ أحد موظفيها بالحضور أمام محكمة جزاء الكرادة ولم تدفع السفارة بالحصانة القضائية[2].

ويترتب على لجوء المبعوث الدبلوماسي لمحاكم الدولة المستقبلة خضوعه لاختصاص تلك المحاكم بالنسبة للدعاوى المتقابلة، الأمر الذي قد يعرضه إلى مسؤولية تأديبية من قبل دولته. ولهذا فإنه في بعض الأحيان يحاول الحصول على حقه بالطريق الدبلوماسي بواسطة وزارة خارجية الدولة المستقبلة التي تقوم بمفاتحه الجهات المختصة لرفع التجاوز الذي يتعرض له. وقد تقوم وزارة الخارجية بذلك بمجرد علمها بوقوع التجاوز[3].

أما إذا لجأ المبعوث الدبلوماسي لحاكم الدولة المستقبلة فإن عليه أن يتبع الإجراءات اللازمة لرفع الدعوى، ومنها أن يقدم شكوى أصولية، وأن يوقع على إفادته أو محاضر جلسات المرافعة ودفع الرسوم القانونية إن وجدت.

انظر قرار محكمة تمييز العراق في الاضبارة المرقمة ٢٤٢/ مدنية اولى/ ٩٧٨ تسلسل ٢٨٥ والمؤرخ في ١٩٧٨/٥/١٤ "القرار غير منشور".

(١) وافقت سفارة سريلانكا على تبليغ السيد "ك" بالحضور الى مركز شرطة العلوية للتحقيق معه في دعوى تتعلق باصطدام سيارته بسيارة المدعي. انظر:
مذكرة وزارة الخارجية المرقمة ٢٥/أ/٦٣٣ في ١٩٧٤/٩/١٨.

(٢) قررت محكمة جزاء الكرادة بقرارها المؤرخ في ١٩٧٧/١٢/٨، النظر في الدعوى المرقمة ٩٧٧/١٢٧٤ الخاصة بالمشتكي السيد "ب.ج" الملحق التجاري في السفارة الاسترالية ببغداد والمتهم وفق المادة ٤٧٧/٤١٦ والدعوى المتقابلة المرقمة ٩٧٧/١٢٧٥ وقد طلبت وزارة الخارجية من السفارة المذكورة تبليغ المومأ اليه بالحضور امام المحكمة بموجب مذكرة الوزارة المرقمة ١١١٥٦٥ في ١٩٧٧/١٢/١٥ وقد تم تبليغه بالحضور أمام المحكمة في الموعد المحدد.

(٣) تعرض القائم بالأعمال الأردني في بغداد لمضايقة شرطة المرور اثناء دخوله مبنى وزارة الخارجية وقد قامت وزارة الخارجية بإشعار مديرية المرور العامة بهذه التصرفات فجاء بمذكرتها المرقمة ١٠٤٧٠٤ في ١٩٧٨/١٠/٢٣ ما يلي: "نود ان نبين انه في تمام الساعة الخامسة والربع من عصر يوم ١٩٧٨/١٠/١٧ جاء القائم بالاعمال الأردني بسيارته الى وزارة الخارجية وعند دخولها الوزارة كانت تلاحقه سيارة نجده ودراجة بخارية يقودها مفوض مرور. وعند توقف سيارة القائم بالأعمال ونزوله من السيارة أخذ مفوض المرور يصيح بأعلى صوته على القائم بالأعمال وبأسلوب غير لائق ويستفسر عن سبب عدم توقفه عند اعطاء إشارة الوقوف عند نقطة التفتيش في الشارع الرئيسي لمدخل وزارة الخارجية. وقد اعتذر القائم بالأعمال بأنه كان يعتقد أن الإشارة لم تكن موجهة له. راجين الاطلاع واعلامنا".

وقد جرى التطبيق العملي في العراق على اتباع هذه القاعدة حيث رفضت حاكمية تحقيق الكرادة الوسطى النظر في شكوى السكرتير الأول في السفارة الاسبانية لامتناعه عن إقامة شكوى أصولية، ورفضه التوقيع على إفادته(1)، لكي يتجنب إقامة دعوى متقابلة ضده من قبل الطرف الأخر.

ويلاحظ أن نص الفقرة (٣) من المادة (٣١) من الاتفاقية لم يقتصر على حرمان المبعوث الدبلوماسي فقط من الحصانة القضائية في حالة رفعه الدعوى، إنما أضافت إليه الأشخاص التابعين له وفق المادة (٣٧) من الاتفاقية دون تدرج هذه الإضافات في الفقرات الأخرى، مما يوحي أن الأشخاص التابعين له لا تشملهم الاستثناءات الأخرى عدا الاستثناء الوارد في الفقرة (٣) من المادة (٣٢) من الاتفاقية، في حين أن هذه الاستثناءات تشملهم من باب أولى لأنهم يستمدون حصانتهم من الصفة التي يتمتع بها المبعوث الدبلوماسي.

ويبدو أن إعادة صياغة هذه الفقرة سيكون أفضل ويجنبنا الكثير من المشاكل فيما إذا صيغت بالشكل الآتي "لا يتمتع المبعوث الدبلوماسي بالحصانة القضائية بالنسبة للطلبات العارضة أو الدعاوي المتقابلة التي يتقدم بها المدعى عليه في الدعوى التي أقامها المبعوث الدبلوماسي ".

المبحث الثاني

إقامة الدعوى أمام محاكم دولة المبعوث الدبلوماسي

من الثابت أن القانون ما وضع إلا لحماية المجتمع وضمان استقراره، وليس من مهمة القانون الوطني وضع القواعد اللازمة لمعالجة ما يحدث من انتهاكات في مجتمع آخر، حيث يختص تشريع كل دولة في وضع الوسائل التي تضمن احترام سيادة القانون الذي تصدره.

---

(1) جاء بمذكرة وزارة العدل المرقمة ٢٨٠٢٦/٧٦٢ والمؤرخة في ١٩٧٨/١٠/٣١ الموجه الى وزارة الخارجية ما يلي: "كتابكم المرقم ١٠٣٦٩٦/٣٨/٨١/١١ والمؤرخ في ١٩٧٨/٩/١٧، أعلمتنا حاكمية تحقيق الكرادة الوسطى بكتابها المرقم ٩٦٠ في ٧٨/١٠/١٦، أن الجندي (ط.ف) قد صدم سيارة "أ.ل" السكرتير الأول في السفارة الاسبانية وأن المشتكي امتنع عن اقامة الشكوى في شرطة المسبح ورفض التوقيع على افادته وتم الاتفاق بين المتصادمين على أن يتعهد الجندي بدفع مبلغ عشرة دنانير كل شهر الى المشتكي ولامتناع المشتكي من التوقيع على محضر- الشكوى قرر عدم قبول الشكوى استناداً لأحكام المادتين ٣ و ٦ من قانون أصول المحاكمات الجزائية ".
انظر ايضاً مذكرة وزارة الخارجية المرقمة ١٠٥٣٥٩/٣٨/٨١/١١ والمؤرخة في ١٩٧٨/١١/٢٠ الموجهة الى السفارة الاسبانية بهذا الصدد.

ويترتب على هذه القاعدة، أن المحاكم الوطنية لا تختص بصورة عامة بالنظر في المنازعات التي تنشأ خارج إقليم دولتها.

وإذا كان القانون الدولي قد وضع قيدا على اختصاص المحاكم الوطنية ومنعها من النظر في بعض المنازعات التي تنشأ على إقليمها في حالة كون المدعى عليه أو المتهم مبعوثاً دبلوماسياً أجنبياً، فإنه من جهة أخرى منح هذه المحاكم على سبيل الاستثناء سلطة النظر في منازعات نشأت على إقليم دولية أجنبية إذا كان المدعى عليه أو المتهم مبعوثاً دبلوماسياً وطنياً يعمل في إقليم تلك الدولة الأجنبية.

ولهذا فقد أقر العرف الدولي، بأن الحصانة القضائية التي يتمتع بها المبعوث الدبلوماسي لا تعني إعفاءه من المسؤولية، أو عدم رفع الدعوى ضده، إنما تختص محاكم دولته بالنظر في الدعاوى عن أعماله في الدولة المستقبلة ومحاسبته عن الأفعال والتصرفات التي يرتكبها في إقليم تلك الدولة[١].

ويبرز خضوع المبعوث الدبلوماسي لاختصاص محاكم دولته، بأن إقامته في الدولة المستقبلة تعتبر إقامة عارضة[٢]، في حين أن محله أو وطنه الحقيقي هي الدولة التي يمثلها[٣] إضافة إلى أن المقصود بالحصانة القضائية هو وقف الإجراءات القضائية بحقه، أما الجريمة أو المسؤولية المدنية فإنها تبقى قائمة[٤] تختص بالنظر فيها محاكم دولته التي لا يتمتع فيها بأية حصانة تفضي بمنع محاكمته[٥].

ولما كانت الحصانة القضائية تقوم على أساس تمكين المبعوث الدبلوماسي من أداء أعمال وظيفته بحرية تامة بغية تطور العلاقات الدولية الودية، فإن على الدولة التي منح لمبعوثها هذا الاحترام ألا تقابل ذلك بالنكران والجحود بحيث يفلت الجاني من العقاب ويستفيد من خطيئته، إنما يجب عليها أن تضع الوسائل اللازمة لردع مبعوثها تحقيقاً للعدل وإنصافا لذوي الشأن.

---

(١)Clifton E. Wilson, op. cit, p. ١١٣ Philippe Cahier, op. cit, p. ٢٧٣ Sir Cecil Hurst, op. cit. p. ٢١٠ Graham H. Sturt, op. cit, p. ٦. R.H. Graveson, op. cit, p. ١٥٨ Charles, Les Juridiction International de Droit Prive. Vaconniere Suisse, ١٩٤٧, p. ٣٠٩.

والدكتورة عائشة راتب، المصدر السابق، صفحة ١٦٣.

والدكتور سامي جنينه، المصدر السابق، صفحة ٣٦.

والدكتور كمال أنور محمد، المصدر السابق، صفحة ٦٦.

والدكتور أحمد مسلم، المصدر السابق، صفحة ٨٠.

(٢) الاستاذ هاشم الشاوي، المصدر السابق، صفحة ٢٠٤.

(٣) الدكتور عبد المنعم رياض، المصدر السابق، صفحة ٢٠٠.

(٤) الاستاذ احمد عبد المجيد، المصدر السابق، صفحة ١٠٧.

(٥)Philippe Cahier, op. cit, p. ٢٧٣.

وأخذت بهذا الرأي بعض المحاكم البريطانية فقد ذهب Lord Hewart في قضية Dickinson V. Del Solar عام ١٩٣٠ إلى أن الحصانة القضائية التي يتمتع بها المبعوث الدبلوماسي لا تعني الاعفاء من المسؤولية القانونية، أنما يخضع لاختصاص محاكم دولته.

B.Y.B.I.L. Vol. ٢, ١٩٣٠, p. ٢٢٧.

ومن أولى الوسائل هذه وأكثرها عدالة إحالة المبعوث الدبلوماسي على محاكم دولته الوطنية.

وقد أخذت بذلك المادة (١٢) من معهد القانون الدولي في دورته المنعقدة في كمبردج عام ١٨٩٥، والتي نصت على ما يلي: " لا يخضع المبعوثون الدبلوماسيون، من حيث المبدأ للقضاء المدني الجنائي إلا أمام محاكم دولهم، ويستطيع المدعي اللجوء على محكمة عاصمة المبعوث الدبلوماسي، إلا إذا دفع بأن محل إقامته في مدينة أخرى وقدم الدليل على ذلك[١].

وقد اقترحت لجنة القانون الدولي في مشروعها المقدم عام ١٩٥٧ الفقرة (٤) من المادة (٢٤) التي تنص على ما يلي: "أن الحصانة القضائية التي يتمتع بها المبعوث الدبلوماسي في الدولة لا تعفيه من اختصاص دولته، حيث يبقى خاضعاً لقانون هذه الدولة. وأن المحكمة المختصة هي محكمة مقر حكومته، ما لم يعين تشريع هذه الدولة محكمة أخرى"[٢].

ولم يأخذ مؤتمر فينا لعام ١٩٦١ بالنص المقترح، حيث واجه معارضة من قبل الصين وهولندا والولايات المتحدة الأمريكية، بحجة أن المسائل التي أثارها النص تعتبر من مسائل القانون الداخلي وليس بالميسور الطلب من الدول تغيير تشريعاتها في هذا الصدد[٣].

وقد نصت الفقرة (٤) من المادة (٣١) من اتفاقية فينا على ما يلي: "تمتع المبعوث الدبلوماسي بالحصانة القضائية في الدولة المعتمد لديها لا يعفيه من قضاء الدولة المعتمدة"[٤]. ولم يحدد النص أية محكمة من محاكم دولته تختص بالنظر في مثل هذه

(١) ولا يوجد مثل هذا النص في القرار الذي اتخذه المعهد المذكور في دورته المنعقدة في نيويورك عام ١٩٢٩. انظر:

Philippe Cahier, op. cit, p. ٢٧٣.

(٢) نصت الفقرة المذكورة بالانكليزية:

" The immunity of a diplomatic agent from the jurisdiction of the receiving state shall not exempt him from jurisdiction of the sending state, to which he shall remain subject in accordance with the law of that state. The competent court for this. Purpose shall be that of the seat of Government of the sending state unless some other is designated under the law of tha state".

Y.B.I.L.C. ١٩٥٧, Vol. ٢. p. ١٣٩.

(٣) B.I.L.C. ١٩٥٨, Vol ٢, p. ١١٧.

(٤) نص الفقرة (٤) من المادة (٣١) من الاتفاقية بالفرنسية على:

"Limmunite de juridiction d un agent diplomatique dans l'Ftat accreditaite ne Saurait exempter cet agent de la juridiction de l'Etat accresitiant".

الدعاوى كما جاء ذلك في النص الذي قدمته لجنة القانون الدولي عام ١٩٥٧ والذي حدد اختصاص محاكم عاصمة دولة المبعوث الدبلوماسي بالنظر فيها، ما لم يعين قانون تلك الدولة محكمة أخرى.

وقد حدد التفسير الذي رافق صياغة اتفاقية فينا للعلاقات الدبلوماسية، خضوع القضية لاختصاص المحكمة التي يحددها قانون دولة المبعوث الدبلوماسي وفي حالة عدم وجود مثل هذا التحديد، فإن المحكمة التي توجد فيها الحكومة هي ذات الاختصاص المكاني للنظر في القضية[1].

وعلى ذلك فإن محاكم دولة المبعوث الدبلوماسي تختص بالنظر في القضايا المدنية والجزائية التي تنشأ على إقليم الدولة المستقبلة، وليس للمبعوث الدبلوماسي حق الدفع بعدم الاختصاص المكاني أو الدولي أمام المحكمة التي تنظر القضية، ويستطيع ذوو العلاقة إقامة الدعوى مباشرة أمام محاكم دولته، دون انتظار رد الدعوى المرفوعة أمام محاكم الدولة المستقبلة أو اللجوء إلى الوسائل الدبلوماسية ودون أخذ موافقة حكومته أو رئيس البعثة الدبلوماسية[2].

ولا يرد على هذه القاعدة إلا الاستثناءان التاليان:

الأول: لا يجوز للمتضرر إقامة الدعاوي أمام محاكم دولة المبعوث الدبلوماسي إذا كانت الدعوى هذه تتعلق بالاستثناءات الواردة في الفقرة الأولى من المادة (٣١) من اتفاقية فينا والفقرة الثانية من المادة (٣١) من اتفاقية البعثات الخاصة. وهي الحالات التي لا يتمتع بموجبها المبعوث الدبلوماسي بأية حصانة قضائية ويستطيع المتضرر إقامة الدعوى أمام محاكم دولة المبعوث الدبلوماسي إذا تنازلت دولته عن حصانته القضائية، لأن اللجوء إلى محاكم الدولة المرسلة لا مبرر له في هذه الحالة، طالما أن دولة المبعوث الدبلوماسي وافقت على خضوعه لاختصاص محاكم الدولة المستقبلة.

وقد انتقد بعض الكتّاب[3] مبدأ إقامة الدعوى في محاكم دولة المبعوث الدبلوماسي في النقاط التالية:

أولاً – يتعذر على القاضي النظر في الدعوى أو إصدار الحكم بشأنها إذا كان قانون دولة المبعوث الدبلوماسي لم يتعرض للحالة التي نشب النزاع فيها وخاصة بالنسبة للقضايا الجزائية.

وقد أخذت اتفاقية البعثات الخاصة لعام ١٩٦٩ بما ذهبت اليها اتفاقية فينا للعلاقات الدبلوماسية، فنصت الفقرة الخامسة من المادة (٣١) من الاتفاقية على ما يلي: إن تمتع ممثلي الدولة المرسلة في البعثة الخاصة وموظفيها الدبلوماسيين بالحصانة القضائية لا يعفيهم من قضاء الدولة المرسلة".

(١) Y.B.I.L.C. ١٩٥٧, Pol. ١١ p. ١٣٩.

(٢) ذهب الدكتور علي صادق أبو هيف، المصدر السابق، صفحة ١٨٩ على أن الدائن لا يلجأ إلى محاكم دولة المبعوث الدبلوماسي إلا إذا اشار اليه رئيس البعثة الدبلوماسية بمراجعة محاكم الدولة المرسلة أو في حالة رفضه التدخل لحل النزاع.

ولم يرد في اتفاقية فينا مثل هذا القيد ولا ارى موجباً للأخذ به ويستطيع المتضرر اقامة الدعوة مباشرة على المبعوث الدبلوماسي في محاكم دولته.

(٣) Philippe Oahier, op. cit, p. ٢٧٣.

والدكتور سموحي فوق العادة، المصدر السابق، صفحة ٣١٤.

ثانيا - إن تشريعات بعض الدول كانكلترا والولايات المتحدة تمنع محاكمها من النظر في الجرائم التي يقترفها مواطنوها في الخارج.

ثالثا - اختلاف التشريعات الداخلية للدول إذ ليس من السهولة حملها على تعديل تشريعاتها بصورة تساعد على إنصاف المدعي.

رابعا - إن اللجوء إلى محكمة دولة المبعوث الدبلوماسي يعرض المدعي إلى نفقات طائلة، وخاصة إذا كانت الدعوى تتضمن إجراءات معقدة طويلة.

كما أن هناك صعوبات عملية تنشأ من مبدأ خضوع المبعوث الدبلوماسي لاختصاص محاكم دولته، خاصة إذا كانت دولته هي التي طلبت منه القيام بالأعمال والتصرفات المخالفة لأحكام قوانين الدولة المستقبلة أو أن الضرر نشأ نتيجة ممارسة أعمال السيادة.

كما أن مخالفة المبعوث الدبلوماسي أحكام قوانين الدولة المستقبلة وقيام مسؤولية المدنية أو الجزائية قد لا تعتبر مخالفة وفق أحكام قوانين دولته، ومن المحتمل أن تنشأ صعوبات عملية في التطبيق.

وعلى ذلك سنتطرق إلى المشاكل التي تثيرها الموضوعات المذكورة عند إقامة الدعوى أمام محاكم دولة المبعوث الدبلوماسي وذلك في المطالب الثلاثة الآتية:

المطلب الأول: أعمال السيادة.

المطلب الثاني: الدعاوى المدنية.

المطلب الثالث: الدعاوى الجزائية.

المطلب الأول: أعمال السيادة

إذا كان المبعوث الدبلوماسي يتمتع بالحصانة القضائية عن الأعمال والتصرفات التي يرتكبها بصفته الرسمية أو الخاصة في الدولة المستقبلة، وأن العرف الدولي واتفاقية فينا للعلاقات الدبلوماسية لعام ١٩٦١ واتفاقية البعثات الخاصة لعام ١٩٦٩ أوجبت خضوعه لاختصاص محاكم دولته عن تلك الأعمال فإن هناك بعض الحالات لا تملك فيها محاكم دولته حق مقاضاته، كتلك التي تتعلق بأعمال معينة لها صفة خاصة صادرة عن الدولة بصفتها الإدارية أو السياسية، وهي ما يطلق عليها "أعمال السيادة"[(١)].

(١) أعمال السيادة: تعني مجموعة من الاختصاصات، تنفرد بها الحكومة وتجعل منها سلطة آمرة عليا، لها القدرة على فرض أرادتها على غيرها من الهيئات والأفراد وتكون تلك الإرادة نافذة تلقائياً، ولا تتوقف على رضا من تعينهم من هذه الأعمال، فأن الفصل في هذا الخلاف، يكون بواسطة أعضاء الدولة نفسها.

وأعمال السيادة بصورة عامة هي الأعمال التي تتصل بسلامة الدولة الخارجية أو التي تحكم روابط ذات صبغة سياسية[1]، وبكل ما يتعلق بالصلات السياسية مع الدول الأجنبية، وإبرام المعاهدات والتحالف مع الدول الأخرى[2].

ومن أعمال السيادة أيضا الأعمال المتصلة بالعلاقات الدبلوماسية الدولية، وما يتعلق بها من إجراءات المفاوضة والتوقيع والتصديق[3]، وشراء معدات وأجهزة من قبل ممثلي الدولة في الخارج وما يترتب على ذلك من التزامات متعددة.

وقد ذهب غالبية الكتاب[4] ومحاكم بعض الدول[5] على أن أعمال السيادة تتمتع بالحصانة القضائية في الدولة المستقبلة. فلا يجوز مقاضاة المبعوث الدبلوماسي عن الأعمال والتصرفات التي يقوم بها في الخارج والمتصلة بأعمال السيادة[6].

انظر الدكتور ثروت بدوي، النظم السياسية، دار النهضة العربية، القاهرة صفحة ٣٧.
والدكتور مصطفى كيره، قانون المرافعات الليبي، دار صادر بيروت ١٩٧٠ صفحة ٤٥٣.
Andre de Laubadere, Trite Elementaire de Droit Adminstratif, ratif, R. Pichon. Paris ١٩٦٢
Ne ٦٩.

(١) J.M. Auby et R. Drago, Traite Contentieux Adminisratri Pichon, paris ١٩٥٧ ١٩٥٧, p. ٢٢٩.

والدكتور أحمد أبو الوفا، المصدر السابق، صفحة ٣٠٥.
والدكتور إبراهيم نجيب، المصدر السابق، صفحة ٣٥٣.
والدكتور عبد الباقي نعمة عبدالله، نظرية أعمال السيادة في القانون المقارن. مجلة القانون المقارن، العددان
السادس والسابع، السنة السادسة، بغداد ١٩٧٧، صفحة ٤٥.

(٢) الدكتور عبد الوهاب العشماوي، المصدر السابق، صفحة ٣٧١.
والدكتور رمزي سيف، المصدر السابق، صفحة ١٦٤.
والدكتور مصطفى كيره، المصدر السابق، صفحة ٤٥٣.

(٣) الدكتور عبد الباقي نعمة عبدالله، المصدر السابق، ص ٥٩.

(٤)Sompony Sugharitkul, op. cit, p. ٤٨.
    Rsne Savatier, op. cit, p. ٢٠٣.
    Louis Cavare, op. cit, p. ٥٤٤.
    G. Cornuet et J. Foyer, op. cit, p. ٧٤.
    Hean - Francois Lachaume, Jurisprudence
    Francaise Relative au Droit International
    Public (Annee ١٩٦٩). A.F.D.I. ١٩٧٠, p. ٩٢٨
    V. Poullet. Manuel de Droit International prive.
    Judiciare, Broxeles, ١٩٤٩, p. ١٨. S.

(٥) انظر المحاكم الامريكية:

B.V. Bureau Wjsmuller V. United State No. ٧٦ Civ. District
Southern District New York, Dec. ٢١, ١٩٧٦, Am. J. INT. – LL. Apro; ١٩٧٨ Vol. ٧٢, No. ٢m
P. ٤١١ and Pfizerlne V' Government of India U.S. Suprame Court, Jan ١١, ١٩٧٨ AM.
J. INT. L.L. July ١٩٧٨ Vol. No.٣ P. ٦٦٢.

وانظر المحاكم البريطانية:

Tredtax Trading cor poration, Ltd V. Central Bank of Nigeria
United Kingdom Court of Appeal, Civil Division Jan. ١٣ ١٩٧٧
AM. J. INT. L.L. April, ١٩٧٨, Vol ٧٢ No. ٢, p. ٤٣.

(٦) وقد اختلفت الآراء بشأن شرعية الحصانة القضائية للأعمال المتصلة بأعمال السيادة. فقد ذهب إلى أن هذه
الحصانة تعتبر اعتداء على مبادئ السيادة والاستقلال والمساواة ومخالفة صريحة لابسط مبادئ العدالة.

ويتمتع المبعوث الدبلوماسي بالحصانة هذه لا للصفة الدبلوماسية التي يتمتع بها، إنما لطبيعة العمل الذي يقوم به، وهو عمل من أعمال السيادة للدول الأجنبية بغض النظر عن صفة الشخص الذي يمارسها سواء أكان مبعوثاً دبلوماسياً أم رئيس دولة أم رئيس حكومة أم أحد الوزراء أم أي شخص يقوم بتمثيل الدولة ويمارس مثل هذه الأعمال لمصلحة دولته في الخارج، إلا إذا تنازلت الدولة الأجنبية عن هذه الحصانة ففي الحالة هذه تخضع الأعمال والتصرفات لاختصاص محاكم الدولة المستقبلة[1].

وإذا كان المبعوث الدبلوماسي يتمتع بالحصانة القضائية في الدولة المستقبلة فيما يتعلق بأعمال السيادة التي يمارسها لمصلحة دولته، وأن اتفاقية فينا للعلاقات الدبلوماسية أوجبت خضوعه لاختصاص محاكم دولته عن ما تمتع به من حصانة قضائية في الدولة المستقبلة، فهل تجوز محاكمته أمام محاكم دولته عن تلك الأعمال التي قام بها طبقا لقوانين وأنظمة دولته، أو بناء على أوامرها؟

لقد ذهب غالبية الكتّاب[2] إلى أن أعمال السيادة تمتع بالحصانة القضائية أمام محاكم الدولة.

وذهب رأي أخر الى أن حرمان الدولة من الحصانة القضائية في جميع الأحوال يؤدي إلى اضطراب العلاقات الدولية ويتعارض ومبدأ سيادة الدولة واستقلالها. لأن تدخل الاعتبارات السياسية يؤدي الى عرقلة نشاط الدولة الاجنبية أو معاملتها على وجه يتناقى مع سيادتها ومكانتها امام الدول الأخرى.

انظر: الدكتورة عائشة راتب، المصدر السابق، صفحة ٢٦.

والدكتور هشام علي صادق، تنازع الاختصاص القضائي الدولي المصدر السابق، صفحة ٢٩ وبقية أسماء الفقهاء المذكورة في هامش الصفحة ٣٠ وقد اختلفت التطبيقات العملية بشأن نطاق الحصانة القضائية للدول الأجنبية. حيث تأخذ كل من انكلترا وبعض رابطة الشعوب البريطانية والاتحاد السوفيتي بالحصانة المطلقة فيما تأخذ كل من الولايات المتحدة وبلجيكا وسويسرا وهولندا وفرنسا والنمسا واليونان والمانيا الغربية وارجنتين وإيرلندا ومصر بالحصانة المقيدة.

انظر: الدكتور ممدوح عبد الكريم حافظ، المصدر السابق، صفحة ٣٥٩.

والدكتور محمد حافظ غانم، المصدر السابق، صفحة ٣٠٤ وانظر في هذا الصدد ايضاً:

Court d'Appeal de Paris, II, Janv. ١٩٦٥

R.G.D.I.P. ١٩٦٥, p. ٨٥٢.

وقرار محكمة استئناف لندن الصادر عام ١٩٧٥ في قضية:

Thai Europ. Topioca Service Ltd. V. Hovernment of Pakistan.

G.L.J. Vol. ٣٥, Part Nov. ١٩٧٦, p. ١٩٩.

(١) J.P. Niboyet, op. cit, Ne ١٧٨٦.

(٢)Paul Duez et Debeyer. Traite de Droit Administratif. Paris, ١٩٥٢ Ne ٧٢٦.

Andre Laubadere, op. cit, p. ٢٣٣

J.M. Auby et Drago, op. cit, p. ٨٣

والدكتور عبد المنعم رياض. الحصانة القضائية للدولة. المجلة المصدرية للقانون الدولي. ملحق العدد ١٩٦٣/١٩ القاهرة ١٩٦٤ صفحة ٥٥.

والدكتور ادوارد عيد. رقابة القضاء الدولي على أعمال الإدارة، بيروت ١٩٧٣، صفحة ١٣٠.

والدكتور رمزي سيف، المصدر السابق، صفحة ٢٥٤.

والدكتور ابراهيم نجيب، المصدر السابق، صفحة ٢٥٤.

والدكتور سعدون ناجي القشطيني، المصدر السابق صفحة ١٣٦.

وعلى ذلك فإذا لم يجد المدعي وسيلة أمام محاكم الدولة المستقبلة للحصول على حقه، ولم تتنازل دولة المبعوث الدبلوماسي عن الحصانة القضائية[1]، ولجأ إلى محاكم دولة المبعوث الدبلوماسية فعلى هذه المحاكم الامتناع عن سماع الدعوى.

وإذا أقيمت الدعوى على المبعوث الدبلوماسي أمام محاكم دولته من قبل وطني أو أجنبي، تضرر من أعمال السيادة التي مارسها المبعوث الدبلوماسي في الخارج فإنه لا يكفي أن يدفع هذا الأخير، بأن العمل الذي قام به يتعلق بأعمال السيادة إنما على المحكمة أن تبين أن العمل يدخل ضمن أعمال السيادة والتي تكون بمنأى عن كل رقابة قضائية[2]. وإذا لم يدفع المبعوث الدبلوماسي، بأن العمل الذي قام به من أعمال السيادة، وتبين للمحكمة من خلال سير المرافعة أنه يدخل ضمن أعمال السيادة، فإن على المحكمة أن تحكم بعدم اختصاصها من تلقاء نفسها دون الدفع بها باعتبارها من قواعد النظام العام وفق قانونها الوطني[3].

وعلى ذلك، فإذا أقيمت الدعوى على المبعوث الدبلوماسي في محاكم دولته من قبل شخص تضرر من عمل قام به المبعوث الدبلوماسي يتصل بأعمال السيادة كقيامه بإجراء مفاوضات مع الدولة المستقبلة، أو توقيعه معاهدة أو قيامه بشراء مواد وتجهيزات بناء على طلب دولته وتضرر منها الشخص المذكور، فإن على المحكمة الامتناع عن سماع الدعوى أو السير فيها.

أما في العراق، فإنه ليس للمحاكم العراقية حق النظر في الدعوى المتعلقة بأعمال السيادة، بغض النظر عن صفة الشخص القائم بها، حيث نصت المادة الرابعة من قانون السلطة القضائية رقم (٢٦) لسنة ١٩٦٣ على ما يلي: " ليس للمحاكم أن تنظر في كل ما يعتبر من أعمال السيادة ".

---

(١) يجوز التنازل عن الحصانة التي تتمتع بها الدولة عن أعمال السيادة انظر:

G.R. Delaume, Public Debt and Sovereign Immunity Revisited:
Some Considerations Pertinent to H.R. II ٣١٥.
AM. J. NIT. L.L. Juley ١٩٧٦, Vol ٧٠ No. ٣ p. ٥٣٣

وأن التنازل عن الحصانة القضائية لا يشتمل على التنفيذ. انظر

George R. Delaume. Three prespectives on Sovereign Immunity.
AM. I. NT. L.L. Vol. ٧١, No. ٣ Juley, ١٩٧٧, p ٤٠٦.

(٢) الدكتور رمزي سيف، المصدر السابق، صفحة ١٦٤. يرى الاستاذ زكي أن الأعمال الدبلوماسية تفلت من رقابة القضاء باعتبارها أعمالاً سياسية. ويرى معظم الفقهاء أن سبب افلات الأعمال الدبلوماسية من ولاية القضاء يرجع إلى أنها تعتبر المجال الطبيعي لنظرية الاعمال الحكومية.
انظر: الدكتور حافظ هريري، أعمال السيادة في القانون المصري المقارن، الطبعة الأولى مطبعة لجنة النشر ـ والتأليف ٩٥٢ صفحة ١١٩.

(٣) الدكتور عدنان الخطيب، المصدر السابق، صفحة ١٧٢.

ولم يحدد النص المذكور أعمال السيادة، إنما ترك ذلك لاجتهاد القضاء. وقد اعتبرت محكمة تمييز العراق[1] وديوان التدوين القانوني، الأعمال التي تصدرها الحكومة باعتبارها سلطة إدارة لتنظيم علاقاتها العامة داخلية كانت أو خارجية من أعمال السيادة التي لا تخضع لاختصاص المحاكم الوطنية[2].

وقد أوجبت الفقرة (٤) من المادة (٣١) من اتفاقية فينا للعلاقات الدبلوماسية خضوع المبعوث الدبلوماسي لاختصاص محاكم دولته، ولم تفرق بذلك بين الأعمال التي تتصل بالسيادة، أو الأعمال التي يقوم بها بناء على أمر حكومته، وبين الأعمال الأخرى. ومن هنا ينشأ التعارض بين حصانة المبعوث الدبلوماسي فيما يتعلق بالطائفة الأولى من الأعمال وبين حكم الفقرة (٤) من المادة (٣١) من الاتفاقية التي توجب محاكمته أمام محاكم دولته.

وليس من العدالة خضوع المبعوث الدبلوماسي لاختصاص محاكم دولته عن الأعمال المتصلة بأعمال السيادة، أو الأعمال التي يقوم بها بناء على طلب من حكومته، ففي حالة رفضه القيام بهذه الأعمال فإنه سوف يتعرض إلى العقوبات التي تفرضها عليه دولته لعصيانه أوامرها وفي حالة قيامه بها فإنه سوف يخضع لاختصاص محاكم دولته بموجب اتفاقية فينا.

وما دامت هذه الأعمال تعود لدولته وهي المسؤولة عنها فإن على واضعي اتفاقية فينا أن يستثنوا هذه الحالة من الخضوع لاختصاص محاكم الدولة المرسلة، وأن يفردوا لها فقرة خاصة تنص على ما يلي: " وإذا كان العمل الذي قام به بناء على طلب من حكومته، فإن دولته هي التي تتحمل مسؤولية الأضرار الناجمة عن أعماله هذه ".

وبذلك نضمن حصول أصحاب العلاقة على حقوقهم، وعدم المساس بحصانة المبعوث الدبلوماسي القضائية.

---

(١) وقد عرفت محكمة تمييزالعراق أعمال السيادة بانها: " تلك الأعمال التي تصدر عن الحكومة باعتبارها سلطة إدارة فتباشرها بمقتضى هذه السلطة لتنظيم علاقاتها العامة داخلية كانت أو خارجية، أو تتخذها اضطراراً للمحافظة على كيان الدولة في الداخل أو الذود عن سياستها في الخارج، ومن ثم يغلب ان تكون تدابير تتخذ في النطاق الداخلي أو الخارجي أما لتنظيم علاقات الحكومة بالسلطات العامة، وأما لدفع الأذى والشر عن الدولة في الداخل أو في الخارج وهي تارة تكون اعمالاً منظمة لعلاقات الحكومة بالمجلس الوطني أو مجلس الدفاع الأعلى، وهي طوراً تكون تدابير تتخذ للدفاع عن الأمن العام من اضطراب داخلي بإعلان الاحكام العرفية أو إعلان حالة الطوارئ ".

انظر قرار محكمة تمييز العراق المرقم ١٩٤٨/ج/٩٦٥ في ١٩٦٦/٥/٩ منشور في مؤلف الاستاذ ضياء خطاب، المصدر السابق صفحة ١٧٣.

(٢) قرار ديوان التدوين المرقم ٣/١٣٦ في ١٩٦٥/٤/٦ مجلة التدوين القانوني العدد الثاني ١٩٦٦ السنة الخامسة بغداد صفحة ٤٧.

المطلب الثاني: الدعاوى المدنية

سبق القول أن المبعوث الدبلوماسي يتمتع بالحصانة القضائية من محاكم الدولة المستقبلة ومحاكم دولته بخصوص الدعاوى المتعلقة بأعمال السيادة.

غير أن الخطأ الشخصي الذي يصدر منه في تطبيق أعمال السيادة ويحدث ضرراً لأحد مواطني الدولة المستقبلة، فإن هذا العمل يخرج عن نطاق أعمال السيادة ويخضع لاختصاص محاكم الدولة المرسلة إذا لجأ المتضرر إليها لإقامة الدعوى أمامها طبقاً لأحكام الفقرة الرابعة من المادة (٣١) من اتفاقية فينا والفقرة الخامسة من المادة (٣١) من اتفاقية البعثات الخاصة.

وإذا كان الخطأ الصادر من المبعوث الدبلوماسي في تطبيق أوامر دولته، خطأ شخصياً يتعلق بإعماله الرسمية فهل يحق للمدعي إقامة الدعوى على المبعوث الدبلوماسي أو على دولته مباشرة؟

يعتبر المبعوث الدبلوماسي في هذه الحالة كأي موظف أخر تتحمل الدولة تبعة أعماله وتلتزم تعويض الضرر الذي يحدثه للغير من جراء الخطأ الوظيفي الذي يصدر منه أثناء ممارسته مهام عملي الرسمي"[1].

ويجوز للمتضرر الذي لجأ إلى محاكم الدولة المستقبلة رفع الدعوى على المبعوث الدبلوماسي مباشرة أو على دولته.

أما بالنسبة لتصرفات وأعمال المبعوث الدبلوماسي الشخصية التي لا علاقة لها، والتي يترتب عليها مسؤوليته المدنية، تقصيرية كانت، أو عقدية، فانه يخضع لاختصاص المحاكم العراقية وان نشأت على إقليم الدولة المستقبلة. وقد نصت على هذه القاعدة المادة (١٤) من القانون المدني العراقي بقولها:" يقاضي العراقي أمام محاكم العراق عما ترتب من حقوق حتى ما نشأ في الخارج".

---

(١) نصت المادة ٢١٩ من القانون المدني العراقي على ما يلي:
" ١- الحكومة والبلديات والمؤسسات الأخرى التي تقوم بخدمة عامة وكل شخص يستغل إحدى المؤسسات الصناعية أو التجارية مسؤولون عن الضرر الذي يحدثه مستخدموهم، إذا كان الضرر ناشئاً عن تعد وقع منهم أثناء قيامهم بخدماتهم.
٢- ويستطيع المخدوم ان يتخلص من المسؤولية إذا أثبت أنه بذل ما ينبغي من العناية لمنع وقوع الضرر أو أن الضرر كان لا بد واقعاً حتى لو بذل هذه العناية ".
انظر في تفصيل ذلك: عادل أحمد الطائي، مسؤولية الدولة عن أخطاء موظفيها، دار الحرية بغداد ١٩٧٨ صفحة ٩٦ والدكتور عبد الرزاق السنهوري، الوسيط في شرح القانون المدني نظرية الالتزام، الجزء الأول، دار النهضة العربية القاهرة ٩٦٤ صفحة ١١٤٥ وما بعدها.

وعلى ذلك يحق للأجنبي الذي تضرر من تصرفات، أو أعمال المبعوث الدبلوماسي الشخصية أن يلجأ إلى المحاكم العراقية استنادا إلى نص المادة المذكورة من القانون المدني، أو نص الفقرة الرابعة من المادة (٣١) من اتفاقية فيينا للعلاقات الدبلوماسية ونص الفقرة الخامسة من المادة (٣١) من اتفاقية البعثات الخاصة.

وطبقا للقانون المدني العراقي، واتفاقية فيينا للعلاقات الدبلوماسية واتفاقية البعثات الخاصة، فان الأجنبي يستطيع إقامة الدعوى على المبعوث الدبلوماسي العراقي أمام المحاكم العراقية فيما يتعلق بتصرفاته وأعماله وظيفته الرسمية.

وإذا كانت اتفاقية فيينا للعلاقات الدبلوماسية واتفاقية فيينا للبعثات الخاصة، أوجبتا خضوع المبعوث الدبلوماسي لاختصاص محاكم دولته عن التزاماته في الدولة المستقبلة فهل يمكن محاكمته أمام محاكم دولته بصورة تلقائية؟.

من الواضح، أن الدعاوى المدنية تختلف عن الدعاوى الجزائية، إذ أن الدولة (الحق العام) هي التي تتولى تحريك الدعوى في الأمور الجزائية. أما في الدعاوى المدنية فان المدعي (المتضرر) هو الذي يطلب إقامة الدعوى ويتابعها إلى آخر مراحلها.

وعلى ذلك، إذا لم يلجأ المتضرر إلى إقامة الدعوى على المبعوث الدبلوماسي أمام محاكم دولته فان هذه المحاكم لا تستطيع رفع الدعوى من تلقاء نفسها، أو بناء على طلب الدولة.

إذ يشترط في الدعوى أن يكون هناك طلبا وان يتمتع المدعي بالأهلية، وان تكون للمدعي مصلحة معلومة وحالة ممكنة ومحققة[١]. وان مثل هذه الأمور لا تستطيع المحكمة إتباعها ما لم يتقدم المدعي إليها وتتأكد من توافر الشروط المطلوبة في الدعوى، ويدفع الرسم القانوني عنها.

ويلحظ أن القانون المدني العراقي أخذ بفكرة خضوع المبعوث الدبلوماسي العراقي في الخارج لاختصاص المحاكم العراقية قبل أن تأخذ به اتفاقية فيينا للعلاقات الدبلوماسية لعام ١٩٦١، وهو اتجاه يتسم بالعدل والإنصاف.

المطلب الثالث: الدعاوى الجزائية

إن القاعدة العامة في التشريعات الحديثة هي إقليمية القانون الجزائي، غير أن ما يؤدي إليه المبدأ وحده من نتائج لا تتفق مع فكرة التعاون القضائي الدولي. فقد اقتضت الضرورات العملية أن تعتمد الدول على مبادئ أخرى لكي تتجنب قصور قانون العقوبات الذي ينتج عن تطبيق مبدأ الإقليمية بصورة مطلقة. فالشخص الذي يرتكب جريمة في الخارج والذي لا يمكن معاقبته في تلك الدولة لصفة معينة يجب إلا يستفيد من إجرامه

---

[١] أنظر شروط إقامة الدعوى أمام المحاكم العراقية المواد ٢-٧ من قانون المرافعات المدنية رقم (٨٣) لسنة ١٩٦٩.

ويكون بمنأى عن أي عقاب، ولهذا فقد نشأ مبدأ "الشخصية الايجابية"، الذي يعني معاقبة الوطنيين إذا ارتكبوا جرائم في إقليم دولة أجنبية ولم يحاكموا فيها"[١].

ويرى بعض الكتاب أن الحصانة القضائية من اختصاص محاكم الدولة المستقبلة لا تعني أن المبعوث الدبلوماسي غير مسؤول عن الجرائم التي يرتكبها على إقليم تلك الدولة، غير أن مسؤوليته هذه تكون تجاه السلطات المختصة في دولته، حيث يجوز للدولة المستقبلة أن تطلب من الدولة المرسلة محاكمة ومعاقبة مبعوثها الدبلوماسي عن الجرائم التي ارتكبها ولا تستطيع هذه رفض محاكمته وإلا أصبحت في حكم المتواطئة مع ممثليها[٢].

ويطلق على مبدأ خضوع الوطني لمحاكم دولته في العراق بـ " الاختصاص الشخصي"، والذي يعني معاقبة كل عراقي ارتكب جريمة في خارج العراق إذا توافرت الشروط التالية:

أولا - إن الجريمة التي يرتكبها العراقي جناية أو جنحة وفق القانون العراقي.

ثانيا - إذا وجد العراقي في العراق بعد ارتكابه الجريمة.

ثالثا - أن تكون الجريمة معاقب عليها في قانون الدولة الأجنبية التي وقعت فيها والقانون العراقي[٣].

وإذا كان الجاني موظفا أو من المكلفين بخدمة عامة، فإنه يخضع للقانون العراقي عند تحقق الشروط التالية:

أولا - أن تكون الجريمة المرتكبة جناية أو جنحة وفقاً للقانون العراقي.

ثانيا - أن يكون ارتكاب الجريمة أثناء تأدية أعمالهم أو بسببها[٤].

أما بالنسبة لمبعوث الدبلوماسي العراقي، فإنه يخضع لاختصاص المحاكم العراقية عن جميع الجرائم التي يرتكبها في الدولة التي يزاول أعماله فيها. وقد نصت على ذلك الفقرة (٢) من المادة (١٢) من قانون العقوبات العراقي رقم ١١١ لسنة ١٩٦٩ على ما يلي "ويسري كذلك (قانون العقوبات العراقي) على من ارتكب في الخارج من موظفي السلك الدبلوماسي العراقي جناية أو جنحة مما نص عليه في هذا القانون ما تمتعوا بالحصانة التي يخولهم إياها القانون الدولي العام.

(١) الدكتور كمال أنور محمد، المصدر السابق، صفحة ١٧١.

(٢) Jean Serres, op. cit Ne ١٢٨.

(٣) انظر المادة (١٠) من قانون العقوبات العراقي.

(٤) انظر المادة (١٢) من قانون العقوبات العراقي.

وعلى ذلك يشترط لخضوع المبعوث الدبلوماسي لأحكام قانون العقوبات العراقي الشروط التالية:

أولا - أن تكون جسامة الجريمة المرتكبة جناية أو جنحة وفقاً للقانون العراقي. تختص المحاكم العراقية بمحاكمة المبعوث الدبلوماسي الذي يرتكب جناية أو جنحة في الخارج وفقاً للقانون العراقي بغض النظر عن جسامتها في قانون الدولة التي وقعت فيها سواء أكانت جناية أو جنحة ومخالفة أو غير معاقب عليها أصلا[1].

وقد اشترط المشرع العراقي هذا الشرط أيضا بالنسبة للموظفين العراقيين الذين يزاولون أعمالهم في الخارج ممن لا يتمتعون بالحصانة القضائية في حين اشترط على الأشخاص غير الموظفين أن تكون الجريمة جناية، أو جنحة في قانوني الدولتين، أي الدولة الأجنبية مكان ارتكاب الجريمة والعراق.

ثانيا-أن يتمتع المبعوث الدبلوماسي بالحصانة القضائية فعلا. ذلك أن علة إحالة المبعوث الدبلوماسي على محاكم دولته عن الجرائم التي يرتكبها في الخارج، هو الإساءة إلى سمعة دولته، وألا تكون الحصانة التي يتمتع بها غطاء لارتكاب الجرائم، أو التمادي بها، وألا يفلت من العقاب. وعندما يخضع المبعوث الدبلوماسي لاختصاص محاكم الدولة المستقبلة، أما لان القضية المعروضة مستثناة من نطاق الحصانة القضائية، أو لتنازل دولته عنها، فانه يكون قد نال الجزاء الذي يستحقه، ومن ثم فلا مبرر لمحاكمته مرة ثانية عن ذات القضية التي سبق أن تمت محاكمته عليها.

وعلى هذا فقد اشترط المشرع العراقي خضوع المبعوث الدبلوماسي لاختصاص القانون العراقي عن ما تمتع به من الحصانة القضائية في الدولة المستقبلة، وان اتخذت إجراءات إدارية كطرده من البلاد، أو غير ذلك من الإجراءات.

ويجوز للسلطات المحلية، أو المشتكي طلب اجراء التعقيبات القضائية بحق المبعوث الدبلوماسي والتحقيق معه عن الجرائم التي لم يحاكم من أجلها بسبب ما يتمتع به من حصانة قضائية، غير انه لا تجوز أحالته على المحاكم إلا بعد اخذ موافقة مرجعه الرسمي، وهو وزير الخارجية. لان المبعوث الدبلوماسي يعد احد موظفي الدولة الذين لا يجوز إحالتهم على المحاكمة إلا بعد موافقة مرجعهم الرسمي[2]. فسقوط الصفة الدبلوماسية لا يتبعها سقوط صفة الموظف عنه.

(١) ولم يشترط المشرع السوري هذا الشرط فقد نصت المادة (٢١) من قانون العقوبات على ما يلي : "يطبق القانون السوري على الجرائم التي يقترفها أعضاء السلك الخارجي والقناصل السوريون ما تمتعوا بالحصانة التي يخولهم إياها القانون الدولي العام " انظر: الدكتور علي غالب الداودي، المصدر السابق، ص ١٤٠.

[2] تراجع الفقرة (ب) من المادة (٣٦) من قانون أصول المحاكمات الجزائية العراقي.

ولا يشترط لمحاكمة المبعوث الدبلوماسي عن الجرائم التي ارتكبها في الخارج عودته كما ذهب إلى ذلك بعض الكتاب[1]. إنما يطلب وزير الخارجية من السلطات التحقيقية إجراء التعقيبات القانونية بحقه، ولسلطات التحقيقية طلب استدعائه عن طريق وزارة الخارجية.

ونلحظ أن الفقرة (٤) من المادة (٣١) من اتفاقية فيينا للعلاقات الدبلوماسية، والفقرة (٥) من المادة (٣١) من اتفاقية البعثات الخاصة، أوجبتا محاكمة المبعوث الدبلوماسي أمام محاكم دولته عن الاعمال التي يرتكبها في الدولة المستقبلة، والتي تعد جرائم بموجبه قوانينها، في حين أن الفقرة (٢) من المادة (١٢) من قانون العقوبات العراقي أوجبت أن يكون العمل الذي قام بها لمبعوث الدبلوماسي في الخارج جريمة بموجب القانون العراقي، وليس بموجب قانون الدولة المستقبلة. وليس من الميسور حل هذا التناقض لان القاضي الجزائي لا يطبق القانون الجنائي الأجنبي أنما يطبق قانون دولته.

أما التطبيق العملي في العراق، فان وزارة الخارجية لا تبلغ المبعوث الدبلوماسي في الدعاوى الجزائية بالحضور أمام السلطات التحقيقية، أو إجراء محاكمته، إنما تقوم في بعض الحالات بإرسال أدلة الجريمة إلى سفارة المبعوث الدبلوماسي لتتولى الأخيرة إرسالها إلى وزارة خارجيته لإحالته على محاكم دولته[2].

واتجاه وزارة الخارجية هذا ينسجم وأحكام الفقرة (٤) من المادة (٣١) من اتفاقية فينا للعلاقات الدبلوماسية.

وإذا ما طلبت وزارة الخارجية من دولة المبعوث الدبلوماسي إحالته على محاكمتها الجزائية، فهل يجوز لوزارة الخارجية التأكد من محاكمته ومتابعة مراحل الدعوى؟

إن من صعوبة متابعة مثل هذه الحالات لما لها من مساس بسيادة الدولة واستقلالها[3]، وأن الأمر متروك لها لاتخاذ ما تراه مناسباً.

---

[1] احمد عبد المجيد، المصدر السابق، صفحة ١٠٧.

[2] جاء بمذكرة وزارة الخارجية العراقية المرقمة ٢٩٧٧٦ الصادرة في ١٩٦٢/٦/٢٧، الموجه إلى وزارة العدل. كتابكم المرقم ١١٩ والمؤرخ في ١٩٦٢/٥/٢٨، لما كان السيد استفيان بوك موظفا دبلوماسيا فانه يتمتع بالحصانة القضائية ولا يخضع بالتالي إلى سلطات المحاكم الجزائية العراقية طبقا لما نص عليه قانون امتيازات الممثلين الدبلوماسيين رقم (٤) لسنة ١٩٣٥، واتفاقية فيننا للعلاقات الدبلوماسية لسنة ١٩٦١ .. لهذه الاسباب ترى الوزارة بان تبليغ السيد استيفان بوك بالحضور امام المحقق العدل يتناقض والحصانة القضائية التي يتمتع بها...".
إأن هذه الحصانة لا تعفي هذا الدبلوماسي من الخضوع لقضاء دولته (المحاكم الالمانية) طبقاً لنص المادة ٣١ فقرة ٤ من اتفاقية فينا، لذا نرجو تزويدنا بالتقرير النهائي عن صحة المجني عليها لابلاغه مع الحادث الى السفارة المذكورة بأمل أن تتخذ الحكومة الالمانية بشأن الحادث الاجراءات المقتضية التي يقتضيها القانون الألماني في هذا الصدد ".

المبحث الثالث

الطرق الدبلوماسية لمساءلة المبعوث الدبلوماسي

إذا كان المبعوث الدبلوماسي يتمتع بالحصانة القضائية من أجل أن يقوم بأعماله بصورة صحيحة، وأبعاد احتمال تلفيق التهم الباطلة ضده، وعدم خضوعه للإجراءات التحقيقية والقضائية التي تمس شخصه فإن هذا التبرير يجب ألا يكون وسيلة يتهرب بواسطتها المبعوث الدبلوماسي من المسؤولية القانونية، ولا يكون في منأى عن أي حساب عن مخالفته لقوانين وأنظمة الدولة المستقبلة[1]. كما أن إحالته إلى محاكم دولته كثير ما يثير المصاعب والمتاعب لذوي العلاقة.

ولهذا السبب يجب أن تكون هناك موازنة بين ضرورة صيانة شخص المبعوث الدبلوماسي وعدم تعرضه لأي إجراء يمس كرامته ويسيء إلى سمعته وسمعة دولته وبين حصول ذوي العلاقة على حقوقهم منه، وهذه الموازنة لا يمكن تحقيقها إلا عن طريق اللجوء إلى الطرق الدبلوماسية التي يمكن بواسطتها احترام شخصية المبعوث الدبلوماسي وإيصال الحق إلى أهله.

ولعل أسهل الطرق المتبعة في ذلك والتي تؤدي إلى حسم القضايا بسرعة مناسبة هو اللجوء إلى طريقة التحكيم من قبل هيئة معينة أو تدخل وزير الخارجية الدولة المستقبلة، وعليه فإن مواضيع هذا المبحث ستكون المطلبين التاليين:

المطلب الأول: التحكيم.

المطلب الثاني: تدخل وزارة الخارجية.

وقد ارسلت وزارة العدل بكتابها المرقم ٧٤٦ في ٦٢/٨/٢٧ كتاب حاكمية تحقيق الرصافة مع التقرير الطبي الخاص بالقضية حيث تم ارسالها إلى السفارة الالمانية بمذكرة وزارة الخارجية المرقمة ٢٠٠/١٩٢٢ في ١٩٦٢/٩/١٦ لاتخاذ ما يلزم من قبل الحكومة الالمانية.

(٣) في عام ١٩٧٨ اتهم ثلاثة دبلوماسيين عراقيين في فرنسا بقتل ضابط شرطة فرنسي أثناء الهجوم الذي تعرضت له السفارة العراقية في باريس وطلبت وزارة الخارجية الفرنسية احالتهم إلى المحاكم العراقية بالنظر لتمتعهم بالحصانة القضائية من الاختصاص القضائي الفرنسي.

وقد سأل أحد الصحفيين الفرنسيين السيد الرئيس صدام حسين عن مصير هؤلاء فرد سيادته "تسألون عن الدبلوماسيين العراقيين وأين هم الان وهل جرت محاكمتهم أم لا وهل تستطيعون مقابلتهم أم لا. نحن نجاوبكم بأننا نفعل ما ينسجم مع سيادتنا من النظرة الى القوانين وما يؤكد التزامنا باحترام القوانين الدولية".

انظر وقائع المؤتمر الصحفي الذي عقده السيد الرئيس صدام حسين أمام الصحافة الفرنسية المنشورة في صحيفة الجمهورية (العراقية بالعدد ٣٤٥٦ في ١٩٧٨/١٠/٢٠).

(١) وقد جاء بفتوى مجلس الدولة المصري المرقم ١٤٣ والمؤرخ في ١٩٤٩/٦/٢٦ " .. نرى مع ذلك ألا تحول الحصانة القضائية كلية دون حصول ذوي الشأن على حقهم بطريقة ما ..." أنظر المجلة المصرية للقانون الدولي، المصدر السابق، ص ١٥٢.

المطلب الأول: التحكيم الاختياري

إجراءات التحكيم Ia procedure d'arbitrage صورة من صور القضاء الذاتي المختار، وخصيصته الأساسية هي أن الخصوم هم الذين يختارون أشخاص القضاة، ويستند إلى اتفاق خاص، قد يكون سابقاً على النزاع أو لاحقاً له كما أنه من أنجح الطرق لحل المنازعات بين الخصوم لاتصافه بسرعة حسم المنازعات وقلة الإجراءات والنفقات[١].

وقد أجاز قانون المرافعات المدنية العراقي الاتفاق على التحكيم في نزاع معين، وفي جميع المنازعات المتعلقة بتنفيذ عقد معين بموجب اتفاق تحريري.

وإذا اتفق الخصوم على التحكيم، فلا يجوز للمحاكم النظر في الدعوى إلا بعد إجراءات التحكيم كما لا يجوز أن يكون المحكّم من رجال القضاء إلا بإذن من مجلس القضاء، ويكون قبول المحكم للتحكيم بالكتابة، ولا يجوز له أن يتنحى بغير عذر مقبول ولا ينفذ قراره سواء كأن تعينه قضاءا أم اتفاقاً ما لم تصادق عليه المحكمة المختصة ولها أن تبطله أو تصدقه، ويكون قرارها هذا خاضعا لطرق الطعن القانونية[٢].

ويتبع أسلوب التحكيم لدى المنظمات الدولية المنبثقة عن الأمم المتحدة، كما أنه وارد بالنسبة لمقرها وموظفيها في اتفاقيات الحصانة القضائية، ومما لا شك فيه، أن قبول المبعوث الدبلوماسي إحالة النزاع على محكم ذوي مكانة علمية وشخصية مرموقة كعميد السلك الدبلوماسي أو مدير المراسيم في وزارة الخارجية أو لجنة من أشخاص يتمتعون بالصفات الجيدة، أو محكمة تحكيم، من شأنهم أن يضمنوا كرامة المبعوث الدبلوماسي وعدم المساس بشخصه وحقوق الأفراد من مواطني الدولة المستقبلة[٣]. وهذا أسلوب نافع لأن المبعوث الدبلوماسي لا يخضع فيه إلى إجراءات القضاء المحلي، ولأن المحكمين أشخاص محايدون ومختصون ولهم خبرة في القضايا الدبلوماسية يستطيعون حل الصعوبات الناجمة عن تمتع المبعوث الدبلوماسي بالحصانة القضائية، وقد شهد التحكيم بعض التطبيقات في سويسرا[٤].

---

(١) الدكتور محمد عبد الخالق عمر، النظام القضائي المدني، دار النهضة القاهرة ١٩٧٦، صفحة ٩.

(٢) انظر المواد ٢٥١ إلى ٢٧٥ من قانون المرافعات المدنية العراقي رقم ٨٣ لسنة ١٩٦٩.

(٣) الدكتور سموحي فوق العادة، المصدر السابق، صفحة ٣١٥.

وقد نصت المادة (٣١) من اتفاقية مزايا وحصانات جامعة الدول العربية التي أقرتها الجامعة في نيسان ١٩٥٣ ومصادق عليها بقانون رقم (١١) لسنة ١٩٥٥ على تشكل جامعة الدول العربية هيئة لفض: " ب- المنازعات التي يكون طرفا فيها موظف بالجامعة متمتعا بحكم مركزه الرسمي بالحصانة إذا لم ترفع عنه هذه الحصانة".

(٤) Philippe Cahier, op. cit, p. ٢٧٥.

وقد أخذت اتفاقية فينا للعلاقات الدبلوماسية لعام ١٩٦١ واتفاقية البعثات الخاصة لعام ١٩٦٩ بالتحكيم الاختياري بخصوص المنازعات الناشئة بين الدول والمتعلقة بتفسير الاتفاقيتين أو تطبيقهما.

ولم يرد في الاتفاقيتين المذكورتين ما يشير إلى اتباع أسلوب التحكيم لحل المنازعات التي تحصل بين المبعوث الدبلوماسي والغير داخل إقليم الدولة المستقبلة. وكان الأفضل الأخذ به بصورة تؤمن حصول ذوي العلاقة على حقوقهم دون المساس بشخص المبعوث الدبلوماسي أو التعرض لحصانته القضائية، إذ ليس من القبول أن تكون الحصانة وسيلة يستطيع بموجبها المبعوث الدبلوماسي التهرب عن تنفيذ التزاماته.

ورغم عدم تناول اتفاقية فينا واتفاقية البعثات الخاصة مسألة التحكيم الاختياري، فإنه من الممكن الأخذ به لعدم مخالفته القانون الدولي والقوانين الوطنية، ولأنه اختياري ليس ملزما.

وعلى ذلك أرى أن تؤلف لجنة دائمة من قبل أشخاص يتفق عليهم من قبل وزارة الخارجية وعميد السلك الدبلوماسي، أو لجنة مؤقتة تؤلف باقتراح من وزارة الخارجية ورئيس البعثة الدبلوماسية عند نشوء النزاع حيث تختص بالنظر في قضية معينة. ولا تتبع هيئة التحكيم القواعد الخاصة بقانون المرافعات التي سبقت الإشارة إليها، فلا يعرض قرارها على المحكمة المختصة لتأييده أو نقضه، إنما تجتمع هيئة التحكيم بإشعار من وزارة الخارجية بناء على شكوى مرفوعة من قبل صاحب العلاقة.

وتستمع الهيئة لشكوى المدعي بحضور المبعوث الدبلوماسي ثم تطلب منه بيان دفوعه، ومن ثم تقوم الهيئة بالتحري عن صحة الشكوى وبعد ذلك تصدر قرارها ويكون قابلاً للتنفيذ المباشر ولا يقبل أية طريقة من طرق الطعن، وعلى دولة المبعوث الدبلوماسي إلزام مبعوثها بتنفيذ ما ورد بقرار الهيئة التحكيمية.

ولا يمكن الأخذ بنظام التحكيم بالنسبة للقضايا الجزائية بالنظر لصعوبة تنفيذ القرارات لمتضمنة العقوبات المانعة للحرية.

إن هذه الطريقة لا تمس شخص المبعوث الدبلوماسي كما أنها تغني عن مراجعة ذوي الشأن محاكم دولة المبعوث الدبلوماسي.

المطلب الثاني: تدخل وزارة خارجية الدولة المستقبلة

إن اللجوء إلى الطرق الدبلوماسية يعتبر من أكثر الإجراءات شيوعاً وفعالية وهي تعني حل النزاع عن طريق وزارة الخارجية التي تتوسط بين ذوي العلاقة لتسوية النزاع بينهم. فإذا قدمت شكوى ضد المبعوث الدبلوماسي الأجنبي إلى وزارة الخارجية، فإن الوزير بعد أن تتبين صحة الشكوى يطلب من رئيس البعثة الدبلوماسية التي يتبعها

المبعوث الدبلوماسي أو من حكومة الدولة إذا كانت الشكوى موجهة ضد رئيس البعثة بتسوية النزاع الحاصل وتنفيذ التزاماتهم قبل الغير(١).

وغالباً ما يستجيب رئيس البعثة الدبلوماسية لمثل هذه الطلبات والإيعاز إلى موظفيه بتنفيذ التزاماتهم من أجل الحفاظ على العلاقات الودية مع الدولة المستقبلة، والحفاظ على سمعة دولتهم تجاه مواطني الدولة المستقبلة(٢).

وتعتبر هذه الطريقة في العراق من أسهل الطرق المتبعة وأكثرها ضماناً، لحصول ذوي العلاقة على حقوقهم بإجراءات بسيطة، حيث يقدم ذوو العلاقة في بعض الأحيان عريضة إلى وزارة الخارجية مباشرة يطلبون فيها الاتصال بالمبعوث الدبلوماسي من أجل تنفيذ التزاماته وفي الحالة هذه تدرس الوزارة صحة الطلب ومن ثم تتصل بمباشرة برئيس البعثة وتعرض عليه الطلب المقدم إليها(٣).

---

(١) Jean Serres, op. cit, Ne ١٣٧.

في عام ١٩٢٨ أعلن المجلس الاتحاد السويسري في تقريره المقدم إلى الجمعية الفيدرالية أن طلب تدخلنا جاء لغرض تسوية القضايا المتنازع عليها المتعلقة بالأشخاص المتمتعين بالحصانة القضائية للحصول على التزام رسمي من المدين لايفاء دينه على دفعات فإن كافة المساعي المتميزة بالصعوبة أحياناً أدت إلى حلول ملائمة.

Philippe Cahier, op. cit, p. ٢٦٦

والدكتور علي صادق أبو هيف، المصدر السابق، صفحة ١٨٨.

والدكتورة عائشة راتب، المصدر السابق، صفحة ١٥٩.

الدكتور محمد عبد المنعم رياض، المصدر السابق، صفحة ٢٠٠.

ويجوز لذوي العلاقة مراجعة رئيس البعثة مباشرة. انظر:

Michael Akehurst, op. cit, p. ١٤٣.

(٢) الدكتور سموحي فوق العادة، المصدر السابق، صفحة ٣١٢.

(٣) قدم مواطن عريضة الى وزارة الخارجية طلب فيها التزام المبعوث الدبلوماسي الهندي السيد (-) بتنفيذ التزامه وتخلية الدار التي يسكنها. وقد اتصلت الوزارة بالسفارة الهندية ثم وجهت مذكرة إلى صاحب الطلب برقم ٤٨٦٨١ في ١٩٧٢/٧/٢ جاء فيها "إشارة لعريضتكم المؤرخة في ١٩٧٢/٦/٢٤. قامت الوزارة بالاتصال بالسفارة الهندية في بغداد حول موضوع إيجار داركم إلى أحد أعضائها فعلمنا أن السيد (-) المستأجر لداركم قد نقل وسيترك العراق خلال الشهرين القادمين وأنه مستعد لدفع الإيجار مقدما عن هذه المدة. أن الوزارة لتغدو ممتنة لو تتفضلوا بإجراء التسوية الرضائية مع المومأ اليه سيما وأنه سيغادر العراق خلال هذه المدة القصيرة ونرفق بطيه مرفقات عريضتكم ".

وقدم مواطن عراقي عريضة إلى وزارة الخارجية مباشرة بتاريخ ١٩٧٤/١١/٤ يطلب فيها زيادة أجرة الدار التي يسكنها سفير اليمن الديمقراطية في بغداد (من ١٢٠٠ الى ٢٥٠٠) دينار بالنظر لانتهاء عقد الايجار القديم.

وقد طلبت الوزارة بمذكراتها المرقمة ٤٦٣٣٥ في ٩٧٤/٢/١٠ من السفارة المذكورة تسوية الموضوع بصورة شخصية مع صاحب الدار وقد أجابت السفارة بمذكرتها المرقمة ٢/١٠٢/٥ في ١٩٧٤/١٢/١ بموافقتها على الطلب.

كذلك انظر مذكرات وزارة الخارجية بهذا الصدد المرقمة أ ٢٥ في ١٩٧٥/٧/٩ و ١٠٥٦٧٢ في ٧٨/١١/٢٣ و ١٢٩٧١ في ١٩٧٨/٨/١٦.

وطلبت وزارة الخارجية بمذكرتها المرقمة ١٦٨٣٤ في ٤/٢٦/ ٧٦ من سفارة جمهورية بلغاريا الشعبية تخلية الدار وتسليمها الى أمانة العاصمة.

ولا يقتصر تدخل وزارة الخارجية على الطلبات المقدمة من المواطنين مباشرة، إنما تتدخل بمجرد علمها بأن هناك شكوى ضد مبعوث دبلوماسي أجنبي في بغداد فإذا طلب مثلاً تبليغ دبلوماسي أجنبي بإنذار صادر من كاتب عدل[1]، أو تبليغه بالحضور أمام المحكمة فإن الوزارة تتصل مباشرة بذوي العلاقة والمبعوث الدبلوماسي لتسوية الخلافات الناشئة بينهما[2]. أو تؤلف لجنة خاصة لحسم الخلاف[3].

ولا تقتصر التسوية بالطرق الدبلوماسية على القضايا المدنية فحسب، بل تشمل أيضاً بعض القضايا الجزائية، حيث تتصل وزارة الخارجية بالمبعوث الدبلوماسي الذي انتهك القوانين المحلية وتطلب منه عدم تكرار ذلك مستقبلاً، أو تستدعي رئيس البعثة وتطلب معاقبته إداريا[4]، أو تقوم بإشعار رئيس البعثة بالتهمة المنسوبة إلى أحد موظفيها لترك المجال له في اتخاذ ما يراه مناسباً لحل النزاع الحاصل.

وقد يغلب على قرارات وزير الخارجية في بعض الاحايين الصفة السياسية بالنظر إلى طبيعة العلاقات بين العراق وبين دولة المبعوث الدبلوماسي، فيقرر تبعاً للظروف غلق التحقيق في قضية معينة بالنظر للمحافظة على العلاقات الودية مع دولة المبعوث الدبلوماسي[5]، حيث يوازن الوزير بين المصلحة العامة للدولة ككل والمصلحة الخاصة للفرد المتضرر.

---

(١) طلبت وزارة العدل بكتابها المرقم أ/٢٥ في ١٩٥٥/٦/٢١ من وزارة الخارجية تبليغ السفير الباكستاني في بغداد بورقة انذار وعلم وخبر صادرة من كاتب عدل بغداد الشمالي وقد اتصلت الوزارة بين الطرفين لتسوية النزاع وجاء بمذكرتها المرقمة ١٦٩٨٤/٢٠٠/٢٤٥ والمؤرخة في ١٩٥٥/٧/١٢ الموجهة الى وزارة العدل: " بناء على تفاهم الطرفين لحل الخلاف القائم بينهما بشأن الدار المستأجرة من قبل السفارة الباكستانية نعيد اليكم بطيه ورقة التبليغ غير مبلغة".

(٢) طلبت محكمة صلح بغداد تبليغ السكرتير الثالث في السفارة الباكستانية في بغداد بالحضور أمامها في الدعوى المرقمة ٥٨/٢٢٨٨. وقد اتصلت الوزارة بالطرفين لتسوية الخلاف وجاء بمذكرتها المرقمة ١٣٠/٢٠٠/١٩٩٥٩ في ١٩٥٨/٨/٤ "أعلمنا السكرتير الثالث في السفارة الباكستانية ان موضوع الدار المستأجرة سيبحث مع ذوي العلاقة وديا لحل الخلاف ولذلك نعيد الأوراق غير مبلغة ".

طلبت وزارة العدل بكتابها المرقم أ/٢٥ في ١٩٥٨/٢/٨ تبليغ القنصل البريطاني في بغداد، للحضور أمام محكمة صلح الكرادة في الدعوى المرقمة ١٩٥٧/١٠٥٨ اتصلت الوزارة بالطرفين لتسوية النزاع.

(٣) في عام ١٩٧٥ قررت الحكومة العراقية استملاك مقر السفارة البابوية في بغداد وقد طلب مجلس قيادة الثورة بكتابه المرقم ٦٢٨ في ١٩٧٥/١٢/٣ تأليف لجنة عن وزارة الخارجية والأمانة العاصمة للاتفاق مع السفارة المذكورة على بدل الاستملاك واستلام العقار.

(٤) وقفت سيارة سفارة أفريقيا الوسطى في محل ممنوع، وعندما طلب شرطي المرور من السائق الخروج امتنع وتكلم بصوت عالٍ وقد طلبت مديرية المرور العامة من وزارة الخارجية احالته على المحاكمة. وقد قامت وزارة الخارجية باستدعاء أحد موظفي السفارة وأخبرته بالمخالفة وأبدى الموظف اعتذاره عما حدث ووعد بمعاقبة السائق.

انظر كتاب مديرية المرور العامة المرقم ١٩٩٨٤ في ٧٥/١٢/٢٥.

(٥) قام أحد موظفي في إحدى السفارات الأجنبية في بغداد بإدخال ثلاجتين إلى العراق باسم السكرتير الثاني من السفارة باعتباره متمتعا بالاعفاء الجمركي وقام الموظف المذكور بمحاولة بيعهما في السوق بعد أن أخرجها من معرض بغداد الدولي. أحيلت القضية للتحقيق من قبل مديرية الجمارك والمكوس في القضية الاستئنافية المرقمة ١٤٠٣٣ في ١٩٧٢/٢/١٧ غلق القضية نهائياً بالنظر للعلاقات الودية بين العراق واسبانيا.

وتدخل وزير الخارجية لحسم المنازعات بالطرق الدبلوماسية لم ينص عليه لا في اتفاقية فينا للعلاقات الدبلوماسية لعام ١٩٦١ ولا في اتفاقية البعثات الخاصة لعام ١٩٦٩، غير أن ما تقتضيه الضرورات العملية لحصول أصحاب العلاقة على حقوقهم دون المساس بالحصانة القضائية التي يتمتع بها المبعوث الدبلوماسي.

ولا يقتصر تدخل وزارة الخارجية على الطلبات المقدمة من المواطنين مباشرة، إنما تتدخل بمجرد علمها بأن هناك شكوى ضد مبعوث دبلوماسي أجنبي في بغداد فإذا طلب مثلاً تبليغ دبلوماسي أجنبي بإنذار صادر من كاتب عدل[1]، أو تبليغه بالحضور أمام المحكمة فإن الوزارة تتصل مباشرة بذوي العلاقة والمبعوث الدبلوماسي لتسوية الخلافات الناشئة بينهما[2]. أو تؤلف لجنة خاصة لحسم الخلاف[3].

ولا تقتصر التسوية بالطرق الدبلوماسية على القضايا المدنية فحسب، بل تشمل أيضاً بعض القضايا الجزائية، حيث تتصل وزارة الخارجية بالمبعوث الدبلوماسي الذي انتهك القوانين المحلية وتطلب منه عدم تكرار ذلك مستقبلاً، أو تستدعي رئيس البعثة وتطلب معاقبته إداريا[4]، أو تقوم بإشعار رئيس البعثة بالتهمة المنسوبة إلى أحد موظفيها لترك المجال له في اتخاذ ما يراه مناسباً لحل النزاع الحاصل.

وقد يغلب على قرارات وزير الخارجية في بعض الاحايين الصفة السياسية بالنظر إلى طبيعة العلاقات بين العراق وبين دولة المبعوث الدبلوماسي، فيقرر تبعاً للظروف غلق التحقيق في قضية معينة بالنظر للمحافظة على العلاقات الودية مع دولة المبعوث الدبلوماسي[5]، حيث يوازن الوزير بين المصلحة العامة للدولة ككل والمصلحة الخاصة للفرد المتضرر.

---

(١) طلبت وزارة العدل بكتابها المرقم أ/٢٥ في ١٩٥٥/٦/٢١ من وزارة الخارجية تبليغ السفير الباكستاني في بغداد بورقة انذار وعلم وخبر صادرة من كاتب عدل بغداد الشمالي وقد اتصلت الوزارة بين الطرفين لتسوية النزاع وجاء بمذكرتها المرقمة ١٦٩٨٤/٢٠٠/٢٤٥ والمؤرخة في ١٩٥٥/٧/١٢ الموجهة الى وزارة العدل: " بناء على تفاهم الطرفين لحل الخلاف القائم بينهما بشأن الدار المستأجرة من قبل السفارة الباكستانية نعيد اليكم بطيه ورقة التبليغ غير مبلغة".

(٢) طلبت محكمة صلح بغداد تبليغ السكرتير الثالث في السفارة الباكستانية في بغداد بالحضور أمامها في الدعوى المرقمة ٥٨/٢٢٨٨. وقد اتصلت الوزارة بالطرفين لتسوية الخلاف وجاء بمذكرتها المرقمة ١٣٠/٢٠٠/١٩٩٥٩ في ١٩٥٨/٨/٤ "أعلمنا السكرتير الثالث في السفارة الباكستانية ان موضوع الدار المستأجرة سيبحث مع ذوي العلاقة وديا لحل الخلاف ولذلك نعيد الأوراق غير مبلغة ".

طلبت وزارة العدل بكتابها المرقم أ/٢٥ في ١٩٥٨/٢/٨ تبليغ القنصل البريطاني في بغداد، للحضور أمام محكمة صلح الكرادة في الدعوى المرقمة ١٩٥٧/١٠٥٨ اتصلت الوزارة بالطرفين لتسوية النزاع.

(٣) في عام ١٩٧٥ قررت الحكومة العراقية استملاك مقر السفارة البابوية في بغداد وقد طلب مجلس قيادة الثورة بكتابه المرقم ٦٢٨ في ١٩٧٥/١٢/٣ تأليف لجنة عن وزارة الخارجية والأمانة العاصمة للاتفاق مع السفارة المذكورة على بدل الاستملاك واستلام العقار.

(٤) وقفت سيارة سفارة أفريقيا الوسطى في محل ممنوع، وعندما طلب شرطي المرور من السائق الخروج امتنع وتكلم بصوت عالٍ وقد طلبت مديرية المرور العامة من وزارة الخارجية احالته على المحاكمة. وقد قامت وزارة الخارجية باستدعاء أحد موظفي السفارة وأخبرته بالمخالفة وأبدى الموظف اعتذاره عما حدث ووعد بمعاقبة السائق.

انظر كتاب مديرية المرور العامة المرقم ١٩٩٨٤ في ٧٥/١٢/٢٥.

(٥) قام أحد موظفي في إحدى السفارات الأجنبية في بغداد بإدخال ثلاجتين إلى العراق باسم السكرتير الثاني من السفارة باعتباره متمتعا بالاعفاء الجمركي وقام الموظف المذكور بمحاولة بيعهما في السوق بعد أن أخرجها من معرض بغداد الدولي. أحيلت القضية للتحقيق من قبل مديرية الجمارك والمكوس في القضية الاستئنافية المرقمة ١٤٠٣٣ في ١٩٧٢/٢/١٧ غلق القضية نهائياً بالنظر للعلاقات الودية بين العراق واسبانيا.

وتدخل وزير الخارجية لحسم المنازعات بالطرق الدبلوماسية لم ينص عليه لا في اتفاقية فينا للعلاقات الدبلوماسية لعام ١٩٦١ ولا في اتفاقية البعثات الخاصة لعام ١٩٦٩، غير أن ما تقتضيه الضرورات العملية لحصول أصحاب العلاقة على حقوقهم دون المساس بالحصانة القضائية التي يتمتع بها المبعوث الدبلوماسي.

وقد انتقد هذا الرأي، لأنه يتجاهل الغرض الذي منحت من أجله الحصانة القضائية للمبعوث الدبلوماسي وهو حريته في تمثيل دولته. فإذا ما حدث خلال فترة دخوله إلى حين مباشرته اعمال وظيفته أن اوقف من قبل السلطات المحلية، يتعذر عليه في هذه الحالة، أن يقدم أوراق اعتماده وبالتالي فانه لا يكون قد نفذ المهمة الموكوله إليه[1].

ومن المحتمل أن ترفض الدولة المستقبلة قبول المبعوث الدبلوماسي وبالتالي فإنه سوف لا يتمتع بأية حصانة في الحالة هذه.

وأن المبعوث الدبلوماسي يتمتع بالامتيازات الدبلوماسية الأخرى منذ دخوله أراضي الدولة المستقبلة وأثناء تقديمه أوراق اعتماده، كمنحة سمة الدخول واستقباله بما يليق وكرامته، وإعفاء أمتعته الشخصية من التفتيش والرسوم الكمركية وغيرها، ومن غير المنطق تعليق التمتع بالحصانة القضائية التي تعتبر من أهم الامتيازات الدبلوماسية التي يتمتع بها المبعوث الدبلوماسي إلى الوقت الذي قدم فيه أوراق اعتماده إلى وزير خارجية الدولة المستقبلة، في حين أنه يتمتع بالامتيازات الأخرى منذ وصوله إقليمها.

يضاف إلى ذلك أن تقديم أوراق الاعتماد لا تكون واجبة بالنسبة لجميع أعضاء البعثة الدبلوماسية، وإنما تختصر على رئيس البعثة فقط، وهذا يعني تعديه شرط قبول أوراق الاعتماد إلى الأشخاص الذين لا يكلفون بها.

وميّز رأي آخر بين رئيس البعثة الدبلوماسية وبين بقية أعضائها، حيث تبدأ حصانة رئيس البعثة منذ وصوله أراضي الدولة المستقبلة، وأما بالنسبة لبقية أعضاء البعثة فإن حصانتهم تبدأ بعد وصولهم الدولة المستقبلة ومباشرتهم أعمالهم بمقر البعثة عقب إعلام وزير خارجية الدولة المستقبلة[2].

إن هذا الرأي هو الآخر منتقد من جهة أن التمييز بين رئيس البعثة وأعضائها لا مبرر له، لم يرد هذا التمييز بالنسبة لمدى ونوع الحصانة التي يتمتع بها كل من رئيس البعثة وبقية أعضائها.

أما الرأي الثالث، فقد ذهب إلى أن المبعوث الدبلوماسي يتمتع بالحصانة القضائية منذ اللحظة التي تطأ قدماه أراضي الدولة المستقبلة إذا كان هناك إشعار سابق من قبل بعثته الدبلوماسية يقضي بأن حكومته قد عينته في الدولة المستقبلة والتي وافقت على قبول

والدكتور فاضل زكي محمد، المصدر السابق، ص ١٧٥.

(١) D.P. Oconnrill, op, cit, p٩٠٧.

كذلك انظر الدكتور زهير جويعد عطية، الاختصاص الجنائي للدولة في القانون الدولي، رسالة دكتوراه، مقدمة إلى كلية القانون والسياسة بجامعة بغداد ١٩٧٨، ص ١١٩.

(٢) شارل ثاير، المصدر السابق، صفحة ٢٨٧.

الدكتور علي صادق أبو هيف، المصدر السابق، صفحة ٢٢٢.

والدكتور كمال انور محمد، المصدر، صفحة ٦٨.

اعتماده لديها، أو في الأحوال الأخرى التي يستشف منها معرفة صفته الدبلوماسية، كالاطلاع على أوراق اعتماده، أو جواز سفره سواء أكان رئيس البعثة الدبلوماسية أو أحد أعضائها[1].

وقد أخذت بذلك المادة (٢٢) من اتفاقية هافانا لعام ١٩٢٨ والتي نصت على ما يلي: "يتمتع المبعوث الدبلوماسي بالحصانة القضائية منذ اللحظة التي يعبر فيها إلى حدود الدولة المعين بها بعد أن يعرف نفسه وبمركزه وصفته الدبلوماسية"[2].

وأخذت بهذا الرأي المادة (١٦) من مشروع اتفاقية جامعة هارفرد لسنة ١٩٣٢ والتي نصت على ما يلي: " يتمتع عضو البعثة وأفراد عائلته ... بالامتيازات والحصانات المنصوص عليها في هذه الاتفاقية منذ وقت دخوله إقليم الدولة المعتمد لديها ..."[3].

وعلى ذلك أرى ضرورة إعادة تعريب النص المصادق عليه في العراق على الوجه المذكور.

وتقتضي الظروف أن تقرر الدولة تعيين أحد رعاياها وهو موجود في دولة أجنبية بوظيفة دبلوماسية في بعثتها بتلك الدولة كأن يكون الشخص هذا موظفاً إدارياً أو فنياً يعمل في البعثة نفسها أو في إحدى مؤسسات دولته الموجودة في الدول الأجنبية أو كان فيها بقصد الزيارة أو الاستشفاء أو الدراسة، أو كان فيها أثناء عبوره منها على دولة أخرى، أو أرسل بمهمة معينة إلى تلك الدولة، وفي أثناء وجوده في الدولة الأجنبية تقرر دولته بوظيفة دبلوماسية فيها.

ففي الحالة هذه تظهر مشكلة الوقت الذي تبدأ فيه الحصانة القضائية، فهل يتمتع بها منذ دخوله أراضي الدولة المستقبلة وقبل اكتسابه الصفة الدبلوماسية؟ أم منذ صدور قرار وزير خارجية دولته بتعيينه مبعوثاً دبلوماسياً؟ أم منذ إعلام وزير خارجية الدولة المستقبلة بتعيينه؟

---

(١)Sir Ernest Satow, op. cit. p. ١٧٩.

Margaret Buckly, op. cit. p. ٣٥٩.

Lenonard V.B. Sutton, op. cit. p. ١١١.

D.P. O'Connell, op. cit. p. ٩٠٦.

Michael Hardy, op. cit. p. ٨٠.

G. Papini et. Cortese. La Rupture des Relations Diplomatique et ses consequences . A. Pedon, Paris, ١٩٧٢, p. ١٥٨.

والدكتور حسن صعب، المصدر السابق، صفحة ١٦١.

والدكتور فؤاد شباط، المصدر السابق، صفحة ٢٤٢.

(٢) انظر النص:

G.E.do Nascimento eSilva, op. cit, p. ٢٠٦.

(٣) انظر النص المذكور:

D.P. O'connell, op. cit. p. ٩٠٦.

Philippe Cahier, op. cit. p. ٤٦٥.

وقد انتقد هذا الرأي، لأنه يتجاهل الغرض الذي منحت من أجله الحصانة القضائية للمبعوث الدبلوماسي وهو حريته في تمثيل دولته. فإذا ما حدث خلال فترة دخوله إلى حين مباشرته اعمال وظيفته أن اوقف من قبل السلطات المحلية، يتعذر عليه في هذه الحالة، أن يقدم أوراق اعتماده وبالتالي فانه لا يكون قد نفذ المهمة الموكوله إليه[(١)].

ومن المحتمل أن ترفض الدولة المستقبلة قبول المبعوث الدبلوماسي وبالتالي فإنه سوف لا يتمتع بأية حصانة في الحالة هذه.

وأن المبعوث الدبلوماسي يتمتع بالامتيازات الدبلوماسية الأخرى منذ دخوله أراضي الدولة المستقبلة وأثناء تقديمه أوراق اعتماده، كمنحة سمة الدخول واستقباله بما يليق وكرامته، وإعفاء أمتعته الشخصية من التفتيش والرسوم الكمركية وغيرها، ومن غير المنطق تعليق التمتع بالحصانة القضائية التي تعتبر من أهم الامتيازات الدبلوماسية التي يتمتع بها المبعوث الدبلوماسي إلى الوقت الذي قدم فيه أوراق اعتماده إلى وزير خارجية الدولة المستقبلة، في حين أنه يتمتع بالامتيازات الأخرى منذ وصوله إقليمها.

يضاف إلى ذلك أن تقديم أوراق الاعتماد لا تكون واجبة بالنسبة لجميع أعضاء البعثة الدبلوماسية، وإنما تختصر على رئيس البعثة فقط، وهذا يعني تعديه شرط قبول أوراق الاعتماد إلى الأشخاص الذين لا يكلفون بها.

وميّز رأي آخر بين رئيس البعثة الدبلوماسية وبين بقية أعضائها، حيث تبدأ حصانة رئيس البعثة منذ وصوله أراضي الدولة المستقبلة، وأما بالنسبة لبقية أعضاء البعثة فإن حصانتهم تبدأ بعد وصولهم الدولة المستقبلة ومباشرتهم أعمالهم بمقر البعثة عقب إعلام وزير خارجية الدولة المستقبلة[(٢)].

إن هذا الرأي هو الآخر منتقد من جهة أن التمييز بين رئيس البعثة وأعضائها لا مبرر له، لم يرد هذا التمييز بالنسبة لمدى ونوع الحصانة التي يتمتع بها كل من رئيس البعثة وبقية أعضائها.

أما الرأي الثالث، فقد ذهب إلى أن المبعوث الدبلوماسي يتمتع بالحصانة القضائية منذ اللحظة التي تطأ قدماه أراضي الدولة المستقبلة إذا كان هناك إشعار سابق من قبل بعثته الدبلوماسية يقضي بأن حكومته قد عينته في الدولة المستقبلة والتي وافقت على قبول

والدكتور فاضل زكي محمد، المصدر السابق، ص ١٧٥.

(١) D.P. Oconnrill, op, cit, p٩٠٧.

كذلك انظر الدكتور زهير جويعد عطية، الاختصاص الجنائي للدولة في القانون الدولي، رسالة دكتوراه، مقدمة إلى كلية القانون والسياسة بجامعة بغداد ١٩٧٨، ص ١١٩.

(٢) شارل ثاير، المصدر السابق، صفحة ٢٨٧.

الدكتور علي صادق أبو هيف، المصدر السابق، صفحة ٢٢٢.

والدكتور كمال انور محمد، المصدر، صفحة ٦٨.

اعتماده لديها، أو في الأحوال الأخرى التي يستشف منها معرفة صفته الدبلوماسية، كالاطلاع على أوراق اعتماده، أو جواز سفره سواء أكان رئيس البعثة الدبلوماسية أو أحد أعضائها[1].

وقد أخذت بذلك المادة (٢٢) من اتفاقية هافانا لعام ١٩٢٨ والتي نصت على مـا يلي: "يتمتع المبعوث الدبلوماسي بالحصانة القضائية منذ اللحظة التي يعبر فيها إلى حـدود الدولة المعين بها بعد أن يعرف نفسه ومركزه وصفته الدبلوماسية"[2].

وأخذت بهذا الرأي المادة (١٦) من مشروع اتفاقيـة جامعة هـارفرد لسـنة ١٩٣٢ والتي نصت على مـا يلي: "يتمتع عضو البعثة وأفراد عائلته ... بالامتيازات والحصانات المنصوص عليها في هذه الاتفاقية منذ وقت دخوله إقليم الدولة المعتمد لديها ..."[3].

وعلى ذلك أرى ضرورة إعادة تعريب النص المصادق عليه في العراق على الوجه المذكور.

وتقتضي الظروف أن تقرر الدولة تعيين أحد رعاياها وهو موجود في دولـة أجنبية بوظيفة دبلوماسية في بعثتها بتلك الدولة كأن يكون الشخص هذا موظفاً إدارياً أو فنياً يعمـل في البعثة نفسها أو في إحدى مؤسسات دولته الموجودة في الدول الأجنبية أو كان فيها بقصد الزيارة أو الاستشفاء أو الدراسة، أو كان فيها أثناء عبوره منها على دولة أخرى، أو أرسل بمهمة معينة إلى تلك الدولة، وفي أثناء وجوده في الدولة الأجنبية تقرر دولته بوظيفة دبلوماسية فيها.

ففي الحالة هذه تظهر مشكلة الوقت الـذي تبدأ فيه الحصانة القضائية، فهـل يتمتع بها منذ دخوله أراضي الدولة المستقبلة وقبل اكتسابه الصفة الدبلوماسية؟ أم منذ صدور قرار وزير خارجية دولته بتعيينه مبعوثاً دبلوماسياً؟ أم منذ إعلام وزير خارجية الدولة المستقبلة بتعيينه؟

---

(1)Sir Ernest Satow, op. cit. p. ١٧٩.

Margaret Buckly, op. cit. p. ٣٥٩.

Lenonard V.B. Sutton, op. cit. p. ١١١.

D.P. O'Connell, op. cit. p. ٩٠٦.

Michael Hardy, op. cit. p. ٨٠.

G. Papini et. Cortese. La Rupture des Relations Diplomatique et ses consequences . A. Pedon, Paris, ١٩٧٢, p. ١٥٨.

والدكتور حسن صعب، المصدر السابق، صفحة ١٦١.

والدكتور فؤاد شباط، المصدر السابق، صفحة ٢٤٢.

(٢) انظر النص:

G.E.do Nascimento eSilva, op. cit, p. ٢٠٦.

(٣) انظر النص المذكور:

D.P. O'connell, op. cit. p. ٩٠٦.

Philippe Cahier, op. cit. p. ٤٦٥.

ذهب الرأي الأول إلى أن المبعوث الدبلوماسي يتمتع بالحصانة القضائية منذ الوقت الذي يكتسب فيه الصفة الدبلوماسية إذا كان موجوداً في إقليم الدولة المستقبلة. وقد أخذت بالرأي هذه المادة (١٦) من مشروع اتفاقية جامعة هارفرد لسنة ١٩٣٢ التي نصت على ما يلي: " ... وفي حالة كونه موجوداً فعلا في إقليم الدولة المستقبلة فإن حصانته تبدأ من تاريخ اكتسابه صفة العضوية في الممثلية"[١].

إن الرأي هذا حدد بدأ الحصانة القضائية بالوقت الذي يكتسب فيه الشخص الصفة الدبلوماسية. وهنا تظهر مشكلة في أي وقت يكتسب مثل هذا الشخص الصفة الدبلوماسية، هل يكتسبها بصدور أمر تعيينه من قبل دولته؟ أو منذ تبلغه هو بالتعيين؟ أو منذ تبلغ وزير خارجية الدولة المستقبلة بأمر تعيينه؟

لا شك أن الرأي المذكور سوف يؤدي على اختلاف التطبيقات العملية بخصوص الوقت الذي تبدأ فيه الحصانة القضائية.

وذهب رأي آخر إلى أن المبعوث الدبلوماسي يتمتع بالحصانة القضائية منذ اللحظة التي توافق فيها حكومة الدولة المستقبلة على قبول اعتماده في دولتها.[٢]

وقد انتقد الرأي المذكور من حيث كونه يؤدي إلى تعديله شرط قبول التعيين المقرر في تعيين رئيس البعثة الدبلوماسية على سائر الأعضاء،[٣] وهو أمر لم تأخذ به اتفاقية فينا بالنسبة لقبول أعضاء البعثة.

أما الرأي الراجح فقد ذهب إلى أن المبعوث الدبلوماسي يتمتع بالحصانة القضائية منذ الوقت الذي تبلغ فيه وزارة الخارجية الدولة المستقبلة بقرار تعيينه[٤]، وأيدت هذا الرأي الحكومة الرومانية[٥].

---

(١) انظر المادة بالانكليزية على ما يلي:
" ... if the person is already with the territory of the receiving state as from the time of this becoming such a member".

انظر:

Philippe Cahier, op. cit. p. ٤٦٥.

(٢)Sir Cecil hurst, op. cit. p. ٢٣٨. B. Sen, op. cit. p ١٦٧.

(٣) الدكتور عبد الحسين القطيفي، المصدر السابق، صفحة ٨٤.
الدكتور فؤاد شباط، المصدر السابق، صفحة ٣٤٣.

(٤)George Schwarzenberge, op. cit. p. ١٠١.

(٥) في عام ١٩٤٧ بدأت السلطات السويسرية التحقيق مع شخص روماني يدعى Vit. وفي عام ١٩٤٨/٦/١٨ أبلغت المفوضية الرومانية وزارة الخارجية السويسرية تعيينه مستشاراً في العاصمة السويسرية، وقد رفضت وزارة الخارجية السويسرية قبول تعيينه، وفي اليوم التالي أعتقل وحوكم وصدر حكم عليه من محكمة الجنايات الاتحادية وبعد انتهاء محكوميته أبعد من سويسرا وقد احتجت المفروضية الرومانية في ٤٨/٧/١٥ بالاستناد إلى أن الحصانة

وقد رفض هذا الرأي من قبل محكمة استئناف بريطانيا[1]. وبعض الكتاب[2]، لأن الدولة المرسلة قد تسيء استعماله من أجل حماية أحد رعاياها في الخارج من قبضة القضاء عند انكشاف أمره عن طريق إعلام وزارة خارجية الدولة التي يقيم فيها بتعيينه، وعلى ذلك فإن هذا الرأي يقوم على أساس فكرة سوء النية، وبالتالي إساءة استعمال الحق مما يؤدي إلى إبطال قرار التعيين بأثر رجعي.

ورغم الانتقادات التي وجهت للرأي المذكور فقد أخذت به اتفاقية فينا للعلاقات الدبلوماسية، فقد نصت الفقرة الأولى من المادة (٣٩) من الاتفاقية على ما يلي: ... أو منذ إعلان تعيينه إلى وزارة الخارجية أو أية وزارة أخرى قد يتفق عليها إن كان موجوداً في إقليمها"[3].

واستناداً لاتفاقية فينا للعلاقات الدبلوماسية فإن الشخص الموجود في إقليم الدولة المستقبلة يتمتع بالحصانة القضائية منذ اللحظة التي تتسلم فيها وزارة الخارجية قرار تعيينه بوظيفة دبلوماسية في البعثة الموجودة في إقليمها.

ولا يشمل هذا النص رئيس البعثة الدبلوماسية، لأن تعيينه في الدولة المستقبلة لا يتم إلا بعد موافقتها على اعتماده، فإذا كان الشخص موجوداً في إقليم الدولة المستقبلة وصدر قرار تعيينه فإنه لا يتمتع بالحصانة القضائية إلا بعد موافقتها على تعيينه وهو بذلك يختلف عن بقية أعضاء البعثة الذي يتمتعون بالحصانة منذ اللحظة التي تتسلم فيها وزارة الخارجية الدولة المستقبلة قرار تعيينه، وسبب هذا التمييز هو أن وزارة خارجية

القضائية تبدأ منذ إبلاغ التعيين بينما اصرت الحكومة السويسرية على ان الحصانة لا تبدأ إلا منذ تاريخ موافقة الدولة المستقبلة على التعيين.

مشار اليه في

Paul Guggenheim. Ka Palidite et al Nullite des Actes Juridiues R.C.A.D.I. ١٩٤٩ No. ٧٤. p ٧٤ No I.

(١) انظر قرار محكمة استئناف بريطانيا عام ١٨٩١ في قضية Laurence Cleote، حيث نصت على أن التعيين الذي يتم بسوء نية بقصد عدم اخفاء الشخص المدين لذوي دائنيه لا يمنح حقاً في التمتع بالامتيازات والحصانات الدبلوماسية.

الدكتور عبد الحسين القطيفي، المصدر السابق، صفحة ٨٣ هامش (٢).

Clifton E. Wilson, op. cit p. ٤٢.

(٢) الدكتور عبد الحسين القطيفي، المصدر السابق، صفحة ٨٣.

(٣) نصت الفقرة المذكورة بالفرنسية على ما يلي:

"... Si elle setrouve deja sur ce territoire, des que sa nomination a ete notifiee au Ministere des Affaires etrangeres ou a tel aitre minstere don't aura ete convenu".

وقد أخذت اتفاقية البعثات الخاصة بالنص نفسه حيث نصت الفقرة الأولى من المادة (٤٣) على ما يلي:

" ... أو منذ إعلان تعيينه لوزارة الخارجية لولاية هيئة أخرى من هيئات الدولة المستقبلة قد يتفق عليها أن كان موجوداً في إقليمها ".

الدولة المستقبلة قد ترفض تعيينه في حين أنها لا ترفض تعيين المبعوث الدبلوماسي[١]، وإن كان لها حق طرده باعتباره شخصاً غير مرغوب فيه[٢].

ولا تعتبر قاعدة تبليغ أمر تعيينه على وزير خارجية الدولة المستقبلة من النظام العام فقد أجازت اتفاقية فينا الاتفاق على خلاف ذلك، فيجوز تبلغ أمر تعيينه إلى وزارة أخرى كرئيس الوزراء أو وزير الدولة للشؤون الخارجية أو وزير الداخلية وغيرها من الوزارات التي يتم الاتفاق عليها بين الدولتين.

وأرى أن عبارة " .. أو أية وزارة أخرى قد يتفق عليها ..." زائدة ولا فائدة منها للأسباب التالية:

أولا – إن وزارة الخارجية في الغالب التي تمثل الدولة في علاقاتها الدولية.

ثانيا – إن حالة تعيين الشخص بوظيفة دبلوماسية وهو مقيم في الدولة المستقبلة من الحالات النادرة في التطبيق العملي والتي لا تدفع الدول إلى الاتفاق مقدماً على تبليغ وزارة أخرى غير وزارة الخارجية في حالة تعيين مثل هذا الشخص مبعوثاً دبلوماسياً في دولتها، لما يتطلبه هذا الاتفاق من إجراءات.

ثالثاً – إن عدم وجود مثل هذه العبارة لا يمنع الدول من الاتفاق على تعيين وزارة أخرى غير وزارة الخارجية.

وعلى ذلك اقترح أن تكون الفقرة بالشكل التالي: ".. أو منذ تبليغ أمر تعيينه إلى حكومة الدولة المستقبلة، إن كان موجوداً في إقليمها ".

وسواء أكان الشخص الذي عين بوظيفة دبلوماسية موجوداً في دولته، أو كان في إقليم الدولة التي عين فيها فإنه يتمتع بالحصانة القضائية طيلة المدة التي يبقى فيها شاغلاً لمنصبه سواء أكان يقوم فعلاً أم كان متوقفاً لمرض أو إجازة أو غير ذلك.

وهو يتمتع بالحصانة القضائية في الدولة المستقبلة وإن عاد على دولته أو سافر إلى دولة أخرى لقضاء أعمالٍ رسمية أو خاصة ما دام أمر سحبه لم يبلغ إلى وزارة خارجية الدولة المستقبلة.

أما الوقت الذي تنتهي فيه الحصانة القضائية فقد خصص له المطلب الآتي:

---

(١) انظر المادة الرابعة من اتفاقية فينا للعلاقات الدبلوماسية السابق الإشارة إليها.

(٢) انظر المادة التاسعة من اتفاقية فينا للعلاقات الدبلوماسية السابق الإشارة إليها.

المطلب الثاني: وقت انتهاء الحصانة القضائية

تنتهي مهمة رئيس البعثة الدبلوماسية عادة بانتهاء المدة المحددة في أوراق اعتماده وتنتهي مهمة بقية أعضاء البعثة بتنفيذ مهمته أو المدة المحددة في أوراق تعيينه المبلغة إلى وزارة الخارجية للدولة المستقبلة، طبقاً لمقتضيات العمل والصالح العام وحسب الأنظمة النافذة[1].

وبعد انتهاء مهمة المبعوث الدبلوماسي عليه الرجوع إلى دولته، أو الذهاب إلى دولة أخرى للعمل فيها، وهنا يثور التساؤل عن الوقت الذي تنتهي فيه الحصانة القضائية، فهل تنتهي حصانته في الأحوال الاعتيادية عند انتهاء الفترة المحددة له؟ أو منذ وقت صدور قرار حكومته بسحبه من البعثة؟ أو منذ نقله إلى دولة أخرى؟ أو منذ إعلان هذا القرار إلى وزارة خارجية الدولة المستقبلة؟ أو منذ مغادرته بصورة فعلية أراضي تلك الدولة؟

ذهب رأي إلى أن الحصانة القضائية تنتهي بانتهاء مهمة المبعوث الدبلوماسي عند تقديم أوراق استدعائه إلى وزارة خارجية الدولة المستقبلة[2]، وقد أيدت هذا الحكومة الفنزويلية في عام ١٩٠٧[3].

إن هذا الرأي هذا يعني أن المبعوث الدبلوماسي لا يتمتع بالحصانة القضائية خلال فترة وجوده في الدولة المستقبلة منذ تقديم أوراق استدعائه إلى حين مغادرته أراضيها، وهو قد يؤدي إلى احتمال قيام سلطات الدولة المستقبلة بتلفيق التهم الباطلة ضده من أجل الإساءة إليه أو لدولته.

---

(١) لم تحدد اتفاقية فينا للعلاقات الدبلوماسية فترة محددة لعمل المبعوث الدبلوماسي في الدولة المستقبلة أنما أوجبت أشعار الدولة المستقبلة بإنهاء خدمته فقد نصت المادة العاشرة على ما يلي: ١- تعيين أفراد البعثة ووصولهم ومغادرتهم النهائية أو إنهاء خدمتهم في البعثة ...." وقد ترك تحديد هذه الفترة إلى رغبة الدول. فقد نصت المادة (٣) من نظام الخدمة الخارجية رقم (٣٢) لسنة ١٩٧٦ على "مدة الخدمة في كل من المنطقتين الأولى والثانية ٣ سنوات وفي المنطقة الثالثة سنتان" أما في الأحوال غير الاعتيادية فإن المهمة تنتهي في الحالات التالية:

١- بتصريح الدولة بأن المبعوث الدبلوماسي غير مرغوب به.
٢- قطع العلاقات الدبلوماسية بين الدولتين أو وقفها.
٣- نشوب حرب بين الدولتين.
٤- انقضاء الشخصية القانونية لإحدى الدولتين.
٥- وفاة المبعوث الدبلوماسي.
٦- استقالة المبعوث الدبلوماسي.

لجوء الدبلوماسي للدولة المستقبلة أو لدولة أخرى. انظر:

Jean Spiropoulos, op. cit. p. ٢١٠.

Margaret Buckly, op. cit. p. ٣٦٠.

والدكتور كمال أنور محمد، المصدر السابق، صفحة ٦٩.

(٢) الاستاذ أحمد عبد المجيد، المصدر السابق، صفحة ٩٦.

(٣)D.P. O'connell, op. cit. p. ٩٠٧.

يضاف لذلك أن المبعوث الدبلوماسي يتمتع بالحصانة القضائية بالنظر لصفته الدبلوماسية فإذا عاد إلى دولته عبر أراضي دولة ثالثة فإنه يتمتع بالحصانة القضائية في هذه الدولة منذ دخوله أراضيها إلى حين خروجه منها وليس من العدل تمتعه بالحصانة في أراضي هذه الدولة ولا يتمتع بها في الدولة التي كان يعمل فيها منذ إعلان أوراق استدعائه.

ولهذا فقد ذهب أغلب الكتاب[1] إلى أن الحصانة القضائية التي يتمتع بها المبعوث الدبلوماسي لا تنتهي بانتهاء أعماله أو تبليغ أوراق استدعائه إلى وزير خارجية الدولة المستقبلة، بل تستمر هذه الحصانة إلى فترة معقولة يستطيع بموجبها إكمال أعماله الرسمية والخاصة قبل مغادرته الدولة المستقبلة.

وإذا أطال إقامته بعد ذلك بلا مبرر سقطت عنه هذه الحصانة وأصبح كأي أجنبي آخر بما في ذلك خضوعه لاختصاص محاكم الدولة المستقبلة عن الأعمال التي يرتكبها بعد انتهاء تلك الفترة المعقولة[2].

وقد أخذت بذلك اتفاقية هافانا لعام ١٩٢٨ فنصت المادة (٢٢) منها على ما يلي: "... تستمر الحصانة خلال الفترة التي تعطل فيها أعمال البعثة وإلى فترة زمنية ضرورية لانسحاب المبعوث الدبلوماسي مع بعثته"[3].

---

(١)Sir Ernest Satow, op. cit p. ١٨٨.
B. Sen, op. cit. p. ١٦٨.
D.P. O'connell, op. cit. p. ٩٠٧.
Lenorard V.B. Sutton, op. cit. p. ١١١.
Jean Spiropouls, op. cit. p. ٢٥.
L. G. Green, op. cit.
Georg Schwarzenberger, op. cit. p. ١٠١.
Michael Hardy, op. cit. p. ٨٠.
R. Papini et G. Cortesem op. cit. p. ١٥٨.
Wesley L. Gould, op. cit. p. ٢٧٥.
وقد أخذت بالمدة المعقولة a reasonble time المحاكم البريطانية في قضية Magdalena Steam Navigation Co. V. عام ١٨٥٩ وقضية Musurus Bey V. Gadbon عام ١٩١٨ وقضية The Tervate, Bankes عام ١٩٢٢ وأصبحت قاعدة مطبقة إلى الوقت الحاضر.
Margaret Puckley, op. cit. p. ٣٦١.

(٢) الدكتور علي صادق أبو هيف، المصدر السابق، صفحة ٢٢٣.

(٣) انظر النص المذكور:
G.E. do Nascimento e Sliva, op. cit. p. ٣٦.
Charles G. Ferwick, op. cit. p. ٤٧٠ No ٤٥.

وأخذت بذلك أيضاً مشروع اتفاقية جامعة هارفرد عام ١٩٣٢ فنصت المادة (٢٩) منه على ما يلي: "عندما تنتهي مهمات أحد أعضاء البعثة الدبلوماسية في الدولة المستقبلة، تستمر الحصانة المنصوص عليها في هذه الاتفاقية بالنسبة له ولأفراد عائلته إلى الوقت المعقول الذي يستطيع بموجبه أن يترك أراضي الدولة المستقبلة[١]".

وقد تبنت اتفاقية فينا للعلاقات لعام ١٩٦١ الاتجاه هذا فنصت الفقرة الثانية من المادة (٣٩) منها على ما يلي: "تنتهي عادة امتيازات وحصانات كل شخص انتهت مهمته بمغادرة البلاد أو بعد انقضاء فترة معقولة من الزمن تمنح له بهذا الغرض، ولكنها تظل قائمة على ذلك الوقت حتى في حالة وجود نزاع مسلح ..."[٢].

وعلى ذلك تنتهي حصانة المبعوث الدبلوماسي بموجب اتفاقية فينا للعلاقات الدبلوماسية في الحالات التالية[٣].

أولاً – مغادرة المبعوث أراضي الدولة المستقبلة بعد تبليغ أوراق استدعائه إلى وزارة خارجيتها. ويعتبر في حكم مغادرة أراضي الدولة المستقبلة إذا بلغت أوراق استدعائه إلى وزارة الخارجية وهو موجود خارج إقليم الدولة المستقبلة سواء أكان في دولته أم في دولة أخرى.

ثانيا – انقضاء فترة معقولة من الزمن بعد تبليغ أوراق استدعائه إلى وزارة الخارجية للدولة المستقبلة إذا لم يغادر أراضيها مباشرة.

ولم يرد نص في اتفاقية فينا يحدد الجهة التي يحق لها تقرير ذلك، فإذا قيل إن وزير خارجية الدولة المستقبلة هو الذي يحدد هذه الفترة كما هو متبع في الوقت الحاضر، فإن قراره لا يخلو من تدخل اعتبارات سياسية، وإذا قيل إن المحاكم الوطنية هي التي تقرر هذه الفترة باعتبارها مسألة موضوعية تخضع لقاضي الموضوع فإن ذلك يتطلب خضوع المبعوث الدبلوماسي لإجراءات التقاضي، وهو أمر يمس حصانته القضائية، وإذا أنيطت مهمة تحديد الفترة المعقولة إلى رئيس بعثة المبعوث الدبلوماسي، فإن رئيس البعثة سوف يطيل منها بهدف عدم خضوع المبعوث الدبلوماسي للاختصاص القضائي المحلي. وماذا سيكون الحكم فيما لو تعلقت القضية لرئيس البعثة نفسه؟

---

(١) انظر النص المذكور:

Philippe Cahier, op. cit. p. ٤٦٨.

(٢) نصت الفقرة المذكورة بالفرنسية على ما يلي:

"Lorsque les les fonctions d'un personne beneficiant des provoleges et immunites prennent fin, ces pricileges et immunites cessent normalment au moment au cette personne quitte le pays, ou a l'expiratio d'un delai raisonnable qui aura ete accorde a cette a cette fin, mais ils subistent jusque a ce moment, mwmw en cas de conflit arme".

(٣) وقد أخذت اتفاقية البعثات الخاصة لعام ١٩٦٩ بالنص المذكور فنصت الفقرة الثانية من المادة (٤٣) منها على ما يلي: "متى انتهت وظائف أحد أعضاء البعثة الخاصة تنتهي امتيازاته وحصاناته في الأحوال العادية بمغادرة إقليم الدولة المستقبلة، أو بعد انقضاء فترة معقولة من الزمن تمنح له لهذا الغرض ولكنها تظل قائمة إلى ذلك الحين، حتى في حالة وجود نزاع مسلح".

ولم تحدد اتفاقية فينا واتفاقية البعثات الخاصة الفترة المعقولة، إنما تركت تقدير ذلك لظروف كل حالة على حدة.

وفي الأحوال الاعتيادية حددت الفترة المعقولة من قبل المحاكم البريطانية بمدة شهرين[١] أو شهر واحد[٢]. وحددتها المحاكم الفرنسية بعشرين يوما[٣]، وحددتها المحاكم الأمريكية بخمسة أشهر[٤].

أما بالنسبة للأحوال غير الاعتيادية، فقد اختلفت الدول أيضاً حيال تحديد الفترة المعقولة. فقد حددتها سويسرا مثلاً بمدة ثلاثة أيام حين أمهلت البعثة الألمانية عند قطع العلاقات بينها في عام ١٩٤٥ واعتبرت امتيازاتها وحصاناتها منتهية بعد انتهاء هذه الفترة[٥].

وحددتها الجمهورية العربية المتحدة بين أربعة إلى ثمانية أسابيع أثناء الوحدة بين مصر وسوريا. حيث طلبت من موظفي البعثات الدبلوماسية في سوريا تصفية أعمالهم خلال هذه الفترة[٦].

ويجب أن لا يبالغ بالفترة المعقولة بحيث تزيد عن الوقت المناسب لمغادرة المبعوث الدبلوماسي أراضي الدولة المستقبلة[٧].

وإذا كانت الفترة المعقولة غير كافية لمغادرة المبعوث الدبلوماسي لظروف طارئة فإن على الدولة المستقبلة أن تزيد هذه الفترة حتى يتمكن من مغادرة أرضيها[٨].

---

(١) في عام ١٨٩٤ ذهبت إحدى المحاكم البريطانية في قضية Musurus Bey V. Gadban على أن السفير التركي يتمتع بالحصانة القضائية بعد فترة معقولة من انتهاء مهمته وحددت هذه الفترة بعشرين يوما. B. Sen, op. cit. p. ١٦٨.

(٢) انظر قضية Re Suarez عام ١٩١٨.

R.G. Jone. Termination of Diplomatic Immyunity
B.Y.B.I.L. No. ٢٥. ١٩٤٨, p ٢٦٤.

(٣) انظر قرار محكمة باريس الصادر في ٩ نيسان ١٩٥٢.

Louis Cavare, op. cit. p. ٢٧. No. ٢٠.

(٤) انظر في ذلك: B. Sen, op. cit p. ١٦٩.

(٥)Philippe Cahier, op. cit. p. ٣٢١.

(٦) الدكتور عبد الحسين القطيفي، المصدر السابق، صفحة ٨٤.

(٧) في عام ١٩٣٠ رفضت إحدى المحاكم الهولندية الدفع بالحصانة القضائية من قبل مبعوث دبلوماسي في دعوى رفعت بعد مرور سنتين من انتهاء أعماله لأن هذه المدة في رأي المحكمة تزيد على الفترة المعقولة.
انظر الدكتورة عائشة راتب، المصدر السابق، صفحة ١٧٠.

(٨) في خلال الحرب العالمية الثانية سمحت البرازيل تأجيل مغادرة السفيرين الالماني والايطالي بعد قطع العلاقات الدبلوماسية بينها وبين دول المحور، لأن المدة الممنوحة لهما لم تكف لمغادرة الأراضي البرازيلية.
أنظر الدكتورة عائشة راتب، المصدر السابق، صفحة ١٧٠.

أما في العراق فلم ينص قانون امتيازات الممثلين السياسيين رقم (٤) لسنة ١٩٣٥ على الفترة المعقولة. وقد حددت هذه الفترة في الأحوال غير الاعتيادية بمدة أسبوع واحد[1]، وبمدة يومين بحسب الظروف[2].

والرأي الذي أجده مناسباً هو أن يترك تحديد الفترة المعقولة إلى ظروف كل قضية على حدة، على أن يؤخذ عند تقدير الفترة المعقولة، الفترة المناسبة التي يستطيع المبعوث الدبلوماسي خلالها تصفيه أعماله الرسمية والخاصة، وتوافر وسائط النقل التي تنقله من مقر عمله بعد انتهاء مهمته، على أن لا تقل هذه الفترة بأي حال من الأحوال عن ثلاثة أيام.

وأرى إناطة تحديد الفترة المعقولة وظروف كل قضية إلى وزير خارجية الدولة المستقبلة على أن يكون لرئيس البعثة حق تمديدها إذا وجد أنها غير كافية، بقطع النظر عن السبب الذي انتهت بموجبه مهمة المبعوث الدبلوماسي، سواء لانتهاء فترة أعماله أو لقيام الحرب بين الدولتين، أو لقطع العلاقات الدبلوماسية بينهما، أو لاستقالته من الخدمة أو وفاته.

ولا يتمتع أفراد أسرة المبعوث بالفترة المعقولة إلا في حالة وفاة المبعوث الدبلوماسي. وقد نصت على ذلك الفقرة (٣) من المادة (٣٩) من اتفاقية فينا للعلاقات الدبلوماسية بقولها: "يستمر أفراد أسرة المتوفى من أفراد البعثة في التمتع بالامتيازات والحصانات التي يستحقونها حتى انقضاء فترة معقولة من الزمن ممنوحة لمغادرة البلاد[3]".

---

(١) حددت الحكومة العراقية الفترة المعقولة بمدة أسبوع واحد عندما طلبت مغادرة السكرتير الثالث في احدى السفارات في بغداد فقد جاء في البيان الذي أصدرته وزارة الخارجية "اعتبار السكرتير الثالث في سفارة (-) شخصا غير مرغوب فيه وتطلب مغادرته العراق خلال مدة اسبوع اعتبارا من موعد عودته من أجازته التي يقضيها خارج العراق".

انظر مذكرة وزارة الخارجية المرقمة ١٠١٧٠٨/٦/٨١/١١ في ١٩٧٨/٧/٤ ويرى بعض الكتاب ان المبعوث الدبلوماسي لا يتمتع بالفترة المعقولة إذا تقرر سحبه وهو في دولته لانتفاء الغاية منها:

Wesley L. Gould, op cit. p. ٢٧٥.

(٢) وقد حددت الحكومة العراقية الفترة المعقولة بمدة يومين عندما طلبت مغادرة مستشار احدى السفارات في بغداد. فقد جاء بالبيان الذي أصدرته وزارة الخارجية ما يلي: "اعتبار مستشار السفارة (-) شخصا غير مرغوب فيه ... ونطلب مغادرته خلال ٤٨ ساعة".

انظر مذكرة وزارة الخارجية المرقمة ١٠٣٣٣١/٩٠/١١ في ١٩٧٨/٩/٢١.

(٣) نصت الفقرة (٣) من المادة (٤٠) من اتفاقية فينا باللغة الفرنسية

"En cas de deces d'un member dp la mission, les membres de sa famille continuent de jouir des privileges et immunites don't ils beneficient jusqu a l'expiration d'un delai raisonnable leur permettant de quitter le territoire de l'Etate accreditaire".

ونصت الفقرة المذكورة بالانكليزية

"In case of the death of a member of the mission, the member of his family shall continue to enjoy the privileges and immunities to which they are cntitled until expiry of reasonablo period to leave the country."

ويلاحظ ان النص المعرب جاء بصورة غير دقيقة، ويقتضي ان يكون على الشكل التالي: "في حالة وفاة عضو البعثة الدبلوماسية فإن أفراد عائلته يتمتعون بالامتيازات والحصانات المخولين بها حتى انقضاء فترة معقولة لمغادرة القطر".

وقد أخذت اتفاقية البعثات الخاصة بمضمون النص المذكور[1].

ويتمتع أفراد أسرة المبعوث الدبلوماسي بالحصانة القضائية خلال الفترة المعقولة طبقاً لاتفاقيتي فينا والبعثات الخاصة إذا توافر الشرطان التاليان:

الشرط الأول: أن يتوفى المبعوث الدبلوماسي أثناء تمتعه بالحصانة القضائية أما إذا انتهت صفته الدبلوماسية لأسباب أخرى غير الوفاة فإن أفراد أسرة المبعوث الدبلوماسي لا يتمتعون بالحصانة القضائية خلال هذه الفترة، وهذا يعني أن هؤلاء لا يتمتعون بالحصانة القضائية التي يتمتع بها المبعوث الدبلوماسي خلال الفترة المعقولة. لأن المادة (٣٧) من اتفاقية فينا حددت تمتعهم بالحصانة التي يتمتع بها المبعوث الدبلوماسي في المواد (٢٩ إلى ٣٦) على تمتعهم خلال الفترة المعقولة وفي حالة واحدة، هي حالة وفاة المبعوث الدبلوماسي.

كذلك الأمر بالنسبة لاتفاقية البعثات الخاصة، حيث حددت الفقرة الأولى من المادة (٣٩) تمتع أفراد أسرة المبعوث الدبلوماسي بالحصانة القضائية التي يتمتع بها رئيس الأسرة الواردة في المواد (٢٩ إلى ٣٥) وأن المادة الخاصة بتمتع المبعوث الدبلوماسي خلال الفترة المعقولة تقع خارج المواد المشار إليها. ولهذا جاءت اتفاقية البعثات الخاصة لتؤكد تمتعهم في حالة واحدة هي حالة وفاة المبعوث الدبلوماسي.

الشرط الأول: أن تحدد الفترة المعقولة بالمدة اللازمة لتصفية أعمال وتركه مورثهم. أما الأعمال الخاصة بهم فإنهم لا يتمتعون بموجبها بالفترة المعقولة. سواء أثناء حياة المبعوث الدبلوماسي أو بعد وفاته.

إن منح أفراد أسرة المبعوث الدبلوماسي "الفترة المعقولة" بعد وفاة رئيس الأسرة، إنما هو لتصفية أعماله، حيث يحتاج هؤلاء إلى فترة معينة يتمكنون خلالها من اتخاذ الإجراءات اللازمة لذلك، لأن هذه الفترة كانت مخصصة بالأصل للمبعوث الدبلوماسي لتصفية أعماله، وانتقلت إلى أفراد أسرته بعد وفاته، غير أن نص الفقرة (٣) من المادة (٣٩) من الاتفاقية لم يكن محققاً للغرض المذكور، وكان ينبغي أن يكون على الشكل التالي: " يستمر أفراد أسرة المتوفى من أفراد البعثة في التمتع بالامتيازات والحصانات التي يستحقونها حتى انقضاء فترة معقولة لتصفية أعماله"، وبذلك تنسجم هذه الفقرة مع

(١) نصت الفقرة (٣) من المادة (٤٣) من اتفاقية البعثات الخاصة على ما يلي: "إذا توفي أحد أعضاء البعثة الخاصة يستمر أفراد اسرته في التمتع بالامتيازات والحصانات التي تحق لهم حتى انقضاء فترة معقولة من الزمن تسمح لهم بمغادرة إقليم الدولة المستقبلة".

الفقرة اللاحقة لها والخاصة بتصفية أموال عضو البعثة الدبلوماسية[١]، كما أنها تحل التناقض القائم بين عدم تمتعهم بالحصانة خلال الفترة المعقولة اثناء حياة المبعوث الدبلوماسي وبين تمتعهم بها بعد وفاته.

وإذا انتهت الفترة المعقولة سواء بالنسبة للمبعوث الدبلوماسي أم لأفراد عائلته بعد وفاته، فإن أي منهم يصبح كأي أجنبي آخر يخضع لاختصاص المحاكم الوطنية عن الأفعال والتصرفات التي تصدر عنه بعد انتهاء تلك الفترة.

وإذا خضع المبعوث الدبلوماسي أو أفراد عائلته لاختصاص محاكم الدولة المستقبلة بعد انتهاء الفترة المعقولة فهل تجوز مقاضاتهم عن الأفعال والتصرفات التي صدرت عنهم أثناء تمتعهم بالحصانة القضائية؟

إن الأمر محل خلاف وهو ما سنتناوله في المطلب التالي.

المطلب الثالث: مدى الحصانة القضائية بعد زوال الصفة الدبلوماسية

إذا انتهت الفترة المعقولة وارتأى المبعوث الدبلوماسي البقاء في الدولة المستقبلة لأجل الراحة أو الاستشفاء أو الدراسة أو الإقامة فيها بصورة دائمة أو لأي غرض كان، فإنه يصبح في هذه الحالة كأي أجنبي يخضع لاختصاص محاكم الدولة المستقبلة عن جميع الأفعال والتصرفات التي تصدر منه بعد انتهاء الفترة المعقولة.

وإذا خضع مثل هذا الشخص لاختصاص محاكم الدولة المستقبلة فهل تجوز مقاضاته عن الأفعال والتصرفات التي صدرت عنه أثناء تمتعه بالحصانة القضائية؟

لقد اختلفت الآراء في هذا الصدد، فذهب رأي بأنه لا يوجد مانع من مقاضاة المبعوث الدبلوماسي بعد انقضاء الفترة المعقولة عن الأفعال والتصرفات التي صدرت عنه أثناء تمتعه بالحصانة القضائية[٢].

وسبق القول أن منح الحصانة القضائية للمبعوث الدبلوماسي يقوم على أساس ضمان أداء أعماله بصورة صحيحة بوصفه ممثلاً لدولته. وحيث إن إحالته على محاكم الدولة المستقبلة بعد انتهاء الفترة المعقولة لا يؤثر على أعمال البعثة الدبلوماسية لأنه لا

(١) نصت الفقرة (٤) من المادة (٣٩) من اتفاقية فينا على ما يلي: "تسمح الدولة المعتمد لديها أن توفي أحد أفراد البعثة ولم يكن من مواطنيها أو المقيمين فيها إقامة دائمة أو توفي أحد أفراد أسرته من أهل بيته، بسحب أموال المتوفى المنقولة باستثناء أية أموال يكون قد اكتسبها في البلاد ويكون تصديرها محظوراً في وقت وفاته، ولا يجوز اعفاء ضرائب التركات على الأموال المنقولة التي تكون موجودة في الدولة المعتمد لديها لمجرد وجود المتوفى فيها بوصفه أحد أفراد البعثة أو أحد افراد أسرته".

(٢)D.P. O'Connell, op. cit. p. ٩٠٨.

وقد أخذت بذلك إحدى المحاكم الامريكية في قرارها الصادر عام ١٩٢٤ في قضية Salm, V. Frazer انظر المصدر المذكور هامش ٧٩.

يزاول أعماله فيها كما لا يثير اعتراض دولته لأنه يمثلها بعد انتهاء هذه الفترة، ولهذا فإن إحالته على محاكم الدولة المستقبلة عن الأفعال الصادرة عنه أثناء تمتعه بالحصانة القضائية قد يبدو في الظاهر منطقياً. غير أنه ينطوي على مخالفة لقواعد العدالة. لأن بعض تصرفاته وأعماله صدرت عنه لصالح دولته وليس من العدل أن يتحمل مسؤولية هذه الأعمال التي لا علاقة له بها شخصياً.

ولهذا ميز رأي آخر بين الأعمال الرسمية والأعمال الخاصة فرأى أن الحصانة السابقة تغطي الأعمال الرسمية التي سبق له القيام بها، ويعفى المبعوث الدبلوماسي من المسؤولية إذا ثبت أن العمل قد تم بصفته الرسمية داخل نطاق وظائفه الدبلوماسية، أو تنفيذا لأوامر حكومته، أو صادقت دولته عليها[1]، وقد أخذت بذلك المادة (١٤) من مشروع جمعية القانون الدولي في اجتماع كمبردج لسنة ١٨٩٥[2].

غير إن الرأي هذا منتقد أيضاً من جهة أنه من الصعوبة وضع حدٍ فاصلٍ بين الأعمال الرسمية والأعمال الخاصة، خاصة إذا مضت عليها مدة طويلة.

وفي حالة الافتراض بإمكان التمييز بين الأعمال الرسمية والأعمال الخاصة فإنه من غير العدل محاكمته عن الأعمال الخاصة في الوقت الذي كان يتمتع بموجبها بالحصانة القضائية.

وذهب رأي ثالث إلى عدم جواز رفع الدعوى على المبعوث الدبلوماسي بعد انتهاء مهمته عن القضايا الناشئة أثناء تمتعه بالحصانة القضائية، حتى في حالة زوال

---

(١)Michael Akehurst, op. cit. p. ١٤٣.

وقضت الحاكم الفرنسية باختصاصها بنظر الدعوى التي تقام على المبعوث الدبلوماسي بعد انتهاء أعماله. ففي قضية Laprdix et Peuquer V. Kousouboff et Berlin.

قررت محكمة استئناف باريس اختصاصها بنظر قضية رفعت ضد السكرتير السابق للسفارة الأمريكية في باريس عن الأضرار التي لحقت بالمدعين من جراء حادث دهس في عام ١٩٢٣ وقبل انتهاء اعماله بشهر واحد. وذهبت المحكمة إلى عدم امتداد الحصانة بعد انتهاء عمل المبعوث وإلا كان معنى ذلك تمتعه بالحصانة المطلقة.

وقاد ذلك إلى محاولات عديدة ترمي إلى عدم مد الحصانة إلى الأعمال غير الرسمية. انظر المادة ١٦ من مشروع الحصانات الدبلوماسية الذي قام به معهد القانون الدولي في نيويورك عام ١٩١٩ والمواد ٢٠ و ٢٢ من اتفاقية هافانا ١٩٢٩ والتقرير الذي قدمه الوفد الامريكي لهذا المؤتمر عام ١٩٢٨ صفحة ٧ - ٢. انظر الدكتورة عائشة راتب، المصدر السابق، صفحة ١٧١.

(٢) نصت المادة (١٤) من المشروع: تستمر الحصانة بعد انتهاء المهام الدبلوماسية بالنسبة للأفعال المتصلة بممارسة هذه المهام. أما بالنسبة للأفعال غير المتصلة بها فلا يمكن الاحتجاج بالحصانة إلا خلال تولي المهام المذكورة".

انظر الدكتور علي صادق أبو هيف، المصدر السابق، صفحة ٢٢٥.

الصفة الدبلوماسية عنه[1]، أو وفاته أثناء الخدمة[2]. وقد أخذت بهذا الاتجاه وزارة الخارجية العراقية[3].

وقد أخذت اتفاقية فينا للعلاقات الدبلوماسية لعام ١٩٦١ بالرأي الأخير، إذ نصت الجملة الأخيرة من الفقرة (٢) من المادة (٣٩) على ما يلي: " ... وتستمر الحصانة قائمة مع ذلك بالنسبة إلى الأعمال التي يقوم بها الشخص أثناء أداء وظيفته بوصفه أحد أفراد البعثة"[4] وهو ما أخذت به اتفاقية البعثات الخاصة لعام ١٩٦٩.[5]

وعلى ذلك فلا يجوز رفع الدعوى على المبعوث الدبلوماسي بعد انتهاء مهمته عن القضايا التي حدثت أثناء ممارسته الخدمة الدبلوماسية والتي كان يتمتع بموجبها بالحصانة القضائية، سواء تعلقت هذه الدعاوي بأعماله الرسمية أو أعماله الخاصة، وسواء حصلت أثناء ممارسته أعماله الدبلوماسية بصورة فعلية أو أثناء الفترة المعقولة.

أما بالنسبة لأفراد عائلة المبعوث الدبلوماسي، فإن اتفاقية فينا للعلاقات الدبلوماسية لم تنص على تمتعهم بالحصانة القضائية بعد انتهاء الفترة المعقولة عن القضايا التي حدثت أثناء تمتعهم بالحصانة القضائية، كما أنهم لا يستفيدون من الحصانة التي يتمتع بها المبعوث الدبلوماسي، لأن المادة (٣٧) حددت الحصانات التي يتمتع بها أفراد عائلة المبعوث الدبلوماسي الواردة في المواد (٢٩ - ٣٦)، وان المادة (٣٩) خارج

---

(١) أخذت بهذا الرأي محكمة السين الفرنسية في قرارها الصادر عام ١٩٨٢ Clunrt Journal ١٨٩٢ p. ٤٢٩.

ومحاكم استرالية مشار إليها في Y.B.I.L.G. ١٩٥٦ Vol ٢, p. ١٧١.

وقد ذهبت محكمة استئناف روان في عام ١٩٣٣ على أن المبعوث الدبلوماسي لا تجوز محاكمته عن أعمال عاصرت وظيفته ونتجت عنها فأين تمتعه بالحصانة القضائية؟

AM. J. INT.I.L ١٩٣٤ ٢٨ p. ٣٨٢.

انظر الدكتورة عائشة راتب المصدر السابق، صفحة ١٧١ هامش رقم (١). كذلك الدكتور علي صادق ابو هيف، المصدر السابق صفحة ٢٢٥.

(٢) يتمتع المبعوث الدبلوماسي بالحصانة حتى في حالة وفاته، يجوز لسلطات الدولة المستقبلة التعرض لجثته أو لأمواله. ففي الحرب العالمية الأولى توفي مبعوث دبلوماسي فرنسي في لندن على فراشه، وقد اتخذت السلطات البريطانية الاجراءات من أجل تشريح جثته غير أنها أوقفت اتخاذ هذه الاجراءات بناء على طلب الحكومة الفرنسية على اساس أن الجثة تتمتع بالحصانة فلا يجوز التعرض اليها. انظر:

Eric Clark, op. cit. p. ١٠٥.

(٣) طلبت وزارة العدل بكتابها المرقمة ٢٨٧٢٤/٧٤٠ في ١٩٧٧/١٢/١٣ من وزارة الخارجية أعلامها عما إذا كان السيد (م.ج.ع) الذي يشغل وظيفة سكرتير ثاني في سفارة دولة الامارات العربية مشمولاً بالحصانة القضائية أم لا بناء على طلب حاكمية تحقيق الكرخ الوسطى. أجابت وزارة الخارجية بمذكرتها المرقمة ١١١٧٩٧ في ١٩٧٧/١٢/٢٤ "كان السيد (م.ج.ك) يعمل سكرتيرا ثانيا في سفارة دولة الامارات العربية المتعددة في بغداد وقد نقل الى سفارتهم في باكستان وكان يتمتع بالحصانة الدبلوماسية خلال عمله في بغداد".

(٤) نصت الجملة الأخيرة من الفقرة الثانية من المادة (٣٩) من الاتفاقية بالفرنسية.

" ... Touefois, l'immunite subsiste en ce qui concerne les actes accomplis par cette personne dans l'exercice de sesfonctions comme de ١ mission".

(٥) وقد نصت الجملة الاخيرة من الفقرة الثانية من المادة (٤٣) من الاتفاقية على ما يلي:
... بيد أن الحصانة تبقى قائمة بالنسبة على الأعمال التي يقوم بها هذا العضو أثناء أدائه لوظائفه ".

نطاق هذه المواد. على الرغم من أنها نصت صراحة في فقرتها الثالثة على تمتع أفراد أسرة المبعوث الدبلوماسي بالحصانة القضائية أثناء الفترة المعقولة في حالة وفاته، إنها لم تمدد هذه الحصانة إلى ما بعد هذه الفترة عن القضايا الناشئة خلال تمتعهم بالحصانة القضائية كما جاء ذلك بالفقرة الثانية من المادة المذكورة بالنسبة للمبعوث الدبلوماسي.

وعلى الرغم من عدم وجود نص صريح في اتفاقية فينا للعلاقات الدبلوماسية يقضي بعدم جواز رفع الدعوى على أفراد أسرة المبعوث الدبلوماسي بعد انتهاء مدة حصانتهم عن القضايا الناشئة خلال تمتعهم بالحصانة القضائية فإني أرى عدم جواز رفع الدعوى عن هذه القضايا، إذ لا فائدة من الحصانة القضائية إذا جاز رفع الدعوى بعد مضي مدة معينة.

وأرى دفعاً للالتباس الوارد ضرورة حذف العبارة التالية: "وتستمر الحصانة قائمة مع ذلك بالنسبة إلى الأعمال التي يقوم بها هذا الشخص (المبعوث الدبلوماسي) أثناء أداء وظيفته بوصفه أحد أفراد البعثة" من نص الفقرة الثانية من المادة (٣٩) بالنسبة للمبعوث الدبلوماسي، لأنها من تحصيل الحاصل، ولأن وجودها يوحي بوجود تمييز بين المبعوث الدبلوماسي وأفراد أسرته في هذا الصدد.

المبحث الثاني

نطاق الحصانة القضائية من حيث المكان

من الواضح أن المبعوث الدبلوماسي يتمتع بالحصانة القضائية داخل حدود إقليم الدولة المستقبلة سواء في العاصمة التي يزاول أعماله فيها أم في أية مدينة أو مكان آخر ينتقل إليه في تلك الدولة لأداء مهامه الرسمية أو الخاصة.

وتتطلب مهمة المبعوث الدبلوماسي في الغالب المرور بدولة ثالثة لتسلم منصبه أو العودة منه بعد انتهاء مدة عمله أو لحمل البريد السياسي أو لغرض التمتع بالإجازة الممنوحة له في دولته.

وقد يرتكب المبعوث الدبلوماسي أثناء مروره بالدولة الثالثة عملاً موجباً للمسؤولية المدنية أو الجزائية فتثور في هذه الحالة هذه مشكلة خضوعه لاختصاص محاكم تلك الدولة.

لقد برزت المشكلة هذه عندما كانت وسائط النقل تتطلب في الغالب المرور بدولة ثالثة أو عدة دول للوصول إلى الدولة المستقبلة غير أن تطور وسائط النقل الجوية أدى إلى التقليل من أهمية هذه المشكلة بحيث أصبح بإمكان المبعوث الدبلوماسي الوصول إلى الدولة المستقبلة مباشرة دون المرور بأراضي دولة أخرى.

غير أن التطور الذي صاحب وسائط النقل الجوية لم ينه المشكلة بصورة تامة، خاصة بالنسبة للعلاقات الدبلوماسية القائمة بين الدول المتباعدة كدول أمريكا ودول الشرق الأوسط، إذ يتطلب سفر المبعوث الدبلوماسي إلى مثل هذه الدول المرور بدولة ثالثة كفرنسا أو بريطانيا.

ومن الممكن أن تظهر المشكلة هذه في الوقت الحاضر أيضاً بالنسبة لوسائط النقل البرية أو البحرية إذا رغب المبعوث الدبلوماسي ذلك أو كانت هناك ضرورة لاستعمالها.

وإذا تطلب مرور المبعوث الدبلوماسي بدولة ثالثة فهل يجوز لسلطات الدولة هذه إحالته إلى محاكمها عن الأفعال والتصرفات التي، تصدر عنه أثناء عبوره على إقليمها؟

ذهب بعض الكتاب[1] إلى أن المبعوث الدبلوماسي لا يتمتع بأية امتيازات أو حصانات في الدولة التي يمر بها عند ذهابه إلى مقر عمله أو العودة منه إلى دولته، وذهب البعض الآخر[2] إلى أنه لا يتمتع بأية امتيازات أو حصانات عدا حق المرور فقط، ويجوز للدولة أيضاً أن تحجب عنه هذا الحق إذا كانت ثمة حرب قائمة بينها وبين دولته، ولها حق القبض عليه كأسير حرب إذا حاول المرور بها بدون موافقتها المسبقة.

ويرى أصحاب الاتجاه هذا أن لهذا الرأي ما يبرره في السيادة الإقليمية للدولة الثالثة، فكما للدولة المستقبلة المعين فيها المبعوث الدبلوماسي حق رفض قبوله، أو طرده من إقليمها دون أن تبين أسباب ذلك[3]، ومن ثم فللدولة الثالثة أن ترفض من باب أولى السماح للمبعوث الدبلوماسي المرور على إقليمها، وخاصة عندما ترى أن مروره أو وجوده على إقليمها يكون خطراً على أمنها وسلامتها. أو أنه شخص غير مرغوب فيه، أو أنها في حالة حرب مع دولته، أو لعدم وجود علاقات دبلوماسية بينهما[4]، وأن الناحيتين القانونية والمنطقية توجبان القول بأن حدود الامتيازات والحصانات التي يتمتع

---

(١) ومن هؤلاء الكتاب:

Gentilis, Bynkershoek, Grotus, Grotus, Schmelzing Sir Ernest Satow, op. cit. p. ٢٤٣.

انظر

كذلك انظر: الدكتور فاضل زكي محمد، المصدر السابق ص ١٦٩ وذهب رأي آخر إلى أن المبعوث الدبلوماسي لا يتمتع بأية حصانة إلا إذا وجد تشريعاً خاص يقضي بذلك. انظر

A. Heyking, op. cit. p. ٢٦٦.

(٢) وذهبت محكمة ولاية نيويورك الى هذا الرأي في عام ١٨٨٩ في قضية Wilson V. Blance والتي رفعت أمامها الدعوى على مبعوث دبلوماسي فنزويلي في فرنسا وهو في طريقة إلى مقر عمله عبر أراضي الولايات المتحدة الامريكية واصدرت المحكمة حكما ضده، غير أن المحكمة العليا قررت إبطال الاجراءات المتخذة ضده باعتباره يتمتع بالحصانة القضائية. انظر: الدكتورة عائشة راتب، المصدر السابق صفحة ١٦٣.

(٣) نصت الفقرة الأولى من المادة (٩) من اتفاقية فينا على ما يلي "يجوز للدولة المعتمد لديها في جميع الأوقات بيان اسباب قرارها ان تعلن الدولة المعتمدة ان رئيس البعثة أو أي موظف دبلوماسي فيها شخص غير مرغوب فيه او ان أي موظف أخر فيها غير مقبول ... ويجوز إعلان شخص ما غير مرغوب فيه او غير مقبول، قبل وصوله إلى إقليم الدولة المعتمد لديها".

(٤)T.W. Foster. The practice of Diplomacy as illustrated in the foreign relations of United States, Boston ١٩٠٦, p. ٥٣.

بها المبعوث الدبلوماسي تنتهي مع حدود الدولة التي يعمل فيها، أما خارج تلك الحدود فلا يحق له التمتع بالحصانة القضائية، بصورة تميزه عن الفرد الأجنبي، لأنه في الحالة هذه لا يتمتع بصفة رسمية تخوله الامتيازات والحصانات الدبلوماسية وأن معاملته يجب أن تكون معاملة أي أجنبي أخرى، وعليه أن يلتزم بتطبيق القوانين والأنظمة السائدة في ذلك البلد حين مروره[1].

إن الأخذ بالاتجاه المذكور سوف يؤدي إلى عدم تنمية العلاقات الودية بين الدول، وعدم إمكان إجراء التمثيل الدبلوماسي بينها، خاصة إذا تطلب سفر المبعوث الدبلوماسي وجوب المرور بدولة ثالثة.

وقد ذهب غالبية الكتاب إلى أن المبعوث الدبلوماسي يتمتع بالامتيازات والحصانات جميعاً عند مروره في أراضي دولة ثالثة لأجل الذهاب إلى مقر عمله أو عند عودته إلى دولته[٢]، باعتبار أن للدول مصلحة مشتركة في عدم إقامة سير المرفق الدبلوماسي، وأن قيام دولة معينة يمنع مرور المبعوث الدبلوماسي على أراضيها يؤدي إلى عدم إمكانها إرسال مبعوثيها إلى الخارج[٣]. وتؤيد هذا الاتجاه محاكم بعض الدول[٤].

وقد أخذت بتلك المادة (٢٣) من اتفاقية هافانا عام ١٩٢٨ إلا أنها اشترطت إعلام الدولة الثالثة بمرور المبعوث الدبلوماسي عبر أراضيها، حيث نصت المادة المذكورة على ما يلي: "يتمتع أفراد البعثة الدبلوماسية بنفس الحصانات والامتيازات في الدولة التي يمرون بها على مقرات عملهم أو العودة إلى دولهم أو في أية دولة يوجدون فيها أثناء أعمال وظيفتهم على أن يقوموا بإشعار حكومات تلك الدولة بصفتهم الرسمية"[٥].

والدكتور عبد الحسين القطيفي، المصدر السابق، صفحة ٨٨.

(١) لهذه القاعدة تطبيقات قديمة، ففي عام ١٥٤١ تعرضت حياة سفيرين فرنسيين للقتل أثناء مرورهما بالأراضي الإيطالية في طريقهما إلى القسطنطينية على اثر أوامر صدرت من السلطات في ميلانو، وعندما احتجت فرنسا على هذه المعاملة، دعمت إيطاليا موقفها بآراء فقهاء القانون الدولي آنذاك والتي تؤيد أن السفير المار بدولة أجنبية غير الدولة المعتمد لديها لا يتمتع بأية حصانة تميزه عن الفرد العادي، وأن السلطات المحلية الحرية الكاملة في ان تتخذ ما تراه مناسباً إذا اقتنعت بأن وجوده على إقليمها يهدد سلامة تلك الدولة. انظر:

Sir Cecil Hurst, op. cit. p. ٢٢٢.

(٢)Margaret Bukly, op. cit. p. ٣٦١.

Jean Spiropolos, op. cit. p. ٢١٦.

Sir Ceceil Hurst, op. cit. p. ٢٢٨.

Friedrich Berber, op. cit. S ٤١.

Michael Akehurst, op. cit. p. ١٤٣.

(٣) الدكتور عبد الحسين القطيفي، المصدر السابق، صفحة ٨٩.

(٤) انظر قرار المحكمة العليا الامريكية الصادر عام ١٨٨٩ ومحكمة بروكسل الاستئنافية عام ١٨٩٣ ومحكمة النقض الرومانية عام ١٩٢٨ وقرار محكمة استئناف الولايات المتحدة الامريكية عام ١٩٥٠. انظر:

Cecil Hurst, op. cit. p. ٢٢٦.

Whiteman, op. cit. p. ١٢٨.

والدكتورة عائشة راتب، المصدر السابق، صفحة ١٦٣.

(٥) انظر النص

G.E. do Nascimento e Silva, op. cit. p. ٢٠٦.

كما نصت المادة (٥) من مقرري معهد القانون الدولي لسنة ١٩٢٩ على ما يلي:"تسري الحصانات في حالتي الذهاب والعودة في البلاد التي يمر بها المبعوث الدبلوماسي سواء للوصول إلى مركز عمله أو عودته إلى وطنه"[١].

وأن هذا الأسلوب متبع في العراق منذ مدة طويلة وحتى قبل نفاذ اتفاقية فينا لعام ١٩٦١، حيث تقوم الحكومة العراقية بتخصيص عدد من أفراد الشرطة لمرافقته منذ دخوله الحدود العراقية إلى حين خروجه منها[٢]، وإبداء التسهيلات والإعفاءات الكمركية له[٣]

ولأفراد عائلته[٤].

أما بالنسبة لاتفاقية فينا للعلاقات الدبلوماسية فقد نصت الفقرة الأولى من المادة (٤٠) منها على ما يلي: " تقوم الدولة الثالثة بمنح الحصانة الشخصية وغيرها من الحصانات التي يقتضيها ضمان المرور أو العودة لكل مبعوث دبلوماسي يحمل جوازه سمة لازمة منها ويكون ماراً بإقليمها أو موجوداً فيه في طريقه إلى تولي منصبه في دولة أخرى أو في طريق العودة إليه أو إلى بلاده ويسري ذات الحكم على أي فرد من أسرته يكون متمتعاً بالامتيازات والحصانات ومسافراً بصحبته أو بمفرده للالتحاق به أو للعودة على بلاده"[٥].

---

(١) وقد وردت نصوص بالمعنى نفسه في المادة (١٥) من مشروع الاتفاقية التي أعدتها جامعة هارفرد في سنة ١٩٣٢، غير أنها اشترطت أن تكون الدولة الثالثة قد اعترفت بحكومة الدولة المرسلة وأنها أبلغت بالصفة الدبلوماسية للشخص الذي يمر عبر إقليمها.

Philippe Cahier, op. cit. p. ٤٦٥.

(٢) شكرت المفوضية الفرنسية في بغداد الحكومة العراقية بموجب مذكرتها المرقمة ١٣٤ والمؤرخة في ١٩٣٩/٦/٥ على ابداء التسهيلات للوزير الفرنسي من طهران اثناء مروره بالعراق، وخاصة لضابط القوى السيارة التي رافق الوزير منذ دخوله العراق إلى حين خروجه منها.

(٣) طلبت وزارة الخارجية بمذكرتها المرقمة ٢٠٠/٧٨٠/١٥٦٠ في ١٩٣٩/١٠/١٥ من مديرية الكمارك والمكوس العامة ابداء التسهيلات والاعفاءات الكمركية للمسيو البارون (بيري دي كفيه) القائم باعمال المفوضية البلجيكية في إيران عند مروره بالعراق وطلبت وزارة الخارجية وبمذكرتها المرقمة ٢٠٠/٩٦/١٨٩٧٤ في ١٩٣٩/١٢/٢٤ من وزارة الداخلية ابداء التسهيلات للسيد محمد ساسته وزير إيران المفوض في أمريكا عند دخوله الحدود العراقية وإبداء التسهيلات والاعفاءات اللازمة حتى خروجه من العراق.

(٤) طلبت وزارة المالية من مديرية الكمارك أو المكوس العامة ابداء التسهيلات والمساعدات الكمركية لوزير بريطانيا المفوض في إيران وعقيلته عند مرورهما بالعراق منذ وصولهما وحتى خروجهما انظر كتاب وزارة المالية المرقم ٢٠١٨٧ في ١٩٣٩/١١/٢٨ كذلك بالنسبة للوزير البريطاني المفوض في جده عند مروره بالعراق.
انظر كتاب وزارة المالية المرقم ٢٠١٨٨ في ١٩٣٩/١١/٢٨.

(٥) وقد نصت الفقرة الأولى من المادة (٤٢) من اتفاقية البعثات الخاصة لعام ١٩٦٩ على ما يلي: إذا مر ممثل الدولة الموفودة في البعثة الخاصة أو أحد موظفيها الدبلوماسيين أو وجد في إقليم دولة ثالثة وهو في طريقه إلى تولي مهام منصبه أو في طريقة عودته إلى الدولة الموفدة كان على الدولة الثالثة ان تمنحه الحصانة الشخصية وغيرها من الحصانات التي يقتضيها ضمان المرور أو العودة. وهذا الحكم يسري على أي فرد من افراد أسرة الشخص المشار إليه في هذه الفقرة بالامتيازات والحصانات ويكون في صحبته، وذلك سواء كان مسافراً معه أو بمفرده للالتحاق به للعودة إلى بلاده".

ويتضح من النص المذكور أن اتفاقية فينا تشترط لتمتع المبعوث الدبلوماسي بالحصانة القضائية توافر الشروط التالية:

أولاً - أن يحمل جواز سفره سمة دخول الدولة الثالثة إذا كانت الدولة تتطلب سمة دخول. أما إذا دخل إقليمها بدون هذه السمة، فإنه لا يتمتع بأية حصانات، ويجوز للدولة الثالثة إحالته إلى المحاكم عن الأفعال التي يرتكبها داخل إقليمها ولا أرى مبرراً للشروط المذكورة، حيث إن أغلب الدول لا تسمح للمبعوث الدبلوماسي بدخول أراضيها ما لم يحصل على سمة دخول صادرة من إحدى بعثاتها الدبلوماسية في الخارج، وعلى ذلك فلا يسمح للمبعوث الدبلوماسي بدخول إقليمها ما لم يحصل جوازه سمة دخول، أما إذا دخل متنكراً فإنه في هذه الحالة لا يتمتع بحصانة قضائية.

ومن جهة أخرى، فإن بعض الدول مثل يوغسلافيا والنمسا تسمح للمبعوث الدبلوماسي بدخول أراضيها بدون سمة دخول على سبيل المجاملة، وهذا يعني وفقاً للشروط المذكور أنه لا يتمتع بالحصانة القضائية. يضاف لذلك هناك بعض الحالات التي لا تتطلب الحصول على سمة لدخول المبعوث الدبلوماسي أراضي الدولة الثالثة، فإذا أراد مبعوث دبلوماسي عراقي مثلا الالتحاق بمقر عمله المعين به في إحدى دول أمريكا الجنوبية، فإن مقتضيات السفر تقتضي أن تمر الطائرة ببعض مطارات الدول، ويدخل المسافرون قاعة "الترانسيت" فترة معينة لمواصلة السفر. ففي هذه الحالة إذا ارتكب المبعوث الدبلوماسي عملاً يوجب مسؤوليته المدنية أو الجزائية أثناء دخوله مطار الدولة الثالثة، فإنه في الحالة هذه يخضع لاختصاص محاكم الدولة الثالثة وفقاً للشرط المذكور.

وقد انتبه واضعو اتفاقية البعثات الخاصة لعام ١٩٦٩ إلى ما يسببه الشرط هذا من مشاكل وتجنبوا النص عليه. فقد نصت الفقرة الأولى من المادة (٤٢) من الاتفاقية على ما يلي: "إذا أمر ممثل الموفد في البعثة الخاصة أو أحد موظفيها الدبلوماسيين أو وجد على إقليم دولة ثالثة وهو في طريقة إلى تولي مهام منصبه أو في طريق عودته إلى الدولة الموفدة كان على الدولة الثالثة أن تمنحه الحصانة الشخصية، وغيرها من الحصانات التي قد يقتضيها ضمان مروره أو عودته، وهذا الحكم يسري على أي فرد من أفراد أسرة الشخص المشار إليه في هذه الفقرة يتمتع بالامتيازات والحصانات يكون في صحبته، وذلك سواء كان مسافراً معه أو بمفرده للالتحاق به أو للعودة إلى بلاده".

ثانيا - أن يكون وجوده على إقليم الدولة الثالثة على سبيل المرور، سواء أكان ذاهبا إلى مقر عمله أم عائداً إلى دولته أو أن يكون وجوده بصفة رسول[١] أو وجد على إقليم تلك الدولة رغم إرادته[٢].

أما إذا كان مروره على إقليم الدولة الثالثة بهدف الذهاب إلى دولة أخرى لأجل الراحة أو الاستشفاء، أو لقضاء أعمال خاصة به، فإنه لا يتمتع بالحصانة القضائية في الحالة هذه لأن وجوده على إقليم تلك الدولة لم يكن لأغراض تقتضيها أعماله الدبلوماسية[٣].

أما عن نوع الحصانة القضائية التي يتمتع بها المبعوث الدبلوماسي أثناء مروره في إقليم الدولة الثالثة، فقد ذهب رأي إلى الدولة الثالثة ملزمة بمنحه الحصانة القضائية الجزائية دون الحصانة القضائية المدنية شريطة إلا تؤدي إلى الاعتقال أو السجن.

غير أن اتفاقية فينا لم تأخذ بهذا الرأي، إذ أنها لم تميز بين الحصانة القضائية الجزائية والحصانة القضائية المدنية، وبذلك يتمتع المبعوث الدبلوماسي بالحصانتين المذكورتين والحصانة من أداء الشهادة والتنفيذ.

ويتمتع المبعوث الدبلوماسي بالحصانة القضائية من حيث الزمان في أراضي الدولة التالية منذ دخوله لها على حين مغادرته أراضيها أما من حيث إمكان فإنه يتمتع بالحصانة في جميع المناطق التي تتطلب مروره بها، أما خارج ذلك فانه لا يتمتع بأية حصانة[٤].

وعلى ذلك فإن المبعوث الدبلوماسي يتمتع بالحصانة القضائية ذاتها التي يتمتع بها في الدولة المستقبلة عند مروره على إقليم الدولة الثالثة، ولا يحد من ذلك سوى قيداً واحداً وهو أن تكون الحصانة مما يقتضيه ضمان المرور أو العودة فإذا ارتكب عملاً موجبا للمسؤولية المدنية أو الجزائية على إقليم الدولة الثالثة لا يتعلق بسلامة حرية مروره

(١) نصت الفقرة الثالثة من المادة (٤٠) من اتفاقية فينا على ما يلي: "تقوم الدولة الثالثة بمنح جميع انواع المراسلات المارة بإقليمها، بما فيها الرسائل المرسلة بالرموز أو الشيفيرة، نفس الحرية والحماية الممنوحتين لها في الدولة المعتمد لديها، وكذلك تمنح الرسل الدبلوماسيين الذين تحمل جوازاتهم السمات اللازمة والحقائب الدبلوماسية، أثناء المرور بإقليمها نفس الحصانة والحماية اللتين يتعين على الدولة المعتمد منحها".

(٢) نصت الفقرة الرابعة من المادة (٤٠) من اتفاقية فينا على ما يلي: "تقوم كذلك على الدولة الثالثة ذات الالتزامات المترتبة عليها بموجب الفقرات ١ و ٢ و ٣ من هذه المادة إن كانت القوة القاهرة هي التي أوجدت في إقليمها الاشخاص والمراسلات الرسمية والحقائب الدبلوماسية المنصوص عليهم أو عليها في تلك الفقرات على التوالي".

(٣) وقضت محكمة السين في قضية في عام ١٩١٠ حيث أن المتهم سكرتير في السفارة الامريكية في بلجيكا وكان يقيم في إحدى فنادق فرنسا لرغبته الشخصية وليس لغرض رسمي وأن الحصانات الدبلوماسية التي يتمتع بها المبعوث الدبلوماسي في الدولة الثالثة الغرض منها أداء مهمة أو بعد الانتهاء منها وليس من حقه التمتع بها إذا كان موجودا في الدولة الثالثة لأغراض لا صلة لها بواجبه بالنظر لعدم وجود ما يبرر منحه الحصانات الدبلوماسية.
الدكتور عبد الحسين القطيفي، المصدر السابق، صفحة ٩٢ هامش رقم (٢).

(٤) الدكتور سموحي فوق العادة، المصدر السابق، صفحة ٣٣٣.

فإنه لا يتمتع في هذه الحالة بالحصانة القضائية، فلو دخل مبعوث دبلوماسي سوري مثلاً الأراضي العراقية براً عن طريق القائم في طريقه على إيران على خط خانقين، ثم سافر إلى البصرة وارتكب عملاً موجباً للمسؤولية فإنه لا يتمتع بالحصانة القضائية، لأن عمله المذكور لا يعد من مستلزمات ضمان المرور، كذلك إذا ارتكب جريمة مستغلاً حصانته القضائية، كجريمة المخدرات مثلاً.[1]

أما نطاق الحصانة القضائية من حيث الأشخاص في الدولة الثالثة، فإن النص المذكور أسبغها على أفراد أسرة المبعوث الدبلوماسي الذين يتمتعون بالحصانة القضائية في الدولة المستقبلة سواء أكانوا بصحبته أم كانوا بمفردهم.

المبحث الثالث

نطاق الحصانة القضائية من حيث الأشخاص

لقد جرى العمل في غالبية[2] الدول وفي العراق على أن تقوم وزارة الخارجية بوضع قوائم تتضمن أسماء المبعوثين الدبلوماسيين ممن يتمتعون بالصفة الدبلوماسية، يرجع إليها الموظف المختص عندما تطلب منه الجهات المختصة بيان ما إذا كان أحد أعضاء البعثة متمتعاً بالصفة هذه أم لا. ويمنح أيضاً السلك الأجنبي عادة هويات تصدرها وزارة الخارجية تثبت صفته الدبلوماسية. حيث تطلب الوزارة بصورة مستمرة من البعثات الدبلوماسية تزويدها بأسماء مبعوثيها الدبلوماسيين.

أما جواز السفر الدبلوماسي الذي يحمله موظفو البعثات الدبلوماسية، فإنه لا يعني تمتع حامله بالحصانة القضائية، إنما ينبغي أن يرد اسمه ضمن القائمة الخاصة بأسماء المبعوثين الدبلوماسيين[3].

---

(١) في عام ١٩٦٤ اعتقلت السلطات الامريكية سفير المكسيك المعتمد لدى بوليفيا عند مروره بأراضي الولايات المتحدة الأمريكية، بتهمة المتاجرة بالمخدرات، وقد رفضت محكمة نيويورك اطلاق سراح أمواله وجواز سفره مستندة إلى أنه من الجائز أن تكون صفته الدبلوماسية قد استعملت لتغطية الجريمة ودوره فيها. مشار إليه في
R.G.D.I.P. ١٩٦٤, P, ٥٢٦.
Whiteman, op. cit. p. ١٣٠.

(٢) تقوم بإعداد القائمة الدبلوماسية عادة إدارة المراسم في وزارة الخارجية وتنشر هذه القوائم من وقت إلى آخر: انظر
G.E. do Nascimento e Silva, op. cit. p. ٨١.
الدكتور علي صادق ابو هيف، المصدر السابق، صفحة ٤١٢.

(٣) وقد ذهبت حاكمية تحقيق الحمزة الى خلاف ذلك حيث قررت اعتبار الشخص مبعوثاً ودبلوماسياً متمتعاً بالحصانة القضائية بالاستناد إلى جواز سفره. انظر كتب مديرية الشرطة المرقم ٨٩٢٩ في ٨٧٩١/٨/٨٢ وبرقية مديرية شرطة القادسية المؤرخة في ١٩٧٨/٨/٢ وكان المطلوب من الحاكمية ان تستفسر من وزارة الخارجية عما اذا كان المومأ إليه متمتعاً بالصفة الدبلوماسية. خاصة وأن حادث الاصطدام أدى على وفاة شخص. دون الاعتماد على جواز السفر لأنه لا يدل على أن حامله يتمتع بالحصانة القضائية.

وقد جرى العمل على أن تقوم وزارة خارجية الدولة المستقبلة بإشعار الجهات المختصة بأن المطلوب أمامها يتمتع بالحصانة القضائية[١].

وفي العراق إذا ادعى شخص أمام المحاكم العراقية بأنه يتمتع بالحصانة القضائية فإن على المحكمة أن توقف إجراءاتها وتطلب من وزارة الخارجية بيان موقفها[٢].

وإذا قرر وزير الخارجية بأن المراد تبليغه ممن يتمتعون بالحصانة القضائية أو بدرجة الحصانة التي يتمتع بها، فإن قراره هذا يكون قطعيا لا يجوز الطعن فيه أمام أية جهة قضائية أو إدارية[٣].

ولم تحدد اتفاقية فينا للعلاقات الدبلوماسية أصناف المبعوثين الدبلوماسيين أو درجاتهم. وكان على واضعي الاتفاقية ملاحظة ذلك وأن يحددوا أصناف المبعوثين الدبلوماسيين الذين يتمتعون بالحصانة القضائية لغرض توحيد التطبيقات بين دول العالم وعدم فسح المجال لظهور اختلافات في التطبيق[٤].

أما عدد المبعوثين الدبلوماسيين الذين تستطيع الدولة إرسالهم إلى الخارج، فإن للدولة المرسلة الحرية في تحديد عدد موظفيها الدبلوماسيين بشرط عدم المبالغة في ذلك.

ومن المتفق عليه أن عدد أعضاء البعثة يجب أن يتناسب مع أهمية العلاقات بين الدولتين وإلا يتعدى العدد المعقول لممارسة العمليات المتبادلة، ويجب إبلاغ وزارة خارجية الدولة المستقبلة بكل تغيير يطرأ على عدد أعضاء البعثة[٥].

---

(١)G.C. Chesire Private International Law. Oxford at the Clarendon press, ١٩٦١. p. ١٦٥.

(٢) نصت المادة الثالثة من قانون امتيازات الممثلين السياسيين رقم (٤) لسنة ٥٣٩١ على ما يلي: "إذا ادعى شخص انه ممن يتمتعون بأية صيانة من الصيانات المذكورة في المادة الأولى من هذا القانون فإن الإجراءات القضائية أو غيرها مما هو مصون عنها حسب ادعائه توقف إلى حين صدور شهادة من وزير الخارجية وفق المادة الثالثة أعلاه.

(٣) نصت المادة الثانية من امتيازات الممثلين السياسيين رقم (٤) لسنة ٥٣٩١ على ما يلي: "إن الشهادة التي يصدرها وزير الخارجية باعتبار الشخص المذكور فيها من عدد الاشخاص المشار اليهم في المادة الأولى من هذا القانون وبدرجة الصيانات التي يتمتع بها الشخص تكون قطعية.

(٤) وفي عام ٨٧٩١ صدر قانون في الولايات المتحدة الامريكية يقضي بأن وزارة الخارجية الامريكية هي التي تشعر المحكمة عما إذا كان الشخص متمتعاً بأنه وللمحكمة الحق في ان تقرر عما إذا كان تصرفاته داخلة في نطاق حصانته أم لا.

انظر مذكر الخارجية الامريكية المؤرخة في ١٩٧٨/١٠/٣١ الموجهة إلى البعثة العراقية في الخارج.

(٥) الدكتور عائشة راتب، المصدر السابق، صفحة ٧٩ ونصت المادة (١١) من اتفاقية فينا للعلاقات الدبلوماسية لعام ١٩٦١ على ما يلي: "١- يجوز للدولة المعتمد لديها عند عدم وجود اتفاق صريح بشأن عدد أفراد البعثة اقتضاء الاحتفاظ بعدد افراد البعثة في حدود ما تراه معقولاً وعادياً مع مراعاة الظروف والأصول السائدة في الدولة المعتمد لديها وحاجات البعثة المعينة.

٢- ويجوز كذلك للدولة المعتمد لديها ان ترفض، ضمن هذه الحدود وبدون تمييز قبول أي موظفين من فئة معينة".

وإذا كان الغرض من منح الحصانة القضائية للمبعوث الدبلوماسي هو لضمان قيامه بأعمال وظيفته بصورة صحيحة، فإن هناك بعض الأشخاص يزاولون المهمة نفسها في الخارج أو يقومون بأعمال مشابهة للأعمال التي يقوم بها المبعوث الدبلوماسي، ولهذا فإن العدالة تقتضي منحهم الحصانة القضائية لتمكينهم من القيام بأعمالهم على الوجه المطلوب.

والأشخاص الذين يقومون بمثل هذه الأعمال، هم الأشخاص الذين توفدهم الدولة لتمثيلها أمام المنظمات الدولية:

وعلى ذلك فإن هذا المبحث يتضمن المطلبين التاليين:

المطلب الأول: ممثلو الدولة في الدولة الأجنبية

المطلب الثاني: ممثلو الدولة في المنظمات الدولية.

المطلب الأول: ممثلو الدولة في الدولة الأجنبية

يحدد قانون كل دولة كيفية تعيين الأشخاص الذين يحق لهم تمثيل دولتهم في الخارج.

وتقوم كل دولة في الوقت الحاضر بإرسال بعثات دبلوماسية تقوم بتمثيلها بصورة دائمية في كل دولة أجنبية.

غير أن تطور العلاقات الدولية يتطلب وجود بعثات دبلوماسية مؤقتة تخصص لغرض معين تنتهي مهمتها بانتهاء الغرض الذي أنشأت من أجله.

وتأسيساً على ذلك فإن هذا المطلب سيشمل الفرعين التاليين:

الفرع الأول: أفراد البعثة الدبلوماسية الدائمة.

الفرع الثاني: أفراد البعثة الدبلوماسية المؤقتة.

الفرع الأول: أفراد البعثة الدبلوماسية الدائمة

يعمل في البعثة الدبلوماسية عدة أصناف من الموظفين، الصنف الأول، الأشخاص الذين يحق لهم تمثيل دولتهم ويتمتعون بالصفة الدبلوماسية، وهم المبعوثون الدبلوماسيون. والصنف الثاني الأشخاص الذين يقومون بالأعمال الإدارية والفنية وهم الإداريون والفنيون والمستخدمون. أما الصنف الثالث: فهم الخدم الخاصون لدى المبعوث الدبلوماسي.

وعلى ذلك فإن هذا الفرع سيتضمن الفقرات التالية:

الفقرة الأولى: المبعوث الدبلوماسي.

الفقرة الثانية: الموظف الإداري والفني.

الفقرة الثالثة: الخادم الخاص.

الفقرة الأولى: المبعوث الدبلوماسي

إن رؤساء الدول والحكومات لا يستطيعون مباشرة مهمة العلاقات الدولية مع الدول الأخرى بصورة مباشرة، إنما يتم ذلك بوساطة أشخاص يتولون هذه المهمة نيابة عنهم يطلق عليهم تقليدياً "المبعوثين الدبلوماسيين" Agents diplomatiques[1].

والمبعوث الدبلوماسي في رأي الفقه هو الشخص الذي يتولى تمثيل دولته في الخارج بصفة دائمة في كل ما يمس علاقاتها الدولية مع الدول الأخرى والمنظمات الدولية[2]، حيث يوكل إليه تمثيل دولته والتفاوض والمراقبة وإرسال التقارير لحكومته والسهر على تنفيذ الاتفاقيات الدولية وحماية مصالح مواطنيه في الدولة المستقبلة[3].

وتطلق عبارة "المبعوث الدبلوماسي" على رئيس البعثة والموظفين الدبلوماسيين الذين يخضعون له. فقد نصت الفقرة (هـ) من المادة الأولى من اتفاقية فينا للعلاقات الدبلوماسية على ما يلي:

" يقصد بتعبير المبعوث الدبلوماسي رئيس البعثة أو أحد موظفيها الدبلوماسيين".

وعندما يبادر المبعوث الدبلوماسي لاستلام منصبه فإنه في الغالب يصحب أفراد أسرته معه. وتثور في الحالة هذه مسألة عما إذا كانوا هؤلاء يتمتعون بالحصانة القضائية تبعاً لما يتمتع به؟

وعلى ذلك سوف نتكلم في الفقرة هذه عن الأمور التالية:

أولا – رئيس البعثة الدبلوماسية.

ثانيا – الموظف الدبلوماسي.

ثالثاً – أفراد أسرة المبعوث الدبلوماسي.

---

(١) John R. Wood, op. cit. p. ٢٢.
Mechael Akehurst, op. cit p. ١٤١.
(٢) G.E. do Nasciemento e Silva, op. cit. p. ٦٠.
Gerhard Von Glahan, op. cit. p. ٣٨٣.
Jules Cambon. The Diplomtaist. Allan, London p. ٦٩.
(٣) الدكتورة عائشة راتب، المصدر السابق، صفحة ٨١ الدكتور فاضل زكي محمد، المصدر السابق، صفحة ١٠٣.

أولا - رئيس البعثة الدبلوماسي

رئيس البعثة الدبلوماسية Ie chef de mission هو الشخص الذي يتولى مسؤولية إدارة البعثة الدبلوماسية ويخضع لتوجيهاته جميع منتسبي البعثة، وهو الذي يمثل دولته في الدولة المستقبلة[1].

وعرفته الفقرة الأولى من المادة الأولى من اتفاقية فينا للعلاقات الدبلوماسية لعام ١٦١ بقولها: "يقصد بتعبير رئيس البعثة الشخص الذي تكلفه الدولة المعتمدة بالتصرف بهذه الصفة".

أما أصناف رؤساء البعثات الدبلوماسية كما حددتها المادة (١٤) من الاتفاقية فيهم:

أ- السفراء أو القاصدون الرسوليين المعتمدين لدى رؤساء البعثات الأخرى ذوي المرتبة المماثلة.

ب- المندوبون والوزراء المفوضون والقاصدون الرسوليون الوكلاء المعتمدون لدى رؤساء الدول.

ج- القائمون بالأعمال المعتمدون لدى وزارة الخارجية.

أما الشروط الواجب توافرها في رئيس البعثة الدبلوماسية لكي يتمتع بالحصانة القضائية فهي:

١- أن يكون مبعوثاً دبلوماسياً يتمتع بالصفة الدبلوماسية وأن لدولته مطلق الحرية في منحه هذه الصفة.

٢- أن تقبل الدولة المستقبلة اعتماده كرئيس بعثة[2].

٣- أن يقدم أوراق اعتماده إلى وزارة خارجية الدولة المستقبلة[3]. ورؤساء البعثات الدبلوماسية الذين تشملهم الحصانة القضائية هم:

---

(١) Philippe Cahier, op. cit. p. ٧٨.

(٢)Gerhard Von Glahan, op. cit. P. ٣٨٨.
G.E. do Nascimento e Silva, op. cit. p. ٧٤.

والدكتور فاضل زكي محمد، المصدر السابق، صفحة ٥١.
نصت المادة (٤) من اتفاقية فينا للعلاقات الدبلوماسية على ما يلي:
١- يجب على الدولة المعتمدة التأكد من قبول الدولة المعتمد لديها للشخص المزمع اعتماده رئيساً للبعثة المنشأة فيها.
٢- لا تلزم الحكومة المعتمد لديها بإبداء أسباب رفض القبول للدولة المعتمدة".

(٣) نصت المادة (١٣) من اتفاقية فينا للعلاقات الدبلوماسية على ما يلي:

أ- السفير Ambassaseur

وهو أعلى مرتبة في البعثة الدبلوماسية، ويعتمد مباشرة لدى رئيس الدولة الموفدين إليها له حق الاتصال به وطلب مقابلته عند الحاجة وهو يتمتع بأكبر قدر من الحفاوة والتكريم في استقبالهم وفي الحفلات الرسمية(١).

ب- الوزير المفوض Minstre

يأتي الوزير المفوض في المرتبة الثانية بعد السفير، ويطلق عليه عادة لقب المفوض أو "مطلق الصلاحية" أو "المندوب فوق العادة" وقد أخفقت هذه التسمية وأصبح السفير يحتل تدريجياً محل الوزير المفوض لدى أغلب الدول. وأخذت بعض الدول تعهد إلى الوزير المفوض مهمة القنصل العام إضافة إلى صفته التمثيلية(٢).

ويطلق على البعثة التي يرأسها وزير مفوض "المفوضية".

ج- الوزير المقيم: Minister Resident

الوزير المقيم هو الذي يمثل دولته بصورة دائمة. وقد جاءت التسمية هذه من مؤتمر اكس لاشابل ١٨١٨، وتعمل الدول في الوقت الحاضر بتسمية ممثليها بهذا الصنف(٣).

د- القائم بالأعمال: Charge d'Affaires

وهي آخر مرتبة من مراتب رؤساء البعثات الدبلوماسية حيث تكتفي الدولة بإرسال قائم بالأعمال لتمثيلها عندما ينتاب الفتور العلاقات بين الدولتين، أو

١- يعتبر رئيس البعثة متوليا وظيفته في الدولة المعتمد لديها منذ تقديمه أوراق اعتماده أو منذ إعلامه لوصوله وتقديم صورة طبق الأصل من أوراق اعتماده إلى وزارة خارجية تلك الدولة أو أية وزارة قد يتفق عليها وذلك وفقاً لما جرى عليه العمل في الدولة المذكورة مع مراعاة وحدة التطبيق".

(١) Wesley L. Gould, op. cit. p. ٢٦٦.
Philippe Vahier, op. cit. p. ٧٨.
Charles H. Fenwick, op. cit. p. ٤٦٣.

والدكتور علي صادق أبو هيف، المصدر السابق، صفحة ١٠٤.

(٢) G.E. do Nascimento e Silva, op. cit. p. ٧٠.

والدكتور فؤاد شباط، المصدر السابق، صفحة ١٠٤.

(٣) Philippe Cahier, op. cit. p. ٧٩.
Charles G. Fenwick, op. cit. p. ٤٦٣.

والدكتورة عائشة راتب، المصدر السابق، صفحة ٨٦.
والدكتورة فؤاد شباط، المصدر السابق، صفحة ١٠٤.

بداعي الاقتصاد بالنفقات أو بسبب تعذر مباشرة رئيس البعثة ولا يحق للقائم بالأعمال الاتصال المباشر برئيس الدولة المستقبلة[١].

وهناك قائم بالأعمال بالوكالة أو بالنيابة ويسمى في اليابان نائب سفير Vice Ambassadeur – وهو يدير شؤون البعثة الدبلوماسية في حال غياب رئيسها الأصيل أو شغور منصبه[٢].

هـ - ممثل الفاتيكان:

وتتألف وظائف ممثلو الفاتيكان من الوظائف التالية:

١- الوكيل أو النائب البابوي وهو من الكرادة عادة وتعادل رتبته السفير فوق العادة، وهو مبعوث خاص للبابا لدى الدول الكاثوليكية الخاضعة روحياً لسلطته ويقوم بمهام دينية أكثر منها سياسة، وإن وظيفته مؤقتة.

٢- السفير البابوي: وهو ممثل "دولة حاضره الفاتيكان" ويضطلع بمهام سياسية دائمة ويختار من الكرادة أيضاً أو من رجال الاكليروس، تعادل رتبته رتبة سفير.

٣- القاصد الرسولي، وهو يمثل البابا لدى الاكليروس – الكاثوليكي المحلي[٣].

وقد أخذ قانون الخدمة الخارجية العراقي بنوعين من رؤساء البعثات الدبلوماسية، الأول سفير والثاني وزير مفوض[٤]، ويمنح عند تعيينه خطاب اعتماد[٥].

---

(١) G.E. do Nascimento, op. cit. p. ٧١.

والدكتور علي صادق أبو هيف، المصدر السابق، صفحة ١٠٤.

(٢) الدكتور فؤاد شباط، المصدر السابق، صفحة ١٠٦.

(٣) Philippe Cahier, op. cit. p. ٧٩.

G.E. do Nascimento, e Silva, op. cit. p. ٤٨.

الدكتور حسن صعب، المصدر السابق، صفحة ١٣٥.

الدكتور عبد الحسين القطيفي، المصدر السابق، صحة ٣١.

(٤) نصت المادة الثانية من قانون الخدمة الخارجية رقم ١٢٢ لسنة ١٩٨٦ على ما يلي: "تكون وظائف السلك السياسي والقنصلي كما يلي:

١- سفير

٢- وزير مفوض ..."

(٥) أن خطاب الاعتماد لا يمنح إلا لرؤساء البعثات الدبلوماسية وهو يتضمن بأن السفير أو الوزير المفوض يتمتع تمثيلية وهو يتضمن كلمات الود كما في خطاب التالي: من أحمد حسن البكر رئيس الجمهورية العراقية الى صاحب السيادة الفريق سنغولي لاميزانا رئيس جمهورية فولتا العليا.

صديقنا الحميم

رغبة منا في اطراد علاقات الود والصداقة التي تربط بين بلدينا لحسن فقد اخترنا السيد سعدون عبود العامري سفيراً غير مقيم فوق العادة ومفوضنا لدى سيادتكم وأن ما عرفناه في السيد العامري من دراية واخلاص ليملأ أنفسنا رجاء في تأدية أعماله التي عهدنا اليه على الوجه الأمثل وأن يفوز في ذلك بتقدير سيادتكم ونرجو من سيادتكم ان

ثانيا - الموظفون الدبلوماسيون:

لم تحدد اتفاقية فينا للعلاقات الدبلوماسية درجات الموظفين الذين يتمتعون بالصفة الدبلوماسية إنما تركت ذلك إلى أحكام القوانين الوطنية لكل دولة باعتبارها مسألة داخلية تهمها بالدرجة الأولى، فقد وردت عبارة "الموظف الدبلوماسي" في نصوص متعددة من الاتفاقية، واعتبرت الموظف الدبلوماسي موظف البعثة ممن يتمتع بالصفة الدبلوماسية. فنصت الفقرة (د) من المادة الأولى من الاتفاقية على ما يلي: "يقصد بتعبير الموظفين الدبلوماسيين، موظفو البعثة ذوو الصفة الدبلوماسية".

ولم تحدد الاتفاقية الأشخاص الذين يتمتعون بالصفة الدبلوماسية من موظفي البعثة، إنما وضعت شرطين لاكتساب الصفة الدبلوماسية في الدولة المستقبلة لغرض منحه الامتيازات الدبلوماسية والحصانة القضائية.

الشرط الأول: أن يحمل المبعوث الدبلوماسي جنسية دولة البعثة التي يعمل فيها. أما إذا كان من مواطني دولة أخرى فإنه لا يعمل في البعثة الدبلوماسية إلا بموافقة الدولة المستقبلة[(١)]. وإذا وافقت على عمله داخل البعثة الدبلوماسية فإنه يتمتع بالحصانة القضائية في حدود ممارسته أعمال وظيفته فقط إلا إذا منحته الدولة المستقبلة برضاها حصانة خارج هذه الحدود[(٢)].

الشرط الثاني: أن تبلغ وزارة خارجية الدولة المستقبلة بتعيين المبعوث الدبلوماسي وتاريخ وصوله إليها[(٣)].

أما من هم الموظفون الذين يتمتعون بالصفة الدبلوماسية، فقد تركت الاتفاقية تحديد ذلك إلى كل دولة لتتخذ ما تراه مناسباً في منح ما تراه من موظفيها هذه الصفة.

وقد جرى العمل في الدول على أن يتمتع بالصفة الدبلوماسية الموظفون من الدرجات التالية:

تتفضلوا فتمنحوا السيد العامري تأييدكم وتولوه ثقتكم في كل ما يحمله هنا ولا سيما عندما يعرب لسيادتكم عما نكنه لشخصكم من تقدير كبير وما نتمناه لبلادكم الصديقة من تقدم وازدهار.

كتب ببغداد في اليوم السادس عشر من شهر ذي القعدة عام سبعة وتسعين الموفق لليوم التاسع والعشرين من شهر تشرين الأول عام سبعة وسبعين وتسعمائة والف الميلادي".

(١) نصت المادة (٨) من الاتفاقية على" ١- يجب مبدئياً أن يحمل الموظفون الدبلوماسيون جنسية الدولة المعتمدة.
٢- لا يجوز تعيين موظفين دبلوماسيين ممن يحملون جنسية الدولة المعتمد لديها إلا برضاها، ويجوز لها سحب هذا الرضا في أي وقت.
٣- يجوز للدولة المعتمد لديها الاحتفاظ بهذا الحق بالنسبة إلى مواطني دولة ثالثة لا يكونون في الوقت نفسه من مواطني الدولة المعتمدة".

(٢) نصت المادة (٣٨) من الاتفاقية على ما يلي:" ١- لا يتمتع المبعوث الدبلوماسي الذي يكون من مواطني الدولة المعتمد لديها أو المقيمين فيها إقامة دائمة، إلا بالحصانة القضائية وبالحرمة الشخصية بالنسبة للأعمال الرسمية التي يقوم بها بمناسبة ممارسة وظائفه، وذلك ما لم تمنحه الدولة المعتمد لديها امتيازات وحصانات اضافية".

(٣) نصت المادة (١٠) من الاتفاقية على ما يلي: " تعلن وزارة خارجية لدولة المعتمد لديها أو أية وزارة اخرى قد يتفق عليها ما يلي، - تعيين أفراد البعثة ووصولهم ومغادرتهم النهائية أو إنهاء خدمتهم في البعثة ...".

١- المستشار: Conseiller

هو مساعد لرئيس البعثة الدبلوماسية الذي يقدم له الرأي والمشورة. ويكون نائبه حال غيابه. وهو المرجع الثاني الذي يلجأ إليه بقية أعضاء البعثة في حل القضايا التي تتعرض لهم، ويكلف بإجراء بعض المحادثات الدبلوماسية عن رئيس البعثة باستثناء مقابلات رئيس الدولة أو وزير الخارجية(١).

٢- السكرتير: Secretaire

وهو الشخص الذي يقوم بمساعدة رئيس البعثة أو المستشار في إعداد التقارير وكتابة الكتب والمذكرات التي ترسل إلى الجهات المختصة، وحل البرقيات الرمزية وتهيئة البرقيات المراد إرسالها ومنح سمات الدخول وغيرها من الأعمال(٢).

والسكرتيرون على ثلاث درجات، سكرتير أول وسكرتير ثاني وسكرتير ثالث(٣).

٣- الملحق: Attache

وهو موظف من ذوي الاختصاص يتبع لوزارات مختلفة يوضعون تحت تصرف وزارة الخارجية للدولة المرسلة. والملحقون على أنواع كالملحق العسكري والجوي والتجاري والثقافي والصحفي(٤).

وقد أخذ قانون الخدمة الخارجية العراقي بما جرى عليه العمل في الدول الأخرى، وصنف الموظفين الدبلوماسيين إلى مستشار، وسكرتير أول وثاني وثالث، وملحق(٥). واشترط لاكتساب الصفة الدبلوماسية توفر شروط خاصة(٦).

---

(١) الدكتور سموحي فوق العادة، المصدر السابق، صفحة ١١٩ الدكتور فاضل زكي محمد، المصدر السابق، صفحة ١٢٨.

(٢) الدكتور فاضل زكي محمد، المصدر السابق، صفحة ١٢٩.

(٣) Clifton E. Wilson. Op. cit. p. ١٨٩.
G.E. do Nascimento e Silva, op. cit. p. ٨٠.
Douglas Busk, op. cit. p. ١٣.

(٤) الدكتور فؤاد شباط، السابق، صفحة ١١١. ويتمتع الملحق في العراق بالحصانة القضائية. فقد جاء بمذكرة وزارة الخارجية المرقمة ٤٦٨١٨/٢٠٠/٦٤ في ١٩٥٧/١٢/٢٨ الموجهة إلى وزارة العدلية ما يلي "اعلمتنا السفارة البريطانية بمذكرتها المرقمة ٧٢٤ في ١٩٥٧/١٢/١٤ أن السيد (-) الملحق في السفارة هو من اعضاء السفارة الدبلوماسيين ومشمول بالامتيازات والحصانات الدبلوماسية".
وجاء بمذكرة وزارة الخارجية المرقمة ٧٢٨٤٥ في ١٩٧٣/٧/٣ ان السيد (-) الملحق الصحفي في سفارة جمهورية المانيا الديمقراطية في بغداد يتمتع بالحصانة القضائية".

(٥) نصت المادة الثانية من قانون الخدمة الخارجية رقم (١٢٢) لسنة ١٩٧٦ على ما يلي: "تكون وظائف السلك السياسي والقنصلي كما يلي: مستشار وسكرتير ثانٍ وسكرتير ثالث وملحق.

(٦) نصت المادة الرابعة من قانون الخدمة الخارجية على ما يلي "أولاً - يشترط في المرشح للتعيين لأول مرة في السلك السياسي، إضافة إلى توفير شروط التوظيف الخرى المنصوص عليها في قانون الخدمة المدنية ما يلي:

ثالثا - أفراد أسرة المبعوث الدبلوماسي:

ذهب غالبية الكتاب[1] وقوانين بعض الدول[2] على أن أفراد عائلة المبعوث الدبلوماسي يتمتعون بالحصانة القضائية التي يتمتع بها المبعوث الدبلوماسي نفسه.

وقد أخذت بذلك اتفاقية فينا للعلاقات الدبلوماسية. لعام ١٩٦١ وأوجبت منح أفراد أسرة المبعوث الدبلوماسي الحصانة القضائية التي يتمتع بها المبعوث الدبلوماسي، فنصت الفقرة الأولى من المادة (٣٧) على ما يلي: "يتمتع أفراد أسرة المبعوث الدبلوماسي من أهل بيته إن لم يكونوا من مواطني الدولة المعتمد لديها بالامتيازات والحصانات المنصوص عليها في المواد (٢٩ - ٣٦).

ولم تنص الاتفاقية على تحديد أفراد أسرة المبعوث الدبلوماسي الذين يتمتعون بالحصانة القضائية، غير إنه وضعت الشروط التالية لتمتعهم بالحصانة القضائية:

أولا - أن يكون أفراد أسرة المبعوث الدبلوماسي من أهل بيته أي أفراد أسرته الذين يعيشون معه فعليا في منزل واحد بغض النظر عن درجة قرابتهم منه، والمفهوم المخالف للشرط المذكور يقضي أن لا يتمتع أفراد أسرة المبعوث الدبلوماسي الذين يسكنون في بيت آخر لا يسكنه المبعوث الدبلوماسي وإن كانت درجة قرابتهم أقرب من الأفراد الذين يعيشون معه، أو كان يعيلهم شرعاً ويقوم بالصرف عليهم فعليا.

ولم تحدد الاتفاقية درجة أفراد أسرة الدبلوماسي لمنحهم الحصانة القضائية وإنما فضلت أن تكون هذه المسألة داخلية تخص القوانين الداخلية للدول.

وقد اشترطت بعض الدول[3] أن يسكن هؤلاء معه في بيت واحد، سواء أكان ذلك البيت داراً أم شقة أم غير ذلك.

أ- ان يكون المرشح مواطناً عراقياً بالولادة ومن أبوين عراقيين بالولادة، ويعتبر المواطن العربي الذي يحمل جنسية أحد الأقطار العربية وضمن ذات الشروط في حكم العراقي. ب- أن يكون حاصلاً على شهادة بكالوريوس أو ما يعادلها وذات علاقة بالخدمة الخارجية. جـ- أن لا يكون متزوجاً بأجنبية او ممن اكتسبت الجنسية العراقية، ويستثنى من ذلك المتزوجون بإحدى الرعايا للأقطار العربية اللائي لم يكتسبن جنسية تلك الأقطار بالتجنس د- أن يكون قد أكمل الخدمة العسكرية أو أعفي أو أجل منها هـ - يقسم الموظف السياسي المعين قبل مباشرته اليمين القانونية ....".

(١) Alcxandre Charles, Jurisprudence Francaise Relative au Droit International Public.
A.F.D.I. Vol. ٤ ١٩٦٨, p. ٨٥٩.
Anthony Hooper Harris's Criplomat. Machael, London ١٩٦٠. p. ٢٠٠.

(٢) انظر المادة (٩٥) من المرسوم الحكومي في غواتيمالا والمادة الخامسة من قانون الامتيازات والحصانات في نيوزيلندا. انظر:
United Nationas Laws. P. ٢١٨.

(٣) حددت المادة (٦) من مرسوم بيرو المرقم ٦٩ الصادر في شباط عام ١٩٥٤ أفراد أسرة المبعوث الدبلوماسي الذين يتمتعون بالحصانة القضائية بزوجته وبناته غير المتزوجات دون سن الرشد والذين يعيشون معه. انظر:
United Nations Laws. P. ٢٢٩.

وقد أخذت اتفاقية فينا للعلاقات الدبلوماسية بالحكم نفسه الذي أخذت به الفقرة (جـ) من المادة (١٤) من اتفاقية هافانا: "... يتمتع بهذه الحصانة أفراد عائلات الأعضاء الرسميين الذين يعيشون معهم تحت سقف واحد"[١] غير أن اتفاقية فينا استخدمت عبارة من "أهل بيته" بدلاً من عبارة "تحت سقف واحد" الواردة في اتفاقية هافانا وقوانين البعض من الدول[٢]، وما جرى عليه جانب من التطبيق في العراق[٣].

ثانيا – ألا يكون أفراد أسرة المبعوث الدبلوماسي من رعايا الدول المستقبلة، يستوي في هذا وإن جنسيتهم هي جنسية الدول المرسلة أو جنسية دولة ثالثة.

أما حدود الحصانة القضائية لأفراد أسرة المبعوث الدبلوماسي فإنهم يتمتعون بذات الحصانة التي يتمتع بها المبعوث الدبلوماسي نفسه. فلا يخضعون لاختصاص محاكم الدول المستقبلة المدنية أو الجزائية[٤] عن الأفعال التي يرتكبها في إقليم تلك الدولة، وكذلك يتمتعون بالحصانة من أداء الشهادة[٥] ومن تنفيذ الأحكام بحقهم وهو ما جرى عليه التطبيق العملي في العراق.

ويرى بعض الكتاب ان أفراد أسرة المبعوث الدبلوماسي بزوجته وأطفاله الذين يعيشون معه. أنظر:

Martin Wolf, op. cit. p. ٥٩.

(١) انظر النص p. ٢٠٥ .G.E. do Nascimento e Silva op. cit

United Mations Laws. P. ٤٢٠.

(٢) نصت الفقرة (حـ) من المادة ٢٧ من قانون أصول المحاكمات الجزائية البولندي الصادر عام ١٩٢٨ على تمتع أفراد أسرة المبعوث الدبلوماسي الذين يعيشون معه "تحت سقف واحد" كذلك نصت على المبدأ المذكور المادة الخامسة من قانون المرافعات المدني الصادر عام ١٩٣٢.

(٣) كانت وزارة الخارجية تطلب من كافة البعثات الدبلوماسية في بغداد تزويدها باسم ووصف كل من اعضاء الهيئة الدبلوماسية وأفراد عوائلهم المقيمين معهم "تحت سقف واحد".
انظر مذكرة وزارة الخارجية المرقمة ٢٠٠/٣١٤١ في ١٩٣٨/٧/٧ ومذكرتها المرقمة ٢٠٠/٣١٤١/٨٩٦ في ١٩٣٨/٧/٧.

(٤) طلبت وزارة العدل بكتابها المرقم ٩٥٦/٤ في ١٩٥٦/٢/١٥ تبليغ السيدة "دبليو جي ام باثرسون" زوجة المستشار في السفارة البريطانية في بغداد أمام السلطات التحقيقية وقد اجابت وزارة الخارجية بمذكرتها المرقمة ٢٠٠/٢٤٤ في ٢٥ آذار ١٩٥٦ "أن امتيازات الممثلين الدبلوماسيين" وطلبت متصرفية بغداد بكتابها المرقم ٣٤١٠٧ في ٥٦/١٠/٣١ تبليغ السيد "جون كولمن" ابن السفير الامريكي في بغداد بالحضور أمام السلطات التحقيقية للتحقيق معه في حادث اصطدام. وقد أجابت وزارة الخارجية بمذكرتها المرقمة ٣٧٢٣/٢٠٠/٢٤٤ في ١٩٥٧/١/٨ "أن المومأ اليه نجل السفير الأمريكي يتمتع بالحصانات والامتيازات فلا يمكن تبليغه بالحضور".

(٥) طلبت محكمة الجزاء الكبرى لمنطقة الرصافة بكتابها المرقم ١٤٨/ج/٩٧٦ في ٩٧٨/٨/١٠ تبليغ زوجة السكرتير الثاني وزوجة المستشار في السفارة السوفيتية للحضور بصفة شهود في حادث سرقة وقد طلبت الوزارة بمذكرتها المرقمة ١٠٤٩٨٥ في ١٩٧٨/٦/٣٠ تبليغ المومأ إليها إلا أن السفارة لم تبلغهم.
انظر كذلك مذكرة الوزارة المرقمة ١٠٥٢٧٤ في ١٩٧٨/١١/٨.

الفقرة الثانية: الموظف الإداري والفني

يعمل في البعثة الدبلوماسية عدد من الموظفين لا يتمتعون بالصفة الدبلوماسية ولا يمثلون دولتهم وإنما يقومون بأعمال تساعد البعثة على أداء مهماتها.

ومن هؤلاء الموظف الإداري كمدير الإدارة والملاحظ والكاتب والموظف الحسابي كمدير الحسابات والمحاسب وأمين الصندوق.

كما يعمل في البعثة موظف فني بأعمال فنية داخل البعثة كالمهندس والطبيب ومصلح الأدوات والآلات وغيرهم.

وقد ذهب العرف الدولي على تمتع هؤلاء بنوع من الحصانة القضائية[1]. وقد أوجبت اتفاقية فينا للعلاقات الدبلوماسية منح موظفي البعثة من الإداريين والفنيين وأفراد أسرهم الحصانة القضائية وفق الشروط التالية[2]:

الشرط الأول – أن لا يكون الإداري أو الفني من مواطني الدولة المستقبلة أو الأجانب المقيمون فيها إقامة دائمة.

الشرط الثاني – أن يتمتع هؤلاء بالحصانة القضائية في الأمور الجزائية فيما يتعلق بأعماله الرسمية أو الخاصة.

أما بالنسبة للحصانة القضائية في الأمور المدنية فإنهم لا يتمتعون بها إلا بالنسبة للأعمال والتصرفات المتعلقة بأعمال وظيفتهم فقط.

والحصانة التي يتمتع بها الموظف الإداري والموظف الفني تشبه الحصانة التي يتمتع بها القنصل في بعض الوجوه، سواء كان قنصل عام أو نائب قنصل أو وكيل قنصل[3].

---

(١) Philippe Cahier, op. cit. p. ٨٦.
Clifton E. Wilson, op. cit. p. ١٥٧.
Hans Kelasen, op. cit. p. ٣٥٢.

(٢) نصت المادة (٣٧) من اتفاقية فينا لعام ١٩٦١ على ما يلي "يتمتع موظفو البعثة الاداريون والفنيون وكذلك أفراد أسرهم من أهل بيتهم، إن لم يكونوا من مواطني الدولة المعتمد لديها أو المقيمين فيها إقامة دائمة، بالامتيازات والحصانات المنصوص عليها في المواد (٣٤ - ٣٥)، شرط أن لا تمتد الحصانة المنصوص عليها في الفقرة (١) من المادة (٣١) فيما يتعلق بالقضاء المدني والإداري للدولة المعتمد لديها إلى الأعمال التي يقومون بها خارج نطاق واجباتهم ويتمتعون كذلك بالامتيازات المنصوص عليها في الفقرة (١) من المادة (٣٦) بالنسبة إلى المواد التي يستوردها اثناء استقرارهم".

(٣) نصت المادة (٤٣) من اتفاقية فينا للعلاقات القنصلية لعام ١٩٦٣ المصادق عليها بالقانون رقم (٢٠٣) لسنة ١٩٦٨ على ما يلي "١- لا يخضع الضباط القنصليون والموظفون القنصليون لولاية السلطات القضائية والإدارية للدولة المتقبلة بالنسبة للأعمال التي يضطلعون بها ممارسة منهم المواجبات القنصلية.
١- لا تنطبق أحكام الفقرة ١ من هذه المادة على دعوى مدنية تكون:
٢- ناشئة من عقد مبرم من قبل ضابط قنصلي او موظف قنصلي لم يتعاقد فيه صراحة أو ضمنا كوكيل للدولة المرسلة.

غير أنها تختلف عنها في وجوه أخرى منها:

١- إن الإداري والفني يتمتع بالحصانة من أداء الشهادة، في حين أن القنصل لا يتمتع بالحصانة هذه[(1)].

٢- إن الإداري والفني يتمتع بالحصانة من دعاوى عند ممارسته أعمال وظيفته في حين أن القنصل لا يتمتع بالحصانة إزاء هذه الدعاوى.

والسبب في تشابه حصانة الموظف الإداري والفني مع حصانة القنصل هو إن كل منهما ليست له صفة تمثيلية.

ويتمتع الإداريون والفنيون في العراق بالحصانة القضائية في حدود ممارستهم لأعمالهم[(٢)]، ولا يتمتعون بالحصانة عن أعمالهم الخاصة[(٣)]، أو كان الموظف عراقي الجنسية[(٤)].

٣- مقامة من قبل طرف ثالث عن أضرار ناشئة عن حادث وقع في الدولة المستقبلة وسببته واسطة نقل برية أو بحرية أو جوية".
وقد نصت المادة الثانية من قانون امتيازات قناصل الدول الأجنبية رقم (٢٦) لسنة ١٩٤٩ على ما يلي: "عدا ما قد ينص عليه في الاتفاقيات والمعاهدات القنصلية يخضع في الأعمال غير الرسمية لسلطة المحاكم المدنية في الأمور المدنية والتجارية والجزائية ولا صيانة له إلا في الأعمال التي يقوم بها بحكم وظيفته وبصفته الرسمية وذلك على أساس المقابلة بالمثل".
انظر في حصانة القناصل:

Michael Akehurst, op. cit. p. ١٤٥.
M. Whiteman, op. cit. p. ٥٠٥ s.
Hands Kelsen, op. cit. p. ٣٥٣.

(١) نصت المادة (٤٤) من اتفاقية فينا للعلاقات القنصلية لعام ١٩٦٣ على ما يلي: "تجوز دعوة أعضاء المركز القنصلي للحضور كشهود في الدعوة القضائية والإدارية".

(٢) جاء بمذكرة وزارة الخارجية المرقمة ١٠٣٦٨٥/٥٥/٨١/١١ في ١٩٧٧/٣/٢٧ الموجهة إلى سفارة جمهورية هنغاريا الشعبية "إن سائق السيد السفير الذي ارتكب حادثاً اثناء واجبه الرسمي يعتبر مشمولاً بالحصانة القضائية لذا تقرر إيقاف التعقيبات القانونية بحقه".
وكانت وزارة الخارجية قبل ذلك لا تمنح الحصانة القضائية لسائق السيارة فقد طلبت وزارة العدل بكتابها المرقم ٤١٤٠ في ١٩٧٦/٣/٢ المعطوف على كتاب رئاسة محكمة استئناف بغداد المرقم ١٢٩١/١/٩ في ١٩٧٦/٢/٢٥ عما إذا كان سائق سيارة سفارة تشاد السيد يوسف عماد حسيني يتمتع بالحصانة القضائية أم لا فأجابت الوزارة بمذكرتها المرقمة ١٣١٩٢ في ١٩٧٦/٣/٢٩ "بأنه لا يتمتع بالحصانة القضائية".

(٣) دهس أحد موظفي المفوضية الفرنسية في بغداد شخصاً بسيارته الخاصة وقد اقيمت الدعوى عليه وفق المادة ٢١٩ عقوبات وطلبت متصرفية بغداد بكتابها المرقم ٢٨٢٤ في ١٩٢٩/٢/٩ من وزارة الخارجية بيان موقفها فأجابت وزارة الخارجية بمذكرتها المرقمة ٢٠٠/٩٥٠/٢١٨٦ في ١٩٣٩/٢/١٤ تبليغه بالحضور أمام السلطات التحقيقية لكونه موظف ولا ينتمي إلى السلك السياسي ولا علاقة للحادث بالواجب الرسمي.

(٤) طلبت وزارة العدلية بكتابها المرقم ٩٥٦/٤ في ١٩٥٦/٨/٣٠ من وزارة الخارجية إعلامها عما إذا كان السيد فاضل ملك الموظف في السفارة الأمريكية في بغداد متمتعاً بالحصانة القضائية بالنظر لدهسه شخصا بسيارته. أجابت وزارة الخارجية بمذكرتها المرقمة ٣٠٠٣٦/٢٠٠/٢٤٤ في ١٩٥٦/١٠/٦ "أن المومأ اليه لا يتمتع بالحصانة والامتيازات الدبلوماسية بالنظر لكونه عراقي الجنسية.

أما بالنسبة للمستخدم الذي يعمل في البعثة كالفراش وساعي البريد والحارس وعامل التنظيف فقط إذا كان ليس من مواطني الدولة المستقبلة أو الأجانب المقيمين فيها إقامة دائمة[(١)].

وتخلف حصانة المستخدم عن حصانة الموظف الإداري أو الفني في أن حصانة الأول تشمل الأمور المدنية أو الجزائية أثناء ممارسته الوظيفة الرسمية، أما بالنسبة لتصرفاته الخاصة، فإنها تخضع لاختصاص محاكم الدولة المستقبلة سواء في الأمور المدنية أو الجزائية في حين أن حصانة الثاني تشمل تصرفاته الخاصة في الأمور الجزائية.

وقد ذهبت محكمة الجزاء الكبرى في عام ١٩٥٦ إلى أن ساعي البريد لا يتمتع بالحصانة القضائية على أساس انه ليس عضواً في البعثة الدبلوماسية[(٢)].

غير أن وزارة الخارجية ترى عدم خضوع المستخدم لاختصاص المحاكم العراقية[(٣)].

الفقرة الثالثة: الخادم الخاص

الخادم الخاص هو الشخص الذي لا يعمل في البعثة الدبلوماسية وعرفته المادة الأولى من اتفاقية فينا لعام ١٩٦١ بما يلي: "- يقصد بتعبير الخادم الخاص من يعمل في الخدمة المنزلية لأحد أفراد البعثة ولا يكون من مستخدمي الدولة المعتمدة".

وقد جرى العمل في أغلب الدول على عدم تمتع الخادم بالحصانة القضائية، وهناك بعض الدول كالإكوادور ترفض قوانينها صراحة تمتع الخادم بالحصانة. كما أن بعض الدول تنص على تعداد الأصناف الذين يتمتعون بالحصانة القضائية دون أن تشير إلى الخدم مما يدل على أنهم لا يتمتعون بالحصانة القضائية ومن هذه الدول، كولومبيا

(١) نصت المادة (٣٧) من الاتفاقية على ما يلي: "يتمتع مستخدموا البعثة الذين ليسوا من مواطني الدولة المعتمد لديها أو المقيمين فيها إقامة دائمة بالحصانة بالنسبة إلى الأعمال التي يقومون بها أثناء أدائهم واجباتهم وبإعفائهم من الرسوم والضرائب فيما يتعلق بالمرتبات التي يتقاضونها لقاء خدمتهم وبالإعفاء المنصوص عليه في المادة (٣٣).

(٢) أتهم ساعي بريد السفارة المصرية في بغداد بالمشروع في اعمال تخريب واعتداء ضد الأمن العام للبلد وقد جاء بقرار المحكمة التي استندت الى مذكرة وزارة الخارجية المرقمة ٩٢٠٠/١٠٠/٩٨٥٤ في ١٩٥٦/٢/٥ بأن القضية موضوعه البحث يخضع لاختصاص المحاكم العراقية للأسباب التالية:

١- لا توجد قاعدة في العرف الدولي تعترف بالحصانة القضائية للأعضاء غير الرسميين. ٢- أن ساعي البريد موضوع البحث ليس عضواً في حاشية رئيس البعثة. ٣- ان السفارة المصرية لم تحتج بالحصانة القضائية منذ توقيفه وتكون قد اعترفت ضمنا بالاختصاص المحلي. انظر القرار:

A.H. Katifi. Le Probleme de Immunites diplematique du personnel de service des Ambassodes. L. Sirey, Paris ١٠٦١ No. ١٩.

(٣) انظر مذكرة وزارة الخارجية المرقمة ٣١٤١/٨٩٦ في ١٩٣٨/٧/٧.

وهندوراس وكوريا ونيكاراغوا والسودان، كما أن المحاكم الفرنسية والإيطالية تبدي معارضتها تجاه توسيع نطاق الحصانة القضائية إلى الخدم[(١)].

أما في العراق فإن المادة الأولى من قانون امتيازات الممثلين السياسيين رقم (٤) لسنة ١٩٣٥ لم تشر صراحة إلى تمتع الخادم الخاص بالحصانة القضائية، إنما أضفت الحصانة القضائية على الأشخاص الذين يعتبرون من حاشية المبعوث الدبلوماسي، وما دام أن الخادم الخاص يعتبر من حاشية المبعوث الدبلوماسي فإنه يتمتع بالحصانة القضائية. وقد نصت المادة المذكورة على ما يلي " ... الأشخاص الذين هم يعتبرون من حاشيتهم وفق التعامل الدولي"[(٢)].

ولا يتمتع الخادم الخاص في اتفاقية فينا للعلاقات الدبلوماسية بالحصانة القضائية سواء في الأمور المدنية أو الأمور الجزائية، رغم تمتعه ببعض الامتيازات الدبلوماسية. غير انه يجوز للدولة المستقبلة أن تمنحه الحصانة القضائية حسب رغبتها.

وأرى أن السبب الذي دفع اتفاقية فينا إلى عدم منح الخادم الخاص الحصانة القضائية، هو أن الخادم الخاص يعمل في الغالب داخل منزل المبعوث الدبلوماسي ومن المحتمل أن يرتكب جرائم ضد المبعوث الدبلوماسي كالسرقة أو غيرها ولكي لا تكون الحصانة وسيلة التهرب من المسؤولية فقد ارتأى عدم منحهم الحصانة لإمكان اتخاذ الإجراءات ضدهم.

الفرع الثاني: أفراد البعثة الخاصة

إن البعثات الدائمة هي الجهة المناط بها أصلاً رعاية وتنسيق العلاقات بين الدول بصفة عامة وبشتى المجالات، غير أن ذلك لا يعني انفراد هذه البعثات في أداء هذه المهمة وفي المناسبات كافة، فزيادة حجم وقدر المصالح التي تتطلب اتصالات مباشرة سريعة، والاستعانة بخبرات خاصة لا توفر في البعثات الدائمة، والحاجة إلى تخطي الإجراءات الروتينية، من شأنه الالتجاء في محيط العلاقات الدولية إلى الاستعانة ببعثات خاصة يعهد إليها بالمهام التي يقتضي انجازها[(٣)] على وجه السرعة والحركة الدؤوبة أو التي يطلق عليها في الوقت الحاضر بالدبلوماسية المتحركة.

---

(١) A.H. AL-Katigi, op. cit. Ne ١٧. s.

(٢) نصت المادة (٣٧) على ما يلي: "٤- يعفى الخدم الخاصون العاملون لدى أفراد البعثة، إن لم يكونوا من مواطني الدولة المعتمد لديها أو المقيمين فيها إقامة دائمة من الرسوم والضرائب فيما يتعلق بالمرتبات التي يتقاضوتها لقاء خدمتهم ولا يتمتعون بغير ذلك من الامتيازات والحصانات إلا بقدر ما تسمح به الدولة المعتمد لديها. ويجب على هذه الدولة من ذلك أن تتحرى في ممارسة ولايتها بالنسبة إلى هؤلاء الأشخاص عدم التدخل الزائد فيما يتعلق بأداء وظائف البعثة".

(٣) الدكتور علي صادق ابو هيف، المصدر السابق، صفحة ٤٢١.

ولهذا فإن الدول في مناسبات خاصة ترسل بعض الأفراد للقيام بمهمات معينة يكون لأصحابها القيام ببعض الأعمال الدبلوماسية كأجراء المفاوضات أو توقيع المعاهدات أو حضور مناسبة معينة[1].

غير أن هذا الموضوع لم يتطرق إليه الفقهاء كثيراً ولم يحظ بالدراسات الفقهية بصورة تناسب أهميته، ولم يجعلوا منه موضوعاً خاصاً للبحث وأن أغلبهم يتعرضون إليه بصورة عابرة[2].

وقد بدأت دراسة هذا الموضوع على الصعيد الدولي عندما أشير أمام لجنة القانون الدولي عند إعداد مشروع اتفاقية فينا للعلاقات الدبلوماسية عام ١٩٥٨، التي أوضحت بأن هذه الاتفاقية لا تتناول إلا البعثات الدائمة، واقترحت وضع قواعد منظمة تشمل البعثات الخاصة الموفدة للخارج[3].

وفي عام ١٩٥٩ قررت اللجنة قيد موضوع البعثات الدبلوماسية الخاصة في جدول أعمالها ثم صدرت اتفاقية البعثات الخاصة بعد ذلك عام ١٩٦٩.

وقد عرفت المادة الأولى من الاتفاقية البعثة الخاصة بأنها: "البعثة المؤقتة ذات الصفة التمثيلية التي توفدها إحدى الدول إلى أخرى بموافقة هذه الأخيرة لتعالج قضايا خاصة أو للقيام لديها بمهمة معينة".

وعلى ذلك فإن شروط البعثة الخاصة هي:

١- أن تكون ذات صفة تمثيلية، أي أنها تمثل دولة معينة.

٢- أن تكون أعمال البعثة مؤقتة وليست دائمية.

٣- أن توافق الدولة المستقبلة على البعثة هذه.

وتتألف البعثة الخاص من رئيس البعثة وعدد من الموظفين الدبلوماسيين والإداريين والمستخدمين.

ويتمتع المبعوث الدبلوماسي في البعثة الخاصة بالحصانة القضائية نفسها التي يتمتع بها المبعوث الدبلوماسي في البعثة الدائمة عدا حالة واحدة وهي أن المبعوث الدبلوماسي في البعثة الخاصة لا يتمتع بالحصانة القضائية بالنسبة لدعاوى المسؤولية

---

(١) الدكتور محمد حافظ غانم، المصدر السابق، صفحة ١٦٦.

(٢) الدكتور سموحي فوق العادة، المصدر السابق، صفحة ٥٢٦.

Y.B.I.L.C. ١٩٥٨. VOL ٢ P. ٨٩ No. ٥١.

(٣) وفي عام ١٩٦٠ وضعت اللجنة أول مشروع لحصانة البعثات الخاصة.

Y.B.I.L.C. ١٩٥٨. VOL ٢ P. ١٠٨.

المدنية الناشئة عن حوادث المرور خارج أعماله الرسمية بخلاف زميله في البعثة الدائمة[1].

ويتمتع أفراد أسرة المبعوث الدبلوماسي في البعثة الخاصة بالحصانة نفسها التي يتمتع بها اقرأنهم في البعثة الدائمة[2].

ويتمتع الموظف الإداري والفني[3] وأسرهم[4] والمستخدم[5] والخادم الخاص[6] في البعثة الخاصة بالحصانة القضائية نفسها التي يتمتع بها اقرأنهم في البعثات الدائمة.

---

(١) نصت المادة (٣١) من اتفاقية البعثات الخاصة لعام ١٩٦٨ على ما يلي:" يتمتع ممثلو" الدولة الموفدة في البعثة الخاصة وموظفوها الدبلوماسيون بالحصانة من القضاء الجنائي المدني. ٢- ويتمتعون كذلك بالحصانة من قضاء الدولة المستقبلة المدني والإداري إلا في الحالات الاتية:

أ- الدعاوى العينية المتعلقة بالأموال العقارية الخاصة الكائنة في إقليم الدولة المستقبلة ما لم تكن حيازة الشخص المعني لها هي بالنيابة عن الدولة الموفدة لاستخدامها في أغراض البعثة.

ب- الدعاوى التي تتعلق بشؤون الإرث والتركات ويدخل الشخص المعني فيها بوصفه منفذا أو مديراً أو وريثاً أو موصى له، وذلك بالأصالة عن نفسه لا بالنيابة عن الدولة الموفدة. جـ- الدعاوى المتعلقة بأي نشاط مهني أو تجاري يمارسه الشخص المعني في الدولة المستقبلة خارج وظائفه الرسمية. د- الدعاوى المتعلقة بالتعويض عن الأضرار الناشئة عن حادث سببته مركبة مستعملة خارج وظائف الشخص المعني الرسمية ...
".

(٢) نصت الفقرة الأولى من اتفاقية البعثات الخاصة على ما يلي:
"يتمتع أفراد أسر ممثلي الدولة الموفدة في البعثة الخاصة وموظفها الدبلوماسيون أن كانوا في صحبة ممثلي وموظفي البعثة الخاصة المذكورين بالامتيازات والحصانات المنصوص عليها في المواد من ٢٩ - ٣٥ شرط أن لا يكونوا من مواطني الدولة المستقبلة أو المقيمين اقامة دائمة فيها، انظر كذلك:

Maria Rosaria Connarumma, La Convention Snr Les Mission Speciales, ١٩٦٩.
R.B.D.I. VOI. ٨, ١٩٧٢ - I, P. ٤٦. S.

(٣) نصت المادة (٣٦) من اتفاقية البعثات الخاصة لعام ١٩٦٩ على ما يلي:
"يتمتع موظفو البعثة الخاصة الاداريون والفنيون بالامتيازات والحصانات المنصوص عليها في المادتين ٢٩ و ٣٤ شرط أن لا تمتد الحصانة المنصوص عليها في الفقرة ٢ من المادة (٣١) فيما يتعلق بالقضاء المدني والإداري للدولة المستقبلة إلى الأعمال التي يقومون بها خارج نطاق واجباتهم ويتمتعون كذلك بالامتيازات المنصوص عليها في الفقرة ١ من المادة ٣٥ بالنسبة الى المواد التي يستوردونها لدى أول دخول لهم الى اقليم الدولة المستقبلة.

(٤) نصت الفقرة (٢) من المادة (٣٩) من اتفاقية البعثات الخاصة على ما يلي:
"يتمتع العاملون في الخدمة لدى البعثة الخاصة بالحصانة من قضاء الدولة المستقبلة فيما يتعلق بالأعمال التي يقومون بها اثناء أداء واجباتهم.

(٥) نصت المادة (٣٧) من اتفاقية البعثات الخاصة على ما يلي: "يتمتع العاملون في الخدمة لدى البعثات الخاصة بالحصانة من قضاء الدولة المستقبلة فيما يتعلق بالأعمال التي يقومون بها أثناء أداء واجبهم".

(٦) نصت المادة (٣٨٨٣) من اتفاقية البعثات الخاصة على ما يلي: "يعفى المستخدمون الخاصون العاملون لدى أعضاء البعثة الخاصة من دفع الرسوم والضرائب عن المرتبات التي يتقاضونها ولا يتمتعون بغير ذلك من الامتيازات والحصانات إلا بقدر ما تسمح به الدولة المستقبلة بيد أن على هذه الدولة ان تمارس ولايتها بالنسبة على هؤلاء الأشخاص على نحو يكفل عدم التدخل الزائد في أداء وظائف البعثة الخاصة".

وعلى ذلك ففي الغالب أن منتسبي البعثة الخاصة هم نفس منتسبي البعثة الدائمة ولا نرى ضرورة لإعادة شرح ذلك. غير إن الخلاف قد يحصل في رئيس البعثة فقد يترأس البعثة سفير أو وزير مفوض كما هو بالنسبة للبعثة الدائمة، أو يـترأس البعثة الخاصة رئيس الدولة أو أحد أعضاء الحكومة كرئيس الوزراء أو وزير الخارجية أو أي وزير آخر.

وعلى ذلك سنتكلم عن رئيس الدولة وأعضاء الحكومة في الفقرتين التاليتين:

الفقرة الأولى: رئيس الدولة

الفقرة الثانية: أعضاء الحكومة

الفقرة الأولى: رئيس الدولة

بالنظر للمهام التي يقوم بها رئيس الدولة على الصعيد الدولي[1] ومشاركته في المؤتمرات التي تعقد بين رؤساء الدول وقيامه بتعيين ممثلي دولته لدى الدول الأجنبية، وقبوله اعتماد ممثلي الدول الأجنبية في دولته بالاستناد على صفته التمثيلية، فإنه يعتبر الدبلوماسي الأول والممثل الرئيسي لدولته أمام الدول الأخرى[2] التي تتطلب واجب الاحترام له ولكرامة دولته[3]، بغض النظر عن طبيعة النظام السائد في دولته[4].

---

(١) يشمل مفهوم رئيس الدولة: الامبراطور كامبراطور اثيوبيا السابق وامبراطور افريقيا الوسطى او شاه إيران، والملك كملك الأردن ورئيس الجمهورية كما في العراق، والأمير كأمير الكويت، ورئيس مجلس الدولة كما في ألمانيا الديمقراطية والمستشار كما في ألمانيا الغربية، ورئيس المجلس الأعلى كما في الاتحاد السوفيتي وقد يمارس صلاحية رئيس الدولة عدد من الاشخاص مثل البونديسرات كما في سويسرا.

(٢) Louis Cavare, op. cit, P. ١٦.
   Ian Brownlie, op. cit P. ٥١٥.
   Wesley, L. Could, op. cit, P. ٢٦٠.

   والدكتور عبد العزيز محمد سرحان، المصدر السابق، صفحة ٥٧.

(٣) الدكتورة عائشة راتب، المصدر السابق، صفحة ٣٥.
   وكان رئيس الدولة وفقاً لقاعدة قديمة يملك سلطات واسعة وعامة في ميدان العلاقات الدولية، فهو الـذي يكون إرادة الدولة وهو الذي يعلنها وتنسب أعماله في هذا الميدان على الدولة أما في الوقت الحاضر فإن اختصاصات رئيس الدولة تتقيد بالحدود الواردة في الدستور. انظر: الدكتور محمد حافظ غانم، المصدر السابق، صفحة ١٥٣.

(٤) الدكتور محمد حافظ غانم، المصدر السابق، صفحة ١٥٢.
   يرى البعض من الكتاب أن أساس اعفاء رئيس الدولة من الاختصاص القضائي في الدولة المستقبلة يستند على المبدأ المعروف في القانون الدولي انه ليس للمتساوين سلطان بعضهم على البعض الاخر، وهذا التساوي يقوم على صفة رئيس الدولة في دولته باعتباره الرئيس الأعلى في علاقتها مع الـدول الأخرى. الدكتور كمال أنور، المصدر السابق، صفحة ٦١. الدكتور حسن صعب، المصدر السابق، صفحة ١١٧.

وتقرر القواعد التقليدية الدولية أن يتمتع رئيس الدولة ببعض الحصانات القضائية المدنية الجزائية[1].

ولا يخضع رئيس الدولة لاختصاص محاكم الدولة المستقبلة بصورة مطلقة بالنسبة للاختصاص الجزائي، عدا حالة ارتكاب جرائم حرب دولية كالأحكام التي أصدرتها محكمة "نورمبرج" العسكرية في عام ١٩٤٩، في قضية محاكمة كبار مجرمي الحرب، أما الإعفاء من الاختصاص القضائي المدني، فإن البعض من الكتّاب يفرق بين حالتين: الأعمال التي لها صفة رسمية كالأعمال التي تتعلق بممارسة وظيفته الرسمية والتي تستمد مشروعيتها من القوانين الداخلية، كالخطب التي يلقيها في المؤتمرات الدولية والتصريحات التي يتقدم بها لوسائل الإعلام فإن مثل هذه الأعمال لا تخضع لاختصاص محاكم الدولة المستقبلة[2].

أما بالنسبة لتصرفاته الخاصة، فقد أنكر البعض من الفقهاء في إيطاليا وفرنسا منح رئيس الدولة الحصانة القضائية عن هذه التصرفات[3].

ويعلل أصحاب هذا الرأي عدم تمتع رئيس الدولة بالحصانة القضائية بالنسبة لتصرفاته الخاصة خلافاً لما يتمتع به المبعوث الدبلوماسي إلى الأساس الذي يقوم عليه حصانة كل منهما، حيث يتمتع رئيس الدولة بالحصانة القضائية بالاستناد على صفة الشخصية، ولأنه لا يقيم في الدولة المستقبلة إلا بصفة عارضة تنتهي بانتهاء المهمة إلي جاء من أجلها، ولهذا فإنه لا يتمتع بالحصانة القضائية بالنسبة لتصرفاته الخاصة، أما المبعوث الدبلوماسي فإنه يتمتع بالحصانة القضائية على أساس سيادة دولته واستقلالها وضرورة قيامه بأعمال وظيفته بأعمال وظيفته بصورة صحيحة، ولأن إقامته في الدولة المستقبلة تكون شبه دائمة تتطلب حمايته وعدم خضوعه لاختصاص محاكم الدولة المستقبلة[4].

---

(١) Raoul Cenet, op. cit, P. ٤٤٩.
Louis Delbez, op. cit, P. ٢٩٧.
Wesley L. Gould, op. cit, P. ٢٦١.

والدكتورة عائشة راتب، المصدر السابق، صفحة ٣٢.
والدكتور محمد عزيز شكري، المصدر السابق، صفحة ٣٢٤.
(٢) الدكتور كمال أنور محمد، المصدر السابق، صفحة ٦٢.
الدكتور عبد العزيز محمد سرحان، المصدر السابق، صفحة ٦٥.
(٣) انظر: Philippe Cahier, op. cit, p. ٣٤٠.
والدكتور عز الدين عبدالله، المصدر السابق، صفحة ٦١٠.

(٤) J.P. Niboyet, op. cit. P. ٣٨٨.

وقد انتقد هذا التمييز على اعتبار انه لا يقوم على أساس سليم، حيث إن أساس الحصانة القضائية لرئيس الدول الأجنبية ولمبعوثها الدبلوماسي واحد؛ لأن كلاهما يمثل دولته ويستمد حصانته من سيادتها واستقلالها[١]، بل العكس من ذلك فإن رئيس الدولة يتمتع بالحصانة القضائية خلال فترة وجوده في وظيفته ولا تنتهي حصانته هذه إلا بزوال صفته سواء بتنازله عن منصبه أو بانتهاء مدة رئاسته[٢]، أما بالنسبة للمبعوث الدبلوماسي فإنه يتمتع بالحصانة القضائية خلال فترة وجوده في الدولة المستقبلة، فإن ما أعيد إلى دولته أو نقل إلى دولة أخرى فإنه يفقد حصانته في هذه الحالة.

ولذا فقد اتجه البعض من الكتاب[٣] ومحاكم بعض الدول[٤] وهو الرأي الصائب إلى منح رئيس الدولة الحصانة القضائية المدنية بالنسبة لتصرفاته الرسمية أو الخاصة.

ويرى البعض من الكتاب أن رئيس الدولة يتمتع بالحصانة وإن دخل أراضي الدولة المستقبلة بصورة متخفية[٥].

وقد اتخذ معهد القانون الدولي المنعقد في "همبورج" عام ١٨٩١ اتجها وسطا وقرر منح رئيس الدولة الأجنبية الحصانة القضائية المقيدة[٦]، وأورد عليها الفقهاء بعض الاستثناءات الجوهرية[١].

---

(١) الدكتور هشام علي صادق، طبيعة الدفع بالحصانة، المصدر السابق، صفحة ٣٢٥.

(٢) الدكتور محمد حافظ غانم، المصدر السابق، صفحة ١٥٥.

(٣) Wesley L, Gould, op. cit P. ٢٦١.

Elmer Plischke, Conduct of American Diplomacy.

D.V. Nostrand, New York, ١٩٦١, P. ٢٩٢.

(٤) في عام ١٨٩٤ أقيمت الدعوى أمام إحدى المحاكم البريطانية ضد السلطان جوهر لفسخه وعداً بالزواج. فقررت المحكمة بانه يتمتع بالحصانة القضائية على أساس الاحترام الواجب له بوصفه رئيس دولة. انظر قضية:

Mighell V. Sultan Johore, ١٨٩٤.

Philippe Cohier, op. cut p. ٣٣٧.

وفي عام ١٩٦٧ هتف الجنرال ديغول رئيس جمهورية فرنسا بحياة "كيبك الحرة" عند زيارته إلى كندا ولم تتخذ الحكومة الكندية الاجراءات ضده رغم مخالفة هتافه قانون كندا غير انها طلبت منه اختصار زيارته من أربعة أيام إلى ثلاثة. انظر: الدكتور حسن صعب، المصدر السابق، صفحة ٦١١.

(٥) الدكتور علي صادق أبو هيف، المصدر السابق، صفحة ٥٩.

ويدخل رئيس الدولة بصورة متخفية أو متنكرة عندما يرغب تجنب مظاهر الابهة ومراسيم الاستقبال عند تنقله فيتخذ لنفسه اسما مستعاراً يعلم به الدولة المستقبلة لكي توعز إلى أجهزتها المختصة بحمايته على أن تبقى مكتومة ومن تطبيقات هذه القاعدة قضية "وليم" ملك هولندا الذي ارتكب جريمة أثناء وجوده في سويسرا بصورة متخفة وقد حكم عليه بغرامة، وعندما كشف عن شخصيته لم ينفذ الحكم ضده.

انظر الدكتور كمال أنور محمد، المصدر السابق، صفحة ٦١.

وقد يتعاقد رئيس الدولة بصفته الشخصية باسم مستعار، حيث قررت احدى المحاكم الانكليزية تمتع السلطان جوهر بوصفه رئيس الدولة وأن تعاقد باسم مستعار بصفته الشخصية. انظر:

W.E. Holder, The International Legal System.

Butterworths, ١٩٧٢, P. ٥٧٥.

(٦) لا يجوز لرئيس الدولة التمسك بالحصانة القضائية في الحالات التالية:

ولم يرد في اتفاقية فينا للعلاقات الدبلوماسية لعام ١٩٦١ نص ينظم حصانة رؤساء الدول عند تمثيل دولتهم في الخارج، لأن نصوص اتفاقية فينا لا تتناول إلا البعثات الدائمة، وأن المهمة التي يقوم بها رئيس الدولة، مهمة مؤقتة، ولهذا فقد ذهب بعض الكتّاب[٢] إلى أن رئيس الدولة يتمتع بحصانته القضائية طبقاً لقواعد العرف الدولي.

ولم تغير اتفاقية البعثات الخاصة لعام ١٩٦٩ من هذه القاعدة، حيث إنها لم تحدد نطاق ومضمون الحصانة القضائية التي يتمتع بها رئيس الدولة إنما تركت تحديد ذلك لقواعد القانون الدولي (العرف الدولي) فنصت الفقرة الأولى من المادة (٢١) من الاتفاقية على ما يلي: "يتمتع رئيس الدولة المرسلة في الدولة المستقبلة أو الدولة الثالثة بالتسهيلات والامتيازات والحصانات المعترف بها في القانون الدولي لرؤساء الدول عند الزيارة الرسمية".

وكان من الضروري أن تحدد اتفاقية البعثات الخاصة نطاق ومضمون هذه الحصانة، وخاصة بعد أن ازداد عدد مؤتمرات القمة في الأونة الأخيرة[٣].

لأن الغرض من تدوين أحكام القانون الدولي في اتفاقيات شارعة، هو أن هذه الاتفاقيات تتسم باليقين والثبات، في حين أن تطبيقات العرف الدولي متغيرة وغير ثابتة.

وعلى ذلك أرى ضرورة تعديل الاتفاقية ووضع نصوص تضمن حصانة رؤساء الدول الأجنبية عند تمثيل بلادهم على أن لا يقل نطق ومضمون هذه الحصانة عن الحصانة القضائية التي يتمتع بها المبعوث الدبلوماسي.

١- الدعاوى العينية بما في ذلك دعاوى الحيازة سواء تعلقت بعقار أو بمال منقول. ٢- الدعاوى المتعلقة بالميراث.
٣- الدعاوى المتعلقة بالتجارة والصناعة التي يباشرها لمصلحته الخاصة. ٤- يجوز لرئيس الدولة التنازل عن حصانته.

انظر الدكتور عبد العزيز محمد سرحان، المصدر السابق، ص ٦٨ والدكتور علي صادق أبو هيف، المصدر السابق، صفحة ٤٧.

(١) ومن هذه استثناءات:
١- دخول رئيس الدولة بالخدمة العسكرية للدولة المستقبلة.
٢- إذا زالت عنه صفة رئيس الدولة.
٣- إذا قام بأعمال معادية ضد رئيس الدولة المستقبلة.
٤- إذا دخل الدولة المستقبلة رغم إرادة السلطات المحلية.
انظر هذه الاستثناءات بصورة مفصلة في مؤلف:
الدكتورة عائشة راتب، المصدر السابق، صفحة ٤١.

(٢) Dr. Albert Vlert Vleckman, Grundgestz and Volkerrecht Ein Stucdienbuchr Gunker and Humbolt, Berlin ١٩٧٥, P. ١٢٩.

(٣) لقد ازداد في الآونة الأخيرة ظاهرة مؤتمرات القمة، ومن بين هذه المؤتمرات مؤتمر هلنسكي بين رئيس دولة الولايات المتحدة الأمريكية والاتحاد السوفيتي عام ١٩٧٥ ومؤتمرات القمة العربية التي عقدت في الجزائر ١٩٧٣ والرباط ١٩٧٤ ودمشق ١٩٧٨ وبغداد ١٩٧٨.

الفقرة الثانية: أعضاء الحكومة

لم تكن لرئيس الوزراء صفة دبلوماسية إلا منذ وقت قريب عندما تطور هذا المنصب وزدادت أهميته، فرجال السلك الدبلوماسي مرتبطون بوزير الخارجية ولا علاقة لهم برئيس الوزراء. غير عن ازدياد العلاقات الدولية واتساعها أعطت أهمية خاصة لمنصب رئيس الوزراء في بعض الدول، حيث يمارس رئيس الوزراء فيها المهام الدبلوماسية، ويصطحب معه في غالب الأحيان وزير خارجيته كمساعد له. وقد يتصل رئيس الوزراء ببعض المبعوثين الدبلوماسيين، ويشرف على أعمال وزارة الخارجية بصورة مباشرة أو غير مباشرة[1]. ومن هنا نشأت أهمية رئيس الوزراء في النطاق الدولي، حيث أنه يتولى في بعض الأحيان الاجتماعات الدولية والحضور بديلاً عن وزير الخارجية إذا كانت الاجتماعية الدولية من الأهمية التي تتطلب حضوره[2].

ولم يتعرض فقهاء القانون الدولي لتحديد الوضع القانوني لرئيس مجلس الوزراء في الخارج، وهو إهمال قد يستشف منه على أنه يتمتع بذات الواقع الذي يتمتع به أي موظف كبير أجنبي حالة وجوده في الخارج، غير أن رئيس مجلس الوزراء مجرد موظف أجنبي، إضافة إلى أن المسائل التي يعالجها خلال إقامته الرسمية في الخارج هي من المسائل التي تتطلب أن يحاط بحماية خاصة، تضمن صيانة شخصيته وحصانة مقر إقامته، فلا يجوز القبض عليه، أو أن يحال على المحاكم عند ارتكابه فعلا موجبا للمسؤولية وأن تحاط تنقلاته بحماية خاصة من جانب السلطات المختصة[3]، لأن أي اعتداء يقع عليه يعتبر أعتداء على دولته وإن عدم إعفائه من اختصاص المحاكم الوطنية للدولة المستقبلة يؤثر على حريته في عدم أداء المهمة التي جاء من أجلها، وعلى ذلك فإنه يجب أن يتمتع بالحصانة الجزائية والمدنية سواء ما يتعلق بأعماله الرسمية أو بأعماله الخاصة[4].

وإذا كان رئيس الدولة لا يتمكن من الناحية العملية من إدارة الشؤون الخارجية بنفسه، فقد وجد إلى جانبه وزير الخارجية الذي تناط به مهمة إدارة الأجهزة الخاصة بمباشرة العلاقات الخارجية[5] وهو النطاق الرسمي لدولته وهمزة الوصل بين دولته والعالم الخارجي، كما أنه يصدر تعليماته إلى البعثات الدبلوماسية المعتمدة في الدول الأجنبية ويتصل بوزراء

(١) الدكتور فؤاد شباط، المصدر السابق، صفحة ٤٣ وما بعدها.
(٢) الدكتور سموحي فوق العادة، المصدر السابق، صفحة ١٠٨.
(٣) الدكتور فؤاد شباط، المصدر السابق، صفحة ٤٣ وما بعدها.
(٤) Philippe Cahier, op. cit, P, ٣٤٦.
(٥) Louis Dellez, op. cit, P. ٢٩٨.
Lois Cavare, op. cit, P. IL.
Philippe Cahier, op. cit, O. ٣٤٧.

خارجية الدول الأخرى وبرؤساء بعثاتها الدبلوماسية المعتمدين في دولته لحل المشاكل الناشئة بينهما[١]، وهو رسول دولته ووسيطها لدى الحكومات

الأجنبية، وقيامه بالنيابة عن رئيس الدولة بإدارة العلاقات الخارجية باعتباره الهيئة الداخلية التي يسبغ عليها القانون الدولي وصف الدولة في العلاقات الخارجية[٢].

وقد ذهب رأي إلى أن وزير الخارجية يتمتع بالحصانة القضائية في الدول الأجنبية بصورة مماثلة للحصانة القضائية التي يتمتع بها رئيس الدولة في الخارج في حالة وجوده في الدولة الأجنبية بمهمة رسمية لتمثيل بلاده، أما إذا كان وجوده بصفة شخصية كأن يكون، مثلاً في إجازة لغرض الاصطياف أو المعالجة، فلا يكون له الحق في المطالبة بهذه الحصانة لانتفاء مبرراتها، بخلاف الوضع بالنسبة لرئيس الدولة الذي يوجد في دولة أجنبية بصفة رسمية أو بصورة متخفية[٣].

وقد يرأس البعثة الخاصة أو يشترك فيها وزراء آخرون كوزير الدولة للشؤون الخارجية أو وزير الدفاع ... الخ، أو بعض الشخصيات السياسية أو العسكرية العليا في الدولة كأعضاء مجلس قيادة الثورة أو رؤساء أركان القوات المسلحة وغيرهم، وأن أهمية هؤلاء لا تقل عن أهمية وزير الخارجية، لذلك فمن الضرورة منحهم حصانة قضائية تتناسب وشخصيتهم وما يقومون به من مهمات.

ولهذا فقد أقرت اتفاقية "البعثات الخاصة لعام ١٩٦٩"، الحصانة القضائية لرئيس الوزراء ووزير الخارجية والوزراء والشخصيات السياسية والعسكرية العليا في الدولة عند ترؤسهم أو اشتراكهم في بعثة خاصة تمثل دولتهم. فقد نصّت الفقرة الثانية من المادة (٢١) من الاتفاقية على: "أن رئيس الحكومة ووزير الخارجية والأشخاص الآخرين من المرتبة العليا عندما يكونون في بعثة خاصة لتمثيل دولتهم، فإنهم يتمتعون في الدولة المستقبلة أو الدولة الثالثة، بالإضافة إلى ما ضمنته هذه الاتفاقية بالتسهيلات والامتيازات والحصانات التي أقرها القانون الدولي.

يتضح من النص المذكور أن هؤلاء يتمتعون بالحصانة القضائية التي أقرها القانون الدولي لهم، بالإضافة إلى الحصانة القضائية التي ضمنتها اتفاقية البعثات الخاصة والتي تعتبر حداً أدنى لحصانتهم.

---

(١) الدكتور محمود عزيز شكري، المصدر السابق، صفحة ٣٢٤.
وقد جاء بقرار محكمة العدل الدولية الصادر في ٥ نيسان عام ١٩٣٣ في قضية كرينلاند الشرقية: "إن وزير الخارجية هو المهيمن على السياسة للدولة وهو صلة الوصل بين دولته والعالم الخارجي وتصريحاته تكون ملزمة لدولته".
انظر الدكتور حسن صعب، المصدر السابق، صفحة ١١٩.
(٢) الدكتورة عائشة راتب، المصدر السابق، صفحة ٥٢.
(٣) الدكتور علي صادق أبو هيف، المصدر السابق، صفحة ٥٩.
Elmer Plische, op. cit, P. ٢٩٣.

المطلب الثاني: ممثلو الدولة في المنظمات الدولية

يعمل في المنظمات الدولية فئتان من الأشخاص، الفئة الأولى ممثلو الدول الأجنبية، والثانية موظفو المنظمة من وكلاء ومستشارين وخبراء وفنيين وإداريين وغيرهم ممن يخضعون لتوجيهات المنظمة.

وتعتبر الأمم المتحدة من أكبر المنظمات الدولية، حيث أنها تشمل ممثلي أغلب الدول الذين تعينهم دولهم ممثلين لها في المنظمة بدرجة سفير أو وزير فوق العادة وموظفيهم الذين يتفق عليهم بين الأمين العام والحكومة الأمريكية وحكومة الدول المعينة. أما موظفو الأمم المتحدة الذين تعينهم المنظمة فهم المندوبون ووكلاؤهم والمستشارون والخبراء وأمناء الوفود وغيرهم من الموظفين[١].

ويتمتع ممثلو الدول في الأمم المتحدة بالحصانة القضائية بصدد ما يصدر منهم من أفعال في نطاق واجباتهم الرسمية. أما بالنسبة للسكرتير العام والسكرتيرين العاملين المساعدين وزوجاتهم وأولادهم فإنهم يتمتعون بالحصانة القضائية التي يتمتع بها المبعوث الدبلوماسي[٢].

أما حصانات موظفي الأمم المتحدة، فإنها تحدد بأصناف هؤلاء الموظفين، والأمين العام هو الذي يقوم بتحديد هذه الأصناف على أن تقر الجمعية العامة ذلك، وباستثناء الموظفين المحليين والعاملين بأجور يومية يتمتع موظفو الأمم المتحدة بحصانة قضائية عن الأفعال الصادرة عنهم بصفتهم الرسمية[٣]. ولا يتمتعون بالصفة الدبلوماسية[٤].

أما بالنسبة لأعضاء محكمة العدل الدولية فإنهم يتمتعون بموجب النظام الأساسي بالحصانة القضائية فيما يتعلق بأعمال وظيفتهم حيث نصت المادة (١٩) من النظام المذكور على أن "يتمتع أعضاء المحكمة في مباشرتهم ووظائفهم بالمزايا والإعفاءات السياسية".

---

(١) الدكتور صالح جواد كاظم، دراسة في المنظمات الدولية، مطبعة الارشاد بغداد ١٩٧٥ صفحة ٢٥.

(٢) Mchammed Bedjaout – Fanction Publique International, Pedon ١٩٥٨, P. ٢٢. S.
A.H. AL. Kalifi, op. cit. Ne. ٢٤.
وانظر نص المادة الرابعة والمادة ١٨ من اتفاقية الامتيازات والصيانات لهيئة الامم المتحدة المنعقدة في عام ١٩٤٦ والمصادق عليها بالقانون رقم ١٤ لسنة ١٩٤٩.

(٣) الدكتور صالح جواد كاظم، المصدر السابق، صفحة ٢٧.

(٤) جاء بمذكرة وزارة الخارجية ٢٠٠/٥٥٠ في ٦٠/١/١٩ أن أسماء خبراء الأمم المتحدة المتدبين للعمل في العراق لا تدرج في سجل الهيئة الدبلوماسية. كما لا توجد قاعدة مقررة بدعوتهم إلى الحفلات العامة والولائم الرسمية".

وفي عام ١٩٤٦ اتفق رئيس المحكمة مع الحكومة الهولندية على أن أعضاء المحكمة يتمتعون بالحصانة التي يتمتع بها رؤساء البعثات الدبلوماسية المعتمدة لدى هولندا، ويتمتع كاتبها بالحصانة التي يتمتع بها المستشارون والملحقون بالبعثات الدبلوماسية في لاهاي، ويتمتع كبار موظفو المحكمة بالحصانة التي يتمتع بها السكرتيريون والملحقون بالبعثات الدبلوماسية، أما موظفو المحكمة الآخرون فإنهم يتمتعون بالحصانة التي يتمتع بها نظراؤهم الملحقون بالبعثات الدبلوماسية ويتمتع أفراد عائلة قضاة المحكمة بالحصانة التي يتمتع بها رئيس العائلة[1].

ويتمتع ممثلو وموظفو المنظمات الدولية القضائية في حدود ممارستهم لأعمال وظيفتهم الرسمية فقط[2]، ويتمتعون في ذلك بنفس الحصانة القضائية التي يتمتع بها المبعوث الدبلوماسي[3].

---

(١) للتفاصيل يراجع A.H. AL. Kalifi, op. cit. P. Ne ٢٤.

(٢) انظر المادة (٥) و (٦) من اتفاقية الامتيازات والصيانات للوكالات الاختصاصية الموقعة عام ١٩٤٧ المصادق عليها في العراق بقانون رقم (٦) لسنة ١٩٥٤ والمادة ١١ و ٢٠ من اتفاقية حصانات جامعة الدول العربية الموقعة عام ١٩٥٣، والمصادق عليها بقانون رقم ١١ لسنة ١٩٥٥. والمادة ١١ و ١٩ من اتفاقية مزايا وحصانات مجلس الوحدة العربية الموقعة عام ١٩٦٥ والمصادق عليها بقانون رقم ١٧٢ لسنة ١٩٦٥ والمادة ١٢ و ١٨ من اتفاقية الامتيازات والحصانات لوكالة الطاقة الذرية الدولية المصادق عليها بقانون رقم ٩٥ لسنة ١٩٦٠ والمادة ١١ و ٢٠ من اتفاقية المزايا والحصانات الدبلوماسية للمنظمة العربية للمواصفات والمقاييس بجامعة الدول العربية الموقعة عام ١٩٦٧، المصادق عليها بقانون رقم ١٦٢ لسنة ١٩٦٨. وانظر في هذا الصدد:

Jea - Pierre Colin. Le G.P.P. et Les Nations Unies, R.P.D.I. POI. ١١, ١٩٧٥-١ P. ٥١.

يراجع في هذا الشأن:

Eriedrich Shroer, De Lapplication de Limmunite Juridicnnelle des Etats etranges aux organi sations Internationals, R.G.D.I.P. M.٣ ١٩٧١, P, ٧٣٨.

(٣) جاء بمذكرة وزارة الخارجية المرقمة ١٤٠٥٥/٥٨/٨١ في ١٩٧٤/٥/١٢ "إن السيد (-) مدير مركز الاعلام التابع للأمم المتحدة يعتبر من الدبلوماسيين العاملين في العراق ومن المناسب أن يتم تبليغه عن طريق وزارة الخارجية استناداً لاتفاقية فينا للعلاقات الدبلوماسية التي منحت حصانات وامتيازات لكافة الدبلوماسيين.
ويلاحظ ان المذكرة المذكورة اعتبرت المدير المذكور من الدبلوماسيين الذين يخضعون لاتفاقية فينا في حين أنه لا يتمتع بالحصانات التي منحتها الاتفاقية المذكورة. إنما يتمتع بالحصانات الواردة في اتفاقية الامتيازات والحصانات لهيئة الأمم المتحدة ولوكالاتها الاختصاصية.
وجاء بمذكرة وزارة الخارجية المرقمة ١٢٣١١/٥٨ في ٧٤/٤/٢٨ "إن الدكتور (-) الخبير في الصحة العالمية يتمتع بالحصانة الدبلوماسية بالاستناد إلى نص الفقرة (أ) من المادة الخامسة من الاتفاقية الموحدة المعقودة بين الجمهورية العراقية ومنظمة الأمم المتحدة والمنظمات التابعة إليها المصادق عليها بقانون رقم ٩١ لسنة ١٩٦٠".

"غير أن الفرق الأساس بين المواطنين الدبلوماسيين والموظفين الدوليين من حيث الحصانات والامتيازات طبقاً للاتفاقيات المذكورة هو أن الموظفين الدبلوماسيين يتمتعون بالحصانات الدبلوماسية والامتيازات الكاملة، بينما نجد حصانات الموظفين الدوليين جزئية ومحدودة ... "غير إن ذلك لا يعني أن الدولة المستقبلة لا تستطيع أن تمنحه الامتيازات والحصانات التي تناسب مركز الموظف الدولي، إنما يجوز لها أن تمنحه الامتيازات والحصانات التي تراها مناسبة على أن لا تقل عن الحد الأدنى المطلوب"(١).

وفي عام ١٩٧٥ اقر مؤتمر فينا مشروع الاتفاقية الخاصة بتمثيل الدول لدى المنظمات الدولية، وقد جاءت هذه الاتفاقية بأحكام جديدة تختلف عن الاتفاقيات السابقة فيما يتعلق بحصانة ممثل الدولة في المنظمات الدولية، حيث إنها ساوت بينه وبين المبعوث الدبلوماسي ومنحته الحصانة القضائية التي يستحقها المبعوث الدبلوماسي في الدول الأجنبية طبقاً لاتفاقية فينا للعلاقات الدبلوماسية لعام ١٩٦١.

فقد منحت المادة (٣٠) من اتفاقية تمثيل الدول في المنظمات الدولية لعام ١٩٧٥ الحصانة القضائية في الأمور الجزائية والحصانة القضائية المقيدة في الأمور المدنية والإدارية كما هو الشأن بالنسبة للمبعوث الدبلوماسي(٢).

وقد ذهب بعض الكتّاب إلى أن الاتفاقية المذكورة منحت ممثلي الدولة الحصانة من الاختصاص القضائي في الأمور الجزائية في الدولة المستقبلة فيما يتعلق بأعمالهم الرسمية والخاصة، والحصانة من الاختصاص القضائي في الأمور المدنية والإدارية فيما يتعلق بالأعمال المتعلقة بأعمالهم الرسمية(٣).

---

(١) انظر مذكرة وزارة الخارجية المرقمة ٢١٤٠ والمؤرخة في ١٩٦٣/٧/٢٤ الموجهة إلى مجلس المساعدات الفنية للأمم المتحدة في بغداد. وقد الحقت الوزارة بمذكرة أعلاه المذكرة المرقمة ٢٠٠/٢١٤٠ والمؤرخة في ١٩٦٣/٥/٢ التي جاء فيها:

"إن ما جاء بالمذكرة أعلاه لا تعني رجوع الوزارة عن الخطة التي كانت ولا تزال تتبعها بشأن التسهيلات التي تسديها الوزارة على سبيل المجاملة إلى السيد الممثل من امتيازات خاصة تناسب ومركزه".

(٢) نصت المادة (٣٠) اتفاقية تمثيل الدول في المنظمات الدولية لعام ١٩٧٥ المطابقة للمادة (٣١) من اتفاقية فينا للعلاقات الدبلوماسية لعام ١٩٦١ على ما يلي:

"يتمتع رئيس البعثة الدبلوماسية وأعضاؤها بالحصانة من الاختصاص الجنائي للدولة المستقبلة. ويتمتعون أيضاً بالحصانة من الاختصاص المدني والإداري، عدا الحالات التالية:

أ- الدعاوى العينية المتعلقة بملكية العقارات الخاصة الكائنة في إقليم الدولة المستقبلة ما لم يستغلها لمصلحة دولته لاستعمالها في أغراض البعثة.

ب- الدعاوى المتعلقة بالإرث والتي يدخل فيها بصفة مدير أو مصفى أو وارث أو موصى له لمصلحته الخاصة وليس لمصلحة دولته.

ت- الدعوى المتعلقة بالنشاط المهني او التجاري التي يمارسها في الدولة المستقبلة خارج أعمال وظيفته الرسمية".

انظر نصوص "الاتفاقية في مجلة:

AM. I. INT. July ١٩٧٥, VOI. ٦٩. No ٣ O. ٣٩.

(٣) J.G. Fennessy, The ١٩٧٥ Vienna Convention of the Representation of States in their Relation.

With International Organizations of Auniversal Character.

A. J. INT. L.L. VOI ٧٠, No. ١, P. ٦٥.

والواقع أن الاتفاقية منحت ممثلي الدولة الحصانة القضائية المطلقة في الأمور الجزائية. أما الحصانة من الأمور المدنية والإدارية فإن ممثلي الدول يتمتعون بالحصانة من الأعمال هذه سواء ما تعلق بالأعمال الرسمية أم الخاصة، غير أن الاتفاقية أوردت بعض الاستثناءات على الأعمال الخاصة كما هو الشأن بالنسبة للمبعوث الدبلوماسي.

ويتمتع ممثل الدولة في المنظمات الدولية بالحصانة من أداء الشهادة[١]، ومن تنفيذ الأحكام الصادرة ضده، كما هو الحال بالنسبة للمبعوث الدبلوماسي[٢].

كما يتمتع أفراد أسرة ممثل الدولة في المنظمات الدولية ومنتسبو البعثة بالحصانة القضائية التي يتمتع بها أفراد أسرة المبعوث الدبلوماسي ومنتسبو البعثة الدبلوماسية[٣].

كما أن التمتع بالحصانة لا يعفيهم من اختصاص محاكم دولتهم[٤].

أما بالنسبة للوفد الذي ترسله الدولة لتمثيلها في مؤتمر دولي فإنه يتمتع بحصانة قضائية تختلف عن حصانة المبعوث الدبلوماسي ممثل الدولة الدائم في المنظمات الدولية، حيث يتمتع رئيس وأعضاء الوفد بالحصانة القضائية المطلقة في الأمور الجزائية والمدنية ومن أداء الشهادة وتنفيذ الأحكام ضدهم فيما يتعلق بالتصرفات والأفعال الناشئة عن ممارسة أعمال وظيفتهم فقط، أما بالنسبة لأعمالهم الخاصة فإنهم لا يتمتعون بالحصانة القضائية عنها[٥].

---

(١) نصت الفقرة (٣) من المادة (٣٠) من اتفاقية تمثيل الدول في المنظمات الدولية لعام ١٩٧٥ المطابقة للفقرة (٢) من المادة (٣١) من اتفاقية فينا للعلاقات الدبلوماسية لعام ١٩٦١ على ما يلي:
" لا يجبر رئيس البعثة وأعضاؤها بأداء الشهادة".

(٢) نصت الفقرة (٢) من المادة (٣٠) من اتفاقية تمثيل الدول المطابقة للفقرة (٣) من المادة (٣١) من اتفاقية فينا على ما يلي:
"لا يجوز اتخاذ أية اجراءات تنفيذية ازاء رئيس البعثة أو أحد أعضائها إلا في الحالات المنصوص عليها في البنود (أ) و (ب) و (ج) من الفقرة (١) من هذه المادة، ويشترط اتخاذ الاجراءات هذه دون المساس بحرمة شخصه أو مسكنه.

(٣) انظر المادة (٣٦) من اتفاقية تمثيل الدول المطابقة للمادة (٣٧) من اتفاقية فينا للعلاقات الدبلوماسية.

(٤) انظر الفقرة (٤) من المادة (٣٠) من اتفاقية تمثيل الدول المطابقة للفقرة (٣) من المادة (٣١) من اتفاقية فينا للعلاقات الدبلوماسية.

(٥) نصت المادة (٦٠) من اتفاقية تمثيل الدول في المنظمات الدولية على ما يلي:
"١- يتمتع رئيس الوفد وبقية أعضاء البعثة الدبلوماسية في الحصانة من الاختصاص الجنائي للدولة المستقبلة، والحصانة من الاختصاص المدني والإداري بالنسبة لجميع الأعمال المتلقية بالوظيفة الرسمية.
٢- لا يجوز اتخاذ اجراءات تنفيذية بحق هؤلاء إلا في الحالات التي تخرج عن حقوقهم الواردة في المادتين ٥٨ و ٥٩.
٣- لا يجبر هؤلاء على إعطاء الشهادة".

وتشمل الاتفاقية الدول في علاقتها بالأمم المتحدة والوكالات المتخصصة والمنظمات الدولية والمؤتمرات التي تعقد تحت رعايتها، وقد ذهب بعض الكتّاب[1] إلى أن الاتفاقية هذه لم تتعرض إلى وضع حركات التحرر الوطني رغم أن الجمعية العامة للأمم المتحدة أوصت منذ بداية السبعينات بمنح حركات التحرر الوطني رغم أن الجمعية العامة للأمم المتحدة أوصت منذ بداية السبعينات بمنح حركات التحرر الوطني المعترف بها صفة المراقب في أجهزة الأمم المتحدة والمؤتمرات الدولية، وأن الجمعية العامة أوصت في عام ١٩٧٤ بدعوة منظمة التحرير الفلسطينية لحضور الدورة التاسعة والعشرين للجمعية، وقررت في دورتها الثلاثين دعوة لمنظمة إلى أي مؤتمر دولي يخص الشرق الأوسط على قدم المساواة مع الأطراف الأخرى. وفي أواخر عام ١٩٧٦ قرر مجلس الأمن دعوة المنظمة إلى اجتماعات بوفد مراقب ومعاملة المنظمة معاملة العضو، واعتبر هذا الاتجاه معاملة المنظمة معاملة العضو، وإن اتفاقية فينا لعام ١٩٧٥ تعتبر ضمنا بأنه لا يحق لغير الدول أن ترسل بعثة مراقبة دائمة إلى الأمم المتحدة والمنظمات الدولية العالمية، غير أنه ليس هناك مانع في التسوية بين الدول الأعضاء وحركات التحرر الوطنية المعترف فيها، لأنها حلقة الوصل بين شعوبها والمحافل الدولية، يضاف إلى ذلك أن التطبيقات الدولية إجازات قبول غير الأعضاء في الأمم المتحدة بصفة بعثات مراقبة دائمية مثل بنغلاديش وإيطاليا واليابان واسبانيا وألمانيا الغربية والنمسا كما أن هناك بعثات لوحدات سياسية لا تعد دولاً مثل موناكو والكرسي البابوي.

وبالرغم من أن الاتفاقية لم تشر بصورة صريحة إلى حصانة حركات التحرر عند حضورها المؤتمرات الدولية، فإنها تتمتع بالحصانة القضائية التي يتمتع بها ممثلو الدول لهذه المنظمات، طالما أن الأمم المتحدة قررت دعوة هذه الحركات لحضور المؤتمرات الدولية، وخاصة بقرارها المرقم ٣٢٤٧ الصادر في ١٩٧٤/١١/٢٩.

(١) الدكتور عبدالله الاشعل، على هامش اتفاقية فينا عام ١٩٧٥ بشأن تمثيل الدول العربية في المنظمات الدولية العالمية مجلة الحقوق العربي، العددان الأول والثاني، السنة الثانية ١٩٧٧ صفحة ١٤٤.

الفصل الثالث

اختصاص المحكمة الجنائية الدولية بمحاكمة الدبلوماسي

Competence ICC on Diplomacy

يتمتع المبعوث الدبلوماسي بالحصانة القضائية الجنائية والمدنية، من قضاء الدولة المعتمد لديها طبقا لاتفاقية فيينا للعلاقات الدبلوماسية المعقودة عام ١٩٦١، وقواعد القانون الدولي بحسب طبيعة الصفة الدبلوماسية التي يتمتع بها ونوعها، بغض النظر عـن نـوع الجريمة وحجمها التي يرتكبها في الدولة المعتمد لـديها. كما يتمتـع بالحصانة مـن القبض والتفتيش، فلا يجوز القبض عليه وتسليمه إلى دولة أخرى لارتكابه جريمة فيها.

وبعد عقد نظام روما الأساسي للمحكمة الجنائية الدولية عـام ١٩٩٨، تغير وضـع الحصانة التي يتمتع بها المبعوث الدبلوماسي. فلم يعد يتمتع بالحصانة الدبلوماسية بخصوص الجرائم الأربع التي تختص المحكمـة بهـا. إذ أصبح المبعوث الدبلوماسي يخضـع لنظامين متناقضين. الأول الحصانة التي يتمتع بها طبقا لاتفاقية فيينا للعلاقات الدبلوماسية عام ١٩٦٩، التي منعت مقاضاته والقبض عليه، والثانية نظام روما الأساسي للمحكمة الجنائية الدولية عام ١٩٩٨، التي أجازت مقاضاته عن الجرائم التي تدخل في اختصاصها. وقد سبب هـذا التنـاقض، تعارضا في التزامات الدول المعتمدة والمعتمد لديها، بين ما يتمتع به من حصانة، وبين الالتـزام بالقبض عليه وتسليمه للمحكمة. لهذا فان إشكالية هـذه الدراسـة، تتنـاول التنسـيق بـين التزامات الدول وحل التناقض بينها. وان البحث في ذلك يتطلب قبل كل شيء بيـان الأشخاص الذين يتمتعون بالحصانة الدبلوماسية ونطاقها بشكل مـوجز، ومـدى التـزام الدولة المعتمـد لديها بتسليمه للمحكمة الجنائيـة الدوليـة، والجهة التـي يحـق لهـا تحريـك الـدعوى ضد ا لدبلوماسي، والجرائم التي يخضـع فيهـا الـدبلوماسي لاختصاص المحكمـة، وهـو مـا تتضمنه المباحث الآتية:

المبحث الأول – ولاية المحكمة الجنائية الدولية على الأفراد؛

المبحث الثاني – الحصانة من القبض على الدبلوماسي؛

المبحث الثالث - الجرائم التي تخضع لاختصاص المحكمة؛

المبحث الرابع - الجهة المختصة بتحريك الدعوى ضد الدبلوماسي.

المبحث الأول

ولاية المحكمة الجنائية الدولية على الأفراد

تختص المحكمة الجنائية الدولية بمحاكمة جميع الأشخاص. وهي محكمة مستقلة غير خاضعة لجهة معنية[1]. وتختص المحكمة بمحاكمة جميع الإفراد بغض النظر عن الصفة السياسية والدبلوماسية والعسكرية التي يتمتعون بها. وتشمل ولاية المحكمة محاكمة الأفراد المتمتعين بالحصانة الدبلوماسية التي يتمتعون بها طبقا لقواعد القانون الدولي العام، والقانون الداخلي. إذ يخضع لاختصاصها رؤساء الدول والوزراء وجميع ممن يحملون صفة دبلوماسية في البعثات الدائمة والبعثات المؤقتة.

ومحاكمة الأفراد من قبل المحاكم الدولية عن مسؤولياتهم الجنائية تعد من الموضوعات الحديثة في القانون الدولي. فبعد الحرب العالمية الثانية عام ١٩٤٥، شكلت محكمتين دوليتين، نورينبورغ وطوكيو. وتمت محاكمة عدد من مجرمي الحرب وصدرت العديد من الأحكام بحقهم[٢].

ولم ينص النظام الأساسي للمحكمة على مصطلح الدبلوماسي وإنما نص على الحصانة التي يتمتع بها بعض الأشخاص طبقا للقانون الدولي. والحصانة التي يتمتع بها الشخص على الصعيد الدولي تنحصر بالدبلوماسيين بمختلف أصنافهم، وبمختلف الجهات التي يمثلونها، والمعاهدات التي تمنحهم هذه الحصانة[٣].

فقد نصت الفقرة الثانية من المادة (٢٧) من نظام روما الأساسي للمحكمة الجنائية الدولية على ما يأتي: " لا تحول الحصانات أو القواعد الإجرائية الخاصة التي قد ترتبط بالصفة الرسمية للشخص، سواء أكانت في إطار القانون الوطني أو الدولي، دون ممارسة المحكمة اختصاصها على هذا الشخص.". وقد وردت عبارة الحصانات بشكل شامل التي ترتبط بالصفة الرسمية للشخص سواء أكان في القانون الداخلي أو القانون الدولي. وما نتناوله في هذا البحث هو الحصانات المرتبطة بصفة الشخص المتعلقة بالقانون الدولي فقط. وهؤلاء هم صفة الدبلوماسية. أما المتمتعون بالصفة الرسمية طبقا للقانون الداخلي،

---

(١) محمود شريف بسيوني، المحكمة الجنائية الدولية، نشأتها ونظامها الأساسي ، مطابع روز اليوسف، الجديدة ، القاهرة ٢٠٠١، ص ٨٠.

(٢) يراجع:

Robin GelB and Noemie Bulinclkx, International and Internationalized Criminal Tribunals, International Review of the Red Cross, Volume Number ٨٦١ March ٢٠٠٦. p. ٦٩.

(٣) يراجع عن أصناف الدبلوماسيين وحصاناتهم المصادر:

Bujold, Diplomatic Immunity (Mass Market Paperback Baen Books, ٢٠٠٣.

Lois McMaster Bujold Diplomatic Immunity, Baen Books ٢٠٠٣

Lois Mcmaster Bujold Diplomatic Immunity Seuss Originals ٢٠٠٢

وبصورة عامة لا يجوز الاعتداد بالصفة الرسمية للإعفاء من المسؤولية الجنائية أمام المحكمة[1]، فهؤلاء يخرجون عن محتوى هذا البحث، وإن كان هناك تداخل بين من يتمتع بالحصانة القضائية في القانون الدولي والقانون الداخلي، وهم رئيس الدولة ورئيس الحكومة وعضو البرلمان أو أي موظف حكومي[2]، كذلك العسكريون العاملون بالدولة الذين يتمتعون بالحصانة طبقا للقانون الداخلي[3]. فهؤلاء يتمتعون بالحصانة القضائية طبقا للقانون الداخلي، ولا يتمتعون بالصفة الدبلوماسية في الداخل، وان كان بعضهم يتمتع بالحصانة القضائية طبقا للقانون الدولي عندما يمثل دولته في بعثة دبلوماسية مؤقتة.

ولم يحدد نظام روما الأساسي للمحكمة الجنائية الدولية الأشخاص الذين يتمتعون بالحصانة طبقا للقانون الدولي. وتحديد هؤلاء لابد من الرجوع إلى القانون الدولي العام لمعرفة الأشخاص الذين يتمتعون بالحصانة الدولية، والذين يخضعون لاختصاص المحكمة الجنائية الدولية.

وبالرجوع إلى أحكام القانون الدولي العام، فإن الأشخاص الذين يتمتعون بالحصانة الدولية ويخضعون لاختصاص المحكمة، هم:

١- رئيس الدولة[4]، وأعضاء الحكومة[5]، فهؤلاء يتمتعون بنوعين من الحصانة، الأولى حصانة حصانة داخلية طبقا للقانون الداخلي وحصانة دولية إذا مثلوا دولهم في البعثات الدبلوماسية في الخارج طبقا لاتفاقية البعثات المؤقتة خارج دولهم[6]. أما داخل دولهم فلا يتمتعون بالحصانة الدبلوماسية طبقا للقانون الدولي، وإنما يتمتعون بالحصانة المقررة في دستور دولتهم، أو القوانين الداخلية.

٢- أعضاء البعثات الدائمة عندما يمثلون دولهم في الخارج، وما يطلق عليهم بالمبعوثين الدبلوماسيين في البعثات الدائمة في الخارج[7].

---

(١) المستشار شريف عتلم، المواءمات الدستورية، للتصديق والانضمام إلى النظام الأساسي للمحكمة الجنائية الدولية، مجلد المحكمة الجنائية الدولية ، المواءمات الدستورية والتشريعية إعداد المستشار شريف عتلم، ط٢ منشورات الصليب الأحمر الدولية، القاهرة ٢٠٠٤، ص ٣٠٠.

(٢) الفقرة (٢) من المادة (٢٧) من نظام روما الأساسي للمحكمة الجنائية الدولية لعام ١٩٩٨.

(٣) المادة (٢٨) من نظام روما الأساسي للمحكمة الجنائية الدولية.

(٤) Louis Cavare , Le Droit International Public , Positif , Tome ٢ , Pedon. Paris ١٩٦٢, p. ١٦..
والدكتور كمال أنور محمد ، تطبيق قانون العقوبات من حيث المكان، دار النهضة العربية القاهرة ١٩٦٥ ص٦١

(٥) Maria Rosaria Donnarumma, La Convention Sur les Mission Speciales ١٩٦٩ (R.B.D.L) Vol. ٨ ١٩٧٢- ١ p. ٤٦ss.

(٦) تراجع اتفاقية فيينا للبعثات الخاصة المعقودة عام ١٩٦٩.

(٧) J. Alan Cohen and H. Chiu. Peoples Chaina and International Law . Vol. ٢. Harvard University , p. ١٠٠٠.
North Cheshire's , Private International Law , Butterworths , London ١٩٧٤,p.١٢٢.
وتراجع اتفاقية فيينا للعلاقات الدبلوماسية المعقودة في ٢٤ نيسان/أبريل ١٩٦٣.

٣- أعضاء البعثات المؤقتة[١]. وهؤلاء يرسلون في مهام مؤقتة تنتهي بانتهاء المهمة.

٤- ممثلو الدول في علاقاتها مع المنظمات الدولية ذات الطابع العالمي[٢].

٥-أعضاء البعثات القنصلية العاملون في البعثات الدائمة في الخارج[٣].

٦- ممثلو الدول في المنظمات الدولية والعاملون. وموظفو الأمم المتحدة[٤]، والوكالات المتخصصة، وأفراد أسرهم[٥]. ويتمتع هؤلاء جميعهم في الدولة المعتمد لديها أو التي يمرون على أراضيها، لتسلم مهام عملهم أو العودة إلى بلدهم[٦]. فجميع هؤلاء ينطبق عليهم وصف الحصانة طبقا للقانون الدولي الواردة في المادة (٢٧) من النظام الأساسي للمحكمة، وينطبق عليهم وصف المتمتعون بالحصانة الدولية. وبناء على ذلك، فإن المقصود بالأشخاص المتمتعين بالحصانة الدولية، هم الدبلوماسيون، سواء أكانوا مبعوثين دبلوماسيين في بعثات دائمة أو مؤقتة، بما فيها رؤساء الدول والحكومات والوزارات ممن يكلفون بتمثيل دولهم في بعثات مؤقتة. فعبارة الحصانة الدولية تشمل كل هؤلاء. ويخضع كل هؤلاء لاختصاص المحكمة الجنائية الدولية.وتختص المحكمة الجنائية الدولية بالنظر في أربعة أنواع من الجرائم الكبرى[٧] الكبرى[٧]. فنصت الفقرة الأولى من المادة (٢٧) من النظام الأساسي للمحكمة على ما يأتي: "يطبق هذا النظام الأساسي على جميع الأشخاص بصورة متساوية دون أي تمييز بسبب الصفة الرسمية" وهذا يعني أن محكمة الجنايات الدولية تختص بالنظر بمحاكمة **أي** شخص ارتكب جريمة نصّ عليها في النظام الأساسي للمحكمة. سواء أكانت دولته طرفا في النظام الأساسي للمحكمة، أم لم

---

(١) انظر اتفاقية البعثات الخاصة المعقودة عام ١٩٦٩.
وكذلك البروتوكول الاختياري لاتفاقية البعثات الخاصة المتعلق بالتسوية الإلزامية للمنازعات. نيويورك، ٨ كانون الأول/ديسمبر ١٩٦٩.

(٢) يراجع الدكتور عبد الكريم علوان خضير، الوسيط في القانون الدولي العام، الكتاب الرابع، المنظمات الدولية، عمان دار الثقافة ٢٠٠٢، ص ٤٤-٤٩.
أنظر اتفاقية فيينا المتعلقة بتمثيل الدول في علاقاتها مع المنظمات الدولية ذات الطابع العالمي. فيينا، ١٤ آذار/مارس ١٩٧٥.

(٣) أنظر اتفاقية فيينا للعلاقات القنصلية. فيينا، ٢٤ نيسان/أبريل ١٩٦٣.

(٤) أنظر اتفاقية امتيازات الأمم المتحدة وحصاناتها. ١٣ شباط/فبراير ١٩٤٦.

(٥) المادة (٣٧٣) من اتفاقية فيينا للعلاقات الدبلوماسية لعام ١٩٦١.

(٦) الفقرة الأولى من المادة (٣٩) من اتفاقية فيينا للعلاقات الدبلوماسية لعام ١٩٦١ والفقرة الأولى من المادة (٤٣) من اتفاقية البعثات الخاصة .

(٧) يراجع عن اختصاص المحكمة الجنائية الدولية المصادر الاتية:
الدكتور محمد علوان والدكتور محمد الموسى، القانون الدولي لحقوق الإنسان الحقوق المحمية، دار الثقافة عمان ٢٠٠٧. والدكتور عمر محمد المخزومي، القانون الدولي لحقوق الإنسان في ضوء المحكمة الجنائية الدولية، دار الثقافة عمان ٢٠٠٨. والدكتور على الشكرجي، القضاء الجنائي الدولي في عالم متغير، دار الثقافة عمان ٢٠٠٨. ولندو معمر يشوي، المحكمة الجنائية الدولية الدائمة واختصاصاتها، دار الثقافة عمان ٢٠٠٨.

تكن. فعدم انضمام الدولة للنظام الأساسي لا يعني إعفاء مواطنيها من اختصاص المحكمة، إنما يتمتعون بميزة واحدة وهي عدم إلزام دولتهم بتسليمهم للمحكمة لمحاكمتهم، أو إجراء التحقيق معهم. وإذا ما سافر المطلوبون من قبل المحكمة، إلى دولة غير دولتهم. وكانت هذه الدولة طرفا بنظام روما الأساسي للمحكمة، فإن على تلك الدولة أن تسلمهم. أما إذا لم تكن طرفا في النظام فهي غير ملزمة بتسليمهم للمحكمة، فاختصاص المحكمة ينطبق على جميع الأشخاص، سواء أكانت دولتهم طرفا في النظام الأساسي للمحكمة، أم ليست طرفا فيه. أما التسليم فإنه التزام على الدول الأطراف في النظام الأساسي للمحكمة، فالمحكمة الجنائية الدولية تتمتع باختصاص يشمل مواطني الدول الأعضاء في النظام الأساسي، أو غير الأعضاء فيه.

والحصانة القضائية التي يتمتع بها الدبلوماسي في الدولة المعتمد لديها، منحت له لممارسة أعمال وظيفته، ولا تعني الإفلات من الجرائم الكبرى التي يرتكبها[1]. وإذا كان يتمتع بها من القضاء المحلي للدولة المعتمد لديها طبقا لقواعد القانون الدولي، فإن ذلك يقوم على أساس منع ذرائع توجيه التهم إليه لمنعه من أداء عمله. أما إذا ارتكب جرائم طبقا لقواعد القانون الدولي، فإن هذا القانون هو الذي منحه الحصانة وهو الذي يستردها منه، عندما يخالفها بارتكابه جرائم منعه القانون الدولي من ارتكابها.وبناء على ذلك فإن لمحكمة الجنايات الدولية ولاية عامة على جميع الأفراد، وليس هناك ممن هم خارج اختصاصها. ويترتب على ذلك ما يأتي:

١- يخضع لاختصاص المحكمة جميع الأشخاص بغض النظر عن صفتهم السياسية والدبلوماسية والعسكرية والمدنية. ولا يستثنى من اختصاصها عدا حالة المرض والسكر والقصور العقلي وحالة الدفاع الشرعي[2].

٢- لا يجوز الدفع بالحصانة أمام المحكمة الجنائية الدولية، لمن يتمتع بها طبقا لقواعد القانون الداخلي أو الدولي.

٣- لا يجوز الدفع بأي نوع من أنواع الحصانة سواء أكانت الحصانة القضائية أو الحصانة من أداء الشهادة أو الحصانة الشخصية كالقبض عليه وتفتيش داره وأمتعته، عدا حالة القبض عليه من قبل الدولة المعتمد لديها.

٤- يخضع من يتمتعون بالحصانة القضائية لاختصاص المحكمة بغض النظر عما إذا تنازلت دولهم عن حصانتهم أو لم تتنازل عنها.

---

(١) المستشار شريف عتلم، مصدر سابق، ص ٢٢٩.
(٢) الفقرة (١) من المادة (٣١) من النظام الأساسي للمحكمة.

٥- تنفذ العقوبة بحق الدبلوماسي، سواء تنازلت دولته عن الحصانة من تنفيذ العقوبة أو لم تتنازل.

٦- تختص المحكمة الجنائية الدولية بمحاكمة الدبلوماسي عن الجرائم الأربع فقط الواردة في النظام الأساسي للمحكمة، ولا تختص بمحاكمته عن الجرائم الأخرى التي لم ترد في النظام الأساسي للمحكمة وإن كانت من الجرائم الخطرة.

المبحث الثاني

الحصانة من القبض على الدبلوماسي

من الثابت أن اتفاقية فيينا للعلاقات الدبلوماسية لعام ١٩٦١، منحت الدبلوماسية الحصانة لشخصه، فتشمل الحصانة التي يتمتع بها الدبلوماسي، حرمة شخصه وأمواله، فلا يجوز إخضاعه لأي صورة من صور القبض أو الاعتقال[١]، ويتمتع منزله الخاص بذات الحصانة والحماية التي يتمتع بها مقر البعثة، وأوراقه ومراسلاته[٢].

وإذا كان القانون الدولي قد أقر بالحصانة القضائية، للمبعوثين الدبلوماسيين وللعديد من الأشخاص، فهل يجوز للمحكمة الجنائية الدولية أن تطلب من دولة مساعدة قضائية وتسليم أشخاص يمثلون دولة ثالثة إليها لمحاكمتهم؟.

أجابت عن ذلك المادة (٢٧) من النظام الأساسي للمحكمة الجنائية الدولية بقولها:" لا تحول الحصانات أو القواعد الإجرائية الخاصة التي قد ترتبط بالصفة الرسمية للشخص، سواء كانت في إطار القانون الوطني، أو الدولي، دون ممارسة المحكمة اختصاصها على هذا الشخص . "

وطبقا للنص المذكور فإن الدبلوماسي لا يتمتع بالحصانة من قضاء محكمة الجنايات الدولية، ومن ثم إذا ارتكب جريمة تدخل في اختصاصات المحكمة بعد توافر أركانها، فإنه يخضع لاختصاصها. ومن الواضح أن الدبلوماسي في دولته لا يعد دبلوماسيا ولا يتمتع بالحصانة الدبلوماسية، ويجوز للمحكمة الطلب من دولته أن تسلمه للمحكمة لإجراء محاكمته عن الجرائم المرتكبة التي تدخل في اختصاص المحكمة. وليس لدولته أن تمتنع من تسليمه للمحكمة إذا كانت طرفا في النظام الأساسي للمحكمة الجنائية الدولية. أما إذا لم تنضم لهذا النظام فهي غير ملزمة بتسليمه[٣].

---

[١] المادة (٢٩) من اتفاقية فيينا للعلاقات الدبلوماسية ١٩٦١.

[٢] المادة (٣٠) من اتفاقية فيينا للعلاقات الدبلوماسية ١٩٦١.

[٣] Zuc Cote, Co-Operation by States not Party to The International Criminal Court, International Review of the Red Cross, Volume Number ٨٦١ March ٢٠٠٦. p. ٨٨.

وبناء على ذلك قامت حكومة الصرب عام ٢٠٠٨، بتسليم رئيس جمهورية الصرب السابق، (رادوفان كاراديتش)، إلى المحكمة الجنائية الدولية الخاصة في لاهاي[1] ، بتهمة جرائم إبادة وجرائم حرب، ارتكبها في ١٩٩٥، ويشاركه فيها قائده العسكري (راتكو ملاديتش)، أشهرها على الإطلاق تهمة مذبحة (سربرينيتشا) التي أودت بحياة (٨٠٠٠) بوسني مسلم في عام ١٩٩٥.

أولا- القبض على الدبلوماسي من مواطني الدولة المعتمد لديها

إذا كان الدبلوماسي من مواطني الدولة المعتمد لديها ويعمل لصالح بعثة دبلوماسية أجنبية، ففي هذه الحالة لا يتمتع بالحصانة الدبلوماسية، فيجوز لدولته تسليمه للمحكمة[2] ، إذا كانت دولته طرفا في النظام الأساسي للمحكمة. وإن كان يحمل الصفة الدبلوماسية. إذ تقوم الدولة المعتمد لديها بتسليمه، لكونه من مواطنيها، دون أخذ موافقة الدولة المعتمدة، لكونه ليس من مواطنيها، وأن دولته حرة بتسليمه إلى المحكمة.

ثانيا- إجراءات القبض على الدبلوماسي

إذا كان نظام روما الأساسي للمحكمة الجنائية الدولية قد سلب الحصانة القضائية التي يتمتع بها الدبلوماسي، إلا انه لم تسقط عنه الحصانة من القبض عليه من قبل الدولة المعتمد لديها، طبقا لاتفاقية فيينا للعلاقات الدبلوماسية المعقودة عام ١٩٦١. فمقاضاة الدبلوماسي أمام المحكمة الجنائية الدولية لا تتطلب التنازل عن حصانته القضائية. فللمحكمة اختصاص مباشر بمقاضاته مباشرة.

فإذا كان الدبلوماسي يعمل في دولة أخرى لصالح دولته ويمارس مهامه الدبلوماسية، فإنه يتمتع بالحصانة الدبلوماسية. والدولة المضيفة في هذه الحالة بين التزامين متناقضين. الأول، التزام دولي تفرضه عليها اتفاقية فيينا للعلاقات الدبلوماسية لعام ١٩٦١ والتي توجب عدم القبض على المبعوث الدبلوماسي لتمتعه بالحصانة من إجراءات القبض أو

---

[1] على الرغم من أن المحكمة الجنائية الخاصة بمحاكمة مجرمي يوغسلافيا سابقا محكمة جنائية خاصة، إلا انها تطبق نظاما خاصا بها مقارب إلى نظام محكمة الجنايات الدولية. يراجع عن المحكمة الجنائية الدولية الخاصة في يوغسلافيا:

Jones, John R. W. D. The Practice of the International Criminal Tribunals for the Former Yugoslavia and Rwanda. Irvington-on-Hudson, NY: Transnational Publishers, ١٩٩٨.

Morris, Virginia, and Michael P. Scharf. *An Insider's Guide to the International Criminal Tribunal for the Former Yugoslavia. A Documentary History and Analysis* (٢ vols.). Irvington-on-Hudson, NY: Transnational Publishers, Inc., ١٩٩٥.

ويراجع عن المحكمة الجنائية الدولية الخاصة في راوندا:

Morris, Virginia, and Michael P. Scharf. *The International Criminal Tribunal for Rwanda*. Irvington-on-Hudson, NY: Transnational Publishers, ١٩٩٨.

[2] تراجع الفقرة (٢/أ) من المادة (٣٣) من اتفاقية فيينا للعلاقات الدبلوماسية المعقودة عام ١٩٦١.

الاعتقال[1] ، والتزام يفرضه النظام الأساسي للمحكمة الجنائية الدولية. فهل يجوز تسليم الدبلوماسي للمحكمة الجنائية الدولية ؟

أجابت عن ذلك المادة (٩٨) من النظام الأساسي للمحكمة الجنائية الدولية ومنعتها من تقديم طلب إلى الدولة المعتمد لديها، تطلب منها المساعدة القضائية، أو تسليم أشخاص لدولة ثالثة يتمتعون بالحصانة القضائية بسبب صفتهم الدبلوماسية، إلا إذا تمكنت المحكمة أن تحصل من دولة الشخص المتمتع بالحصانة الدبلوماسية التنازل عن حصانة المطلوب تسليمه إليها. ذلك أن مجرد الطلب غير وارد أساسا[2].

الواقع أن النظام الأساسي للمحكمة لم يضع قاعدة عامة تقضي بتمتع ممن يحملون الصفة الدبلوماسية بالحصانة القضائية كما هو الحال في الاتفاقيات الدولية الخاصة بالدبلوماسيين، وكذلك القوانين الداخلية (قوانين العقوبات) التي تمنح المبعوثين الدبلوماسيين الأجانب العاملين فيها الحصانة القضائية، وإنما لم تلزم الدولة المعتمد لديها التي يتواجد فيها الجاني بتسليمه للمحكمة إلا بعد **تنازل** دولته عن حصانته من إجراء القبض. فإذا كان الدبلوماسي الأجنبي يعمل في دولة معنية ثم اتهم بارتكاب جريمة تدخل في اختصاص المحكمة الجنائية الدولية فإن المحكمة لا (تطلب أساسا) من هذه الدولة تسليمه إلا إذا تنازلت دولته عن حصانته. حيث ورد " **لا** يجوز للمحكمة أن توجه طلب تقديم أو مساعدة يقتضي من الدولة الموجه إليها الطلب أن تتصرف على نحو يتنافى مع التزاماتها بموجب القانون الدولي فيما يتعلق بحصانات الدولة، أو الحصانة الدبلوماسية لشخص، أو ممتلكات تابعة لدولة ثالثة، ما لم تستطع المحكمة أن تحصل أولا على تعاون تلك الدولة الثالثة من أجل التنازل عن الحصانة."

ثالثا- الجهة المختصة بطلب القبض على الدبلوماسي

إذا كانت المحكمة غير مخوّلة أساسا بتقديم طلب إلى الدولة المعتمد لديها بالقبض على الدبلوماسي الأجنبي وتسليمه إليها، فمن هي الجهة التي تستطيع الطلب من دولته أن تتنازل عن حصانته؟. إن الدولة التي يعمل بها الدبلوماسي الأجنبي لا تستطيع أن تطلب من دولة المبعوث الدبلوماسي التنازل عن حصانته، لأن الجريمة المرتكبة لا علاقة لها بها في الغالب ولا يخضع الدبلوماسي لمحاكمها الوطنية، فالعلاقة تكون بين المحكمة الجنائية الدولية والدولة التي يتبعها الدبلوماسي.

ففي هذه الحالة، ينبغي على المحكمة قبل كل شيء أن تقدم طلباً إلى الدولة المعتمدة التي يتبعها الدبلوماسي لأخذ موافقتها على التنازل عن حصانته من إجراء القبض، وبعد ذلك تقدم المحكمة طلبا إلى الدولة مع نسخة من التنازل عن الحصانة القضائية الصادر من دولته وتطلب منها تسليمه إليها إلى الدولة المعتمد لديها. وبناء على ذلك فإن الدولة

---

[1] المادة (٢٩) من اتفاقية فيينا للعلاقات الدبلوماسية المعقودة عام ١٩٦١.
[2] المادة (٩٨) من النظام الأساسي للمحكمة .

المعتمد لديها التي يتبعها الدبلوماسي تتنازل عن حصانته، بينما يكون موقف الدولة المعتمد لديها، يقتصر عملها على **تسليمه** للمحكمة. وهذا التنازل ليس في مواجهة المحكمة الجنائية الدولية لمحاكمته عن جرائم متهم بها، ذلك أنه لا يتمتع بالحصانة القضائية أمام هذه المحكمة، وإنما يكون هذا التنازل في مواجهة الدولة التي يعمل بها الدبلوماسي، ليس لمحاكمته بل للقبض عليه وتسليمه إلى المحكمة فحسب. فالتنازل هنا عن الحصانة يقتصر على **القبض والتسليم** فحسب.

وتقدم المحكمة الطلب بالتنازل عن حصانة الدبلوماسي من القبض عليه إلى دولته. بالطرق الدبلوماسية، أو أية قناة أخرى مناسبة، تحددها كل دولة طرف عند التصديق، أو القبول، أو الموافقة، أو الانضمام. ويكون على كل دولة طرف أن تجري أية تغييرات لاحقة في تحديد القنوات. ويجوز إحالة الطلب أيضا عن طريق المنظمة الدولية للشرطة الجنائية أو أي منظمة إقليمية مناسبة[1]. وأوجب النظام الأساسي على الدول الأعضاء فيه، أن تتعاون تعاونا تاما مع المحكمة فيما تجريه، في إطار اختصاص المحكمة، من تحقيقات في الجرائم والمقاضاة عليها[2]. وإذا تنازلت دولته عن حصانته من القبض عليه، ففي هذه الحالة يجب القبض عليه، وما يتبع ذلك من تفتيش داره وسيارته وموجداته ومراسلاته. أما البعثة الدبلوماسية ومكتبها الرسمي، فلا يجوز تفتيشها أو دخولها لأنها تعود للدولة المعتمدة وتتمتع بالحصانة الخاصة بأموال الدول، وان النظام الأساسي أجاز مقاضاة الدبلوماسي ولم يجز مقاضاة الدول.

رابعا- حالة امتناع الدولة المعتمد لديها من القبض عليه

ما الحكم لو أن دولة الدبلوماسي قد تنازلت عن حصانته، وطلبت المحكمة من الدولة التي يعمل بها تسليمه، غير أن هذه الدولة رفضت تسليمه إليها؟

إذا رفضت الدولة المعتمد لديها، تسليمه على الرغم من تنازل دولته عن الحصانة فإن للمحكمة الجنائية الدولية أن تشعر **جمعية الدول** الأعضاء في النظام الأساسي للمحكمة - وهي الجمعية العامة المسؤولة عن المنظمة - وتتخذ جمعية الدول بدورها ما تراه مناسبا. أما أذا كانت الشكوى مقدمة من قبل مجلس الأمن فان المحكمة تشعر **مجلس الأمن** برفض الدولة المضيفة تسليمه إليها[3]. ولم يحدد النظام الأساسي للمحكمة ما الإجراءات التي يتخذها مجلس الأمن.

---

[1] الفقرة الأولى من المادة (٨٧) من النظام الأساسي للمحكمة الجنائية الدولية.

[2] المادة (٨٧) من النظام الأساسي للمحكمة الجنائية الدولية.

[3] الفقرة (٧) من المادة (٨٧) من النظام الأساسي للمحكمة الجنائية الدولية.

خامسا- القبض على الدبلوماسي في دولة ثالثة

إذا كان الدبلوماسي يتمتع بالحصانة في الدولة المعتمد لديها، أو الـدول التـي يمـر فيها للوصول إلى عمله أو الرجوع إلى دولته، فما الحكم لو أن الدبلوماسي ذهب بزيارة خاصة لدولة أخرى لغرض السياحة، أو العلاج، أو لأي سبب كان غير رسمي؟.

من الواضح أن الدبلوماسي الذي يتواجد في أراضي دولة لم يعتمد لديها، ولم يمر بها للوصول إلى عمله، وأن وجوده فيها لأسباب شخصية للسياحة، أو للعلاج، فإنـه لا يتمتـع بالحصانة فيجوز تسليمه للمحكمة ليس بصفة دبلوماسي، وإنما بصفة شـخص عـادي؛ لأنـه لا يتمتع بالحصانة من القبض عليه.

وهناك مشكلة معقدة تعترض إمكانية محاكمة الدبلوماسي، وهي أن بعـض الـدول ومنها الولايات المتحدة تهدد أية دولة تقوم بتسليم ليس مبعوثيها الدبلوماسيين فحسب، وإنمـا أي مواطن يتهم بارتكاب جريمة من الجرائم التي تخضع لاختصاص المحكمة الجنائية الدولية[1]. وهذا يعني أن الدولة التي تسلم الدبلوماسي أو غيره تتعرض لعقوبـات تفـرض عليها مـن الولايات المتحدة الأمريكية.

سادسا – القبض على الدبلوماسي بصفة شاهد

لما كان الدبلوماسي يتمتع بالحصانة من أداء الشهادة أمام المحاكم المحلية، للدولـة المعتمد لديها، فهل يجوز إجباره على تقديم شهادته أمام المحكمة الجنائية الدولية؟.

أوردت المـادة (٢٧) مـن النظام الأساسي للمحكمة مبدأ عامـا وهـو أن حصانة الدبلوماسي لا تحول دون ممارسة المحكمة اختصاصها عليه فنصت على مـا يـأتي: " لا تحول الحصانات أو القواعد الإجرائية الخاصة التي قد ترتبط بالصفة الرسمية للشخص، سواء كانـت في إطار القانون الوطني، أو الدولي، دون ممارسة المحكمة اختصاصها علـى هـذا الشـخص ." وهذا النص شمل كل ما للمحكمة مـن اختصاص أن تمارسه بحـق الـدبلوماسي. ومـن ذلك الحصانة من أداء الشهادة. ففي القضايا الجنائية يجوز إجبار الشاهد بأداء شهادته أمام المحكمة. غير أن القبض على الدبلوماسي من قبل الدولة المعتمد لديها من أجل اخذ شهادته أمام المحكمة، يتطلب تنازل دولته عن حصانته من القبض وليس مـن الشـهادة. فـلا يتطلـب التنازل على الشهادة، ذلك أن الحصانة من أداء الشهادة لا تختلف عـن الحصانة في القضايا الجنائية، فللمحكمة حق المقاضاة بدون تنازل دولته. والحصانة مـن إلقاء القبض ليس في مواجهة المحكمة، فللمحكمة أن تقبض عليه بدون موافقة دولته، ولكنها في مواجهـة الدولـة المعتمد لديها لكونها إمام التزامين متناقضين، هما الاتفاقيات

---

[1] الدكتور حازم محمد علتم، نظام الادعاء أمام المحكمة الجنائية الدولية، مجلد المحكمة الجنائية الدولية ، المواءمـات الدستورية والتشريعية إعداد المستشار شريف عتلم، ط٢ منشورات الصليب الأحمر الدولية، القاهرة ٢٠٠٤، ص ١٧٣.

الدولية التي تلزمها بمنحه الحصانة، والنظام الأساسي للمحكمة الـذي سـلب منـه الحصـانة أمامها.

المبحث الثالث

الجرائم التي تخضع لاختصاص المحكمة

ليست كل الجرائم التي يرتكبها الدبلوماسي تخضع لاختصاص المحكمة. وإن كانت تلك الجرائم من الجرائم الدولية. كجرائم الإرهاب والجريمة الدولية المنظمة وجرائم المخدرات والرق وغيرها. وإنما يخضع لأربعة أنواع من الجرائم وردت على سـبيل الحصرــ يطلـق عليهـا بالجرائم الكبرى [1]. ومن الثابت أن القضايا الجنائية تحكمها قاعـدة "لا جريمـة ولا عقوبـة إلا بنص". وهذا يعني أن الجرائم الواردة في نظام روما الأساسي للمحكمة الجنائية الدولية وحدها لن يتمتع الدبلوماسي بالحصانة القضائية إذا ما ارتكب أياً منها.

أولاً - قواعد مقاضاة الدبلوماسي أمام المحكمة

حدد نظام روما الأساسي للمحكمة الجنائية الدولية القواعد الآتية:

١- عدم تمتع المبعوث الدبلوماسي بالحصانة الدبلوماسية من قضاء محكمـة الجنايـات الدولية، فالصفة الدبلوماسية لا تعفيه من ولاية المحكمة.

٢- يخضع لولاية المحكمة سواء أكان يتمتع بها طبقا لقواعد القانون الـدولي، أم طبقـا لقواعد القانون الداخلي.

٣- إن الصفة الدبلوماسية لا تعفيه ليس من ولاية المحكمة، وإنما لا تعد ظرفا مخففا في فرض العقوبة عليه.

٤-يخضع الـدبلوماسي لاختصـاص المحكمـة سـواء أكانـت دولتـه طرفـا في النظام الأسـاسي للمحكمة، أم ليست طرفا فيه. فالجرائم التي تخضـع لاختصـاص المحكمة تشـمل جميع المتهمين في جميع الدول.

٥-إذا كان قانون العقوبات للدولة المعتمد لـديها المبعـوث الـدبلوماسي ينـص عـلى عـدم خضوعه إلى اختصاصها الجنائي بسبب صفته الدبلوماسية بصدد الجرائم التـي يرتكبها داخل الدولة، فإن ذلك لا يعفيه من الخضوع لاختصاص المحكمة الجنائيـة

---

[1] يراجع عن اختصاص المحكمة الجنائية الدولية:

Dr. Iain Scobbie, The Jurisdiction of the international Criminal Court. The International Criminal Court: A Challenge to Impunity, . The International Committee, of the Red Cross . Damascus University , Faculty of Law. ٢٠٠١,p.١٩

الدولية[١]. ففي هذه الحالة يسلم إلى المحكمة، إذا تنازلت دولته عن حصانته الدبلوماسية، ولا يخضع لقواعد التسليم التي تنص عليها غالبية قوانين الدول، أن تكون الجريمة معاقب عليها في قانون الدولة المطلوب منها التسليم.

٦-ليس للمحكمة اختصاص بمحاكمة المبعوث الدبلوماسي إذا ارتكب الجرائم قبل نفاذ النظام الأساسي للمحكمة[٢]. لهذا فإن مجلس الأمن لم يخضع الجرائم المرتكبة في بروندي ورواوندا والجرائم المرتكبة في البوسنة والهرسك لاختصاص المحكمة الجنائية الدولية، لأن الجرائم المرتكبة وقعت قبل عقد نظام روما الأساسي للمحكمة الجنائية الدولية عام ١٩٩٨، وانما أنشئت محاكم جنائية خاصة بها.

٧-يجوز للدبلوماسي العودة لبلدة وليس للدولة المعتمد لديها منعه من العودة.

٨-لا يجوز محاكمة الدبلوماسي عن ذات الجريمة، إذا حكم عليه من قبل محكمة أخرى سواء أكانت محكمة وطنية أم دولية، إلا إذا كانت هذه المحاكمة لغرض حمايته من المسؤولية الجنائية[٣].

ويحكم نظام المسؤولية الجنائية أمام المحكمة الجنائية الدولية، هي نظام المسؤولية الفردية بغض النظر عن الصفة التي يحملها هذا الفرد[٤].

---

(١) يراجع عن الجرائم التي تخضع لاختصاص المحاكم الجنائية الوطنية والدولية:

Zhu Wenq, On Co- Operation by states not Party to thee International Criminal Court. International Review of the Red Cross, Volume Number ٨٦١ March ٢٠٠٦. p.٨٧.

ويراجع:

Professor Nicolas Michel, The Main Features of the Rome Statute: comments. The International Criminal Court: A Challenge to Impunity, . The International Committee, of the Red Cross . Damascus University , Faculty of Law. ٢٠٠١.p. ١٤.

(٢) المادة (١١) من نظام روما الأساسي للمحكمة الجنائية الدولية.

ويراجع:

Professor Nicolas Michel, The Main Features of the Rome Statute: comments. The International Criminal Court: A Challenge to Impunity, . The International Committee, of the Red Cross . Damascus University , Faculty of Law. ٢٠٠١.p. ١٤.

(٣) الفقرة (٣) من المادة (٢٠) من المحكمة الجنائية الدولية.

وتقوم المحاكم الوطنية بمحاكمة مجرمي الحرب الذين يرتكبون جرائم حرب. يراجع حول محاكمة مجرمي الحرب في كرواتيا:

Ivo Josipovic Responsibility For Crimes Before National Courts In Croatia. , International Review of the Red Cross, Volume Number ٨٦١ March ٢٠٠٦. p. ١٥٠.

(٤) يراجع بحث الدكتور احمد أبو الوفا ، الملامح الأساسية للمحكمة الجنائية الدولية، منشور في مجلد المحكمة الجنائية الدولية ، المواءمات الدستورية والتشريعية إعداد المستشار شريف عتلم، ط٢ منشورات الصليب الاحمر الدولية، القاهرة ٢٠٠٤، ص ٤١.

تراجع الماد (٢٣) من اتفاقية البعثات الخاصة المعقودة عام ١٩٦٩.

ثانيا - الحالات التي يرتكب فيها الدبلوماسي الجرائم

يثار التساؤل عن كيفية اتهام الدبلوماسي بجرائم حرب، وهو شخص دبلوماسي يعمل بهدوء وبعيدا عن العنف فكيف يرتكب جرائم حرب وجرائم ضد الإنسانية وجرائم العدوان؟.

يرتكب الدبلوماسي تلك الجرائم من خلال:

١- قد تكون الجرائم المتهم بها الدبلوماسي ارتكبت قبل تعيينه بالسلك الدبلوماسي. وقد يكون ارتكب هذه الجرائم أثناء خدمته بالقوات المسلحة. فكثير من الدبلوماسيين كانوا يعملون في القوات المسلحة. وبعد تسريحهم يعملون في السلك الدبلوماسي.

٢- تقوم الهيئات الدبلوماسية في اغلب الحروب الأهلية بتغذية أطرافها. وقد يساعد هؤلاء على ارتكاب جرائم حرب.

٣- تتولى بعثة دولة الاحتلال في الأراضي المحتلة إدارة تلك الأراضي. وقد يرتكب هؤلاء جرائم حرب أو يتسببون بارتكابها. فمن المعروف أن السفارة الأمريكية في العراق هي التي تدير شؤون العراق العسكرية والسياسية.

وبناء على ذلك فالدبلوماسي قد يكون من أكثر الأشخاص ممن يرتكبون جرائم الحرب، لهذا فإن نظام روما الأساسي للمحكمة الجنائية الدولية لم يستثن الدبلوماسيين من اختصاص المحكمة.

ثالثا - أنواع الجرائم التي يخضع له الدبلوماسي

ليست كل الجرائم التي يرتكبها المبعوث الدبلوماسي تخضع لاختصاص المحكمة الجنائية الدولية. إنما الجرائم التي يرتكبها الدبلوماسي والتي تخضع لاختصاص المحكمة الجنائية الدولية، وهي أربع جرائم، وردت في المادة الخامسة من النظام الأساسي على سبيل الحصر، و هي جرائم الإبادة الجماعية، والجرائم ضد الإنسانية وجرائم الحرب وجرائم العدوان. ومن جهة أخرى فإن الدبلوماسي يخضع لاختصاص المحكمة في جميع هذه الجرائم، وليس بالإمكان شرح جميع الجرائم التي يخضع لها الدبلوماسي. وسنوجزها بما يأتي:

النوع الاول-جرائم الإبادة الجماعية

وتشمل الجرائم التي يقصد بها الإبادة الجماعية إهلاك جماعة قومية أو أثنية أو عرقية أو دينية إهلاكا كليا أو جزئيا. وتشمل ما يأتي:

١- إلحاق ضرر جسدي أو عقلي جسيم بأفراد الجماعة؛

٢- إخضاع الجماعة عمدا لأحوال معيشية يقصد بها إهلاكها الفعلي كليا أو جزئيا؛

٣- فرض تدابير تستهدف منع الإنجاب داخل الجماعة؛

٤- نقل أطفال الجماعة عنوة إلى جماعة أخرى [١].

النوع الثاني- الجرائم ضد الإنسانية

وهي الجرائم التي ترتكب في إطار هجوم واسع النطاق أو منهجي موجهة ضد أية مجموعة من السكان المدنيين، ويجب أن تكون هذه الجرائم نهجا سلوكيا.

وتشمل الجرائم ضد الإنسانية العديد من الجرائم منها : القتل العمد؛ الإبادة؛ الاسترقاق؛ إبعاد السكان أو النقل القسري للسكان؛ السجن أو الحرمان الشديد على أي نحو آخر من الحرية البدنية بما يخالف القواعد الأساسية للقانون الدولي؛ التعذيب؛ والاغتصاب، أو الاستعباد الجنسي، أو الإكراه على البغاء، أو الحمل القسري، أو التعقيم القسري، أو أي شكل آخر من أشكال العنف الجنسي على مثل هذه الدرجة من الخطورة، واضطهاد أية جماعة محددة أو مجموع محدد من السكان لأسباب سياسية أو عرقية أو قومية أو أثنية أو ثقافية أو دينية، أو متعلقة بنوع الجنس ، أو لأسباب أخرى من المسلم عالميا بأن القانون الدولي لا يجيزها، وذلك فيما يتصل بأي فعل مشار إليه في هذه الفقرة أو بأية جريمة تدخل في اختصاص المحكمة؛ والاختفاء القسري للأشخاص؛ وجريمة الفصل العنصري، وجميع الجرائم التي تدخل ضمن نطاق الجرائم ضد الإنسانية [٢].

النوع الثالث- جرائم الحرب

تخضع الجرائم التي يرتكبها المتمتعون بالحصانة الدبلوماسية إذا ارتكبت في إطار خطة أو سياسة عامة أو في إطار عملية ارتكاب واسع النطاق، وتشمل الجرائم.

١- الانتهاكات الجسيمة لاتفاقيات جنيف المؤرخة ١٢ آب/أغسطس ١٩٤٩، أي فعل من الأفعال ضد الأشخاص أو الممتلكات الذين تحميهم أحكام اتفاقية جنيف ذات الصلة، وبخاصة فيما يتعلق بأسرى الحرب والانتهاكات الخطيرة الخاصة بالإبعاد القسري وضرب مواقع مدنية وشن هجمات ضد المدنيين وموظفين مستخدمين في مهمات الإغاثة، وقتل الأشخاص الذين استسلموا.

---

[١] المادة (٦) من نظام روما الأساسي للمحكمة الجنائية الدولية.

ويراجع محمد ماهر ، جريمة الإبادة الجماعية، بحث منشور في مجلد المحكمة الجنائية الدولية ، المواءمات الدستورية والتشريعية إعداد المستشار شريف عتلم، ط٢ منشورات الصليب الأحمر الدولية، القاهرة ٢٠٠٤، ص ٦٧، وما بعدها.

و يراجع: الدكتور احمد أبو الوفا، مصدر سابق، ص ٣١.

[٢] المادة (٧) من نظام روما الأساسي للمحكمة الجنائية الدولية.

ويراجع الدكتور احمد سلامة، الجرائم ضد الإنسانية، مجلد المحكمة الجنائية الدولية ، المواءمات الدستورية والتشريعية إعداد المستشار شريف عتلم، ط٢ منشورات الصليب الأحمر الدولية، القاهرة ٢٠٠٤، ص ٩٢.

٢- القتل العام والتعذيب أو المعاملة اللاإنسانية، بما فى ذلك إجراء تجارب بيولوجية؛ تعمد إحداث معاناة شديدة أو إلحاق أذى خطير بالجسم أو بالصحة؛ و "إلحاق تدمير واسع النطاق بالممتلكات والاستيلاء عليها دون أن تكون هناك ضرورة عسكرية تبرر ذلك وبالمخالفة للقانون الدولي وبطريقة عابثة"[١] .

النوع الرابع- جرائم العدوان

تختص المحكمة الجنائية الدولية بمحاكمة المتمتعين بالحصانة الدبلوماسية إذا ارتكبوا جريمة من جرائم العدوان. غير أن نظام روما الأساسي للمحكمة الجنائية الدولية لم ينص على تعداد جرائم العدوان كما فعل بالنسبة للجرائم السابقة وإنما ترك ذلك لقرار الجمعية العامة الخاص بتعريف العدوان.المرقم (٣٣١٤) والمؤرخ في ١٤كانون الثاني ١٩٧٤، الذي حدد الأعمال التي تعد عدوانا والتي أجاز فيها للدولة التي يقع فيها أحد من هذه الأعمال أن تستخدم حق الدفاع الشرعي. وعرف القرار المذكور العدوان أنه : "استعمال القوات المسلحة من قبل دولة ما ضد السيادة الإقليمية أو الاستقلال السياسي لدولة أخرى. او بأي شكل يتنافى وميثاق الأمم المتحدة ".

وعدد قرار الجمعية العامة الحالات التي تعد عدوانا وهي :
أ-الغزو بواسطة القوات المسلحة لدولة ما لإقليم دولة أخرى.
ب-إلقاء القنابل بواسطة القوات المسلحة لدولة ما ضد إقليم دولة أخرى.
ت -ضرب حصار على موانئ أو سواحل دولة ما بواسطة القوات المسلحة لدولة أخرى.
ث-هجوم القوات المسلحة لدولة ما على القوات المسلحة البرية أو البحرية أو الجوية أو الأسطول البحري أو الجوي لدولة أخرى.
ج-استعمال القوة المسلحة لدولة ما الموجودة في إقليم دولة أخرى.
ح-تصرف الدولة في السماح بوضع إقليمها تحت تصرف دولة أخرى ليستخدم من قبل تلك الدولة الأخرى لارتكاب عمل عدواني ضد دولة ثالثة.
خ-إرسال عصابات مسلحة أو مجاميع أو قوات غير نظامية أو مرتزقة من قبل الدولة أو باسمها والتي تقوم بأعمال القوة المسلحة ضد دولة أخرى من الخطورة بحيث تعادل الأعمال المدونة في أعلاه. أو تورط الدولة بصورة حقيقية في ذلك.
د-لمجلس الأمن ان يحدد أية أفعال أخرى تشكل عدوانا.
أما الجرائم الأخرى التي يرتكبها المبعوث الدبلوماسي، فإنها لا تخضع لاختصاص المحكمة الجنائية الدولية.

---

[١] للاطلاع على جرائم الحرب التي يخضع لها المتمتع بالحصانة الدبلوماسية تراجع المادة (٨) من نظام روما الأساسي.
ويراجع : الدكتور صلاح الدين ماهر، تطور مفهوم جرائم الحرب، بحث منشور في مجلد المحكمة الجنائية الدولية ، المواءمات الدستورية والتشريعية إعداد المستشار شريف عتلم، ط٢ منشورات الصليب الأحمر الدولية، القاهرة ٢٠٠٤، ص١٠٩.
ويطلق عليها (بجرائم السلام) يراجع الدكتور أحمد أبو الوفا، مصدر سابق، ص ٣٢.

رابعا - أركان الجرائم المرتكبة من قبل الدبلوماسيين

لم يحدد النظام الأساسي للمحكمة أركان الجرائم التي ترتكب من قبل المبعوث الدبلوماسي، وإنما ورد في ملحق النظام وأطلق عليها أركان الجرائم[1]. فوضع لكل جريمة أركان تناسبها. ومن الصعوبة أن نتناول جميع هذه الأركان. وإنما سنتناول القواعد العامة المشتركة لهذه الجرائم. وهي.

١-أن يكون المجني عليه شخصا أو أكثر.

٢- أن يكون المجني عليهم منتمين إلى جماعة قومية أو أثنية أو عرقية أو دينية معينة.

٣- أن يهدف الجاني قتل أو إهلاك تلك الجماعة القومية أو الإثنية أو العرقية أو الدينية، كليا أو جزئيا، بصفتها تلك. أو إلحاق أذى بدني أو معنوي جسيم بشخص، أو يُقصد التأثير على الأحوال المعيشية الإهلاك المادي لتلك الجماعة، كليا أو جزئيا، أو الهجوم على المدنيين، أو ترحيلهم. أو أن تصل جسامة السلوك إلى الحد الذي يشكل انتهاكا للقواعد الأساسية للقانون الدولي، أو أن يلحق مرتكب الجريمة ألما شديدا أو معاناة شديدة، سواء بدنيا أو نفسيا، بشخص أو أكثر. أو يرتكب جريمة من جرائم الاغتصاب، أو الإذلال الجنسي. أو الإكراه على البغاء. أن يحرم مرتكب الجريمة شخصا أو أكثر حرمانا شديدا من حقوقهم الأساسية بما يتعارض مع القانون الدولي، أو أن يجند مرتكب الجريمة شخصا أو أكثر في القوات المسلحة الوطنية أو يضمهم إليها أو يستخدم شخصا أو أكثر للمشاركة بصورة فعلية في الأعمال الحربية. أو أن يهاجم مرتكب الجريمة واحدا أو أكثر من الأشخاص أو المباني أو الوحدات الطبية أو وسائل النقل أو أعيان أخرى تستعمل، بموجب القانون الدولي، شعارا مميزا أو وسيلة تعريف أخرى تشير إلى حماية توفرها اتفاقيات جنيف.

٤- أن يصدر هذا السلوك في سياق نمط سلوك مماثل واضح موجه ضد تلك الجماعة أو يكون من شأن السلوك أن يحدث بحد ذاته ذلك الإهلاك.

٥- أن يعلم مرتكب الجريمة بأن السلوك جزء من هجوم واسع النطاق أو منهجي موجه ضد سكان مدنيين أو أن ينوي أن يكون هذا السلوك جزءا من ذلك الهجوم[2].

---

[1] اعتمدت من قبل جمعية الدول الأطراف في نظام روما الأساسي للمحكمة الجنائية الدولية في دورتها الأولى المنعقدة في نيويورك خلال الفترة من ٣ إلى ١٠ أيلول/سبتمبر ٢٠٠٢.

[2] كنوت دورمان، أركان جرائم الحرب، مجلد المحكمة الجنائية الدولية، المواءمات الدستورية والتشريعية إعداد المستشار شريف عتلم، ط٢ منشورات الصليب الأحمر الدولية، القاهرة ٢٠٠٤، ص ٤٠٦.

المبحث الرابع

الجهة المختصة بتحريك الدعوى ضد الدبلوماسي

حدد نظام المحكمة الأساسي تحريك الدعوى ضد الدبلوماسي الذي يرتكب جرائم تخضع لاختصاص المحكمة بثلاث جهات وهي:

أولا -الدول

يحق للدول الأطراف أن تشعر المدعي العام التحقيق عن أية حالة يبدو فيها أن جريمة أو أكثر من الجرائم الداخلة في اختصاص المحكمة قد ارتكبت وأن تطلب منه التحقيق في الحالة بغرض البت فيما إذا كان يتعين توجيه الاتهام لشخص معين أو أكثر بارتكاب تلك الجرائم. وتحدد الحالة، قدر المستطاع، الظروف ذات الصلة وتشفع طلبها بوثائق الإدانة والمستندات الخاصة بالقضية[1].

وليس لكل دولة حق تحريك الدعوى، بل للدول الأعضاء فقط في نظام روما الأساسي المعقود عام ١٩٩٨. أما الدول غير الأعضاء فلا يجوز لها ذلك. ونرى ان هذا التحديد الذي أوردته المادة (١٤) من نظام المحكمة الأساسي لا يحقق العدالة. فإذا ما ارتكبت جريمة إبادة ضد شعب معين وأن دولة هذا الشعب لم تنضم للنظام الأساسي، فإن ذلك يعني استباحة هذا الشعب، واستغلال عدم انضمام الدولة للنظام الأساسي للمحكمة لارتكاب جرائم ضده. وكان ينبغي أن يمنح نظام روما الأساسي حق إشعار المدعي العام للمحكمة لجميع الدول.

وإذا كانت دولة الدبلوماسي هي التي أشعرت المحكمة بارتكاب جرائم تخضع لاختصاصها، وكانت طرفا في النظام الأساسي للمحكمة، وظهر أن احد دبلوماسييها متورط في الجرائم، فإن على الدولة أن تسلم الدبلوماسي للمحكمة إذا كان مقيما فيها، ولا يتطلب التنازل عن حصانته. أما إذا كان يعمل بصفة دبلوماسي في دولة اخرى، فعليها في هذه الحالة أن تتنازل عن حصانته، لكي تقوم الدولة المعتمد لديها بتسليمه.

أما إذا كانت الدولة المعتمد لديها هي التي طلبت من المحكمة محاكمة الدبلوماسي المعتمد لديها لارتكابه جرائم ضمن اختصاص المحكمة، فإنها في هذه الحالة لا تستطيع أن تسلمه للمحكمة، إلا إذا تنازلت دولته عن حصانته.

---

[1] المادة (١٤) من نظام روما الأساسي للمحكمة الجنائية الدولية. وكذلك تراجع المادة (١٣) من النظام المذكور. وللتفاصيل يراجع: الدكتور حازم محمد علتم، مصدر سابق، ص ١٤٨.

ثانيا- المدعي العام للمحكمة

أجازت المادة (١٥) من النظام الأساسي للمحكمة للمدعي العام أن يباشر التحقيقات من تلقاء نفسه على أساس المعلومات المتعلقة بجرائم تدخل في اختصاص المحكمة. إذ يقوم المدعي العام بتحليل جدية المعلومات المتلقاة، ويجوز له، لهذا الغرض، التماس معلومات إضافية من الدول، أو أجهزة الأمم المتحدة، أو المنظمات الحكومية الدولية أو غير الحكومية، أو أية مصادر أخرى موثوق بها يراها ملائمة، ويجوز له تلقي الشهادة التحريرية أو الشفوية في مقر المحكمة.

إذا استنتج المدعي العام أن هناك أساسا معقولا للشروع في إجراء تحقيق، يقدم إلى الدائرة التمهيدية طلبا للإذن بإجراء تحقيق، مشفوعا بأي مواد مؤيدة يجمعها. ويجوز للمجني عليهم إجراء مرافعات لدى الدائرة التمهيدية وفقا للقواعد الإجرائية وقواعد الإثبات.

وإذا رأت الدائرة التمهيدية، بعد دراستها للطلب وللمواد المؤيدة، أن هناك أساسا معقولا للشروع في إجراء تحقيق وأن الدعوى تقع علي ما يبدو في إطار اختصاص المحكمة، كان عليها أن تأذن بالبدء في إجراء التحقيق، وذلك دون المساس بما تقرره المحكمة فيما بعد بشأن الاختصاص ومقبولية الدعوى.

وإذا رفضت الدائرة التمهيدية الإذن بإجراء التحقيق لا يحول دون قيام المدعي العام بتقديم طلب لاحق يستند إلى وقائع أو أدلة جديدة تتعلق بالحالة ذاتها.

أما إذا استنتج المدعي العام، بعد الدراسة الأولية، أن المعلومات المقدمة لا تشكل أساسا معقولا لإجراء تحقيق، كان عليه أن يبلغ مقدمي المعلومات بذلك .وهذا لا يمنع المدعي العام من النظر في معلومات أخرى تقدم إليه عن الحالة ذاتها في ضوء وقائع أو أدلة جديدة[1].

وترد الملاحظات الآتية على سلطة المدعي العام بتحريك الدعوى.

أ- أن المادة (١٥) من النظام الأساسي للمحكمة نصت **(للمدعي)** وهذا يعني أن تقرير تحريك الدعوى هو حق للمدعي العام، وليس واجبا عليه. وكان ينبغي أن يلزم المدعي العام بتحريك الدعوى عندما تتوافر لديه أدلة مقنعة، وان يرد النص على المدعي العام، وليس للمدعي العام.

ب- لما كانت هذه السلطة للمدعي العام بتحريك الدعوى، فكان من الواجب أن يشكل جهازا أو مؤسسة تتحرى عن وقوع الجرائم التي تدخل ضمن اختصاص المحكمة.

---

(١) المادة (١٥) من نظام روما الأساسي للمحكمة الجنائية الدولية. وكذلك تراجع المادة (١٣) من النظام المذكور.

بأن يكون للمدعي العام عدد من المراقبين في العديد من الدول أو المناطق الساخنة أو التي تقع فيها الحروب الداخلية والدولية. ويقوم هؤلاء بجمع المعلومات وإيصالها للمدعي العام. ولما كان هذا الجهاز غير موجود فليس للمدعي العام أن يقوم بناء على ما يسمعه من أخبار. فغالبا ما تكون هذه الأخبار مضللة، وغير حقيقية. كما أن الاعتماد على الإعلام قد لا يعبر عن الحقيقة.

ت- إن منح المدعي العام مثل هذه الصلاحية قد يؤدي إلى استغلال صلاحيته لأسباب سياسية. وقد شاهدنا عندما طلب النائب العام للمحكمة القبض على الرئيس السوداني عمر البشير عام ٢٠٠٨، للتحقيق معه بتهمة ارتكابه جرائم حرب، احتجت السودان بتسييس المحكمة. وان المدعي العام طلب ذلك لأسباب سياسية. لهذا كان ينبغي أن تكون هيئة قضائية تحقيقية يرأسها قاض يتمتع بخبرة كبيرة لتولي مثل هذه المهمة.

ث- اثبت الواقع أن المدعي العام، لا يتوخى العدل وإحقاق الحق في التحقيق في الجرائم التي ارتكبت بعد قيام المحكمة. فقد شعر العالم كله وباعتراف المسؤولين الأمريكيين بالجرائم التي ارتكبت في معتقل أبو غريب. وهي جرائم جميعها تخضع لاختصاص المحكمة. وان الولايات المتحدة قد أحالت بعض القائمين بارتكاب هذه الجرائم على محاكمها، غير أن المدعي العام لم يحرك ساكنا ولم يطلب التحقيق في هذه الجرائم. وهذا يدل بوضوح على عدم حياد النائب العام للمحكمة الجنائية الدولية في جرائم ثابتة ومعروفة.

ثالثا- مجلس الأمن

يجوز لمجلس الأمن أن يحيل قضية إلى النائب العام للمحكمة بموجب الفصل السادس من ميثاق الأمم المتحدة[1]. وهذا يعني أن أية قضية اتخذ فيها مجلس الأمن قرارا بأنها مما تهدد السلم والأمن الدوليين. فيجوز في هذه الحالة أن يطلب من المدعي العام، أن يتخذ الإجراءات الكفيلة بالتحقيق والإحالة على المحكمة.

ونلاحظ على ذلك ما يأتي:

أ-إن مجلس الأمن هيئة سياسية وليس هيئة قانونية تستطيع التحقق من وقوع الجرائم وأنواعها وتحديد المسؤولية فيها. وهذا يعني أن مجلس الأمن قد يستغل هذه السلطة للتشهير ببعض الأشخاص المسؤولين في الدول.

ب-يتكون المجلس من عدد من الدول. وإذا كانت هذه الدول مؤمنة بما للمحكمة الجنائية الدولية من عدالة وشرعية، لكانت قد انضمت إلى النظام الأساسي للمحكمة. فعدد من الدول الدائمة العضوية في مجلس الأمن لم تنضم للنظام الأساسي للمحكمة ورفضت التوقيع على هذا النظام، منها الولايات المتحدة الأمريكية والصين.

---

[1] الفقرة (ب) من المادة (١٣) من نظام روما الأساسي لمحكمة الجنايات الدولية .

ج -إن سلطة مجلس الأمن بتحديد نزاع معين بكونه مما يهدد السلم والأمن الدوليين، سلطة تقديرية. فبعض المنازعات المهمة لم يعدها مجلس الأمن مما تهدد السلم والأمن الدوليين، ومن ذلك ضرب واحتلال كوسوفو واحتلال العراق عام ٢٠٠٣. بينما عد تهريب الماس أو الخشب أو أمورا غير مهمة مما يهدد السلم والأمن الدوليين[١].

رابعا- الوضع القانوني للأفراد

على الرغم من أن النظام الأساسي للمحكمة أجاز استدعاء الأشخاص كشهود أو متهمين أو خبراء أو المحامين أمام المحكمة وتوفير الحماية لهم ويتمتعون بالحصانة التي يتمتع بها موظفو المحكمة[٢] ، إلا انه لم يسمح للافراد أن يبلغوا المدعي العام، أو المحكمة بالجرائم التي ارتكبت ضدهم أو ضد غيرهم، أي أن المحكمة لم تسمح للضحية أو الشاهد الذي يبلغ عن جريمة معينة بالوصول إلى المحكمة. وإنما يجوز سماع شهادة الشهود، في قضية مرفوعة أمام المحكمة فقط، وهذا يتناقض مع العدالة. وكان على النظام الأساسي للمحكمة أن ينص على حق كل شخص بمراجعة نائب المدعي العام للمحكمة والطلب منه تحريك دعوى ضد جهة معينة ارتكبت جريمة من الجرائم التي تقع ضمن اختصاص المحكمة.

---

(١) تراجع قرارات مجلس الأمن : القرار ٢٠٠٦/١٧٢١، والقرار ٢٠٠٦/١٧١٢ والقرار ٢٠٠٧/١٧٣٩ (٢٠٠٧) S/RES/١٧٣٩ ٤ ٢٠٦٠٠-٠٧

(٢) المادة (٤٨) من نظام روما الأساسي للمحكمة الجنائية الدولية .

الملحق

الملحق الأول

اتفاقية فيينا للعلاقات الدبلوماسية ١٩٦١

الدول الأطراف في هذه الاتفاقية : اذ تذكر أنه منذ زمن بعيد وشعوب كل البلدان تعترف بنظام الممثلين الدبلوماسيين وتعرف أهداف ومبادئ ميثاق هيئة الأمم لمتحدة الخاصة بالمساواة في حق سيادة كل الدول – وفي المحافظة على السلام والأمن الدوليين، وفي تنمية علاقات الصداقة بين الأمم. وهى مقتنعة بأن اتفاقية دولية عن العلاقات والامتيازات والحصانات الدبلوماسية ستساعد على تحسين علاقات الصداقة بين البلدان مهما تباينت نظمها الدستورية والاجتماعية . وهي على يقين بأن الغرض من هذه المزايا والحصانات، ليس هو تمييز أفراد، بل هو تأمين أداء البعثات الدبلوماسية لأعمالها على أفضل وجه كممثلة لدولها.وتؤكد أنه يجب أن يستمر تطبيق قواعد القانون الدولي التقليدي في المسائل التي لم تفصل فيها نصوص هذه الاتفاقية صراحة.

واتفقت على ما يأتي : مادة (١) لأغراض هذه الاتفاقية يكون مدلول العبارات الاتية وفقا للتحديد الاتي :

أ- اصطلاح (رئيس البعثة) هو الشخص الذي كلفته الدولة المعتمدة بالعمل بهذه الصفة.

ب- اصطلاح (أعضاء البعثة) يشمل رئيس البعثة وأعضاء طاقم البعثة.

ج - اصطلاح (أعضاء طاقم البعثة) يشمل أعضاء الطاقم الدبلوماسي وطاقم الإداريين والفنيين وطاقم خدمة البعثة.

د- اصطلاح (أعضاء الطاقم الدبلوماسي) يشمل أعضاء طاقم البعثة الذين لهم الصفة الدبلوماسية.

هـ- اصطلاح (الممثل الدبلوماسي) يشمل رئيس البعثة أو أي عضو من الطاقم الدبلوماسي للبعثة .

و- اصطلاح (الطاقم الإداري والفني) يشمل أعضاء طاقم البعثة الذين يقومون بأعمال إدارية أو فنية في البعثة .

ز- اصطلاح (طاقم الخدم) أعضاء طاقم البعثة الذين يؤدون أعمال الخدمة فيها

حـ- اصطلاح (الخادم الخاص) يشمل من يعمل في أعمال الخدمة لدى أحد أعضاء البعثة وليس مستخدماً لدى الحكومة المعتمدة .

ط-اصطلاح (مباني البعثة) يشمل المباني وأجزاء المباني والأراضي الملحقة بها التي تستعملها البعثة – أياً كان المالك – كما تشمل مقر إقامة رئيس البعثة.

مادة ٢

تنشأ العلاقات الدبلوماسية بين الدول وتوفد البعثات الدبلوماسية الدائمة بناءً على الاتفاق المتبادل بينهما.

مادة ٣

تشمل أعمال البعثة الدبلوماسية ما يأتي :

أ- تمثيل الدولة المعتمدة لدى الدولة المعتمد لديها .

ب- حماية مصالح الدولة المعتمدة وكذلك مصالح رعاياها لدى الدولة المعتمد لديها في الحدود المقررة في القانون الدولي.

جـ- التفاوض مع حكومة الدولة المعتمد لديها .

د- التعرف بكل الوسائل المشروعة على ظروف وتطور الأحداث في الدولة المعتمد لديها وعمل التقارير عن ذلك لحكومة الدول المعتمدة .

هـ- تهيئة علاقات الصداقة وتنمية العلاقات الاقتصادية والثقافية والعلمية بين الدولة المعتمدة والدولة المعتمد لديها .

و- لا يفسّر أي نص من نصوص هذه الاتفاقية بأنه يحرم البعثة الدبلوماسية من مباشرة الأعمال القنصلية .

مادة ٤

يجب على الدولة المعتمدة أن تتأكد من الحصول على موافقة الدولة المعتمد لديها قبل أن تعتمد مرشحها رئيساً لبعثتها لدى الدولة الثانية .

ليست الدولة المعتمد لديها مضطرة لئن تذكر للدولة المعتمد أسباب رفضها قبول الممثّل المقترح.

مادة ٥

للدولة المعتمدة – بعد إعلامها الدول المعنية الأخرى المعتمد لديها – أن تعتمد رئيس هيئة أو تعين عضواً من الطاقم الدبلوماسي تبعاً للظروف – في عدة دول – إلا إذا اعترضت إحدى الدول المعتمد لديها صراحة على ذلك. إذا اعتمدت الدولة المعتمدة رئيس بعثة لدى دولة أو أكثر فلها أن تنشئ بعثة دبلوماسية يديرها قائم بالأعمال بالنيابة في كل دولة لا يقيم فيها رئيس البعثة إقامة دائمة. يصّح أن يمثل رئيس البعثة أو أحد أعضاء طاقمها الدبلوماسي دولته لدى أي منظمة دولية.

مادة ٦

تستطيع عدة دول أن تعتمد نفس الشخص رئيساً لبعثتها لدى دولة أخرى إلا إذا اعترضت الدولة المعتمد لديها على ذلك .

مادة ٧

مع مراعاة نصوص المواد ٨ ،٩ ،١١ - للدولة المعتمدة أن تعين كما تشاء أعضاء طاقم بعثتها – وبالنسبة للملحقين العسكريين والبحريين والجويين، فللدولة المعتمد لديها أن توجب إبلاغها أسماءهم كي تنظر في قبول تعيينهم .

مادة ٨

من حيث المبدأ يكون أعضاء طاقم البعثة الدبلوماسي من جنسية الدولة المعتمدة .

لا يمكن اختيار أعضاء طاقم البعثة الدبلوماسي من مواطني الدولة المعتمد لديها إلا بموافقة هذه الدولة – التي يجوز لها سحب موافقتها على ذلك في أي وقت. وللدولة المعتمد لديها أن تستعمل نفس الحق بالنسبة لمواطني دولة ثالثة ليسوا من مواطني الدولة المعتمدة.

مادة ٩

للدولة المعتمد لديها في أي وقت وبدون ذكر الأسباب أن تبلغ الدولة المعتمدة أن رئيس أو أي عضو من طاقم بعثتها الدبلوماسي أصبح شخصاً غير مقبول أو أن أي عضو من طاقم بعثتها (من غير الدبلوماسيين) أصبح غير مرغوب فيه، وعلى الدولة المعتمدة أن تستدعي الشخص المعني أو تنهي أعماله لدى البعثة وفقاً للظروف ويمكن أن يصبح الشخص غير مقبول أو غير مرغوب فيه قبل أن يصل إلى أراضى الدولة المعتمد لديها .

فإذا رفضت الدولة المعتمدة التنفيذ – أو لم تنفذ في فترة معقولة الالتزامات المفروضة عليها في الفقرة الأولى من هذه المادة – فللدولة المعتمد لديها أن ترفض الاعتراف للشخص المعني بوصفه عضواً في البعثة .

مادة ١٠

تبلغ وزارة خارجية الدولة المعتمد لديها أو أي وزارة أخرى اتفق عليها:

أ- تعيين أعضاء البعثة بوصولهم وبسفرهم النهائي أو بانتهاء أعمالهم في البعثة.

ب- بالوصول وبالرحيل النهائي لشخص يتبع أسرة عضو البعثة – كذلك عن حالة الشخص الذي أصبح أو لم يمسِ عضواً في أسرة عضو البعثة .

جـ- بالوصول وبالرحيل النهائي للخدم الخصوصيين الذين يعملون في خدمة الأشخاص المنوه عنهم في الفقرة (أ) وفي حالة تركهم خدمة هؤلاء الأشخاص .

د- عن تشغيل وتسريح الأشخاص المقيمين في الدولة المعتمد لديها سواءً كانوا أعضاء في البعثة أو خدماً خاصين يتمتعون بالمزايا والحصانات .

٢- يكون التبليغ مقدماً بالنسبة للوصول والرحيل النهائي في كل الحالات إذا أمكن ذلك.

مادة ١١

في حالة عدم وجود اتفاق خاص بحجم البعثة - فللدولة المعتمد لديها أن تحتم أن يكون العدد محدداً في نطاق ما تعتبره معقولاً وعادياً - مع ملاحظة الظروف والملابسات القائمة في هذه الدولة، ومع الأخذ باعتبار حاجة البعثة المعنية للدولة المعتمد لديها في نفس الحدود وبدون تفرقة - أن ترفض تعيين موظفين من فئة معينة.

مادة ١٢

ليس للدولة المعتمدة - بدون الحصول مقدماً موافقة الدولة المعتمد لديها أن تنشئ مكاتب تابعة لبعثتها في نواحٍ أخرى غير التي توجد فيها البعثة.

مادة ١٣

يعتبر رئيس البعثة أنه تسلم مهام منصبه لدى الدولة المعتمد لديها إذا ما قدم أوراق اعتماده أو إذا ما أخطر وزارة الخارجية بوصوله، وقدم إليها صورة من أوراق اعتماده - أو قام بعمل ذلك لدى وزارة أخرى تبعاً للمتفق عليه - ووفقاً لما يجري عليه العمل في الدولة المعتمد لديها - على أن يطبق ذلك بشكل موحد .

ويتوقف موعد تقديم أوراق الاعتماد أو صورة تلك الأوراق على تاريخ وساعة وصول رئيس البعثة .

مادة ١٤

رؤساء البعثة ثلاث طبقات :

أ- طبقة السفراء وسفراء البابا المعتمدين لدى رؤساء الدول ورؤساء البعثات الآخرين الذين هم من نفس الطبقة .

ب- طبقة المبعوثين - والوزراء - وزراء البابا المفوضين المعتمدين لدى رؤساء الدول .

جـ- طبقة القائمين بالأعمال المعتمدين لدى وزارات الخارجية .

وليست هناك أي تفرقة بين رؤساء البعثات من حيث طبقاتهم سوى ما يتصل بأسبقيتهم وبالمراسم.

مادة ١٥

تتفق الدول فيما بينها على الطبقة التي يتبعها رؤساء بعثاتها .

مادة ١٦

تكون أسبقية رؤساء البعثات لكل طبقة تبعاً لتاريخ وساعة تسلمهم لمهام مناصبهم وفقاً لما جاء بالمادة (١٣) التعديلات التي تستحدث في أوراق اعتماد رئيس البعثة ولا تغير في طبقته لا تؤثر في أسبقيته. لا تؤثر هذه المادة في العرف الجاري أو الذي قد تقبله الدولة المعتمد لديها بالنسبة لأسبقية ممثل الكرسي البابوي .

مادة ١٧

يبلغ رئيس البعثة وزراء الخارجية أو الوزارة الأخرى المتفق عليها بأسبقية أعضاء الطاقم الدبلوماسي لبعثته.

مادة ١٨

تتبع في كل دولة إجراءات موحدة لاستقبال رؤساء البعثات كل وفقاً للطبقة التي ينتمي إليها.

مادة ١٩

إذا ما خلا منصب رئيس البعثة - أو إذا حدث ما يمنع رئيس البعثة من مباشرة أعماله قام مكانه قائم بالأعمال بالنيابة بصفة وقتية - ويبلغ رئيس البعثة اسم القائم بالأعمال بالنيابة - أما إذا حدث ما يمنعه من ذلك، فتبلغ وزارة خارجية الدولة المعتمدة وزارة خارجية الدولة المعتمد لديها أو الوزارة المتفق عليها .

وفي حالة عدم وجود عضو من الطاقم الدبلوماسي للبعثة يجوز للدولة المعتمدة بموافقة الدولة المعتمد لديها أن تعيّن شخصاً من الطاقم الإداري أو الفني قائماً بالأعمال الإدارية الجارية.

مادة ٢٠

للبعثة ولرئيسها الحق في رفع العلم الوطني وشعار الدولة المعتمدة على مباني البعثة ومنها مقر رئيس البعثة وكذلك على وسائل تنقلاته .

مادة ٢١

على الدولة المعتمد لديها - وفي حدود ما تسمح به تشريعاتها - أن تيسر للدولة المعتمدة أن تحوز في أراضيها المباني اللازمة لبعثتها أو أن تسهل لها العثور على مبانٍ بطريقة أخرى كما يجب عليها إذا ما استدعى الأمر مساعدة البعثات للحصول على مساكن ملائمةً لأعضائها.

مادة ٢٢

تتمتع مباني البعثة بالحرمة. وليس لممثلي الحكومة المعتمد لديها الحق في دخول مباني البعثة إلا إذا وافق على ذلك رئيس البعثة.

على الدولة المعتمد لديها التزام خاص باتخاذ كافة الوسائل اللازمة لمنع اقتحام أو الإضرار بمباني البعثة وبصيانة أمن البعثة من الاضطراب أو من الحطّ من كرامتها .

لا يجوز أن تكون مباني البعثة أو مفروشاتها أو كل ما يوجد فيها من أشياء أو كافة وسائل النقل، عرضة للاستيلاء أو التفتيش أو الحجز لأي إجراء تنفيذي .

مادة ٢٣

تعفى الدولة المعتمدة ورئيس البعثة من كل الضرائب والعوائد العامة والإقليمية والبلدية بالنسبة لمباني البعثة التي تمتلكها أو تستأجرها على شرط ألا تكون هذه الضرائب أو العوائد مفروضة مقابل خدمات خاصة .

والإعفاء الضريبي المذكور في هذه المادة لا يطبّق الضرائب والعوائد إذا ما كان تشريع الدولة المعتمدة لديها يفرضها على الشخص الذي يتعامل مع الدولة المعتمد أو مع رئيس البعثة.

مادة ٢٤

لمحفوظات ووثائق البعثة حرمتها في كل وقت وأينما كانت .

مادة ٢٥

تمنح الدولة المعتمد لديها كافة التسهيلات كي تتمكن البعثة من القيام بأعمالها .

مادة ٢٦

ومع ما تقضي به القوانين والتعليمات من المناطق المحرمة أو المحدد دخولها لأسباب تتعلق بالأمن الوطني – على الدولة المعتمد لديها أن تمكن لكل أعضاء البعثة الحرية في التنقل والمرور في أراضيها .

مادة ٢٧

تسمح الدولة وتحافظ على حرية مراسلات البعثة في كل ما يتعلق بأعمالها الرسمية وللبعثة كي تتصل بحكومتها وببقية البعثات وبقنصليات دولتها أينما وجدت، أن تستعمل كافة وسائل الاتصالات اللازمة – ومنها حاملو الحقائب الدبلوماسية والمراسلات بالرمز بنوعيه – ومع ذلك فلا يجوز للبعثة تركيب أو استعمال محطة إرسال بالراديو إلا بموافقة حكومة الدولة المعتمد لديها .

مراسلات البعثة الرسمية ذات حرمة، فاصطلاح المراسلات الرسمية يعني كل المراسلات المتعلقة بأعمال البعثة .

لا يجوز فتح أو حجز الحقيبة الدبلوماسية .

يجب أن تحمل الربطات التي تكون الحقيبة الدبلوماسية علامات خارجية ظاهرة تبين طبيعتها - ويجب ألا تشمل إلا المستندات الدبلوماسية والأشياء المرسلة للاستعمال الرسمي .

يجب أن يكون لدى حامل الحقيبة الدبلوماسية مستند رسمي يثبت صفته وعدد الربطات التي تكون الحقيبة الدبلوماسية . وتحميه أثناء قيامه بمهمته في الدولة الموفد إليها ويتمتع بالحصانة الشخصية - ولا يجوز إخضاعه لأي نوع من أنواع القبض أو الحجز .

يجوز للدولة المعتمدة أو لبعثتها أن تعين حامل حقيبة في مهمة خاصة، وفي هذه الحالة تطبق أحكام الفقرة الخامسة من هذه المادة - أيضاً - مع ملاحظة أن الحصانات المذكورة ينتهي العمل بها من وقت أن يسلم حامل الحقيبة الحقيبة إلى الهيئة المرسلة إليها. يجوز تسليم الحقيبة الدبلوماسية لقائد طائرة تجارية مرخص لها بالهبوط في مطار تالٍ، ويجب أن يحمل القائد وثيقة رسمية تبين عدد الربطات التي تتكون منها الحقيبة ولا يعتبر هذا القائد حامل حقيبة دبلوماسية - وللبعثة أن ترسل أحد أعضائها ليتسلم مباشرة وبحرية الحقيبة الدبلوماسية من قائد الطائرة.

مادة ٢٨

تعفى الرسوم والضرائب التي تحصلها البعثة في أعمالها الرسمية من أي رسم أو ضريبة.

مادة ٢٩

لشخص الممثل الدبلوماسي حرمة - فلا يجوز بأي شكل القبض عليه أو حجزه - وعلى الدولة المعتمد لديها أن تعامله بالاحترام اللازم له، وعليها أن تتخذ كافة الوسائل المعقولة لمنع الاعتداء على شخصه أو على حريته أو على اعتباره.

مادة ٣٠

يتمتع المسكن الخاص للمثل الدبلوماسي بنفس الحرمة والحماية اللتين تتمتع بهما مباني البعثة، وتشمل الحرمة مستنداته ومراسلاته - وكذلك أيضاً متعلقات الممثل الدبلوماسي مع مراعاة ما جاء بالبند (٣) من المادة ٣١.

مادة ٣١

١-يتمتع الممثل الدبلوماسي بالحصانة القضائية الجنائية في الدولة المعتمد لديها.

ويتمتع أيضاً بالحصانة القضائية المدنية والإدارية - إلا إذا كان الأمر يتعلق بما يأتي :

أ- إذا كانت دعوى عينية منصبة على عقار خاص كائن في أراضي الدولة المعتمد لديها - إلا إذا شغله الممثل الدبلوماسي لحساب دولته في خصوص أعمال البعثة.

ب- إذا كانت دعوى خاصة بميراث، ويكون الممثل الدبلوماسي منفذاً للوصية أو مديراً للتركة أو وارثاً فيها أو موصى له بصفته الشخصية لا باسم الدولة المعتمدة.

جـ- إذا كانت دعوى متعلقة بمهنة حرة أو نشاط تجاري - أياً كان - يقوم به الممثل الدبلوماسي في الدولة المعتمد لديها خارج نطاق أعماله الرسمية.

٢-لا يجوز إجبار الممثل الدبلوماسي على الإدلاء بالشهادة .

٣-لا يجوز اتخاذ أي إجراء تنفيذي ضد الممّثل الدبلوماسي إلا في الحالات المذكورة في الفقرات ا-ب-ج -من البند (١) من هذه المادة - وعلى شرط إمكان إجراء التنفيذ بدون المساس بحرمة شخص الممثّل أو بحرمة مسكنه.

٤- عدم خضوع الممثل الدبلوماسي لاختصاص قضاء الدولة المعتمد لديها لا يعفيه من الخضوع لقضاء الدولة المعتمدة.

مادة ٣٢

للدولة المعتمدة أن تتنازل عن الحصانة القضائية عن ممثليها الدبلوماسيين وعن الأشخاص الذين يتمتعون بالحصانة بمقتضى المادة (٣٧) يجب أن يكون التنازل صريحاً.

إذا رفع الممثل الدبلوماسي أو الشخص الذي يتمتع بالإعفاء من القضاء المحلي دعوى وفقاً للمادة ٣٧ فلا يجوز له بعد ذلك أن يستند إلى الحصانة القضائية بالنسبة لأي طلب يترتب مباشرة على دعواه الأصلية.

إن التنازل عن الحصانة القضائية في الدعاوى المدنية أو الإدارية لا يعني التنازل عن الحصانة بالنسبة لإجراءات تنفيذ الأحكام التي يجب الحصول لها على تنازل مستقل.

مادة ٣٣

مع اتباع ما جاء بنص البند الثالث من هذه المادة - وللخدمات التي يؤديها للدولة الموفدة - يعفي الممثل الدبلوماسي من أحكام قوانين التأمين الاجتماعي القائمة في الدولة المعتمد لديها، ويسري أيضاً الإعفاء المذكور بالبند الأول من هذه المادة على الخدم الخصوصيين الذين يعملون فقط للممثّل الدبلوماسي بشرط: أن لا يكونوا من مواطني الدولة المعتمد لديها أو أن تكون إقامتهم الدائمة في تلك الدولة . أن يكونوا خاضعين لقوانين التأمينات الاجتماعية القائمة في الدول المعتمدة في الدولة الثالثة

على الممثل الدبلوماسي الذي يستخدم أفرادا لا ينطبق عليهم الإعفاء المذكور بالبند الثاني من هذه المادة، أن يحترم التزامات نصوص تشريع التأمين الاجتماعي الواجبة على رب العمل في الدولة المعتمد لديها .

الإعفاء المذكور في البندين ١،٢ من هذه المادة لا يمنع من الاشتراك الاختياري في نظام التأمين الاجتماعي للدولة المعتمد لديها إذا ما سمح بذلك تشريعها.

لا تؤثر أحكام هذه المادة على الاتفاقات الثنائية أو الجماعية الخاصة بالتأمين الاجتماعي التي عقدت في الماضي وكذلك تلك التي قد تعقد في المستقبل.

مادة ٣٤

يعفى الممثل الدبلوماسي من كافة الضرائب والرسوم – الشخصية والعينية – العامة أو الخاصة بالمناطق أو النواحي – مع استثناء :

أ- الضرائب غير المباشرة التي تتداخل بطبيعتها عادة في أثمان البضائع أو الخدمات.

ب- الضرائب والرسوم المفروضة على العقارات الخاصة الواقعة في أراضي الدول المعتمد لديها – إلا إذا كان الممثل الدبلوماسي يحوزها لحساب الدولة المعتمدة في شؤون أعمال البعثة.

جـ- ضرائب التركات التي تحصّلها الدولة المعتمد لديها مع ملاحظة سريان أحكام البند (٤) من المادة ٣٩ .

د- الضرائب والرسوم على الدخل الخاص التابع في الدولة المعتمد لديها والضرائب المفروضة على رأس المال المركز في الاستثمار في مشروعات تجارية في الدولة المعتمد لديها.

هـ- الضرائب والرسوم التي تحصّل نتيجة لخدمات خاصة.

و- رسوم التسجيل والمقاضاة والرهون ورسوم الدفعة الخاصة بالأملاك الثابتة بشرط مراعاة أحكام المادة ٢٣ .

مادة ٣٥

على الدولة المعتمد لديها إعفاء الممثلين الدبلوماسيين من كل مساهمة شخصية ومن كل الخدمات العامة مهما كانت طبيعتها – ومن كل التزام عسكري مثل عمليات الاستيلاء – أو المشاركة في أعمال، أو في إيواء العسكريين.

مادة ٣٦

ومع تطبيق النصوص التشريعية والتعليمات التي تستطيع وضعها – تمنح الدولة المعتمد لديها الإدخال والإعفاء من الرسوم الجمركية ومن العوائد و الرسوم الأخرى مع استثناء رسوم التخزين والنقل والمصاريف المختلفة الناتجة عن الخدمات المماثلة عما يلي :

الأشياء الواردة للاستعمال الرسمي للبعثة .

الأشياء الواردة للاستعمال الشخصي للممثل الدبلوماسي أو لأعضاء أسرته الذين يعيشون معه – وتدخل فيها الأصناف المعدة لإقامته .

ويعفى الممثل الدبلوماسي من تفتيش أمتعته الشخصية - إلا إذا وجدت أسباب قوية تدعو إلى الاعتقاد بأنها تحوي أشياء لا تمنح عنها الإعفاءات المذكورة في البند (١) من هذه المادة - أو أصنافاً محظوراً استيرادها أو تصديرها بمقتضى التشريع أو تكون خاضعة لتعليمات الحجر الصحي للدولة المعتمد لديها - وفي هذه الحالة لا يجوز إجراء الكشف إلا بحضور الممثل الدبلوماسي أو من ينتدبه .

مادة ٣٧

يتمتع أعضاء أسرة الممثل الدبلوماسي الذين يعيشون معه في نفس المسكن بالمزايا والحصانات المذكورة في المواد من ٢٩ إلى ٣٦ على شرط ألا يكونوا من رعايا الدولة المعتمد لديها .

أعضاء الطاقم الإداري والطاقم الفنّي للبعثة، وكذلك الأعضاء أسرهم الذين يعيشون معهم في نفس المسكن بالنسبة لكل منهم -شرط أن لا يكونوا من رعايا الدولة المعتمد لديها أو أن تكون إقامتهم الدائمة في أراضيها - يتمتعون بالمزايا و الحصانات المذكورة في المواد من ٢٩ إلى ٣٥ - مع استثناء الحصانة في عدم الخضوع القضائي للاختصاص المدني أو الإداري للدولة المعتمدين لديها - الوارد ذكرها في البند (١) من المادة (٣١) في التصرفات الخارجة عن نطاق أعمالهم الرسمية - ويتمتعون بالمزايا المذكورة في البند (أ) من المادة (٣٦) بالنسبة للأشياء المستوردة بسبب إقامتهم الأولى (أول توطن).

أفراد طاقم الخدمة للبعثة الذين ليسوا من رعايا الدولة المعتمدين لديها أو من المقيمين فيها إقامة دائمة يتمتعون بالحصانة بالنسبة للتصرفات التي تحدث منهم أثناء تأدية أعمالهم - ويعفون من الضرائب والرسوم عن مرتباتهم التي يتقاضونها في وظائفهم - وكذلك يتمتعون بالإعفاء الوارد ذكره في المادة ٣٣ .

الخدم الخصوصيون لأعضاء البعثة الذين ليسوا من رعايا الدولة المعتمد لديها والذين لا يقيمون فيها إقامة دائمة يتمتعون بالإعفاء من الضرائب والرسوم عن مرتباتهم التي يتقاضونها عن خدمتهم.
وفي كل الحالات لا يتمتعون بمزايا أو حصانات إلا في الحدود التي تقررها الدولة المعتمد لديها - كما أن للدولة المعتمد لديها أن تستعمل حق ولايتها على هؤلاء الأشخاص على ألا يعوق ذلك كثيراً البعثة عن أداء أعمالها.

مادة ٣٨

إذا لم تمنح الدولة المعتمد لديها مزايا وحصانات إضافية - فالممثل الدبلوماسي من جنسية الدولة المعتمد لديها أو الذي تكون إقامته الدائمة فيها لا يتمتع بالحصانة القضائية أو بحرمة شخصه إلا بالنسبة لتصرفاته الرسمية التي يقوم بها أثناء تأدية أعماله.
إن الأعضاء الآخرين لطاقم البعثة والخدم الخصوصيين الذين هم من جنسية الدولة المعتمد لديها، أو الذين تكون إقامتهم الدائمة في أراضيها لا يتمتعون بالمزايا والحصانات إلا في

الحدود التي تقررها لهم تلك الدولة - ومع ذلك فللدولة المعتمد لديها أن تستعمل حق ولايتها على هؤلاء الأفراد بطريقة لا تعوق كثيراً قيام البعثة بأعمالها.

مادة ٣٩

كل فرد من الذين لهم الحق في المزايا والحصانات يتمتع بهذه المزايا والحصانات بمجرد دخوله أراضي الدولة المعتمد لديها بقصد الوصول إلى مقر عمله - أما إذا وجد في تلك الأراضي فيكون من وقت تبليغ وزارة الخارجية بتعيينه أو بتبليغ أي وزارة أخري متفق عليها.

عندما تنقضي مهمة شخص من الذين يتمتعون بالمزايا والحصانات، تنتهي عادة هذه المزايا والحصانات من وقت مغادرة هذا الشخص لأراضي الدولة المعتمد لديها أو عند انتهاء المهلة المعقولة التي تمنح له لهذا السبب - ويستمر سريانها لهذا الوقت حتى عند قيام نزاع مسلح ، ومع كل ذلك تستمر الحصانة بالنسبة للأعمال التي قام بها هذا الفرد كعضو في البعثة. إذا توفي أحد أفراد البعثة يستمر أعضاء أسرته في التمتع بالمزايا والحصانات التي يتمتعون بها إلى أن يمر وقت معقول يسمح لهم بمغادرة أراضي الدولة المعتمد لديها.

إذا توفي عضو من البعثة ليس من جنسية الدولة المعتمد لديها أو لم يكن فيها مكان إقامته الدائمة - أو أحد أفراد أسرته المقيمين معه - تسمح الدولة المعتمد لديها بتصدير منقولات المتوفى - مع استثناء تلك التي حازها أثناء معيشته فيها التي تحرم قوانينها تصديرها وقت الوفاة ولا تحصل ضرائب ميراث على المنقولات التي كان سبب وجودها في الدولة المعتمد لديها هو وجود المتوفى في هذه الدولة كعضو في البعثة أو كفرد من أفراد أسرة عضو البعثة .

مادة ٤٠

إذا مر الممثل الدبلوماسي أو من وجد في أراضي دولة ثالثة منحته تأشيرة على جواز سفره إذا كان ذلك ضرورياً - بغية الذهاب لتولي مهام عمله أو اللحاق بمنصبه أو العودة لبلاده - تمنحه الدولة الثالثة الحرمة وكل الحصانات اللازمة التي تمكّنه من المرور أو من العودة، كما يُعامل نفس المعاملة أعضاء أسرته المرافقين له الذين يتمتعون بالمزايا والحصانات أو الذين يسافرون منفردين عنه للّحاق به أو للعودة لبلادهم .

وفي الحالات المشابهة المذكورة في البند (١) من هذه المادة لا يجوز للدولة الثالثة إعاقة المرور عبر أراضيها بالنسبة لأعضاء الطاقم الإداري أو الفني أو لطاقم الخدمة للبعثة أو لأفراد أسرهم. تمنح الدولة الثالثة المراسلات وكافة أنواع الاتصالات الرسمية المارة، بما فيها المراسلات الرمزية بنوعيها نفس الحرية والحماية التي تمنحها الدولة المعتمدة لديها، وتمنح حاملي الحقائب الذين حصلوا على التأشيرات اللازمة والحقائب الدبلوماسية المارة، نفس الحرمة، الحماية اللتين تلتزم بمنحها الدولة المعتمد لديها.

وتطبق أيضاً التزامات الدولة الثالثة وفقاً لما جاء في البنود السابقة بالنسبة للممثل الدبلوماسي، وكذلك الأشخاص المذكورين فيها، وكذلك على المراسلات والحقائب الدبلوماسية الرسمية إذا ما وجدت لسبب قاهر في أراضي الدولة الثالثة.

مادة ٤١

مع عدم المساس بالمزايا والحصانات ، على الأشخاص الذين يتمتعون بها احترام قوانين ولوائح الدولة المعتمدين لديها ، وعليهم كذلك واجب عدم التدخل في الشؤون الداخلية لتلك الدولة.

كل المسائل الرسمية المعهود بحثها لبعثة الدولة المعتمدة مع الدولة المعتمد لديها يجب أن تبحث مع وزارة خارجية الدولة المعتمد لديها عن طريقها أو مع أي وزارة متفق عليها. لا تستعمل مباني البعثة في أغراض تتنافى مع أعمال تلك البعثة التي ذكرت في هذه الاتفاقية أو مع قواعد القانون الدولي العام أو مع الاتفاقيات الخاصة القائمة بين الدولة المعتمدة والدولة المعتمد لديها.

مادة ٤٢

لا يجوز أن يقوم الممثل الدبلوماسي في الدولة المعتمد لديها بأي نشاط مهني أو تجاري في سبيل الكسب الخاص .

مادة ٤٣

تنتهي مهمة الممثل الدبلوماسي كما يلي:

إذا ما أخطرت الدول المعتمدة الدولة المعتمد لديها بإنهاء أعمال الممثل الدبلوماسي .
إذا ما أخطرت الدولة المعتمد لديها الدولة المعتمدة - تطبيقاً للبند (٢) من المادة (٩) بأنها ترفض الاعتراف بالممثل الدبلوماسي كعضو في البعثة .

مادة ٤٤

على الدولة المعتمد لديها - حتى في حالة قيام الحرب أن تمنح التسهيلات للأشخاص المتمتعين بالمزايا والحصانات - بخلاف من هم من رعاياها - وكذلك أعضاء أسر هؤلاء الأشخاص مهما كانت جنسياتهم - لتيسر لهم مغادرة أراضيها في أسرع وقت - ويجب عليها إذا ما استدعي الأمر، أن تضع تحت تصّرفهم وسائل النقل اللازمة لأشخاصهم ولمتعلقاتهم .

مادة ٤٥

في حالة قطع العلاقات الدبلوماسية بين دولتين - أو إذا ما استدعيت بعثة بصفة نهائية أو بصفة وقتية :

أ- تلتزم الدولة المعتمد لديها حتى في حالة نزاع مسلّح أن تحترم وتحمي مباني البعثة – وكذلك منقولاتها ومحفوظاتها .

ب- يجوز للدولة المعتمدة أن تعهد بحراسة مباني بعثتها وما يوجد فيها من منقولات ومحفوظات إلى دولة ثالثة توافق عليها الدولة المعتمد لديها .

جـ- يجوز للدولة المعتمدة أن تعهد بحماية مصالحها ومصالح مواطنيها إلى دولة ثالثة توافق عليها الدولة المعتمد لديها .

مادة ٤٦

إذا وافقت الدولة المعتمد لديها على طلب دولة ثالثة ليست ممّثلة لديها تقوم دولة معتمدة لدى الدولة الأولى بتولي الحماية المؤقتة لمصالح الدولة الثالثة ومصالح مواطنيها ..

مادة ٤٧

على الدول المعتمد لديها عند تطبيقها نصوص هذه الاتفاقية أن لا تفرّق في المعاملة بين الدول . ولا تعتبر تفرقة في المعاملة : إذا ضيقت الدولة المعتمد لديها عند تطبيقها أحد النصوص هذه الاتفاقية لأن الدولة المعتمدة تعامل بعثتها نفس المعاملة . إذا منحت الدولتان بعضهما البعض وفقاً للعرف القائم بينهما أو تطبيقاً لاتفاق يقضي بمعاملة أفضل مما ورد في نصوص مواد هذه الاتفاقية .

مادة ٤٨

تظل هذه الاتفاقية معروضة للتوقيع عليها من كل الدول الأعضاء في هيئة الأمم المتحدة – أو في إحدى الهيئات المتخصصة – وكذلك من كل دولة منظمة لنظام محكمة العدل الدولية – وأيضاً كل دولة أخرى تدعوها الجمعية العامة لهيئة الأمم المتحدة للانضمام إلى هذه الاتفاقية – ويكون ذلك بالطريقة الآتية – يوقع على الاتفاقية في وزارة خارجية النمسا الاتحادية لغاية ٣١ أكتوبر /١٩٦١ إفرنجي ثم لدى مقر هيئة الأمم المتحدة في نيويورك لغاية ٣١/مارس/١٩٦٢ إفرنجي .

مادة ٤٩

يصدّق على هذه الاتفاقية وتودع وثائق التصديق لدى السكرتير العام لهيئة الأمم المتحدة .

مادة ٥٠

تظل هذه الاتفاقية مفتوحة لانضمام كل الدول المذكورة في الفئات الأربع من المادة ٤٨ – وتودع وثائق التصديق لدى السكرتير العام لهيئة الأمم المتحدة.

مادة ٥١

تصبح هذه الاتفاقية نافذة المفعول عند مرور ثلاثين يوماً من تاريخ إيداع الوثيقة الثانية والعشرين للتصديق أو الانضمام للاتفاقية لدى سكرتير عام هيئة الأمم المتحدة.

أما بالنسبة للدول التي تصدق على الاتفاقية، أو التي تنضم إليها بعد إيداع أداة التصديق أو وثيقة الانضمام الثانية والعشرين - تصبح الاتفاقية نافذة المفعول في اليوم الثلاثين من إيداع الدولة وثيقة للتصديق أو الانضمام .

مادة ٥٢

يخطر السكرتير العام للأمم المتحدة كل الدول الداخلة في إحدى الفئات الأربع المذكورة في المادة ٤٨ عن :

التوقيعات التي تمت على هذه الاتفاقية وإيداع أدوات التصديق أو وثائق الانضمام إليها - وفقاً لما جاء في المواد(٥٠،٤٩،٤٨) .

بدء تاريخ العمل بهذه الاتفاقية وفقاً لما جاء بالمادة (٥١) يودع أصل هذه الاتفاقية بنصوصها الإنجليزية والصينية والأسبانية والفرنسية والروسية التي تعتبر كل منها معتمدة - لدى السكرتير العام لهيئة الأمم المتحدة الذي يستخرج منها صوراً مطابقة رسمية لكل الدول الداخلة في إحدى الفئات الأربع المذكورة في المادة (٤٨).

وتوكيداً لما تقدم - وقع المفوضون الموكلون من حكوماتهم على هذه الاتفاقية عملاً في فيينا، في اليوم الثامن عشر من شهر إبريل ١٩٦١ .

الملحق الثاني

اتفاقية البعثات الخاصة

اعتمدتها الجمعية العامة للأمم المتحدة في ٨ كانون الأول/ ديسمبر ١٩٦٩ *

إن الدول الأطراف في هذه الاتفاقية:

إذ تذكّر بأن البعثات الخاصة تعامل دائما معاملة خاصة،

وإذ تضع في اعتبارها مقاصد ومبادئ ميثاق الأمم المتحدة المتعلقة بالمساواة السيادية بين الدول، وبصيانة السلم والأمن الدوليين، وبتنمية العلاقات الودية والتعاون بين الدول،

وإذ تشير إلى الاعتراف بأهمية مسألة البعثات الخاصة في مؤتمر الأمم المتحدة للعلاقات والحصانات الدبلوماسية وفي القرار الأول الذي اتخذه المؤتمر في ١٠ نيسان/ أبريل ١٩٦١،

وإذ تأخذ بعين الاعتبار أن مؤتمر الأمم المتحدة للعلاقات والحصانات الدبلوماسية قد أقر اتفاقية فيينا للعلاقات الدبلوماسية، التي عرضت للتوقيع في ١٨ نيسان/ ابريل ١٩٦١،

وإذ تعتقد أن عقد اتفاقية دولية بشأن البعثات الخاصة من شأنه استكمال تلك الاتفاقيتين والإسهام في تنمية العلاقات الودية بين الأمم أياً كانت نظمها الدستورية والاجتماعية.

وإذا تدرك أن مقصد الامتيازات والحصانات المتصلة بالبعثات الخاصة ليس إفادة الأفراد بل تأمين الأداء الفعال لوظائف البعثات الخاصة باعتبارها بعثات تمثل الدولة،

وإذ تؤكد استمرار قواعد القانون الدولي العرفي في تنظيم المسائل التي لا تنظمها أحكام هذا الاتفاقية.

قد اتفقت على ما يلي:

المادة ١- المصطلحات المستخدمة:

أ- يقصد بعتبير "البعثة الخاصة" بعثة مؤقتة تمثل الدولة وتوفدها دولة إلى دولة أخرى برضا الدولة الأخرى لتعالج معها مسائل محددة أو لتؤدي لديها مهمة محددة.

ب- يقصد بتعبير "البعثة الدبلوماسية الدائمة" بعثة دبلوماسية حسب المدلول الوارد في اتفاقية فيينا للعلاقات الدبلوماسية.

ج- يقصد بتعبير "المركز القنصلي" أية قنصلية عامة أو قنصلية أو وكالة قنصلية.

---

* بدأ نفاذها في ٢١ حزيران/ يونيه ١٩٨٥. راجع أعمال لجنة القانون الدولي، المرجع السابق ص٣٤٣.

د- يقصد بتعبير "رئيس البعثة الخاصة" الشخص المكلف من الدولة الموفدة بواجب التصرف بتلك الصفة.

هـ- يقصد بتعبير "ممثل الدولة الموفدة في البعثة الخاصة" أي شخص أسبغت عليه الدولة الموفدة تلك الصفة.

و- يقصد بتعبير "أعضاء البعثة الخاصة" رئيس البعثة الخاصة وممثلو الدولة الموفدة في البعثة الخاصة وموظفو البعثة الخاصة.

ز- يقصد بتعبير "موظفو البعثة الخاصة" موظفوها الدبلوماسيون والإداريون والفنيون والعاملون في خدمتها.

ح- يقصد بتعبير "الموظفون الدبلوماسيون" موظفو البعثة الخاصة ذوو الصفة الدبلوماسية بالنسبة إلى أغراض البعثة.

ط- يقصد بتعبير "الموظفون الإداريون والفنيون" موظفو البعثة الخاصة العاملون في خدمتها الإدارية والفنية.

ي- يقصد بتعبير "العاملون في الخدمة" موظفو البعثة الخاصة الذين تستخدمهم في الأعمال المنزلية أو ما شابهها من أعمال.

ك- يقصد بتعبير "المستخدمون الخاصون" الأشخاص العاملون لدى أعضاء البعثة الخاصة على سبيل الخدمة الخاصة لا غير.

المادة ٢- إيفاد البعثة الخاصة

لأية دولة إيفاد بعثة خاصة إلى دولة أخرى برضا الدولة الأخرى بعد الحصول عليه مسبقاً بالطريق الدبلوماسي أو بأي طريق آخر متفق عليه أو مقبول من الطرفين.

المادة ٣- وظائف البعثات الخاصة

تحدد وظائف البعثة الخاصة بتراضي الدولة الموفدة والدولة المستقبلة.

المادة ٤- إيفاد البعثة الخاصة الواحدة إلى دولتين أو اكثر

على أية دولة تود إيفاد بعثة خاصة واحدة إلى دولتين أو اكثر إعلام كل دولة مستقبلة بذلك عند التماس رضا تلك الدولة.

المادة ٥ – إيفاد دولتين أو أكثر لبعثة خاصة مشتركة

على أية دولتين أو اكثر تود إيفاد بعثة خاصة مشتركة إلى دولة أخرى إعلام الدولة المستقبلة بذلك عند التماس رضا الدولة.

المادة ٦- إيفاد دولتين أو أكثر لبعثات خاصة من أجل معالجة مسألة ذات أهمية مشتركة.

لكل من دولتين أو أكثر إيفاد بعثة خاصة في وقت واحد إلى دولة أخرى، برضا تلك الدولة الذي يحصل عليه وفقاً للمادة (٣)، وذلك للقيام معا، وباتفاق تلك الدول جميعا، بمعالجة مسألة ذات أهمية مشتركة.

المادة ٧- انتفاء العلاقات الدبلوماسية أو القنصلية

لا يلزم وجود العلاقات الدبلوماسية أو القنصلية لإيفاد إحدى البعثات الخاصة أو لاستقبالها.

المادة ٨- تعيين أعضاء البعثة الخاصة

يجوز للدولة الموفدة، مع مراعاة أحكام المواد ١٠ و ١١ و ١٢، تعيين أعضاء البعثة الخاصة بحرية بعد موافاة الدولة المستقبلة بجميع المعلومات اللازمة عن عدد أعضاء البعثة الخاصة وتكوينها، ولا سيما أسماء وصفات الأشخاص الذي تود تعيينهم. ويجوز للدولة المستقبلة أن ترفض قبول أية بعثة خاصة ترى أن عدد أعضائها غير معقول في ضوء الظروف والأحوال السائدة فيها وحاجات البعثة المعنية، كما يجوز للدولة المستقبلة أن ترفض دون إبداء الأسباب قبول أي شخص كأحد أعضاء البعثة الخاصة.

المادة ٩- تكوين البعثة الخاصة

١- تتألف البعثة الخاصة من ممثل واحد أو أكثر للدولة الموفدة التي يجوز لها تعيين رئيس من بينهم. ويجوز أن تضم البعثة أيضا موظفين دبلوماسيين وإداريين وفنيين وعاملين في الخدمة.

٢- إذا ضُمنت البعثة الخاصة أعضاء أية بعثة دبلوماسية دائمة أو مركز قنصلي في الدولة المستقبلة، فإن أولئك الأعضاء يحتفظون بامتيازاتهم وحصاناتهم بوصفهم من أعضاء تلك البعثة الدبلوماسية الدائمة أو المركز القنصلي إلى جانب الامتيازات والحصانات الممنوحة في هذه الاتفاقية.

المادة ١٠- جنسية أفراد البعثة الخاصة

١- يجب من حيث المبدأ أن يحمل ممثلو الدولة الموفدة في البعثة الخاصة وموظفو البعثة الخاصة الدبلوماسيون جنسية الدولة الموفدة.

٢- لا يجوز تعيين مواطني الدولة المستقبلة في بعثة خاصة إلا برضا تلك الدولة؛ ويجوز لهذه سحب رضاها في أي وقت تشاء.

٣- يجوز للدولة المستقبلة الاحتفاظ بالحق المنصوص عليه في الفقرة (٢) من هذه المادة بالنسبة إلى مواطني دولة ثالثة لا يكونون في الوقت ذاته من مواطني الدولة الموفدة.

المادة ١١- الإخطارات

١- يجري إخطار وزارة خارجية الدولة المستقبلة أو أية هيئة أخرى من هيئاتها قد يتفق عليها، بما يلي:

أ- تكوين البعثة الخاصة وأية تغييرات لاحقة فيه.

ب- وصول أعضاء البعثة ومغادرتهم النهائية وانتهاء وظائفهم في البعثة.

ج- وصول أي شخص يرافق أحد أعضاء البعثة ومغادرته النهائية.

د- تعيين وفصل أشخاص مقيمين في الدولة المستقبلة كأعضاء في البعثة أو كمستخدمين خاصين.

هـ- تعيين رئيس البعثة الخاصة أو الممثل المشار إليه في الفقرة ١ من المادة ١٤، عند عدم وجود رئيس لها، وتعيين أي بديل لهما.

و- مكان الدار التي تشغلها البعثة الخاصة والمساكن المتمتعة بالحرمة وفقا للمواد ٣٠ و ٣٦ و ٣٩، فضلاً عن أية معلومات أخرى قد تكون لازمة للتعرف على ذلك المبنى وتلك المساكن.

٢- الإخطار بالوصول والمغادرة النهائية يكون مسبقاً إلا عند الاستحالة.

المادة ١٢-الأشخاص المعلنون غير مرغوب فيهم أو غير مقبولين.

١- يجوز للدولة المستقبلة، في جميع الأوقات ودون أن يكون عليها بيان أسباب قرارها، أن تخطر الدولة الموفدة بأن أي ممثل للدولة الموفدة في البعثة الخاصة أو أي موظف دبلوماسي فيها شخص غير مرغوب فيه أو بأن أي موظف آخر من موظفيها غير مقبول. وفي هذه الحالة، تقوم الدولة الموفدة، حسب الاقتضاء، إما باستدعاء الشخص المعني أو بإنهاء وظائفه في البعثة. ويجوز إعلان شخص ما غير مرغوب فيه أو غير مقبول قبل وصوله إلى إقليم الدولة المستقبلة.

٢- إذا رفضت الدولة الموفدة الوفاء بالتزاماتها المترتبة عليها بموجب الفقرة ١ من هذه المادة أو تخلفت عن ذلك خلال فترة معقولة من الزمن، جاز للدولة المستقبلة أن ترفض الاعتراف بالشخص المعني عضواً في البعثة الخاصة.

المادة ١٣- بدء وظائف البعثة الخاصة

١- تبدأ وظائف البعثة الخاصة فور اتصال البعثة رسمياً بوزارة خارجية الدولة المستقبلة أو بأية هيئة أخرى قد يتفق عليها من هيئات تلك الدولة.

٢- لا يتوقف بدء وظائف البعثة الخاصة على تقديم البعثة من قبل البعثة الدبلوماسية الدائمة للدولة الموفدة أو على تقديم أوراق الاعتماد أو وثائق التفويض.

المادة ١٤- سلطة التصرف بالنيابة عن البعثة الخاصة

١- يخول رئيس البعثة الخاصة أو الممثل الذي تعينه الدولة الموفدة إن لم تكن قد عينت رئيساً،
سلطة التصرف نيابة عن البعثة الخاصة وتوجيه الرسائل إلى الدولة المستقبلة. وتوجه الدولة
المستقبلة رسائلها بشأن البعثة الخاصة إلى رئيس البعثة أو إلى الممثل المشار إليه أعلاه عند
عدم وجود رئيس لها، وذلك إما مباشرة أو بواسطة البعثة الدبلوماسية الدائمة.

٢- ومع ذلك يجوز للدولة الموفدة أو لرئيس البعثة الخاصة أو للممثل المشار إليه في الفقرة (١) من
هذه المادة، عند عدم وجود رئيس لها، تخويل أحد أعضاء البعثة الخاصة، إما بالنيابة عن
رئيس البعثة الخاصة أو عن الممثل السالف الذكر وإما مباشرة بعض الأعمال المعينة نيابة عن
البعثة.

المادة ١٥- الهيئة التي يجري التعامل الرسمي معها في الدولة المستقبلة

التعامل مع الدولة المستقبلة بشأن جميع الأعمال الرسمية التي تسندها الدولة الموفدة
إلى البعثة الخاصة يكون مع وزارة خارجية الدولة المستقبلة أو بواسطتها أو مع أية هيئة أخرى قد
يتفق عليها من هيئات تلك الدولة.

المادة ١٦-القواعد المنظمة للأسبقية

١- إذا اجتمعت بعثتان خاصتان أو أكثر في اقليم الدولة المستقبلة أو في اقليم دولة ثالثة، تتقرر
الأسبقية بينها، في حالة عدم وجود اتفاق خاص، وفقا لترتيب أسماء الدول الأبجدي المعتمد في
نظام مراسم (بروتوكول) الدولة التي تجتمع تلك البعثات في إقليمها.

٢- تتقرر الأسبقية بين البعثات الخاصة التي تلتقي اثنتان منها أو أكثر في احد الاحتفالات أو إحدى
المناسبات الرسمية وفقا لنظام المراسم (البروتوكول) الساري في الدولة المستقبلة.

٣- يكون ترتيب الأسبقية بين أعضاء البعثة الخاصة الواحدة هو الترتيب المعلن للدولة المستقبلة أو
للدولة الثالثة التي تجتمع بعثتان خاصتان أو اكثر في إقليمها.

المادة ١٧-مقر البعثة الخاصة

١- يكون مقر البعثة الخاصة في المكان الذي تتفق عليه الدولتان المعنيتان.

٢- يكون مقر البعثة الخاصة، عند عدم وجود اتفاق، في المكان الذي تقع فيه وزارة خارجية الدولة
المستقبلة.

٣- إذا كانت البعثة الخاصة تقوم بوظائفها في أماكن مختلفة، جاز للدولتين المعنيتين الاتفاق على أن
يكون للبعثة عدة مقرات لهما اختيار أحدهما مقراً رئيسياً.

المادة ١٨-اجتماع البعثات الخاصة في إقليم دولة ثالثة

١- لا يجوز اجتماع بعثات خاصة موفدة من دولتين أو اكثر في إقليم دولة ثالثة إلا بعد نيل الرضا الصريح من تلك الدولة، وهي تحتفظ بحق سحبه.

٢- يجوز للدولة الثالثة، عند منح رضاها، وضع شروط يتعين على الدولة الموفدة مراعاتها.

٣- تضطلع الدولة الثالثة إزاء الدول الموفدة بحقوق الدولة المستقبلة والتزاماتها بالمقدار الذي تشير إليه عند منح رضاها.

المادة ١٩- حق البعثة الخاصة في رفع علم الدولة الموفدة وشعارها

١- يحق للبعثة الخاصة رفع علم الدولة الموفدة وشعارها على الدار التي تشغلها وعلى وسائل نقلها عند استعمالها للأغراض الرسمية.

٢- تراعى، في ممارسة الحق الممنوح بهذه المادة، قوانين الدولة المستقبلة وأنظمتها وعاداتها.

المادة ٢٠-انتهاء وظائف البعثة الخاصة

١- تنتهي وظائف البعثات الخاصة للأسباب التالية:

أ- إذا اتفقت على ذلك الدولتان المعنيتان.

ب- إذا أنجزت البعثة الخاصة مهمتها.

ج- إذا انقضت المدة المحددة للبعثة الخاصة ما لم تمدد صراحة.

د- إذا أرسلت الدولة الموفدة إخطاراً بإنهائها البعثة الخاصة أو باستدعائها.

هـ- إذا أرسلت الدولة المستقبلة إخطاراً بأنها تعتبر البعثة الخاصة منتهية.

٢- قطع العلاقات الدبلوماسية أو القنصلية بين الدولة الموفدة والدولة المستقبلة لا يعد بحد ذاته سبباً لإنهاء البعثات الخاصة الموجودة في وقت قطعها.

المادة ٢١-مركز رئيس الدولة وذوي الرتب العالية

١- يتمتع رئيس الدولة الموفدة في الدولة المستقبلة أو في أية دولة ثالثة، عند ترؤسه بعثة خاصة، بالتسهيلات والامتيازات والحصانات المقررة في القانون الدولي لرؤساء الدول القائمين بزيارة رسمية.

٢- إذا اشترك رئيس الحكومة ووزير الخارجية وغيرهما من ذوي الرتب العالية في بعثة خاصة للدولة الموفدة، فإنهم يتمتعون في الدولة المستقبلة أو في أية دولة ثالثة بالتسهيلات والامتيازات والحصانات المقررة في القانون الدولي، بالإضافة إلى ما هو ممنوح منها في هذه الاتفاقية.

المادة ٢٢-التسهيلات العامة

تمنح الدولة المستقبلة للبعثة الخاصة التسهيلات اللازمة لمباشرة وظائفها مع مراعاة طبيعة البعثة الخاصة ومهمتها.

المادة ٢٣- الدار والسكن

تساعد الدولة المستقبلة البعثة الخاصة، بناء على طلبها، في الحصول على الدار اللازمة لها والسكن المناسب لأعضائها.

المادة ٢٤- إعفاء دار البعثة الخاصة من الرسوم والضرائب

١- تعفى الدولة الموفدة وأعضاء البعثة الخاصة العاملين نيابة عن البعثة من جميع الرسوم والضرائب القومية أو الإقليمية أو البلدية عن الدار التي تشغلها البعثة ما لم تكن مقابل تأدية خدمات معينة، وذلك بالمقدار الذي يتلاءم مع طبيعة الوظائف التي تباشرها البعثة الخاصة ومدتها.

٢- لا يسري الإعفاء من الرسوم والضرائب المنصوص عليه في هذه المادة على الرسوم والضرائب الواجبة الأداء، بمقتضى قوانين الدولة المستقبلة، على المتعاقدين مع الدولة الموفدة أو مع أحد أعضاء البعثة الخاصة.

المادة ٢٥- حرمة الدار

١- حرمة الدار التي تقيم فيها البعثة الخاصة وفقا لهذه الاتفاقية مصونة. ولا يجوز لمأموري الدولة المستقبلة دخول الدار المذكورة إلا برضا رئيس البعثة الخاصة أو، عند الاقتضاء، رئيس البعثة الدبلوماسية الدائمة للدولة الموفدة المعتمد لدى الدولة المستقبلة. ويجوز افتراض توفر هذا الرضا في حالة حدوث حريق أو حادث آخر يعرض السلامة العامة للخطر الشديد، وذلك شرط سبق تعذر الحصول على صريح رضا رئيس البعثة الخاصة أو عند الاقتضاء، رئيس البعثة الدائمة.

٢- يترتب على الدولة المستقبلة التزام خاص باتخاذ جميع التدابير المناسبة لمنع اقتحام دار البعثة الخاصة أو إلحاق الضرر بها والإخلال بأمن البعثة أو المساس بكرامتها.

٣- تعفى دار البعثة الخاصة وأثاثها والأموال الأخرى المستعملة في تسيير أعمال البعثة ووسائل النقل التابعة لها من إجراءات التفتيش أو الاستيلاء أو الحجز أو التنفيذ.

المادة ٢٦ - حرمة المحفوظات والوثائق

تصان حرمة محفوظات البعثة الخاصة ووثائقها في جميع الأوقات، وأياً كان مكانها. وينبغي، عند اللزوم، أن تحمل علامات خارجية مرئية تدل على هويتها.

المادة ٢٧- حرية الانتقال

تكفل الدولة المستقبلة لجميع أعضاء البعثة الخاصة حرية الانتقال والسفر في إقليمها بالقدر اللازم لمباشرة وظائف البعثة، وذلك مع عدم الإخلال بقوانينها وأنظمتها المتعلقة بالمناطق المحظورة أو المنظم دخولها لأسباب تتصل بالأمن القومي.

المادة ٢٨- حرية الاتصال

١- تجيز الدولة المستقبلة للبعثة الخاصة حرية الاتصال لجميع الأغراض الرسمية وتصون هذه الحرية. ويجوز للبعثة، عند اتصالها بالدولة الموفدة وببعثاتها الدبلوماسية ومراكزها القنصلية وببعثاتها الخاصة الأخرى أو بأقسام البعثة الواحدة، أينما وجدت، أن تستخدم جميع الوسائل المناسبة، بما في ذلك حملة الحقائب والرسائل المرسلة بالرموز أو الشفرة. ومع ذلك لا يجوز للبعثة الخاصة تركيب أو استخدام جهاز إرسال لاسلكي إلا برضا الدولة المستقبلة.

٢- حرمة المراسلات الرسمية للبعثة الخاصة مصونة. ويقصد بالمراسلات الرسمية جميع المراسلات المتعلقة بالبعثة الخاصة وبوظائفها.

٣- تستخدم البعثة الخاصة، عند الإمكان، وسائل اتصال البعثة الدبلوماسية الدائمة للدولة الموفدة، بما في ذلك حقيبتها وحامل الحقيبة.

٤- لا يجوز فتح حقيبة البعثة الخاصة أو حجزها.

٥- يجب أن تحمل الطرود التي تتألف منها حقيبة البعثة الخاصة علامات خارجية مرئية تدل على طبيعتها، ولا يجوز أن تحتوي إلا الوثائق أو الأشياء المعدة لاستعمال البعثة الخاصة الرسمي.

٦- تتولى الدولة المستقبلة حماية حامل حقيبة البعثة الخاصة أثناء قيامه بوظائفه، على أن يحمل وثيقة رسمية تدل على صفته وتبين عدد الطرود التي تتألف منها الحقيبة. ويتمتع شخصه بالحصانة، ولا يجوز إخضاعه لأية صورة من صور القبض أو الاعتقال.

٧- يجوز للدولة الموفدة أو للبعثة الخاصة تعيين حملة حقائب خاصين للبعثة الخاصة. وتسري في هذه الحالات ايضا أحكام الفقرة (٦) من هذه المادة على أن ينتهي سريان الحصانات المذكورة فيها حين يسلم حامل الحقيبة الخاص حقيبة البعثة الخاصة الموجودة في عهدته إلى المرسل إليه.

٨- يجوز أن يعهد بحقيبة البعثة الخاصة إلى ربان السفن المقرر رسوها أو إحدى الطائرات التجارية المقرر هبوطها في أحد موانئ الدخول المباحة. ويجب تزويد هذا الربان بوثيقة رسمية تبين عدد الطرود التي تتألف منها الحقيبة، ولكنه لا يعتبر حامل حقيبة للبعثة الخاصة. ويجوز للبعثة، بالاتفاق مع السلطات المختصة، إيفاد أحد أعضائها لتسلم الحقيبة مباشرة وبحرية من ربان السفينة أو الطائرة.

المادة ٢٩- الحصانة الشخصية

حرمة أشخاص ممثلي الدولة الموفدة في البعثة الخاصة وموظفيها الدبلوماسيين مصونة، ولا يجوز إخضاعهم لأية صورة من صور القبض أو الاعتقال. وعلى الدولة المستقبلة معاملتهم بالاحترام اللائق واتخاذ جميع التدابير المناسبة لمنع أي اعتداء على أشخاصهم أو حريتهم أو كرامتهم.

المادة ٣٠-حصانة المسكن الخاص

١- يتمتع المسكن الخاص لممثلي الدولة الموفدة في البعثة الخاصة ولموظفيها الدبلوماسيين بذات الحصانة والحماية اللتين تتمتع بهما دار البعثة الخاصة.

٢- كذلك تتمتع بالحصانة أوراقهم ومراسلاتهم، كما تتمتع بها أموالهم مع عدم الإخلال بأحكام الفقرة ٤ من المادة ٣١.

المادة ٣١-الحصانة القضائية

١- يتمتع ممثلو الدولة الموفدة في البعثة الخاصة وموظفوها الدبلوماسيون بالحصانة من القضاء الجنائي للدولة المستقبلة.

٢- ويتمتعون كذلك بالحصانة من قضاء الدولة المستقبلة المدني والإداري إلا في الحالات الآتية:

أ- الدعاوى العينية المتعلقة بالأموال العقارية الخاصة الكائنة في إقليم الدولة المستقبلة، ما لم يكن حيازة الشخص المعني لها هي بالنيابة عن الدولة الموفدة لاستخدامها في أغراض البعثة.

ب- الدعاوى التي تتعلق بشؤون الإرث والتركات ويدخل الشخص المعني فيها بوصفه منفذاً أو مديراً أو وريثاً أو موصى له، وذلك بالأصالة عن نفسه لا بالنيابة عن الدولة الموفدة.

ج- الدعاوى المتعلقة بأي نشاط مهني أو تجاري يمارسه الشخص المعني في الدولة المستقبلة خارج وظائفه الرسمية.

د- الدعاوى المتعلقة بالتعويض عن الأضرار الناشئة عن حادث سببته مركبة مستعملة خارج وظائف الشخص المعني الرسمية.

٣- لا يلزم ممثلو الدولة الموفدة في البعثة الخاصة وموظفوها الدبلوماسيون بأداء الشهادة.

٤- لا يجوز اتخاذ أية إجراءات تنفيذية إزاء أحد ممثلي الدولة الموفدة في البعثة الخاصة أو أحد موظفيها الدبلوماسيين إلا في الحالات المنصوص عليها في البنود (أ) و (ب) و (ج) و (د) من الفقرة (٢) من هذه المادة، وبشرط إمكان اتخاذ تلك الإجراءات دون المساس بحرمة شخصه أو مسكنه.

٥- تمتع ممثلي الدولة الموفدة في البعثة الخاصة وموظفيها الدبلوماسيين بالحصانة القضائية لا يعفيهم من قضاء الدولة الموفدة.

المادة ٣٢- الإعفاء من أحكام الضمان الاجتماعي

١- يعفى ممثلو الدولة الموفدة في البعثة الخاصة وموظفوها الدبلوماسيون، بالنسبة إلى الخدمات المقدمة إلى الدولة الموفدة، من أحكام الضمان الاجتماعي التي قد تكون نافذة في الدولة المستقبلة، وذلك مع عدم الإخلال بأحكام الفقرة (٣) من هذه المادة.

٢- كذلك يسري الإعفاء المنصوص عليه في الفقرة (١) من هذه المادة على الأشخاص العاملين في الخدمة الخاصة وحدها لأحد ممثلي الدولة الموفدة في البعثة الخاصة أو أحد موظفيها الدبلوماسيين وذلك بشرط:

أ- أن لا يكون أولئك الأشخاص من مواطني الدولة المستقبلة أو من المقيمين إقامة دائمة فيها.

ب- وأن يكونوا مشمولين بأحكام الضمان الاجتماعي التي قد تكون نافذة في الدولة الموفدة أو في دولة ثالثة.

٣- على ممثلي الدولة الموفدة في البعثة الخاصة وموظفيها الدبلوماسيين الذين يستخدمون أشخاصاً لا يسري عليهم الإعفاء المنصوص عليه في الفقرة (٢) من هذه المادة أن يراعوا الالتزامات التي تفرضها أحكام الضمان الاجتماعي للدولة المستقبلة على أرباب العمل.

٤- لا يمنع الإعفاء المنصوص عليه في الفقرتين ١ و ٢ من هذه المادة من الاشتراك الاختياري في نظام الضمان الاجتماعي للدولة المستقبلة إن كانت هذه الدولة تجيز مثل هذا الاشتراك.

٥- لا تخل أحكام هذه المادة باتفاقات الضمان الاجتماعي الثنائية أو المتعددة الأطراف التي سبق عقدها ولا تحول دون عقد مثلها في المستقبل.

المادة ٣٣- الإعفاء من الرسوم والضرائب

يعفى ممثلو الدولة الموفدة في البعثة الخاصة وموظفوها الدبلوماسيون من جميع الرسوم والضرائب الشخصية أو العينية، والقومية أو الإقليمية أو البلدية، باستثناء ما يلي:

أ- الضرائب غير المباشرة التي تدخل أمثالها عادة في ثمن الأموال والخدمات.

ب- الرسوم والضرائب المفروضة على الأموال العقارية الخاصة الكائنة في إقليم الدولة المستقبلة، ما لم تكن في حيازة الشخص المعني بالنيابة عن الدولة الموفدة لاستخدامها في أغراض البعثة.

ج- الضرائب التي تجبيها الدولة المستقبلة عن التركات، مع عدم الإخلال بأحكام المادة ٤٤.

د- الرسوم والضرائب المفروضة على الدخل الخاص الناشئ في الدولة المستقبلة والضرائب المفروضة على رؤوس الأموال المستثمرة في المشروعات التجارية القائمة في تلك الدولة.

هـ- الرسوم والضرائب التي تستوفى مقابل أداء خدمات معينة.

و- رسوم التسجيل والتوثيق وأقلام المحاكم والرهن العقاري والدمغة، وذلك مع عدم الإخلال بأحكام المادة ٢٤.

المادة ٣٤- الإعفاء من الخدمات الشخصية

تعفي الدولة المستقبلة ممثلي الدولة الموفدة في البعثة الخاصة وموظفيها الدبلوماسيين من جميع الخدمات الشخصية، ومن جميع الخدمات العامة أياً كان نوعها، ومن التكاليف العسكرية كالاستيلاء والتبرع والإيواء للأغراض العسكرية.

المادة ٣٥- الإعفاءات الجمركية

١- تجيز الدولة المستقبلة في حدود القوانين والأنظمة التي قد تسنها، دخول المواد الآتية وتعفيها من جميع الرسوم الجمركية والضرائب والتكاليف المتصلة بها غير تكاليف التخزين والنقل والخدمات المماثلة:

أ- المواد المعدة لاستعمال البعثة الخاصة الرسمي.

ب- المواد المعدة للاستعمال الشخص لممثلي الدولة الموفدة في البعثة الخاصة ولموظفيها الدبلوماسيين.

٢- تعفى الأمتعة الشخصية لممثلي الدولة الموفدة في البعثة الخاصة وموظفيها الدبلوماسيين من التفتيش، ما لم توجد أسباب جدية تدعو إلى افتراض احتوائها على مواد لا تشملها الإعفاءات المنصوص عليها في الفقرة (١) من هذه المادة، أو مواد يكون استيرادها أو تصديرها محظوراً بالقانون أو خاضعاً لأنظمة الحجر الصحي في الدولة المستقبلة، ولا يجوز إجراء التفتيش في مثل هذه الحالات إلا بحضور الشخص المعني أو ممثله المفوض.

المادة ٣٦-الموظفون الإداريون والفنيون

يتمتع موظفو البعثة الخاصة الإداريون والفنيون بالامتيازات والحصانات المنصوص عليها في المواد من ٢٩ إلى ٣٤ . شرط أن لا تمتد الحصانة المنصوص عليها في الفقرة ٢ من المادة ٣١ فيما يتعلق بالقضاء المدني والإداري للدولة المستقبلة إلى الأعمال التي يقومون بها خارج نطاق واجباتهم. ويتمتعون كذلك بالامتيازات المنصوص

عليها في الفقرة (١) من المادة ٣٥ بالنسبة إلى المواد التي يستوردونها لدى أول دخول لهم إلى إقليم الدولة المستقبلة.

المادة ٣٧- العاملون في الخدمة

يتمتع العاملون في الخدمة لدى البعثة الخاصة، بالحصانة من قضاء الدولة المستقبلة فيما يتعلق بالأعمال التي يقومون بها أثناء أداء واجباتهم، وبالاعفاء من دفع الرسوم والضرائب عن المرتبات التي يتقاضونها لقاء عملهم، وبالإعفاء من أحكام الضمان الاجتماعي المنصوص عليه في المادة ٣٢.

المادة ٣٨- المستخدمون الخاصون

١- يعفى المستخدمون الخاصون العاملون لدى أعضاء البعثة من دفع الرسوم والضرائب عن المرتبات التي يتقاضونها لقاء عملهم. ولا يتمتعون بغير ذلك من الامتيازات والحصانات إلا بقدر ما تسمح به الدولة المستقبلة. بيد أن على هذه الدولة أن تمارس ولايتها بالنسبة إلى هؤلاء الأشخاص على نحو يكفل عدم التدخل الزائد في أداء وظائف البعثة الخاصة.

المادة ٣٩- أفراد الأسرة

١- يتمتع أفراد أسر ممثلي الدولة الموفدة في البعثة الخاصة وموظفيها الدبلوماسيين، إن كانوا في صحبة ممثلي وموظفي البعثة الخاصة المذكورين، بالامتيازات والحصانات المنصوص عليها في المواد من ٢٩ إلى ٣٥ شرط أن لا يكونوا من مواطني الدولة المستقبلة أو المقيمين إقامة دائمة فيها.

٢- يتمتع أفراد أسر موظفي البعثة الخاصة الإداريون والفنيون، إن كانوا في صحبة موظفي البعثة الخاصة المذكورين، بالحصانات والامتيازات المنصوص عليها في المادة ٣٦ شرط أن لا يكونوا من مواطني الدولة المستقبلة أو من المقيمين إقامة دائمة فيها.

المادة ٤٠- مواطنو الدولة المستقبلة والأشخاص المقيمون إقامة دائمة فيها

١- لا يتمتع ممثلو الدولة الموفدة في البعثة الخاصة وموظفوها الدبلوماسيون الذين يكونون من مواطني الدولة المستقبلة أو من المقيمين إقامة دائمة فيها إلا بالحصانة القضائية والحرمة الشخصية بالنسبة إلى الأعمال الرسمية التي يقومون بها عند ممارسة وظائفهم، وذلك ما لم تمنحهم الدولة المستقلة امتيازات وحصانات إضافية.

٢- لا يتمتع أعضاء البعثة الخاصة الآخرون والمستخدمون الخاصون الذين يكونون من مواطني الدولة المستقبلة أو من المقيمين إقامة دائمة فيها بالحصانات والامتيازات إلا بالمقدار الذي تمنحه إياهم تلك الدولة. ومع ذلك فإن على الدولة المستقلة أن تمارس ولايتها بالنسبة إلى هؤلاء الأشخاص على نحو يكفل عدم التدخل الزائد في أداء وظائف البعثة الخاصة.

المادة ٤١ - التنازل عن الحصانة

١- للدولة الموفدة أن تتنازل عن الحصانة القضائية التي يتمتع بها ممثلوها في البعثة الخاصة وموظفوها الدبلوماسيون وغيرهم من الأشخاص بموجب المواد من ٣٦ إلى ٤٠.

٢- يكون التنازل صريحا في جميع الأحوال.

٣- لا يحق لأي شخص من الأشخاص المشار إليهم في الفقرة ١ من هذه المادة إن أقام أية دعوى الاحتجاج بالحصانة القضائية بالنسبة إلى أي طلب عارض يتصل مباشرة بالطلب الأصلي.

٤- التنازل عن الحصانة القضائية بالنسبة إلى أية دعوى مدنية أو إدارية لا يعتبر تنازلاً مستقلاً .

المادة ٤٢- المرور في إقليم دولة ثالثة

١- إذا مرّ ممثل الدولة الموفدة في البعثة الخاصة أو أحد موظفيها الدبلوماسيين أو وجد في إقليم دولة ثالثة وهو في طريقه إلى تولي مهام منصبه أو في طريق عودته إلى الدولة الموفدة. كان على الدولة الثالثة أن تمنحه الحصانة الشخصية وغيرها من الحصانات التي قد يقتضيها ضمان مروره أو عودته. وهذا الحكم يسري على أي فرد من أفراد اسرة الشخص المشار إليه في هذه الفقرة يتمتع بالامتيازات والحصانات ويكون في صحبته، وذلك سواء كان مسافراً معه أو بمفرده للالتحاق به أو للعودة إلى بلاده.

٢- لا يجوز للدولة الثالثة، في مثل الظروف المنصوص عليها في الفقرة (١) من هذه المادة، إعاقة مرور الموظفين الإداريين والفنيين أو العاملين في الخدمة بالبعثة الخاصة، أو أفراد أسرهم، بأقاليمها.

٣- تمنح الدولة الثالثة للمراسلات الرسمية وللرسائل الرسمية الأخرى المارة بإقليمها، بما فيها الرسائل بالرموز أو الشفرة، نفس الحرية والحماية التي يتعين على الدولة المستقبلة منحها بموجب أحكام هذه الاتفاقية. وعليها، مع عدم الإخلال بأحكام الفقرة (٤) من هذه المادة، أن تمنح لحاملي حقائب البعثة الخاصة ولحقائبها أثناء المرور نفس الحصانة والحماية اللتين يتعين على الدولة المستقبلة منحهما بموجب هذه الاتفاقية.

٤- لا يتعين على الدولة الثالثة تنفيذ التزاماتها إزاء الأشخاص المنصوص عليهم في الفقرات (١) و (٢) و (٣) من هذه المادة إلا إذا جرى إبلاغها مسبقاً، إما في طلب السمة أو بإخطار خاص، عن مرور أولئك الأشخاص بوصفهم أعضاء في البعثة الخاصة أو أفراداً في أسرهم أو حاملي حقائب ولم تعترض هي على ذلك.

المادة ٤٣ - مدة الامتيازات والحصانات

١- يتمتع كل عضو من أعضاء البعثة الخاصة بالامتيازات والحصانات التي تحق له منذ دخوله إقليم الدولة المستقبلة للقيام بوظائفه في البعثة الخاصة أو منذ إعلان تعيينه لوزارة الخارجية أو لأية هيئة أخرى من هيئات الدولة المستقبلة قد يتفق عليها، إن كان موجوداً في إقليمها.

٢- متى انتهت وظائف أحد أعضاء البعثة الخاصة تنتهي امتيازاته وحصاناته في الأحوال العادية بمغادرته إقليم الدولة المستقبلة، أو بعد انقضاء فترة معقولة من الزمن تمنح له لهذا الغرض، ولكنها تظل قائمة إلى ذلك الحين، حتى في حالة وجود نزاع مسلح. بيد أن الحصانة تبقى قائمة بالنسبة إلى الأعمال التي يقوم بها هذا العضو أثناء أدائه لوظائفه.

٣- إذا توفي أحد أعضاء البعثة الخاصة، يستمر أفراد أسرته في التمتع بالامتيازات والحصانات التي تحق لهم حتى انقضاء فترة معقولة من الزمن تسمح لهم بمغادرة إقليم الدولة المستقبلة.

المادة ٤٤- أموال عضو البعثة الخاصة أو أحد أفراد أسرته في حالة الوفاة

١- إذا توفي أحد أعضاء البعثة الخاصة أو فرد من أفراد أسرته يكون في صحبته، ولم يكن المتوفى من مواطني الدولة المستقبلة ولا من المقيمين إقامة دائمة فيها، تسمح الدولة المستقبلة بسحب أموال المتوفى المنقولة، باستثناء أية أموال اكتسبها في البلد وكان تصديرها محظوراً وقت وفاته.

٢- لا تجبى ضرائب التركات عن الأموال المنقولة التي تكون موجودة في الدولة المستقبلة لمجرد وجود المتوفى فيها بوصفه أحد أعضاء البعثة الخاصة أو فرداً من أفراد اسرة أحد أعضائها.

المادة ٤٥- التسهيلات اللازمة لمغادرة إقليم الدولة المستقبلة، ولنقل محفوظات البعثة الخاصة.

١- على الدولة المستقبلة، حتى في حالة وجود نزاع مسلح، منح التسهيلات اللازمة لتمكين الأشخاص المتمتعين بالامتيازات والحصانات من غير مواطني الدولة المستقبلة، وتمكين أفراد أسرهم أياً كانت جنسيتهم، من مغادرة إقليمها في أقرب وقت ممكن. وعليها خاصة، عند الاقتضاء، أن تضع تحت تصرفهم الوسائل اللازمة لنقلهم ونقل أموالهم.

٢- على الدولة المستقبلة منح الدولة الموفدة التسهيلات اللازمة لنقل محفوظات البعثة الخاصة من إقليم الدولة المستقبلة.

المادة ٤٦- النتائج المترتبة على انتهاء وظائف البعثة الخاصة

١- متى انتهت وظائف البعثة الخاصة، يتعين على الدولة المستقبلة احترام وحماية دار البعثة الخاصة ما بقيت مخصصة لها فضلاً عن احترام وحماية أموال البعثة الخاصة ومحفوظاتها، ويتعين على الدولة الموفدة سحب الأموال والمحفوظات خلال فترة معقولة من الزمن.

٢- في حالة انتفاء أو قطع العلاقات الدبلوماسية أو القنصلية بين الدولة الموفدة والدولة المستقبلة وانتهاء وظائف البعثة الخاصة، يجوز للدولة الموفدة، حتى إذا وجد نزاع مسلح، أن تعهد بحراسة أموال البعثة الخاصة ومحفوظاتها إلى دولة ثالثة تقبل بها الدولة المستقبلة.

المادة ٤٧- احترام قوانين الدولة المستقبلة وأنظمتها واستخدام دار البعثة الخاصة

١- يترتب على جميع المتمتعين بالامتيازات والحصانات بمقتضى هذه الاتفاقية، مع عدم الإخلال بتلك الامتيازات والحصانات، واجب احترام قوانين الدولة المستقبلة وأنظمتها. كما يترتب عليهم واجب عدم التدخل في الشؤون الداخلية لتلك الدولة.

٢- يجب ألا تستخدم دار البعثة الخاصة بأية طريقة تتنافى مع وظائف البعثة الخاصة كما هي مبينة في هذه الاتفاقية أو في غيرها من قواعد القانون الدولي العام أو في أية اتفاقات خاصة نافذة بين الدولة الموفدة والدولة المستقبلة.

المادة ٤٨- النشاط المهني أو التجاري

لا يجوز لممثلي الدولة الموفدة في البعثة الخاصة ولا لموظفيها الدبلوماسيين أن يمارسوا في الدولة المستقبلة أي نشاط مهني أو تجاري لمصلحتهم الشخصية.

المادة ٤٩- عدم التمييز

١- لا يمارس أي تمييز بين الدول في تطبيق أحكام هذه الاتفاقية.

٢- بيد أنه لا يعتبر أن هناك أي تمييز:

أ- إذا طبقت الدولة المستقبلة أي حكم من أحكام هذه الاتفاقية تطبيقاً ضيقاً بسبب تطبيقه الضيق على بعثتها في الدولة الموفدة.

ب- إذا غيرت الدول فيما بينها، بمقتضى العرف أو الاتفاق، مدى التسهيلات والامتيازات والحصانات لبعثاتها الخاصة، رغم عدم الاتفاق على هذا التغيير مع دول أخرى، بشرط أن لا تتنافى مع أغراض ومقاصد هذه الاتفاقية ولا يمس بالتمتع بحقوق الدول الثالثة أو بتنفيذ التزاماتها.

المادة ٥٠-التوقيع

تعرض هذه الاتفاقية لتوقيع جميع الدول الأعضاء في الأمم المتحدة أو في احدى الوكالات المتخصصة أو الوكالة الدولية للطاقة الذرية أو الأطراف في النظام الأساسي لمحكمة العدل الدولية، وجميع الدولة الأخرى التي تدعوها الجمعية العامة إلى أن تصبح طرفاً فيها، وذلك حتى ٣١ كانون الأول/ ديسمبر ١٩٧٠ في مقر الأمم المتحدة بنيويورك.

المادة ٥١- التصديق

تخضع هذه الاتفاقية للتصديق، وتودع وثائق التصديق لدى الأمين العام للأمم المتحدة.

المادة ٥٢- الانضمام

تظل هذه الاتفاقية معروضة لانضمام أية دولة تنتمي إلى إحدى الفئات الأربع المذكورة في المادة ٥٠. وتودع وثائق الانضمام لدى الأمين العام للأمم المتحدة.

المادة ٥٣- النفاذ

١- تنفذ هذه الاتفاقية في اليوم الثلاثين من تاريخ إيداع وثيقة التصديق أو الانضمام الثانية والعشرين لدى الأمين العام للأمم المتحدة.

٢- وتنفذ هذه الاتفاقية، بالنسبة إلى كل دولة تصدق عليها أو تنضم إليها عقب إيداع وثيقة التصديق أو الانضمام الثانية والعشرين، في اليوم الثلاثين من إيداعها وثيقة تصديقها أو انضمامها.

المادة ٥٤- الإخطارات الصادرة عن الوديع

يعلم الأمين العام للأمم المتحدة جميع الدول المنتمية إلى إحدى الفئات الأربع المذكورة في المادة ٥٠.

أ- بالتوقيعات على هذه الاتفاقية وبإيداع وثائق التصديق عليها أو الانضمام إليها وفقاً للمواد ٥٠ و ٥١ و ٥٢.

ب- بتاريخ نفاذ هذه الاتفاقية وفقا للمادة ٥٣.

المادة ٥٥- النصوص الرسمية

يودع أصل هذه الاتفاقية، المحرر بخمس لغات رسمية متساوية الحجية هي الإسبانية والانكليزية والروسية والصينية والفرنسية، لدى الأمين العام للأمم المتحدة، الذي يرسل صوراً مصدقة عنها إلى جميع الدولة المنتمية إلى إحدى الفئات المذكورة في المادة ٥٠.

وإثباتاً لما تقدم، قام الأشخاص الواردة أسماؤهم أدناه، بعد تقديم تفويضاتهم التي وجدت مستوفية للشكل حسب الأصول، بتوقيع هذه الاتفاقية التي عرضت للتوقيع في نيويورك في ١٦ كانون الأول/ ديسمبر ١٩٦٩.

الملحق الثالث

اتفاقية

منع وقمع الجرائم المرتكبة ضد الأشخاص المتمتعين بحماية دولية ، بمن فيهم الموظفون الدبلوماسيون لعام ١٩٧٣

دخلت حيز التنفيذ في ١٩٧٧/٥/٣٠

إن الدول الأطراف في هذه الاتفاقية ، إذ تضع في اعتبارها مقاصد ومبادئ ميثاق الأمم المتحدة المتعلقة بصياغة السلم الدولي وبتعزيز العلاقات الودية والتعاون بين الدول ، وإذ تدرك أن الجرائم التي ترتكب ضد الموظفين الدبلوماسيين وغيرهم من الأشخاص المتمتعين بحماية دولية وتعرض سلامتهم للخطر تشكل تهديدا جديا لصيانة العلاقات الدولية الطبيعية اللازمة للتعاون بين الأمم ، وإذ تعتقد بأن ارتكاب أمثال هذه الجرائم يسبب قلقا شديدا للمجتمع الدولي ، واقتناعا منها بوجود حاجة ملحة إلى اتخاذ تدابير مناسبة وفعالة لمنع وقمع أمثال هذه الجرائم ،قد وافقت على ما يلي :

المادة الأولى لأغراض هذه الاتفاقية :

١- يقصد بتعبير " الأشخاص المتمتعون بحماية دولية :

أ- أى رئيس دولة، ويشمل ذلك أي عضو من أعضاء أية هيئة تؤدى مهام رئيس الدولة بموجب دستور الدولة المعنية ، وأى رئيس حكومة أو وزير خارجية ،كلما وجد مثل هذا الشخص في أية دولة اجنبية ، وكذلك أفراد أسرته المرافقون له .

ب-أى ممثل أو موظف أو معتمد آخر لمنظمة دولية ذات صفة حكومية دولية يكون، حين وحيث ترتكب جريمة ضده أو ضد مقر عمله الرسمى،أو محل إقامته الخاص ، أو وسائل نقله ،متمتعا بموجب القانون الدولي بالحق فى حماية خاصة من أى اعتداء على شخصه أو على حريته أو على كرامته ،وكذلك أفراد أسرته الذين هم جزء من أهل بيته .

٢-ويقصد بتعبير " المظنون بارتكابه الفعل الجرمى " أى شخص تتوفر بشأنه أدلة كافية للحكم ، بناء على الظواهر الأولية ، بارتكابه جريمة أوأكثر من الجرائم المنصوص عليها فى المادة (٢) أو باشتراكه فيها .

المادة الثانية

١- تعتبر كل دولة من الدول الأطراف الارتكاب العمد لما يلى جريمة بموجب قانونها الداخلى :

أ- قتل شخص يتمتع بحماية دولية أو خطفه أو أى اعتداء آخر على شخصه أو على حريته.

ب- أى اعتداء عنيف على مقر العمل الرسمى لشخص يتمتع بحماية دولية أو على محل إقامته أو على وسائل نقله يكون من شأنه تعريض شخصه أو حريته للخطر.

ج- التهديد بارتكاب أى اعتداء من هذا القبيل .

د- محاولة ارتكاب أى اعتداء من هذا القبيل .

هـ- أى عمل يشكل اشتراكا فى اعتداء من هذا القبيل .

٢- تعتبر كل دولة من الدول الأطراف من هذه الجرائم مستوجبة لعقوبات مناسبة تأخذ خطورتها بعين الاعتبار .

٣- لا تنتقض أحكام الفقرتين (١) و(٢) من هذه المادة ، بأية صورة مما يترتب على الدول الأطراف بموجب القانون الدولى من التزامات باتخاذ جميع التدابير المناسبة لمنع الاعتداءات الأخرى على شخص أو على حرية أو على كرامة الشخص المتمتع بحماية دولية .

المادة الثالثة

١- تتخذ كل دولة من الدول الأطراف ما قد يلزم من التدابير لتقرير ولايتها على الجرائم المنصوص عليها فى المادة (٢) فى الأحوال التالية :

أ- متى ارتكبت الجريمة فى إقليم هذ الدولة أوعلى ظهر سفينة أوطائرة مسجلة فيها.

ب- متى كان المظنون بارتكابه الفعل الجرمى أحد رعايا هذه الدولة .

ج- متى ارتكبت الجريمة ضد شخص يتمتع بحماية دولية بالمعنى الوارد فى المادة ١ ويكون له هذا المركز بحكم وظائف يمارسها باسم هذه الدولة .

٢- كذلك تتخذ كل دولة من الدول الأطراف ما قد يلزم من التدابير لإخضاع هذه الجرائم لولايتها إذا كان المظنون بارتكابه الفعل الجرمى موجودا فى إقليمها وإذا لم تقم ،وفقا للمادة ٨ ، بتسليمه إلى أية دولة من الدول المذكورة فى الفقرة ١ من هذه المادة .

٣- لا تحول هذه الاتفاقية دون ممارسة أية ولاية جنائية وفقا للقانون الداخلى .

المادة الرابعة

تتعاون الدول الأطراف على منع الجرائم المنصوص عليها فى المادة ٢ ، ولا سيما بالقيام بما يلى:

أ- اتخاذ كل التدابير العملية لمنع القيام ، فى إقليم كل منها ، بأية أعمال تمهد لارتكاب هذه الجرائم سواء داخل إقليمها أو خارجه؛

ب- تبادل المعلومات وتنسيق التدابير الإدارية وغيرها من التدابير التى ينبغى اتخاذها، حسب الاقتضاء ،لمنع ارتكاب هذه الجرائم .

المادة الخامسة

١- تقوم الدولة الطرف التي ارتكبت فيها أية جريمة من الجرائم المنصوص عليها فى المادة (٢) ، إن كان لديها ما يدعوها على الاعتقاد بهروب المظنون بارتكابه الفعل الجرمى من إقليمها ، بإبلاغ جميع الدول المعنية الأخرى ،مباشرة أو بواسطة الأمين العام للأمم المتحدة ، بكل الوقائع اللازمة عن الجريمة المرتكبة وبكافة المعلومات المتوفرة عن هوية المظنون بارتكابه الفعل الجرمي.

٢- متى ارتكبت أية جريمة من الجرائم المنصوص عليها فى المادة ٢ ضد شخص يتمتع بحماية دولية ،تسعى أية دولة طرف يكون لديها معلومات عن المعتدى عليه وعن ظروف الجريمة ، إلى إبلاغها كاملة على وجه السرعة ،وفقا للشروط التى ينص عليها قانونها الداخلي ، إلى الدولة الطرف التى كان المجني عليه يمارس وظائفه باسمها .

المادة السادسة

١- لدى اقتناع الدولة الطرف التى يكون المظنون بارتكابه الفعل الجرمى موجودا فى إقليمها بوجود ظروف تبرر ذلك ، تعمد إلى اتخاذ التدابير المناسبة بموجب قانونها الداخلى لتأمين حضوره لغرض محاكمته أو تسليمه. ويجرى إبلاغ هذه التدابير دون تأخير سواء مباشرة أو بواسطة الأمين العام للأمم المتحدة إلى :

أ- الدولة التي ارتكبت فيها الجريمة؛

ب- الدولة أو الدول التى يكون المظنون بارتكابه الفعل الجرمى من رعاياها او الدول التي يقيم في إقليمها بصورة دائمة إن كان عديم الجنسية .

ج- الدولة أو الدول التي يكون الشخص المعنى المتمتع بحماية دولية من رعاياها أو التى كان هذا الشخص يؤدى وظائفه باسمها .

د- جميع الدول المعنية الأخرى .

هـ- المنظمة الدولية التي يكون الشخص المعني المتمتع بحماية دولية من موظفيها أو معتمديها .

٢- يحق لأي شخص تتخذ بشأنه التدابير المذكورة في الفقرة (١) من هذه المادة :

أ- أن يتصل دون تأخير بأقرب ممثل مختص للدولة التى يكون هو من رعاياها أو الدولة التى تكون لها بوجه آخر أهلية حماية حقوقه أو إن كان عديم الجنسية فالدولة التي يطلب إليها حماية حقوقه وتكون هي مستعدة لحمايتها .

ب -أن يزوره ممثل لهذه الدولة .

المادة السابعة

على الدولة الطرف التى يكون المظنون بارتكابه الفعل الجرمى موجوداً في إقليمها في حالة عدم تسليمها إياه أن تعمد دون أي استثناء كان ودون أى تأخير لا داعي له إلي عرض القضية على سلطاتها المختصة بقصد إقامة الدعوى وقتها لإجراءات تتفق مع قوانين تلك الدولة .

المادة الثامنة

١- كل جريمة من الجرائم المنصوص عليها في المادة (٢) لم تدرج في قائمة الجرائم التي تستدعي تسليم المجرمين في أيه معاهدة لتسليم المجرمين نافذة فيما بين الدول الأطراف تعتبر مدرجة في تلك القائمة بتلك الصفة وتتعهد الدول الأطراف باعتبار هذه الجرائم جرائم تستدعي تسليم المجرمين في كل معاهدة لتسليم المجرمين تعقدها فيما بينها في المستقبل .

٢- إذا تلقت دولة من الدول الأطراف تعلق تسليم المجرمين على شرط وجود معاهدة طلباً بتسليم المجرمين من دولة أخرى من الدول الأطراف لا ترتبط معها بمعاهدة لتسليم المجرمين فلها إذا قررت التسليم اعتبار هذه الاتفاقية الأساس القانوني للتسليم بخصوص الجرائم المبينة ، وتخضع عملية تسليم المجرمين للأنظمة الإجرائية والشروط الأخرى المنصوص عليها في قانون الدولة التى قدم إليها الطلب .

٣- أما الدول الأطراف التى لا تعلق تسليم المجرمين على شرط وجود معاهدة فتعتبر هذه الجرائم فيما بينها جرائم تستدعى تسليم المجرمين مع مراعاة النظم الإجرائية والشروط الأخرى المنصوص عليها في قانون الدولة التي يقدم إليها الطلب .

٤- تعتبر كل جريمة من هذه الجرائم لغرض تسليم المجرمين فيما بين الدول الأطراف كأنها ارتكبت لا في مكان وقوعها فقط بل في إقليم كل من الدول المطلوب إليها تقرير ولايتها وفقاً للفقرة (١) من المادة (٣) .

المادة التاسعة

تضمن المعاملة العادلة لأي شخص تتخذ بحقه إجراءات فيما يتعلق بأية جريمة من الجرائم المنصوص عليها في المادة (٢) في جميع مراحل تلك الإجراءات .

المادة العاشرة

١- تقدم الدول الأطراف بعضها إلي بعض أكبر قدر ممكن من المساعدة فيما يتعلق بالإجراءات الجنائية المتصلة بالجرائم المنصوص عليها في المادة (٢) بما في ذلك إتاحة جميع الأدلة المتوفرة لديها واللازمة لأغراض هذه الإجراءات .

٢- لا تمس أحكام الفقرة (١) من هذه المادة بالالتزامات المنصوص عليها في أية معاهدة أخرى فيما يتعلق بالمساعدة القضائية المتبادلة .

المادة الحادية عشر

تقوم الدولة التي اتخذت فيها إجراءات جنائية بحق المظنون بارتكابه الفعل الجرمي بإبلاغ النتيجة النهائية لهذه الإجراءات إلي الأمين العام للأمم المتحدة الذي يقوم بدوره بإبلاغها إلى الدول الأطراف الأخرى .

المادة الثانية عشر

لا تمس أحكام هذه الاتفاقية بتطبيق المعاهدات المتعلقة باللجوء التي تكون سارية المفعول في تاريخ اعتماد هذه الاتفاقية وذلك فيما بين الدول الأطراف في تلك المعاهدة ، على أنه لا يجوز لأية دولة من الدول الأطراف في هذه الاتفاقية الاحتجاج بتلك المعاهدات إزاء دولة أخرى من الدول الأطراف في هذه الاتفاقية وليست طرفاً في تلك المعاهدات .

المادة الثالثة عشر

١- يعرض للتحكيم أي خلاف ينشأ بين دولتين أو أكثر حول تفسير أو تطبيق هذه الاتفاقية ولا يسوى عن طريق المفاوضات؛ وذلك بناء على طلب واحدة من هذه الدول ، وإذا لم يتمكن الأطراف خلال ستة أشهر من تاريخ طلب التحكيم من الوصول إلي اتفاق على تنظيم أمر التحكيم ، جاز لدى واحد من أولئك الأطراف إحالة النزاع إلي محكمة العدل الدولية بطلب يقدم وفقا للنظام الأساسي للمحكمة .

٢- لأية دولة طرف أن تعلن لدى توقيع الاتفاقية أو التصديق عليها أو الإنضمام إليها أنها لا تعتبر نفسها ملزمة بالفقرة (١) من هذه المادة ولا تكون الدول الأطراف الأخرى ملزمة بالفقرة (١) من هذه الاتفاقية إزاء أية دولة طرف أبدت تحفظاً من هذا القبيل .

٣- لأية دولة طرف أبدت تحفظاً وفقاً للفقرة (٢) من هذه المادة أن تسحب هذا التحفظ متى شاءت بإخطار توجهه إلى الأمين العام للأمم المتحدة .

المادة الرابعة عشر

تعرض هذه الاتفاقية لتوقيع جميع الدول حتى ٣١ كانون الأول / ديسمبر ١٩٧٤ في مقر الأمم المتحدة بنيويورك .

المادة الخامسة عشر

تخضع هذه الاتفاقية للتصديق وتودع وثائق التصديق لدى الأمين العام للأمم المتحدة.

المادة السادسة عشر

يظل الانضمام إلى هذه الاتفاقية مباحاً لأي دولة من الدول ، وتودع وثائق الانضمام لدى الأمين العام للأمم المتحدة .

المادة السابعة عشر

١- تصبح هذه الاتفاقية نافذة في اليوم الثلاثين من بعد تاريخ إيداع وثيقة التصديق أو الانضمام الثانية والعشرين لدى الأمين العام للأمم المتحدة .

٢- وبالنسبة إلى كل دولة تصدق عليها أو تنضم إليها بعد إيداع وثيقة التصديق أو الانضمام الثانية والعشرين تصبح هذه الاتفاقية نافذة في اليوم الثلاثين من بعد إيداعها وثيقة تصديقها أو انضمامها .

المادة الثامنة عشر

١- لأية دولة طرف أن تنقض هذه الاتفاقية بإشعار خطي توجهه إلى الأمين العام للأمم المتحدة

٢- يسري النقض بعد ستة أشهر من تاريخ وصول الإشعار إلى الأمين العام للأمم المتحدة

المادة التاسعة عشر

وُيعلم الأمين العام للأمم المتحدة جميع الدول في جملة أمور، بما يلي :

أ- التوقيعات على هذه الاتفاقية وإيداع وثائق التصديق أو الانضمام وفقا للمواد ١٤و١٥و١٦ وأي إشعارات توجه بمقتضى المادة ١٨ .

ب- تاريخ دخول هذه الاتفاقية حيز النفاذ وفقاً للمادة ١٧ .

المادة العشرون

يودع أصل هذه الاتفاقية التي تعبر نصوصها الأسبانية والانجليزية والروسية والصينية والفرنسية ذات حجية متساوية لدى الأمين العام للأمم المتحدة ويرسل الأمين العام صوراً منها إلى جميع الدول. وإثباتاً لما تقدم قام الموقعون ادناه المفوضون بهذا تفويضاً صحيحاً من حكوماتهم بتوقيع هذه الاتفاقية التى عرضت للتوقيع في نيويورك بتاريخ ١٤ كانون الأول / ديسمبر ١٩٧٣.

الملحق الرابع

اتفاقية

الأمم المتحدة لحصانات الدول وممتلكاتها من الولاية القضائية٢٠٠٤

إن الدول الأطراف في هذه الاتفاقية،

إذ ترى أن حصانات الدول وممتلكاتها من الولاية القضائية مقبولة بوجه عام، كمبدأ من مبادئ القانون الدولي العرفي، **وإذ تضع في اعتبارها** مبادئ القانون الدولي المجسدة في ميثاق الأمم المتحدة،

وإذ تعتقد أن وجود اتفاقية دولية لحصانات الدول وممتلكاتها من الولاية القضائية من شأنه أن يعزز سيادة القانون والوثوق القانوني، ولا سيما في المعاملات بين الدول والأشخاص الطبيعيين أو الاعتباريين، وأن يساهم في تدوين القانون الدولي وتطوير ومواءمة الممارسة في هذا المجال،

وإذ تأخذ في الاعتبار التطورات التي جدت في ممارسة الدول فيما يتعلق بحصانات الدول وممتلكاتها من الولاية القضائية،

وإذ تؤكد أن قواعد القانون الدولي العرفي تظل تسري على المسائل التي لا تنظمها أحكام هذه الاتفاقية،

اتفقت على ما يلي:

الباب الأول

مقدمة

المادة ١

نطاق هذه الاتفاقية

تسري هذه الاتفاقية على حصانة الدولة وممتلكاتها من ولاية محاكم دولة أخرى.

المادة ٢

المصطلحات المستخدمة

١ - لأغراض هذه الاتفاقية:

أ- يقصد بـ" المحكمة " كل جهاز من أجهزة الدولة يحق له ممارسة وظائف قضائية أيا كانت تسميته؛

ب -يقصد ب" الدولة:"

١- الدولة ومختلف أجهزة الحكم فيها.

٢- الوحدات التي تتكون منها دولة اتحادية أو التقسيمات الفرعية السياسية للدولة التي يحق لها القيام بأعمال في إطار ممارسة سلطة سيادية، والتي تتصرف بتلك الصفة.

٣- وكالات الدولة أو أجهزتها أو غيرها من الكيانات، ما دام يحق لها القيام بأعمال في إطار ممارسة السلطة السيادية للدولة، وتقوم فعلا بهذه الأعمال.

٤- ممثلو الدولة الذين يتصرفون بتلك الصفة.

ج- يقصد ب" المعاملة التجارية:

١- كل عقد تجاري أو معاملة تجارية لبيع سلع أو لتقديم خدمات.

٢- كل عقد بخصوص قرض أو معاملة أخرى ذات طابع مالي، بما في ذلك كل، التزام بالضمان أو التعويض يرتبط بهذا القرض أو بهذه المعاملة؛

٣- كل عقد آخر أو معاملة أخرى ذات طابع تجاري أو صناعي أو حرفي' أو مهني، ولكن دون أن يشمل ذلك عقد استخدام الأشخاص.

٢- عند تحديد ما إذا كان عقداً أو معاملة ما" معاملة تجارية "بمقتضى الفقرة الفرعية (ج) من الفقرة (١)، ينبغي الرجوع، بصفة أولية، إلى طبيعة العقد أو المعاملة، ولكن ينبغي أيضا أن يراعى الغرض من العقد أو المعاملة إذا اتفق على ذلك أطراف العقد أو المعاملة، أو إذا كان لهذا الغرض، في ممارسة دولة المحكمة، صلة بتحديد الطابع غير التجاري للعقد أو المعاملة.

٣ - لا تخل أحكام الفقرتين (١) و (٢) المتعلقتين بالمصطلحات المستخدمة في هذه الاتفاقية باستخدام هذه المصطلحات أو بالمعاني التي قد تعطى لها في صكوك دولية أخرى أو في القانون الداخلي لأي دولة.

المادة ٣

الامتيازات والحصانات التي لا تتأثر بهذه الاتفاقية

١ - لا تخل هذه الاتفاقية بالامتيازات والحصانات التي تتمتع بها الدولة بموجب القانون الدولي في ما يتعلق بممارسة وظائف:

أ- بعثاتها الدبلوماسية، أو مراكزها القنصلية، أو بعثاتها الخاصة، أو بعثاتها لدى المنظمات الدولية، أو وفودها إلى أجهزة المنظمات الدولية أو إلى المؤتمرات الدولية.

ب- والأشخاص المرتبطين بها.

٢ - لا تخل هذه الاتفاقية بالامتيازات والحصانات الممنوحة بمقتضى القانون الدولي لرؤساء الدول بصفتهم الشخصية.

٣ - لا تخل هذه الاتفاقية بالحصانات التي تتمتع بها أي دولة بموجب القانون الدولي فيما يتعلق بالطائرات أو الأجسام الفضائية التي تملكها الدولة أو تشغلها.

المادة ٤

عدم رجعية هذه الاتفاقية

مع عدم الإخلال بسريان أي من القواعد المبينة في هذه الاتفاقية التي تخضع له حصانات الدول وممتلكاتها من الولاية القضائية بموجب القانون الدولي بصرف النظر عن هذه الاتفاقية، لا تسري هذه الاتفاقية على أي مسألة متعلقة بحصانات الدول أو ممتلكاتها من الولاية القضائية تثار في دعوى مقامة ضد إحدى الدول أمام محكمة دولة أخرى قبل بدء نفاذ هذه الاتفاقية في ما بين الدولتين المعنيتين.

الباب الثاني

مبادئ عامة

المادة ٥

حصانة الدول

تتمتع الدولة، في ما يتعلق بنفسها وبممتلكاتها، بالحصانة من ولاية محاكم دولة

أخرى، رهنا بأحكام هذه الاتفاقية.

المادة ٦

طرائق إعمال حصانة الدول

١ - تعمل الدولة حصانة الدول المنصوص عليها في المادة (٥) بالامتناع عن ممارسة الولاية القضائية في دعوى مقامة أمام محاكمها ضد دولة أخرى وتضمن لهذه الغاية أن تقرر محاكمها من تلقاء نفسها احترام حصانة تلك الدولة الأخرى بموجب المادة (٥).

٢ - يعتبر أن الدعوى قد أقيمت أمام محكمة دولة ما ضد دولة أ خرى إذا كانت تلك الدولة الأخرى:

أ- قد سميت كطرف في تلك الدعوى؛

ب- أو لم تسم كطرف في الدعوى ولكن الدعوى تهدف في الواقع إلى التأثير في ممتلكات تلك الدولة الأخرى أو في حقوقها أو مصالحها أو أنشطتها.

المادة ٧

الموافقة الصريحة على ممارسة الولاية القضائية

١ - لا يجوز لدولة أن تحتج بالحصانة من الولاية القضائية في دعوى مقامة أمام محكمة

دولة أخرى في ما يتعلق بأي مسألة أو قضية إذا كانت قد وافقت صراحة على أن تمارس المحكمة ولايتها في ما يتعلق بتلك المسألة أو القضية إما:

أ- باتفاق دولي؛

ب- أو في عقد مكتوب؛

ج- أو بإعلان أمام المحكمة أو برسالة خطية في دعوى محددة.

٢ - لا تعتبر موافقة دولة ما على تطبيق قانون دولة أخرى قبولا منها لممارسة محاكم تلك الدولة الأخرى لولايتها.

المادة ٨

الأثر المترتب على الاشتراك في دعوى أمام محكمة

١ - لا يجوز لدولة أن تحتج بالحصانة من الولاية القضائية في دعوى مقامة أمام محكمة دولة أخرى إذا كانت:

(أ) قد أقامت هي نفسها تلك الدعوى؛

(ب) أو تدخلت في تلك الدعوى أو اتخذت أي إجراء آخر في ما يتصل بموضوعها .ومع ذلك، إذا أقنعت الدولة المحكمة بأنه ما كان في وسعها أن تعلم بالوقائع التي يمكن الاستناد إليها لطلب الحصانة إلا بعد أن اتخذت ذلك الإجراء، جاز لها أن تحتج بالحصانة استنادا إلى تلك الوقائع، بشرط أن تفعل ذلك في أقرب وقت ممكن.

٢ - لا يعتبر أن الدولة قد وافقت على ممارسة محكمة دولة أخرى لولايتها إذا تدخلت في دعوى أو اتخذت أي إجراء آخر لغرض واحد هو:

أ- الاحتجاج بالحصانة؛

ب- أو إثبات حق أو مصلحة في ممتلكات هي موضوع الدعوى.

٣ - لا يعتبر حضور ممثل دولة ما كشاهد أمام محكمة دولة أخرى موافقة من الدولة الأولى على ممارسة المحكمة لولايتها.

٤ - لا يعتبر عدم حضور دولة ما في دعوى مقامة أمام محكمة دولة أخرى موافقة من الدولة الأولى على ممارسة المحكمة لولايتها.

المادة ٩

الطلبات المضادة

١ - لا يجوز لدولة تقيم دعوى أمام محكمة دولة أخرى أن تحتج بالحصانة من ولاية

المحكمة في ما يتعلق بأي طلب مضاد ناشئ عن نفس العلاقة القانونية أو الوقائع التي نشأ عنها الطلب الأصلي.

٢ - لا يجوز لدولة تتدخل لتقديم طلب في دعوى أمام محكمة دولة أخرى أن تحتج

بالحصانة من ولاية المحكمة في ما يتعلق بأي طلب مضاد ناشئ عن نفس العلاقة القانونية أو الوقائع التي نشأ عنها الطلب الذي قدمته الدولة.

٣ - لا يجوز لدولة تقدم طلبا مضادا في دعوى مقامة ضدها أمام محكمة دولة أخرى أن تحتج بالحصانة من ولاية المحكمة في ما يتعلق بالطلب الأصلي.

الباب الثالث

الدعاوى التي لا يجوز للدول أن تحتج بالحصانة فيها

المادة ١٠

المعاملات التجارية

١ - إذا دخلت دولة ما في معاملة تجارية مع شخص أجنبي طبيعي أو اعتباري، وكانت المنازعات المتعلقة بالمعاملة التجارية تقع، بمقتضى قواعد القانون الدولي الخاص الواجبة التطبيق، ضمن ولاية محكمة دولة أخرى، لا يجوز للدولة أن تحتج بالحصانة من تلك الولاية في دعوى تنشأ عن تلك المعاملة التجارية.

٢ - لا تسري الفقرة (١)

أ- في حالة معاملة تجارية بين الدول؛

ب- أو إذا اتفق طرفا المعاملة التجارية على غير ذلك صراحة.

٣ - عندما تكون إحدى المؤسسات الحكومية أو الكيانات الأخرى التي أنشأتها الدولة والتي لها شخصية قانونية مستقلة وأهلية:

أ-التقاضي.

ب- واكتساب الأموال أو امتلاكها أو حيازتها والتصرف فيها، بما في ذلك الأموال التي رخصت لها الدولة بتشغيلها أو بإدارتها؛

طرفا في دعوى تتصل بمعاملة تجارية لذلك الكيان، فإنه لا تتأثر الحصانة من الولاية القضائية التي تتمتع بها تلك الدولة.

المادة ١١

عقود العمل

١ - ما لم تتفق الدولتان المعنيتان على غير ذلك، لا يجوز لدولة أن تحتج بالحصانة من الولاية القضائية أمام محكمة دولة أخرى، تكون من جميع الوجوه الأخرى هي المحكمة المختصة، في دعوى تتصل بعقد عمل مبرم بين الدولة وفرد من الأفراد بشأن عمل تم أداؤه أو يتعين أداؤه كليا أو جزئيا في إقليم تلك الدولة الأخرى.

٢ - لا تسري الفقرة ١ في الحالات التالية:

أ- إذا كان المستخدَم قد وظِّف لتأدية مهام معينة تتصل بممارسة السلطة الحكومية.

ب- أو إذا كان المستخدَم:

١- موظفا دبلوماسيا حسبما هو معرف في اتفاقية فيينا للعلاقات الدبلوماسية لعام ١٩٦١

٢- أو موظفا قنصليا حسبما هو معرف في اتفاقية فيينا للعلاقات القنصلية لعام ١٩٦٣؛

٣- أو موظفا دبلوماسيا في بعثات دائمة لدى منظمة دولية أو عضوا في بعثة خاصة، أو عين ممثلا لدولة في مؤتمر دولي؛

٤- أو أي شخص آخر يتمتع بالحصانة الدبلوماسية.

ج- أو إذا كان الموضوع محل الدعوى هو توظيف فرد أو تجديد استخدامه أو إعادته إلى وظيفته؛

د- أو إذا كان الموضوع محل الدعوى صرف الفرد من الخدمة أو إنهاء خدمته.

وقرر رئيس الدولة أو رئيس الحكومة أو وزير الخارجية للدولة المستخدِمة، أن هذه الدعوى تخل بالمصالح الأمنية لتلك الدولة.

هـ- أو إذا كان المستخدم وقت إقامة الدعوى مواطنا من مواطني الدولة التي تستخدمه، ما لم يكن لهذا الشخص محل إقامة دائمة في دولة المحكمة؛

و- أو إذا كانت الدولة المستخدِمة والمستخدَم قد اتفقا كتابة على غير ذلك.

مع عدم الإخلال بأي اعتبارات متعلقة بالنظام العام تخول محاكم دولة المحكمة دون غيرها الولاية القضائية بسبب الموضوع محل الدعوى.

المادة ١٢

الأضرار التي تلحق بالأشخاص والممتلكات

ما لم تتفق الدولتان المعنيتان على غير ذلك، لا يجوز لدولة أن تحتج بالحصانة من الولاية القضائية أمام محكمة دولة أخرى، تكون من جميع الوجوه الأخرى هي المحكمة المختصة، في دعوى تتصل بالتعويض النقدي عن وفاة شخص أو عن ضرر لحقه أو عن الإضرار بممتلكات مادية أو عن ضياعها، نتيجة لفعل أو امتناع يدَّعى عزوه إلى الدولة، إذا كان الفعل أو الامتناع قد وقع كليا أو جزئيا في إقليم تلك الدولة الأخرى وكان الفاعل أو الممتنع موجودا في ذلك الإقليم وقت حدوث الفعل أو الامتناع.

المادة١٣

الملكية وحيازة الممتلكات واستعمالها ما لم تتفق الدولتان المعنيتان على غير ذلك، لا يجوز لدولة أن تحتج بالحصانة من الولاية القضائية أمام محكمة دولة أخرى، تكون من جميع الوجوه الأخرى هي المحكمة المختصة، في دعوى تتصل بالفصل في:

أ- حق أو مصلحة للدولة في ممتلكات عقارية واقعة في دولة المحكمة، أو حيازتها أو استعمالها، أو التزام للدولة ناشئ عن مصلحتها في هذه الممتلكات أو حيازتها أو استعمالها؛

ب- أو حق أو مصلحة للدولة في ممتلكات منقولة أو عقارية ينشأ عن طريق الإرث أو الهبة أو الشغور؛

ج- أو حق أو مصلحة للدولة في إدارة ممتلكات مثل ممتلكات الائتمان أو أموال شخص مفلس أو ممتلكات شركة في حالة تصفيتها.

المادة ١٤

الملكية الفكرية والصناعية

ما لم تتفق الدولتان المعنيتان على غير ذلك، لا يجوز لدولة أن تحتج بالحصانة من الولاية القضائية أمام محكمة دولة أخرى، تكون من جميع الوجوه الأخرى هي المحكمة المختصة، في دعوى تتصل:

أ- بالفصل في حق للدولة في براءة اختراع، أو تصميم صناعي، أو اسم تجاري أو عنوان تجاري، أو علامة تجارية، أو حق المؤلف، أو أي شكل آخر من أشكال الملكية الفكرية أو الصناعية يتمتع بقدر من الحماية القانونية، ولو كان مؤقتا، في دولة المحكمة.

ب- أو بتعدٍ يدَّعى أن الدولة قامت به، في إقليم دولة المحكمة، على حق من النوع المذكور في الفقرة الفرعية (أ) يخص الغير ويتمتع بالحماية في دولة المحكمة.

المادة ١٥

الاشتراك في شركات أو في هيئات جماعية أخرى

١ - لا يجوز لدولة أن تحتج بالحصانة من الولاية القضائية أمام محكمة دولة أخرى، تكون من جميع الوجوه الأخرى هي المحكمة المختصة، في دعوى تتصل باشتراكها في شركة أو في هيئة جماعية أخرى، سواء كانت متمتعة بالشخصية القانونية أم لا، باعتبارها دعوى تتصل بالعلاقة بين الدولة والهيئة أو المشتركين الآخرين فيها، بشرط أن تكون الهيئة:

أ- فيها مشتركون من غير الدول أو المنظمات الدولية.

ب- وأنشئت أو أسست وفقا لقانون دولة المحكمة أو يقع مقرها أو مكان عملها الرئيسي في تلك الدولة.

٢ - ومع ذلك، يجوز لدولة أن تحتج بالحصانة من الولاية القضائية في مثل هذه الدعوى إذا اتفقت الدولتان المعنيتان على ذلك أو إذا اشترط أطراف النزاع ذلك في اتفاق مكتوب أو إذا تضمن الصك المنشئ أو المنظم للهيئة المذكورة أحكاما بهذا المعنى.

المادة ١٦

السفن التي تملكها أو تشغلها الدولة

١ - ما لم تتفق الدولتان المعنيتان على غير ذلك، لا يجوز لدولة تملك سفينة أو تشغلها أن تحتج بالحصانة من الولاية القضائية أمام محكمة دولة أخرى، تكون من جميع الوجوه الأخرى هي المحكمة المختصة، في دعوى تتصل بتشغيل تلك السفينة إ ذا كانت السفينة، وقت نشوء سبب الدعوى، مستخدمة في غير الأغراض الحكومية غير التجارية.

٢ - لا تسري الفقرة (١) على السفن الحربية أو السفن البحرية المساعدة ولا على السفن الأخرى التي تملكها أو تشغلها دولة وتكون مستخدمة، في ذلك الحين، في الخدمة الحكومية غير التجارية دون غيرها.

٣ - ما لم تتفق الدولتان المعنيتان على غير ذلك، لا يجوز لدولة أن تحتج بالحصانة من الولاية القضائية أمام محكمة دولة أخرى، تكون من جميع الوجوه الأخرى هي المحكمة المختصة، في دعوى تتصل بنقل حمولة على متن سفينة تملكها أو تشغلها تلك الدولة إذا كانت السفينة، وقت نشوء سبب الدعوى، مستخدمة في غير الأغراض الحكومية غير التجارية.

٤- لا تسري الفقرة (٣) على أي حمولة منقولة على متن السفن المشار إليها في الفقرة ٢ كما لا تسري على أي حمولة تملكها دولة وتكون مستخدمة أو مزمعا استخدامها في الأغراض الحكومية غير التجارية دون غيرها.

٥- يجوز للدول أن تتمسك بجميع أوجه الدفع والتقادم وتحديد المسؤولية التي تكون متاحة للسفن والحمولات الخاصة ومالكيها.

٦- إذا أثيرت في أي دعوى مسألة تتعلق بالطابع الحكومي وغير التجاري لسفينة تملكها أو تشغلها دولة ما أو لحمولة تملكها دولة ما، فإن شهادة موقعة من ممثل دبلوماسي أو من سلطة مختصة أخرى في تلك الدولة ومقدمة إلى المحكمة تعتبر دليلا على طابع تلك السفينة أو الحمولة.

المادة ١٧

الأثر المترتب على اتفاق تحكيم

إذا أبرمت دولة اتفاقا مكتوبا مع شخص أجنبي طبيعي أو اعتباري يقضي بعرض الخلافات المتعلقة بمعاملة تجارية على التحكيم، لا يجوز لتلك الدولة أن تحتج بالحصانة من الولاية القضائية أمام محكمة دولة أخرى، تكون من جميع الوجوه الأخرى هي المحكمة المختصة، في دعوى تتصل:

أ- بصحة اتفاق التحكيم أو تفسيره أو تطبيقه؛

ب- أو بإجراءات التحكيم؛

ج- أو بتثبيت أو إلغاء قرار التحكيم، ما لم ينص اتفاق التحكيم على غير ذلك.

الباب الرابع

حصانة الدول من الإجراءات الجبرية في ما يتعلق بدعوى مقامة أمام محكمة

المادة ١٨

حصانة الدول من الإجراءات الجبرية السابقة لصدور الحكم

لا يجوز اتخاذ إجراءات جبرية سابقة لصدور الحكم، مثل إجراءات الحجز، والحجز التحفظي، ضد ممتلكات دولة ما في ما يتصل بدعوى مقامة أمام محكمة دولة أخرى إلا في الحالات التالية وفي نطاقها:

أ- إذا كانت الدولة قد وافقت صراحة على اتخاذ إجراءات من هذا القبيل على النحو المبين:

١- باتفاق دولي.

٢- أو باتفاق تحكيم أو في عقد مكتوب.

٣- أو بإعلان أمام المحكمة أو برسالة خطية بعد نشوء نزاع بين الطرفين.

ب- أو إذا كانت الدولة قد خصصت أو رصدت ممتلكات للوفاء بالطلب الذي هو موضوع تلك الدعوى.

المادة ١٩

حصانة الدول من الإجراءات الجبرية التالية لصدور الحكم

لا يجوز اتخاذ إجراءات جبرية تالية لصدور الحكم، كالحجز والحجز التحفظي والحجز التنفيذي، ضد ممتلكات دولة ما في ما يتصل بدعوى مقامة أمام محكمة دولة أخرى إلا في الحالات التالية وفي نطاقها:

أ- إذا كانت الدولة قد قبلت صراحة اتخاذ إجراءات من هذا القبيل على النحو المبين:

١- باتفاق دولي.

٢- أو باتفاق تحكيم أو في عقد مكتوب.

٣- أو بإعلان أمام المحكمة أو برسالة خطية بعد نشوء نزاع بين الطرفين.

ب- أو إذا كانت الدولة قد خصصت أو رصدت ممتلكات للوفاء بالطلب الذي هو موضوع تلك الدعوى.

ج- أو إذا ثبت أن الدولة تستخدم هذه الممتلكات أو تعتزم إستخدامها على وجه التحديد لأغراض أخرى غير الأغراض الحكومية غير التجارية، وأنها موجودة في إقليم دولة المحكمة شريطة أن يقتصر جواز اتخاذ الإجراءات الجبرية اللاحقة لصدور الحكم على الممتلكات المتصلة بالكيان الموجهة ضده الدعوى.

المادة ٢٠

أثر القبول بالولاية القضائية على الإجراءات الجبرية

في الحالات التي تستلزم بموجب المادتين (١٨) و (١٩) قبول الإجراءات الجبرية، لا يعتبر قبول ممارسة الولاية القضائية بموجب المادة (٧) قبولا ضمنيا لاتخاذ الإجراءات الجبرية.

المادة ٢١

فئات محددة من الممتلكات

١ - لا تعتبر الفئات التالية، بصفة خاصة، من ممتلكات دولة ما ممتلكات مستخدمة أو مزمعا استخدامها بالتحديد من جانب الدولة في غير الأغراض الحكومية غير التجارية بموجب الفقرة الفرعية (ج) من المادة ١٩.

أ- الممتلكات، بما فيها أي حساب مصرفي، المستخدمة أو المزمع استخدامها في أداء مهام البعثة الدبلوماسية للدولة أو مراكزها القنصلية أو بعثاتها الخاصة، أو بعثاتها لدى المنظمات الدولية، أو وفودها إلى أجهزة المنظمات الدولية أو إلى المؤتمرات الدولية.

ب- الممتلكات ذات الطابع العسكري أو المستخدمة أو المزمع استخدامها في أداء

مهام عسكرية؛

ج- ممتلكات المصرف المركزي أو غيره من السلطات النقدية في الدولة؛

د- الممتلكات التي تكون جزءا من التراث الثقافي للدولة أو جزءا من محفوظاتها وغير المعروضة أو غير المزمع عرضها للبيع؛

هـ الممتلكات التي تكون جزءا من معروضات ذات أهمية علمية أو ثقافية أو تاريخية وغير المعروضة أو غير المزمع عرضها للبيع.

٢- لا تخل الفقرة (١) بالمادة (١٨) وبالفقرتين الفرعيتين (أ) و (ب) من المادة (١٩).

الباب الخامس

أحكام متنوعة

المادة ٢٢

تبليغ صحيفة الدعوى

١ - يتم تبليغ صحيفة الدعوى بورقة قضائية أو بوثيقة أخرى تقام بموجبها دعوى ضد دولة ما:

أ- وفقا لأي اتفاقية دولية واجبة التطبيق وملزمة لدولة المحكمة وللدولة المعنية.

ب- أو وفقا لأي ترتيب خاص متعلق بالتبليغ بين الطرف المدعي والدولة المعنية. إذا كان قانون دولة المحكمة لا يستبعده؛

ج- أو في حالة عدم وجود اتفاقية أو ترتيب خاص من هذا القبيل:

١- برسالة موجهة بالطرق الدبلوماسية إلى وزارة خارجية الدولة المعنية.

٢- أو بأي وسيلة أخرى مقبولة من الدولة المعنية، إذا كان قانون دولة المحكمة لا يستبعدها.

٢ - يعتبر أن تبليغ صحيفة الدعوى بالوسيلة المشار إليها في الفقرة الفرعية (ج) من الفقرة (١) قد تم بتسّلم وزارة الخارجية للوثائق.

٣ - ترفق بهذه الوثائق، عند الاقتضاء، ترجمة لها إلى اللغة الرسمية، أو إلى إحدى اللغات الرسمية، للدولة المعنية.

٤- لا يجوز لأي دولة تحضر للدفاع في الموضوع في دعوى مقامة ضد ها أن تتمسك بعد ذلك بأنه لم تراع في تبليغ صحيفة الدعوى أحكام الفقرتين (١) و(٣).

المادة ٢٣

الحكم الغيابي

١- لا يجوز إصدار حكم غيابي ضد دولة ما إلا إذا وجدت المحكمة أنه:

أ- تم استيفاء الشروط المنصوص عليها في الفقرتين (١) و (٣) من المادة (٢٢).

ب- وانقضت مدة لا تقل عن أربعة أشهر ابتداء من التاريخ الذي تم فيه أو يعتبر أنه قد تم فيه، وفقا للفقرتين (١) و(٢) من المادة (٢٢)، تبليغ الورقة القضائية أو أية وثيقة أخرى تقام بموجبها دعوى؛

ج- ولا تمنعها هذه الاتفاقية من ممارسة ولايتها.

٢- ترسل نسخة من كل حكم غيابي يصدر ضد دولة ما إلى هذه الدولة، مصحوبة عند الاقتضاء بترجمة له إلى اللغة الرسمية أو إلى إحدى اللغات الرسمية للدولة المعنية، بإحدى الوسائل المحددة في الفقرة (١) من المادة (٢٢) ووفقا لأحكام تلك الفقرة.

٣- لا يجوز أن تقل المهلة المحددة لتقديم طعن في حكم غيابي عن أربعة أشهر ويبدأ سريانها من التاريخ الذي تتسلم فيه الدولة المعنية أو يعتبر أنها قد تسلمت فيه نسخة الحكم.

المادة ٢٤

الامتيازات والحصانات في أثناء سير إجراءات الدعوى

١- كل تخلف من جانب دولة عن الامتثال لأمر صادر من محكمة دولة أخرى يطالبه بالقيام أو بالامتناع عن القيام بعمل معين أو بإبراز أي وثيقة أو بالكشف عن أي معلومات أخرى لأغراض إحدى الدعاوى، أو كل رفض من جانب تلك الدولة للامتثال للأمر المذكور لا يستتبع أي نتائج غير النتائج التي قد تنشأ عن هذا السلوك في ما يتعلق بموضوع الدعوى. وبوجه خاص، لا يجوز فرض غرامة أو عقوبة على الدولة بسبب هذا التخلف أو الرفض.

٢- لا يجوز مطالبة دولة بتقديم أي كفالة أو سند أو وديعة، أيا كانت التسمية، ضمانا لدفع النفقات أو المصاريف القضائية في أي دعوى تكون فيها طرفا مدعى عليه أمام محكمة دولة أخرى.

الباب السادس

أحكام ختامية

المادة ٢٥

المرفق

يشكل مرفق هذه الاتفاقية جزءا لا يتجزأ من الاتفاقية.

المادة ٢٦

الاتفاقات الدولية الأخرى

ليس في هذه الاتفاقية ما يمس بحقوق وواجبات الدول الأطراف بموجب الاتفاقات الدولية القائمة التي تتعلق بالمسائل التي تتناولها هذه الاتفاقية، وذلك فيما بين أطراف تلك الاتفاقات.

المادة ٢٧

تسوية المنازعات

١ - تسعى الدول الأطراف إلى تسوية المنازعات المتعلقة بتفسير أو تطبيق هذه الاتفاقية عن طريق التفاوض.

٢ - أي نزاع بين دولتين طرفين أو أكثر بشأن تفسير أو تطبيق هذه الاتفاقية لا تتأتى تسويته عن طريق التفاوض في غضون ستة أشهر، يحال، بناء على طلب أي دولة من تلك الدول الأطراف إلى التحكيم . وإذا لم تتمكن تلك الدول الأطراف، في غضون ستة أشهر من تاريخ طلب التحكيم، من الاتفاق على تنظيم التحكيم، جاز لأي دولة من تلك الدول الأطراف أن تحيل النزاع إلى محكمة العدل الدولية بطلب مقدم وفقا للنظام الأساسي للمحكمة.

٣ - يجوز لكل دولة طرف، عند توقيع هذه الاتفاقية أو التصديق عليها أو قبولها أو الموافقة عليها أو الانضمام إليها، أن تعلن أنها لا تعتبر نفسها ملزمة بالفقرة (٢) من هذه المادة. ولا تكون الدول الأطراف الأخرى ملزمة بالفقرة (٢) تجاه أي دولة طرف تصدر إعلانا من هذا القبيل.

٤ - يجوز لأي دولة طرف تصدر إعلانا وفقا للفقرة (٣) أن تسحب في أي وقت إعلانها بإخطار توجهه إلى الأمين العام للأمم المتحدة.

المادة ٢٨

التوقيع

تفتح هذه الاتفاقية لتوقيع كافة الدول حتى ١٧ كانون الثاني/ يناير ٢٠٠٧ ، في مقر الأمم المتحدة، نيويورك.

المادة ٢٩

التصديق أو القبول أو الموافقة أو الانضمام

١ - تخضع هذه الاتفاقية للتصديق أو القبول أو الموافقة.

٢ - تظل هذه الاتفاقية مفتوحة لانضمام أي دولة.

٣ - تودع صكوك التصديق أو القبول أو الموافقة أو الانضمام لدى الأمين العام للأمم المتحدة.

المادة ٣٠

بدء النفاذ

١ - يبدأ نفاذ هذه الاتفاقية في اليوم الثلاثين الذي يعقب تاريخ إيداع الصك الثلاثين للتصديق أو القبول أو الموافقة أو الانضمام لدى الأمين العام للأمم المتحدة.

٢ - بالنسبة لكل دولة تصدق على هذه الاتفاقية أو تقبلها أو توافق عليها أو تنضم إليها بعد إيداع الصك الثلاثين للتصديق أو القبول أو الموافقة أو الانضمام، يبدأ نفاذ الاتفاقية في اليوم الثلاثين الذي يعقب تاريخ إيداع تلك الدولة لصك تصديقها أو قبولها أو موافقتها أو انضمامها.

المادة ٣١

نقض الاتفاقية

١ - يجوز لأي دولة طرف أن تنقض هذه الاتفاقية بإخطار خطي توجهه إلى الأمين العام للأمم المتحدة.

٢ - يكون النقض نافذا بعد سنة من تاريخ تسلم الأمين العام للأمم المتحدة للإخطار. غير أن هذه الاتفاقية تظل سارية على أي مسألة متعلقة بحصانات الدول أو ممتلكاتها من الولاية القضائية تثار في دعوى مقامة ضد إحدى الدول أمام محكمة دولة أخرى قبل التاريخ الذي يدخل فيه نقض هذه الاتفاقية حيز النفاذ تجاه أي دولة من الدول المعنية.

٣ - لا يؤثر النقض بأي حال من الأحوال على واجب أي دولة طرف في الوفاء بأي التزام تتضمنه هذه الاتفاقية، وتكون الدولة خاضعة له بمقتضى القانون الدولي بصرف النظر عن هذه الاتفاقية.

المادة ٣٢

الوديع والإخطارات

١ - يكون الأمين العام للأمم المتحدة وديع هذه الاتفاقية.

٢ - يخطر الأمين العام للأمم المتحدة، بصفته وديعا لهذه الاتفاقية، جميع الدول بما يلي:

أ- التوقيعات على هذه الاتفاقية وإيداع صكوك التصديق أو القبول أو الموافقة أو الانضمام أو إخطارات النقض، وفقا للمادتين (٢٩) و (٣١).

ب- تاريخ بدء نفاذ هذه الاتفاقية، وفقا للمادة (٣٠).

ج- أي أعمال أو إخطارات أو مراسلات متعلقة بهذه الاتفاقية.

المادة ٣٣

حجية النصوص

تتساوى في الحجية النصوص الإسبانية والإنكليزية والروسية والصينية والعربية والفرنسية لهذه الاتفاقية. وإثباتا لذلك، قام الموقعون أدناه، المفوضون بذلك حسب الأصول من حكوماتهم، بالتوقيع على هذه الاتفاقية المفتوحة للتوقيع في مقر الأمم المتحدة بنيو يورك في ١٧ كانون الثاني- /يناير ٢٠٠٥

مرفق الاتفاقية

تفاهمات بشأن بعض أحكام الاتفاقية

الغرض من هذا المرفق هو بيان التفاهمات المتعلقة بالأحكام المعنية. فيما يتعلق بالمادة ١٠ يفهم مصطلح "حصانة المستعمل في المادة ١٠ في سياق هذه الاتفاقية ككل. الفقرة ٣ من المادة ١٠ لا تستبق الحكم في مسألة "اختراق حجاب الشركة" ، أو في المسائل المتصلة بالحالة التي يقدم فيها كيان تابع لدولة ما معلومات خاطئة بصورة مقصودة عن وضعه المالي أو يخفض لاحقا أصوله المالية للتهرب من الوفاء بمطلب ما، أو في مسائل أخرى ذات صلة.

فيما يتعلق بالمادة ١١

إن الإشارة في الفقرة ٢ (د) من المادة ١١ إلى" المصالح الأمنية " للدولة المستخدِمة تهدف بالأساس إلى معالجة مسائل تتعلق بالأمن القومي وأمن البعثات الدبلوماسية والمراكز القنصلية. بموجب المادة (٤١) من اتفاقية فيينا للعلاقات الدبلوماسية لعام ١٩٦١ والمادة

(٥٥) من اتفاقية فيينا للعلاقات القنصلية لعام ١٩٦٣ ، يقع على جميع الأشخاص المشار إليهم في هاتين المادتين واجب احترام قوانين وأنظمة البلد المضيف، بما في ذلك احترام قوانين العمل . وفي الوقت نفسه، فإنه بموجب المادة (٣٨) من اتفاقية فيينا للعلاقات الدبلوماسية لعام ١٩٦١ والمادة (٧١) من اتفاقية فيينا للعلاقات القنصلية لعام ١٩٦٣ ، يقع على الدولة المستقبِلة واجب ممارسة ولايتها القضائية بطريقة لا تخل دون مسوغ بأداء مهام البعثة أو المركز القنصلي.

فيما يتعلق بالمادتين ١٣ و ١٤

استخدمت عبارة" الفصل "للإشارة ليس فقط إلى التثبّت أو التحقق من وجود الحقوق المحمية، بل أيضا لتقييم أو تقدير جوهرها، بما في ذلك فحوى هذه الحقوق ونطاقها ومداها.

فيما يتعلق بالمادة ١٧

تشمل عبارة" معاملة تجارية "مسائل الاستثمار.

فيما يتعلق بالمادة ١٩

تعني عبارة" كيان "الواردة في الفقرة الفرعية (ج) الدولة بوصفها شخصية اعتبارية مستقلة، أو وحدة من مكونات دولة اتحادية أو تقسيما فرعيا للدولة، أو وكالة للدولة أو جهازاً من أجهزتها أو غيرها من الكيانات، التي تتمتع بشخصية اعتبارية مستقلة.

تفهم عبارة "الممتلكات المتصلة بالكيان" الواردة في الفقرة الفرعية (ج) بأنها تعني ما هو أوسع من التملك أو الحيازة. المادة (١٩) لا تستبق الحكم في مسألة " اختراق حجاب الشركة" أو في المسائل المتصلة بالحالة التي يقدم فيها كيان تابع لدولة ما معلومات خاطئة بصورة مقصودة عن وضعه المالي أو يخفض لاحقا أصوله المالية للتهرب من الوفاء بمطلب ما، أو في مسائل أخرى ذات صلة.

الملحق الخامس

البروتوكول الاختياري المتعلق بالتسوية الإلزامية

للمنازعات الذي أقرته الجمعية العامة للأمم المتحدة

في ٨ كانون الأول/ ديسمبر ١٩٦٩ *

إن الدول الأطراف في هذا البروتوكول وفي اتفاقية البعثات الخاصة، المشار إليها فيما يلي بتعبير "الاتفاقية" والتي أقرتها الجمعية العامة في ٨ كانون الأول/ ديسمبر ١٩٦٩،

إذ تعرب عن رغبتها في الرجوع، في جميع المسائل التي تعنيها بشأن أي نزاع يتعلق بتفسير الاتفاقية أو تطبيقها، إلى الولاية الإلزامية لمحكمة العدل الدولية ما لم يتفق الأطراف في غضون فترة معقولة من الزمن على طريقة أخرى من طرق التسوية.

قد اتفقت على ما يلي:

المادة ١- تدخل المنازعات المتعلقة بتفسير الاتفاقية أو تطبيقها في الولاية الإلزامية لمحكمة العدل الدولية، ويجوز بناء على ذلك رفعها إلى المحكمة بصحيفة دعوى يقدمها أي طرف في النزاع يكون طرفاً من هذا البروتوكول.

المادة ٢- يجوز للطرفين، في غضون شهرين من إخطار أحدهما الآخر بوجود نزاع حسب رأيه، الاتفاق على الرجوع إلى هيئة تحكيم بدلاً من محكمة العدل الدولية. ولأي الطرفين أن يرفع النزاع إلى المحكمة بصحيفة دعوى بعد انقضاء المدة المذكورة.

المادة ٣-

١- يجوز للطرفين، في غضون فترة الشهرين ذاتها، الاتفاق على تطبيق إجراء للتوفيق قبل الرجوع إلى محكمة العدل الدولية.

٢- تصدر لجنة التوفيق توصياتها في غضون خمسة أشهر بعد تعيينها. فإن لم يقبل طرفا النزاع بتوصياتها في غضون شهرين من إصدارها، جاز لأيهما رفع النزاع إلى المحكمة بصحيفة دعوى.

المادة ٤-

يعرض هذا البروتوكول لتوقيع جميع الدول التي قد تصبح أطرافاً في الاتفاقية، وذلك حتى ٣١ كانون الأول/ ديسمبر ١٩٧٠ في مقر الأمم المتحدة بنيويورك.

---

* بدأ نفاذه في ٢١ حزيران/ يونيو ١٩٨٥. راجع أعمال لجنة القانون الدولي المرجع السابق، ص٣٦٨.

المادة -٥

يخضع هذا البروتوكول للتصديق، وتودع وثائق التصديق لدى الأمن العام للأمم المتحدة.

المادة -٦

يظل هذا البروتوكول معروضاً لانضمام جميع الدول التي قد تصبح أطرافاً في الاتفاقية. وتودع وثائق الانضمام لدى الأمين العام للأمم المتحدة.

المادة -٧

١- ينفذ هذا البروتوكول في يوم نفاذ الاتفاقية، أو في اليوم الثلاثين التالي لتاريخ إيداع ثاني وثيقة تصديق عليه أو انضمام إليه لدى الأمن العام للأمم المتحدة، أيهما يأتي لاحقا.

٢- وينفذ هذا البروتوكول، بالنسبة إلى كل دولة تصدق عليه أو تنضم إليه بعد نفاذه وفقاً للفقرة (١) من هذه المادة، في اليوم الثلاثين من إيداعها وثيقة تصديقها أو انضمامها.

المادة -٨

يُعلم الأمين العام للأمم المتحدة جميع الدول التي قد تصبح أطرافاً في الاتفاقية:

أ- بالتوقيعات على هذا البروتوكول وبإيداع وثائق التصديق عليها أو الانضمام إليها وفقاً للمواد الرابعة والخامسة والسادسة منه.

ب- وبتاريخ نفاذ هذا البروتوكول وفقاً للمادة السابعة منه.

المادة -٩ يودع أصل هذا البروتوكول، المحرر بخمس لغات رسمية متساوية الحجية هي الاسبانية والإنكليزية والروسية والصينية والفرنسية، لدى الأمين العام للأمم المتحدة، الذي يرسل صوراً مصدقة عنه إلى جميع الدول المذكورة في المادة الرابعة منه.

وإثباتاً لما تقدم، قام الأشخاص الواردة أسماؤهم أدناه، بعد تقديم تفويضاتهم التي وجدت مستوفية للشكل حسب الأصول، بتوقيع هذا البروتوكول الذي عرض للتوقيع في نيويورك في ١٦ كانون الأول/ ديسمبر ١٩٦٩.

الملحق السادس

اتفاقية فيينا لتمثيل الدول في علاقاتها

مع المنظمات الدولية ذات الطابع العالمي

حُررت في فيينا في ١٤ آذار/ مارس ١٩٧٥ *

إن الدول الأطراف في هذه الاتفاقية:

اعترافاً منها بالدور الهام المتعاظم للدبلوماسية المتعددة الأطراف في العلاقات بين الدول ومسؤوليات الأمم المتحدة ووكالاتها المتخصصة وغيرها من المنظمات الدولية ذات الطابع العالمي في نطاق المجتمع الدولي.

وإذ تضع في اعتبارها مقاصد ومبادئ ميثاق الأمم المتحدة فيما يتعلق بتساوي الدول في السيادة، وبصيانة السلم والأمن الدوليين، وتعزيز العلاقات الودية والتعاون فيما بين الدول.

وإذ تشير إلى أعمال التدوين والتطوير التدريجي للقانون الدولي الذي ينطبق على العلاقات الثنائية بين الدول والتي حققتها اتفاقية فيينا للعلاقات الدبلوماسية لعام ١٩٦١، واتفاقية فيينا للعلاقات القنصلية لعام ١٩٦٣، واتفاقية البعثات الخاصة لعام ١٩٦٩.

وإذ تعتقد إن ابرام اتفاقية دولية لتمثيل الدول في علاقاتها مع المنظمات الدولية ذات الطابع العالمي سيسهم في تعزيز العلاقات الودية والتعاون فيما بين الدول، بصرف النظر عن نظمها السياسية والاقتصادية والاجتماعية.

وإذ تشير إلى المادة ١٠٥ من ميثاق الأمم المتحدة،

واعترافاً منها بأن غرض الامتيازات والحصانات الواردة في هذه الاتفاقية ليس لمنفعة الأفراد بل لضمان الأداء الفعّال لمهامهم فيما يتصل بالمنظمات والمؤتمرات،

وإذ تأخذ في اعتبارها اتفاقية امتيازات وحصانات الأمم المتحدة لعام ١٩٤٦، واتفاقية امتيازات وحصانات الوكالات المتخصصة لعام ١٩٤٧، وسائر الاتفاقات النافذة بين الدول وبين الدول والمنظمات الدولية،

وإذ تؤكد أن المسائل التي لم تنظمها أحكام هذه الاتفاقية صراحة ستظل خاضعة لقواعد القانون الدولي العرفي،

---

* راجع أعمال لجنة القانون الدولي المرجع السابق، ص٤٢٥.

قد اتفقت على ما يلي:

الباب الأول - مقدمة

المادة ١- التعابير المستخدمة:

١- في مصطلح هذه الاتفاقية:

(١) يراد بتعبير "منظمة دولية" منظمة حكومية دولية.

(٢) ويراد بتعبير "منظمة دولية ذات طابع عالمي" الأمم المتحدة، ووكالاتها المتخصصة، والوكالات الدولية للطاقة الذرية، وأية منظمة مماثلة تكون عضويتها ومسؤولياتها على نطاق العالم.

(٣) ويراد بتعبير "المنظمة" المنظمة الدولية المشار إليها.

(٤) ويراد بتعبير "هيئة":

أ- أية هيئة رئيسية أو فرعية تابعة لمنظمة دولية، أو

ب- أية لجنة أو مجموعة فرعية تابعة لأية هيئة من هذه الهيئات، تكون الدول أعضاء فيها.

(٥) ويراد بتعبير "مؤتمر" مؤتمر للدول تعقده منظمة دولية أو يعقد تحت رعايتها.

(٦) ويراد بتعبير "بعثة"، حسب الحالة، البعثة الدائمة أو البعثة المراقبة الدائمة.

(٧) ويراد بتعبير "البعثة الدائمة" بعثة ذات طابع دائم، تمثّل الدولة، وترسلها الدولة العضو في منظمة دولية إلى هذه المنظمة.

(٨) ويراد بتعبير "البعثة المراقبة الدائمة" بعثة ذات طابع دائم، تمثّل الدولة، وترسلها الدولة إلى منظمة دولية ليست عضواً فيها.

(٩) ويراد بتعبير "وفد"، حسب الحالة، وفد في هيئة أو وفد في مؤتمر.

(١٠) ويراد بتعبير "وفد لدى هيئة" الوفد الذي ترسله دولة ما للاشتراك بالنيابة عنها في أعمال تلك الهيئة.

(١١) ويراد بتعبير "وفد في مؤتمر" الوفد الذي ترسله دولة ما للاشتراك بالنيابة عنها في المؤتمر.

(١٢) ويراد بتعبير "الوفد المراقب" حسب الحالة، الوفد المراقب في هيئة ما أو الوفد المراقب في مؤتمر ما.

(١٣) ويراد بتعبير "وفد مراقب لدى هيئة" الوفد الذي ترسله دولة ما للاشتراك بالنيابة عنها كمراقب في أعمال تلك الهيئة.

(١٤) ويراد بتعبير "وفد مراقب في مؤتمر" الوفد الذي ترسله دولة ما للاشتراك بالنيابة عنها كمراقب في أعمال ذلك المؤتمر.

(١٥) ويراد بتعبير "الدولة المضيفة" الدولة التي يكون في أراضيها:

أ- مقر المنظمة أو مكتب تابع لها، أو....

ب- عقد اجتماع لهيئة ما أو مؤتمر ما.

(١٦) ويراد بتعبير "الدولة المرسلة" الدولة التي تقوم بإرسال:

أ- بعثة إلى المنظمة في مقرها أو إلى مكتب تابع لها، أو

ب- وفد إلى هيئة أو وفد إلى مؤتمر، أو

ج- وفد مراقب إلى هيئة أو وفد مراقب إلى مؤتمر.

(١٧) ويراد بتعبير "رئيس البعثة" حسب الحالة، الممثل الدائم أو المراقب الدائم.

(١٨) ويراد بتعبير "الممثل الدائم" الشخص المكلف من قبل الدولة المرسلة بالعمل بوصفه رئيساً للبعثة الدائمة.

(١٩) ويراد بتعبير "المراقب الدائم" الشخص المكلف من قبل الدولة المرسلة بالعمل بوصفه رئيساً للبعثة المراقبة الدائمة.

(٢٠) ويراد بتعبير "أعضاء البعثة" رئيس البعثة والموظفون.

(٢١) ويراد بتعبير "رئيس الوفد" المندوب المكلّف من قبل الدولة المرسلة بالعمل بتلك الصفة.

(٢٢) ويراد بتعبير "المندوب" أي شخص تعينه دولة ما للاشتراك بوصفه ممثلا لها في أعمال هيئة ما أو مؤتمر ما.

(٢٣) ويراد بتعبير "أعضاء الوفد" المندوبون والموظفون.

(٢٤) ويراد بتعبير "رئيس الوفد المراقب" المندوب المراقب المكلّف من قبل الدول المرسلة بالعمل بتلك الصفة.

(٢٥) ويراد بتعبير "المندوب المراقب" أي شخص تعينه دولة ما لحضور أعمال هيئة ما أو مؤتمر ما بوصفه مراقباً.

(٢٦) ويراد بتعبير "أعضاء الوفد المراقب" المندوبون المراقبون والموظفون.

(٢٧) ويراد بتعبير "الموظفون" الدبلوماسيون، والموظفون الإداريون والتقنيون، وموظفو الخدمات في البعثة أو الوفد المراقب.

(٢٨) ويراد بتعبير "الموظفون الدبلوماسيون" موظفو البعثة أو الوفد أو الوفد المراقب الذين يتمتعون بالمركز الدبلوماسي فيما يتعلق بأغراض البعثة أو الوفد أو الوفد المراقب.

(٢٩) ويراد بتعبير "الموظفون الإداريون والتقنيون" الموظفون المعينون في الخدمة الإدارية والتقنية في البعثة أو الوفد أو الوفد المراقب.

(٣٠) ويراد بتعبير "موظفو الخدمات" الموظفون الذين تعينهم البعثة أو الوفد أو الوفد المراقب بوصفهم عمالاً للتدبير المنزلي أو لمهام مماثلة.

(٣١) ويراد بتعبير "الموظفون الخاصون" الأشخاص المعينون، على سبيل الحصر، في الخدمة الخاصة لأعضاء البعثة أو الوفد.

(٣٢) ويراد بتعبير "مباني البعثة" المباني أو أجزاء من المباني والأرض الملحقة بها، بغض النظر عن ملكيتها، والمستخدمة فيما يتعلق بأغراض البعثة، بما في ذلك سكن رئيس البعثة.

(٣٣) ويراد بتعبير "مباني الوفد" المباني أو أجزاء من المباني، بغض النظر عن ملكيتها، المستخدمة فقط بوصفها مكاتب للوفد.

(٣٤) ويراد بتعبير "قواعد المنظمة" بصفة خاصة، الصكوك التأسيسية، والمقررات والقرارات ذات الصلة، والممارسة المستقرة للمنظمة.

٢- لا تخل احكام الفقرة (١) من هذه المادة، فيما يتعلق بالتعابير المستخدمة في هذه الاتفاقية، بوجوه استخدام هذه التعابير أو بالمعاني التي قد تراد بها في صكوك دولية اخرى أو في القانون الداخلي لأية دولة.

المادة ٢- نطاق هذه الاتفاقية

١- تسري هذه الاتفاقية على تمثيل الدول في علاقاتها مع أية منظمة دولية ذات طابع عالمي، وعلى تمثيلها في المؤتمر الذي يعقد تحت رعاية هذه المنظمة، وذلك بعد قبول الدولة المضيفة لهذه الاتفاقية وقيام المنظمة بإتمام الإجراءات المنصوص عليها في المادة ٩٠.

المادة ٢- نطاق هذه الاتفاقية.

١- تسري هذه الاتفاقية على تمثيل الدول في علاقاتها مع أية منظمة دولية ذات طابع عالمي، وعلى تمثيلها في المؤتمر الذي يعقد تحت رعاية هذه المنظمة، وذلك بعد قبول الدولة المضيفة لهذه الاتفاقية وقيام المنظمة بإتمام الإجراءات المنصوص عليها في المادة ٩٠.

٢- عدم سريان هذه الاتفاقية على المنظمات الدولية الأخرى لا يخل بسريان أية قواعد منصوص عليها فيها على تمثيل الدول في علاقاتها مع تلك المنظمات الأخرى إذا كانت هذه القواعد تسري بموجب القانون الدولي بمعزل عن هذه الاتفاقية.

٣- إن عدم سريان هذه الاتفاقية على المؤتمرات الأخرى لا يخل بسريان أية قواعد منصوص عليها فيها على تمثيل الدول في تلك المؤتمرات الأخرى إذا كانت هذه القواعد تسري بموجب القانون الدولي بمعزل عن هذه الاتفاقية.

٤- ليس في هذه الاتفاقية ما يحول دون إبرام اتفاقات بين الدول أو بين الدول والمنظمات الدولية تقضي بتطبيق هذه الاتفاقية كلياً أو جزئياً على منظمات دولية أو مؤتمرات غير المشار إليها في الفقرة ١ من هذه المادة.

المادة ٣- العلاقة بين هذه الاتفاقية والقواعد ذات الصلة للمنظمات الدولية أو المؤتمرات.

لا تخل أحكام هذه الاتفاقية بأي من القواعد ذات الصلة للمنظمة أو النظام الأساسي ذي الصلة للمؤتمر.

المادة ٤- العلاقة بين هذه الاتفاقية والاتفاقات الدولية الأخرى.

إن أحكام هذه الاتفاقية:

أ- لا تخل بالاتفاقات الدولية الأخرى النافذة بين الدول أو بين الدول والمنظمات الدولية ذات الطابع العالمي.

ب- ولا تحول دون إبرام اتفاقات دولية اخرى بشأن تمثيل الدول في علاقاتها مع المنظمات الدولية ذات الطابع العالمي أو تمثيلها في المؤتمرات التي تعقدها هذه المنظمات أو تعقد تحت رعايتها.

الباب الثاني

البعثات لدى المنظمات الدولية

المادة ٥- إنشاء البعثات

١- يجوز للدول الأعضاء، إذا سمحت بذلك قواعد المنظمة، أن تنشئ بعثات دائمة لأداء المهام المذكورة في المادة ٦.

٢- ويجوز للدول غير الأعضاء، إذا سمحت بذلك قواعد المنظمة، أن تنشئ بعثات مراقبة دائمة لأداء المهام المذكورة في المادة ٧.

٣- تخطر المنظمة الدولة المضيفة بإقامة بعثة قبل إنشائها.

المادة ٦- مهام البعثة الدائمة

تمثل مهام البعثة الدائمة، في جملة امور، فيما يلي:

أ- القيام بتمثيل الدولة المرسلة لدى المنظمة.

ب- إقامة الاتصال بين الدولة المرسلة والمنظمة.

ج- التفاوض مع المنظمة وداخلها.

د- التحقق من الأنشطة في المنظمة وتقديم تقارير بشأنها إلى حكومة الدولة المرسلة.

هـ- ضمان اشتراك الدولة المرسلة في أنشطة المنظمة.

و- حماية مصالح الدولة المرسلة فيما يتصل بالمنظمة.

ز- تعزيز تحقيق مقاصد المنظمة ومبادئها عن طريق التعاون مع المنظمة وداخلها.

المادة ٧-مهام البعثة المراقبة الدائمة

تتمثل مهام البعثة المراقبة الدائمة، في جملة أمور، فيما يلي:

أ- القيام بتمثيل الدولة المرسلة وحماية مصالحها فيما يتصل بالمنظمة وإقامة الاتصال معها.

ب- التحقق من الأنشطة في المنظمة وتقديم تقارير بشأنها إلى حكومة الدولة المرسلة.

ج- تعزيز التعاون مع المنظمة والتفاوض معها.

المادة ٨- تعدد الاعتماد أو التعيين.

١- يجوز للدولة المرسلة اعتماد شخص واحد ليكون رئيساً لبعثة لدى منظمتين دوليتين أو تعيين رئيس لبعثة موظفاً دبلوماسياً في بعثة أخرى من بعثاتها.

٢- ويجوز للدولة المرسلة أن تعتمد أحد موظفي البعثة الدبلوماسية ليكون رئيساً لبعثة لدى منظمات دولية أخرى، أو ان تعين أحد موظفي البعثة ليكون موظفاً في بعثة أخرى من بعثاتها.

٣- ويجوز لدولتين أو أكثر اعتماد شخص واحد ليكون رئيساً للبعثة لدى المنظمة الدولية ذاتها.

المادة ٩- تعيين أعضاء البعثة

رهناً بأحكام المادتين ١٤ و ٧٣، يكون للدولة المرسلة أن تعين أعضاء البعثة من غير قيد.

المادة ١٠- وثائق تفويض رئيس البعثة

تصدر وثائق تفويض رئيس البعثة من رئيس الدولة أو رئيس الحكومة أو وزير الخارجية أو تصدرها سلطة مختصة أخرى تابعة للدولة المرسلة إذا سمحت بذلك قواعد المنظمة، ويجري إرسالها إلى المنظمة.

المادة ١١- الاعتماد لدى هيئات المنظمة

١- يجوز للدولة العضو أن تحدد في وثائق التفويض الصادرة لممثلها الدائم أنه مخول له أن يعمل بوصفها مندوباً لدى هيئة واحدة أو أكثر من هيئات المنظمة.

٢- وما لم تشترط الدولة العضو خلاف ذلك، يجوز لممثلها الدائم أن يعمل بوصفه مندوباً لدى هيئات المنظمة التي لا توجد شروط خاصة فيما يتعلق بالتمثيل فيها.

٣- ويجوز للدولة غير العضو أن تحدد في وثائق التفويض الصادرة لمراقبها الدائم أنه مخول له العمل بوصفه مندوباً مراقباً لدى هيئة واحدة أو اكثر من هيئات المنظمة، إذا سمحت بذلك قواعد المنظمة أو الهيئة المعنية.

المادة ١٢-التفويض التام لإبرام معاهدة مع المنظمة

١- يعتبر رئيس البعثة، بحكم وظائفه وبدون الالتزام بتقديم تفويض تام، ممثلاً لدولته لغرض اعتماد نص معاهدة ما مبرمة بين تلك الدولة والمنظمة.

٢- لا يعتبر رئيس البعثة بحكم وظائفه ممثلاً لدولته لغرض التوقيع على معاهدة تبرم بين تلك الدولة والمنظمة، أو التوقيع على معاهدة تبرم بينهما رهناً بشرط الرجوع إلى دولته، ما لم يتبين من ممارسة المنظمة أو من ظروف أخرى تجاه نية الطرفين أو الاستغناء عن التفويض التام.

المادة ١٣- تكوين البعثة

إلى جانب رئيس البعثة، يجوز أن تضم البعثة موظفين دبلوماسيين، وموظفين إداريين وتقنيين، وموظفي خدمات.

المادة ١٤- حجم البعثة

لا يتعدى حجم البعثة الحد المعقول والعادي، مع مراعاة مهام المنظمة، واحتياجات البعثة المعنية، والظروف والأحوال في الدولة المضيفة.

المادة ١٥-الإخطارات

١- تقوم الدولة المرسلة بإخطار المنظمة بما يلي:

أ- تعيين موظفي البعثة، ووظائفهم، والقابهم، وترتيب أسبقيتهم، ومواعيد وصولهم، ومغادرتهم النهائية أو إنهاء مهامهم لدى البعثة، وأية تغييرات أخرى تمس مركزهم، قد تحدث أثناء خدمتهم بالبعثة.

ب- وصول أي شخص ينتمي إلى أسرة أحد موظفي البعثة ويكون من أفراد أسرته المعيشية، ومواعيد مغادرته النهائية، والإخطار، عند الاقتضاء، بأن شخصاً ما أصبح من أفراد أسرته أو لم يعد كذلك.

ج- وصول الأشخاص الذين يعملون في وظائف خاصة لدى موظفي البعثة ومغادرتهم النهائية، وإنهاء خدمتهم بهذه الصفة.

د- مواعيد بدء وإنهاء خدمة الأشخاص المقيمين في الدولة المضيفة بوصفهم موظفين في البعثة أو بوصفهم أشخاصاً يعملون في وظائف خاصة.

هـ- موقع مباني البعثة والمساكن الخاصة التي تتمتع بالحرمة بمقتضى المادتين ٢٣ و ٢٩، وكذلك أية معلومات أخرى قد تكون ضرورية لتحديد هذه المباني والمساكن.

٢- يقدم إخطار مسبق بمواعيد الوصول والمغادرة النهائية، حيثما أمكن ذلك.

٣- تحيل المنظمة إلى الدولة المضيفة الإخطارات المشار إليها في الفقرتين ١ و٢ من هذه المادة.

٤- يجوز للدولة المرسلة أن تحيل أيضاً إلى الدولة المضيفة الإخطارات المشار إليها في الفقرتين ١ و ٢ من هذه المادة.

المادة ١٦- رئيس البعثة بالإنابة

إذا كانت وظيفة رئيس البعثة شاغرة، أو إذا كان رئيس البعثة غير قادر على أداء وظائفه، يجوز للدولة المرسلة أن تعين رئيساً للبعثة بالإنابة يبلّغ اسمه إلى المنظمة التي تقوم بتبليغه بدورها إلى الدولة المضيفة.

المادة ١٧- الأسبقية

١- تتحدد الأسبقية فيما بين الممثلين الدائمين حسب الترتيب الأبجدي لأسماء الدول المعمول به في المنظمة.

٢- تتحدد الأسبقية فيما بين المراقبين الدائمين حسب الترتيب الأبجدي لأسماء الدول المعمول به في المنظمة.

المادة ١٨-مكان البعثة

تنشأ البعثات في المكان الذي يقع فيه مقر المنظمة. غير أنه يجوز للدولة المرسلة أن تنشئ بعثة أو مكتباً لبعثة في مكان آخر غير المكان الذي يقع فيه مقر المنظمة، بشرط سماح قواعد المنظمة بذلك والحصول على موافقة مسبقة من الدولة المضيفة.

المادة ١٩- استخدام العلم والشعار

١- للبعثة الحق في أن ترفع علم الدولة المرسلة وشعارها على مبانيها، ولرئيس البعثة نفس هذا الحق بالنسبة لمسكنه ووسائل تنقله.

٢- تراعى لدى ممارسة الحق الذي تنص عليه هذه المادة قوانين الدولة المضيفة ونظمها وعاداتها.

المادة ٢٠- التسهيلات العامة

١- تقوم الدولة المضيفة بمنح البعثة جميع التسهيلات اللازمة لأداء مهامها.

٢- تساعد المنظمة البعثة في الحصول على هذه التسهيلات، وتمنح البعثة التسهيلات التي تقع في نطاق اختصاصها.

المادة ٢١- المباني وأماكن الإقامة

١- تقوم الدولة المضيفة والمنظمة بمساعدة الدولة المرسلة في الحصول، بشروط معقولة، على المباني اللازمة للبعثة في أراضي الدولة المضيفة. وتقوم الدولة المضيفة، عند الاقتضاء، بتيسير الحصول على هذه المباني وفقا لقوانينها.

٢- كما تقوم الدولة المضيفة والمنظمة، عند الاقتضاء، بمساعدة البعثة في الحصول، بشروط معقولة، على أماكن مناسبة لإقامة أعضائها.

المادة ٢٢- المساعدة التي تقدمها المنظمة فيما يتعلق بالامتيازات والحصانات

١- تقوم المنظمة، عند الاقتضاء، بمساعدة الدولة المرسلة وبعثتها وأعضاء بعثتها في ضمان التمتع بالامتيازات والحصانات المنصوص عليها في هذه الاتفاقية.

٢- وتقوم المنظمة، عند الاقتضاء، بمساعدة الدولة المضيفة في ضمان أداء التزامات الدولة المرسلة وبعثتها وأعضاء بعثتها فيما يتعلق بالامتيازات والحصانات المنصوص عليها في هذه الاتفاقية.

المادة ٢٣ – حرمة المباني

١- لا يجوز انتهاك حرمة مباني البعثة. ولا يجوز لممثلي سلطات الدولة المضيفة دخولها إلا بموافقة رئيس البعثة.

٢- أ- على الدولة المضيفة أن تقوم بصفة خاصة باتخاذ جميع التدابير المناسبة لحماية البعثة من أي اقتحام أو تخريب ومنع أي إخلال بسلم البعثة أو إساءة إلى كرامتها.

ب- وفي حالة حدوث هجوم على مباني البعثة، تقوم الدولة المضيفة باتخاذ جميع التدابير المناسبة لمحاكمة الأشخاص الذين ارتكبوا هذا الهجوم ومعاقبتهم.

٣- لا تخضع مباني البعثة، وأثاثاتها وما بها من ممتلكات أخرى ووسائل النقل التابعة للبعثة، للتفتيش أو الاستيلاء أو الحجز أو التنفيذ.

المادة ٢٤- إعفاء المباني من الضرائب

١- تكون مباني البعثة التي تمتلكها أو تستأجرها الدولة المرسلة أو أي شخص يعمل بالنيابة عنها معفية من جميع الرسوم والضرائب الوطنية أو الإقليمية أو البلدية، وذلك بخلاف ما يدفع منها مقابل تقديم خدمات محددة.

٢- لا يسري الإعفاء من الضرائب المشار إليه في هذه المادة على الرسوم والضرائب التي يدفعها، بموجب قانون الدولة المضيفة، الأشخاص المتعاقدون مع الدولة المرسلة أو مع أي شخص يعمل بالنيابة عنها.

المادة ٢٥- حرمة المحفوظات والوثائق

تتمتع محفوظات البعثة ووثائقها بالحرمة في كل الأوقات وأياً كان مكانها.

المادة ٢٦- حرية التنقل

تكفل الدولة المضيفة، رهناً بأحكام قوانينها ونظمها المتعلقة بالمناطق التي يكون الدخول فيها محظوراً أو منظماً لأسباب تتعلق بالأمن القومي، حرية التنقل والسفر في أراضيها لجميع أعضاء البعثة وأفراد أسرهم الذين يشكلون جزءاً من أسرهم المعيشية.

المادة ٢٧- حرية الاتصال

١- تسمح الدولة المضيفة بحرية الاتصال بالنسبة للبعثة لجميع الأغراض الرسمية وتحمي ذلك الاتصال. ويجوز للبعثة لدى اتصالها بحكومة الدولة المرسلة، وبعثاتها الدبلوماسية الدائمة، وقنصلياتها، وبعثاتها الدائمة، وبعثات المراقبة الدائمة، والبعثات الخاصة، والوفود، والوفود المراقبة التابعة لها، حيثما يكون موقعها، أن تستخدم جميع الوسائل المناسبة، بما في ذلك البريد والرسائل بالشفرة، غير أنه لا يجوز للبعثة ان تقوم بتركيب واستخدام جهاز إرسال لاسلكي إلا بموافقة الدولة المضيفة.

٢- تصان حرمة المراسلات الرسمية للبعثة، وتعني المراسلات الرسمية جميع المراسلات المتصلة بالبعثة ومهامها.

٣- لا تفتح حقيبة البعثة ولا تحتجز.

٤- يجب أن تحمل الطرود التي تتألف منها حقيبة البعثة علامات زجاجية ظاهرة تبين طابعها ولا يجوز أن تحتوي إلا على مواد مخصصة للاستعمال الرسمي من قبل البعثة.

٥- تقوم الدولة المضيفة بحماية حامل حقيبة البعثة في أداء مهامة، على أن يكون مزوداً بوثيقة رسمية تبين مركزه وعدد الطرود التي تتألف منها الحقيبة. ويتمتع بالحرمة الشخصية ولا يكون عرضة لأي شكل من أشكال الاعتقال أو الاحتجاز.

٦- للدولة المرسلة أو البعثة ان تعين حاملي حقيبة مخصصين للبعثة، وتسري في هذه الأحوال أيضا أحكام الفقرة (٥) من هذه المادة، باستثناء ان الحصانات المذكورة فيها يتوقف تطبيقها متى سلّم حامل الحقيبة المخصصة حقيبة البعثة التي في عهدته إلى المرسل إليه.

٧- يجوز أن يعهد بحقيبة البعثة إلى ربان سفينة أو طائرة تجارية من المقرر رسوها في ميناء للدخول مأذون به. ويزود الربان بوثيقة رسمية تبين عدد الطرود التي تتألف منها

الحقيبة، غير أنه لا يعتبر حامل حقيبة تابعاً للبعثة. ويجوز للبعثة أن تقوم بترتيبات مع السلطات المعنية التابعة للدولة المضيفة، بإرسال أحد أعضائها لاستلام الحقيبة من ربان السفينة أو الطائرة مباشرة ودون قيد.

المادة ٢٨- الحرمة الشخصية

يتمتع رئيس البعثة والموظفون الدبلوماسيون للبعثة بالحرمة الشخصية، ولا يكونون عرضة لأي شكل من أشكال الاعتقال أو الاحتجاز وعلى الدولة المضيفة أن تعاملهم بالاحترام الواجب وتتخذ جميع التدابير المناسبة لمنع وقوع أي اعتداء على أشخاصهم أو حريتهم أو كرامتهم، وأن تحاكم وتعاقب الأشخاص الذين يرتكبون مثل هذا الاعتداء.

المادة ٢٩- حرمة المساكن والممتلكات.

١- تتمتع المساكن الخاصة لرئيس البعثة والموظفين الدبلوماسيين بالبعثة بنفس الحرمة والحماية التي تتمتع بها مباني البعثة.

٢- وتتمتع بالحرمة أيضاً الأوراق والمراسلات، وكذلك ممتلكات رئيس البعثة والموظفين الدبلوماسيين بالبعثة، باستثناء ما هو منصوص عليه في الفقرة ٢ من المادة ٣٠.

المادة ٣٠ – الحصانة من الولاية القضائية

١- يتمتع رئيس البعثة والموظفون الدبلوماسيون بالبعثة بالحصانة من الولاية القضائية الجنائية للدولة المضيفة، ويتمتعون أيضاً بالحصانة من ولايتها القضائية المدنية والإدارية، إلا في حالة:

أ- دعوى عقارية تتصل بعقار خاص يقع في أراضي الدولة المضيفة، ما لم يكن في حوزة الشخص المعني بالنيابة عن الدولة المرسلة لأغراض البعثة.

ب- دعوى تتصل بالخلافة التي يكون فيها الشخص المعني منفذاً أو مديراً أو وريثاً أو موصى له بوصفه شخصاً عادياً وليس بالنيابة عن الدولة المرسلة.

ج- دعوى تتصل بنشاط مهني أو تجاري يقوم به الشخص المعني في الدولة المضيفة خارج نطاق مهامه الرسمية.

٢- لا يجوز اتخاذ أية إجراءات تنفيذية إزاء رئيس البعثة أو أحد الموظفين الدبلوماسيين بالبعثة إلا في الحالات الواردة تحت الفقرات الفرعية (أ) و (ب) و (ج) من الفقرة ١ من هذه المادة، وبشرط ان يكون من الممكن اتخاذ الإجراءات المعنية دون التعدي على حرمة شخصه أو مسكنه.

٣- ولا يلتزم رئيس البعثة والموظفون الدبلوماسيون بالبعثة بالإدلاء بالشهادة.

٤- لا يترتب على حصانة رئيس البعثة أو موظفي البعثة من الولاية القضائية للدولة المضيفة، إعفاؤهم من الولاية القضائية للدولة المرسلة.

المادة ٣١- التنازل عن الحصانة

١- يجوز للدولة المرسلة أن تتنازل عن حصانة رئيس البعثة والموظفين الدبلوماسيين للبعثة من الولاية القضائية، وعن حصانة الأشخاص المتمتعين بالحصانة بموجب المادة ٣٦.

٢- ويجب في جميع الأحوال أن يكون التنازل صريحاً.

٣- يؤدي البدء في إجراءات الدعوى من جانب أي شخص من الأشخاص المشار إليهم في الفقرة ١ من هذه المادة إلى الحيلولة دون تمسكه بالحصانة من الولاية القضائية فيما يتعلق بأي دعوى مضادة ترتبط مباشرة بالدعوى الأساسية.

٤- لا يعتبر التنازل عن الحصانة من الولاية القضائية فيما يتعلق بالإجراءات المدنية أو الإدارية بمثابة تنازل عن الحصانة فيما يتعلق بتنفيذ الحكم، الذي يلزم بالنسبة له تنازل منفصل.

٥- إذا لم تتنازل الدولة المرسلة عن حصانة أي من الأشخاص المذكورين في الفقرة (١) من هذه المادة فيما يتعلق بدعوى مدنية، فإنها تبذل كل ما في وسعها لإيجاد تسوية عادلة للقضية.

المادة ٣٢- الإعفاء من تشريع الضمان الاجتماعي

١- رهناً بأحكام الفقرة (٣) من هذه المادة، يعفى رئيس البعثة والموظفون الدبلوماسيون بالبعثة، فيما يتعلق بالخدمات التي تقدم إلى الدولة المرسلة، من أحكام الضمان الاجتماعي التي قد تكون سارية في الدولة المضيفة.

٢- ويسري الإعفاء المنصوص عليه في الفقرة (١) من هذه المادة أيضاً على الأشخاص العاملين في الخدمة الخاصة وحدها لدى رئيس البعثة أو أحد الموظفين الدبلوماسيين بالبعثة، بشرط:

أ- ألا يكون هؤلاء الأشخاص العاملون من مواطني الدولة المضيفة أو المقيمين فيها بصفة دائمة.

ب- أن يكونوا مشمولين بأحكام الضمان الاجتماعي التي قد تكون سارية في الدولة المرسلة أو دولة ثالثة.

٣- يراعي رئيس البعثة والموظفون الدبلوماسيون بالبعثة الذين يستخدمون أشخاصاً لا يسري عليهم الإعفاء المنصوص عليه في الفقرة ٢ من هذه المادة الالتزامات التي تفرضها أحكام الضمان الاجتماعي للدولة المضيفة على أرباب العمل.

٤- لا يحول الإعفاء المنصوص عليه في الفقرتين ١ و ٢ من هذه المادة دون الإشتراك الطوعي في نظام الضمان الاجتماعي للدولة المضيفة بشرط أن تسمح هذه الدولة بذلك الاشتراك.

٥- لا تخل أحكام هذه المادة باتفاقات الضمان الاجتماعي الثنائية أو المتعددة الأطراف السابق إبرامها، ولا تحول دون إبرام مثل هذه الاتفاقات في المستقبل.

المادة ٣٣- الإعفاء من الرسوم والضرائب

يعفى رئيس البعثة والموظفون الدبلوماسيون بالبعثة من جميع الرسوم والضرائب، الشخصية أو العقارية، الوطنية أو الإقليمية أو البلدية، باستثناء:

أ- الضرائب غير المباشرة من النوع الذي يدمج عادة في أسعار السلع أو الخدمات.

ب- الرسوم والضرائب المفروضة على العقارات الخاصة التي تقع في أراضي الدولة المضيفة، ما لم تكن في حوزة الشخص المعني بالنيابة عن الدولة المرسلة لأغراض البعثة.

ج- رسوم التركات أو الأيلولة أو الميراث التي تجبيها الدولة المضيفة، رهناً بأحكام الفقرة (٤) من المادة ٣٨.

د- الرسوم والضرائب المفروضة على الدخل الخاص الناشئ من الدولة المضيفة والضرائب الرأسمالية على الاستثمارات التي تتم في مشاريع تجارية في الدولة المضيفة.

هـ- المصاريف التي تحصل لقاء تقديم خدمات محددة.

و- مصاريف التسجيل والمحاكم والقيد، ورسوم الرهن والدمغة، فيما يتعلق بالعقارات، وذلك مع عدم الإخلال بأحكام المادة ٢٤.

المادة ٣٤- الإعفاء من الخدمات الشخصية

تعفي الدولة المضيفة رئيس البعثة والموظفين الدبلوماسيين للبعثة من جميع الخدمات الشخصية، ومن جميع الخدمات العامة أياً كان نوعها، ومن الالتزامات العسكرية كالالتزامات المتصلة بالاستيلاء والمساهمات العسكرية وإيواء الجنود.

المادة ٣٥- الإعفاء من الرسوم الجمركية والتفتيش

١- تسمح الدولة المضيفة، وفقاً لما قد تعتمده من القوانين والنظم، بدخول الأشياء التالية ومنحها إعفاء من جميع الرسوم الجمركية والضرائب والمصاريف ذات الصلة عدا مصاريف التخزين والنقل والخدمات المماثلة.

أ- أشياء للاستعمال الرسمي للبعثة.

ب- أشياء للاستعمال الشخصي لرئيس البعثة أو أي موظف من الموظفين الدبلوماسيين بالبعثة، بما في ذلك المواد الخاصة بمسكنه.

٢- تعفى الأمتعة الشخصية لرئيس البعثة والموظفين الدبلوماسيين بالبعثة من التفتيش، ما لم تكن هناك أسباب جدية للاعتقاد بأنها تحتوي على مواد لا تشملها الإعفاءات المذكورة في الفقرة (١) من هذه المادة، أو أشياء يحظر القانون استيرادها وتصديرها أو تخضع للمراقبة بموجب نظم الحجر الصحي في الدولة المضيفة، وفي هذه الحالات، لا يجري التفتيش إلا بحضور الشخص المتمتع بالإعفاء أو ممثله المفوض.

المادة ٣٦- امتيازات وحصانات الأشخاص الآخرين

١- يتمتع أفراد أسرة رئيس البعثة الذين يشكلون جزءاً من أسرته المعيشية وأفراد أسر الموظفين الدبلوماسيين بالبعثة الذين يشكلون جزءاً من أسرهم المعيشية بالامتيازات والحصانات المحددة في المواد ٢٨ و ٢٩ و ٣٠ و ٣٢ و ٣٣و ٣٤ ومن الفقرتين (١) (ب) و (٢) من المادة ٣٥، ما لم يكونوا من مواطني الدولة المضيفة أو المقيمين فيها بصفة دائمة.

٢- ويتمتع الموظفون الإداريون والتقنيون، مع أفراد أسرهم الذين يشكلون جزءاً من أسرهم المعيشية والذين ليسوا من مواطني الدولة المضيفة أو المقيمين فيها بصفة دائمة، بالامتيازات والحصانات المحددة في المواد ٢٨ و ٢٩ و ٣٠ و ٣٣ و ٣٤، باستثناء أن الحصانة من الولاية القضائية المدنية والإدارية للدولة المضيفة والمحددة في الفقرة (١) من المادة (٢٠) لا تشمل الأفعال التي تتم خارج نطاق واجباتهم. ويتمتعون أيضاً بالامتيازات المحددة في الفقرة ١ (ب) من المادة (٣٥) فيما يتعلق بالأشياء التي تستورد في وقت أول استقرار لهم.

٣- ويتمتع موظفو الخدمات في البعثة، الذين لا يكونون من مواطني الدولة المضيفة أو المقيمين فيها بصفة دائمة، بالحصانة فيما يتعلق بالأعمال التي يؤدونها أثناء القيام بواجباتهم، وبالإعفاء من الرسوم والضرائب على الأجور التي يتقاضونها مقابل عملهم، وبالإعفاء المحدد في المادة ٣٢.

٤- ويعفى الموظفون الخاصون العاملون لدى موظفي البعثة من الرسوم والضرائب على الأجور التي يتقاضونها مقابل عملهم إذا لم يكونوا من مواطني الدولة المضيفة أو المقيمين فيها بصفة دائمة، ولا يتمتعون بغير ذلك من الامتيازات والحصانات بقدر ما تسمح به الدولة المضيفة. بيد ان على الدولة المضيفة ان تمارس ولايتها القضائية على أولئك الأشخاص بطريقة لا تنطوي على تدخل غير ملائم في أداء مهام البعثة.

المادة ٣٧- مواطنو الدولة المضيفة والمقيمون فيها بصفة دائمة

١- لا يتمتع رئيس البعثة أو أي موظف من الموظفين الدبلوماسيين بالبعثة، إذا كان من مواطني الدولة المضيفة أو المقيمين فيها بصفة دائمة، إلا بالحصانة من الولاية

القضائية والحرمة فيما يتعلق بما يقوم به من أعمال رسمية لدى ممارسة مهامة، ما لم تكن ثمة امتيازات وحصانات إضافية تمنحها الدولة المضيفة.

٢- لا يتمتع موظفو البعثة الآخرون، الذين يكونون من مواطني الدولة المضيفة أو المقيمين فيها بصفة دائمة، إلا بالحصانة من الولاية القضائية فيما يتعلق بما يقومون به من أعمال رسمية لدى ممارسة مهامهم، ولا يتمتع هؤلاء الموظفون ولا العاملون في الخدمة الخاصة الذين هم من مواطني الدولة المضيفة أو المقيمين فيها بصفة دائمة، بغير ذلك من الامتيازات والحصانات إلا بالقدر الذي تسمح به الدولة المضيفة، ومع ذلك فإن على الدولة المضيفة أن تمارس ولايتها القضائية على أولئك الموظفين والعاملين بطريقة لا تنطوي على تدخل غير ملائم في أداء مهام البعثة.

المادة ٣٨- مدة الامتيازات والحصانات

١- كل شخص له الحق في الامتيازات والحصانات يتمتع بها من لحظة دخوله أراضي الدولة المضيفة للاضطلاع بوظيفته أو، إذا كان موجوداً بالفعل في أراضيها، فمن اللحظة التي تقوم فيها المنظمة أو الدولة المرسلة بإخطار الدولة المضيفة بتعيينه.

٢- وعند انتهاء مهام الشخص الذي يتمتع بالامتيازات والحصانات، تنتهي هذه الامتيازات والحصانات عادة في حالة مغادرته الأراضي، أو بعد انقضاء فترة معقولة يتم فيها ذلك. غير أن الحصانة تظل مستمرة فيما يتعلق بالأعمال التي يؤديها هذا الشخص لدى القيام بمهامه بوصفه موظفاً من موظفي البعثة.

٣- وفي حالة وفاة أحد موظفي البعثة، يظل أفراد أسرته يتمتعون بالامتيازات والحصانات التي لهم الحق فيها إلى حين انقضاء فترة معقولة يغادرون خلالها الأراضي.

٤- وفي حالة وفاة موظف من موظفي البعثة من غير مواطني الدولة المضيفة أو المقيمين فيها بصفة دائمة أو وفاة أحد أفراد أسرته ممن يشكلون جزءاً من أسرته المعيشية، تسمح الدولة المضيفة بسحب ما للمتوفى من ممتلكات منقولة باستثناء أية ممتلكات تم اقتناؤها من أراضيها وصار تصديرها محظوراً وقت وفاته. ولا تجبى رسوم التركات أو الأيلولة أو الميراث عن الممتلكات المنقولة التي يرجع وجودها في البلد المضيف لمجرد المتوفى فيه بوصفه موظفاً من موظفي البعثة أو فرداً من أسرة أحد موظفي البعثة.

المادة ٣٩- النشاط المهني والتجاري

١- لا يمارس رئيس البعثة والموظفون الدبلوماسيون للبعثة أي نشاط مهني أو تجاري في الدولة المضيفة من أجل الكسب الشخصي.

٢- لا يتمتع الموظفون الإداريون والتقنيون والأشخاص الذين يشكلون جزءاً من الأسرة المعيشية لموظف من موظفي البعثة، لدى ممارسة نشاط مهني أو تجاري، للكسب الشخصي، بأية امتيازات أو حصانات فيما يتعلق بالأعمال التي يؤدونها أثناء القيام بذلك

النشاط أو فيما يتصل به، إلا بقدر ما قد تمنحه الدولة المضيفة من تلك الامتيازات والحصانات.

المادة ٤٠ – انتهاء المهام

تنتهي مهام رئيس البعثة أو أي موظف من الموظفين الدبلوماسيين للبعثة في عدة حالات

منها:

أ- لدى قيام الدولة المرسلة بإخطار المنظمة بإنهائها.

ب- إذا سحبت البعثة نهائياً أو مؤقتاً.

المادة ٤١- حماية المباني والممتلكات والمحفوظات

١- على الدولة المضيفة ان تحترم مباني البعثة وممتلكاتها ومحفوظاتها وأن تقوم بحمايتها عند سحب البعثة مؤقتاً أو نهائياً، وعلى الدولة المرسلة أن تتخذ كافة التدابير المناسبة لكي تنهي بأسرع ما يمكن هذا الواجب الخاص الذي يقع على الدولة المضيفة. ويجوز لها ان تعهد بالإشراف على مباني البعثة وممتلكاتها ومحفوظاتها إلى المنظمة، إذا وافقت على ذلك أو إلى دولة ثالثة توافق عليها الدولة المضيفة.

٢- تقوم الدولة المضيفة بمنح الدولة المرسلة، بناء على طلبها، التسهيلات اللازمة لنقل ممتلكات البعثة ومحفوظاتها من أراضي الدولة المضيفة.

الباب الثالث

الوفود إلى الهيئات والمؤتمرات

المادة ٤٢- إرسال الوفود

١- للدولة أن ترسل وفداً إلى هيئة او مؤتمر وفقاً للقواعد المعمول بها في المنظمة.

٢- يجوز إرسال نفس الوفد من قبل دولتين أو أكثر إلى هيئة أو مؤتمر وفقاً لقواعد المنظمة.

المادة ٤٣- تعيين أعضاء الوفد

رهناً بأحكام المادتين (٤٦) و (٧٣) يكون للدولة المرسلة أن تعين أعضاء الوفد دون قيد.

المادة ٤٤ – وثائق تفويض أعضاء الوفود

تصدر وثائق تفويض رئيس الوفد ووثائق تفويض الأعضاء الآخرين في الوفد من رئيس الدولة أو رئيس الحكومة أو وزير الخارجية، أو أية سلطة مختصة أخرى تابعة للدولة الرسمية، إذا سمحت بذلك قواعد المنظمة أو النظام الداخلي للمؤتمر. وترسل الوثائق إلى المنظمة أو إلى المؤتمر حسب الحالة.

المادة ٤٥- تكوين الوفد

يمكن أن يضم الوفد، بالإضافة إلى رئيس الوفد، مندوبين آخرين وموظفين دبلوماسيين، وموظفين إداريين وفنيين وأشخاص من العاملين في الخدمة.

المادة ٤٦- حجم الوفد

لا يتعدى حجم الوفد الحد المعقول والعادي، مع مراعاة مهام الهيئة أو موضوع المؤتمر حسب الحالة، وكذلك احتياجات الوفد المعين والظروف والأحوال في الدولة المضيفة.

المادة ٤٧- الإخطارات

١- تقوم الدولة المرسلة بإبلاغ المنظمة أو المؤتمر، حسب الحالة، بما يلي:

أ- تكوين الوفد، بما في ذلك مراكز أعضاء الوفد، وألقابهم، وترتيب أسبقيتهم وأية تغييرات لاحقة في هذا الشأن.

ب- وصول أعضاء الوفد ومغادرتهم النهائية، وانتهاء مهامهم في الوفد.

ج- وصول أي شخص يرافق أحد أعضاء الوفد ومغادرته النهائية.

د- مواعيد بدء وإنهاء خدمة الأشخاص المقيمين في الدولة المضيفة بوصفهم من موظفي الوفد أو من الموظفين الخصوصيين.

هـ- موقع مباني الوفد والمساكن الخاصة المتمتعة بالحرمة وفقا للمادة (٥٩) فضلا عن أية معلومات أخرى قد تكون ضرورية لتحديد هذه المباني والمساكن.

٢- يقدم أيضا إخطار مسبق بمواعيد الوصول والمغادرة النهائية، حيثما أمكن ذلك.

٣- تحيل المنظمة أو المؤتمر، حسب الحالة، إلى الدولة المضيفة الإخطارات المشار إليها في الفقرتين (١) و (٢) من هذه المادة.

٤- يجوز للدولة المرسلة أن تحيل أيضاً إلى الدولة المضيفة، الإخطارات المشار إليها في الفقرتين (١) و (٢) من هذه المادة.

المادة ٤٨ - رئيس الوفد بالإنابة

١- يعين رئيس الوفد، في حالة غيابه أو عدم تمكنه من أداء وظائفه، رئيساً للوفد بالإنابة من بين المندوبين الآخرين وفي حالة عدم تمكن رئيس الوفد من القيام بذلك تتولى سلطة مختصة في الدولة المرسلة تعيينه. ويتم إخطار المنظمة أو المؤتمر، حسب الحالة، باسم رئيس الوفد بالإنابة.

٢- إذا لم يتوفر لدى الوفد مندوب آخر للعمل بوصفه رئيساً للوفد بالإنابة، يجوز تعيين شخص آخر لهذا الغرض. ويجب في هذه الحالة ان يتم إصدار وثائق التفويض وإرسالها وفقاً للمادة (٤٤).

المادة ٤٩ - الأسبقية

تتحدد الأسبقية فيما بين الوفود حسب الترتيب الأبجدي لأسماء الدول المعمول به في المنظمة.

المادة ٥٠- مركز رئيس الدولة والأشخاص ذوي المرتبة الرفيعة

١- عندما يتولى رئاسة الوفد رئيس الدولة أو أي عضو في هيئة جماعية تقوم بوظائف رئيس الدولة بموجب دستور الدولة المعنية، فإنه يتمتع في الدولة المضيفة أو في دولة ثالثة، بالإضافة إلى ما يمنح بمقتضى هذه الاتفاقية، بالتسهيلات والامتيازات والحصانات المقررة في القانون الدولي لرؤساء الدول.

٢- عندما يتولى رئيس الحكومة أو وزير الخارجية أو شخص آخر ذو مرتبة رفيعة رئاسة الوفد، أو يكون عضواً فيه، فإنه يتمتع في الدولة المضيفة أو في دولة ثالثة، بالإضافة إلى ما يمنح بمقتضى هذه الاتفاقية، بالتسهيلات والامتيازات والحصانات المقررة في القانون الدولي لهؤلاء الأشخاص.

المادة ٥١- التسهيلات العامة

١- تقدم الدولة المضيفة إلى الوفد جميع التسهيلات اللازمة لأداء مهامه.

٢- تقوم المنظمة أو المؤتمر، حسب الحالة، بمساعدة الوفد في الحصول على هذه التسهيلات، وبمنحه التسهيلات الداخلة في إطار اختصاص كل منهما.

المادة ٥٢- المباني وأماكن الإقامة

تقوم الدولة المضيفة، أو المنظمة أو المؤتمر، عند الاقتضاء، بمساعدة الدولة المرسلة، بناء على طلبها، في الحصول بشروط معقولة على المباني اللازمة للوفد وأماكن الإقامة المناسبة لأعضائه.

المادة ٥٣- المساعدة فيما يتعلق بالامتيازات والحصانات

١- تقوم المنظمة أو المنظمة والمؤتمر معا، حسب الحالة، عند الاقتضاء، بمساعدة الدولة المرسلة ووفدها وأعضاء وفدها في ضمان التمتع بالامتيازات والحصانات المنصوص عليها في هذه الاتفاقية.

٢- تقوم المنظمة، أو المنظمة والمؤتمر معا، حسب الحالة، عند الاقتضاء بمساعدة الدولة المضيفة في تأمين أداء التزامات الدولة المرسلة ووفدها وأعضاء وفدها فيما يتعلق بالامتيازات والحصانات المنصوص عليها في هذه الاتفاقية.

المادة ٥٤ - إعفاء المباني من الضرائب

١- تُعفى الدولة المرسلة أو أي عضو من أعضاء الوفد العاملين نيابة عن الوفد من جميع الرسوم والضرائب الوطنية أو الإقليمية أو البلدية بالنسبة لمباني الوفد، وذلك بخلاف ما يدفع مقابل تقديم خدمات محددة.

٢- لا يسري الإعفاء من الضرائب المشار إليه في هذه المادة على الرسوم والضرائب التي يدفعها بموجب قانون الدولة المضيفة، الأشخاص المتعاقدون مع الدولة المرسلة أو مع أحد أعضاء الوفد.

المادة ٥٥ - حُرمة المحفوظات والوثائق

تصان حرمة محفوظات الوفد ووثائقه في جميع الأوقات وأياً كان مكانها.

المادة ٥٦ - حرية التنقل

تكفل الدولة المضيفة لجميع أعضاء الوفد حرية التنقل والسفر في أراضيها بالقدر اللازم لأداء مهام الوفد، وذلك مع عدم الإخلال بقوانينها وأنظمتها فيما يتعلق بالمناطق التي يكون دخولها محظوراً أو منظماً لأسباب تتصل بالأمن القومي.

المادة ٥٧ - حرية الاتصال

١- تسمح الدولة المضيفة بحرية الاتصال بالنسبة للوفد لجميع الأغراض الرسمية وتحمي ذلك الاتصال. وللوفد أن يستخدم جميع الوسائل الملائمة بما في ذلك حاملي الحقائب والرسائل الرمزية والشفرية، لدى اتصاله بحكومة الدولة المرسلة، أو بعثاتها الدبلوماسية الدائمة، أو قنصلياتها، أو بعثاتها الدائمة، أو بعثاتها المراقبة الدائمة، أو بعثاتها الخاصة، أو الوفود الأخرى، أو الوفود المراقبة أينما وجدت. بيد أنه لا يجوز للوفد تركيب جهاز إرسال لاسلكي واستخدامه إلا بموافقة الدولة المضيفة.

٢- تصان حرمة المراسلات الرسمية للوفد. وتعني المراسلات الرسمية جميع المراسلات المتعلقة بالوفد وبمهامه.

٣- يستخدم الوفد، كلما أمكن ذلك، وسائل الاتصال التابعة للبعثة الدبلوماسية الدائمة أو القنصلية أو البعثة الدائمة أو البعثة المراقبة الدائمة التابعة للدولة المرسلة بما في ذلك الحقيبة وحامل الحقيبة.

٤- لا تفتح حقيبة الوفد ولا تحتجز.

٥- يجب ان تحمل الطرود التي تتألف منها حقيبة الوفد، علامات خارجية ظاهرة تبين طابعها، ولا يجوز أن تحتوي إلا على وثائق أو مواد مخصصة للاستعمال الرسمي للوفد.

٦- تحمي الدولة المضيفة حامل الحقيبة التابع للوفد لدى قيامه بمهامه، على أن يكون مزوداً بوثيقة رسمية تبين مركزه وعدد الطرود التي تتألف منها الحقيبة. ويتمتع حامل الحقيبة بالحرمة الشخصية ولا يكون عرضة لأي شكل من أشكال الاعتقال أو الاحتجاز.

٧- يجوز للدولة المرسلة أو الوفد تعيين حاملي حقيبة مخصصين للوفد. وتسري في هذه الأحوال، أيضاً أحكام الفقرة ٦ من هذه المادة باستثناء أن الحصانات المذكورة فيها يتوقف تطبيقها متى سلّم حامل الحقيبة المخصصة حقيبة الوفد، التي بعهدته إلى المرسل إليه.

٨- يجوز أن يعهد بحقيبة الوفد إلى ربان سفينة أو طائرة تجارية من المقرر رسوها في ميناء للدخول مأذون به. ويزود الربان بوثيقة رسمية تبين عدد الطرود التي تتألف منها الحقيبة. غير أنه لا يعتبر حامل حقيبة تابعاً للوفد. ويجوز للوفد، بترتيبات مع السلطات المعنية التابعة للدولة المضيفة، إرسال أحد أعضائه لاستلام الحقيبة من ربان السفينة او الطائرة مباشرة ودون قيد.

المادة ٥٨- الحرمة الشخصية

يتمتع رئيس الوفد والمندوبون الآخرون والموظفون الدبلوماسيون التابعون للوفد بالحرمة الشخصية، ولا يكونون عرضة، في جملة أمور، لأي شكل من أشكال الاعتقال أو الاحتجاز. وعلى الدولة المضيفة أن تعاملهم بالاحترام الواجب، وتتخذ جميع التدابير المناسبة لمنع وقوع أي اعتداء على أشخاصهم أو حريتهم أو كرامتهم، وأن تحاكم وتعاقب الأشخاص الذين يرتكبون مثل هذا الاعتداء.

المادة ٥٩- حرمة المساكن والممتلكات الخاصة

١- تتمتع المساكن الخاصة لرئيس الوفد والمندوبين الآخرين والموظفين الدبلوماسيين التابعين للوفد بالحرمة والحماية.

٢- وتتمتع بالحرمة الأوراق والمراسلات والممتلكات الخاصة لرئيس الوفد والمندوبين الآخرين والموظفين الدبلوماسيين التابعين للوفد باستثناء ما هو منصوص عليه في الفقرة ٢ من المادة ٦٠.

المادة ٦٠ – الحصانة من الولاية القضائية

١- يتمتع رئيس الوفد والمندوبون الآخرين والموظفون الدبلوماسيون التابعون للوفد بالحصانة من الولاية القضائية الجنائية للدولة المضيفة ويتمتعون بالحصانة من ولايتها القضائية المدنية والإدارية فيما يتعلق بجميع ما يؤدونه من اعمال لدى ممارسة مهامهم الرسمية.

٢- لا يجوز اتخاذ أية إجراءات تنفيذية إزاء هؤلاء الأشخاص ما لم يكن بالإمكان اتخاذها دون المساس بما لهم من حقوق بموجب المادتين ٥٨ و ٥٩.

٣- لا يلزم هؤلاء الأشخاص بالإدلاء بالشهادة.

٤- ليس في هذه المادة ما يعفي هؤلاء الأشخاص من الولاية القضائية المدنية والإدارية للدولة المضيفة فيما يتعلق بدعوى تعويض ناشئة عن حادث تسببت فيه مركبة أو سفينة أو طائرة يستعملها أو يتملكها الأشخاص المشار إليهم، حيثما كان الحصول على التعويض غير متاح من التأمين.

٥- لا يترتب على حصانة هؤلاء الأشخاص من الولاية القضائية للدولة المضيفة إعفاؤهم من الولاية القضائية للدولة المرسلة.

المادة ٦١- التنازل عن الحصانة

١- يجوز للدولة المرسلة ان تتنازل عن حصانة رئيس الوفد والمندوبين الآخرين والموظفين الدبلوماسيين التابعين للوفد من الولاية القضائية، وعن حصانة الأشخاص المتمتعين بالحصانة بموجب المادة ٦٦.

٢- يجب في جميع الأحوال أن يكون التنازل صريحاً.

٣- يؤدي البدء في إجراءات الدعوى من جانب أي شخص من الأشخاص المشار إليهم في الفقرة (١) من هذه المادة إلى الحيلولة دون تمسك بالحصانة من الولاية القضائية فيما يتعلق بأية دعوى مضادة تتصل مباشرة بالدعوى الأساسية.

٤- لا يعتبر التنازل عن الحصانة من الولاية القضائية فيما يتعلق بالإجراءات المدنية أو الإدارية بمثابة تنازل عن الحصانة فيما يتعلق بتنفيذ الحكم الذي يلزم بالنسبة له تنازل مفصل.

٥- إذا لم تتنازل الدولة المرسلة عن حصانة أي من الأشخاص المذكورين في الفقرة ١ من هذه المادة فيما يتعلق بدعوى مدنية، فإنها تبذل كل ما في وسعها لإيجاد تسوية عادلة للقضية.

المادة ٦٢- الإعفاء من تشريع الضمان الاجتماعي.

١- رهناً بأحكام الفقرة (٣) من هذه المادة يُفى رئيس الوفد، والمندوبون الآخرون والموظفون الدبلوماسيون التابعون للوفد، فيما يتعلق بالخدمات المقدمة إلى الدولة المرسلة، من أحكام الضمان الاجتماعي التي قد تكون سارية في الدولة المضيفة.

٢- ويسري الإعفاء المنصوص عليه في الفقرة (١) من هذه المادة أيضاً على الأشخاص العاملين في الخدمة الخاصة وحدها لدى رئيس الوفد أو أي مندوب آخر أو موظف دبلوماسي في الوفد وذلك بشرط:

أ- ألا يكون هؤلاء الأشخاص العاملون من مواطني الدولة المضيفة أو المقيمين فيها بصفة دائمة.

ب- أن يكونوا مشمولين بأحكام الضمان الاجتماعي التي قد تكون سارية في الدولة المرسلة أو في دولة ثالثة.

٣- يراعي رئيس الوفد والمندوبون الآخرون والموظفون الدبلوماسيون التابعون للوفد الذين يستخدمون أشخاصاً لا يسري عليهم الإعفاء المنصوص عليه في الفقرة (١) من هذه المادة، الالتزامات التي تفرضها أحكام الضمان الاجتماعي للدولة المضيفة على أرباب العمل.

٤- لا يحول الإعفاء المنصوص عليه في الفقرتين (١) و (٢) من هذه المادة دون الاشتراك الطوعي في نظام الضمان الاجتماعي للدولة المضيفة بشرط أن تسمح هذه الدولة بذلك الاشتراك.

٥- لا تخل أحكام هذه المادة باتفاقات الضمان الاجتماعي الثنائية أو المتعددة الأطراف السابق إبرامها ولا تحول دون إبرام مثل هذه الاتفاقات في المستقبل.

المادة ٦٣- الإعفاء من الرسوم والضرائب

يُعفى رئيس الوفد والمندوبون الآخرون والموظفون الدبلوماسيون التابعون للوفد إلى الحد الممكن عملياً، من جميع الرسوم والضرائب الشخصية أو العقارية الوطنية أو الإقليمية أو البلدية باستثناء:

أ- الضرائب غير المباشرة من النوع الذي يدمج عادة في أسعار السلع أو الخدمات.

ب- الرسوم والضرائب المفروضة على العقارات الخاصة التي تقع في أراضي الدولة المضيفة، ما لم تكن في حوزة الشخص المعني بالنيابة عن الدولة المرسلة لأغراض الوفد.

ج- رسوم التركات أو الأيلولة أو الميراث التي تجبيها الدولة المضيفة رهناً بأحكام الفقرة (٤) من المادة (٦٨).

د- الرسوم والضرائب المفروضة على الدخل الخاص الناشئ في الدولة المضيفة والضرائب الرأسمالية على الاستثمارات التي تتم في مشاريع تجارية في الدولة المضيفة.

هـ- المصاريف التي تُحصل لقاء تقديم خدمات محددة.

و- مصاريف التسجيل والمحاكم والقيد ورسوم الرهن والدمغة، وفيما يتعلق بالعقارات، وذلك مع عدم الإخلال بأحكام المادة (٥٤).

المادة ٦٤ - الإعفاء من الخدمات الشخصية

تعفي الدولة المضيفة رئيس الوفد والمندوبين الآخرين والموظفين الدبلوماسين التابعين للوفد من جميع الخدمات الشخصية ومن جميع الخدمات العامة أيا كان نوعها ومن الالتزامات العسكرية كالالتزامات المتصلة بالاستيلاء والمساهمات العسكرية وإيواء الجنود.

المادة ٦٥ - الإعفاء من الرسوم الجمركية والتفتيش

١- تسمح الدولة المضيفة، وفقاً لما قد تعتمده من القوانين والنظم، بدخول الأشياء التالية ومنحها إعفاء من جميع الرسوم الجمركية والضرائب والمصاريف ذات الصلة عدا مصاريف التخزين والنقل والخدمات المماثلة:

أ- أشياء للاستعمال الرسمي للوفد.

ب- أشياء للاستعمال الشخصي لرئيس الوفد أو لأي مندوب آخر أو موظف دبلوماسي تابع للوفد، مستوردة ضمن امتعته الشخصية وقت دخوله لأول مرة أراضي الدولة المضيفة لحضور اجتماعات الهيئة أو المؤتمر.

٢- تعفى الأمتعة الشخصية لرئيس الوفد والمندوبين الآخرين والموظفين الدبلوماسيين التابعين للوفد من التفتيش، ما لم تكن هناك أسباب جدية للاعتقاد بأنها تحتوي على أشياء لا تشملها الإعفاءات المذكورة في الفقرة (١) من هذه المادة، أو أشياء يحظر القانون استيرادها أو تصديرها أو تخضع للمراقبة بموجب نظم الحجر الصحي في الدولة المضيفة. وفي هذه الحالات، لا يُجرى التفتيش إلا بحضور الشخص المتمتع بالإعفاء أو ممثله المفوض.

المادة ٦٦- امتيازات وحصانات الأشخاص الآخرين

١- يتمتع أفراد أسرة رئيس الوفد المرافقين له وافراد أسر المندوبين الآخرين والموظفين الدبلوماسيين التابعين للوفد، إذا كانوا مرافقين لهم بالامتيازات والحصانات المحددة في المواد ٥٨ و ٦٠ و ٦٤ وفي الفقرتين ١ (ب) و ٢ من المادة ٦٥، ويتمتعون أيضاً بالإعفاء من الالتزامات المتعلقة بتسجيل الأجانب، ما لم يكونوا من مواطني الدولة المضيفة أو المقيمين فيها بصفة دائمة.

٢- ويتمتع موظفو الوفد الإداريون والتقنيون بالامتيازات والحصانات المحددة في المواد ٥٨، ٥٩، ٦٠، ٦٢، ٦٣، ٦٤ إذا لم يكونوا من مواطني الدولة المضيفة أو من المقيمين فيها بصفة دائمة. ويتمتعون أيضاً بالامتيازات المحددة في الفقرة ١ (ب) من المادة (٦٥) فيما يتعلق بالأشياء المستوردة ضمن أمتعتهم الشخصية وقت دخولهم لأول مرة أراضي الدولة المضيفة لغرض حضور اجتماعات الهيئة أو المؤتمر. ويتمتع أفراد أسر الموظفين الإداريين والتقنيين المرافقون لهم إذا لم يكونوا من مواطني الدولة المضيفة أو المقيمين فيها بصفة دائمة، بالامتيازات والحصانات المحددة في المواد ٥٨ و ٦٠ و٦٤ وفي الفقرة ١ (ب) من المادة (٦٥) إلى الحد الممنوح لأولئك الموظفين.

٣- ويتمتع موظفو الخدمات لدى الوفد إذا لم يكونوا من مواطني الدولة المضيفة أو من المقيمين فيها بصفة دائمة بنفس الحصانة، فيما يتعلق بالأعمال التي يؤدونها أثناء قيامهم بواجباتهم، كما هي ممنوحة للموظفين الإداريين والتقنيين، ويتمتعون أيضاً بالإعفاء من الرسوم والضرائب على الأجور التي يتقاضونها مقابل عملهم، وبالإعفاء المحدد في المادة ٦٢.

٤- ويعفى الموظفون الخاصون العاملون لدى أعضاء الوفد، من الرسوم والضرائب على الأجور التي يتقاضونها مقابل عملهم إذا لم يكونوا من مواطني الدولة المضيفة أو المقيمين فيها بصفة دائمة. ولا يتمتعون بغير ذلك من الامتيازات والحصانات إلا بقدر ما تسمح به الدولة المضيفة. بيد أن على الدولة المضيفة أن تمارس ولايتها القضائية على أولئك الأشخاص بطريقة لا تنطوي على تدخل غير ملائم في أداء مهام الوفد.

المادة ٦٧- مواطنو الدولة المضيفة والمقيمون فيها بصفة دائمة

١- لا يتمتع رئيس الوفد أو أي مندوب آخر. أو موظف دبلوماسي في الوفد إذا كان من مواطني الدولة المضيفة أو المقيمين فيها بصفة دائمة، إلا بالحصانة من الولاية القضائية والحرمة فيما يتعلق بما يقوم به من أعمال رسمية لدى ممارسة مهامه ما لم تكن ثمة امتيازات وحصانات إضافية تمنحها الدولة المضيفة.

٢- لا يتمتع موظفو الوفد الآخرون والعاملون في الخدمة الخاصة الذين يكونون من مواطني الدولة المضيفة أو المقيمين فيها بصفة دائمة بالامتيازات والحصانات إلا بقدر ما تسمح به الدولة المضيفة. ومع ذلك فإن على الدولة المضيفة أن تمارس ولايتها القضائية على أولئك الموظفين والعاملين بطريقة لا تنطوي على تدخل غير ملائم في أداء مهام الوفد.

المادة ٦٨- مدة الامتيازات والحصانات

١- كل شخص له الحق في الامتيازات والحصانات يتمتع بها من لحظة دخوله أراضي الدولة المضيفة لغرض حضور اجتماعات الهيئة أو المؤتمر، أو إذا كان موجودا بالفعل في أراضيها، فمن اللحظة التي تقوم فيها المنظمة أو المؤتمر أو الدولة المرسلة بإخطار الدولة المضيفة بتعيينه.

٢- وعند انتهاء مهام الشخص الذي يتمتع بالامتيازات والحصانات، تنتهي هذه الامتيازات والحصانات عادة في لحظة مغادرته الأراضي، أو بعد انقضاء فترة معقولة يتم فيها ذلك. غير أن الحصانة تظل مستمرة فيما يتعلق بالأعمال التي يؤديها هذا الشخص لدى القيام بمهامه بوصفه عضواً في الوفد.

٣- وفي حالة وفاة أحد أعضاء الوفدن يظل أفراد أسرته يتمتعون بالامتيازات والحصانات التي لهم الحق فيها إلى حين انقضاء فترة معقولة يغادرون خلالها الأراضي.

٤- وفي حالة وفاة أحد أعضاء الوفد ولم يكن من مواطني الدولة المضيفة ولا المقيمين فيها بصفة دائمة أو وفاة أحد أفراد أسرته، تسمح الدولة المضيفة بسحب ما للمتوفى من ممتلكات منقولة، باستثناء أية ممتلكات تم اقتناؤها في أراضيها وصار تصديرها محظوراً وقت وفاته. ولا تجبى رسوم الشركات أو الأيلولة أو الميراث عن الممتلكات المنقولة التي يرجع وجودها في الدولة المضيفة لمجرد وجود المتوفى فيها بوصفه أحد أعضاء الوفد أو فرداً من أسرة أحد أعضاء الوفد.

المادة ٦٩- انتهاء المهام

تنتهي مهام رئيس الوفد أو أي مندوب آخر أو أي موظف دبلوماسي لوفد في عدة حالات منها:

أ- لدى قيام الدولة المرسلة بإخطار المنظمة أو المؤتمر بإنهائها.

ب- عند ختام اجتماعات الهيئة أو المؤتمر.

المادة ٧٠ – حماية المباني والممتلكات والمحفوظات

١- على الدولة المضيفة عند انتهاء اجتماعات الهيئة أو المؤتمر أن تحترم وتحمي مباني الوفد طالما ظل الوفد يستعملها وكذلك ممتلكات الوفد ومحفوظاته. وعلى الدولة المرسلة أن تتخذ جميع التدابير المناسبة لكي تنهي بأسرع ما يمكن هذا الواجب الخاص الذي يقع على الدولة المضيفة.

٢- تقوم الدولة المضيفة بمنح الدولة المرسلة، بناء على طلبها، التسهيلات اللازمة لنقل ممتلكات الوفد ومحفوظاته من أراضي الدولة المضيفة.

الباب الرابع

الوفود المراقبة المرسلة إلى الهيئات والمؤتمرات

المادة ٧١- إرسال الوفود المراقبة

يجوز للدولة أن ترسل وفداً مراقباً إلى إحدى الهيئات أو المؤتمرات وفقا لقواعد المنظمة.

المادة ٧٢- أحكام عامة تتعلق بالوفود المراقبة

تسري جميع أحكام المواد من ٤٣ إلى ٧٠ من هذه الاتفاقية على الوفود المراقبة.

الباب الخامس

أحكام عامة

المادة ٧٣- جنسية أعضاء البعثة أو الوفد المراقب

١- ينبغي، من حيث المبدأ، أن يكون رئيس البعثة والموظفون الدبلوماسيون بالبعثة، ورئيس الوفد وغيره من المندوبين، والموظفون الدبلوماسيون بالوفد، ورئيس الوفد المراقب وغيره من المندوبين المراقبين، والموظفون الدبلوماسيين بالوفد المراقب، متمتعين بجنسية الدولة المرسلة.

٢- لا يجوز تعيين رئيس البعثة والموظفين الدبلوماسيين بالبعثة من بين أشخاص يتمتعون بجنسية الدولة المضيفة، إلا بموافقة من تلك الدولة يجوز سحبها في أي وقت.

٣- حيثما يتم تعيين رئيس الوفد أو أي مندوب آخر أو أحد الموظفين الدبلوماسيين بالوفد، أو رئيس الوفد المراقب أو أي مندوب مراقب آخر أو أحد الموظفين الدبلوماسيين بالوفد المراقب، من بين أشخاص يتمتعون بجنسية الدولة المضيفة، تفترض موافقة تلك الدولة إذا ما أخطرت بتعيين أحد مواطنيها على هذا النحو ولم تبد اعتراضا.

المادة ٧٤- القوانين المتعلقة باكتساب الجنسية

لا يكتسب أعضاء البعثة أو الوفد المراقب، الذين ليسوا من مواطني الدولة المضيفة، ولا أفراد أسرهم الذين يشكلون جزءاً من أسرهم المعيشية، أو الذين يكونون، حسب الحال، مرافقين لهم، جنسية تلك الدولة عن طريق تطبيق قانون الدولة المضيفة فحسب.

المادة ٧٥- الامتيازات والحصانات في حالة تعدد الاختصاصات

في حال وصول أعضاء البعثة الدبلوماسية الدائمة أو القنصلية في الدولة المضيفة إلى بعثة أو وفد أو وفد مراقب، فإنهم يحتفظون بما لهم من امتيازات وحصانات بوصفهم أعضاء في بعثتهم الدبلوماسية الدائمة أو في القنصلية، وذلك بالإضافة إلى احتفاظهم بالامتيازات والحصانات الممنوحة لهم بموجب هذه الاتفاقية.

المادة ٧٦- التعاون بين الدول المرسلة والدول المضيفة

تتعاون الدولة المرسلة، حيثما كان ذلك ضرورياً وإلى الحد الذي يتمشى مع الأداء المستقل لوظائف البعثة أو الوفد أو الوفد المراقب، تعاوناً كاملاً بقدر الإمكان مع الدولة المضيفة في إجراء أي تحريات أو محاكمات يضطلع بها عملا بأحكام المواد ٢٢ و ٢٨ و ٢٩ و ٥٨.

المادة ٧٧- احترام قوانين الدولة المضيفة ونظمها

١- يكون من واجب جميع الأشخاص المتمتعين بالامتيازات والحصانات أن يحترموا قوانين الدولة المضيفة ونظمها مع عدم الإخلال بالامتيازات والحصانات الممنوحة لهم. كما يكون من واجبهم عدم التدخل في الشؤون الداخلية للدولة المضيفة.

٢- في حالة الانتهاك الشديد والسافر للقانون الجنائي للدولة المضيفة من جانب شخص يتمتع بالحصانة من الولاية القضائية، فإن الدولة المرسلة، ما لم تسقط حصانة الشخص المعني، تقوم باستدعائه، أو إنهاء مهمته لدى البعثة أو الوفد أو الوفد المراقب، أو تأمين مغادرته على النحو المناسب. وتتخذ الدولة المرسلة نفس الإجراء في حالة التدخل الشديد والسافر في الشؤون الداخلية للدولة المضيفة. ولا تنطبق أحكام هذه الفقرة على أي فعل يرتكبه الشخص المعني لدى أدائه لوظائف البعثة أو لمهام الوفد أو الوفد المراقب.

٣- لا تستخدم مباني البعثة ولا مباني الوفد على نحو يتعارض مع أداء وظائف البعثة أو أداء مهام الوفد.

٤- لا يفسر أي حكم في هذه المادة على أنه يحظر على الدولة المضيفة اتخاذ ما تراه ضرورياً من التدابير لحماية نفسها. وفي تلك الحالة، تقوم الدولة المضيفة، دون الإخلال بالمادتين ٨٤ و ٨٥، باستشارة الدولة المرسلة، على النحو الملائم، لضمان عدم تعارض هذه التدابير مع الأداء العادي لوظائف البعثة أو الوفد أو الوفد المراقب.

٥- تتخذ التدابير المنصوص عليها في الفقرة ٤ من هذه المادة بموافقة وزير الخارجية أو أي وزير آخر مختص، وفقاً للقواعد الدستورية للدولة المضيفة.

المادة ٧٨ – التأمين ضد أخطاء الغير

يمتثل أعضاء البعثة أو الوفد أو الوفد المراقب لجميع الالتزامات التي تقضي بها قوانين الدولة المضيفة ونظمها فيما يتعلق بالتأمين على أية مركبة أو سفينة أو طائرة يستخدمونها أو يملكونها ضد أخطاء الغير.

المادة ٧٩- دخول أراضي الدولة المضيفة

١- تسمح الدولة المضيفة بدخول أراضيها لكل من:

أ- أعضاء البعثة وأفراد أسرهم المرافقين لهم.

ب- أعضاء الوفد وأفراد أسرهم المرافقين لهم.

ج- أعضاء الوفد المراقب وأفراد اسرهم المرافقين لهم.

٢- تمنح التأشيرات، لدى طلبها، بأسرع ما يمكن لأي شخص مشار إليه في الفقرة ١ من هذه المادة.

المادة ٨٠ - تسهيلات المغادرة

تقوم الدولة المضيفة، إذا ما طلب إليها ذلك، بتوفير التسهيلات اللازمة كي يتمكن من مغادرة أراضيها الأشخاص المتمتعون بالامتيازات والحصانات. خلافاً لمواطني الدولة المضيفة، وأفراد أسرهم، بغض النظر عن جنسيتهم.

المادة ٨١- عبور أراضي دولة ثالثة

١- إذا ما كان رئيس البعثة أو أحد الموظفين الدبلوماسيين بالبعثة، أو رئيس الوفد أو أي مندوب آخر أو أحد الموظفين الدبلوماسيين بالوفد، أو رئيس الوفد المراقب أو أي مندوب مراقب آخر أو أحد الموظفين الدبلوماسيين بالوفد المراقب، عابراً لأراضي دولة ثالثة أو موجوداً فيها، وهو في طريقه لأداء أو استئناف أداء مهامه أو لدى عودته إلى بلده، وكانت تلك الدولة قد منحته تأشيرة على جواز سفره، في حالة لزوم تلك التأشيرة، فإن الدولة الثالثة تمنحه الحرمة وغيرها من الحصانات اللازمة لتأمين عبوره.

٢- وتسري أيضا أحكام الفقرة (١) من هذه المادة في حالة كل من:

أ- أفراد أسرة رئيس البعثة أو أحد الموظفين الدبلوماسيين بالبعثة، ممن يشكلون جزءاً من أسرته المعيشية ويتمتعون بالامتيازات والحصانات، سواء كانوا مسافرين معه أو على أنفراد للحاق به أو للعودة إلى بلدهم.

ب- أفراد أسرة رئيس الوفد، أو أي مندوب آخر أو أحد الموظفين الدبلوماسيين بالوفد، المرافقين له ممن يتمتعون بالامتيازات والحصانات سواء كانوا مسافرين معه أو على انفراد للحاق به أو للعودة إلى بلدهم.

ج- أفراد أسرة رئيس الوفد المراقب، أو أي مندوب مراقب آخر أو أحد الموظفين الدبلوماسيين بالوفد المراقب، المرافقين له ممن يتمتعون بالامتيازات والحصانات، سواء كانوا مسافرين معه أو على انفراد للحاق به أو للعودة إلى بلدهم.

٣- في الظروف المماثلة للظروف المحددة في الفقرتين ١ و ٢ من هذه المادة، لا تعوق الدولة الثالثة عبور الموظفين الإداريين والفنيين او موظفي الخدمات، أو أفراد أسرهم، لأراضيها.

٤- تقوم الدول الثالثة بمنح المراسلات الرسمية وغيرها من المكاتبات الرسمية العابرة، بما فيها الرسائل المرسلة بالشفرة أو الرموز، نفس الحرية والحماية التي تلتزم الدولة المضيفة بمنحها بموجب هذه الاتفاقية. وتقوم هذه الدول بمنح حاملي الحقيبة الدبلوماسية التابعين للبعثة أو الوفد المراقب، ممن يكونون قد منحوا تأشيرات على جوازات سفرهم في حالة لزوم تلك التأشيرات، وكذلك الحقائب العابرة العامة بالبعثة أو الوفد أو الوفد المراقب، نفس الحرمة والحماية التي تلتزم الدولة المضيفة بمنحها بموجب هذه الاتفاقية.

٥- وتسري أيضاً التزامات الدول الثالثة، التي تقضي بها الفقرات ١ و ٢ و ٣ و ٤ من هذه المادة، بالنسبة للأشخاص المذكورين على التوالي في تلك الفقرات، وكذلك الرسائل والحقائب الرسمية الخاصة بالبعثة أو الوفد أو الوفد المراقب، وذلك لدى وجودهم في أراضي الدولة الثالثة بسبب قوة قاهرة.

المادة ٨٢ - عدم الاعتراف بالدول أو الحكومات أو عدم وجود علاقات دبلوماسية أو قنصلية.

١- لا تتأثر حقوق وواجبات الدولة المضيفة والدولة المرسلة، التي تقضي بها هذه الاتفاقية، بعدم اعتراف إحدى هاتين الدولتين بالدولة الأخرى أو بحكومتها، ولا بعدم وجود علاقات دبلوماسية أو قنصلية بينهما أو بقطع هذه العلاقات.

٢- ولا يعني إنشاء أو إبقاء بعثة، أو إرسال أو حضور وفد أو وفد مراقب، أو أي فعل يتخذ تنفيذا لأحكام هذه الاتفاقية، في حد ذاته، اعتراف الدولة المرسلة بالدولة المضيفة أو بحكومتها كما لا يعني اعتراف الدولة المضيفة بالدولة المرسلة أو بحكومتها.

المادة ٨٣- عدم التمييز

لا تمييز بين الدول في تطبيق أحكام هذه الاتفاقية.

المادة ٨٤- المشاورات

في حالة نشوب نزاع بين اثنتين أو اكثر من الدول الأطراف، نتيجة لتطبيق أو تفسير هذه الاتفاقية، تجرى مشاورات فيما بينها بناء على طلب أي منها، وتتم، بناء على طلب أي من أطراف النزاع، دعوة المنظمة أو المؤتمر للمشاركة في المشاورات.

المادة ٨٥- التوفيق

١- إذا لم تتمخض المشاورات المشار إليها في المادة (٨٤) عن حسم النزاع، في غضون شهر واحد من تارخ البدء في إجرائها، يجوز لأية دولة من الدول المشتركة في المشاورات إحالة النزاع إلى لجنة توفيق تنشأ، وفقاً لأحكام هذه المادة، عن طريق إرسال إخطار تحريري إلى المنظمة وإلى سائر الدول المشتركة في المشاورات.

٢- تتألف كل لجنة من لجان التوفيق من ثلاثة أعضاء: اثنان يقوم طرفا النزاع بتعيينهما ورئيس يتم تعيينه وفقا للفقرة (٣) من هذه المادة، وتقوم كل دولة من الدول الأطراف في هذه الاتفاقية بتعيين شخص، بصفة مسبقة، ليكون عضواً في تلك اللجنة، وتقوم بإخطار المنظمة بذلك التعيين، وتحتفظ المنظمة بسجل بأسماء المعينين على هذا النحو، وإذا لم تقم أية دولة من الدول الأطراف بالتعيين مسبقا، جاز لها ان تفعل ذلك خلال إجراءات التوفيق، وحتى لحظة قيام اللجنة بصياغة التقرير الذي يتعين عليها إعداده وفقا للفقرة ٧ من هذه المادة.

٣- ويقوم باختيار رئيس اللجنة العضوان الآخران. فإذا لم يتمكن العضوان الآخران من التوصل إلى اتفاق في غضون شهر واحد من تاريخ الإخطار المشار إليه في الفقرة ١ من هذه المادة، أو إذا لم يستعمل أحد طرفي النزاع حقه في تعيين عضو في اللجنة قام كبير الموظفين الإداريين في المنظمة، بناء على طلب أحد طرفي النزاع، بتعيين الرئيس، ويتم التعيين في غضون شهر واحد من تاريخ التقدم بذلك الطلب. ويعين كبير الموظفين الإداريين في المنظمة محلفاً مؤهلاً، لا يكون من موظفي المنظمة أو من موظفي إحدى الدول الأطراف في النزاع، رئيساً للجنة.

٤- يتم ملء أي شاغر بالأسلوب الموصى به بالنسبة للتعيين الابتدائي.

٥- تمارس اللجنة مهامها فور تعيين الرئيس، حتى ولو كان تشكيلها غير مكتمل.

٦- تضع اللجنة نظامها الداخلي، وتصدر قراراتها وتوصياتها بأغلبية الأصوات. ويجوز للجنة أن توصي المنظمة بطلب فتوى من محكمة العدل الدولية بشأن تطبيق أو تفسير هذه الاتفاقية، إذا ما كانت المنظمة مخولة القيام بذلك وفقا لميثاق الأمم المتحدة.

٧- إذا لم تتمكن اللجنة، في غضون شهرين من تاريخ تعيين رئيسها، من التوصل إلى اتفاق بين أطراف النزاع بشأن تسوية له، قامت، بأسر ع وقت ممكن، بإعداد تقرير عن أعمالها تحيله إلى أطراف النزاع، على أن يتضمن هذا التقرير الاستنتاجات التي توصلت إليها اللجنة استناداً إلى الوقائع والقضايا القانونية، وإلى التوصيات التي قدمتها إلى أطراف النزاع من أجل تيسير التوصل إلى تسوية له. ويجوز بقرار من اللجنة تأجيل الموعد النهائي المحدد بشهرين. ولا تكون التوصيات الواردة في تقرير اللجنة ملزمة لأطراف النزاع، ما لم توافق جميع أطراف النزاع عليها، ومع ذلك، يجوز لأي طرف من أطراف النزاع أن يعلن، من جانب واحد، التزامه بالتوصيات الورادة في التقرير، بالقدر الذي يعنيه.

٨- لا يعوق أي حكم من أحكام الفقرات السابقة من هذه المادة اتخاذ أية إجراءات مناسبة أخرى لتسوية أي نزاع ناشئ عن تطبيق أو تفسير هذه الاتفاقية، أو التوصل إلى اتفاق بين أطراف النزاع بشأن إحالة النزاع إلى جهاز إجرائي في إطار المنظمة، أو إلى أي جهاز إجرائي آخر.

٩- لا تخل أحكام هذه المادة بالأحكام المتعلقة بتسوية المنازعات والواردة في الاتفاقات الدولية السارية فيما بين الدول أو بين الدول والمنظمات الدولية.

الباب السادس

أحكام ختامية

المادة ٨٦- التوقيع

تعرض هذه الاتفاقية لتوقيع جميع الدول حتى ٣٠ أيلول/ سبتمبر ١٩٧٥ في مقر الوزارة الاتحادية للشؤون الخارجية لجمهورية النمسا، وبعد ذلك حتى ٣٠ آذار/ مارس ١٩٧٦ في مقر الأمم المتحدة بنيويورك.

المادة ٨٧-التصديق

تخضع هذه الاتفاقية لشرط التصديق، وتودع وثائق التصديق لدى الأمن العام للأمم المتحدة.

المادة ٨٨ – الانضمام

تظل هذه الاتفاقية معروضة للانضمام إليها من قبل أية دولة، وتودع وثائق الانضمام لدى الأمين العام للأمم المتحدة.

المادة ٨٩ – بدء النفاذ

١- يبدأ نفاذ هذه الاتفاقية في اليوم الثلاثين من بعد تاريخ إيداع الوثيقة الخامسة والثلاثين من وثائق التصديق أو الانضمام.

٢- وبالنسبة لكل دولة تصدق على الاتفاقية أو تنضم إليها بعد إيداع الوثيقة الخامسة والثلاثين من وثائق التصديق أو الانضمام، يبدأ نفاذ هذه الاتفاقية في اليوم الثلاثين من بعد إيداع هذه الدولة وثيقة تصديقها أو انضمامها إليها.

المادة ٩٠- تنفيذ المنظمات لأحكام الاتفاقية

بعد دخول هذه الاتفاقية حيز النفاذ يجوز للجهاز المختص التابع لمنظمة دولية ذات طابع عالمي أن يتخذ قراراً بتنفيذ الأحكام ذات الصلة من الاتفاقية، وتقوم المنظمة بإبلاغ قرارها إلى الدولة المضيفة وإلى وديع الاتفاقية.

المادة ٩١- الإخطارات الصادرة عن الوديع

١- يقوم الأمين العام للأمم المتحدة، بوصفه وديعاً لهذه الاتفاقية، بإبلاغ جميع الدول:

أ- بالتوقيعات على الاتفاقية، وبإيداع وثائق التصديق أو الانضمام وفقاً للمواد ٨٦-٨٧ و ٨٨.

ب- بتاريخ بدء نفاذ الاتفاقية وفقاً للمادة ٨٩.

ج- بأي قرار يبلّغ به وفقاً للمادة ٩٠.

٢- كما يقوم الأمين العام للأمم المتحدة بإبلاغ جميع الدول، حسب الاقتضاء، بسائر الإجراءات والإخطارات والرسائل المتعلقة بهذه الاتفاقية.

المادة ٩٢- النصوص ذات الحجية

يودع أصل هذه الاتفاقية، التي تعتبر نصوصها الإسبانية والإنكليزية والروسية والصينية والفرنسية متساوية الحجية، لدى الأمين العام للأمم المتحدة الذي يرسل نسخاً موثقة منها إلى جميع الدول.

وشهادة على ما تقدم فإن الموقعين أدناه، المفوضين بذلك تفويضاً صحيحاً من قبل حكوماتهم، قد ذيلوا هذه الاتفاقية بتوقيعاتهم.

حررت في فيينا، في الرابع عشر من آذار/ مارس سنة ألف وتسعمائة وخمسة وسبعين.

للمؤلف صدرت الكتب الآتية:

أولا - كتب القانون الدولي العام

١- قانون الحرب في القانون الدولي، دار القادسية، بغداد ١٩٨٣؛

٢- أسرى الحرب في القانون الدولي العام، دار القادسية، بغداد ١٩٤٣.

٣- المنازعات الدولية، دار القادسية، بغداد ١٩٨٦.

٤- القانون الدولي العام، دار الكتب، جامعة بغداد ٢٠٠١؛

٥- الوسيط في القانون الدولي العام، دار الفكر العربي، بيروت ٢٠٠٢؛

٦- الإرهاب والإرهاب المضاد، وزارة الثقافة، بغداد ٢٠٠٢،

٧- القانون الدولي العام، الجزء الأول، دار الثقافة، عمان ٢٠٠٦؛

٨- القانون الدولي العام، الجزء الثاني، دار الثقافة، عمان٢٠٠٦؛

٩- حقوق الإنسان في معتقل أبو غريب، دار الطليعة، عمان ٢٠٠٧؛

١٠- جرائم الاحتلال الأمريكي ضد أطفال العراق، دار الطليعة، عمان ٢٠٠٧.

١١- القانون الدولي للبحار، دار الثقافة، عمان ٢٠٠٨.

١٢- الإرهاب وشرعية المقاومة، دار الثقافة، عمان٢٠٠٩.

١٣- الموجز في القانون الدولي العام، دار الثقافة، عمان ٢٠٠٩.

١٤- العولمة وآثارها على الوطن العربي، دار الثقافة، عمان ٢٠٠٩.

ثانيا - كتب حقوق الإنسان

١- انتهاك حقوق الإنسان في فلسطين المحتلة، دار القادسية، بغداد ١٩٨٥.

٢- مبادئ القانون الدولي الإنساني، مطبعة عصام، بغداد ١٩٨٦؛

٣- حقوق الإنسان، دار الثقافة، عمان٢٠٠٦؛

٤- القانون الدولي الإنساني، دار الثقافة، عمان ٢٠٠٧؛

٥- القانون الدولي لحقوق الإنسان، دار الحداثة، عمان ٢٠٠٨.

ثالثا- كتب الدبلوماسية

١- الحصانة القضائية للمبعوث الدبلوماسي، مطبعة اسعد، بغداد ١٩٨٠؛

٢- تطور الدبلوماسية عند العرب، دار القادسية، بغداد ١٩٨٥؛

٣- الدبلوماسية بين النظرية والتطبيق، دار الثقافة، عمان ٢٠٠٥؛

٤- القانون الدبلوماسي، دار الثقافة، عمان ٢٠١٠.

رابعا- كتب المنظمات الدولية

١- المنظمات الدولية، دار الفكر العربي، بيروت ٢٠٠٤؛

٢- منظمة التجارة العالمية، دار الثقافة، عمان ٢٠٠٥؛

٣- التنظيم الدولي، دار الثقافة، عمان ٢٠٠٧.

٤- المنظمات العالمية والإقليمية، دار الثقافة، عمان ٢٠١٠.

خامسا- كتب القانون الدولي الإسلامي

١- دبلوماسية النبي محمد، دار الفكر العربي، بيروت ٢٠٠٠؛

٢- حقوق الإنسان في الإسلام، دار الفكر العربي، بيروت ٢٠٠٠؛

٣- أدب المجالس في الإسلام، دار الضياء، عمان ٢٠٠١؛

٤- تسوية المنازعات الدولية، في عهد النبي محمد، دار الضياء، عمان ٢٠٠١؛

٥- مراسلات النبي محمد وبعثاته الدبلوماسية، دار الضياء، عمان ٢٠٠١؛

٦- الدبلوماسية الإسلامية، دار الثقافة، عمان ٢٠٠٥؛

سادسا- كتب فلسفة القانون

١. حقوق المؤلف الأدبية، دار الحرية، بغداد ١٩٧٧.

٢. تاريخ القانون اليمني قبل الإسلام، دار الفكر المعاصر، دمشق ١٩٩٢.

٣. نظرية القانون، دار الفكر المعاصر، دمشق، ١٩٩٣.

٤. نظرية الحق، دار الفكر المعاصر، دمشق، ١٩٩٤.

٥. تاريخ النظم القانونية، دار الفكر المعاصر، دمشق، ١٩٩٥.

٦. المدخل لدراسة علم القانون، مكتبة الذاكرة، بغداد ٢٠٠٨.

قائمة المحتويات

الموضوع | الصفحة

Diplomatic Immunity

By

Professor

Dr. Suheil H. AL-Ftlawi

T0157526